黄巽齋　黄　青　編著
夏劍欽　審校

# 說文同聲旁字義訓

岳麓書社·長沙

# 前　言

以象形象意爲基礎、形聲結合、加上假借爲補充的漢字，基本上保持了表意體系，即保持漢字的理性。其主要特點就是字形能直接表義，即漢字不但義存於聲，而且義寄於形。漢字不但具有拼音文字共有的音義系統，還獨有形義體系。這是漢字區别於拼音文字的主要特點，也是漢字的優點。象形象意字象其形，傳其義，表其音，是形音義三者密合的整體。形聲字形音義三者密合，使漢字的表意更具體，表音更明確。漢字的形義體系，無疑是漢字信息量的大宗，前人説漢字以目治，正是从這一角度説的。

方塊漢字是立體的，是理性的。横看成嶺側成峰，可从不同角度不同層面觀察、分析、聯想。漢字富於理性，是聯想的基礎。僅从殷商甲骨文時代算起，漢字已有三四千年的歷史，一直薪火傳承从未間斷。漢字不僅貯存了造字時代的衆多信息，而且貯存了殷周以來歷世的豐富信息。从某種意義上説，這就是歷史，是没有摻水的原汁原味的歷史。

我國漢字的發展大致有象形象意造字、假借造字和形聲造字三個階段。象形象意造字是漢字初創的起始階段，爲漢字的發展奠定了基礎。離開象形象意造字，就不會有假借造字，更不會有形聲造字了。

象形造字是由圖畫過渡到文字畫，再精煉爲文字。象意則包括許書的指事和會意。指事因爲象意，它是在象形字的基礎上再加上象意符號。如：“大”字是人的正面形象，“大”字上加一横畫，作（天），“天”是“顛”的本字，顛是後起的形聲字，“大”字下加一横畫，作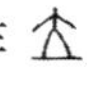（立），“立”是人的雙脚站在地面上，這一横畫表示人的足底，人頭頂上是天空，足底下是大地，人直立行走頂天立地，底（端脂）、地（定歌），端定旁紐，脂歌旁轉。天（透真），顛（端真），端透旁紐，真部疊韵。大上面一横畫表示頭頂，大下面一横畫表示足底，這種象意符號是造字者主觀規定的，并約定俗成爲全群所共喻。但這一横

畫只有和象形字“大”聯繫在一起，才能表示頭頂和足底，進而引申表示天地。

又如从木的本末二字，本是樹木的頭，末是樹木的足，人頭在上，木本在下。《易》所謂本乎天者親上，本乎地者親下，這是神肖。末是樹槙，本是樹柢，這是形似。

凡是象意文字都是在象形字上加象意符號表示一個特定的意義，離開象形字，象意符號不能單獨表義。會意字適合兩個個體漢字表義，如休息、叢林等等。象意字是在象形字的基礎上發展起來的。

象形象意造字的能力都很有限，而且只能爲具體的事物造字。客觀事物萬象紛呈，同種的動物以數十百計。比如同是四角的獸，鹿突出其枝角，牛突出其岔角，羊突出其拐角，犬突出其翹尾，豕突出其垂尾，馬突出其鬣鬃，虎突出血盆大口，大象突出長鼻，這在造字時都是煞費苦心、竭盡巧思與智慧的。遇到更多的同類動物就很難或無法造字。這便是象形象意造字，有時而窮。至於語言中的虚詞，則無形可象，也無意可會，則象形象意造字更是無能爲力了。這便是象形象意造字發展到一定度出現的瓶頸效應。

假借造字爲文字發展開創一條表音的新路，是漢字發展的重大突破。所謂假借造字，就是借用象形象意字的音讀，用以記録那些難以或者無法用象形象意方法創造的字。它突破了單純表形的局限，注入了表音的生機與活力。但假借造字，并未引導漢字走上純表音道路，原因是漢語單音節占絶對優勢，又無形態變化的輔助，同音字群大，假借字多了，很難或無法區分意義，容易造成混亂，不利於信息的表達和傳輸。於是轉而求助於形，用形聲結合的方法造字，使表義更具體，表音更明確。

假借造字的出現是救象形象意造字有時而窮之弊，而形聲造字則是救假借造字多了會造成信息表達和傳輸混亂之弊。

假借造字對漢字發展有重大貢獻。一是解决了爲虚詞造字的難題，虚詞無形可象無意可會，根本無法用象形象意方法造字，假借造字的不斷發展，爲漢字造就了完備的虚詞體系。虚詞是語言的黏合劑，没有完備的虚詞體系，就不能完整地承載語言。二是假借造字突破了字形的局限，引入表音的元素。實際上是形聲造字的准備和先驅，没有假借造字的悠久歷史，就不可能有形聲造字。其次是假借造字的負面影響：一是古代典籍有一定數量的實字假借，这是後代人閲讀古籍的攔路虎。不破假借就無法讀懂古籍，古人叫通假，其實不准確，應該叫假借。二是造字時聲旁有假借，這是楊樹達先生在 20 世紀 30 年代提出來的一個帶開創性的觀點，并爲破解聲旁假借做了深入的探討研究，破解了近百個字，爲我們開了路，樹了典範。《説文解字》9000 多文字中，形聲字約占了 80%，形聲字中聲旁有假借的，約占 20%左右。全部破解聲旁假借還是一個十分艱巨的任務。

形聲造字是漢字大發展并進入完全成熟的階段。形聲造字是救假借字泛濫造成信息表達和傳輸混亂之弊，應運而生的一種適合漢語特點的造字方法。即形聲相益，在聲旁上加形，在形旁上加聲。既保持了表義體系的優點，又克服了象形象意造字的缺點。形聲字的字形是表義的，聲旁也是表義的，而且是表義的主體。它們都是形音義三者密合的個體漢字，它們保存了象形象意字字形直接表義的優點，即保存了漢字的理性思維和形象思維相結合的鮮明特征，這也是漢字富於强大生命力的原因，世界上一些文明古國的文字都已成爲僅存於歷史的死文字，唯有漢字仍然鮮活地存在於數以十億計的人口中。

形聲造字有很强的造字能力，形聲字形成規模後，社會生活中無論出現什麼新鮮事物，都可以用形聲字的方法造字。形聲字的聲旁和形旁都是形音義三者密合的個體，从這個意義説，形聲造字就是“拼形造字”，和字母拼音造字并無二致，一樣簡便省力。

形聲造字爲漢字造字找到一條最適應漢語的表達方式的造字坦途。从此漢字沿着這條康莊大道走到今天。現在漢字又出現一個嶄新局面，即由拼形造字發展爲拼字組詞。社會上無論出現什麼新事物，無需再造字，只需拼字組詞。例如與電有關的新事物：電車、電燈、電話、電影、電視、電腦等等。而拼音文字則需造新字。新事物的增長迅猛，歐美英語國家出現單詞爆炸，漢語却永遠無這種憂慮。

形聲字的形旁是表意的，聲旁也是表意的，而且是表意的主體。楊樹達先生在《形聲字聲中有義略證》中指出：“近世黄承吉、劉師培後先發揮形聲字義實寓於聲，……蓋文字根於言語，言語托於聲音。言語在文字之先，文字第是語音之徽號。以我國文字言之，形聲字居全字數十分之九，謂形聲字義但寓於形而不在聲，是直謂中國文字離語言而獨立也。”又於《積微居小學金石論叢・自序》中説：“蓋文字未立，語言先之。文字起而代言，肖其聲即傳其義，中土文書以形聲字爲夥，謂形聲字聲不寓意，是直謂中土語言不含義也。遂發憤以求形聲字之説。”

从20世紀30年代初到50年代中，楊樹達先生在這方面付出了巨大的辛勞，取得了突破性成果。但後繼者寥寥，聲旁表意的問題迄今未完全解决。要完全解决這個問題，必須完成兩項艱巨任務：一是大體能找到作聲旁的個體漢字的本義，并理清其引申義。二是對造字時聲旁有假借的形聲字，能絶大部分成功破譯。完成這兩項艱巨的任務，并在此基礎上編寫出帶有語源的新型字典。

研究形聲字，目的是探尋形聲字的字根和語源。楊樹達先生在《積微居小學述林・自序》中説：“語源存乎聲音，《説文解字》載了九千多字，形聲字占七千多，占許慎全書中一個絶大部分，所以研究中國文字的語源，應該拿形聲字作對象。那是必然的。”又説：“我治文字學的一個重要目的，是在求得一些文字的語源，語源存乎聲音，所以求語源必須拿形聲字作對象。”根據楊樹達先生這個觀點和思路，我們選擇了朱駿聲《説文通訓定聲》作爲研究的主要參考文獻。《説文通訓定聲》按古韵部將《説文解字》9000余字，以諧聲聲符爲綱，按音分别歸屬古韵十八部，每部又將同部之文（獨體字）分别列於同此聲諸字之首。所謂“一文之聲定，而衆字之从以得聲者悉定”，爲今天研究形聲字提供了很大的方便。

楊樹達先生提出語源存乎聲音，研究中國文字當以形聲字作爲對象。語源即語言的根底。楊樹達在《形聲字聲中有義略證》中説：“蓋語根既明，由根以及幹，由幹以及枝葉，綱舉而萬目張，領挈而全裘振。”如此，則能做到以簡馭繁，收到事半功倍之效，還能“使國人知祖宗製作之精，將油然生其愛國之心”，增進我們民族的自豪感和民族的自信心。

楊樹達先生言道：“西方之字典，即極尋常之種類，亦必附語源，備人尋檢……吾意必語根研究明白，而後有真正新式完備字典之可言。”這是楊先生在1934年1月提出的熱切盼望，迄今已八十載，環顧國内，依旧尚無成型的漢語語源字典出現。故本人在多年从事古代漢語教學和研究的基礎上，从2012年起，始作《説文通訓定聲》同聲旁字探源，到2015年9月全部做完。因篇幅太大，精擇三分之一左右編爲選集，先行與讀者見面。經夏劍欽先生提議，定名爲《説文同聲旁字義訓》，在此謹表謝忱。希望本書的出版，能爲漢字語源研究略盡綿薄之力。

# 目録

豐部弟一　/001
東聲字　/001
冡聲字　/012
囱聲字　/015

升部弟二　/019
弅聲字　/019
曾聲字　/024
乃聲字　/027

臨部弟三　/030
兂聲字　/030
壬聲字　/033
今聲字　/036
入聲字　/050
合聲字　/053

謙部弟四　/061
兼聲字　/061
臽聲字　/067
马聲字　/074
斬聲字　/076
聶聲定　/080

盇聲字 / 081

頤部弟五 / 084
之聲字 / 084
目聲字 / 090
才聲字 / 101
亥聲字 / 105
久聲字 / 110
負聲字 / 112
畐聲字 / 113

孚部弟六 / 118
由聲字 / 118
酉聲字 / 122
周聲字 / 125
丑聲字 / 129
矛聲字 / 132
缶聲字 / 141
叉聲字 / 143
勹聲字 / 145
卯聲字 / 152
肉聲字 / 154
复聲字 / 161

小部弟七 / 165
要聲字 / 165
尞聲字 / 173
刀聲字 / 178
兆聲字 / 185
勺聲字 / 190
翟聲字 / 196

需部弟八　/200
侯聲字　/200
豆聲字　/202
朱聲字　/205
俞聲字　/209
需聲字　/216
付聲字　/218
蜀聲字　/223
豖聲定　/228

豫部弟九　/230
五聲字　/230
父聲字　/234
疋聲字　/245
魚聲字　/249
予聲字　/251
䀠聲字　/254
旅聲字　/258
庶聲字　/266
叚聲字　/268
各聲字　/273
白聲字　/281
乇聲字　/284
睪聲字　/287

隨部弟十　/291
它聲字　/291
𠀎聲字　/296
爲聲字　/305
丽聲字　/312

解部弟十一　/317
支聲字　/317

只聲字 / 322
朿聲字 / 325
兒聲字 / 335
卑聲字 / 339
易聲字 / 346
秝聲字 / 350
辟聲字 / 352
役聲字 / 357

履部弟十二 / 359
散聲字 / 359
非聲字 / 365
委聲字 / 371
夷聲字 / 374
气聲字 / 377
旡聲字 / 381
利聲字 / 385
匕聲字 / 388
内聲字 / 405
隹聲字 / 411
豙聲字 / 420
厶聲字 / 425
出聲字 / 429
弗聲字 / 437
日聲字 / 442
吉聲字 / 443
七聲字 / 450
必聲字 / 451

泰部弟十三 / 458
兑聲字 / 458
會聲字 / 463
丰聲字 / 467

勼聲字　/472
埶聲字　/479
折聲字　/482
八聲字　/485
月聲字　/490
伐聲字　/491

乾部第十四　/495
寒聲字　/495
吅聲字　/497
暵聲字　/501
㫃聲字　/505
次聲字　/511
憲聲字　/512
善聲字　/513
柬聲字　/514
建聲字　/519
冊聲字　/520
卵聲字　/522
𠦒聲字　/523
半聲字　/530
曼聲字　/533
面聲字　/536
贊聲字　/538
叀聲字　/540
聯聲字　/549
𤔔聲字　/549

屯部第十五　/552
分聲字　/552
允聲字　/559
斤聲字　/566
屯聲字　/572

韋聲字 /576
刃聲字 /581
𡱒聲字 /584
奔聲字 /585
艮聲字 /589
先聲字 /593
員聲字 /596
西聲字 /599

坤部弟十六 /604
真聲字 /604
臣聲字 /609
卂聲字 /614
寅聲字 /615
民聲字 /617
辡聲字 /619
扁聲字 /621
玄聲字 /624

鼎部弟十七 /628
青聲字 /628
生聲字 /632
正聲字 /636
賏聲字 /638
磬聲字 /640
丁聲字 /642
壬聲字 /646

壯部弟十八 /660
昜聲字 /660
央聲字 /668
睘聲字 /672
相聲字 /677

長聲字　／678
丈聲字　／680
爿聲定　／681
倉聲字　／687
光聲字　／689
亢聲字　／695
亡聲字　／698
朢聲字　／707
皿聲字　／708
丙聲字　／709
京聲字　／713
竟聲字　／716

筆畫檢字表　／718

四角號碼檢字表　／738

# 豐部弟一

## 東聲字

**東** 東 《説文》："東，動也。从木。官溥説：从日在木中。"段玉裁注："木，榑木也。日在木中曰東，在木上曰杲，在木下曰杳。"

按東 dōng（端東）訓動者，古人以東方代春，春天是萬物發生的節季，故以動爲訓。从東杲杳三字聯繫説，東當爲東方的會意字，但甲骨卜辭借囊橐之東作東方字。東字上下之屮、朩，象用繩扎緊袋口，中間象實物而鼓起，故从東聲字有在中、包藏等義。囊 náng（泥陽）、橐 tuó（透鐸）泥透旁紐，陽鐸陽入對轉，古囊橐並稱。《詩·大雅·公劉》"於橐於囊"，囊橐作爲人工所造器物，必取象自然之物，余意蓋取象龍，龍被古人神化，實則龍源於蛇，蛇剮下皮就象一條長口袋，兩頭開口，橐囊與龍（來東）古音相近，東當以龍爲語源。凡人工所造器，必取象自然之物。

**棟** 棟 《説文》："棟，極也。从木，東聲。"段注："極者，謂屋至高之處。《繫辭》曰：'上棟下宇。'五架之屋，正中曰棟。《釋名》曰：'棟，中也。居屋之中。'"

按棟 dòng（端東）从東聲（端東）訓極，上古民居，正中立柱，環柱搭構木材，披於墻上，屋頂呈圓錐形。這中柱古人叫棟，爲屋最高之處。後世民居，四阿兩披，在墻高處架木爲梁，梁上即屋棟。後世之梁，略當於中古之棟，故合稱棟梁。棟直立屋中，梁横陳屋上。此古今建築形制之演變。棟从東聲，棟以卜辭東爲語源，用囊橐實物於中之引申義。又《説文》："宋，尻也。从宀木，讀若送。"按宋（心冬）从宀木會意，即取象木立於屋中，此木當爲自然生長之木，而人依木搭建居室。宋、棟心端鄰紐，東冬旁轉，宋中之木，蓋即棟之雛形。

**涷** 《説文》："涷，涷水，出發鳩山，入河。从水，東聲。"

按涷 dōng（端東）从東聲（端東）訓涷水。字从東聲，作水名字，此但借其聲，與東之本義、引申義無關。

**凍** 《説文》："凍，仌也。从仌，東聲。"段注："初凝曰仌，仌壯曰凍。又於水曰冰，於他物曰凍。故《月令》曰'水始冰，地始凍'。"

按凍 dòng（端東）从東聲（端東）訓仌，初凝曰仌，仌壯曰凍，凍即堅冰，謂將物包裹了一層，即所謂冰封。字从東聲，此用囊橐、囊括、包裹之引申義。

**蝀** 《説文》："蝀，螮蝀也。从虫，東聲。"楊樹達先生《積微居小學述林·釋蝀》説："虹爲通稱，細分之，則見於東方者謂之螮蝀。"蝀即以於東方爲義。又《釋虹》説："螮之从帶，以其形似帶也。"

按蝀 dōng（端東）从東聲（端東）訓螮蝀，字从東从帶，謂虹出東方其形如帶，故曰螮蝀。字从東聲，從甲骨文卜辭説，此爲但借其聲，而從許書東杲杳相聯説，則當是用東之東方義。

**重** 《説文》："重，厚也。从壬，東聲。"段注："厚斯重矣，引伸之爲鄭重、重叠。"林義光《文源》："壬者，人挺立於地爲厚重象。"

按重 zhòng（定東）从東聲（端東），訓厚。字从東聲，《甲骨文字典》："（東）象橐中實物以繩約括兩端之形，爲橐之初文。"重从壬，壬字甲骨文作[illegible]，象人挺立於地，字从壬从東，取象人負抱實物之橐挺立，橐實物，負抱之則身感其沉重，此用東橐重之引申義。段氏釋重爲厚，此不關語源，林氏釋挺立於地爲厚重象，不準確，當釋爲人負實物之橐挺立於地爲沉重象。

**歱** 《説文》："歱，跟也。从止，重聲。"段注："《足部》曰：'跟，足歱也。'跟歱雙聲。《釋名》曰：'足後曰跟，或曰踵。踵，鍾也。上體所鍾聚也。'按劉熙作踵，許歱踵義别。”

按踵 zhǒng（章東）从重聲（定東）訓跟，足後跟。字从重聲，此用人全身的重量聚集在足跟上的引申義。足跟名踵，此以業爲名。

**腫** 《説文》：“腫，癰也。从肉，重聲。”段注：“《疒部》曰：‘癰，腫也。’《瘍醫》注曰：‘腫瘍，癰而上生創者。’按凡膨脹粗大謂之雍腫。”

按腫 zhǒng（章東）从重聲（定東）訓癰，癰腫。字从重聲，此用重人衣内實物則體形變大之引申義。重大義相函，凡物膨脹突起則變大。

**徸** 《説文》：“徸，相迹也。从彳，重聲。”段注：“後迹與前迹相繼也。”

按徸 zhǒng（章東）从重聲（定東）訓相迹，後迹與前迹相繼，謂前足跟剛提起，後足跟就踏下。此合彳踵爲義字。从重聲，當爲踵聲（章東）之借。

**踵** 《説文》：“踵，追也。从足，重聲。一曰往來皃。”段注：“與《止部》踵别。”徐鍇曰：“猶言繼踵也。”

按踵 zhǒng（章東）从重聲（定東）訓追，謂繼踵跟踪。字从重聲，當爲踵聲（章東）之借。足是走在後面人的足，踵是走在前面人的足跟，即後面人的足和前面人的足跟相繼，以表示緊追不捨。

**種** 《説文》：“種，先穜後孰也。从禾，重聲。”段注：“此謂凡穀有如此者，《邠風》傳曰‘後孰曰重’。”

按種 zhǒng（定東）从重聲（定東）訓先穜後孰。此謂禾谷之品種生長時間長，其實特重，是此品種之特點，不同品種之間，各有特點以相區别。引申爲凡物之品種，如黄種人、白種人。今語種、穜合爲一字。

**憧** 《説文》：“憧，遲也。从心，重聲。”段注：“遲重之字當作此，今假借重字爲之，今字也。”

按憧 zhòng（定東）从重聲（定東）訓遲。字从心，此謂心事沉重，凡人憂心重則遲頓，行動遲緩。字从重聲，此用重沉重之引申義。

**湩**《説文》："湩，乳汁也。从水，重聲。"段注："見《列子》《穆天子傳》。或借重字爲之。《漢書·匈奴傳》'重酪之便美'是也。"

按湩 dòng（定東）从重聲（端東）訓乳汁。乳汁較水濃厚，《説文》："重，厚也。"字从重聲，此用重厚、濃厚之引申義。

**緟**《説文》："緟，增益也。从糸，重聲。"段注："增益之曰緟，經傳統叚重爲之。……今則重行而緟廢矣。增益之則加重，故其字从重。"

按緟 chóng（定東）从重聲（定東）訓增益。字从重聲，此用重增益、加多之引申義。今語叫重複。

**動**《説文》："動，作也。从力，重聲。𨔝，古文動从辵。"段注："作者，起也。"

按動 dòng（定東）从重聲（定東）訓作，人挺身站起來。重从東壬，東是實滿物的囊橐，人負重則費力，起動尤需用力，此合重力爲義，用重沉重之引申義。

**鍾**《説文》："鍾，酒器也。从金，重聲。"段注："古者此器蓋以用貯酒，故大其下，小其頸，自鍾傾之而入於尊，自尊勺之而入於觶。故量之大者亦曰鍾。引申之義爲鍾聚。"

按鍾 zhōng（章東）从重聲（定東）訓酒器，酒之所鍾聚，引申爲凡鍾聚之稱。成語鍾靈毓秀，謂山川靈氣所鍾聚，鍾、聚（从侯）章从鄰紐，侯東對轉，是字从重聲，既用重大之引申義，亦兼用聚集之引申義。器大故能多聚集。

**童**《説文》："童，男有辠曰奴，奴曰童，女曰妾。从辛，重省聲。"

按童 tóng（定東），甲骨文無童字，金文毛公鼎作，字从，即（辛），从，爲重之省。从，表示有罪之人，下又从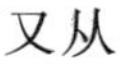者，指目中的童人，童人即小人、罪人，而又指幼童者，字从東，東者囊橐，幼童智識未開，如在囊橐的蒙蔽之中，所謂童蒙，舊稱幼兒上學叫發蒙、啓蒙。童字中山王鼎作，从立从重，鼎有銘曰："寡人幼童未

用智。”此童爲幼童之證。童 tóng（定東）从重聲（定東）訓男有罪曰童，此謂人被刑法定爲奴，用物入囊中喻人爲法入於奴籍；訓幼童，則以物處囊中喻幼兒之童蒙，尚未發蒙開智。

**董** 《説文》：“董，鼎董也。从艸，童聲。杜林曰藕根。”段注：“亦作董。古童、重通用。……杜林謂藕爲董。”

按董 dǒng（端東）从童聲（定東）訓鼎董，又名長苞香蒲，古人苞苴用草。字从童聲，童从重聲，重从東壬，東有包裹義，此用重東之引申義。杜林謂董藕根，藕中空，俗謂藕一節爲一同，是董从童聲者當爲同聲（定東）之借，用同中空之引申義。

**衝** 《説文》：“衝，通道也。从行，童聲。《春秋傳》曰‘及衝以擊之’。”段注：“衝通疊韵，引伸之義爲當也，向也，突也。……今作衝。”

按衝 chōng（昌東）从童聲（定東）訓通道。字从童聲蓋爲通聲（透東）之借，昌透準雙聲，東部疊韵，此以音近相借。通道，暢通無阻的大路。

**橦** 《説文》：“橦，帳極也。从木，童聲。”段注：“極，棟也。帳屋高處也。宋本、葉鈔本、小徐本作帳柱。按《西京賦》‘都盧尋橦’謂植者也。……以木爲之，故从木。”王筠句讀：“柱，一作極，案無極則帳不能張，無柱則極無所麗。”

按橦 chuáng（定東）从童聲（定東）訓帳極。字从童聲當爲棟聲（端東）之借，橦訓帳極，棟訓屋極。棟是上古圓形屋立於屋中之柱，棟稱極者，謂屋最高處，帳从巾，以布帛圍成圓形帳篷，中立木柱如棟以撐持帳頂。必借童聲者，以區别棟爲屋極、橦爲帳極。

**穜** 《説文》：“穜，埶也。从禾，童聲。”段注：“埶，穜也。小篆埶爲穜，之用切。種爲先穜後孰，直容切。”

按穜 zhòng（章東）从童聲（定東）訓埶。許書埶穜互訓。埶字甲骨文作或，《甲骨文字典》：“（埶）甲骨文从丮从屮或木，象以雙手持艸木會樹埶之意。……篆文經訛變已失其初形。”穜今字作種，將禾苗、樹苗栽種在泥土中。字从童聲，當爲棟聲（端東）之借，用植木立於屋中爲棟，喻植苗於土中爲穜，此相似孳乳。

**瘇** 《説文》："瘇，脛氣足腫，从疒，童聲。《詩》曰：'既微且瘇。'尰，籀文。"段注："《釋訓》《毛傳》皆曰：'骭瘍爲微，腫足爲成尰。'按云脛氣腫，即足腫也。"

按瘇 zhǒng（禪東）从童聲（定東）訓脛氣足腫。字从童聲當爲腫聲（章東）之借。瘇是病名，腫是病象，脚腫則行走不方便，故字或从尢作尰，尢者足跛之象。必借童聲者，以示區别。

**罿** 《説文》："罿，罬也。从网，童聲。"

按罿 tóng（定東）从童聲（定東）訓罬。《説文》："罬，捕鳥覆車也。"《爾雅·釋器》："罿，罬也。罬謂之罦。罦，覆車也。"郭璞注："今之翻車也，有兩轅，中施罥以捕鳥。"字从童聲，蓋爲動聲（定東）之借，謂鳥觸動了覆車的繩子，覆車就翻過來罩住鳥。借童爲動，此用動之觸動、撞動義，撞（定東）、動古音同。

**憧** 《説文》："憧，意不定也。从心，童聲。"段注："《咸》九四曰：'憧憧往來。'劉表章句曰：'憧憧，意未定也。'説與許同。"

按憧 chōng（昌東）从童聲（定東）訓意不定。憧謂内心矛盾相互衝撞，故曰意不定，今俗語叫"心裏憧"。字从童聲，當爲撞聲（定東）之借，用撞之衝撞義。

**撞** 《説文》："撞，卂搗也。从手，童聲。"段注："卂者，疾也。"

按撞 zhuàng（定東）从童聲（定東）訓卂搗。字从童聲，蓋爲動聲（定東）之借，此用動負重啓動必使勁發力之引申義。撞謂用大力迅猛撞擊。《禮記·學記》："善待問者如撞鐘，叩之以小者則小鳴，叩之以大者則大鳴。"凡叩鐘動作必疾，鐘始鳴，太慢則不鳴，此物理之必然。王筠句讀："卂當作丮，玄應引作戟。"王説雖於文獻有據，而於物理不可取，其説蓋誤。

**鐘** 《説文》："鐘，樂鐘也。秋分之音，萬物穜成，故謂之鐘。从金、童聲。古者垂作鐘。銿，鐘或从甬。"段注："鐘柄曰甬，故取以成字，甬亦聲。”

按鐘 zhōng（章東）从童聲（定東）訓樂鐘。鐘不能自鳴，人撞之鳴。字从童聲當爲撞聲（定東）之借，此以業爲名。《積微居小學述林·釋幢》説：“按許君以穜釋鐘，迂遠不切，非其義也。余謂鐘之言亦撞也。……《東都賦》云：‘然後撞鐘告罷。’……鐘爲可撞之物，故受名曰鐘矣。”鐘或从甬作甬者，甬是鐘的象形初文，上象懸鐘的鐘柄，下象鐘體，銿是甬的後起的加注形旁字。

**幢** 《説文》：“幢，陷陣車也。从車，童聲。”段注：“《大雅》：‘與爾臨衝。’傳曰：‘臨，臨車也。衝，衝車也。’釋文曰：《説文》作‘幢，陷陣車也’。”《積微居小學述林·釋幢》：“按幢之爲言撞也。《後漢書·光武紀》云：‘衝輣撞城’是幢有撞之用也。……幢車有撞搗撞突之用，故謂之幢矣。……大抵物之受名，不以其德，則以其業，而業又有施受之殊，幢者主撞之器也，鐘者見撞之器也。其用雖殊，受名於撞則一也。”

按幢 chōng（昌東）从童聲（定東）訓陷陣車。字从童聲，當爲撞聲（定東）之借，用撞之衝撞義。

**疃** 《説文》：“疃，禽獸所踐處也。《詩》曰：‘町疃鹿場。’”段注：“獸足蹂地曰厹，其所蹂之處曰疃。……毛傳曰：‘町疃鹿迹也。’謂鹿迹所在也。”

按疃 tuǎn（透東）从童聲（定東）訓禽獸所踐處。字从童聲，蓋爲蹂聲（从元）之借，此以童之聲紐爲聲而以踐之韵部爲韵，撞以手，蹂以足，此相似孳乳，此以人之手穜田喻獸以足蹱地，其足蹱地必於地留下足迹，故曰禽獸所蹂處。《廣韵》疃，吐緩切，則古音蓋爲元部字。

**潼** 《説文》：“潼，潼水。出廣漢梓潼北界，南入墊江。”

按潼 tóng（定東）从童聲（定東）訓潼水。字从童聲，作水名字，此但借其聲。

**龍** 《説文》：“龍，鱗蟲之長。能幽能明，能細能巨，能短能長。

春分而登天，秋分而潛淵。从肉，飛之形，童省聲。”

按龍 lóng（來東）甲骨文作，《甲骨文字典》：“象龍形，其字多異形，以作者爲最典型，从从，與甲骨文鳳之首略同，象巨口長身之形，其吻，其身。龍蓋先民想象中之神物……許氏所釋乃附會古代神話傳説而成。説形不確。”許氏所説有兩點要申明：一是鱗蟲之長，古人認爲魚可變龍，傳説鯉魚跳上龍門能變龍。故語有“池養化龍魚”，龍之巨口長身，蓋取象於蛇，蛇俗稱長蟲，《荀子》有“螣蛇無足而飛”。一是“春分而登天，秋分而潛淵”，説的却是天文中東方青龍七星的節季變化。許氏“童省聲”之説無據，但童从重聲，重从東聲，東、重、童聲字皆當以龍聲爲語源：東是囊橐的象形初文，蛇體就像一個長長的口袋，蛇食蛙鼠都是整體吞在體内包藏起來，蛇能吞下比其身軀大的動物。故語有“人心不足蛇吞象”。今湖湘俗稱長長的口袋叫“蛇皮口袋”。从人智和文物演進説，凡初民人工所造之器，必取象自然之物，近取諸身，遠取諸物。東（囊橐）之造作，其初蓋取象蛇體，初民捕蛇剮皮，最初的口袋蓋即剮蛇皮而成。故从語源説，囊橐之東當源於蛇，古人龍蛇每連言。

**瓏** 《説文》：“瓏，禱旱玉也。爲龍文。从玉，龍聲。”段注：“瑑龍爲文也。”

按瓏 lóng（來東）从龍聲（來東）訓禱旱玉。《周易》：“雲从龍，風从虎。”雲行雨施，古人認爲龍是管下雨的，故瑑龍於玉以禱旱祈雨。《淮南子》有“旱則修土龍”，今湖湘遇旱灾，農民仍以耍布龍、草龍求雨。

**蘢** 《説文》：“蘢，天蘥也。从艸，龍聲”。《爾雅·釋草》：“蘢，天蘥。”郝懿行義疏：“此草高大，故名天蘥。”

按蘢 lóng（來東）从龍聲（來東）訓天蘥。字从龍聲，龍能飛升。《周易》有“飛龍在天，利見大人”。此用龍飛升則高之引申義。天蘥之天即表高義。

**嚨** 《説文》：“嚨，喉也。从口，龍聲。”

按嚨 lóng（來東）从龍聲（來東）訓喉，喉嚨。喉嚨是飲食和氣流的通道，呈長管道形。傳説中的龍取象於蛇，蛇身呈管道形，故以龍爲喻。此以相似爲喻，用形似龍之引申義。

**龏** 《説文》："龏，愨也。从廾，龍聲。"段注："《心部》曰：'愨，謹也。'此與《心部》恭音義同。"

按龏 gōng（見東）从龍聲（來東）訓愨，愨訓謹，謂恭謹。在古人的觀念中，龍是神靈，能行雲施雨，造福生民，故當心存敬畏。字从龍聲，此用人禮敬神龍的引申義。

**龔** 《説文》："龔，給也。从共，龍聲。"段注："《糸部》曰：'給，相足也。'此與《人部》供音義同。今供行而龔廢矣。……俱容切，九部，按俱容於共得聲未詳。"

按龔 gōng（見東）从龍聲（來東）訓給，供給相足。字从龍聲，此用龍之韵部，而字讀見紐者，此以共（群東）之聲紐爲聲，會二字之意爲義，合二字之聲韵爲讀。漢字中此類情形多有。龔、龏古音同，从共與从廾義近。龏亦以廾（見東）之聲紐爲聲，以龍之韵部爲韵。字皆从龍聲者，龍爲天神，於字中表尊敬義。這是龏龔的深層信息。

**籠** 《説文》："籠，舉土器，一曰笭也。从竹，龍聲。"朱駿聲通訓定聲："（一曰笭，）與車蔽同名。笭籠一聲之轉也。籠如蕢與匧，以盛土，一人可荷，竹爲之。"

按籠 lóng（來東）从龍聲（來東）訓舉土器。从文明演進説，先有草器之蕢，演進而有竹器之籠，匧即《論語・微子》"遇丈人，以杖荷蓧"之蓧。何晏注："蓧，竹器。"而蓧从艸者，初亦當爲草器。籠从竹者，籠以竹編織，字从龍者謂其如囊橐中空可以盛土，字从龍聲，此用龍（東）之包容義。

**櫳** 《説文》："櫳，房室之疏也。从木，龍聲。"段注："疏當作䟽。疏者，通也。䟽者，門户疏窗也。房室之窗牖曰櫳，謂刻畫玲瓏也。"

按櫳 lóng（來東）从龍聲（來東）訓房室之疏（䟽）。門户䟽窗，是屋室的通道，門户供人出入，窗牖所以通風采光，窗格子有刻畫裝飾，故曰玲。瓏言空通，玲言靈巧，字从令聲，當爲靈聲之借，古人所謂空靈。《老子》所謂"當其無，有器之用"。龍取象蛇，蛇的大口由長管狀的蛇身直通肛門，東（囊橐）取象蛇身，故兩端開口，此龍有空通義之證。

櫳 《説文》："櫳，檻也。从木，龍聲。"段注："李善注《長揚賦》引《釋名》曰：'檻，車上施闌檻，以格猛獸，亦囚禁罪人之車也。'按許云，檻，櫳也者，謂罪人及虎豹所居。假借爲凡闌檻字。"

按櫳 lóng（來東）从龍聲（來東）訓檻，於車上施闌檻。字从龍聲，此用龍東囊橐之包藏禁閉義。櫳櫱均从木、龍聲，而以上下左右結構之不同以區别意義。

龓 《説文》："龓，兼有也。从有，龍聲。讀若聾。"段注："今牢籠字當作此。籠行而龓廢矣。《吴都賦》曰：'沉虎潜鹿，馽龓僒束。'按馽龓者，縶而籠其頭也。《玉篇》曰：'馬龓頭。'"

按龓 lóng（來東）从龍聲（來東）訓兼有，謂囊括包藏在内。此用龍東囊橐之引申義。字从有者，又之借。又，手也。此意陳邦懷《殷虚書契考釋小箋》已有説："（龓）卜辭从龍从又，象人手牽龍頭形，牢籠之誼昭然。"

寵 《説文》："寵，尊居也。从宀，龍聲。"段注："引申爲榮寵。"

按寵 chǒng（透東）从龍聲（來東）訓尊居。古人認爲龍是神靈之物，心存尊敬。字从龍聲當爲龏聲（見東）之借。寵从宀，宀者屋室，蓋爲供奉神龍的屋室，故曰尊居。

襱 《説文》："襱，絝踦也。从衣，龍聲。𧞫，襱或从賣。"段注："《方言》曰：'袴，齊魯之間謂之襪，或謂之襱。'郭注：'今俗呼袴踦爲襱。'"朱駿聲通訓定聲："襱者，蘇俗曰褲脚管。"

按襱 lóng（來東）从龍聲（來東）訓絝踦。即今語袴脚，蘇俗稱袴脚管。褲脚中空呈管形，龍蛇之身體外圓中空呈管狀，故以爲喻，引申爲凡穿着之稱。今湘陰方言穿鞋襪叫"龍鞋套襪"。

**龐** 《説文》："龐，高屋也。从广，龍聲。"段注："謂屋之高者也。故字从广。引伸之爲凡高大之稱。"

按龐 páng（並東）从龍聲（來東）訓高屋。字从龍聲，龍能高飛升天，《周易·乾》"飛龍在天，利見大人"，此用龍飛之引申義。又字从广而讀並紐者，广蓋爲府之借。《説文》"府，文書藏也"，引申爲百官所居曰府，俗稱官府，官府多深宅大院，高屋華堂。府（幫侯）、龐幫並旁紐，侯東陰陽對轉。

**礱** 《説文》："礱，礦也，从石，龍聲。天子之桷椓而礱之。"段注："礦者，石磑也。此云礦也者，其引伸之義也。謂以石礦物曰礱也。今俗謂磨穀取米曰礱。"

按礱 lóng（來東）从龍聲（來東）訓礦（今省作磨），石磑，俗稱磨子。字从龍聲，龍能卷曲盤旋，推磨盤旋轉而磨磑，故字从龍，用龍卷屈盤旋之引申義。

**豅** 《説文》："豅，大長谷也。从谷，龍聲。讀若聾。"

按豅 lóng（來東）从龍聲（來東）訓大長谷。字从龍聲，龍取象於蛇，蛇體長而外圓，呈管狀，而龍體大身長。字从谷，谷者山谷，以龍喻谷，故曰大長谷，此用龍長大、谷中空的引申義。

**聾** 《説文》："聾，無聞也。从耳，龍聲。"《釋名·釋疾病》："聾，籠也。如在蒙籠之内，聽不察也。"

按聾 lóng（來東）从龍聲（來東）訓無聞，耳朵聽不到或聽不清外界的聲音，這是一種病症，指聽覺失靈，或叫失聰。字从龍聲當爲籠聲之借，用籠之籠罩、蒙籠之比喻義。

**壟** 《説文》："壟，丘壟也。从土，龍聲。"段注："高者曰丘壠。《周禮》注曰：'冢封土爲丘壟也。'《曲禮》'適墓不登壟'，注曰：'爲其不敬壟冢也。'"

按壟 lǒng（來東）从龍聲（來東）訓丘壟、墳冢，人工起土所爲。謂高冢如丘，故又稱丘墓。字从龍聲，此用龍飛則高之引申義。

**蠪** 《説文》："蠪，丁螘也。从虫，龍聲。"《爾雅·釋蟲》："蠪，朾螘。"郭璞注："赤駁蚍蜉。"郝懿行義疏："《説文》：‘蠪，丁螘也。丁與朾音同。’釋文：‘朾，孫丈耕反。然則朾之爲言赬也，赬朾音近。此螘赤駁，故以爲名。’”

按蠪 lóng（來東）从龍聲（來東）訓丁螘，赤駁蚍蜉。字从龍聲，蓋爲丁聲（端耕）即赬聲（透耕）之借，赬是經的重文，《説文》“經，赤色也。”又紅（見東）龍叠韵。《爾雅·釋草》“紅，蘢古”，郭璞注：“俗呼紅草爲蘢鼓，語轉耳。”按蘢鼓倒之爲古龍，即紅之讀音，是其比。

**隴** 《説文》：“隴，天水大阪也。从𨸏，龍聲。”段注：“《地理志》：‘天水郡有隴縣。’《郡國志》：‘……隴縣有大阪名隴坻。’按坻即上文阺字也。”

按隴 lǒng（來東）从龍聲（來東）訓天水大阪。字从龍聲，此用龍大之引申義。

**瀧** 《説文》：“瀧，雨瀧瀧皃。从水，龍聲。”徐鍇繫傳：“猶言瀻瀧也。”段注：“瀧瀧雨滴皃也。”王筠釋例：“吾鄉謂細雨之皃曰瀧瀧。”

按瀧 lóng（來東）从龍聲（來東）訓雨瀧瀧皃。諸家所釋皆未觸及瀧的語源。字从龍聲蓋爲霝聲（來耕）之借，瀧、霝來母雙聲，耕東旁轉，古人認爲龍是管下雨的。《説文》有龗字，“龍也。从龍，霝聲”。又霝，雨零也。龗正是龍管下雨貯存在文字中的信息。雨瀧瀧皃，即雨霝霝皃，今口語常説“雨淋淋”，正是古語仍活在民衆口頭。

**棘** 《説文》：“棘，二東，䡛从此，闕。”朱駿聲通訓定聲：“按音義俱闕，或讀如䡛，不足據。今附東聲末。”

按以上之東聲、重聲、童聲、龍聲字，許書重从東聲、童从重聲，龍从童省聲，故朱氏皆入東聲，末附棘字。實則東聲字當以龍爲語源，重聲、童聲字則由東聲孳乳。

## 冡聲字

**冡** 《説文》：“冡，覆也。从冖豕。”段注：“凡蒙覆僮蒙之字今皆作蒙，依古當作冡，蒙行而冡廢矣。《草部》‘蒙，草名也’。”

按冡 méng（明東）字从冖、从豕會意，訓覆，覆蓋。字从冃，冃即冃，帽之初文。冡、网（明陽）明母雙聲，陽東旁轉。冡字的初義當爲用網冡住豕，捕豕是初民狩獵的重頭戲。彘字甲骨文作，取象以弓矢射豕，矢射中並穿透豕體，但野豕生命極頑强，射中還能奔跑，用網冡住，豕就跑不動了。冡字是初民捕豕的歷史寫真，是一幅生動的風俗畫。引申爲凡冡覆之稱，今字借蒙字爲之，現行漢字中有不少同音假借字，冡蒙就是一例。

**蒙** 《説文》：“蒙，王女也。从艸，冡聲。”段注：“《釋草》云：‘蒙，王女。’又云：‘唐蒙，女蘿；女蘿，兔絲。’孫炎曰：‘别三名。’……《小雅》：‘蔦與女蘿。’傳云：‘女蘿，兔絲，松蘿也。’”

按蒙 méng（明東）从冡聲（明東）訓王女、女蘿、兔絲。蒙爲藤蔓植物，生長在其他草木旁，引蔓攀附而上。稱女蘿者，女、兔皆有小義，其蔓抽小絲纏住其他植物上長，直達其他草木之頂部，故曰冡。字从冃，謂冃覆其頂。字从冡聲，此用冡覆之引申義。

**幪** 《説文》：“幏，蓋衣也。从巾，冡聲。”段注：“覆蓋物之衣也。”

按幏 méng（明東）从冡聲（明東）訓蓋衣、覆蓋物之衣，字从冡聲，此用冡覆、覆蓋之義。今字通作幪。

**䝉** 《説文》：“䮾，驢子也。从馬，冡聲。”《集韵》：“《説文》：‘䮾，驢子也。’或从蒙。”

按䮾 méng（明東）从冡聲（明東）訓驢子。字从冡聲，蓋蒙聲（明東）之借，蒙者女蘿、兔絲，女、兔均有小義。杜甫詩“兔絲附女蘿，引蔓固不長”。是蒙有小義，字从蒙聲，此用蒙小之引申義。

**醿** 《説文》：“𨢦，籟生衣也。从酉，冡聲。”段注：“《方言》：‘𪎊䴷也。’郭注云：‘音蒙，有衣䴷。’……䴷所以爲酒，故字从酉。”

按䤌 méng（明東）从冡聲（明東）訓麴生衣。指麴上長一層衣子，覆蓋在上面，故稱䤌。此以業爲名。字从冡聲，當爲幪聲（明東）之借，用幪蓋衣之引申義。

**矇** 《説文》：“矇，童蒙也。从目，蒙聲。一曰不明也。”段注：“此與《周易》‘童蒙’異。謂目童子如冡覆也。毛公、劉熙、韋昭皆云：‘有眸子而無見曰矇。’”

按矇 méng（明東）从蒙聲（明東）訓童蒙。目童子如蒙覆，有眸子而無見。字从蒙聲當作冡（今字通作蒙），此用冡覆、覆蓋之引申義。

**鸏** 《説文》：“鸏，水鳥也。从鳥，蒙聲。”段注：“《史記·上林賦》説水鳥有煩鶩。徐廣曰：‘煩鶩一作番鸏。’按矛聲、敄聲之字音轉多讀如蒙，賦文當依此本。”

按鸏 méng（明東）从蒙聲（明東）訓水鳥。蒙聲蓋爲敄聲（明侯）之音轉。蒙、敄明母雙聲，侯東陰陽對轉。鴨古稱鶩（明侯），鶩、鳧（並魚）皆水鳥，皆浮游於水上。浮（並幽）鶩鳧浮皆音近，鶩、鳧蓋以浮水爲名源，此以業爲名。

**饛** 《説文》：“饛，盛器滿皃。从食，蒙聲。《詩》曰：‘有饛簋飧。’”段注：“《小雅》傳曰：‘饛，滿簋貌。’許謂字之本義不專謂簋也，故易爲器。”

按饛 méng（明東）从蒙聲（明東）訓盛器滿皃。器内盛滿了熟食。字从蒙聲，蓋爲滿聲（明元）之借，此以雙聲相借。

**濛** 《説文》：“濛，溦雨也。从水，蒙聲。”段注：“溦，各本作微，今正。……溦、溟、濛三字一聲之轉，《豳風》曰：‘零雨其濛。’傳云：‘濛，雨皃。’《廣韵》：‘空濛小雨。’”

按濛 méng（明東）从蒙聲（明東）訓溦雨，今字通用微字。溦（明微）、濛明母雙聲。此溦訓雨之細小者，即今湖湘俗語之毛毛雨。俗諺云：“杯杯酒喝掉家當，毛毛雨打濕衣裳。”或叫“麻噴雨”，麻亦有小義。毛毛雨雖小，但遮蒙人視綫，使人視覺不明。字从蒙聲，此用蒙覆之引申義。

**蠓** 《説文》：“蠓，蔑蠓也。从虫，蒙聲。”段注：“各本蔑作蠛，無此字，今正。蔑之言末也，散也。《爾雅》作蠛，非古也。《釋蟲》曰：‘蠓，蠛蠓。’孫炎曰：‘此蟲小於蚊。’……《史記》‘蜚鴻滿野’，《索隱》引高誘曰：‘飛鴻，蠛蠓也。’按古鴻蒙爲疊韵，故高君知鴻爲蠓也。楊雄賦：‘浮蠛蠓而撇天。’蠛蠓猶鴻蒙也。細至於蠓，則其外皆鴻蒙矣，故其字从蒙。”

按蠓 méng（明東）从蒙聲（明東）訓蔑蠓。蔑之言末、細微。此蟲小於蚊，而其數至多，鴻（蠓）飛滿野，浮而撇（蔽）天，故以蠓名之。字从蒙聲，此用蒙小之義，又兼用蒙之冡覆義。

## 囱聲字

**囱** 《説文》：“囱，在墻曰牖，在屋曰囱，象形。凡囱之屬皆从囱。，古文。”段注：“《片部》曰：‘牖穿壁以木爲交窗也。’……屋在上者也。……此皆以交木爲之，故象其交木之形，外域之也。楚江切，古音在九部，今竈突尚讀倉紅切。”

按囱 cōng（清東）訓在屋曰囱。囱口向天，故今語稱天窗，與開在北面墻上的窗子稱嚮不同。中華古代民居率皆坐北朝南，南墻開門，門旁安窗，古人叫牖。這是窗、嚮、囱古義的區别。中華大地，地處北温帶，寒風皆从北方來，朝北邊的嚮，冬天是要塞實的。《詩·七月》“塞向墐户”，就傳達了這一信息。

**悤** 《説文》：“悤，多遽悤悤也。从囱从心。”段注：“从囱从心者，謂孔隙既多而心亂也。故其字入《囱部》會意，不入《心部》形聲。段令入《心部》則當爲心了悟之解矣。”

按悤 cōng（清東）从囱聲（清東）訓多遽悤悤，蓋謂心中事多事急。字从心，故段訓心亂。囱以交木爲之，交木則雜亂，字从囱聲，此用囱交木之引申義。又悤空（溪東）疊韵，字从囱聲，囱蓋以空爲語源。俗話説：“火要空心，人要真心。”火心空則燃燒旺盛，人心空則虚，遇事就易亂。

蔥 蔥 《説文》："蔥，菜也。从艸，悤聲。"

按蔥 cōng（清東）从悤聲（清東）訓菜。菜草本，故字从艸。蔥莖白，葉青緑中空，又从心者，心，中也。心在人身之中。字从悤聲，此用悤心空，即中空之引申義。

璁 璁 《説文》："璁，石之似玉者。从玉，悤聲。讀若蔥。"錢坫《斠詮》："《詩》'有瑲蔥珩'當用此。"

按璁 cōng（清東）从悤聲（清東）訓石之似玉者，讀若蔥。字从悤聲，當爲蔥聲（清東）之借，此用蔥青緑之引申義。玉石多以其色名。許氏的"讀若蔥"，《詩》"有瑲蔥珩"，錢坫以爲當作蔥，皆爲从蔥緑着眼。而以瑲狀蔥珩，正透露其中信息。玱（清陽）从倉聲（清陽）即蒼聲（清陽）之借，蒼天即青天，蒼松即青松。《説文》"蒼，草色也"。草色青，古詩有"青青河畔草"。

幒 幒 《説文》："幒，幝也。从巾，悤聲。一曰帗。㠊，幒或从松。"段注："《釋名》：'褌，貫也。貫兩脚上繫腰中也。'按今之套褲，古之絝也，今之滿襠褲，古之裈也。自其渾合近身言曰幝，自其兩襱孔穴言曰幒。"

按幒 cōng（清東）从悤聲（清東）訓幝。自其渾合近身言曰幝，自其兩襱孔穴言曰幒。字从悤聲，當爲蔥聲（清東）之借。蔥葉中空呈管狀，與褲脚中空呈管狀相似，此相似孳乳。字从蔥聲，用蔥中空呈管狀之比喻義。

窻 窻 《説文》："窻，通孔也。从穴，悤聲。"段注："古本所無，當刪。……囪或从穴作窗，……窗已爲或體，何取乎更取悤聲作窗字哉?"

按窻 chuāng（初東），窻、窗二字，皆由囪孳乳。囪爲人工製作，必取象於自然之物，囪、蔥（清東）古音同，囪取象於蔥，即以蔥爲語源，但从文字孳乳的次弟説，先有囪字之作，然後有窗悤蔥等字之作。

廖 廖 《説文》："廖，屋階中會也。从广，悤聲。"段注："謂兩階之中湊也。"

按廔 cōng（清東）从悤聲（清東）訓屋階中會。字从悤聲，蓋爲囪聲（清東）之借。階中會必有空隙，此用囪有通孔之引申義。

**驄** 《説文》："驄，馬青白雜毛也。从馬，悤聲。"段注："俗所謂蔥白色。《詩》曰：'有瑲蔥衡。'《釋器》曰：'青謂之蔥。'"

按驄 cōng（清東）从悤聲（清東）訓馬青白雜毛。字从悤聲，當爲蔥聲（清東）之借，此用蔥葉青莖白之引申義。

**熜** 《説文》："熜，然麻蒸也。从火，悤聲。"段注："麻蒸，析麻中榦也。……《周禮》曰'蕡燭，麻燭也'。"

按熜 cōng（清東）从悤聲（清東）訓麻蒸，可燃以照明的麻蒸，用麻秆儿扎的火把。麻秆儿有空隙，有空隙則利於通風助燃。俗話説："火要空心，人要真心。"火空心燃燒才旺。字从悤聲，當爲蔥聲（清東）之借，此用蔥葉中空喻麻蒸（麻秆儿）中空。

**聰** 《説文》："聰，察也。从耳，悤聲。"

按聰 cōng（清東）从悤聲（清東）訓察。許書悤聲有誤，當爲从心，囪聲。聽以耳，而察必以心。字从囪，囪是窗的本字，耳是接受聽覺信息的窗口，此謂耳空爽、聽覺靈敏，信息渠道暢通。而从心者，察必以心，對耳接收的信息加以分析綜合，作出判斷和反應，這是大腦的功能，古人叫心，《孟子》説："心之官則思。"

**總** 《説文》："總，聚束也。从糸，悤聲。"段注："謂聚而縛之也。悤有散意，糸以束之。《禮經》之總，束髮也。《禹貢》之總，禾束也。引申之爲凡兼綜之稱。"

按總 zǒng（精東）从悤聲（清東）訓聚束，將分散、散亂之絲麻聚而束之。字从悤聲，《説文》："悤，多遽悤悤也。"謂心中事多事急，事多且急則心易亂，亂則雜則散。字从悤聲，此用悤紛亂雜散之引申義。字从糸即用繩索將散亂的東西（絲麻）聚集束縛起來，其間還有一個整理、理順的過程。漢字構形有限，字形多有省略，還需讀者用聯想補充。

**鏓** 《説文》："鏓，鎗鏓也。从金，悤聲。一曰大鑿中木也。"段注："鎗鏓善狀鐘聲，今匙用此者。……馬融《長笛賦》'鏓硐隤墜’。李注云：説文曰‘鏓大鑿中木也’，然則以木通其中皆曰鏓也。……悤者多孔，蔥者空中，聰者耳順，義皆相類，凡字之義必得諸字之聲者如此。”

按鏓 cōng（清東）从悤聲（清東）訓鎗鏓。《説文》“鎗鏓，鐘聲也”。字从悤聲，作象聲字，此但借其聲，與悤之本義引申義無關。而从大鑿中木説，鏓謂以大鑿給木鑿孔。字从悤聲，當爲蔥聲（清東）之借，用蔥其葉中空之引申義。

**繱** 《説文》：“繱，帛青色也。从糸，蔥聲。”段注：“《爾雅》：‘青謂之蔥。’蔥即繱也。謂其色蔥，蔥淺青也，深青則爲藍矣。”

按繱 cōng（清東）从蔥聲（清東）訓帛青色。字从蔥聲，此用蔥色青之義。

# 廾部弟二

## 弅聲字

弅 朱駿聲通訓定聲："弅，火種也。从火从廾會意，與灰同意，《説文》奪此字，今據偏傍及《玉篇》補。按《管子·弟子職》：'櫛之遠近，乃成厥火。'《韵會》小補膡字，注引《譚苑》曰：'櫛，叚借字，正作弅，音燼。'《正字通》乃云：'弅同⿱聿火。'非，櫛借爲⿰火節，⿰火節即燼字也。"《玉篇》："弅，火種。"

按弅从火从廾，即以雙手持火會意。《玉篇》作士倦切。火不可持，而灰可持，故曰與灰同意。灰从又聲，灰（曉之）是灰以又（匣之）爲聲，比照言之，則弅當以廾（見東）爲聲。以从弅之⿺辶弅 sòng（心東）、⿰亻弅 yìng（余蒸）、⿰月弅 yìng（余蒸）、栚 zhèn（定侵）求之，弅之音讀，當在蒸、文、侵與蒸東之間，而弅即燭（火炬、火把）之餘燼。此蓋將火把點燃，燒到一定程度，將火焰吹熄，火焰雖熄而火獨存，故稱火種與灰造字之命意同而有别，死灰不能復燃，而火種可以復燃。火不可持，可持者火種，初民夜間携火種入山狩獵，遇野獸使勁揮動火把則火起，野獸遇火則恐懼，頓失其威猛，而火助人捕獸之勢。

⿰㼱弅 《説文》："⿰㼱弅，羽獵韋絝。从㼱，弅聲。⿱㼱衣，《虞書》曰：'鳥獸褻毛，从朕从衣。'"段注："（㼱）从北者，反覆柔治之也。……今隸下皆作瓦矣。"

按⿰㼱弅 jùn（精文）从弅聲（精文）訓羽蠟韋絝，古代打獵穿的皮褲。字从弅聲當與舉火而獵有關。

⿰木弅 《説文》："⿰木弅（栚），槌之横者也。關西謂之㯢。从木，弅聲。”段注：“许倂腁字皆弅聲，是（許書）本有弅篆而佚之也。”

按栚 zhèn（定侵）从弅聲（精文）訓槌之横者，懸掛蠶薄的横梁。字从弅聲，其語源不詳。

倂 《説文》：“倂（侯），送也。从人，弅聲。吕不韋曰：‘有侁氏以伊尹侯女。’古文以爲訓字。”段注：“侯，今之媵字，《釋言》曰：‘媵，將送也。’《周易》：‘媵，口説也。’虞曰：‘媵，送也。’……以侄娣送女，乃其一耑耳。《公羊傳》曰‘媵者何？諸侯娶一國，則二國往媵之，以侄娣从’是也。今義則一耑行而全者廢矣。”

按倂 yìng（余蒸）从弅聲（精文）訓送。在造字之初，所送必爲具體之物，而且必爲古人日常生活必需之物。弅是火種，火種是古人日常生活必需之物，侯、送一字之分化。送的初義當是將火種、火把送人。《孟子・盡心上》：“昏夜叩人之門户，求水火，無弗與者。”這是以火把送人夜行見諸典籍的實證。引申凡以物送人皆可稱送，又引申指以侄娣送女陪嫁，字則孳乳爲媵。又火把稱火炬，人夜行火把舉在頭上照明，舉（見魚）、炬（群魚）音近，炬蓋以舉爲語源，此以業爲名，而舉的初義則當爲舉起火把。

朕 《説文》：“朕，我也。闕。”段注：“按朕在《舟部》，其解當曰：‘舟縫也。从舟，弅聲。’何以知爲舟縫也？《考工記・函人》曰：‘視其朕，欲其直也。’戴先生曰：‘舟之縫理曰朕，故札續之縫亦謂之朕。’所以補許書之佚文也。本訓舟縫，引伸爲凡縫之稱。凡言朕兆者，謂其幾甚微，如舟之縫如龜之坼也。《目部》瞽字下云：‘目但有朕也。’謂目但有縫也。……云‘从舟弅聲者’，《人部》侯字亦云‘弅聲’。今《説文》雖無弅字，然論例當有之。凡勝、騰、滕、黱皆以朕爲聲，則朕古音當在六部矣。今音直禁切。六部與七部合韵最近也。”

按朕 zhèn（定侵）从弅聲（精文）。朕、弅定精鄰紐，文侵通轉，訓舟縫。戴氏此説是一個創見。舟有縫，則水从舟縫冒上來。灷訓火種即火把，火把點燃，火焰向上升騰。此以火把之火焰升騰，喻水从舟縫向上冒。此用火焰上騰之比喻義。凡灷聲、朕聲字多有升騰義者，皆以此爲語源。朕字甲骨文作或作，《甲骨文字典》：“從舟從，象兩手奉器治舟之形。或省舟。……段注：‘……本訓舟縫，引伸爲凡縫之稱……奉器治舟蓋以彌其縫，故稱其縫亦曰朕。’戴震、段玉裁所説似可从。”《字典》所引“奉器治舟”等十六字，不見今本段注，不知何所據，或者在已舍去的原注長編中，既已删汰，蓋有不足信之意。又舟有縫冒水，容有治舟之舉，但从朕聲字皆與水往上冒義相關，而與治舟義無涉。从丨蓋即火之省形，水往上冒，其形難象，故借火種、火把、火焰升騰之象以喻之。

謄《説文》：“謄，移書也。从言，朕聲。”段注：“今人猶謂謄寫。”

按謄 téng（定蒸）从朕聲（定侵）訓移書，謄寫、謄抄。字从言，此以言代字。从朕聲，此用朕水从舟縫往上冒之引申義，謄、朕定母雙聲，蒸侵通轉，古音相近，此以音近相借。

縢《説文》：“縢，機持經者。从木，朕聲。”段注：“《小雅》云：‘杼軸其空。’縢即軸也。……謂之縢者勝其任也。……按《集韻》引《廣雅》柅謂之縢。今《廣雅》柅作椖，誤也。”

按縢 shèng（書蒸）从朕聲（定侵）訓機持經者。機，織布機，持經者謂持經紗，使之分爲兩層交互升降開合，導緯紗織入經紗中成布。《廣雅·釋器》作柅，柅从𠂢，是派分的本字。柅即將經紗派分爲二。段氏説縢爲軸有誤，軸只能總持經紗，而不能派分經紗使之升降開合。前人對此字説解歷來多泛而不切，今特揭出詳言之。字从朕聲，此用朕水从舟縫往上冒之引申義，又兼用升之反向義降，升降相反而實相成。

賸《説文》：“賸，物相增加也。从貝，朕聲。一曰送也，副也。”段注：“賸增疊韵，以物相益曰賸，字之本義也。今義訓爲賸疣，與古義小異，而實古義之引伸也，改其字作剩，

而形異矣。……《人部》曰：‘併，送也。’賸訓送，則與併音義皆同。副，貳也。貳副益也。訓送訓副，皆與增加義近。”

按賸 shèng（船蒸）从朕聲（定侵），訓物相增加。字从朕聲，此用朕水从船縫往上冒之引申義，上冒即升，升增義近。

**幐** 《説文》：“幐，囊也。从巾，朕聲。”段注：“《離騷》：‘蘇糞壤以充幃。’王注：‘幃謂幐。幐，香囊也。’按凡囊皆曰幐，王望文爲説耳。《玉篇》曰：‘兩頭有物謂之幐擔。’”

按幐 téng（定蒸）从朕聲（定侵）訓囊。初義蓋如王氏所言香囊，引申爲凡囊之稱。語轉則爲今語袋（定職），袋、幐定母雙聲，蒸職陽入對轉。字从朕聲，此用朕水从船縫往上冒之引申義。凡芳香氣噴發上揚，今湖湘俗語稱芳香濃烈爲“噴香的”，故亦引申有升騰義。

**滕** 《説文》：“滕，水超踊也。从水，朕聲。”段注：“踊，依《韵會》本从足，超踊皆跳也，跳，躍也。《小雅》：‘百川沸騰。’毛曰：‘沸出。騰，乘也。’騰者滕之假借。……《周易》‘滕口説’，引伸之義。”

按滕 téng（定蒸）从朕聲（定侵）訓水超踊。字从朕聲，此用朕水从舟縫往上冒之引申義。

**騰** 《説文》：“騰，傳也。从馬，朕聲。一曰犗馬也。”段注：“傳與上文傳（馹，傳也）同。……引伸爲馳也，爲躍也。……上文犗馬謂之騬，則是騰爲騬之叚借字也，亦有叚騰爲乘者，如《月令》‘絫牛騰馬’，讀乘匹之乘。”

按騰 téng（定蒸）从朕聲（定侵）訓傳，即古之快馬傳送，故引申有馳也、躍也（起跳、跳躍）。字从朕聲，此用朕水从舟縫往上冒之引申義。一曰犗馬，則假騰爲騬，讀乘匹之乘。此謂犗馬已去勢（閹割），再無乘匹（牝牡交配）之能力。

**黱** 《説文》：“黱，畫眉墨也。从黑，朕聲。”段注：“依小徐有墨字，《玉篇》作黑，黱者婦人畫眉之黑物也。《釋名》曰：

‘黛，代也。滅眉毛去之，以此畫代其處也。’《通俗文》曰：‘點青石謂之點黛。’服虔、劉熙字皆作黛，不與許同，漢人用字不同之徵也。黛者黱之俗，《楚辭》《國策》遂無作黱者。”

按黱 dài（定蒸）从朕聲（定侵），或代黛 dài（定蒸）从代聲（定職），黱黛雙聲，蒸職陽入對轉，此黱演爲黛的語音軌迹。點黛即畫黑物於眉，以所畫黑物代眉，此漢人用字之不同而又相同者。从黱畫眉墨説，則黱从朕聲，與謄从朕聲之意略同，移抄紙上與畫於眉上同意，此用朕升騰之義。从黱黛一字之演化説，則黱从朕聲當爲代聲之借，用所畫墨物代眉之義。

**勝** 《説文》：“勝，仌出也。从仌，朕聲。《詩》曰‘納於勝陰’。凌，勝或从夌。”

按勝 líng（來蒸）从朕聲（定侵）訓仌（冰）出，冰面凸起。今湖湘方言稱冰爲“凌冰”，天寒結冰叫“下凌”，字正當作勝。字从朕聲，此用朕水从舟縫往上冒之引申義。

**縢** 《説文》：“縢，緘也。从糸，朕聲。”段注：“亦所以束者也。《周書》有《金縢》。凡艸之藟、木之虆曰縢，俗作藤。”

按縢 téng（定蒸）从朕聲（定侵）訓緘，纏束。草木縢，今字作藤，藤的特點是喜歡纏樹，攀附樹木向上長。歌劇《劉三姐》有詞：“世間只有藤纏樹。”字从朕聲，此用朕水从舟縫向上冒之引申義。

**螣** 《説文》：“螣，神它也。从虫，朕聲。”段注：“荀卿曰：‘螣蛇無足而飛。’《毛詩》叚借爲蟘字。”

按螣 téng（定蒸）从朕聲（定侵）訓神蛇，無足而飛。飛者騰飛，故稱螣蛇。字从朕聲，此用朕水从船縫往上冒之引申義。

**塍** 《説文》：“塍，稻田中畦埒也。从土，朕聲。”段注：“《集韵》《類篇》宋本作‘稻中畦也’。今本及《文選》注作‘稻田畦也’，《韵會》作‘稻中畦埒也’。今合訂之如此。畦，五十畝之介也。埒者庳垣，亦所以爲界。稻田中作介畫以蓄水，取義於此。謂之塍，必言稻中者，禾黍不必爲此，惟稻必蓄水以養之。……今四川謂田繩子，江浙謂之田緪，縆亦繩也。"

按塍 chéng（船蒸）从朕聲（定侵）訓稻田中畦埒。今湖湘俗語正讀田塍。字从朕聲，此用朕水从舟縫往上冒之引申義。以水向上冒喻土埂於田間凸起爲界以蓄水。

**勝** 《說文》："勝，任也。从力，朕聲。"段注："任者，保也。保者，當也。凡能舉之能克之皆曰勝。"

按勝 shèng（書蒸）从朕聲（定侵）訓任，任即今語擔任、擔當。段氏引古訓保當，保的初義是負子於背，引申爲負重、負擔。段氏"凡能舉之能克之皆曰勝"，即力量和氣勢超出當前之對手，即能擔當得起，力能壓倒制服對手。字从朕聲，此用朕水从船縫往上冒之引申義，書定準雙聲，蒸侵通轉。

**虪** 《說文》："虪，黑虎也。从虎，騰聲。"

按虪 téng（定蒸）从騰聲（定蒸）訓黑虎。字从騰聲，當爲黱聲（定蒸）之借。《說文》："黱，畫眉墨也。"婦人畫眉之黑物，騰黱古音同，此以同音相借，用黱畫眉墨之引申義。

## 曾聲字

**曾** 《說文》："曾，詞之舒也。从八从曰，四聲。"

按曾 zēng（精蒸），甲骨作 <前 6. 54. 1>、 <後下 24. 11>，金文昜鼎作 。《甲骨文字典》："象釜鬲之箅，八象蒸氣之逸出，古 象蒸熟食物之具，即甑字之初文。"金文作 ，其下之 ，即承甑之釜鬲， 从田，田中之十象甑箅，田外之○象甑身，甑身加於釜鬲之上，由兩者合成。詞之舒也，是曾的假借義，許書釋形誤。比況孳乳爲層，層从尸，尸即屋，層即今語層樓，引申爲凡有多層者之稱，又引申有高義，如雲層、高層。

**譄** 《說文》："譄，加也。从言，曾聲。"段注："加下曰：'語相譄加也。'按譄、加、誣三字互訓。"

按譄 zēng（精蒸）从曾聲（精蒸）訓加，謂言辭夸大，添油加醋，造謡誣巇。字从曾聲，此用曾於釜鬲上加甑之引申義。

**矰** 《説文》：“矰，隿射矢也。从矢，曾聲。”段注：“《周禮·司弓矢》云：‘矰矢茀矢用諸弋射。’注云：‘結繳於矢謂之矰，矰，高也。’”

按矰 zēng（精蒸）从曾聲（精蒸）訓弋射矢，繫有絲繩的箭，以射飛鳥。字从曾聲，此用曾加高之引申義。

**贈** 《説文》：“贈，玩好相送也。从貝，曾聲。”段注：“贈送疊韵。……今人以物贈人曰送，送亦古語也。”

按贈 zèng（從蒸）从曾聲（精蒸）訓玩好相送。送的初義是給夜間行路的人送個火把。贈字从貝，即給受贈加貝。古人貫貝爲飾，貝與珠玉，初皆爲玩好之物。字从曾聲，此用曾（甑的本字）甑加於釜鬲上之引申義。

**鄫** 《説文》：“鄫，姒姓國，在東海。从邑，曾聲。”

按鄫 zēng（從蒸）从曾聲（精蒸）訓姒姓國。字从曾聲，作國名字，此但借其聲。

**罾** 《説文》“罾，魚網也。从网，曾聲。”段注：“文穎曰：‘罾，魚網也。’師古曰：‘形如仰繖，蓋四維而舉之。’”

按罾 zēng（精蒸）从曾聲（精蒸）訓魚網。一種以竹竿或木棍做支架的方形魚網，沉入水中，待魚入網，則攀舉而上，故俗又稱攀罾。字从曾聲，此用曾高之引伸義，與上文矰之从曾聲，其命意相似。

**層** 《説文》：“層，重屋也。从尸，曾聲。”段注：“曾之言重也，曾祖曾孫皆是也，故从曾之層爲重屋。《考工記》：‘四阿重屋。’注曰：‘重屋，複笮也。’後人因之作樓。《木部》曰：‘樓，重屋也。’引伸爲凡重疊之稱。”

按層 céng（從耕）从曾聲（精蒸）訓重屋，即今語之樓房。字从曾聲，曾是甑的本字，此用甑有上下兩層相重疊之引申義。

**䰝** 《説文》：“䰝，置魚筩中炙也。从火，曾聲。”段注：“筩，斷竹也。置魚筩中而乾炙之，事與蒸相類。”

按熷 zēng（精蒸）从曾聲（精蒸）訓置魚筩中炙。筩，斷竹也，即今語竹筒，魚放在竹筒里乾炙，字从曾聲蓋爲層聲（從耕）之借，和炙肉相比，魚置竹筒中，火不直接炙肉，中間隔了一層竹筒。此用層間隔之引申義。

**竲 竲**《説文》："竲，北地高樓無屋者。从立，曾聲。"段注："北地，郡也。高樓上不爲覆曰竲。《禮運》曰：'夏則居曾巢。'鄭曰：'暑則聚薪柴居其上也。'此竲之始也。《禮運》本又作竲。"

按竲 céng（從蒸）从曾聲（精蒸），訓北地高樓無屋者，没有頂蓋的樓台，引申有高峻義。字从曾聲，此用曾高之引申義。

**憎 憎**《説文》："憎，惡也。从心，曾聲。"《方言》卷七："諄憎，所疾也。宋魯凡相惡謂之諄憎，若秦晋言可惡矣。"

按憎 zēng（精蒸）从曾聲（精蒸）訓惡，憎惡。字从曾蓋爲兂聲（精侵）之借，此用簪鋭可刺之引申義。憎惡从心，心惡之，而以口説刺之。

**潧 潧**《説文》："潧，潧水，出鄭國。从水，曾聲。《詩》曰：'潧與洧，方汎汎兮。'"

按潧 zhēn（莊真）从曾聲（精文）訓潧水。字从曾聲，作水名字，此但借其聲。

**甑 甑**《説文》："甑，甗也。从瓦，曾聲。𤮊，籀文甑。"段注："按甑，所以炊蒸米爲飯者，其底七穿，故必以箅蔽甑底而加米於上而餴之而餾之。"

按甑 zèng（精蒸）从曾聲（精蒸）訓甗。甑是曾的後起的加注形旁字，曾是甑的象形初文，曾借爲虚詞，遂增瓦作甑，以表曾之本義。古甑爲陶器，故增瓦旁。訓甗者，甗是鬳的加注形旁字。《説文》："鬳，鬲屬。"字从虍聲，虎聲之省，虎大，此狀其高。甑加於釜鬲上有兩層，故引申有高義。

**䰝 䰝**《説文》："䰝，鬵屬。从鬲，曾聲。"段注："按此篆淺人妄增也。……䰝者，甑之或體耳。《爾雅》音義云：'䰝，本或作甑。’《篇》《韵》皆云：‘甑䰝同字。’可知古本《説文》不分入鬲、瓦二部。”

按䰝 zèng（精蒸）、甑（精蒸）音義皆同，从鬲與从瓦同意，實爲一字之異體。

**繒** [illegible]《説文》：“繒，帛也。从糸，曾聲。綷，籀文繒，从宰省。楊雄以爲《漢律》祠宗廟丹書告也。”段注：“宰省聲也。不曰辛聲，定爲宰省聲者，辛與曾有真蒸之别，宰省與曾爲之、蒸之相合，通轉最近者也。”

按繒 zēng（從蒸）从曾聲（精蒸）訓帛，絲織品的總稱。字从曾聲蓋爲增聲（精蒸）之借，此謂用經過凍練而增白增强的絲織成。借曾爲增，此用增之增加、增進義。

**增** [illegible]《説文》：“增，益也。从土，曾聲。”段注：“益者饒也。會下曰：‘曾，益也。’是可叚曾爲之。”王筠句讀：“曾下云‘詞之舒也’而會下則曰‘曾，益也’。知增即曾之分别文。”

按增 zēng（精蒸）从曾聲（精蒸）訓益，增益、增加。字从曾聲，曾是甑的象形初文，此用曾於釜鬲上加甑的引申義。又會下曰‘曾，益也’者，會的初義，是於甑上加蓋，蓋（見月）、會（匣月）音義並近，此一聲之轉，引申爲凡會合、相會之稱。

## 乃聲字

**乃** [illegible]《説文》：“乃，曳詞之難也。象氣之出難也。凡乃之屬皆从乃。[illegible]，古文乃。[illegible]，籀文乃。”

按乃 nǎi（泥之），甲骨文作[illegible]<前 6. 30. 3>、[illegible]<戩 7.1>、[illegible]<菁 7>。《甲骨文字典》：“象婦女乳房側面形。爲奶（通作嬭）之初文。……卜辭多用爲虚詞，其義遂隱。”今湖湘方言口語仍稱乳房爲“奶子”，給幼兒哺乳叫“喂奶”。乳汁叫“奶水”，又“牛奶”“馬奶”之類。乃作虚詞包括作代詞，如乃父乃翁，此皆以同音相假借，與乃之本義毫不相干。許書“象氣之出難”純屬誤説。

**仍** 《説文》：“仍，因也。从人，乃聲。”段注：“《釋詁》曰：‘攘，仍，因也。’《大雅·常式》傳曰：‘仍，就也。’就與因義一也。《周禮》故書仍爲乃。”

按仍 réng（日之）从乃聲（泥之）訓因，又訓就，就因義近。因是茵的本字，即用草編織的席子。古人坐臥於席上。古語席地而坐，不是把地當席子坐在地上，而是在地上鋪席子，坐在席上。就是今就餐、就寢的就。仍从人乃會意，初義當是孺子就母乳吮奶。《説文》：“孺，乳子也。”孺子就是哺乳期的幼兒。字義不虚起，凡抽象的意義必借助具體形象來表現，仍訓因訓就，初義是孺子就母乳吮食奶水，引申爲凡因仍、仍就之詞。

**孕** 《説文》：“孕，裹子也。从子，乃聲。”段注：“乃聲二字各本作从几，誤，今正。《艸部》艿字，《人部》仍字皆乃聲。《管子》孕作䞨，从繩省聲，可證也。”

按孕 yùn（余蒸）从乃聲（泥之），孕、乃余泥旁紐，之蒸陰陽對轉，訓裹子，今稱“懷孕”，或叫“懷毛毛”，湘北方言叫“亥肚”。婦女懷孕期近預産，乳房漸大，此从生理上爲哺乳作準備，故以乳房變大作爲婦女懷孕的象徵。《管子》孕作䞨字从黽。《説文》：“黽，鼃黽也。从它象形。”段注：“謂从它，象其頭，下象其大腹也。”䞨从黽，取象腹大。婦女懷孕腹漸大，期近預産則腹凸出，俗稱“出懷”，奶大腹大都是婦女懷孕的象徵。

**訽** 《説文》：“訽，厚也。从言，乃聲。”段注：“與仍音義略同。”

按訽 réng（日蒸）从乃聲（泥之）訓厚，初義當由乳汁厚引申。《説文》：“湩，乳汁也。”乳汁濃厚，厚重義近。此借乳汁之濃厚，喻言辭情意之濃厚。陶潛《歸去來兮辭》“悦親戚之情話”，情話即有情、多情、情意濃厚的話。

**鼐** 《説文》：“鼐，鼎之絶大者。从鼎，乃聲。”段注：“《釋器》曰‘鼎絶大謂之鼐’。《周頌》傳曰：‘大鼎謂之鼐，小鼎謂之鼒。’……絶大謂函牛之鼎也。”

按鼐 nài（泥之）从乃聲（泥之）訓鼎之絶大者，即函牛之鼎，能把一條牛的肉全部裝下的大鼎。字从乃聲，此用女人的奶比男人大，婦人懷孕哺乳則奶更大的引申義。

**扔** 《説文》："扔，捆也。从手，乃聲。"段注："捆，各本作因，今正。扔與仍音義同。《老子》曰：'爲之而莫之應，則攘臂而扔之。'"朱駿聲通訓定聲："按以手攖之也。"

按扔 rēng（日蒸）从乃聲（泥之）訓捆。《説文》："捆，就也。"孺子吮奶，口就奶而吮之。稍長吃奶時則手或就奶而攖之。攖，撓也。

**艿** 《説文》："艿，艸也。从艸，乃聲。"段注："按許謂艿爲艸名也。"

按艿 réng（日蒸）从乃聲（泥之）訓草名，乃物之名，不以其德則以其業。以訥从乃聲訓厚，及許書艿與葐相連，字从血，血濃於水推測，艿蓋爲一種葉厚有汁的草。字从乃聲，此用乳汁厚之引申義。未知確否，尚祈植物學專家賜正。

**杒** 《説文》："杒，杒木也。从木，乃聲。讀若仍。"

按杒 rēng（日蒸）从乃聲（泥之）訓杒木。杒木今爲何木不詳，其語源不詳。

# 臨部弟三

## 兂聲字

**兂** 《説文》："兂，首笄也。从儿匕，象形。凡兂之屬皆从兂。簪，俗兂，从竹，从朁。"段注："《竹部》曰：'笄，簪也。'二字爲轉注。古言笄，漢言兂。此謂今之兂即古之笄也。……此非相與比叙之匕，乃象兂之形也。兂必有岐，故又曰叉，俗作釵。《釋名》曰：'叉，枝也。因形名之也。篆右象其叉，左象其所抵，以固弁者。'"

按兂 zān（精侵）訓首笄。兂是簪的象形初文，簪是後起的形聲字。簪所以固髮。簪銳，今湖湘方言謂束刺痛人叫簪人。兂讀 zán，正用簪銳之引申義。

**兓** 《説文》："兓，兓兓，鋭意也。从二兂。"段注："兂主入，故兩兂爲鋭之意。……凡俗用鑯、尖字，即兓字之俗。"

按兓 qīn（清侵）从二兂，訓鋭意。兂主入，謂刺入，鋭則易入，从二兂者加强尖鋭之意。此用兂鋭之引申義。

**鬵** 《説文》："鬵，大鬴也。一曰鼎大上小下若甑曰鬵，从鬲兓聲。讀若岑。[illegible]，籀文鬵。"

按鬵 zèng（精蒸）从兓聲（精侵）訓大鬴。鬴即今之釜字，釜口大，釜底略呈尖形，故又以鬵名，此用兓鋭之引申義。从鼎大上小下若甑説，則鬵（邪侵）从兓聲，蓋爲甑聲（精蒸）之借。《爾雅·釋器》"䰝謂之鬵"，甑、鬵精邪旁紐，蒸侵通轉。

**朁** 《説文》："朁，曾也。从曰，兓聲。《詩》曰：'朁不畏明。'"段注："曾之言乃也。……《爾雅》字皆作憯，憯之本義痛也。"

按朁 cǎn（清侵）从朁聲（精侵）訓曾，曾之言乃。朁、曾、乃皆有本義，朁銳、曾甑、乃奶（乳房），此同借爲虛詞，凡虛詞皆源於假借。朁作虛詞，此但借其聲。曾（精蒸）、乃（泥之）之蒸對轉，蒸侵通轉，三字音近。

⿰王朁 《說文》：“⿰王朁，石之似玉者。从玉，朁声。”

按⿰王朁 zēn（莊侵）从朁聲（清侵）訓石之似玉者。字从朁聲，蓋簪聲（精侵）之借。古時富貴人家之女子用玉簪，唐詩“斜拔玉簪燈影畔，剔開紅焰救飛娥”，貧女則用石先竹先，所謂“荆簪布裙”。

噆 《說文》：“噆，嗛也。从口，朁聲。”段注：“玄應引作‘銜也’，嗛銜音義同。”

按噆 cǎn（精侵）从朁聲（清侵）訓嗛。嗛銜音義同。字从朁聲，當爲先聲（精侵）之借，蓋指蟲鳥之利嘴插入食物或人的肌膚內。《莊子・天運》：“蚊虻噆膚，則通昔（夕）不寐矣。”此用先（簪）尖銳之引申義。

譖 《說文》：“譖，愬也。从言，朁聲。”

按譖 zèn（莊侵）从朁聲（精侵）訓愬，說壞話，誣陷中傷別人。字从朁聲當爲簪聲（精侵）之借，謂以惡毒之言辭如簪之刺傷人，此用簪銳之引申義。

僭 《說文》：“僭，儗也。从人，朁聲。”段注：“各本作假也。今依《玉篇》所引，正。《廣韵》亦云：‘擬也。’以僭儗二篆相聯互訓，知作假之非矣。以下儗上，僭之本義也。”

按僭 jiàn（精侵）从朁聲（清侵）訓儗，謂僭越，指超越自己的身份，冒用在上者的身份職權行事。字从朁聲，此用兓銳之引申義。今湖湘俗語“削尖腦袋往上鑽”，亦含此意。

憯 《說文》：“憯，痛也。从心，朁聲。”段於悲篆下注曰：“按憯者，痛之深者也。恫者痛之專者也，悲者痛之上騰者也。各從其聲而得之。”

按憯 cǎn（清侵）从朁聲（清侵）訓痛。字从朁聲當爲簪聲（精侵）之借，謂心之痛如無數銳簪在刺入，其痛難忍。俗語形容心之劇痛如萬箭穿心，是其比。或説心如刀割，此用簪鋭刺入之引申義。

潛 《説文》：“潛，涉水也，一曰藏也。从水，朁聲。一曰漢爲潛。”

按潛 qián（從侵）訓涉水，一曰藏也。字从朁聲當爲簪聲（精侵）之借，此以簪插入髮結中，僅露簪首，喻人之涉水。其藏，則當謂人潜行水中，故引申有藏義。一曰漢爲潛，作水名字，此則但借其聲。

⿰魚朁 《説文》：“⿰魚朁，⿰魚朁魚也。从魚，朁聲。”桂馥義證：“魚名者，《南越志》：‘鱣，⿰魚朁屬也。’《韓詩外傳》：‘瓠巴鼓瑟，⿰魚朁魚出聽。’《詩·周頌》：‘有⿰魚朁有鮪。’陸璣疏：‘鱣身形似龍，頭鋭，口在頷下。’”

按⿰魚朁 cén（崇侵）从朁聲（清侵）訓⿰魚朁魚，魚名。字从朁聲，蓋爲簪聲（精侵）之借。⿰魚朁魚頭鋭，故以⿰魚朁名。此以德爲名，用簪鋭之引申義。

蠶 《説文》：“蠶，任絲蟲也。从䖵，朁聲。”段注：“任，俗訛作吐，今正。任與蠶以叠韵爲訓也。言惟此物能任此事，美之也。絲下曰：‘蠶所吐也。’”

按蠶 cán（从侵）从朁聲（清侵）訓任絲蟲。字从朁聲，兓聲（精侵）之借。段注：“先主入，故兩先爲鋭之意。……凡俗用鑯、尖字，即兓字之俗。”此用兓之尖鋭義，以兓之尖鋭喻蠶之利嘴食桑葉。

鐕 《説文》：“鐕，可以綴箸物者。从金，朁聲。”段注：“《喪大記》：‘君裏棺用朱緑，用雜金鐕，大夫裏棺用玄緑，用牛骨鐕。’注鐕，所以琢箸裏。按今謂釘者，皆是，非獨棺釘也。”

按鐕 zān（精侵）从朁聲（清侵）訓可以綴箸物者。字从朁聲，當爲簪聲（精侵）之借，用簪笄綴箸髮結之引申義。字从金，故段謂今謂釘者皆是。

⿰酉朁 《説文》：“⿰酉朁，歃酒也。从酉，朁聲。”段注：“歃，歠也；歠，飲也。歃謂小飲之。”

按醑 jǐn（精侵）从朁聲（清侵）訓歃酒，謂小飲之。以嘴插入酒中啐一小口。字从朁聲，當爲簪聲（精侵）之借。此以簪插入髮結中，喻人以嘴插入酒中小飲，此相似孳乳。

灊 《説文》："灊，灊水，出巴郡宕渠西南入江。从水，鬵聲。"

按灊 qián（從侵）从鬵聲（從侵）訓灊水。字从鬵聲，作水名字，此但借其聲。

## 壬聲字

壬 《説文》："壬，位北方位也。侌極昜生。故《易》曰龍戰於野。戰者接也。象人褢妊之形，承亥壬以子，生之叙也。壬與巫同意，壬承辛，象人脛。脛，任體也。"

按壬 rén（日侵），許氏引用當時盛行的陰陽五行説釋壬，此不經之説，但釋壬"與巫同意""象人懷妊之形"，此則其合理成分。壬字甲骨文作I，《甲骨文字典》謂"字形所象不明"，愚以爲壬（I）即人字之異構，人直立行走，脚踏實地，頭頂青天，I字正其寫意，壬、人（日真）日母雙聲，真侵通轉，古音相近。孳乳爲仜，演進爲壬，又孳乳爲妊，《説文》："妊，孕也。从女壬，壬亦聲。"此以人體中間（腹部）變大，表示婦女懷孕，女孕則腹大，臨近預産，則腹大更加突出，湖湘俗語叫"出懷"。妊从女者，懷孕專屬女人。孳乳爲飪，《説文》"飪，大孰也"，食物、糧食煮熟，則膨脹變大。字从壬聲，此以婦女懷孕腹變大，喻食物煮熟膨脹變大。从壬與从巫同意説，巫从工，此工即人字的異構。巫是人，以舞事神，巫、舞古音同。《説文》："巫，巫祝也，女能事無形以舞降神者也，象人兩袖舞形，與工同意。"此工即甲骨文之I，亦即人，後工字爲工匠義所專，字孳乳作壬，以示區分。

飪 《説文》："飪，大孰也。从食，壬聲。"段注："《特牲禮·請期》曰：'羹飪。'注：'飪，孰也。'飪亦假稔爲之。《釋言》'饙，餾，稔也'，字又作餁，餁同飪。"

按飪 rèn（日侵）从壬聲（日侵）訓大孰，謂熟透。字从壬聲，壬是妊的本字。此用妊婦妊腹變大之比喻義。

**任** 《説文》："任，保也。从人，壬聲。"段注："保之本義，《尚書》所謂保抱。任之訓保，則保引伸之義。……引伸之凡儋何曰任。"

按任 rèn（日侵）从壬聲（日侵）訓保。保的本義是保抱，保字甲骨文作或作，取象大人把小孩背在背上，故引申有負擔義。又任字甲骨文作或作，與保取象大人把小孩背在背上大致是相同的。任即負擔，古語任重道遠。任由背負演進爲肩擔，任重就是肩上的擔子重，所謂"鐵肩擔道義"。

**衽** 《説文》："衽，衣衿也。从衣，壬聲。"

按衽 rèn（日侵）从壬聲（日侵）訓衣衿。衿即今襟字，衣服胸前交領部分。衿从金聲，金从今聲，與襟从禁聲，同樣都有禁制、禁閉、交合之義。字从任聲，此用任保抱之引申義。

**妊** 《説文》："妊，孕也。从女壬，壬亦聲。"段注："孕者，褢子也。"

按妊 rèn（日侵）从壬聲（日侵）訓孕，婦女懷孕。妊是壬的後起的加注形旁字，壬是妊的象形初文。壬本作，字从工，工是人字的異體，其中之●，表示婦女懷孕腹漸大而出懷，挺起大肚子，這是婦女懷孕最突出的體征。後工字爲工匠義所專，人、工字遂皆作壬，於是又於壬旁加女作妊，以爲女人懷孕字。

**紝** 《説文》："紝，機縷也。从糸，壬聲。䋕，紝或从隹。"段注："《孟子》以麻縷、絲絮並言，皆謂麻也。然亦有麻絲並言縷者，機縷是也。機縷，今之機頭。"

按紝 rèn（日侵）从壬聲（日侵）訓機縷，謂織機上的經紗和緯紗。經緯交織則成布帛。字从壬聲，當爲任聲（日侵）之借。任者保也，保抱即擔當。此以大人、小孩相保抱，喻經緯交織。此用任之比喻義。此許書正篆用借字，而重文用聲之正字。

**荏** 《説文》："荏，桂荏，蘇也。从艸，任聲。"

按荏 rěn（日侵）从任聲（日侵）訓桂荏，蘇。桂花、桂子、桂枝皆芳香。蘇色紫，今稱紫蘇，氣芳香。紫蘇初生柔嫩、芳香，可以和魚羹。蘇之得名，即取能和魚羹，此以業爲名。字从任聲蓋爲柔聲（日幽）之借。《論語》“色厲而内荏”，何晏《集解》引孔安國注：“荏，柔也。”此以雙聲相借，用柔之軟弱義。

**栠** 《説文》：“栠，弱皃。从木，任聲。”段注：“《小雅》《大雅》皆言‘荏染柔木’。毛曰：‘荏染，柔意也。’《論語》‘色厲而内荏’。孔曰：‘荏，柔也。’按此荏，皆當作栠，桂荏謂蘇也。經典多假荏而栠廢矣。”

按栠 rěn（日侵）从任聲（日侵）訓柔皃。字从任聲，蓋爲柔聲（日幽）之借，此用柔柔弱之引申義。

**賃** 《説文》：“賃，庸也。从貝，任聲。”段注：“庸者，今之傭字。《廣韵》曰：‘傭，餘封切。傭，賃也。’凡僱僦皆曰庸曰賃。”

按賃 lìn（泥侵）从任聲（日侵）訓庸。庸，用也。既表用貝傭人，也表受貝爲人所傭。字从任聲，此用任之任用義。

**恁** 《説文》：“恁，下齎也。从心，任聲。”段注：“未聞。按《後漢書·班固〈典引〉》曰：‘亦宜勤恁旅力。’李賢注引《説文》‘恁，念也’。當用以訂正。”

按恁 rèn（日侵）从任聲（日侵）訓念。《説文》：“念，常思也。”恁、念（泥侵）叠韵，泥日準雙聲。段氏於飪下注曰：“飪亦假稔爲之。”又《説文》：“稔，穀孰也。”段注：“稔之言飪也。”任、念作聲旁可通借。而恁訓思念，則恁从任聲，當爲念聲之借，此用念常思之義。

**凭** 《説文》：“凭，依几也。从任几。《周書》曰：‘凭玉几。’讀若馮。”段注：“依者倚也。憑几亦作馮几，叚借字。卧則隱几。”

按凭 píng（並蒸）从任聲（日侵）訓依几。依几，謂身體之重略寄托於几，不以身自任，而以几任身。此用任保抱之引申義。保抱者，幼兒依托於大人之肩背。

𨡓 《説文》："𨡓，闕。"段注："依《玉篇》《廣韵》上字下當云：'䣷，𨡓。味薄也。从酉，漸聲。'下字下當云：'䣷，𨡓也。从酉，任聲。'"二篆叠韵，而今本但注闕字，疑許書本無此二篆。

按𨡓 rèn（日侵）从任聲（日侵）訓味薄，酒味淡薄。字从任聲，蓋爲漸聲（从談）之借，謂酒開封後，久則酒味漸淡薄。任、漸侵談旁轉，此用漸逐漸之引申義。

## 今聲字

今 《説文》："今，是時也。从亼乀。乀，古文及。"

按今 jīn（見侵），今字甲骨文作A。从𠆢，取象人口向下之形；从一，一是一個象意符號，表示口裏含着食物，特指鹽，鹽是初民最早的調味品，食物加上鹽，味道就更美了。許書釋形全錯。'今，是時也'是今引申借用的後起義。現今的現，本只作見字，見是看在眼裏，今是含在口裏，用英語的語法術語説，就是現在進行時。今爲借義'是時'所專，字遂孳乳爲含。今是含的象形初文，含是今的後起的加注形旁字，含（匣侵）、今叠韵，見匣旁紐，此一聲之轉。今本从口（A），含又增口，於字形爲緟益。凡抽象的意義，必借助於具體事物的形象來表現。

玲 《説文》："玲，玲塾，石之次玉者。从玉，今聲。"段注："《尚書》：'璆玲琅玕。'鄭注：'璆，美玉；玲，美石。'《子虛賦》：'瑊玏玄厲。'張揖曰：'瑊玏，石之次玉者。'……按玲、瑊同字，塾、玏同字。玲塾合二字爲石名。亦有單言玲者，如《尚書》《中山經》及《穆天子傳》，是。"

按玲 jiān（見侵）从今聲（見侵），或作瑊（見侵），从咸聲（匣侵），與从含聲（匣侵）同，孳乳爲"琀，送死口中玉也"。《紅樓夢》賈寶玉出生，口裏含着一塊玉，玉上有八個字，"莫失莫忘，仙壽恒昌”。前者是禮俗，後者是神話，但都説明古人對美玉的珍愛。手把玩摩挲之餘，便含在口内，故把這種玉石叫玲。又鋆从勒者，《説文》：“勒，馬頭落銜也。”段注：“《金部》‘銜，馬勒口中’，此云落銜者謂落其頭而銜其口。”據此，則鋆从勒聲，亦當與含義相關。是玲从今聲者，用口含之義，此以業爲名。

芩 芩 《説文》：“芩，艸也。从艸，今聲。《詩》曰：‘食野之芩。’”段注：“《小雅》：‘呦呦鹿鳴，食野之芩。’……陸璣云：‘芩艸莖如釵股，葉如竹，蔓生澤中下地鹹處，爲艸真實，牛馬皆喜食之。’”

按芩 qín（群侵）从今聲（見侵）訓草，蔓生澤中下地鹹處，牛馬皆喜食之。牛馬皆喜鹹味的食物，此草含鹽味，故牛馬皆喜食。字从今聲，此用今口中含鹽體味其鹹味的引申義。今、咸（匣侵）侵部叠韵，見匣旁紐，此一聲之轉，鹽（余談）、咸侵談旁轉，咸者鹽味。此亦今之从 –，爲有鹹味之鹽的佐證。

紟 紟 《説文》：“紟，牛舌病也。从牛，今聲。”段注：“舌病則噤閉不成聲。亦作紟。”

按紟 jìn（群侵）从今聲（見侵）訓牛舌病，舌病則噤閉不成聲。字从今聲蓋爲禁聲（見侵）之借，今、禁音義並近，此用禁之禁制、禁閉義。

含 含 《説文》：“含，嗛也。从口，今聲。”

按含 hán（匣侵）从今聲（見侵）訓嗛。《説文》：“嗛，口有所銜也。”含是今後起的加注形旁字，今是含的象形初文。今爲借義“是時”所專，字遂增口作含以示區别。

琀 琀 《説文》：“琀，送死口中玉也。从玉含，含亦聲。”

按琀 hán（匣侵）从含聲（匣侵）訓送死口中玉。古人以養生送死相對，老人死了辦喪事叫送死，給死者口中含玉，是送死者的重要禮儀。字从含聲，此用口含之義。

吟 吟 《説文》：“吟，呻也。从口，今聲。訡，吟或从音。”段注：“按呻者吟之舒，吟者呻之急，渾言則不别也。”

按吟 yín（疑侵）从今聲（見侵）訓呻，謂口中發聲持續或斷斷續續，多指病痛的發聲，故語有“無病呻吟”。字从今聲，此用今之引申義。

**靲** 《説文》：“靲，鞮也。从革，今聲。”段注：“鞮，革履也。”王筠句讀：“靲乃系鞮之革。”

按靲 qín（群侵）从今聲（見侵）訓鞮，當爲系鞮之革，系皮鞋的革帶。字从今聲，此用今含禁制之引申義。

**雂** 《説文》：“雂，雂鳥也。从隹，今聲。”于省吾《甲骨文字釋林·釋雂》：“即雂字。甲骨文以雂爲天氣陰晴之陰，不作雂鳥字……造字之初，霧與陰無法形容，故用形聲字雂以明其音義。這是由於某種鳥鳴，預示天氣將變的緣故，用雂鳴則將雨的鳥表陰雨，是古人借物喻天氣的一種創新思維。”

按雂 qín（群侵）从今聲（見侵）訓雂鳥，其鳴聲預示天將陰雨。字从今聲，當爲侌聲（影侵）之借，用侌之陰雨義。以之名鳥則爲以業爲名。

**棽** 《説文》：“棽，木枝條棽儷也。从林，今聲。”段注：“棽儷者，枝條茂密之皃，借爲上覆之皃。”王筠句讀：“棽儷者，木之長枝四出，亭亭如車蓋。”

按棽 chēn（透侵）从今聲（見侵）訓木枝條棽儷。林（來侵）、棽疊韵，透來旁紐，是棽以林之聲紐爲聲，以今之韵部爲韵，合二字之聲韵爲讀，會二字之意爲義，今有覆義，林有茂密義。故段謂枝條茂密上覆之皃，王因謂亭亭如車蓋。

**貪** 《説文》：“貪，欲物也。从貝，今聲。”段注：“《心部》惏，《女部》婪，皆訓貪。”

按貪 tān（透侵）从今聲（見侵）訓欲物，一門心思想着財物。字从今聲，此用今口含之義，口裏含着貝，也就是一門心思想錢，這便是貪。貪从貝，本義是貪財，俗語所謂“人爲財死”。孳乳爲患，患从串，串即錢貫。心裏老想着錢，是人生的大患。貪、患義相關，顯示漢字深層的哲理思維。

衾 𧘇 《説文》：“衾，大被。从衣，今聲。”段注：“《釋名》曰：‘衾，广也。其下廣大，如广受人也。’寢衣爲小被，則衾是大被。”

按衾 qīn（溪侵）从今聲（見侵）訓大被。字从今聲，蓋爲侌聲（影侵）之借，此以侌（黔）之雲覆日，比擬衾之大被廣覆人。此相似孳乳，即以侌爲語源。凡人所制之器物，必取象於自然之物。

欲 𣢘 《説文》：“欲，含笑也。从欠，今聲。”段注：“欲含疊韵。”

按欲 qiān（溪侵）从今聲（見侵）訓含笑。字从今聲，今是含的本字，此用今含之引申義。字从欠，既表示俗求，也表示欲求得到滿足，此謂因滿足、滿意而含笑。

岑 𡵓 《説文》：“岑，山小而高。从山，今聲。”段注：“《釋山》曰：‘山小而高曰岑。’《釋名》曰：‘岑嶃也，嶃然也。’”

按岑 cén（崇侵）从今聲（見侵）訓山小而高。字从今聲，蓋簪聲（精侵）之借，此謂山高而小，如簪之尖鋭，此合山高簪鋭爲義，簪插頭上，亦有高義。

鼢 𪕊 《説文》：“鼢，鼠屬。从鼠，今聲。讀若含。”

按鼢 hán（匣侵）从今聲（見侵）訓鼠屬。《説文》：“鼸，鼢也。”段注：“《爾雅》：‘鼸鼠。’郭云：‘以頰裹藏食者。’”凡動物中的弱勢群體，多有以頰或嗉（食袋）藏食者。即先吃進口裹或食袋裹，到安全處再嚼食消化。鼠之藏食於頰，即爲此。字从今聲，今是含的本字。此用今之含藏義。

黔 𪐗 《説文》：“黔，黎也。从黑，今聲。秦謂民爲黔首，謂黑色，周謂之黎民。《易》曰：‘爲黔喙。’”段注：“《秦始皇本紀》：‘二十六年，更名民爲黔首。’應劭曰：‘黔亦黎黑也。’”

按黔 qián（群侵）从今聲（見侵）訓黎，黎黑。黎民，秦稱民黔首者，謂民之青壯年黑髮者，能爲國家服役。字从今聲，蓋侌聲（影侵）之借，用陰雲覆蓋天色陰沉黑暗之義。此用侌黑暗之引申義。

念 𢗀 《説文》：“念，常思也。从心，今聲。”段注：“《方言》曰：

‘念，思也。’又曰：‘今，常思也。’許云：‘懷，念思也。’”

按念 niàn（泥侵）从今聲（見侵）訓常思，時刻想着，念念不忘。把思念的人和事老放在心上，如黏在心上揮之不去。字从今聲蓋黏聲（泥談）之借，用黏之黏着義。念、黏侵談旁轉，泥母雙聲。

霒 《説文》：“霒，雲覆日也。从雲，今聲。侌古文霒省。”段注：“今人陰陽字，小篆作霒昜，霒者雲覆日。”徐灝注箋：“雲翳日而侌也。引申之凡日光所不到者皆爲侌。”

按霒 yīn（影侵）从今聲（見侵）訓雲覆日，日爲雲所遮蔽，則其下陰暗無光。字从今聲，此用今含藏覆蓋之引申義。

鯦 《説文》：“鯦，䰼也。从魚，今聲。”

按鯦 qín（从侵）从今聲（見侵）訓䰼。《説文》：“䰼，臧魚也，南方謂之鯦，北方謂之䰼。一曰大魚爲䰼，小魚爲鯦。”字从今聲，今的初義是口裏含着鹽在體味。引申指鹽（余談），指鹽味之鹹（匣侵）。鯦即鹹魚，用鹽製作的魚，湖湘又稱鮓魚。《釋名·釋飲食》：“鮓，菹也。以鹽米釀魚以爲菹，熟而食之也。”鯦又稱䰼者，䰼聲（莊歌）字从差聲，即䁟聲（从歌）之借。《説文》：“䁟，鹹䁟也。从鹵，差省聲。河内謂之䁟，沛人言若虘。”段注：“《曲禮》：‘凡祭宗廟之禮，鹽曰鹹鹺。’鄭注：‘大鹹曰鹺。’”以䰼从䁟，䁟即鹺，鹺者大鹹證之，鯦从今，今爲鹽，是確定無疑的了。

龕 《説文》：“龕，龍皃。从龍，今聲。”段注：“此篆之本義也。段借爲戡亂字。……《文選》注引《尚書》孔傳曰：‘龕，勝也。’”

按龕 kān（溪侵）从今聲（見侵）訓龍皃。字从今聲蓋爲侌聲（影侵）之借。《易·乾·文言》：“雲從龍，風從虎。”《説文》：“龗，龍也。”古人認爲龍是管下雨的，所謂“雲行雨施”。龕訓龍皃，蓋謂龍行雲雨相伴。天上無雲不下雨，雲行則天陰而雨降。此用侌雲覆日之引申義。

聆 《説文》：“聆，《國語》曰：‘回禄信於聆遂。’闕。”段注：

"闕者，謂其義、其音、其形皆闕也。"

按聆 qín（群侵），《漢語大字典》據《廣韵》所釋音及韋昭《國語》注釋聆遂爲地名，皆不可據信。

妗 《説文》："妗，妗也。从女，今聲。一曰善笑皃。"段注："《玉篇》曰：'妗，善笑皃。'"

按妗 xiān（曉侵）从今聲（見侵）訓妗，善笑皃，此蓋謂含笑。字从今聲，此用今之含而不露義，女人善笑，蓋以含而不露爲美。唐詩："昨夜上皇新授箓，太真含笑入簾來。"

𢦟 《説文》："𢦟，殺也。从戈，今聲。《商書》曰：'西伯既𢦟黎。'"段注："《西伯戡黎》文，今作'戡黎'。"

按𢦟 kān（溪侵）从今聲（見侵）訓殺。字从戈，戈是砍殺的武器。字从今聲，今是含的本字，此謂用戈砍伐人體，戈深入人體，故許曰殺，砍殺義近，砍頭即殺頭，此用今含之引申義。

紟 《説文》："紟，衣系也。从糸，今聲。䋮，籀文，从金。"段注："聯合衣襟之帶也。今人用銅鈕，非古也。凡結帶皆曰紟。"

按紟 jīn（見侵）从今聲（見侵）訓衣系，聯合衣襟之帶。字从今聲，此用今含、口含物則合口禁閉之引申義。或體作䋮，字从金，金从今聲，是从金聲當爲今聲之借，此以聲子代聲母。

㼨 《説文》："㼨，治橐榦也。从瓦，今聲。"段注："冶橐謂排囊，冶者以韋囊鼓火，《老子》之所謂橐也，其所執之柄曰㼨，榦猶柄也。……排囊之柄，古用瓦爲之，故字从瓦，後乃以木爲之。故《集韵》作檶，从木。"

按㼨 hán（匣侵）从今聲（見侵）訓冶橐榦。冶橐排囊，即今鼓風箱，其柄藏於箱之内，拉動其柄則鼓風。字从今聲，此用今含、含藏之引申義。器名㼨者，此以業爲名。

鈐 《説文》："鈐，鈐𨪍，大犂也。一曰類枱。从金，今聲。"段注："各本作梠，誤。今正。枱，耒耑也。耒者手耕曲木也。

耒枱與犂之别，一以人，一以牛也。”

按鈐 qián（群侵）从今聲（見侵）訓鈐鏅，大犂，牛耕所用犁。用犂耕田，犁頭插入田泥中，將固泥翻起成行。字从今聲，此用今含入之引申義。用犁發土，犁必插入泥中，器名鈐者，此以業爲名。

**禽** 《説文》：“禽，走獸總名。从厹，象形，今聲。禽离兕頭相似。”

按禽 qín（群侵）从今聲（見侵）訓走獸總名。禽字甲骨文作𠦝＜甲 1167＞，《甲骨文字典》：“象長柄有網以覆鳥獸之狩獵工具，爲𠦝字亦即畢字初文。卜辭用爲禽獲之禽，後𠦝訛爲小篆之禼……後加聲符，今遂爲《説文》篆文之禽字。禽本動詞，後名所獲爲禽，遂爲名詞。復於禽字增手旁作擒，以表其初義。”今義禽獸相對，二足而羽曰禽，四足而毛曰獸，這是字義的歷史演變。

**金** 《説文》：“金，五色金也，黄爲之長。久薶不生衣，百鍊不輕。从革不韋，西方之行。生於土，从土，𠂇又注，象金在土中形，今聲。凡金之屬皆从金。𨥑，古文金。”

按金 jīn（見侵）从今聲（見侵）訓五色金，黄爲之長。金生於土，左右注，象金在土中形，兩點表示金，此爲象意符號，是造字者主觀認定，並爲全群所共喻。字从今聲，此用金含藏於土之義。

**酓** 《説文》：“酓，酒味苦也。从酉，今聲。”段注：“《廣韵》《玉篇》《集韵》、小徐本皆同。汲古閣所據宋本奪此篆此解。而毛扆補之於部末。”

按酓 yǎn（影侵）从今聲（見侵）訓酒味苦。酓由歙省欠而成，金文伯作姬酓壺，歙字作酓，不从欠，是其例（見容庚《金文編》）。而酓訓酒味苦者，字从今聲，今字的初義爲人口含鹽體味，鹽少則甜，鹽多則苦，俗語叫“鹹苦了”。而酒中若誤入鹽則酒氣散而味苦澀。字从今聲，此蓋用鹽多則苦之引申義。又飲酒多而覺甜時則易醉，飲酒而覺苦時，則不易醉。

**歙** 《説文》：“歙，歠也。从欠，酓聲。㱃，古文歙，从今水。㱃，古文歙，从今食。”段注：“《易·蒙卦》虞注曰：‘水流入口爲飲。’引伸之可飲之物謂之飲。如《周禮》‘四飲’是也。與人飲之謂之飲，俗讀去聲。”

按㱃 yǐn（影侵），㱃字甲骨文作。字从，即酒，既表酒器也表酒。字从象人張口，下从象以手抱酉而飲之形。人食之“即”，甲骨文作，象跽坐形，而飲作立形，把人對飲酒特別欣羡的神氣寫活了。㱃字原是會意，後割裂爲酓、欠二字，是字的訛變，㱃的本義是飲酒，即爲飲酒造的專字，孳乳爲㳄，義當爲飲水，又孳乳爲飡，蓋爲飲用流質食物，古語叫漿。字从今聲，此用今含吸之引申義。

頷  《説文》：“頷，面黄也。从頁，含聲。”段注：“《離騷》：‘苟余情其信姱以練要兮，長顑頷亦何傷。’王注：‘顑頷，不飽皃。’本部顑字下云：‘飯不飽面黄起行也。’義得相足。今則頷訓頤，古今字之不同也。”

按頷 hān（匣侵）从含聲（匣侵）訓面黄。字从含聲，蓋爲金聲（見侵）之借，此用金色黄含藏於土中之義，而今義頷訓頤者，頤爲頰旁藏食之處。則頷从含聲，用含之含藏義。

嗿  《説文》：“嗿，聲也。从口，貪聲。《詩》曰‘有嗿其饁’。”段注：“《周頌》傳曰：‘嗿，衆皃。’按許以字从口，故釋與毛異。”

按嗿 tǎn（透侵）从貪聲（透侵）訓聲。《廣韵》：“嗿，衆聲。”《詩·周頌》朱熹注：“嗿，衆人飲食聲也。”字从貪聲，訓聲，衆聲、衆人飲食聲。作象聲字，此但借其聲。

梣  《説文》：“梣，青皮木。从木，岑聲。棉，或从㝱省。㝱，籀文寑。”段注：“《淮南書》曰：‘夫梣木色青瘉翳，而蠃蝸瘉睆，此皆治目之藥也。’高曰：‘梣木，苦歷木名也，生於山，剥其皮，以水浸之，正青，用洗眼，瘉人目中膚翳。’正文各本訛誤，今考定如是。”

按梣 cén（崇侵）从岑聲（崇侵）訓青皮木。字从岑聲，蓋爲侌聲（影侵）之借，陰、翳音義並近，梣之名蓋當以其藥用（剥其皮浸水洗眼愈人目中翳）爲名，即以業爲名。

涔 《説文》："涔，漬也。从水，岑聲。一曰涔陽渚在郢。"段注："《淮南書》'牛蹄之涔'，謂水之漬於牛迹中者也。《毛詩》：'潛有多魚。'《韓詩》作涔……《韓詩》曰：'涔，魚池也。'"

按涔 cén（崇侵）从岑聲（崇侵）訓漬。此謂久雨留在山間地面坎陷中的雨水漬溢。坎陷小，故《淮南書》以牛蹄之漬爲喻。又涔訓魚池者，池亦小。字从岑聲，此用岑小之引申義。

唸 《説文》："唸，唸吚，呻也。从口，念聲。《詩》曰：'民之方唸吚。'"

按唸 diàn（端侵）从念聲（泥侵）訓唸吚，呻也，呻吟。字从念聲，《説文》："念，常思也。"念、黏（泥談）泥母雙聲，侵談旁轉，音義並近，是从念聲有黏連不斷義。呻吟，俗所謂"哼哼唧唧"，是一種黏連持續的痛苦聲。字从念聲，此用念黏之引申義。

諗 《説文》："諗，深諫也。从言，念聲。《春秋傳》曰：'辛伯諗周桓公。'"段注："諗，深叠韵。深諫者，言人之所不能言也。《小雅》'是用作歌，將母來諗'，箋云：'諗，告也。'"

按諗 shěn（書侵）从念聲（泥侵）訓深諫。字从念聲，此用念常思之引申義。思之切則諫之深。

敜 《説文》："敜，塞也。从攴，念聲。《周書》曰：'敜乃穽。'"段注："《粊誓》某氏注云：'窒，敜之。'按《士喪禮》'隸人涅廁'，注：'涅，塞也。'蓋敜其本字，涅其假借字也，異部雙聲相假借，故敜亦音乃結反。"

按敜 niè（泥緝）从念聲（泥侵）訓塞，填塞、堵塞。字从念聲，蓋爲涅聲（泥質）之借，緝侵對轉，質緝通轉。敜訓塞，塞是一種動作，故从又（攴从又，从又與从手同意）。塞必以具體之物。《説文》："涅，黑土在水中也。"涅即泥土。《尚書》："敜乃穽。"孔傳："穽，穿地陷獸，當以土窒敜之。"

稔 《説文》："稔，穀孰也。从禾，念聲。《春秋傳》曰'不五稔’是。”段注：“稔之言飪也。”

按稔 rěn（日侵）从念聲（泥侵）訓穀熟。字从念聲，當爲飪聲（日侵）之借，此借食物大熟體形膨脹，喻禾穀成熟，顆粒飽滿，此用飪食物大熟之比喻義。

**淰** 《説文》：“淰，濁也。从水，念聲。”段注：“義與澱淤滓相類。……《衆經音義》引《埤倉》：‘淰，水無波也。’杜詩：‘山霧戎戎濕，溪雲淰淰寒。’戎戎言其流動，淰淰言其凝滯，水無波之義之引伸也。”

按淰 niǎn（泥侵）从念聲（泥侵）訓濁。字从念聲，當爲黏聲（泥談）之借，泥母雙聲，侵談旁轉。淰謂黏稠，今湖湘謂米粥肉湯熬得特别濃叫淰，字正當作淰，湖湘方言叫“巴淰的”，又俗稱猪食煮得稠叫淰，湖湘俗語“給你吃淰的”，乃从喂猪引申，語含譏刺。又水中泥太多太淰，則水難成波，故曰“水無波”。

**陰** 《説文》：“陰，闇也。水之南，山之北也。从𨸏，侌聲。”段注：“闇者閉門也。閉門則爲幽暗，故以爲高明之反。……《公羊·桓十六年傳》注曰‘山北曰陰’，按山北为陰，故陰字从𨸏，自漢以後通用此爲黔字。”

按陰 yīn（影侵）从侌聲（影侵）訓暗。山之南水之北爲陰，中國地處北温帶，日出東南隅，山南有日照曰陽，山北無日照曰陰，陰則暗。字从侌聲，此用侌雲覆日之引申義。

**菳** 《説文》：“菳，黄菳也。从艸，金聲。”段注：“《本艸經》《廣雅》皆作黄芩。今藥中黄芩也。”

按菳 jīn（見侵）从金聲（見侵）訓黄菳，今藥中黄芩。字从金聲，金以黄金爲長。《本草綱目》：“芩，《説文》作菳，謂其色黄也。”此用金色黄之引申義，此以德爲名。今中藥字作芩，从今者則金聲之借。

**唫** 《説文》：“唫，口急也。从口，金聲。”朱駿聲通訓定聲：“唫，誼與吃略同。”

按唫 jìn（群侵）从金聲（見侵）訓口急。口急即口吃，口吃之人，越急越講不出話。字从金聲，此用金閉藏土中之引申義。又兼用急聲（見緝）之借，唫、急見群旁紐，緝侵陰入對轉，此以音近相借，許書在釋義中有示意。

趛 《説文》：“趛，低頭疾行也。从走，金聲。”朱駿聲通訓定聲：“許意从頷省，故訓低頭。”

按趛 yǐn（疑侵）从金聲（見侵）訓低頭疾行。字从走，故訓疾行，从金聲當爲頷聲（疑侵）之借。《説文》：“頷，低頭也。”借金爲頷，故訓低頭。此以聲母代聲子。朱氏此説，有創見。

鈙 《説文》：“鈙，持也。从攴，金聲。讀若琴。”段注：“（鈙持）雙聲。此與捦義略同。”王筠句讀：“鈙，俗作擒。”

按鈙 qín（群侵）多人聲（見侵）訓持。字从金聲，蓋爲禽聲（群侵）之借，禽、擒一字之分化。此用禽之擒拿義。

錦 《説文》：“錦，襄邑織文也。从帛，金聲。”徐鍇繫傳，邑作色，“襄，雜色也。漢魏郡有縣能織錦綺，因名襄邑也”。朱駿聲通訓定聲：“染絲織之，成文章也。”

按錦 jǐn（見侵）从金聲（見侵）訓襄邑織文。字从金聲，蓋爲今聲（見侵）之借，謂各種色彩圖案花紋含藏在織紝之中，此用今含藏之引申義。成語“錦上添花”正説明錦是有花紋的。

衿 《説文》：“衿，交衽也。从衣，金聲。”段注：“許云：‘衿，交衽也。’此則謂掩裳際之衽，當前幅後幅相交之處，故曰交衽。衿本衽之稱。……凡金聲、今聲之字，皆有禁制之義。”

按衿 jīn（見侵）从金聲（見侵），訓交衽。字从金聲，當爲今聲之借，此用今由含藏引申而有禁制義。

欽 《説文》：“欽，欠皃。从欠，金聲。”段注：“凡氣不足而後欠欽者，倦而張口之皃也。”

按欽 qīn（溪侵）从金聲（見侵）訓欠皃。欠即今語張口打呵欠。今湖湘方言叫“打哈 xìn”，字正當作欽。字从金聲，當爲今聲（見侵）之借，此用今之含藏義。此謂胸中所含之氣不足故欠。

**頷 𩓱** 《説文》："頷，低頭也。从頁，金聲。《春秋傳》曰：'迎於門，頷之而已。'"徐鍇繫傳："點頭以應也。"段注："逆於門者，頷之而已……在車首肯而已。"

按頷 qīn（疑侵）从金聲（見侵）訓低頭，即今語點頭，謂點頭示意。字从金聲，當爲侌聲（影侵）之借。侌者雲覆日，雲覆日則天低，是侌引申有低義。此用侌雲覆日而天低的引申義。濃雲密布時，則天空特低，李賀詩"黑雲壓城城欲摧"，此極盡夸張之能事。

**崟 崟** 《説文》："崟，山之岑崟也。从山，金聲。"段注："《子虛賦》'岑崟參差，日月蔽虧'，又楊雄《蜀都賦》、張衡《南都賦》皆有嶜岑字，李善讀爲'岑崟'。"李善注引張揖曰："高山擁蔽日月。"

按崟 yín（疑侵）从金聲（見侵）訓山之岑崟，謂山高聳入雲霄，日月虧蔽。字从金聲，當爲侌聲（影侵）之借，此謂山高蔽日如侌雲之覆日。字从侌聲，此用侌雲覆日之比喻義。李白詩"三山半落青天外"是山高的形象描述。

**厱 厱** 《説文》："厱，石地也。从厂，金聲。讀若紟。"段注："厱者堅閉之意。"

按厱 qín（群侵）从金聲（見侵）訓石地。石與土相對，土者吐生萬物，而石地寸草不生。字从金聲，當爲今聲（見侵）之借，謂石地堅閉不能吐生，此用今含藏禁閉之引申義。

**黅 黅** 《説文》："黅，黄黑也。从黑，金聲。"段注："謂黄色之黑。《玉篇》曰：'記林切。黄色如金也。'"

按黅 jīn（見侵）从金聲（見侵）訓黄黑。字从金聲，此用金色黄之義。

**淦 淦** 《説文》："淦，水入船中也。从水，金聲。一曰泥也。汵，淦或从今。"段注："水入船中必由朕而入，淦者浸淫隨理之意。……謂塗泥。"

按淦 gàn（見侵）从金聲（見侵）訓水入船中，水从船縫中冒上來。字从金聲，當爲浸聲（精侵）之借，今湖湘方言仍稱水从縫隙中冒出來叫“浸”，从縫隙中冒出來的水叫“浸水”，高寒山區之水田有浸水冒上來叫“冷浸田”。一曰泥，謂以黏泥涂實漏縫，今俗語中泥漏。湖南株洲有“淦田”。相傳周昭王南征，船被土人穿鑿漏水，昭王下落不明。淦田之淦，即用浸水入船中之義。《左傳》有“昭王南征而不返，君其問諸水濱”。

捦 𢮌 《説文》：“捦，急持衣紟也。从手，金聲。”段注：“此篆古叚借作禽，俗作擒，作捦。走獸總名曰禽者，以其爲人所捦也。又按此解五字當作‘急持也，一曰持衣紟也’九字乃合。”

按段氏據《説文》行文通例謂此解五字，當作“急持也，一曰持衣紟也”九字，其説可據。从“急持也”説，捦 qín（群侵）从金聲（見侵）訓急持，字从金聲，當爲急聲（見緝）之借，見群旁紐，侵緝對轉，古音相近。此用急緊急之引申義。从持衣紟説，捦（群侵）从金聲（見侵）訓持衣紟，字从金聲，當爲紟聲（見侵）之借，用紟之衣紟義。

銜 𨥋 《説文》：“銜，馬勒口中也。从金行，銜者所以行馬者也。”段注：“‘也’當作‘者’。《革部》曰：‘勒，馬頭落銜也。’落謂絡其頭，銜謂關其口，統謂之勒也。其在口中者謂之銜，落以輅爲之，輅生革也。銜以鐵爲之，故其字从金。引申爲凡口含之用。”

按銜 xián（匣談）从金聲（見侵）訓馬勒口中。有兩層意思：一是含在馬口中，含（匣侵）、銜匣母雙聲，侵談旁轉；二是銜以鐵爲之，故字从金。鐵含在馬口中的作用是利於行馬，故字从行。銜在馬口中，可使其行時禁閉其口，無得進食。故略異其音以别義。

䪥 𩐂 《説文》：“䪥，下徹聲。从音，酓聲。”段注：“《周禮·典同》曰：‘微聲䪥。’此蓋賈侍中《周官解故》説。”

按䪥 ān（影侵）从酓聲（影侵）訓下徹聲。《周禮》：“微聲䪥。”鄭玄注：“䪥，聲小不成也。”此謂聲音特微小。劉基《大熱遣懷》：“樹木首咸俯，鳥獸聲盡䪥。”此謂聲由小微而無聲。字从酓聲，酓同飲，飲謂酒往腹中飲，韽謂聲往喉中咽，聲咽則由小而無，此用飲之引申義，今俗語有“忍氣吞聲”。

**䨄** 《說文》：“䨄，雜屬也。从隹，酓聲。[illegible]，籀文，䨄从鳥。”段氏於雜下注曰：“《說文》隼下云：‘一曰鶉字。’鶉即鷻省。……《左傳》童謠‘鶉之賁賁’……亦當是鷻，惟‘有縣鶉兮’毛特訓爲小鳥，乃爲䨄鶉也。”

按䨄 ān（影侵）从酓聲（影侵）訓鶉屬。字今作鵪，鵪鶉。鵪鶉爲鷄形目雉科小鳥，體形酷似鷄雛。字从酓聲，蓋爲韽聲（影侵）之借，用韽聲微小之引申義。

**盦** 《說文》：“盦，覆蓋也。从皿，酓聲。”段注：“此與《大部》奄音義略同。此謂器之蓋也。……烏合切，七部，合當作含。”

按盦 ān（影侵）从酓聲（影侵）訓覆蓋。字从酓聲當爲侌聲（影侵）之借，侌者雲覆日，覆蓋義近。此用侌雲覆日之引申義。

**㜝** 《說文》：“㜝，含怒也。一曰難知也。从女，酓聲。《詩》曰‘碩大且㜝’。”段注：“今《詩》作儼。傳曰：‘矜莊皃。’……《太平御覽》引《韓詩》作㜝。‘㜝，重頤也。’《廣雅·釋詁》曰：‘㜝，美也。’”

按㜝 ān（影侵）从酓聲（影侵）訓含怒。《說文》：“酓，酒味苦也。”酒美則人喜，酒苦則人含怒。《韓非子》：“魯酒薄而邯鄲圍。”此酒薄致怒之例。單从含字說，酓从今，今是含藏的本字，字从今聲，此用今含之義。从難知說，字从今聲，此用今含藏之義。深藏不露則難知。–

**蔭** 《說文》：“蔭，艸陰地。从艸陰。”段注：“《左氏傳》曰：‘若去枝葉，則本根無所庇蔭矣。’《楚語》‘玉足以庇蔭嘉穀’引伸爲凡覆庇之義也。《釋言》曰：‘庇，茠，蔭也。’《說文》曰‘庇，蔭也’。‘休，止息也’。”

按蔭 yīn（影侵）从陰聲（影侵）訓草陰地。字从陰聲，當爲侌聲（影侵）之借，侌者雲覆日，此以雲覆日喻草蔭地，用侌之比喻義。

廞 《説文》："廞，陳輿服於庭也。从廣，欽聲。讀若歆。"段注："《周禮》故書廞爲淫。鄭司農云：'淫讀爲廞，廞陳也。'許説同先鄭。《釋詁》曰：'廞，興也。'後鄭注《周禮》云'廞，興也'，興作之説同《爾雅》。"

按廞 xīn（曉侵）从欽聲（溪侵）訓陳，訓興。字从欽聲，其語源不詳。

## 入聲字

入 《説文》："入，内也。象從上俱下也。"段注："自外而中也。……上下者，中外之象。"

按出入相對，出字甲骨文作𡳾，从凵（坎穴）从止（足），取象一只脚从居穴中跨出來。入亦當取象具體事物。从語音語義的角度來考慮，入蓋與日相關，入（日緝）、日（日質）日母雙聲，質緝通轉。入之初義當爲日光穿過孔穴照射進來，日光的特點是無孔不入，詈語"他媽的"前面省去的動詞即"日"。此日、入音近通用之證。日光穿過孔隙則光芒散射，入之字形即取象於此。入者由外至内，故孳乳爲内外字，内（泥緝）、入（日緝）泥日準雙聲，緝部疊韵，此一聲之轉。

𤴓 《説文》："𤴓，機下足所履者。从止，从又，入聲。"段注："𤴓者，躡也。"

按𤴓 niè（泥葉）从入聲（日緝），泥日準雙聲，緝葉旁轉，訓機下足所履者。機指舊時手工所用織布機，足下所履者，既指織布機的踏板，也指足踩踏板牽引經紗反復升降，將經紗分成兩層。字从又，又即手，手持織布梭，古人叫杼，杼内有緯紗，使緯織从經紗中穿過織入經紗，這便成布。字从入聲，此用緯紗織入經紗之義。解讀漢字，必須落實到字的每一個部件，才能正確解讀。

疌 《説文》："疌，疾也。从又，又手也，从止，屮聲。"段注："凡便捷之字當用此。捷，獵也，非其義。玉裁按：《釋詁》

‘疌，速也’本或作疌。……鍇曰：止，足也，手足共爲之，故疾。”

按疌 jié（從葉）訓疾，字从矢，此取“矢之去甚速”之義。疌訓疾，其初義當取象於具體事物。以龕字比照言之，疌亦當取象於婦女用織布機織布的動作，字从手，手投梭接梭，从止，脚踩機下踏板，由織機帶動經紗升降開合，手投梭，梭牽着緯紗織入經紗，這便成布。手脚（又止）皆於字中表動，手脚同用，其動作必敏捷協調，故定疌爲婦女用織機織布的專字。這是古人造字的巧思，是智慧的凝聚。字从中者，中（透月）、疌（从葉）透从鄰紐，月葉通轉。《説文》：“中，草木初生也，象丨出形，有枝莖也。”字从中，草木初生出土，借以喻婦女織布脚踏板手拋梭，即出手出足，與龕从入，將緯紗織入經紗二者相互補充。又以草木成材喻織機成布。孳乳爲捷，捷是疌的後起的加注形旁字。

萐 《説文》：“萐，萐莆，瑞艸也。堯時生於庖廚，扇暑而涼。从艸，疌聲。”段注：“《白虎通》曰：‘孝道至則萐莆生庖廚。萐莆者樹名也，其葉大於門扇，不摇自扇，於飲食清涼助供養也。’”

按萐 shà（山葉）从疌聲（從葉）訓萐莆，扇暑而涼。字从疌聲，此用疌疾之引申義，扇摇快則生風，太慢則無風。又莆从甫，父聲之借，父有大義，其葉大於門扇，故以莆名之。

箑 《説文》：“箑，扇也。从竹，疌聲。䈜，箑或从妾。”段注：“《户部》曰：‘扇，扉也。’……《方言》：‘自關而東謂之箑，自關而西謂之扇。’”

按箑 shà（山葉）从疌聲（從葉）訓扇。《説文》：“扇，扉也。”扉即今語門頁字，故門又稱“一扇門”，此以户之開合喻扇之摇，扇用於暑熱天扇風生涼。字从疌聲，此用疌捷之引申義，扇摇得快才能生涼風，太慢則無風。物名箑者，此以業爲名。

寁 《説文》：“寁，居之速也。从宀，疌聲。”段注：“《止部》：‘疌，疾也。’疌爲凡速之詞，从宀則爲居之速也。”

按寁 zǎn（精談）从疌聲（從葉）訓居之速。疌的初義是婦女用織機織布，織布是室内作業之持續緊張而必快捷的工作，故引申有快速義。字从疌聲，此用疌快速敏捷之義。精从旁紐，葉談陽入對轉。

倢 《説文》："倢，佽也。从人，疌聲。"段注："此解豖便利之訓。《廣雅》曰'倢，疾也'。《廣韵》曰'倢，斜出也，便也，利也'。……按倢伃，婦官也，亦作婕妤，蓋言敏捷而又安舒。"

按倢 jié（從葉）从疌聲（從葉）訓佽。《説文》："佽，便利也。"字从疌聲，此取意於婦人用織機織布，動作熟練敏捷利索，此用疌之引申義。婦官名倢伃，或作婕妤，當取義於織布之能手高手義。古者男耕女織，伃从予者，予是機杼之杼的本字，與安舒義無關。

褷 《説文》："褷，裣緣也。从衣，疌聲。"段注："緣，衣純也。……蓋古者深衣，右自領及衽，左自袼亦及衽，皆緣之，故曰裣緣。"

按褷 qì（清葉）从疌聲（從葉）訓裣緣，衣襟的邊緣。緣純邊，即今語滚邊，緣即與衣邊相接。字从疌聲，蓋爲接聲（精葉）之借，此用接之連接義。精清旁紐，葉部叠韵。

捷 《説文》："捷，獵也。軍獲得也。从手，疌聲。《春秋傳》曰：'齊人來獻戎捷。'"段注："《小雅》：'一月三捷。'傳曰：'捷，勝也。'箋云：'往則庶乎一月之中三有勝功。'"

按捷 jié（從葉）从疌聲（從葉）訓獵也，軍獲得也。作戰之準備要充分，决戰要快，所謂迅雷不及掩耳。即果斷地把握戰機，才能决戰决勝。字从疌聲，此用疌之敏捷快捷義。它表明捷對取勝的重要性，包含了古人重要的軍事思想。

婕 《説文》："婕，女字也。从女，疌聲。"段注："師古《漢書》注曰：'倢伃，字或从女，其音同耳。'"

按婕 jié（精葉）从疌聲（從葉）作女名用字，取疌疾敏捷之義。古者男耕女織，故以織布之疌爲女字。作女名字，則爲但借其聲。

𤰞 《説文》："𤰞，斛也。古田器也。从甾，疌聲。"段注："斛者，斛旁有庣也。甾之類，故从甾……。此别一義。假㪷疀爲銚臿也。許書《金部》作銚，臿乃其正字，今之鍫也。江沅説。”

按疀 chā（初葉）从疌聲（從葉）訓㪷，古田器，即今之鍫臿字。疀臿（初葉）古音同，鍫臿所以發土，既用手插，又用脚踏。字从疌聲，此用疌敏捷兼深入之義，織布梭牽引緯紗織入經紗之動作必疾速，慢則無法穿過經紗。

**緁** 《説文》：“緁，緶衣也。从糸，疌聲。”段注：“緶下曰：‘緁衣也。’與此爲轉注。《衣部》曰：‘齎者緶也。’《喪服》傳曰：‘斬者何？不緝也。齊者何？緝也。’齊即齎，緝即緁，叚借字也。緁者，緶其邊也。”

按緁 qiè（清葉）从疌聲（從葉）訓緶衣，齎者緶也。齊即緝，字从疌聲，當爲緝聲（清緝）之借，緁、緝清母雙聲，緝葉旁轉。《釋名·釋衣服》：“緝下橫縫，緝其下也。”字从疌聲，借疌爲緝，此用緝之引申義。

**蜨** 《説文》：“蜨，蛺蜨也。从虫，疌聲。”段於蛺下注曰：“疊韵爲名，今俗名胡蝶，見《莊子》。”

按蜨 dié（定葉）从疌聲（從葉）訓蛺蜨，俗名胡蝶。字从疌聲，蓋葉聲（余葉）之借，胡蝶之四翼薄如葉，故以爲名，此以形似爲名，即以德爲名。蜨、葉定餘旁紐，葉部疊韵。

**㒳** 《説文》：“㒳，二入也。㒳从此。闕。”段注：“以形爲義。……㒳各本作兩。今按兩从㒳，㒳从㒳也。……此闕亦謂音讀不傳也。大徐良奬切，乃因㒳字从此，謂同㒳音。”

按㒳从二入會意，此以形爲義。大徐良奬切之音讀，蓋不可據。

## 合聲字

**亼** 《説文》：“亼，三合也。从入一，象三合之形。”徐鉉等注：“此疑只象形，非从入一也。”

按造字之初，凡象形必取象於具體事物，抽象的三合之形，是不存在的，此字許書説解有誤。就合、今二字所从之亼説，皆爲甲骨文口字之倒置形，即張口向下。

**合** 《説文》："合，亼口也。从亼口。"段注："三口相同是爲合，十口相傳是爲古，引伸爲凡會合之稱。"

按合 hé（匣緝）字當从兩口會意。段氏三口相同之説無據。合字甲骨文作 <前 7.36.1>，《甲骨文字典》："象器蓋相合之形，當爲盒之初文，引申爲凡會合之稱。"人類掌握了火，久之而有陶器。盒是在皿的基礎上衍生的，其歷史是較晚的。但有了人類，男女親昵，兩口相合的事是常有的。兩口相合即吻合，今語叫"接吻"。湘湘俗叫"打 bò"，由人兩口相合，引申而有兩器之口相合（古器皆有口，故器从犬守四口），古但作合，演進作盒。《三國演義》有一則關於楊修的故事：有人給曹操送了盒酥，操隨手題"一合酥"。楊修見此便把酥分給大家吃了。楊修敢於分食是將其讀"一人一口酥"，曹操見後，心知此意，也默認了。合字下面的口，指器皿，上面亼，指器蓋，蓋字古作盇，下面的血字，指一盆血，上面的大字，是器蓋的象形。从器皿説，器口是假借人口，可見合的初義是男女親昵的兩口相合，而合訓器與器蓋相合，是很晚的事。凡人爲之器必取象自然之物，近取諸身，遠取諸物，這是文明演進的一條鐵律。

**祫** 《説文》："祫，大合祭先祖親疏遠近也。从示合。《周禮》曰：'三歲一祫。'"段注："《春秋》：'文二年八月丁卯，大事於大廟。'《公羊傳》曰：'大事者何？大祫也。大祫者何？合祭也。'"

按祫 xiá（匣緝）从合聲（匣緝）訓大合祭先祖親疏遠近。字从合聲，此用合之會合義。

**荅** 《説文》："荅，小尗也。从艸，合聲。"段注："《禮》注有'麻荅'。《廣雅》云：'小豆荅也。'叚借爲酬荅。"

按荅 dá（端緝）从合聲（匣緝）訓小尗，尗即今菽字。今通稱豆，豆之初生，其豆之兩瓣初分猶合，兩瓣相對，故以荅名之。字从合聲，此用合兩口相合之引申義。

迨䢔《説文》：“迨，遝也。从辵，合聲。”段注：“迨遝叠韵。”

按迨 hé（匣緝）从合聲（匣緝）訓遝。《説文》：“遝，迨也。”迨遝互訓。遝从眔聲，眔謂目光與所視之人物相及，與吻合之兩口相接有相似者。字从合聲，此用合之會合義。

跲䟗《説文》：“跲，躓也。从足，合聲。”段注：“《中庸》：‘言前定，則不跲。’”

按跲 jiá（見緝）从合聲（匣緝）訓躓，跌倒，遇阻礙而絆倒。人朝前絆倒，俗語叫“嘴啃泥”，身子與地面相合。字从合聲，此用合之會合義。

詥䛦《説文》：“詥，諧也。从言，合聲。”段注：“詥之言合也。”

按詥 hé（匣緝）从合聲（匣緝）訓諧，和諧。字从合聲，此用合相合、和諧之引申義。

敆敆《説文》：“敆，合會也。从攴合，合亦聲。”段注：“今俗云敆縫。”徐灝注箋：“合敆古今字。”

按敆 hé（匣緝）从合聲（匣緝）訓合會。字从攴合，此謂人使之合，故段氏訓敆縫。敆是合後起的區别字。

翕翕《説文》：“翕，起也。从羽，合聲。”段注：“《釋詁》《毛傳》皆云：‘翕，合也。’許云起也者，但言合則不見起，言起而合在其中矣。翕从合者鳥將起必斂翼也。”

按翕 xī（曉緝）从合聲（匣緝）訓起，起飛。鳥將起飛，必斂翼而起。字从合聲，此用合相會合之引申義。

鴿鴿《説文》：“鴿，鳩屬也。从鳥，合聲。”段注：“鳩之可畜於家者，狀全與勃姑同。”《急就篇》顔師古注：“鴿似鶏鳩而色白，其鳴聲鴿鴿，因以名云。”

按鴿 gē（見緝）从合聲（匣緝），其鳴聲鴿鴿，因以爲名，此以業爲名，郭璞注《爾雅》所謂其名自呼者。鳥類多有其名自呼者，鴿狀與勃姑同之，勃姑亦爲此鳥之鳴聲。字从合聲，此但借其聲，與合之本義無關，今謂之象聲字，但區别於一般的象聲字，而是取象其聲以爲名。

鞈 𩏩 《説文》:"鞈,鼙聲也。从鼓,合聲。鞈,古文鞈从革。"段注:"鼙,各本誤作鼓,今正。《司馬法》曰:鼙聲,不過閶。……閶即鞈字也。……《史記·上林賦》:'鏗鎗鏜鞈。'……郭璞曰:'闛鞈,鼓音也。'此渾言之耳。……《淮南·兵略訓》:'若聲之與響,若鏜之與鞈。'高注:'鏜鞈,鼓鼙聲。'此謂鏜,鼓聲;鞈、鼙聲也。"

按鞈 tà(透緝)从合聲(匣緝)訓鼙聲。字从合聲,作象聲字,此但借其聲。象聲字但借其聲,故其字多有音同音近之或體。

柗 𣐅 《説文》:"柗,劍柙也。从木,合聲。"段注:"柙當作匣,聲之誤也。《少儀》所謂劍櫝也。《廣雅》:'柗,室。'郭:'劍削也。'"

按柗 gē(見緝)从合聲(匣緝)訓劍匣,即劍削,今字作鞘。柗即今盒字之異構。字从合聲,此用合盒之引申義。

郃 𨛜 《説文》:"郃,左馮翊郃陽縣。从邑,合聲。《詩》曰'在郃之陽'。"

按郃 hé(匣緝)从合聲(匣緝)訓左馮翊郃陽縣。字从合聲,作邑名字,此但借其聲。

帢 𢂲 《説文》:"帢,士無市有帢,制如榼,缺四角,爵弁服,其色韎,賤不得與裳同。从巿,合聲。韐,帢或从韋。"

按帢 gé(見緝)从合聲(匣緝)訓士無市有帢,制如榼,缺四角,其色韎。古代士所服韍,用茜草染成赤黄色,古代的市是用來區别身份等級的。字从合,盒有蓋,引申有遮蔽義。市所以蔽前,此用合盒之引申義。

佮 𠆲 《説文》:"佮,合也。从人,合聲。"王筠釋例:"是合佮義同音異,佮音如蛤,通力合作,合藥及俗語合夥,皆佮之音義也。今無復用佮者。"

按佮 gé(見緝)从合聲(匣緝)訓合,此用相協合之引申義。今汨羅方言,善於與人交好叫會佮人,字正讀 gé,如"他很會佮人""他不佮人"。

**袷** 《説文》："袷，衣無絮。从衣，合聲。"段注："此對以絮曰襺，以緼曰袍言也。"

按袷 jiá（見緝）从合聲（匣緝）訓衣無絮。古無棉，絮者絲綿，緼者亂麻。袷即今語裌衣，有裏外兩層，其中無絮。字从合聲，此用合相重合之引申義。

**欱** 《説文》："欱，歠也。从欠，合聲。"段注："欱與吸意相近，與歕爲反對。"

按欱 hē（匣緝）从合聲（匣緝）訓歠。此謂人口與器口相接合而吸飲，字从合欠會意，用合相合之引申義，今字通作喝，與喝之古義"潵，欲歠也（口乾想喝水）"不同。

**頜** 《説文》："頜，顄也。从頁，合聲。"段注："《方言》：'頜、頤，頜也。南楚謂之頜，秦晋謂之頜，頤其通語也。'按依《方言》則緩言曰頜，急言曰頜。"

按頜 hé（見緝）从合聲（匣緝）訓頷，即口中含食處，口腔的上下部，上部稱上頜，下部稱下頜，俗稱下巴，湖湘方言叫"下巴頜（讀 kè）"，上下兩部相合，故名頜。字从合聲，此用合之相會合義。

**匌** 《説文》："匌，帀也。从勹合，合亦聲。"段注："匌之言合也。帀而與朔合矣。"徐灝注箋："帀者圍帀而相合也。"

按匌 gé（見緝）从合聲（匣緝）訓帀，圍帀而相合。从勹，勹謂環抱、合抱。字从合聲，此用合之相合義。合抱謂兩手抱而相接。

**洽** 《説文》："洽，霑也。从水，合聲。"段注："《大雅》'民之洽矣'。傳曰'洽，合也'。此謂《毛詩》假洽爲合也。"

按洽 qià（匣緝）从合聲（匣緝）訓霑。《説文》："霑，雨䨮也。"霑雨水浸潤濕透。引申指給人好處，施惠於人，故有融洽義。字从合聲，此用合相和合之義。

**閤** 《説文》："閤，門旁户也。从門，合聲。"段注："《釋宫》曰：'小閨謂之閤。'按漢人所謂閤者，皆門旁户也，皆於正門之外爲之，前書注曰：'閨閤，内中小門也。'"

按閤 gé（見緝）从合聲（匣緝）訓門旁户，正門旁開的小門。

字从合聲，蓋爲盒聲（匣緝）之借，盒是合的後起的區別字。盒爲小器，故以閤喻小門。此用盒之引申義。

**拾 拾** 《説文》："拾，掇也。从手，合聲。"段注："《史記·貨殖列傳》曰：'俯有拾，仰有取。'"

按拾 shí（禪緝）从合聲（匣緝）訓掇，拾掇，手和所拾之物相合。拾以手（書幽）之聲紐爲聲，而以合之韵部爲韵，合二字之聲韵爲讀，會二字之意爲義。此謂俯身手合手取之。字从合聲，此用合相合之引申義。

**姶 姶** 《説文》："姶，女字也。从女，合聲。《春秋傳》曰：'嬖人婤姶。一曰無聲。'"

按姶 è（影緝）从合聲（匣緝）訓女字。字从合聲，此但借其聲。而作女人字，亦多兼取美好之義。

**給 給** 《説文》："給，相足也。从糸，合聲。"段注："足居人下，人必有足而後體全，故引申爲完足。相足者，彼不足此足之也，故从合。"

按給 jǐ（見緝）从合聲（匣緝）訓相足，相足當是互助，即彼不足而此足之，此不足而彼足之，即今語之互利雙赢。字从合聲，此用合之相合義。又字从糸，糸者麻縷絲絮布帛，即相足之物必爲人生活所必需之物，即衣食之類。成語"家給人足"，即人人衣食皆能滿足，亦即豐衣足食。

**蛤 蛤** 《説文》："蛤，蜃屬。有三，皆生於海。厲，千歲雀所匕，秦人謂之牡厲。海蛤者，百歲燕所匕也。魁蛤，一名復絫，老服翼所匕也。从虫，合聲。"

按蛤 gé（見緝）从合聲（匣緝）訓蜃屬。蛤有骨質外殼，由兩瓣合成。字从合聲，此用合之相合義。

**鞈 鞈** 《説文》："鞈，防汗也。从革，合聲。"段注："此當作所以防捍也。轉寫奪誤。……《管子》：'輕罪入蘭盾、鞈革、二戟。'注曰：'鞈革，重革，當心箸之，可以御矢。'……鍇曰：'今胡人扞腰也。'知鍇本故作扞。"

按鞈 gé（見緝）从合聲（匣緝）訓防汗（當作“所以防捍”）。鞈即雙層的護心甲。字从合聲，此用合（二層）相重合之義。袷从合聲爲裌衣，是其比。

**踏** 《說文》：“踏，趿也。从足，荅聲。”段注：“按趿當作跳。《方言》：‘踏，跳也。’自關而西、秦晋之間曰跳，或曰踏。”

按踏 tà（透緝）从荅聲（端緝）訓趿（當作跳）。字从荅聲，荅是尗（豆）初生兩瓣合而未分張，以喻人起跳時，雙脚同時離地。所謂單脚謂之躍，雙脚謂之跳。此用荅尗初生兩瓣合而未全分之引申義。

**榙** 《說文》：“榙，榙樑，果似李。从木，荅聲。讀若嚃。”段注：“《史記·上林賦》‘榙樑’字同許。《漢書》《文選》皆作‘荅遝’，假借字也。郭云：‘荅樑似李。’《廣韵》引《埤蒼》同。……嚃，《口部》無，即《舌部》䑙之異文也。‘毋嚃羹’見《曲禮》。”《史記·司馬相如列傳》：“隱夫鬱棣，榙櫟荔枝，羅乎後宫，列乎北園。”裴駰集解引郭璞曰：‘榙櫟似李，出蜀。’”

按榙 dā（端緝）从荅聲（端緝）訓榙樑。榙、樑 tā（定緝）端定旁紐，緝部叠韵，意爲此果相連及而生於枝。榙樑即荔枝，隱夫即鬱李。榙从荅，尗豆初生，兩瓣相連未分。樑从遝，遝从眔，眔是目相及。蓋此果之生，果與果相互粘連，此以業爲名。荔枝今人所習見其形正如此狀，此以業爲名。荔从劦，荔枝即相連在枝之果，从造字的次弟説，先作荅遝，此但借其音，後加木旁作榙樑，以爲此果之專名。

**郤** 《說文》：“郤，地名。从邑，翕聲。”

按郤 xì（曉緝）从翕聲（曉緝）訓地名。字从翕聲，作地名字，此但借其聲。

**歙** 《說文》：“歙，縮鼻也。从欠，翕聲。丹陽有歙縣。”段注：“《糸部》曰：‘縮者蹴也，歙之言攝也。’”王筠句讀：“歙與吸同音，其引氣入内亦同。”

按歙 xī（曉緝）从翕聲（曉緝）訓縮鼻。縮鼻即使勁用鼻吸氣，而鼻向上縮。字从翕聲，《説文》："翕，起也。"段注："翕从合者，鳥將起必斂翼。"此以鳥斂翼其體上聳，喻人吸氣縮鼻。字从翕聲，此用翕斂翼之比喻義。歙、吸（曉緝）古音同，吸是呼吸的常態，歙縮鼻是吸氣的變態。

**潝** 《説文》："潝，水流疾聲。从水，翕聲。"

按潝 xī（曉緝）从翕聲（曉緝）訓水流疾聲。字从翕聲，作象聲字，此但借其聲。

**湁** 《説文》："湁，湁湒，鬻也。从水，拾聲。"段注："《上林賦》：'潏潏淈淈，湁潗鼎沸。'索隱引《周成雜字》曰：'湁潗，水沸之貌也。'潗與湒同。……鼎沸者，言水之流，如爨鼎沸也。"

按湁 chì（透緝）从拾聲（禪緝）訓湁湒，沸也。字从拾，拾者拾起，故拾引申有向上義。湁湒，此以水沸時向上翻滚，喻水激流向上騰涌。字从拾聲，此用拾拾起之引申義。

# 謙部弟四

## 兼聲字

**兼** 《説文》:“兼，并也。从又持秝。兼持二禾，秉持一禾。”段注:“并，相从也。……會意。”

按兼 jiān（見談）从手持二禾會意。兼、甘（見談）古音同，當爲同源。兼以手，而甘以口，今（見侵）、甘見母雙聲，侵談旁轉。兼是一手拿着兩秉禾，今是口裏含着一點鹽，鹽味鹹，多則苦，少則甜，益陽俗諺:“要得甜，加點鹽。”苦甘（甜）相對。當皆由鹽味鹹（匣侵）引申。造字之初，必皆取象具體事物，而抽象意義，必皆由具體事物引申。

**蒹** 《説文》:“蒹，雚之未秀者。从艸，兼聲。”段注:“蒙上茅秀而及雚之秀與未秀也。凡經言雚葦，言蒹葭，言葭菼，皆並舉二物。蒹菼雚一也。今所謂荻也；葭、葦一也，今所謂蘆也。”

按蒹 jiān（見談）从兼聲（見談）訓雚之未秀者。从葭葦蘆説，字从兼聲，兼有大義，蘆葦是草本植物中的高大者，此用兼大之引申義。从雚之未秀者説，秀的初義禾苗作苞抽穗，移以指雚未作苞抽穗，此謂雚初生發育還欠成熟。字从兼聲，當爲欠聲（溪談）之借，用欠之欠缺不足義。

**薕** 《説文》:“薕，蒹也。从艸，廉聲。”

按薕 lián（來談）从廉聲（來談）訓蒹，雚之未秀者。字从廉聲，《説文》:“廉，仄也。”段注:“此與廣爲對文，謂偪仄也。廉之言斂也。”凡物斂則小，故廉引申有小義。薕、蒹一聲之轉，由來紐移見紐者，此關乎古有複輔音。

**嗛** 《説文》:“嗛,口有所銜也。从口,兼聲。”

按嗛 xián(匣談)从兼聲(見談)訓口有所銜。字从兼聲,此用手持二禾喻口之兩唇銜食物,此用兼持之比喻義。

**齞** 《説文》:“齞,齒差也。从齒,兼聲。”朱駿聲通訓定聲:“齞,齒差也,齟齬不齊之意。”

按齞 yàn(疑談)从兼聲(見談)訓齒差,齟齬不齊。字从兼聲,當爲欠聲(溪談)之借,此用欠欠缺之引申義。

**謙** 《説文》:“謙,敬也。从言,兼聲。”楊樹達先生《積微居小學述林·釋謙》:“敬《説文》訓肅,主从心言之,謙字从言,義不相副,此許君泛訓,非勝義也。愚以兼聲聲類諸字求之,謙蓋謂言之不自足者也。知者:兼聲之字多含薄小不足之義。……《八篇下·欠部》云:‘欠,張口气悟也。’人志倦氣不足則欠,故欠字引申有欠缺之義。(字)从兼聲而有薄少不足之義者,兼皆欠之假,并受義於欠也。”

按謙 qiān(溪談)从兼聲(見談)訓敬。字从兼聲,當爲欠聲(溪談)之借,用欠之欠缺不足之義。

**鎌** 《説文》:“鎌,嘰也。从食,兼聲。讀若風溓溓。一曰廉絜也。”段注:“《口部》曰:‘嘰,小食也。’……風溓溓,未聞。”

按鎌 lián(來談)从兼聲(見談)訓嘰。嘰,小食。小食即今語“食物少,吃個欠”。而飽則“食物多,吃個飽”。字从兼聲,當爲欠聲(溪談)之借,用欠之欠缺、缺少義。

**槏** 《説文》:“槏,户也。从木,兼聲。”段注:“《通俗文》云:‘小户曰床,口減反。’”

按槏 qiǎn(溪談)从兼聲(見談)訓户。床是古文户字,訓小户。門户相對,門大户小。今俗語謂平常百姓家爲“小户人家”,瀏陽話説窗户爲“床眼”,都有小户義。字从兼聲,當爲欠聲(溪聲)之借,用欠由不足引申有小義。

**稴** 《説文》："稴，稻不黏者。从禾，兼聲。讀若風廉之廉。"段注："凡穀皆有黏者有不黏者。……稻有不黏者則稴是也，今俗通謂不黏者爲秈米。"

按稴 xián（匣談）从兼聲（見談）訓稻不黏者，不黏的稻即秈稻。字从兼聲，蓋爲黏聲（泥談）之借，此用黏之相黏義。兼者手持二禾，手握持使合，黏者物性自然黏合。

**嵰** 《説文》："嵰，帷也。从巾，兼聲。"段注："《釋名》曰：'嵰，廉也。自障蔽爲廉耻也。户嵰施之於户外也。'按與《竹部》簾異物，嵰以布爲之，簾以竹爲之。"

按嵰 lián（來談）从兼聲（見談）訓帷，自障蔽爲廉耻也。字从兼聲，當爲廉聲（來談）之借，以嵰障蔽的目的是維護人的廉耻，此用廉之引申義。余初讀《釋名》以爲其説牽强附會，後讀明人筆記，言"嚴嵩父子宣淫，不隔帷幕"，聯繫舊時北方農村小户人家，父母兄弟妻女同睡一炕，中用帷布隔開，知劉氏此説，信而有徵，段氏引證恰切。

**歉** 《説文》："歉，歉食不滿也。从欠，兼聲。"段注："歉疑當作嗛，謂口銜食不滿也，引伸爲凡未滿之稱。"《積微居小學述林·釋謙》："余疑歉爲欠之加聲旁字。"

據楊氏説，歉是欠的後起的加聲旁字，欠是歉的象形初文。欠、歉（溪談）古音同，欠、兼（見談）一聲之轉。

**顩** 《説文》："顩，頭頰長也。从頁，兼聲。"段注："當作'頭陜面長皃'。"

按顩 yán（疑談）从兼聲（見談）訓頭頰面長。字从兼聲，蓋爲奄聲（影談）之借，用奄大之引申義，長大義相函。

**鬑** 《説文》："鬑，鬋也。一曰長皃。从髟，兼聲。讀若慊。"段注："此别一義，謂鬑髮之長。古《陌上桑》曰：'爲人絜白皙，鬑鬑頗有鬚。'"

按鬑 lián（來談）从兼聲（見談）訓鬋，鬑髮長而下垂貌。字从兼聲，此用兼大之引申義，長大義相函。

**廉** 《説文》："廉，仄也。从广，兼聲。"段注："此與廣爲對文，謂偪仄也。廉之言斂也。堂之邊曰廉。……堂邊有隅有棱，故曰廉。廉，隅也。又曰廉，棱也。引伸之爲清也，儉也，嚴利也。"

按廉 lián（來談）从兼聲（見談）訓仄，謂偪仄。廉之言斂也，字从兼聲，蓋爲欠聲（溪談）之借，用欠之欠缺、缺少、不足之引申義。

**磏** 《説文》："磏，厲石也，赤色。从石，兼聲。讀若鎌。"段注："與廢音義略同。"

按磏 lián（來談）从兼聲（見談）訓厲石。字从兼聲，當爲廉聲（來談）之借，用廉有隅有棱之引申義。

**獫** 《説文》："獫，犬吠不止也。从犬，兼聲。讀若檻。一曰兩犬争也。"

按獫 xiàn（匣談）从兼聲（見談）訓犬吠不止，吠聲連續不斷。字从兼聲，此用兼連之引申義。又訓兩犬相争，相争則鬥不止，此亦用兼連之義。

**鼸** 《説文》："鼸，鼢也。从鼠，兼聲。"段注："《爾雅》'鼸鼠'，郭云：'以頰裹藏食者。'"

按鼸 xiàn（匣談）从兼聲（見談）訓鼢，以頰裹藏食者。字从兼聲，當爲含聲（匣侵）之借，將食物含藏在頰中，鼸、含匣母雙聲，侵談旁轉。此以音近相借。

**熑** 《説文》："熑，火煣車网絶也。从火，兼聲。《周禮》曰：'煣牙，外不熑。'"段注："《輪人》曰：'凡揉牙，外不廉而内不挫，旁不腫。謂之用火之善。'注曰：'廉，絶也。挫，折也。腫，瘣也。'按廉者熑之叚借，絶謂火絶。《記》文之外謂火，内謂正當火處，旁謂不當火處。煣之不善，則當火處橈減，而不當火處暴起，畏此二病，或絶火而更煣。假令火未嘗少絶，而無此二病，是真善用火也。車网即牙也。"王筠句讀："賈疏謂'古者車輞屈一木爲之'，則必以火煣之，使直者爲圓，而火太燥烈則木理絶矣，絶是熑之正解。”

按段釋絶爲火絶，王釋絶爲木理絶，王説爲長。熑 lián（來談）从兼聲（見談）訓火，車網絶。兼聲當爲磏聲（來談）之借，磏爲厲石，厲引申有猛烈義，火太猛烈，則所煣之車網暴裂，此用磏厲之引申義。

**尲** 《説文》：“尲，尲尬，行不正也。从尢，兼聲。”段注：“各本奪尲尬二字，今依全書通例補。又補行字。《集韵》二十五沾、《廣韵》二十六咸皆云‘尲尬，行不正也’，可證。今蘇州俗語謂事乖剌者曰尲尬。”

按尲 gān（見談）从兼聲（見談）訓尲尬，行不正。字从尢，《説文》：“尢，𡯁、曲脛也。从大象偏曲之形。”尢是𡯁脚的象形字，𡯁者之行走，正常之人脚向前跨一步，𡯁脚跨半步，與不𡯁之脚相並，反復如此行走。字从兼聲，此用兼之並列義。又尬从介聲，當爲隔聲之借，此謂不能跨過正常之脚。

**慊** 《説文》：“慊，疑也。从心，兼聲。”段注：“疑者，惑也。……今字多作嫌。按《女部》‘嫌者，不平於心也。一曰疑也’，不平於心，爲嫌之正義。”

按慊 xián（匣談）从兼聲（見談）訓疑。字从兼聲，兼从手持二禾，喻心有二事，或有兩種判定不能决斷。疑者疑惑不定，此用兼持二禾之比喻義。

**溓** 《説文》：“溓，溓溓，薄仌也。或曰中絶小水。又曰淹也。从水，兼聲。”段注：“溓溓二字，依《文選》注補。潘岳《寡婦賦》曰：‘水溓溓以微凝。’……《玉篇》《廣韵》作‘大水中絶小水出也’，當是古人所見完本。”

按溓 lián（來談）从兼聲（見談）訓薄冰，當爲欠聲（溪談）之借，用欠之欠缺不足義。从大水絶小水出説，字从兼聲，同爲欠聲之借，用欠由欠缺不足引申爲小爲少義。从又曰淹也説，淹、溓叠韵，字从兼聲，用兼大之引申義，俗謂水淹爲“漲大水”。

**溓䨩** 《説文》："溓，久雨也。从雨，兼聲。"段注："溓之言連也。"

按溓 lián（來談）从兼聲（見談）訓久雨。字从兼聲，此用兼手持二禾，二秉禾在手中相連之引申義。

**鰜𩻛** 《説文》："鰜，鰜魚也。从魚，兼聲。"段注："按當作鰱魚也，《玉篇》曰：'鰱，大青魚。'《類篇》曰：'鰜魚大而青。'是爲一物也。"

按鰜 qiàn（溪談）从兼聲（見談）訓鰜魚，大青魚。字从兼聲，此用兼大之引申義。

**嫌𡡊** 《説文》："嫌，不平於心也。从女，兼聲。"段注："嫌與慊義別。"

按嫌 xián（匣談）从兼聲（見談）訓不平於心。字从兼聲，當爲欠聲（溪談）之借，用欠之欠缺、不滿足之引申義。

**縑𦄊** 《説文》："縑，并絲繒也。从糸，兼聲。"段注："謂駢絲爲之，雙絲繒也。"

按縑 jiān（見談）从兼聲（見談）訓并絲繒，用雙股絲織成的精絹。字从兼聲，此用兼之兼併義。

**蠊𧍝** 《説文》："蠊，海蟲也。長寸而白，可食。从虫，兼聲。讀若嗛。"段注："長寸而白謂其殼，可食謂其中肉也。《本草》所謂'蛾蜌似蛤而長扁'，蛾與蠊音同。《玉篇》曰：'蠊，小蚌可食。'"

按蠊 lián（來談）从兼聲（見談）訓海蟲，寸長而白，可食。字从兼聲，蓋嗛聲（匣談）之借，既表肉銜於殼中，亦表其肉人可食。此用嗛之引申義。

**鎌𨧨** 《説文》："鎌，鍥也。从金，兼聲。"段注："俗作鐮。"

按鎌 lián（來談）从兼聲（見談）訓鍥，鍥入、鍥斷禾秆。字从兼聲，蓋爲廉聲（來談）之借，用廉有棱隅鋒利能契之引申義。

**隒𨻤** 《説文》："隒，崖也。从𨸏，兼聲。讀若儼。"段注："崖者，高邊也。按今俗語謂邊曰隒，當作此字。《王風》傳曰：‘涘者，厓也。漘者，水隒也。’蓋平者曰厓，高起者曰隒。《釋山》云：‘重甗隒。’”

按隒 yǎn（疑談）从兼聲（見談）訓崖。字从兼聲，蓋爲廉聲（來談）之借。《説文》：“廉，仄也。”段注：“謂偪仄也。廉之言斂也，堂之邊曰廉，……堂邊有隅有棱故曰廉。”隒从自，自有高義，故段曰“崖者高邊也”，謂即高崖之邊。借兼爲廉，用廉邊之引申義。

簾 簾 《説文》：“簾，堂簾也。从竹，廉聲。”段注：“小徐曰：‘此書及《釋名》簾帷皆作嗛，疑㡘或與簾别，或者此簾字後人所加之乎？所不能决也。’按……㡘施於次以蔽旁，簾施於堂之前，以隔風日而通明，㡘以布爲之，簾析竹縷爲之，故从巾，故其字从竹，其用殊，其地殊，其質殊，學者可以無疑矣。”

按簾 lián（來談）从廉聲（來談），訓堂簾。字从廉聲，蓋爲兼聲（見談）之借，用細繩或粗綫串連竹縷而成。字从兼聲，此用兼兼併相連之引申義。

## 臽聲字

臽 臽 《説文》：“臽，小阱也。从人在臼上。”段注：“阱者，陷也。臽謂阱之小者。……臼猶坑也。”

按臽 xiàn（匣談），訓小阱。臽是陷的本字，陷是臽的後起的加形旁字，許書分别臽爲小阱，不確。陷阱有僞裝，本以陷獸，人不小心留意踏着僞裝就掉入陷阱，故字从人臼會意。

啗 啗 《説文》：“啗，食也。从口，臽聲。讀與含同。”

按啗 dàn（定談）从臽聲（匣談）訓食，與啖（定談）音義並同，當爲一字之異體。啖从炎聲，與食義無關，炎聲當爲臽聲之借。字从臽聲者，此以人掉入陷阱喻食物吃入腹中。此用臽之比喻義。

脂 脂 《説文》：“脂，食肉不猒也。从肉，臽聲。讀若陷。”

按臽 xiàn（匣談）从臽聲（匣談）訓食肉不猒。不猒，不飽足。字从臽聲，蓋爲欠聲（溪談）之借，用欠欠缺不足之引申義。

**鮥** 《説文》："鮥，鮥魚也。从魚，臽聲。"桂馥義證："魚名者，《山海經》：'留水南流，注於河，其中有鮥父之魚，其狀如鮒魚而彘身，食之已嘔。'"

按鮥 xiàn（匣談）从臽聲（匣談），蓋爲啗聲（定談）之借。嘔則不能食，已（止）嘔則能食，故以鮥爲魚名，此以業爲名。

**衉** 《説文》："衉，羊凝血也。从血，臽聲。"段注："《釋名》曰'血臽以血作之'，臽即衉字也。"王筠句讀引《證俗音》云："南方謂凝牛羊鹿血爲衉。"

按衉 kàn（溪談）从臽聲（匣談），當爲臽聲（匣談）之借。《説文》："臽，食肉不猒也。"是臽爲美食，衉是以羊凝肉做成的美食，此用臽之引申義。今南方湖廣大地不僅用牛羊鹿血爲衉，又用猪鷄鴨鵝血爲衉。據説孫中山喜歡吃一種美味猪血豆腐，又叫"中山豆腐"。

**窞** 《説文》："窞，坎中小坎也。从穴臽，臽亦聲。《易》曰：'入于坎窞。'一曰旁入也。"徐鍇繫傳："坎中復有坎也。"

按窞 dàn（定談）从臽聲（匣談）訓坎中小坎。臽是陷阱的本字，此謂大坑中有小陷阱。字从臽聲，此用臽之陷阱義。

**欿** 《説文》："欿，欲得也。从欠，臽聲。讀若貪。"段注："《孟子》：'附之以韓魏之家，如其自視欿然，則過人遠矣。'張鎰曰：'欿音坎，内顧不足而有所欲也。'玉裁按：《孟子》假欿爲坎，謂視盈若虚也。"

按欿 kǎn（溪談）从臽聲（匣談）訓欲得。貪慾、貪婪，此欿之本義。其訓自視欿然，自感不足，不自滿足。字从臽聲，則當爲坎聲（溪談）之借，此用坎空虚之義。

**燄** 《説文》："燄，火行微燄燄也。从炎，臽聲。"

按燄 yàn（余談）字从炎（匣談），从臽聲（匣談），炎是今火焰之焰的本字，燄是炎後起的加注聲旁字。炎本有聲，加注聲旁，此但注音與字義無關。但从深層説，俗話"人要真心，火要空心"，火空心燃燒才旺，火焰色明而無煙，是从臽又用臽中空之引申義。

惂 《説文》："惂，憂困也。从心，臽聲。"

按惂 kǎn（溪談）从臽聲（匣談）訓憂困。字从臽聲，臽是陷阱的本字，人困在陷阱裏出不來，此所以爲憂也，此用臽人在陷阱之引申義。

淊 《説文》："淊，泥水淊淊也。从水，臽聲。一曰繅絲湯。"《廣韵》："淊，水和泥。"

按淊 hàn（匣談）从臽聲（匣談）訓泥水淊淊。泥水相混和，人陷入水中易出，陷入泥中則難出，語有"泥足深陷，不能自拔"。字从臽聲，此蓋用臽之陷入義。

閻 《説文》："閻，里中門也。从門，臽聲。壛，閻或从土。"段注："别於閭閈爲里外門也。"

按閻 yán（余談）从臽聲（匣談）訓里中門，進入里中的大門。字从臽聲，此用臽陷入即深入之引申義。

蜭 《説文》："蜭，毛蠹也。从虫，臽聲。"段注："蠹者木中蟲也。蜭居木中，其形外有毛，能食木，故曰毛蠹，是爲蜭，蜭之言陷也。"

按蜭 hàn（匣侵）从臽聲（匣談）訓毛蠹。蜭居木中，蜭之言陷，蜭是蛀木蟲鑽入木中。字从臽聲，此用臽之陷入義。

陷 《説文》："陷，高下也。从𨸏，臽聲。一曰陊也。"

按陷 xiàn（匣談）从臽聲（匣談）訓高下也，陊也。字从臽聲，臽是陷的本字，陷是後起的加注形旁字。陷的本義是陷阱，高下，从高處往下掉，陊，从高處往下落，皆用陷之引申義。

監 《説文》："監，臨下也。从卧，衉省聲。"

按監 jiān（見談），監字甲骨文作 <拾 11．13>， <佚 932>。《甲骨文字典》："从 （見）从 （皿）， 或作 ，同。象人俯就於盛水之器鑑照其面容之形，爲鑑之本字。上古無鑑，以器盛水爲鑑。故《周書·酒誥》曰：'人無於水鑑，當於民鑑。'甲骨文所从之 ，金文已漸訛爲 。《説文》：'監，臨下也。从卧，衉省聲。'《説文》

説形實沿金文之訛，更以从皿爲峆省聲，尤誤。”《甲骨文字典》所説，大體正確，有兩點要特别提出來討論。一是“凵或作凵，同”。按凵中之丨爲人在盆水中的投影，監是人於盆水中照影。人影映入水中，但呈倒影（現代光學能準確地解答），象人影陷入盆水之底。一是“以从皿爲峆省聲，尤誤”，但它傳達了一個正確的信息，即人之倒影映入水底，與人掉入陷阱相似。監古音爲見母談部字，由監孳乳的鑑鑒亦讀見母談部，足見監以陷爲語源。許氏知道監和陷有關，又誤監从凵爲血，故凑出峆省聲之説。在剔除其説之誤的同時，也要發現和珍視其合理的因素。這是我們對待前人成果應有的正確態度。結論是，監是从見从皿的會意字，人於盛水的皿中照影，皿中一點，是人像在水中的投影，而影爲倒影，像人陷入水中，故字以臽（陷的本字）爲語源，即以臽爲讀。

蔄 《説文》：“蔄，菡蔄，扶渠華。未發爲菡蔄，已發爲夫容。从艸，閻聲。”

按蔄 dàn（定侵）从閻聲（余談）訓扶渠華，未發爲菡蔄，含苞未放的荷花。字从閻聲，臽聲（匣談）之借，此用臽之陷入包含之引申義。

讇 《説文》：“讇，諛也。从言，閻聲。諂，讇或从臽。”段注：“讇者未有不諛。”

按讇 chǎn（定談）从閻聲（余談）訓諛，恭維奉承的話，溢美之辭。字从閻聲，當爲臽聲（匣談）之借，臽是陷阱的本字，今字通作諂，諂者以甘言美辭欺人，引人入彀，往往陷人於不義不利的境地，諛是手段，諂是目的。字从臽聲，此用陷之引申義。字从閻者，此許書正篆用借聲，重文用篆之正字。

爓 《説文》：“爓，火爓也。从火，閻聲。”段注：“各本作‘火門也’，門乃爓之壞字耳，今正。《文選·蜀都賦》：‘高爓飛煽於天垂。’善引《説文》：‘爓，火焰也，音豔。焰即爓之省，……今人云光燄者作此字爲正。古多假炎爲之。”

按炎是火焰，光燄的本字，燄是炎的後起的加旁字，焰是純形聲，段氏“古多假炎爲之’是説顛倒了。爓焰一字之異體，从臽聲閻聲，皆爲炎聲之假借，臽聲閻聲皆與字義無關。

**⿰氵閻** 《説文》：“⿰氵閻，海岱之間，謂相污曰⿰氵閻。从水，閻聲。”段注：“《方言》：‘氾浼⿰氵閻洼，洿也。……東濟海岱之間或曰浼，或曰⿰氵閻。’按洿污古通用。”

按⿰氵閻 yán（余談）从閻聲（余談）訓相污曰⿰氵閻。字从閻聲，當爲臽聲（匣談）之借，污者污水，从臽謂人物陷入污水中被玷污了。此用臽之引申義，而必借閻者，以區别淊爲泥水淊淊，⿰氵閻爲相污。

**藍** 《説文》：“藍，染青草也。从艸，監聲。”段注：“《小雅》傳曰‘藍，染草也’。”

按藍 lán（來談）从監聲（見談），監是以盆盛水，人於盆照影，引申監指盛水照影的盆子，再引申指煮染草染布帛的盆子，染草經煮，草色分泌在盆水中，與人臨盆照影人像倒映於盆水中有相似者，故藍以用監爲讀，以監爲語源。从文物演進的歷史説，最初的染料來自草本植物，先有藍染青的應用，演進而有其他。

**瞷** 《説文》：“瞷，視也。从目，監聲。”段注：“《釋詁》：‘監瞻臨涖頫相，視也。’按釋文曰：‘監字又作瞷。’然則《小雅》何用不監，亦可作瞷，瞷亦當爲臨視也。”

按瞷 jiān（見談）从監聲（見談）訓視，臨視。瞷是監的後起的加注形旁字，監是瞷的本字，監从臣，臣即目，又加目旁，於字形爲緟益。監的初義是人臨盆水照影，看到自己在水中的倒影，故引申有視義。

**籃** 《説文》：“籃，大篝也。从竹，監聲。”段注：“今俗謂熏篝曰烘籃是也。”

按籃 lán（來談）从監聲（見談）訓大篝，烘籃。監从皿，皿是盛水的瓦器。孳乳爲籃，籃从監，是盛物的竹器，此相似孳乳。字从監聲，此用監可盛水之引申義。今湖湘俗語小的叫烘籃，大的叫烘籠。竹籃稀疏多孔，俗語有“竹籃打水一場空”。

**檻** 《説文》：“檻，櫳也。从木，監聲。一曰圈。”段注：“李善注《長楊賦》引《釋名》曰：‘檻車上施闌檻，以格猛獸，亦囚禁罪人之車也。’按許云檻櫳也者，謂罪人及虎豹所居，假借爲凡闌檻字。”

按檻 jiàn（匣談）从監聲（見談）訓櫳，囚櫳、檻車。字从監聲，當爲臽聲（匣談）之借，人在囚車，虎豹在木櫳中，如在陷阱，無法逃脱。字从臽聲，此用臽之陷入義。

**幱** 《説文》：“幱，楚謂無緣衣也。从巾，監聲。”段注：“《方言》：‘無緣之衣謂之襤。’”

按幱 lán（來談）从監聲（見談）訓無緣衣，緣謂衣服用鎖邊。字从監聲當爲濫聲（來談）之借，水泛濫則漫無邊際，此用濫之引申義。

**襤** 《説文》：“襤，裯謂之襤褸。襤，無緣衣也。从衣，監聲。”段注：“《方言》曰：‘裯謂之襤。’郭注：‘衹裯蔽衣，亦謂襤褸。’……襤與幱同。”

按襤 lán（來談）、幱音義皆同，當爲一字之異體。字从監聲，當爲濫聲之借。裯有敝義者，周聲蓋爲凋聲之借，凋敝義近。

**覽** 《説文》：“覽，觀也。从見監，監亦聲。”段注：“以我觀物曰覽，引伸之使物觀我亦曰覽。”

按覽 lǎn（來談）从監聲（見談）訓觀，有觀看注視、觀察考察諸義。字从監聲，此用人於監中照影之引申義。《漢語大字典》讀爲來母侵部字，誤。

**鬑** 《説文》：“鬑，髮長也。从髟，監聲。讀若《春秋》‘黑肱以濫來奔’。”段注：“《集韵》曰：‘鬑鬖，髮長皃。’《廣韵》曰：‘鬑鬚，髮疏皃。’……讀如此濫也。”

按鬑 lán（來談）从監聲（見談）訓髮長。字从監聲，當爲濫聲（來談）之借。濫則水溢出廣延，故引申有長義。此用濫之引申義。

**濫** 《説文》：“濫，氾也。从水，監聲。一曰濡上及下也。《詩》曰：‘觱沸濫泉。’一曰清也。”段注：“謂廣延也。《商頌》《左傳》皆云：‘賞不僭，刑不濫。’……其引伸之義。……觱，小徐作滭，……毛曰：‘觱沸，泉出貌。’……濫泉由小以成大，故稱以證氾義。”

按濫 làn（來談）从監聲（見談）訓氾，氾濫。字从監聲，監作名字是貯水照影的大盆，水太多則溢出廣延。字从監聲，此用濫監中水多則溢之引申義。

鹽 《説文》：“鹽，鹵也。天生曰鹵，人生曰鹽。从鹵，監聲。古者夙沙初作鬻海鹽。”段注：“十字各本作‘鹹也’二字，今正。……玄應書三引《説文》‘天生曰鹵，人生曰鹽’當在此處。上冠以‘鹵也’二字，則渾言析言者備矣。”

按鹽 yán（余談）从監聲（見談）訓人生曰鹽。字从監聲，當爲鑑聲（見談）之借。《説文》：“鑑，大盆也。”即用大盆煮海水爲鹽。字从監聲，此以監表示人生煉治之意。此用監之引申義。

擥 《説文》：“擥，撮持也。从手，監聲。”段注：“謂總撮而持之也。”

按擥 lǎn（來談）从監聲（見談）訓撮持。字从監，此以監（盆水）將人的影像攝入水中喻人以手之五指撮持所取之物。此相似孳乳。字从監聲，此用監將人影攝入水中之比喻義。

𡢃 《説文》：“𡢃，過差也。从女，監聲。《論語》曰：‘小人窮斯𡢃矣。’”段注：“凡不得其當曰過差，亦曰𡢃，今字多以濫爲之。《商頌》‘不僭不濫’，傳曰：‘賞不僭，刑不濫也。’……皆可作𡢃，濫行而𡢃廢矣。”

按𡢃 làn（來談）从監聲（見談）訓過差。字从監聲，當爲濫聲（來談）之借。過是超過，差是没有達到，指行爲不顧原則没有標準。字从聲濫，此用氾濫之引申義。濫指水，𡢃指人，而从女者，則是男權社會把污水潑向女人的慣技。

鑑 《説文》：“鑑，大盆也。从金，監聲。一曰鑑諸，可以取明水於月。”段注：“盆者，盎也。……字从金，必以金爲之也。”

按鑑 jiàn（見談）从監聲（見談）訓大盆。字从監聲，此用監貯水照影之盆的引申義。

**醶** 《説文》："醶，泛齊，行酒也。从酉，監聲。"段注："泛齊見《周禮·酒正》。鄭曰：'泛者，成而滓泛泛然，如今宜成醪矣。'行酒未聞，疑是貨物行敝之行。"

按醶 làn（來談）从監聲（見談）訓泛齊。泛齊是未去滓（酒糟）的酒，泛指酒糟浮起在酒面。湖湘方言稱品質較差的貨物叫行貨。字从監聲，蓋爲濫聲之借，用嚂過差之引申義。

**藍** 《説文》："藍，瓜菹也。从艸，濫聲。"段注："各本篆作藍，解誤作監聲。今依《廣韵》《集韵》訂。"姚文田、嚴可均校議："藍，篆體當作'藍'，説解當作'濫聲'。"

按藍 làn（曉談）从濫聲（來談）訓瓜菹，腌瓜。瓜草本，故从艸。腌用水鹽醋之類，故从水。腌必有器，字从監，監者用盆水照影，此則喻用器皿腌瓜。此用監之比喻義。

## 马聲字

**马** 《説文》："马，嘾也。艸木之花未發圅然，象形。"段注："《口部》曰：'嘾者含深也。'"徐鍇繫傳："嘾者含也，草木華未吐，若人之含物也。"

按马 hán（匣談）是圅的省形。《説文》："圅，舌也。象形。"王國維以爲"象盛矢之器"。甲骨文作 <京津 4467>、 <林 2. 19. 14>，取象箭袋内有矢，其所从 ，象箭袋括口形，或从 ，約口之形尤顯。马、圅義近當同音。花含苞未放，與箭在袋中受括約相似，此借草木之花含苞未發，喻箭在圅經括約之箭袋中。

**圅** 《説文》："圅，舌也。舌體马马，从马，象形。肣，俗圅，从肉今。"段注："舌在口，所以言别味也。圅之言含也，含於口中也。"

按圅 hán（匣談）本義當是盛矢之器，矢端尖鋭，裝在箭袋内與舌端尖含在口内有某種相似，故以舌喻圅，而圅之本義遂隱。

**犯** 《説文》："犯，侵也。从犬，马聲。"段注："本謂犬，假借之謂人。”

按犯 fàn（並談）从马聲（匣談），马是圅的省形，指盛矢之器，箭袋之類。箭裝在袋中必括口者，防奔跑中矢从袋中逸出，引申比喻舌含於口中，花含於苞中未放。字从犬，此謂犬用大口利牙咬住人、物，引申爲凡侵犯冒犯之詞。字从马聲，此用马口含之引申義。

**氾** 《説文》：“氾，濫也。从水，马聲。”

按氾 fàn（滂談）从马聲（匣談）訓濫，氾濫，水漫溢將大片土地淹没。氾、淹（影談）疊韵，字从马聲，此用马含之引申義。

**東** 《説文》：“東，艸木垂華實也。从木马，马亦聲。”

按東 hàn（匣談）从马聲（匣談）訓草木垂花實。實，果實，即花苞已發且結實下垂，果亦有包含義。字从马聲，此用马之包含義。

**菡** 《説文》：“菡，菡藺也。从艸，圅聲。”

按菡 hàn（匣談）从函聲（匣談）訓菡藺。扶渠花（荷花）未發爲菡藺，即未開放的荷花的花苞。字从圅聲，此用圅之包圅義。

**顄** 《説文》：“顄，頤也。从頁，圅聲。”段注：“𦣝下曰‘顄也’。𦣝者古文頤，與此爲轉注。《王莽傳》作顄，正字也。《方言》作頷，於《説文》爲假借字。”

按顄 hán（匣談）从圅聲（匣談）訓頤。字从圅聲，此用圅之包含、含藏義。顄訓頤，頤是人頰旁藏食處。𦣝是象形初文，頤是𦣝的加注形旁字，顄也是形聲字。

**涵** 《説文》：“涵，水澤多也。从水，圅聲。《詩》曰：‘僭始既涵。’”段注：“所受潤澤多也。《小雅·巧言》文，傳曰：‘僭，數。涵，容也。’按涵訓容者，就受澤多之義而引申之。”

按涵 hán（匣談）从圅聲（匣談）訓水澤多，謂物器中含藏之水多。引申有包涵、涵養義，又引申爲水。今稱道路下過水的管道叫涵洞，此用圅之引申義。

**凾** 《説文》：“凾，寒也。从仌，圅聲。”

按涵 hán（匣談）从圅聲（匣談）訓寒。圅爲盛矢器，此謂器物内圅藏有冰。冰寒，此以器内有冰會寒意。字从圅聲，此用圅之包含、函藏義，藏冰故寒。

**䨡** 《說文》：“䨡，久雨也。从雨，圅聲。”《玉篇》：“䨡，多雨也。”

按䨡 hán（匣談）从圅聲（匣談）訓久雨。圅聲當爲涵聲（匣談）之借。《說文》：“涵，水澤多也。”字从涵聲，此用涵雨澤多之引申義。

**范** 《說文》：“范，艸也。从艸，氾聲。”段注：“籀文作萍。”蓋謂以水之氾濫，喻草之蔓延。

按范 fàn（並談）从氾聲（匣談）訓草。字从氾聲，作草名字，其語源不詳。

**笵** 《說文》：“笵，法也。从竹，氾聲。竹，簡書也。古法有竹刑。”段注：“《繫辭》：‘範圍天地之化而不過。’鄭曰：‘範，法也。’……《車部》範爲範軷，則《繫辭》範圍，假借字也。……法具於簡書，故笵从竹也。”

按笵 fàn（並談）字當爲从竹，从水，马聲，訓法。法具於簡書，故其字从竹。訓法者，取法平於水。从马聲（匣談）者，設定界限範圍不得踰越。字从马聲，此用马含之引申義。

**範** 《說文》：“範，範軷也。从車，笵省聲。讀與犯同。”段注：“不曰讀若犯，而曰讀與同者，其音義皆取犯，讀若則但言音而已。”

按範 fàn（並談）从笵省聲，當爲犯聲（並談）之借，謂以車犯軷轢牲而行。字从犯聲，此用犯冒犯觸犯之引申義。

## 斬聲字

**斬** 《說文》：“斬，截也。从車斤，斬法車裂也。”段注：“截者斷也。……《周禮·掌戮》注曰：‘斬以鈇鉞，若今腰斬也。’

……本謂斬人，引申爲凡絶之稱。……蓋古用車裂，後人乃法車裂之意，而用鈇鉞，故字亦从車。斤者，鈇鉞之類也。”

按斬 zhǎn（莊談）字从車、斤，斬法車裂。故字从車、从斤者，斬用鈇鉞之類，若今腰斬。訓㦰，㦰即今截字，截斷，从腰截斷。斬、劖（崇談）音近，蓋同源。劖，斷也。

**蔪** 《說文》：“蔪，艸相蔪苞也。从艸，斬聲。[illegible]，蔪或从槧。”段注：“蔪苞即今《禹貢》之‘漸包’。釋文曰：‘漸本又作蔪，……草之相包裹也，包或作苞，叢生也。’馬云：‘相苞裹也。’按叢生之義，字作苞者是。”

按蔪 jiàn（從談）从斬聲（莊談）訓草相蔪苞。字从斬聲，當爲漸聲（从談）之借，用漸逐漸之引申義。草叢生，滋長漸次相互包裹。

**趣** 《說文》：“趣，進也。从走，斬聲。”王筠句讀：“《玉篇》作[illegible]，云：‘不久也，超忽而騰疾也，又進也。’是以同暫爲正義。”

按趣 jiàn（從談）字从走，走古義爲奔跑，奔跑要使勁，大力氣。从斬聲（莊談），斬者手起刀落，一刀兩斷，動作快，同樣要使勁。會合兩個動作，就包含了《玉篇》“不久也，超忽而騰疾也，又進也”的意義。字从斬聲，即用斬爲語源，用斬使勁之引申義。今湖湘方言“趣勁做事”“趣勁學習”“趣把勁”，字正當作“趣”。

**槧** 《說文》：“槧，牘樸也。从木，斬聲。”段注：“樸，素也，猶坏（坯）也。牘，書版也。槧謂書版之素，未書者也。……楊雄曰：‘天下上計孝廉及内郡衛卒會，雄常把三寸弱翰，齎油素四尺，以問其異語，歸，即以鉛摘次之於槧。’《西京雜記》曰：‘懷鉛提槧。’”

按槧 qiàn（清談）从斬聲（莊談）訓牘樸。截木加工爲牘，未經書寫的素版叫槧，已書寫的叫書版。字从斬聲，此用斬截之引申義。

**暫** 《說文》：“暫，不久也。从日，斬聲。”段注：“《左傳》：‘婦人暫而免諸國。’今俗語云霎時間，即此字也。”

按暫 zàn（從談）从斬聲（莊談）訓不久，時間短暫。字从斬聲，此用斬截之引申義。語有“斬釘截鐵”，斬截之動作，必快而有力，快則時間短，所謂短暫。表時間，故字从日，引申之義爲突然。《史記·李將軍列傳》：“廣暫騰而上胡兒馬，因推墮兒。”暫騰即突然起跳。

**磛** 《説文》：“磛，礹石也。从石，斬聲。”段注：“按磛礹二篆之解，似當依《玉篇》更正。‘磛’下云‘磛礹，山石皃也’，‘礹’下云‘磛礹也’，乃合全書之例，今本乃爲淺人所亂耳。蓋磛礹古多用爲連綿字。”

按連綿字並非單純的聲音組織，字可分别解析。磛 chán（崇談）从斬聲（莊談）訓磛礹。字从斬聲，謂山石峻陗如斬削，此用斬截之引申義。礹从嚴聲，此用嚴嚴正無偏斜之引申義。唐詩有“天外三峰削不成”句。

**慙** 《説文》：“慙，媿也。从心，斬聲。”段注：“《女部》曰：‘媿，慙也。’二篆爲轉注。”

按慙 cán（從談）从斬聲（莊談）訓媿。字从斬聲當爲塹聲（清談）之借。《説文》：“塹，阬也。”慙从心从塹者，謂内心於人有所虧欠，此用塹深坑之引申義。又慙訓媿，媿（見微）从鬼聲（見微），當爲虧聲（溪歌）之借。見溪旁紐，微歌旁轉，古音相近，此以音近相借，虧謂心虛理虧。

**漸** 《説文》：“漸，漸水。出丹陽黟南蠻中，東入海。从水，斬聲。”

按漸 jiàn（從談）从斬聲（莊談）訓漸水。字从斬聲，作水名字，此但借其聲。今多用爲逐漸、漸漸義，字从斬聲，蓋爲塹聲（清談）之借。漸从水塹者，水往低處流，浸淫而漸進。《孟子·離婁》：“源泉混混，不舍晝夜，盈科而後進。”科，坎也。坎不滿，水不能前進。故漸引申有逐漸、漸漸義。字从塹聲，此用塹科坎之引申義。

**摲** 《説文》：“摲，斬取也。从手，斬聲。”段注：“各本斬取二字作暫，今正。……《禮器》有‘摲而播也’。《長楊賦》‘麾城摲邑’，《蒼頡篇》曰：‘摲，拍取也。’”

按摲 cán（從談）从斬聲（莊談）訓斬取。字从斬聲，此用斬截之引申義。

**螹** 《説文》:"螹,螹離也。从虫,斬聲。"段注:"《上林賦》説水族曰:'鮫龍赤螭,䱭鰽螹離。'司馬彪曰:'螹離,魚名也。'張揖曰:'其形狀未聞。'按許以此次於蠵、蠏二篆間,必介蟲之類。"

按螹 jiàn(從談)从斬聲(莊談)訓螹離,蓋爲介蟲。字从斬聲,其語源不詳。

**塹** 《説文》:"塹,阬也。一曰大也。"段注:"江沅曰:'阬,閬也。'閬,門高大之皃。門之高大、阬之深廣相似也。故𨸏部阬閬也,即《緜》傳之'阬高貌'。古《毛詩》蓋作'皋門有阬'耳,塹則與阬之深廣同義。玉裁按江説是也。《左氏傳》注:'塹,溝塹也。'"

按塹 qiàn(清談)从斬聲(莊談)訓阬。此以阬之深廣,喻塹之深廣。清王昙:"長江天塹,投鞭斷流。"天塹正謂又深又廣的大溝。字从斬聲,當爲坎聲(溪談)之借。《説文》:"坎,陷也。"陷者陷阱,阱者"大陷也",借斬爲坎,用坎陷之引申義。又江氏"門之高大、阬之深廣相似"者,高深相反而實相成,故以高喻深,从詞義引申説爲反向引申,這是語言的辯證法。

**鏨** 《説文》:"鏨,小鑿也。从金斬,斬亦聲。"《太平御覽》引《通俗文》:"石鑿曰鏨。"明焦竑《俗書刊誤·俗用雜字》:"斬金之小鑿曰鏨。"

按鏨 zàn(從談)从斬聲(莊談)訓小鑿,鏨金鏨石之小鑿。字从斬聲,此用斬截斷、鑿入之引申義。字从金,金謂鋼質器具,用於雕鑿金石,湖湘俗語稱鏨子,引申爲動字,指在金石上雕刻,如鏨字、鏨花等等。

**醬** 《説文》:"醬,闕。"段注本於醶下注曰:"依《玉篇》《廣韵》上字(醬)下當云'醬,醶,味薄也。从酉,漸聲'。下字(醶)下當云'醬,醶也。从酉,任聲'。二篆叠韵,而今本但注闕字,疑許書本無此二篆。"

按醬 jiàn（從深）从漸聲（從談）訓味薄者，字从酉，酉即酒，此當謂酒味薄，杜甫詩："莫辭酒味薄，黍地無人耕。"而从漸者，蓋謂酒啓封後，任其開敞，久則酒味漸淡薄。字从漸聲，此用漸之逐漸義。

## 聶聲字

聶 𦕇 《説文》："聶，駙耳私小語也。从三耳。"段注："《口部》咠下曰：'聶，語也。'按二篆皆會意。以口就耳則爲咠，咠者己二耳在旁，彼一耳居間則爲聶。《史記·魏其武安傳》曰：'乃效女兒呫聶耳語。'韋曰：'呫聶，附耳小語聲。'"

按聶 niè（泥葉）从三耳會意，訓附耳私小語，己二耳在旁，彼一耳居間則爲聶。聶、黏（泥談）音近，泥母雙聲，葉談陽入對轉，聶蓋以黏爲語源，口貼着人的耳朵私小語，今湖湘俗語叫"咬耳朵"。

躡 𨅬 《説文》："躡，蹈也。从足，聶聲。"段注："《史記》'張良、陳平躡漢王足'是也。"

按躡 niè（泥葉）从聶聲（泥葉）訓蹈。《説文》："蹈，踐也。"踐即踐踏，湖湘俗語叫踩。張良、陳平用脚踩漢王足示意。字从聶聲，此用聶以口附耳語之引申義，此相似孳乳。

讘 𧮘 《説文》："讘，多言也。从言，聶聲。河東有狐讘縣。"

按讘 niè（日葉）从聶聲（泥葉）訓多言。字从聶聲，聶訓附耳私小語，絮絮叨叨，其言必多。此用聶附耳私小語之引申義。

欇 𣠽 《説文》："欇，木葉榣白也。从木，聶聲。"段注："凡木葉面青背白爲風所攝，則獵獵然背白盡露，故曰榣白，楓厚葉弱枝善榣，一名欇欇是也。"

按欇 zhé（章葉）从聶（泥葉）訓木葉摇白。凡木葉面青背白爲風所攝，則獵獵然背白盡露，故曰"榣白"。字从聶聲，當爲攝聲（書葉）之借，用攝引持之引申義。

㒆 𠑷 《説文》："㒆，心服也。从人，聶聲。"段注："《心部》懾下‘一曰心服也’，然則二字音義同。”

按㒤 chè（昌葉）从聶聲（泥葉），訓心服。心服者，《孟子》說“中心悅而誠服也”。服又稱服帖，俗語叫“服服貼貼”，此用附耳私小語口與耳貼近之引申義，附耳私小語示兩人親密無猜疑。㒤又通懾，懾謂震懾，承受强大的外力心存恐懼，因懾而服者不得不服、不敢不服，和㒤之心服是有本質區別的。

懾 《說文》：“懾，失氣也。从心，聶聲。一曰心服也。”段注：“失氣言則曰讋。……心字依玄應書補。”

按懾 shè（書葉）从聶聲（泥葉）訓失氣。失，喪失；氣，氣魄；失氣，即今語喪氣，爲外力震懾而驚懼。字从聶聲，當爲攝聲（書葉）之借，此用攝引持之引申義。

攝 《說文》：“攝，引持也。从手，聶聲。”段注：“謂引進而持之也，凡云攝者皆整飭之意。……《史記》：‘俟生攝弊衣冠。’襄十四年《左傳》曰：‘不書者，惰也。書者，攝也。’注云：‘能自攝整。’……《論語》：‘官事不攝。’注云：‘攝猶兼也。’皆引持之意。”

按攝 shè（書葉）从聶聲（泥葉）訓引持，與拈（泥談）音義並近。《說文》：“拈，掫也。”段注：“《篇》《韵》皆云‘指取也’。”謂以手指夾持捏取。攝拈當爲同源。字从聶聲，此用聶附耳私小語之引申義。

## 盍聲字

盍 《說文》：“盇（盍），覆也。从血，大聲。”段注：“皿中有血，而上覆之，覆必大於下，故从大。《艸部》之蓋，从盇會意，訓苫，覆之引伸耳。今則蓋行而盇廢矣。……其形隸變作盍。”

按盍 hé（匣葉）訓覆，是今覆蓋的蓋字。但蓋訓苫，本義是用茅草蓋屋。古人殺牲以皿盛血祭祖先。所謂祖宗血食，爲保持牲血的潔净，加蓋以防灰塵污染，上从大，大本人正面而立的形象，借以喻大於器之蓋。蓋、合（匣緝）雙聲，緝葉旁轉，音義並近，當爲同源。

榼 《説文》："榼，酒器也。从木，盍聲。"段注："師古注《急就篇》曰：'榼，盛酒之器，其形榼榼然也。'《孔叢子》曰：'子路嗑嗑，當飲十榼。'"

按榼 kē（溪葉）从盍聲（匣葉）訓酒器，謂有蓋的酒器。字从盍聲，盍、合（匣緝）匣母雙聲，緝葉旁轉，合即今盒字。

嗑 《説文》："嗑，多言也。从口，盍聲。讀若甲。"

按嗑 kē（見葉）从盍聲（匣葉）訓多言。蓋嘴唇不停地張合，語含貶義。北方方言叫嘮嗑，今湖湘俗語斥人多言，叫"嘴巴老是 kuǎng 得去"，kuǎng 即 kē 之音轉。

豔 《説文》："豔，好而長也。从豐，豐，大也。盍聲。《春秋傳》曰：'美而豔。'"段注："《小雅》毛傳曰：'美色曰艷。'《方言》：'艷，美也。'……按今人但訓美好而已，許必云'好而長'者，爲其从豐也，豐，大也。大與長義通。《詩》言莊姜之美，必先言'碩人頎頎'；言魯莊之美，必先言'猗嗟昌兮，頎若長兮'。所謂好而長也。……人固有美而不豐滿者也，《毛傳》及《方言》皆渾言之也。"

按豔（艷）yàn（余談）从盍聲（匣葉），字从豐，謂身材長而豐滿。字从盍聲者，盍即今之蓋字，此謂美色超群蓋世。語有"英雄蓋世"。項羽《垓下歌》有"力拔山兮氣蓋世"。今湖湘俗語讚嘆絶頂好事物，每説"蓋了"。所謂體態美是既要苗條，又要豐滿，苗條是包含有豐滿的苗條，不等於瘦長，瘦削是不美的。字从盍聲，此用蓋之"蓋頂""蓋了"之引申義。

饁 《説文》："饁，餉田也。从食，盍聲。《詩》曰：'饁彼南畝。'"段注："《釋詁》、《豳》傳皆曰：'饁，饋也。'孫炎云：'饁，野之餉。'"

按饁 yè（匣葉）从盍聲（匣葉）訓餉田，給田野耕作的人送飯食。田野和住處有一定距離，途中易冷却，且易受灰塵污染，故盛食之器必加蓋。字从盍聲，盍即覆蓋之的本字，此用盍、蓋之覆蓋義。

郝 《説文》："郝，地名。从邑，盍聲。"段注："二《志》泰山郡皆有蓋縣，《孟子》有蓋大夫。《廣韵》：'蓋，姓。'《字书》作郝。"

按郝 hé（匣葉）从盍聲（匣葉）訓地名。字从盍聲，作地名字，或作姓氏字，皆但借其聲，與字之本義、引申義無關。

瘟 《説文》："瘟，跛病也。从疒，盍聲。讀若脅，又讀若掩。"段注："《廣韵》曰：'瘟，短氣也。'此今義也。"

按瘟 è（影葉）从盍聲（匣葉）訓跛病。字从盍聲，蓋爲合聲（匣緝）之借。跛病者之跛脚在行走時，正常脚前進一步，跛脚跟上去與正常之脚合攏而不能跨越，每行一步則合併一次。字从盍聲，借盍爲合，此用合之合併義。

磕 《説文》："磕，石聲也。从石，盍聲。"段注："《子虛賦》曰：'礧石相擊，硍硍磕磕。'……今俗用磕破、磕陲字，讀苦盍切。"

按磕 kē（溪葉）从蓋聲（匣葉）訓石聲。字从盍聲，作象聲字，此但借其聲。磕从石，本爲石相碰撞的聲音，引申爲凡撞擊、碰撞，如磕破、磕瓜子、磕頭。頭磕地有聲，今湖湘俗稱"磕響頭"。

闔 《説文》："闔，門扉也。从門，盍聲。一曰閉也。"段注："《月令》：'乃修闔扇。'《釋宫》：'闔謂之扉。'"

按闔 hé（匣葉）从盍聲（匣葉）訓門扉。字从盍聲，當爲合聲（匣緝）之借，匣母雙聲，緝葉旁轉。此以器與蓋相合，喻門扇相合，扉扇同義，門之兩扇相合則門閉，故一曰閉也。門之作用開、閉門，故稱門扇爲闔，此以業爲名。

# 頤部第五

## 之聲字

**之** 《説文》："之，出也。象艸過屮，枝莖漸益大有所之也。一者地也。"羅振玉《增訂殷虛書契考釋》："按卜辭从止，从一，人所之也。"

按之 zhī（章之）字从止（章之），止即人足。从一，一，地也。表示人在地上行走。之的初義是往、到。之止古音同，之以止爲語源。

**芝** 《説文》："芝，神芝也。从艸，之聲。"段注："《論衡》：'土氣和故芝草生。'"

按芝 zhī（章之）从之聲（章之）。芝即靈芝，古人以爲瑞草，服之可以成仙，即幫助人進入到神仙的境界，此用之到、往的引申義。

**寺** 《説文》："寺，廷也。有法度者也。从寸，之聲。"段注："《漢書》注曰：'凡府庭所在皆謂之寺。'……《廣韵》：'寺者，司也。官之所止有九寺。'按經典假寺爲侍。……《周禮》注曰：'寺之言侍也。'凡《禮》《詩》《左傳》言'寺人'皆同。"

按寺 sì（邪之）从之聲（章之），與从止（章之）同意。从寸，寸即手，手是辦事的，止下一只手表示在君主的脚下辦事，作名字則是在君主脚下辦事的人，即侍人，亦即古之寺人。寺是侍的本字，侍是後起的加旁字。同樣指在君主脚下辦事的官員，引申指官員辦事的處所，官之所止九寺，即官府。舊時敬稱人爲足下，就是从這個意義引申的。段氏謂經典假寺爲侍，是把文字孳乳的次第給顛倒了。寺从寸止會意，此用止脚之引申義。

**翡** 《説文》："翡，羽盛皃也。从羽，之声。"段注："羽，大徐作飛。《集韵》：‘𡷓𡷓，羽翼盛。’”

按𡷓 chī（昌之）从之聲（章之）訓羽盛皃。字从之聲，之从止，止即足，此以人邁開大步則奔疾，喻鳥展翅則飛盛。

**欪** 《説文》：“欪，欪欪，戲笑皃。从欠，之聲。”段注：“此今之嗤笑字也。……《文賦》曰：‘雖濬發於巧心，或受欪於拙目。’李善曰：‘欪，笑也，與嗤同。’”

按欪 xī（曉之）从㞢聲（章之）訓戲笑皃，當爲歡笑聲。用欪欪的笑聲表示嗤笑，作象聲字，此但借其聲。

**蚩** 《説文》：“蚩，蚩蟲也。从虫，之聲。”段注：“蚩字今補，此三字句，謂有蟲名蚩也。叚借爲‘氓之蚩蚩’，毛傳曰：‘蚩蚩，敦厚之皃。’《玉篇》曰‘癡也’，此謂《毛詩》；又曰‘笑也’，此謂叚蚩爲欪也。”

按蚩 chī（昌之）从之聲（章之）訓蚩蟲。从蚩的引申假借義愚癡、妍蚩（醜陋）、可笑（嗤笑）來看，蚩蓋小爬蟲之行動特遲緩笨拙者，故每借以喻人事，字从之聲蓋用之往之引申義，謂行遲緩笨拙可笑。

**事** 《説文》：“事，職也。从史，之省聲。𠭖，古文事。”段注：“古假借爲士字。《鄭風》曰：‘子不我思，豈無他事。’毛曰：‘事，士也。’”

按事 shì（崇之），甲骨文作𢇍 <佚 870>，取象人以手持𢆉捕獸。𢆉象干形，乃上端有杈之捕獸器具。古以捕獵獲肉爲事，故以从又持干會事意。古文事、史、吏、使爲同源字。許書訓事爲職，乃後起之義。事之音近亦當爲同源，持𢆉刺向野獸，𢆉奔獸而去，表示動作的去向。

**市** 《説文》：“市，買賣所之也。市有垣，从冂，从乁，象物相及也。乁，古文及字。之省聲。”段注：“《釋詁》曰：‘之，往也。’……垣所以介也，故从冂。”

按市 shì（禪之）从之省聲（章之）訓買賣所之也。買賣雙方交易的處所，即買賣雙方都必去的地方。字从之聲，此用之到往之義。市字金文兮甲盤作𢁘，説明許書市从之省是有據的。

特 𤘐 《説文》："特，特牛也。从牛，寺聲。"段注："鉉本云'朴特，牛父也'，按《天問》'焉得夫朴牛'。洪氏引《説文》'特牛，牛父也'。……特本訓牡。"

按特 tè（定職）从寺聲（邪之）訓牛父，牡牛。寺聲當爲持聲（定之）之借，定母雙聲，之職陰入對轉。借寺爲持者，謂牡能持牝，即牡能乘牝，特又稱朴特者。《玉篇》犦訓"特牛"。《廣韵》犦訓"牛未劇"，劇指給公牛去勢，今語叫閹割，去勢的公牛就失去乘牝的能力。又劇从虔聲，乾聲之借。《易・繫辭》"乾，陽物也"，即男根。

峙 𡴞 《説文》："峙，蹮也。从止，寺聲。"段注："《足部》曰'蹮者峙蹮不前也'。峙蹮爲雙聲字，此以蹮訓峙者，雙聲互訓也。《心部》'箸箸'，《足部》曰'蹢躅'，《毛詩》曰'踟蹰'，《廣雅》曰'蹢躅跢跦'，皆雙聲叠韵而同義。……假借爲峙爲偫，以蹮爲儲。"

按前人認爲雙聲叠韵字爲連綿字，是一種聲音組織，不能分析，這是一種很深的誤解，是不符合漢語和漢字的本質特點的。雙聲叠韵字，字形不拘而多變，是漢字存在表音趨向遺留的影響，找出這類字字形與字義相關的最早的字形，深入分析，是可以破解其迷團的。就峙蹮説，峙 chí（定之）字从止，止表行，从寺聲（邪之）當爲持聲，借用持之把持義，足欲行而心持之不願行，此用持之引申義。从蹮説，蹮从足，足所以行，从屠聲與行義無關。屠从者，箸亦从者，蹮即箸箸之箸的假借，箸者住也，足欲行而心箸之。峙蹮（箸）是兩個音義相關字的組合，與今之近義複詞没有本質的區别。王筠釋例説"峙下當云峙蹮不前也"。

待 𢓚 《説文》："待，竢也。从彳，寺聲。"段注："《立部》曰：'竢，待也。'……今人易其語曰等。"

按待 dài（定之）从寺聲（邪之）訓竢。《説文》竢、待互訓。寺聲當爲持聲（定之）之借，此用持之執持、保持之引申義。

詩 𧦝 《説文》："詩，志也。从言，寺聲。𧥝，古文詩省。"段注："《毛詩序》曰：'詩者志之所之也，在心爲志，發言爲詩。'……左从古文言，右从之省寸。”

按詩 shī（書之）从寺聲（邪之），當爲之聲（章之）之借。詩言志，志者心之所之，此用之往之引申義。此許書正篆用借聲，重文用聲之本字。

**等** 《説文》：“等，齊簡也。从竹寺，寺官曹之等平也。”段注：“《寸部》曰‘寺，廷也’，有法度者也，故从寸。……古在一部止韵，音變入海韵，音轉入等韵。”

按等 děng（端蒸）从寺聲（邪之）訓齊簡。寺聲當爲待聲（定之）之借，等、待端定旁紐，之蒸陰陽對轉。字从竹，竹者竹簡，此謂待用之竹簡，都是經過加工，長短、寬窄、厚薄皆整齊劃一。即有定制規格，此用待竢之引申義。寺从寸，寸訓法度乃後起之義，寺官曹之等平，乃用齊簡之引申義。凡抽象的意義必借助具體事物的形象來表達，這是一條定律。

**榯** 《説文》：“榯，槌也。从木，寺聲。”段注：“各本作特省聲，淺人所改也。特又何聲耶？榯即《方言》之植，《月令》‘具曲植’，鄭曰‘植，槌也’。”

按榯 zhé（端職）从寺聲（邪之）訓槌。寺聲當爲持聲（定之）之借，端定旁紐，之職陰入對轉。榯訓槌者，《方言·卷五》：“槌，宋、魏、陳、楚、江、淮之間謂之植，自關而西謂之槌，其横……齊謂之榯。”郭璞注：“槌，懸蠶薄柱也。”槌爲懸掛蠶薄的柱，柱者立於地之直木，故又叫植。槌从追聲，當爲縋聲之借。《説文》：“縋，以繩有所縣也。《春秋傳》曰：‘夜縋納師。’”以其爲懸蠶薄之柱，故稱槌，蠶薄懸於柱上而不墜，即蠶薄爲植所持，故槌又稱榯，是榯从寺聲爲持聲之借，此以業爲名。《月令》“具曲植”之曲即蠶薄。《説文》：“曲，或説曲蠶薄也。”

**邿** 《説文》：“邿，附庸國，在東平亢父邿亭。”

按邿 shī（書之）从寺聲（邪之）訓附庸國。字从寺聲，作國名字，此但借其聲。

**時** 《説文》：“時，四時也。从日，寺聲。旹，古文時，从日之作。”段注：“本春秋冬夏之稱，引伸爲凡歲月日刻之用。《釋詁》曰：‘時，是也。’此時之本義。言時則無有不是者也。”

按時 shí（禪之）从寺聲（邪之）訓四時，時間。寺聲當爲之聲之借，時字古文作旹，與甲骨文作旹字形相合。字从之聲，此用之行往之義。古人認爲日能在太空行走，是因爲日有止（足）。傳說日中有三足烏，此以人在地上行走，喻日在太空行走。日勻速不停地行走，便產生時段、時間的觀念，時間的觀念比較抽象，故借日在空中移動產生的距離來表示，古人用日影在日晷上移動的刻度來顯示。

**痔** 《說文》：“痔，後病也。从疒，寺聲。”

按痔 zhì（定之）从寺聲（邪之）訓後病，今俗稱痔瘡。長在肛門内外，内稱内痔，外稱外痔，常給人大便帶來不便和痛苦，有似横蠻地把持肛門。字从寺聲，持聲（定之）之借，此用持把持之引申義。

**侍** 《說文》：“侍，承也。从人，寺聲。”段注：“承者，奉也，受也。凡侍者皆敬恭承奉之義。”

按侍 shì（禪之）从寺聲（邪之）訓承。前面已說到寺是侍的本字，侍是後起的加旁字。寺作名字是在君主脚下辦事的人，侍奉人自然當恭敬奉承，此用寺之引申義。

**庤** 《說文》：“庤，儲置屋下也。从广，寺聲。”段注：“庤與偫音義同。云置屋下者，以其字从广也。《周頌》：‘庤乃錢鎛。’傳曰：‘庤，具也。’”

按庤 zhì（定之）从寺聲（邪之）訓儲置屋下。字从寺聲，持聲（定之）之借，謂持而置之屋下儲存，此用持之引申義。

**恃** 《說文》：“恃，賴也。从心，寺聲。”段注：“《韓詩》云：‘恃，負也。’”

按恃 shì（禪之）从寺聲（定之）訓賴。賴謂有所憑依，倚仗，語‘有恃無恐’。字从寺聲，當爲持聲（定之）之借，譬如手裏握有利器，面對來犯者就無所畏懼。手裏持有可靠的證據，就不怕當事人抵賴，此用持握持之引申義。

**洔** 《説文》：“洔，水暫益且止未減也。从水，寺聲。”王筠句讀：“猶云不增不減耳。”錢坫斠詮：“今滯字當用此。”

按洔 zhǐ（章之）从寺聲（邪之）訓水暫益且止未減也。字从寺聲，當爲持聲（定之）之借，不增不減即今語持平，此用持之持平義。

**畤** 《説文》：“畤，天地五帝所基止祭地也。从田，寺聲。右扶風雝有五畤，好畤、鄜畤皆黄帝時築，或云秦文公立。”

按畤 zhì（定之）从寺聲（邪之）訓天地五帝所基止祭地，秦漢時祭祀天地五帝的祭壇。王筠句讀：“其制壇而不屋，但有基止，故謂之畤。”致祭之地，故从田。字从寺聲，當爲阯聲（章之）之借。基止當作基阯，此用止之引申義。

**持** 《説文》：“持，握也。从手，寺聲。”容庚《金文編》：“（金文）持，不从手。”

按持 chí（定之）从寺聲（邪之）訓握。字从寺，寺从寸，寸即手。持之用手，於字形爲緟益。寺是侍的本字，初義是侍奉左右，在君主脚下辦事，故稱執事，或叫有司。司者司事，辦事以手故从寸，引申爲官署之稱，如大理寺、鴻臚寺，故再增手作持字，以凡握持、主持、把握字，以示區别。持表示手的動作，其義域非常寬廣，而其核心意義是握持，其他皆由此引申。

**㩼** 《説文》：“㩼，刺也。从攴，蚩聲。”段注：“刺，各本作刺，今按㩼與擿雙聲，定作刺。”朱駿聲通訓定聲：“依段注作刺”，字亦作㨁，引《漢書》注：“北方人呼插物地中爲㨁。”

按㩼 zhǐ（端之）从蚩聲（昌之）訓刺，蓋謂蟲以鋒刺利嘴刺人。字从蚩聲，當爲之聲（章之）之借，用之到往之引申義。

**滍** 《説文》：“滍，滍水。出南陽魯陽堯山，東北入汝。从水，蚩聲。”

按滍 zhì（定之）从蚩聲（昌之）訓滍水。字从蚩聲，作水名字，此但借其聲。

**偫** 《説文》：“偫，待也。从人待。”段注：“以叠韵爲訓，謂儲物以待用也。”朱駿聲通訓定聲：“从人从待會意，待亦聲，實與待同字。”

按偫 zhì（定之）从待聲（定之）訓待，謂人儲物以待用。字从待聲，此用待待用之引申義。

**蒔** 《説文》：“蒔，更别種。从艸，時聲。”段注：“《方言》曰：‘蒔，立也。蒔，更也。’《堯典》：‘播時百穀。’鄭讀時爲蒔。今江蘇人移秧插田中曰蒔秧。”

按蒔 shì（禪之）从時聲（禪之）訓更别種。字从時聲，當爲倳聲（莊之）之借，禪莊鄰紐，之部叠韵。《釋名·釋言語》：“事，倳也；倳，立也。”又倳同剚，《集韵》：“剚，插刀也。”引申爲凡插入之詞。蒔訓更别種，即移栽秧苗，插入泥中使之樹立。此用事倳之引申義。又字从時聲，用時之時令義。農事最重季節，所謂農時，農諺有云：“立夏插田日插日，小滿插田時插時。”到了小滿秧還没有插完，必須抓緊時間搶插，意在農時不可違。漢字深層信息十分豐富，類似蒔字者正多。

**塒** 《説文》：“塒，鷄棲於垣爲塒。从土，時聲。”段注：“《釋宫》：‘鑿垣而棲爲塒。’《王風》傳同。”

按塒 shí（禪之）从時聲（禪之）訓鷄棲於垣爲塒。字从時者，鷄爲知時之畜，故以時代鷄，這是修辭手法在造字中的應用。今湖湘俗語仍用鷄塒，但塒讀 cì 或讀 zì。以時代鷄也屬漢字的深層信息。

## 㠯聲字

**㠯** 《説文》：“㠯，用也。从反巳。賈侍中説，已意已實也。象形。”段注：“用者，可施行也。凡㠯字皆此訓。……與已篆形勢略相反也，已主乎止，㠯主乎行，故形相反。二字古有通用者。……又按今字皆作以，由隸變加人於右也。”

按㠯 yǐ（余之）甲骨文作 <後上 25.7 >、 <前 5.46.1 >。《甲

骨文字典》："甲骨文㠯字作、爲耜之象形字，即耜之本字……㠯爲用具，故卜辭借爲以字。又甲骨文、象人用耜形。"㠯是耜的象形初文，耜是後起的加形旁字。㠯之初義作名字是耜，作動字是用耜發土耕作，引申爲凡用之稱，在造字之初，及物動字必與所及之物相連，即用耜發土。

**苢** 《説文》："苢，芣苢，一曰馬舄，其實如李，令人宜子。从艸，㠯聲。《周書》所説。"《爾雅·釋草》："芣苡，馬舄；馬舄，車前。"郭璞注："今車前草，江東呼爲蝦蟆衣。"

按芣苢即車前草，今湖湘俗稱蝦蟆草。苢 yǐ（余之）从㠯聲（余之）訓芣苢，令人宜子。或謂芣苢所从之不㠯即胚胎，古人認爲芣苢有助胚胎發育的功效，故名。此以業爲名。

**似** 《説文》："似，像也。从人，㠯聲。"段注："各本作'象也'，小徐作'象，肖也'，皆非，今正。像下曰'似也'，與此互訓是爲轉注。……《廣雅》曰'似，類也'，又曰'似，象也'，又曰'似，若也'。皆似之本義也。"

按似 sì（邪之）从㠯聲（余之）訓像。㠯（以）聲蓋爲子聲（精之）之借，人之相似蓋父子多相似。《説文》："肖，骨肉相似也。从肉，小聲。不似其先，故曰不肖也。"其先，指父祖；肖訓似，不肖訓不似其先，正傳達了此中消息。而从本源説，㠯之相與人之修佀，其形相似，其用相同，故借以喻人之相似。

**相** 《説文》："相，臿也。从木，㠯聲。一曰徙土輂，齊人語也。梩，或从里。"段注："《周禮》注引司馬法曰：'輂，一斧，一斤，一鑿，一梩。'疏云：'梩或解謂臿，或解謂鍬。'鍬臿亦不殊。"

按相 sì（邪之）从㠯聲（余之）訓臿。㠯即發土之耒頭，演進爲凡發土之鍬臿，以木爲柄，故从木。字从㠯，此用㠯耒尖之引申義。

**矣** 《説文》："矣，語已詞也。从矢，㠯聲。"段注："已，矣疊韵，已，止也。其意止，其言曰矣，是意内言外。"

按矣 yǐ（匣之）从㠯聲（余之），訓語已詞，虚詞。凡虚詞皆假借實字爲之，其字當有本義。字从矢㠯，蓋爲矢从弓弦上發射出去到最後矢鏃朝地下落，即矢行終止，作語己詞爲引申假借。

**台** 《説文》："台，説也。从口，㠯聲。"段注："台説者，今之怡悦字。《説文》怡訓和，無悦字。今文《尚書》舜讓于德不台，見《漢書·王莽傳》、班固《典引》，而《五帝本紀》本之作'舜讓于德不台懌'。《自序》曰'唐堯遜位，虞舜不台''惠之早霣，諸吕不台'，皆謂不爲百姓所悦也。"

按台 yí（余之）从㠯聲（余之）訓説。義蓋由用口而生。人用口，主要是飲食，飲食是人所必需是人所喜樂的，其次是開口説話，開口笑，同樣是人喜樂的表現。俗話叫"有説有笑"，内心苦則悶不作聲，叫"苦悶"。字从㠯聲，此用㠯用之引申義。

**能** 《説文》："能，熊屬，足似鹿。从肉，㠯聲。能獸堅中，故稱賢能。而强壯稱能傑也。"段注："《左傳》《國語》皆云'晋侯夢黄能入於寢門'。"

按能 néng（泥蒸）从㠯聲（余之）訓熊屬，泥餘準旁紐，之蒸對轉。熊屬是能的本義，引申爲賢能、能傑字。

**异** 《説文》："异，舉也。从廾，㠯聲。《虞書》曰："嶽曰异哉。"段注："《釋文》曰：鄭音異，於其音求其義，謂四嶽聞堯言驚愕而曰'異哉'也。謂异爲異之假借也。"

按异 yì（余之）从㠯聲（余之）訓舉。字从㠯聲，舉者舉㠯（耜），舉㠯所以發土，引申指舉人，舉賢能之人。假借爲異，異是禩所从之異，異是舉於肩作受祀對象的幼兒，它既是幼子，又是神主的象徵，所以引申爲不相同之異。

**改** 《説文》："改，更也。从攴，已聲。"段注："雙聲。……或無聲，誤。"徐灝注箋："改變更並从攴，有所治以改其舊式也。"

按改 gǎi（見之）从㠯聲（余之）訓更，謂以外力使之改變。改變必有具體的對象，愚以爲改从㠯，㠯是耒耜，就全字説，改是人用耒耜墾土植穀，墾土是人用㠯改變的對象，墾土的目的是植穀得食。

人類的一切活動都是有目的的，總的目的是謀生存，求發展，改、㙇（溪文）見溪旁紐，之文通轉，引申爲凡更改、改變之詞。

枱 《說文》："枱，耒耑也。从木，台聲。鈶，或从金，台聲。辝，籀文从辝。"段注："枱，今經典之耜。耒下曰'耕曲木也'。……許意上曰耒，下曰枱。"

按枱（耜）sì（邪之）从台聲（余之）訓耒耑。台聲爲目聲（余之）之借。目是耜的象形初文。孳乳爲梠，梠訓臿，臿者鍬臿。其形用與耒耑相似。梠爲鍬臿義所專，故耒耑字作枱以別義，必借台聲者，以區別枱爲耒耑而梠爲鍬臿之屬。

枲 《說文》："枲，麻也。从木，台聲。𣏟，籀文枲。从林，从辝。"朱駿聲通訓定聲："麻無實者也，夏至開花，榮而不實，亦曰夏麻，……爲凡麻之大名。"

按枲 xǐ（心之）从台聲（余之）訓麻。古絲麻並稱，麻是平民衣着的主要用材，爲人民生活所必需。字从台聲，當爲目聲（余之）之借，用以之有用之引申義。枲以目爲名，此以業爲名。

治 《說文》："治，治水，出東萊曲城陽丘山，南入海。从水，台聲。"段注："按今字訓理，蓋由借治爲理。"

按治 chì（定之）从台聲（余之）訓治水。字从台聲，作水名字，此但借其聲，與台之本義無關。今作治理字者讀 zhì（定之），治（來之）、理古音相近，此以音近相假借。魯迅的小說《理水》即寫大禹治水。魯迅留學日本，當時國學大師章太炎在東京作文字學講演，魯迅參加聽講受業，故不用"治水"而作"理水"，此大師影響入人之深。

怠 《說文》："怠，慢也。从心，台聲。"

按怠 dài（定之）从台聲（余之）訓慢。《說文》："慢，惰也。"而台訓"説也"。字从心，一心只想輕鬆愉快，不事產業，就是惰，今稱怠惰。愉悦是好事，但超過了限度就走向反面。怠訓慢，正表現漢字包含的自然辯證法。字从台，此台悦反向之引申義。

怡 《說文》："怡，龢也。从心，台聲。"段注："各本作和，今正。龢者，調也。"

按怡 yí（余之）从台聲（余之）訓龢，謂心悦樂如琴瑟之龢諧恰到好處，此用台悦之引申義。龢字今通作和。

**始** 《説文》："始，女之初也。从女，台聲。"段注："《釋詁》曰：'初，始也。'此與爲互訓。初、裁皆衣之始也，基者墻之始也，凡言之者皆分别之詞。"

按始 shǐ（書之）从台聲（余之）訓女之初，蓋當爲胎聲（透之）之借。始者指懷胎，或曰受孕，是人生之始，是人類生生不息、祖父子孫傳承的大事，故胎又叫"胚胎"，丕者大也，懷胎是大事，也是喜事，俗稱懷孕叫"有喜"。前人對始有種種解説，楊樹達先生以爲始是女人第一次來月經，即有月事的開始。月經表示女性發育成熟，有懷孕的可能，但單从月經説，還算不上大事和喜事，和懷孕、人生之始的大事相比，就太遜色了。

**笞** 《説文》："笞，擊也。从竹，台聲。"段注："笞，所以擊人者，因之謂擊人爲笞也。《方言》引傳曰：'慈母之怒子也，雖折葼笞之，其惠存焉。'"

按笞 chī（透之）从台聲（余之）訓擊。字从台聲，蓋敕聲（透之）之借。《説文》："敕，誡也。"此謂用鞭笞的手段對其過失進行警戒。《新唐書·刑法志》："其用刑有五，一曰笞。笞之爲言耻也。凡過之小者，捶撻以耻之。漢用竹，後世更以楚。"笞、耻（透之）古音同，謂以鞭笞誡之，使其知耻。

**飴** 《説文》："飴，米糱煎者也。从食，台聲。𩚸，籀文飴。从異省。"段注："糱，芽米也。《火部》曰'煎熬也'，以芽米熬之爲飴。今俗用大麥。"

按飴 yí（余之）从台聲（余之）訓米糵煎者，字从台聲，怡訓悦，本義是飴爲美食，使人悦樂。飴即《説文》餳，今字作糖。飴用大麥熬者，今俗稱麥芽糖。飴、糖一聲之轉，飴者今軟糖，字从台聲，此用台説之引申義。

**齝** 《説文》："齝，吐而噍也。从齒，台聲。《爾雅》曰：'牛曰齝。'"段注："噍即嚼字也，見《口部》。《釋獸》郭注曰：

‘食之已久，復出嚼之。’”

按齝 chī（透之）从台聲（余之）訓吐而噍也。字从台聲，吐聲（透魚）之借，透母雙聲，之魚旁轉。齝今稱“反刍”，又叫“回甘”，是字从台聲，兼用台飴甜美之引申義。

**眙** 《説文》：“眙，直視也。从目，台聲。”段注：“《方言》：‘眙，逗也。西秦謂之眙。’郭曰：‘眙謂住視也。’按眙瞪古今字。”

按眙 chì（透之）从台聲（余之）訓直視。字从台聲，當爲直聲（定職）之借，透定旁紐，之職對轉。眙謂以目光直視、逼視，今字作瞪，此用直之引申義。

**瓵** 《説文》：“瓵，甌瓿謂之瓵。从瓦，台聲。”段注：“孫叔然云：‘瓵，瓦器，受斗六升。’”《爾雅·釋器》郭璞注：“瓿甂，小甖，長沙謂之瓵。”

按瓵 yí（余之）从台聲（余之）訓甌瓿謂之瓵，謂瓦器之小者。字从台聲蓋胎聲之借，胎兒在母體腹中，其初起甚小，故引申有小義。

**佁** 《説文》：“佁，癡皃。从人，台聲。讀若騃。”段注：“《大人賦》：‘沛艾赳螑，仡以佁儗兮。’張揖曰：‘佁儗，不前也。’此癡意也。”

按佁 yǐ 又讀 ái（余之），从台聲（余之）訓癡皃。字从台聲蓋凝聲（疑蒸）之借，之蒸陰陽對轉。癡皃即今語癡呆，此用凝之凝滯義。

**胎** 《説文》：“胎，婦孕三月也。从肉，台聲。”段注：“玄應兩引皆作‘二月’。《釋詁》曰：‘胎，始也。’此引伸之義。”

按胎 tāi（透之）从台聲（余之）訓婦孕二月（二月較合理）。字从台聲，台，説也，受孕成胎是男女交歡精子和卵子結合，標志着新的生命的開始形成。胎是肉體，故从肉；懷胎是女性所專，故从女。始和胎从不同角度表示胚胎的形成和顯現，胎始實爲一字之分化。男女交歡是喜，受孕是喜，皆以台説爲語源，即胎是男女交歡的結果。

**殆** 《説文》：“殆，危也。从歺，台聲。”段注：“危者在高而懼也。引伸之凡將然之詞皆曰殆。”《廣雅·釋詁三》：“殆，敗也。”王念孫疏證：“殆者，卷一云‘殆，壞也’。壞與敗同義。”

按殆 dài（定之）从台聲（余之）訓危，蓋爲胎聲（透之）之借。殆之爲危，或訓敗壞，造字之初，必有具體所指，此蓋謂腹中胎兒染疾，或在腹中壞死，凡抽象意義，必借具體事物來表現。胎兒流産或在腹中壞死是常有的事，它關係新生命的成敗，故製字以記之。

**駘** 《説文》：“駘，馬銜脱也。从馬，台聲。”段注：“銜者馬勒口中者也。……馬銜不在馬口中，則無以控制其馬。……銜脱則行遲鈍，《廣雅》曰‘駑，駘也’是也。又引伸爲寬大之意，漢有臺名‘駘盪’及‘春色駘盪’是也。”

按駘 tái（定之）从台聲（余之）訓馬脱銜，脱銜則馬行遲頓。字从台聲，蓋爲癡聲（透之）之借，形容馬行遲頓不能掌控自如。此用癡呆之引申義。

**詒** 《説文》：“詒，相欺詒也。一曰遺也。从言，台聲。”段注：“《列子》‘狎侮欺詒’，郭注：《方言》云：‘汝南人呼欺亦曰詒，音殆。’《史》《漢》多假紿爲之。……《釋言》《毛傳》皆曰：‘詒，遺也。’俗多假貽爲之。”

按詒 dài（定之）从台聲（余之）訓相欺詒。字从台聲，用台説之引申義。欺人必以甜言蜜語引人入彀。又从台聲訓遺，則台聲當爲遺聲（余微）之借，台、遺餘母雙聲，之微通轉。

**邰** 《説文》：“邰，炎帝之後姜姓所封，周棄外家國。从邑，台聲。右扶風斄縣是也。《詩》曰‘有邰家室’。”

按邰 tái（透之）从台聲（余之）訓周棄外家國，右扶風斄縣。字从台聲，作邑名字，此但借其聲。

**炱** 《説文》：“炱，灰炱煤也。从火，台聲。”段注：“《通俗文》曰：‘積煙曰炱煤。’《玉篇》曰：‘炱煤，烟塵也。’《廣韵》曰：‘炱煤，灰入屋也。’”朱駿聲通訓定聲：“今蘇俗謂之烟塵。”

按炱 tái（定之）从台聲（余之）訓灰炱煤，即烟塵，謂烟塵積滿竈屋之屋頂墻壁，厚厚的一層有如青苔。字从台聲，蓋爲苔聲（定之）之借，此以相似爲喻，用苔之比喻義。

鮐 鮐 《説文》："鮐，海魚也。从魚，台聲。"段注："鮐亦名侯鮐，即今河豚也。"

按鮐 tái（定之）从台聲（余之）訓海魚，即今河豚。相傳河豚味美，但有毒，字从台聲，蓋毒聲（定覺）之借，此以雙聲相假借。

紿 紿 《説文》："紿，絲勞即紿。从糸，台聲。"段注："即當爲則，……絲勞敝則爲紿。紿之言怠也，如人之倦怠然，古多叚爲詒字。"

按紿 dài（定之）从台聲（余之）訓絲勞即紿，紿之勞敝，如人之倦怠然。字从台聲，當爲怠聲（定之）之借，此用怠倦怠之比喻義。

冶 冶 《説文》："冶，銷也。从仌，台聲。"段注："銷者，鑠金也。仌之融如鑠金然，故爐鑄亦曰冶。……聲蓋衍。仌台者悦也，仌台悦而化會意。"

按冶 yě（余魚）从台聲（余之）訓銷，鑠金。字从仌，此冰之遇熱融化爲水，喻金鐵爲爐火高温所融化亦爲水狀，如鐵水、鋼水。字从台聲，蓋爲飴聲（余之）之借，飴遇熱亦融化爲半流體，鐵水、鋼水亦爲半流體，亦以爲喻。

菭 菭 《説文》："菭，水青衣也。从艸，治聲。"段注："依《爾雅》音義補青字。《醢人》'箈菹'。鄭司農曰：'箈，水中魚衣。'……許説正同。……《吴都賦》注曰：'海苔生海水中，正青，狀如亂髮，乾之赤，鹽藏有汁，名曰濡苔，……今作苔。'"

按菭 tái（定之）从治聲，當爲从水，台聲（余之）。菭生水中，故从水。字从台聲，其語源不詳。

箈 箈 《説文》："箈，竹萌也。从竹，怠聲。"段注："《釋草》曰'箈，箭萌'，《醢人》鄭注同。許意筍箈不以大竹小竹分別，筍从旬，旬从勹，取裹妊之意。箈从怠，與始同音，取始生之意。筍謂掘諸地中者，如今之冬筍；箈謂已抽出者，如今之春筍。”

按箈 tái（定之）从怠聲（定之）訓竹萌、竹筍。字从怠聲，當爲胎聲（透之）之借，箈者竹胎，箈、筍一物，筍謂竹胎尚在地中者，箈謂竹胎之抽出地面者，必借怠聲者，以示筍、箈有別。

**𨽸** 《説文》：“𨽸，及也。从隶，枲聲。《詩》曰：‘𨽸天之未陰雨。’”段注：“《釋言》《毛傳》《方言》皆曰：‘迨，及也。’……今《詩》作迨，俗字也。”

按𨽸 dài（定之）从枲聲（心之）訓及。字从隸（定之），隶是逮及的象形初文。孳乳爲𨽸，是隶的加注聲旁字。《説文》枲訓麻，與隸及之義無關。凡象形會意字加注聲旁，皆但注音，與字之本義引申義無關。

**挨** 《説文》：“挨，擊背也。从手，矣聲。”

按挨 āi（影之）从矣聲（匣之）訓擊背。字从矣聲，當爲背聲（幫職）之借，挨背之職對轉，同在古音一部，爲同部疊韵。造字之初凡及物動字皆必與動作所及之對象相關聯，如剄是割頸、搤是扼喉、約是束腰等等，是其比。

**埃** 《説文》：“埃，塵也。从土，矣聲。”段注：“《莊子》曰：‘野馬也塵埃也，生物之以息相吹也。’絫言之曰塵埃。”玄應《一切經音義》引《通俗文》：“灰塵曰埃，埃亦塵也。”

按埃 āi（影之）从矣聲（匣之）訓塵。字从矣聲，蓋爲灰聲（曉之）之借，埃即灰塵，蘇軾詞：“塵滿面，鬢如霜。”今語叫“灰頭灰臉”。借矣爲灰，此用灰之灰塵之義。

**俟** 《説文》：“俟，大也。从人，矣聲。《詩》曰：‘伾伾俟俟。’”段注：“此俟之本義也，自經傳假爲竢字，而俟之本義廢矣。《立部》曰：‘竢，待也。’廢竢而用俟，則竢俟爲古今字矣。”

按俟 sì（崇之）从矣聲（匣之）訓大。矣从目矢，用矢蓋謂發矢，今稱放箭。矢發則遠，遠大義相函。此用矣，用矢之引申義。假借爲竢，則以俟代竢。

涘 《説文》："涘，水厓也。从水，矣聲。《周書》曰：'王出涘。'"段注："《爾雅·釋丘》《王風》《秦風》傳皆曰：'涘，厓也。'"

按涘 sì（崇之）从矣聲（匣之）訓水厓。《廣韵》："涘，水岸涯也。"涘在水邊，水之所止。矣从矢，矢發動力盡則止，此用矣止之引申義。矣爲語詞，蓋亦由此生義。

竢 《説文》："竢，待也。从立，矣聲。"段注："《彳部》曰'待，竢也'，是爲轉注，經傳多叚俟爲之。俟行而竢廢矣。"

按竢 sì（崇之）从矣聲（匣之）訓待。字从矣聲，矣引申有止義。从立，立則不行，亦有止義。竢謂立而待之。

糇 《説文》："糇，《詩》曰：'不糇不來。'从來，矣聲。𢓯，糇或从彳。"《爾雅·釋訓》："不糇，不來也。"郭璞注："不可待，是不復來。"郝懿行義疏："今通作俟。俟，待也。"

按糇 sì（崇之）从矣聲（匣之）訓不糇，不來也。字从矣聲，此用矣止之引申義。矣有止義者，矢發則行進，射程盡矢落地則止。字从來，與从彳同意。竢、糇同字，字从來，此用來之反向引申義，即不來。故段玉裁、朱駿聲皆謂徯同俟。

誒 《説文》："誒，可惡之詞。从言，矣聲。一曰誒，然。《春秋傳》曰：'誒誒出出。'"段注："韋孟詩：'勤唉厥生。'《漢書》唉作誒。師古曰：'誒，嘆聲。'《項羽本紀》索隱曰：'唉，嘆恨發聲之詞。'皆與許此義合。"

按誒 xī（曉之）从矣聲（匣之）訓可惡之詞，表示嘆聲恨聲。字从矣聲，作象聲字，此但借其聲，與聲旁字之本義無關，誒即今嘆詞。

騃 《説文》："騃，馬行仡仡也。从馬，矣聲。"段注："《人部》曰：'仡，勇壯也。'……《方言》曰：'癡，騃也。'俗語借用之字耳。"

按騃 sì（船之）从矣聲（匣之）訓馬行仡仡，馬行勇壯貌。字从矣聲，此用矣發矢之引申義，謂馬行如矢，行之勁疾有力。

**娭** 《説文》："娭，戲也。从女，矣聲。一曰卑賤名也。"段注："戲者三軍之偏也。一曰兵也。嬉戲則其餘義也。……今嬉行而娭廢矣。"

按娭 xī（曉之）从矣聲（匣之）訓戲。字从矣聲，初義當爲用弓發矢。在未有弓矢之前，古人以投石超距爲戲，而且長期保留在古代軍訓中，現代投手榴彈訓練，正是古投石之遺意。有了弓矢之後，以挽弓發矢爲戲，亦投石之演進。投石挽弓皆爲兵戲，此古人寓兵於樂，故引申而爲凡娭（嬉）戲字。

**唉** 《説文》："唉，應也。从口，矣聲。讀若塵埃。"段注："《方言》：'欸，然也。南楚凡言然者曰欸，或曰譬。'……玄應書引作'譍聲也'。"

按唉 āi（影之）从矣聲（匣之）訓應。玄應書引作'譍聲'是對的。今口語表示是、對的，應諾聲仍如此。字从矣聲，作象聲字，此但借其聲。

**欸** 《説文》："欸，訾也。从欠，矣聲。"段注："按訾者呰之字誤，訾者思稱意也，呰者，訶也。……《玉篇》'欸者，呰也'，可正訾字之訛。《廣韵》十六怪曰'怒聲'。……《玉篇》曰'恚聲'，正與訶義合。"

按欸 āi（影之）从矣聲（匣之）訓訾。訾爲呰之誤，欸謂大聲呵斥、怒斥。字从矣聲，作象聲字，此但借其聲。

**𣈶** 《説文》："𣈶，埃𣈶，日無光也。从日，能聲。"段注："（埃𣈶）叠韵字。……埃𣈶猶靉靆也。"

按𣈶 nài（泥之）从能聲（泥蒸）訓埃𣈶，日無光，日爲雲所遮蔽。字从能聲，蓋爲戴聲（端之）之借。段氏謂埃𣈶猶靉靆，是靉从愛聲，當爲薆聲（影物）之借。《方言·卷六》："掩，翳，薆也。"薆即隱蔽、掩蓋，靆从逮聲（定月），蓋爲戴聲（端之）之借。靉靆即埃𣈶，謂濃雲蔽日而日無光，靉靆从雲，正謂雲遮日。字从能聲，借能爲戴，用戴頂、戴蓋之引申義。雙聲叠韵字並非單純的聲音組織，理當分析。

**態** 《説文》：“態，意態也。从心能。㑷，或从人。”段注：“各本作意也，少一字，今補。意態者，有是意，因有是狀，故曰意態。……意者識也。……心所能必見於外也。”

按態 tài（透之）从能聲（泥蒸）訓意態。態謂人的神情、氣質、意態、姿態，此皆有諸内形諸外者。字从能，能者能獸堅中，引以喻人之能耐、品貌、氣質。此能能獸堅中之引申義。

## 才聲字

**才** 《説文》：“才，艸木之初也。从丨上貫一，將生枝葉也。一，地也。”段注：“引伸爲凡始之稱。……凡才、材、財、裁、纔字，以同音通用。一，謂上畫也。將生枝葉，謂下畫。才有莖出地而枝葉未出，故曰將。草木之初，而枝葉畢寓焉。”

按才 cái（从之）訓草木之初，草木的幼芽从地中破土而出，引申指草木的有用之才，又引申指人的才能，才是諸多从才聲字的語源。

**𧺆** 《説文》：“𧺆，疑之等𧺆而去也。从走，才聲。”段注：“等，讀若騺，等𧺆疊韵字，濡滯之皃。疑之故等𧺆而去，等在之止韵，音變入咍海韵，音轉入拯等韵。”

按𧺆 cāi（清之）字从走，奔走、跑。才，草木之初，與走字拼合，當指小步，謂本想大步奔跑，因遲疑而小步不前，久之終去。段謂“等讀若騺”。朱駿聲通訓定聲：“等𧺆猶嬯𧺆。”《説文》：“嬯，遲純也。”凡事疑則動作遲頓，所謂遲疑。此用動作寫心態，即以形諸外的動作表示有諸内之心態。字从才聲，此用才草木初生形小之引申義。

**𩞁** 《説文》：“𩞁，設飪也。从丮食，才聲。讀若載。”段注：“《廣雅·釋言》曰：‘𩞁，設也。’……古用爲發語之載也。如《石鼓詩》載作𩞁。”

按𢦏 zài（精之）从才聲（从之）訓設飪。飪，熟食，謂在席上擺設熟食以待客。字从才聲，載聲（精之）之借，用載裝載、設置之引申義。

麩𪌉 《說文》："麩，餅籟也。从麥，才聲。"《方言》卷十三："麩，麴也。晋之舊都曰麩。"郭璞注："今江東人呼麴爲麩。"

按麩 cái（从之）从才聲（从之）訓餅籟，即酒麯、酒母，其呈餅形者稱餅籟。酒母能使蒸熟的糧食發酵成酒，字从才聲，此用才能之引申義。

材 𣏟 《說文》："材，木梃也。从木，才聲。"段注："梃，一枚也。材謂可用也。引伸之義，凡可用之具皆曰材。"

按材 cái（从之）从才聲（从之）訓木梃，指木榦，可用之木材。字从才聲，此用才才能之引申義。

財 𧴪 《說文》："財，人所寶也。从貝，才聲。"段注："《周禮》注曰：'財，泉穀也。'"

按財 cái（从之）从才聲（从之）訓人所寶，指爲人所寶貴的人生產生活的物資和流通貨幣。字从才聲，此用才有用之材的引申義。

鼒 𪔂 《說文》："鼒，鼎之圜掩上者。从鼎，才聲。《詩》曰'鼐鼎及鼒'。鎡，俗鼒从金，兹聲。"段注："《周頌》傳曰：'小鼎謂之鼒。'"

按鼒 zī（精之）从才聲（从之）訓鼎之圜掩上者，小鼎。或作鎡，从兹聲（精之），蓋爲之聲（精之）之借。字从才聲、子聲皆有小義。字从才聲、子聲，此用才、子皆小之引申義。

豺 𧳋 《說文》："豺，狼屬，狗聲。从豸，才聲。"

按豺 chái（崇之）从才聲（从之）訓狼屬，狗聲。俗稱豺狗，形似狼，較狼瘦小。字从才聲，此用才草木初生形小之引申義。

𢦏 𢦒 《說文》："𢦏，傷也。从戈，才聲。"段注："此篆與烖、菑音同而義相近，謂受刃也。"

按𢦏（zāi）（精之）訓傷，創傷，字从戈，戈所以傷物之器。从才，才者，草木之初生。對初生的草木，人應當在意愛護，傷害初生草木就不會有草木的豐茂，就是破壞自然資源，也就是破壞人類的生存環境，這就是人災。此用才之引申義。从中我們可以悟出古人對人與自然和諧相處的珍貴理念。

**在** 《説文》："在，存也。从土，才聲。"段注："存，恤問也。……在之義古訓爲存問，今義但訓爲存亡之存。"

按在 zài（从之）字从土，指草木胚芽（才）破土而出現在地面，明白可見。今語"現在"的"在"即取此義。訓存，存問，關心愛護。植物的幼苗和人的幼子一樣，只有加意愛護，才能成長壯大，爲人類提供充足的生活資料。這裏凝聚了古人樸素的環保意識、人與自然和諧的理念。

**哉** 《説文》："哉，言之間也。从口，𢦏聲。"

按哉 zāi（精之）从𢦏聲（精之）訓言之間，即語詞，今稱虛詞。虛詞皆出於假借，字从𢦏聲作虛詞，此但借其聲。虛詞無形可象，無意可會，只能借用現有的同音字來表示。

**戴** 《説文》："戴，分物得增益曰戴。从異，𢦏聲。，籀文戴。"段注："引伸之，凡加於上皆曰戴。"林義光《文源》："此義經傳無用者，戴相承訓爲頭載物，當即本義。"

按戴 dài（端之）从𢦏聲（精之），當爲在聲（从之）之借。字从異，異字甲骨文作，取象雙手舉子（子，祭祀中象徵神祖的小兒）於頭上，會祀祖之意。孳乳作禩，即《説文》祀字之重文。增聲旁𢦏於異上，即爲頭頂戴物之戴字。

**胾** 《説文》："胾，大臠也。从肉，𢦏聲。"段注："切肉之大者也。"

按胾 zì（莊之）从𢦏聲（精之）訓大臠，切肉之大者，大塊肉。字从𢦏聲，蓋爲裁聲之借，用裁之裁切義。

**載** 《説文》："載，乘也。从車，𢦏聲。"段注："引申爲凡載物之稱。"

按載 zài（精之）从𢦏聲（精之）訓乘，人乘於車上。字从𢦏聲，當爲在聲（从之）之借。此以草木生長地上，喻人在車上，此相似孳乳。字从在聲，用在之比喻義。

**䢋** 《説文》："䢋，故國在陳留。从邑，𢦏聲。"

按䢋 zài（精之）从𢦏聲（精之），訓故國在陳留。字从𢦏聲，作國名字，此但借其聲。

**裁** 《説文》："裁，制衣也。从衣，𢦏聲。"段注："《刀部》曰：'制者裁也'，二字爲轉注。……制割者前裁之謂也，裁者衣之始也。"

按裁 cái（从之）从𢦏聲（精之）訓制衣，謂剪裁布料製作衣服。字从𢦏聲，此用𢦏傷切割之引申義。

**烖** 《説文》："烖，天火曰烖。从火，𢦏聲。灾，或从宀火。災，籀文从巛。𤆎，古文从才。"

按烖 zāi（精之）从𢦏聲（精之）訓天火。天火謂自然發生的火灾，如古代森林大火，焚毁大片植被叫天灾。灾从火，謂居室失火，此人不小心所致，此人灾。災从巛，巛謂河流壅塞洪水泛濫，此水灾，災字从巛从火，是水火爲灾的共稱。字从𢦏聲，字从才从戈，謂人傷害草木幼苗，將帶來灾難性的後果。字从𢦏聲，此用𢦏傷之引申義。

**蛓** 《説文》："蛓，毛蟲也。从虫，𢦏聲。讀若笥。"段注："按今俗云刺毛者是也。食木葉，體有稜角，有毛，有采色，毛能螫人。"

按蛓 cì（清之）从𢦏聲（精之）訓毛蟲。毛蟲食樹葉，對樹木危害大，故名蛓。此用𢦏傷害之引申義。

**栽** 《説文》："栽，築墻長版也。从木，𢦏聲。《春秋傳》曰：'楚圍蔡，里而栽。'"段注："《詩》曰'俾立室家，其繩則直'是也。繩直則竪楨榦，題曰楨，植於兩頭之長杙也。旁曰榦，植於兩邊之長杙也。植之謂之栽，栽之言立也，而後横施版於兩邊榦内。"

按栽 zāi（从之）从𢦏聲（精之）訓築墻長版。字从𢦏聲，載聲

（精之）之借。指於長版中載土而築，此用載之引申義。

**酨** 《説文》：“酨，酢漿也。从酉，𢦏聲。”段注：“《水部》漿下曰‘酢，漿也’。酢漿謂酨也。二篆爲轉注。”徐灝注箋：“醯爲酢漿之本名，酨亦爲酢漿，今則二名並廢，而以其味爲其名，又易酢爲醋矣。”

按酨 zài（从之）从𢦏聲（精之），蓋爲裁聲（从之）之借，用裁制作之引申義。古醯用酒糟或濾酒之尾水製作，今則用米糧直接製作。

**渽** 《説文》：“渽，渽水，出蜀汶江徼外，東南入江。从水，𢦏聲。”

按渽 zāi（精之）从𢦏聲（精之）訓渽水。字从𢦏聲，作水名字，此但借其聲。

**茬** 《説文》：“茬，艸皃。从艸，在聲。濟北有茬平縣。”《玉篇》：“茬，草盛皃。”

按茬 chí（崇之）从在聲（从之）訓草貌，或曰草盛貌，蓋謂草未遭摧折而生長豐茂。此用在存恤之引申義。茬作地名字，字从在聲，則爲但借其聲。

## 亥聲字

**亥** 《説文》：“亥，荄也。十月微昜（陽）起，接盛侌（陰）。从二。二，古文上字也，一人男，一人女也。从乙，象裹子咳咳之形也。《春秋傳》曰：“亥有二首六身。”𠀅，古文亥，亥爲豕，與豕同。亥而生子，復从一起。”段注：“許云荄也者，荄，根也，陽氣根於下也。十月於卦爲《坤》，微陽从地中起，接盛陰，即壬下所云‘陰極陽生’。……其下从二人，一人男，一人女，像乾道成男，坤道成女。”

按許慎生活在東漢，其時陰陽五行之説盛行，亥字的説解，充滿了陰陽五行説的思想不足爲怪。但釋亥爲一人男，一人女，从乙，象懷子（胎兒拳曲）之形，却有其合理成分。亥 hài（匣之）、褱（懷）huái（匣微）匣母雙聲，之微通轉。今湖湘方言仍説懷孕爲“亥肚”。而一人男，一人女，男女歡會正是懷孕生子的根基，故訓亥爲荄。荄訓草根，荄（見之）、根（見文）見母雙聲，之文通轉，引申爲凡物之根基，這應是亥字的合理内核，即亥字的深層信息。

**荄** 《説文》：“荄，艸根也。从艸，亥聲。”段注：“見《釋草》及《方言》。郭曰：‘今俗謂韭根爲荄。’”

按荄 gāi（見之）从亥聲（見之）訓草根。字从亥聲，此用亥懷孕生子之引申義。唐詩“野火燒不盡，春風吹又生”，正謂从草根發芽。

**咳** 《説文》：“咳，小兒笑也。从口，亥聲，孩，古文咳从子。”段注：“《内則》云：‘孩而名之。’爲从小兒笑而名之也。……《内則》《孟子》皆作此字。”

按咳 hái（匣之）从亥聲（匣之）訓小兒笑。此用小兒的笑聲名小兒之笑，引申又指小兒爲咳字，則作孩，以孩名小兒，此以業爲名。而从小兒笑説，字从亥聲，此象聲字，但借其聲。

**該** 《説文》：“該，軍中約也。从言，亥聲。讀若心中滿該。”段注：“凡俗云當該者皆本此。……該同餩，飽息也。”錢坫斠詮：“言軍中戒約也。”

按該 gāi（見之）从亥聲（匣之）訓軍中約。字从亥聲，當爲戒聲（見職）之借。凡軍中所約者皆當遵照執行，不得違背，故引申有當該、應該義。戒有兩個方面，一是應當做的，一是不當做的，都包括在所約之中，故引申該有全、都義，此又用懷孕之兼包義。

**毅** 《説文》：“毅，毅改，大剛卯也，以逐精鬽。从殳，亥聲。”段注：“《王莽傳》：‘剛卯金刀之利，皆不得行。’服虔、晋灼注，司馬彪《輿服志》，言其制詳矣。按毅从殳者，謂其可擊鬼也。”

按毅 gāi（見之）从亥聲（匣之）訓毅改，大剛卯。大剛卯是一種作珮飾的符咒，亥聲當爲剋聲（溪職）之借，見溪旁紐，之職對轉。

《説文》無剋字。《爾雅·釋詁》："剋，勝也。"此謂擊鬼勝而逐之。

**胲** 《説文》："胲，足大指毛肉。从肉，亥聲。"段注："足母指上多生毛謂之毛肉，故字从肉。……《莊子》：'臘者之有膍胲。'音義云：'胲，足大指也。'"

按胲 gāi（見之）从亥聲（匣之）訓足大指毛肉。字从亥聲，荄聲（見之）之借。人畜之足與草木之根有相似者，足之最末端可比根之深入泥土者，借亥爲荄，用荄根之比喻義。

**骸** 《説文》："骸，脛骨也。从骨，亥聲。"段注："《骨空論》曰：'膝解爲骸關，俠膝之骨爲連骸。'然則正謂脛骨爲骸矣。……字从亥者，亥，荄也，荄，根也。"

按骸 hái（匣之）从亥聲（匣之）訓脛骨。字从亥聲，當爲荄聲（見之）之借。脛骨連結足跟之骨，跟从艮聲，根聲之借，與以荄者草根喻人脛骨之骸，其構形命意是相同的。骸从亥，此用荄根之比喻義，比喻也是一種引申。

**刻** 《説文》："刻，鏤也。从刀，亥聲。"段注："《金部》曰：'鏤，剛鐵可以刻鏤也。'《釋器》曰：'金謂之鏤，木謂之刻。'此析言之，統言則刻亦鏤也。引伸爲刻覈、刻薄之刻。"

按刻 kè（溪職）从亥聲（匣之）訓鏤。字从亥聲，蓋爲克聲（溪職）之借。刻克古音同，《説文》："克，肩也。象屋下刻木之形。"段注："《周頌》傳曰：'仔肩，克也。'……肩謂任，任事以肩，故任謂之肩，亦謂之克。"克字甲骨文作 < 甲 1249 >。羅振玉《增訂殷虚書契考釋》以爲古文（克）字"象人戴冑形"。冑是武士的頭盔，表示其人爲武士，即能着戎裝爲國禦敵殺寇。故克引申有勝義，勝者克敵制勝，與《禮記·檀弓》之"能執干戈，以衛社稷"同意。《春秋傳》："鄭伯克段於鄢。"《公羊傳》："克者何，殺也。"此謂勝而殺之。刻訓鏤，鏤殺義相關，此用克殺之引申義。

**核** 《説文》："核，蠻夷以木皮爲匧，狀如籢尊之形也。从木，亥聲。"段注："未詳所本。今字果實中曰核，而本義廢矣。

按許不以核爲果實中者，許意果實中之字當用覈也。……《玉篇》亦云：‘核，户骨切，果實中也。’”

按核 hé（匣職）从亥聲（匣之）作果實中字。字从亥聲，當爲隔聲（見職）之借，核將果肉和果人（仁）隔開，堅實地保護果人，此用隔之間隔義。

郂  《説文》：“郂，陳留鄉。从邑，亥聲。”

按郂 gāi（見之）从亥聲（匣之）訓陳留鄉。字从亥聲，作地名字，此但借其聲。

晐 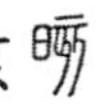 《説文》：“晐，兼晐也。从日，亥聲。”段注：“《吴語》：‘一介嫡女執箕帚以晐姓於王宫。’韋云：‘晐，備也。姓，庶姓。’引《曲禮》：‘納女於天子曰備百姓。’《廣雅》：‘晐、皆，咸也。’按此晐備正字，今字則該、賅行而晐廢矣。《莊子》《淮南》作賅，今多作該。……日者，天下所大同也，故从之。”

按晐 gāi（見之）从亥聲（匣之）从日，謂日光普照，天下所大同。字从亥聲，用亥懷孕包容之引申義。字从日从亥，謂其包容如日光之普照天下之廣大，無有不包容者。

痎  《説文》：“痎，二日一發瘧也。从疒，亥聲。”段注：“今人謂間二日一發爲大瘧。顔之推云：‘兩日一發之瘧，今北方猶呼痎瘧。’”

按痎 jiē（見之）从亥聲（匣之）訓二日一發瘧。字从亥聲，蓋爲晐聲之借，用晐之兼晐義。

侅  《説文》：“侅，奇侅，非常也。从人，亥聲。”段注：“《淮南·兵略訓》：‘明於星辰日月之運，刑德奇賌之數，背向左右之便，此戰之助也。’注云：‘奇賌之數，奇祕之數，非常術’，其字又作賌，亦假借也。蓋奇侅與今云奇駭音義皆同，是以《左氏春秋》無駭，《穀梁春秋》作無侅。”

按侅 gāi（見之）从亥聲（匣之）訓奇侅非常。字从亥聲，當爲駭聲（匣之）之借。《説文》：“駭，驚也。”駭引申有奇義。使人驚駭之事，皆非常之事，此用駭之驚奇義。

欬 𣢑 《説文》："欬，屰氣也。从欠，亥聲。"段注："《周禮·疾醫》：'冬時有嗽上氣疾。'注曰：'嗽，欬也。上氣逆喘也。'"

按欬 kài（溪之）从亥聲（匣之）訓屰氣。字从亥聲，蓋爲隔聲（見職）之借，見溪旁紐，之職對轉，謂氣被阻隔而逆喘。此用隔之引申義。

頦 𩓓 《説文》："頦，醜也。从頁，亥聲。"

按頦 hái（匣之）从亥聲（匣之）訓醜。字从亥聲，蓋爲駭聲（匣之）之借，駭者驚駭，此謂面貌醜得嚇人。今湖湘俗語叫"嚇煞巴人"。朱駿聲通訓定聲謂頦與顛略同，也許是从這一角度説的。

駭 𩣡 《説文》："駭，驚也。从馬，亥聲。"段注："經典亦作駴，戒聲亥聲同在一部也。"

按駭 hài（匣之）从亥聲（匣之）訓驚，謂馬遇險而驚駭。驚者警也，駭者戒也。指遇險而引起警覺，采取戒備。字从亥聲，蓋爲戒聲（見職）之借，用戒警戒、戒備義。駭、戒見匣旁紐，之職對轉。

恗 𢙣 《説文》："恗，苦也。从心，亥聲。"段注："《通俗文》：'思愁日恗。'《廣雅》：'恗，痛也。'"

按恗 hài（匣之）从亥聲（匣之）訓苦。字从亥聲，蓋爲駭聲（匣之）之借。駭，驚也，心驚膽戰，坐卧不寧，歷久難受，故曰苦。又訓痛苦，痛苦義相函，今爲近義複詞。

閡 𨳿 《説文》："閡，外閉也。从門，亥聲。"段注："有外閉則爲礙。"

按閡 ài（疑之）从亥聲（匣之）訓外閉。亥聲當爲隔聲（見職）之借，見疑旁紐，之職對轉。隔从鬲。《説文》："鬲，鼎屬。"鬲是三足的瓦釜，初民發明了陶器，用之烹煮，《易》所謂水火不相射，即將水火隔開。門閉則門内外阻隔，此用隔之引申義。

垓 𡍵 《説文》："垓，兼晐八極地也。从土，亥聲。《國語》曰：'天子居九垓之田。'"段注："晐各本作垓，今正。晐俗作該。《日部》晐下曰‘兼晐也’，此用其義釋垓。……兼備八極之地謂之垓。”

按垓 gāi（見之）从亥聲（匣之）訓兼晐八極地。字从亥聲，當爲晐聲（見之）之借。晐謂日光普照大地，以喻天子兼晐八極之地。

**劾** 《説文》：“劾，灋有辠也。从力，亥聲。”段注：“法者，謂以法施之。《廣韵》曰：‘劾，推窮罪人也。’”《急就篇》：“誅罰詐僞劾罪人。”顔師古注：“劾，舉案之也。”

按劾 hé（匣職）从亥聲（匣之）訓灋有辠。亥聲當爲覈聲（匣錫）之借，匣母雙聲，職錫旁轉。《説文》：“覈，實也。考事而笮邀遮其辭得實曰覈。”此用覈之覈實義。

**陔** 《説文》：“陔，階次也。从𨸏，亥聲。”段注：“近階之處也。《小雅》有《南陔》，序曰：‘南陔，孝子相戒以養也。’束晳詩曰：‘循彼南陔，言采其蘭。’是用階次之説矣。”

按陔 gāi（見之）从亥聲（匣之）訓階次。爲名字，與階同義。其訓戒者，則謂及階而戒，謂升階即見君上或雙親，所當戒慎。字从亥聲，則當爲戒聲（見職）之借。必借亥聲者，以區别階爲階次，而戒兼表戒慎。

## 久聲字

**久** 《説文》：“久，从後灸之也。象人兩脛後有距也。《周禮》曰：‘久諸墻以觀其橈。’”段注：“久灸叠韵。”《積微居小學述林·釋久》：“古人治病，燃艾灼體謂之灸，久即灸之初字也。字形从卧人，人病即卧床也。末畫象以物灼體之形。許不知字形从人，而以爲兩脛，誤矣。”

按久 jiǔ（見之），久是灸的象形初文，引申假借爲久長、久遠義，遂增火旁作灸，以爲灸灼、針灸字。

**玖** 《説文》：“玖，石之次玉黑色者。从玉，久聲。《詩》曰：‘貽我佩玖。’讀若芑。”段注：“久音近黝，故訓黑色。（讀若芑，）此古音在一部之證。”

按玖 jiǔ（見之）从久聲（見之）訓石之次玉黑色者。字从久聲，當爲黑聲（曉職）之借，見曉旁紐，之職對轉。段謂久聲近黝，其説近是，但不如久爲黑聲之借直接確切。

羑 《説文》：“羑，進善也。从羊，久聲。文王拘羑里，在蕩陰。”

按羑 yǒu（余之）从久聲（見之）訓進善。善是膳的本字，膳謂羊羹美食，引申指善道。凡抽象意義必借助具體形象來表達。《玉篇》“羑，導也，進也，善也，今作誘”，正是从這個角度引申發揮的。字从久聲，久是灸的本字，以物灼體，灼體之艾條必與身體相撐拄。字从久聲，蓋爲舉聲（見魚）之借。今湖湘方言將物舉起叫“久起”，如“把手久高點”，字正當作“久”。羑之初義當爲以手持羊羹舉而進長上。借久爲舉，此用舉，舉起之義。久舉，見母雙聲，之魚旁轉。

宊 《説文》：“宊，貧病也。从宀，久聲。《詩》曰：‘煢煢在宊。’”段注：“貧病者，貧之病也。（从宀，）室如懸磬之意，今《詩》作‘嬛嬛在疚’。毛曰：‘疚，病也。’”

按宊 jiù（見之）从久聲（見之）訓貧病。字从久聲，久是灸的本字。灸者，卧病在床，以灸治之，故久引申有病義，字則孳乳作宊。字从宀，室如懸磬，家無升斗之糧，此亦病也。字从久聲，此謂貧病交加，用久病之引申義。

灸 《説文》：“灸，灼也。从火，久聲。”段注：“今以艾灼體曰灸，是其一耑也，引伸凡柱塞曰灸。”

按灸 jiǔ（見之）是久的後起的加形旁字，以區別久爲久暫字，灸爲灸灼字。

㚢 《説文》：“㚢，女字也。从女，久聲。”

按㚢 jiǔ（見之）从久聲（見之）訓女字。字从久聲，作人名字，此但借其聲。

匛 《説文》：“匛，棺也。从匚，久聲。柩，匛或从木。匶，籀文从舊。”段注：“《木部》曰‘棺者關也，所以掩屍’。……从舊猶从久也。”

按匛 jiù（群之）从久聲（見之）訓棺所以掩屍。字从久聲，此用時間長久之義。匛稱棺，湖湘俗語叫壽材，又叫萬年屋，皆謂掩存屍體長久。此以德爲名。

**羑**  《説文》："羑，相訹呼也。从厶羑。誘，或从言秀。䛻，或如此。𦍶，古文。”段注："《言部》曰：'訹者，羑也，羑與訹二篆爲轉注。'今則誘行而羑廢矣。”

按羑 yòu（余幽）从羑聲（余之），之幽旁轉，餘母雙聲。羑訓進善，即進膳，膳者羊羹，羨从羊，聞到羊羹的香味就使人羨慕，羨从次，次即口水，因想吃而流口水，是羊羹有很强的誘惑力。字从厶，厶，姦衺也。此謂用不正當的手段，藏有不可告人的目的。誘从言秀，謂甘言諛辭象羊羹一樣能誘惑人。誘（余幽）、羑古音同。其訓相訹呼者，訹（心物）从朮訓誘惑，謂以枉道誘惑人。今湖湘方言讀若學（上聲），謂愚弄人。容易受人愚弄的人叫“訹子”，或叫“訹巴”。

## 負聲字

**負**  《説文》："負，恃也。从人守貝，有所恃也。一曰受貸不償。”段注："《左傳》曰：'昔秦人負恃其衆，貪於土地，逐我諸戎。'《孟子》曰：'虎負隅，莫之敢攖。'……凡以背任物曰負，因之凡背德忘恩曰負。”

按負 fù（並之），當爲从人，貝聲（幫月）。貝聲當爲背聲（幫職）之借。其初義當爲大人父母負幼子於背，許書訓恃，段氏以背任物曰負，皆其引申義。中華古俗常將小兒背在背上，或用襁褓負小兒於背，甲骨文保字作< 乙 5695 >，或作< 後下 13. 12 >，正取象人負子於背形。保（幫幽）、負幫並旁紐，之幽旁轉，古音相近，當爲同源。古官職有太子太保，正用負子於背之引申義。史載漢武帝臨終前，以周公負成王圖授霍光以托孤，正取成王年幼，周公輔政的故事。負的本義是大人將小兒放在背上背着，引申爲凡用背背物叫負，成語有忍辱負重、如釋重負。負用背，不面對人而以背對人，引申爲背離、背

叛，如負心、負義。訓負爲恃，此由小兒背在父母背上，心有所仗恃引申。《詩·小雅·蓼莪》“無父何怙，無母何恃”，正是从襁褓中的幼兒説的。《詩》：“父兮生我，母兮鞠我。拊我畜我，長我育我。顧我復我，出入腹我。”毛傳訓腹爲“厚”，鄭箋訓腹爲“懷抱也”，均不確，腹當爲負之借。腹（幫覺）、負（並之）、背（幫職）皆音近，意爲从家裏出進都把我（幼兒）背在背上，關懷備至，時刻不離身。

萯 《説文》：“萯，王萯也。从艸，負聲。”段注：“《夏小正》：‘四月王萯秀。’《月令》：‘四月王瓜生。’注云：‘今《月令》云王萯秀。’”

按萯 fù（並之）从負（並之）訓王萯，今爲何草不詳。其語源不詳。

## 畐聲字

畗 《説文》：“畗，滿也。从高省，象高厚之形。凡畐之屬皆从畐。讀若伏。”

按畗，今字作畐，畐 fú（並職）當即福、富（幫職）所从之畐。福字甲骨文作＜存 1.1459＞、＜甲 1030＞、＜存 1.290＞，取象捧酒向神祈富，畐即酉，獻祭之酒必盛滿其器，以豐盛表虔誠，故引申有滿義。今行觴敬客酒必斟滿。《祝酒歌》：“斟滿酒，舉過頭。”畐本指酒滿，引申爲凡物之滿。許氏説形有誤。

福 《説文》：“福，備也。从示，畐聲。”段注：“《祭統》曰：‘賢者之祭也，必受其福。’非世所謂福也，福者備也，備者百順之名也。無所不順者之謂備。按福、備古音皆在弟一部。”

按福 fú（幫職）从畐聲（並職）訓備。字从畐，畐是盛滿酒的酒器。福字甲骨文作，象雙手捧酒獻祭，向神祖求福，也表示神祖向獻祭者賜福，即《詩》“介爾景福”。字从畐聲，用畐酒滿之引申義。

葍 《説文》：“葍，蒚也。从艸，畐聲。”段注：“陸機云：‘葍有

兩種，一種莖葉細而香，一種莖赤有臭氣。'按毛公云：'葍，惡菜。'殆因有臭氣與?"

按葍 fú（幫職）从畐聲（並職）訓蕌，其菜有臭氣。古臭謂氣味，兼指香、臭。字从畐聲，當爲畐畐聲（幫職）之借，畐畐是偪、逼的本字，謂其臭（氣味）逼人。此用逼之逼迫義。

蕌 《説文》："蕌，葍也。从艸，富聲。"朱駿聲通訓定聲："按（蕌）即葍之或體。"

按蕌 fù（幫職）从富聲（幫職）訓葍。陸機謂葍有兩種，一臭一香，葍有臭氣，則蕌當有香氣。字从富者，富有褒義，此蓋以區別葍爲惡菜。惡者，惡臭、臭氣。

副 《説文》："副，判也。从刀，畐聲。《周禮》曰'副辜祭'。疈，籀文副，从畐畐。"段注："《毛詩·大雅》曰：'不坼不副。'《曲禮》曰：'爲天子削瓜者副之。'……副之則一物成二，因仍謂之副，因之凡分而合者皆謂之副，訓詁中如此者致多。……鄭仲師注《周禮》云：'貳，副也。'《貝部》貳下因之。《史記》曰：'藏之名山，副在京師。'《漢書》曰：'藏諸宗廟，副在有司。'周人言貳，漢人言副，古今語也。……鄭注《周禮》作疈，云'疈，疈牲胸也'。……許所據作副。"

按副 fù（滂職）从畐聲（並職）訓判。字从畐聲，畐畐聲（幫職）之省，畐畐即今逼偪字。畐畐是兩個酒器緊挨着，即逼近。字从刀，刀是分之器，即將緊挨着的兩個酒器分開。引申爲凡將逼近之物分開，又引申爲將一物剖分爲二。又指相同的兩個東西合在一起，即副貳。

楅 《説文》："楅，以木有所畐束也。从木，畐聲。《詩》曰：'夏而楅衡。'"段注："畐依《韵會》本，各本作逼者，後人以俗字改之也。泛云以木有所畐束，則不專謂施於牛者，引《詩》特其一證耳。"

按楅 bī（幫職）从畐聲（並職）訓以木有所畐束。字从畐聲，畐畐聲之借。畐束，謂緊逼而束之。徐鍇繫傳："楅衡以防牛觸人，故以一木横於角耑也。衡，横也。”此用畐之緊逼、逼迫義。

牑 牑 《説文》：“牑，片也。从片，畐聲。”段注：“片，各本作判，今正。副者判也。牑則判木也。《廣韵》曰：‘牑，版。’出《通俗文》。”

按牑 bì（並職）从畐聲（並職）訓片，謂將木材判爲薄板。字从畐聲，當爲副聲（滂職）之借，用副判之義。

䵗 䵗 《説文》：“䵗，治黍禾豆下潰葉也。从黍，畐聲。”段注：“潰葉菸矮，恐其傷穀，故必治之。”

按䵗 bó（並職）从畐聲（並職）訓治黍禾豆下潰葉。字从畐聲，當爲副聲（滂職）之借，謂將潰葉分離清除乾浄，此用副判分離之義。

富 富 《説文》：“富，備也。一曰厚也。从宀，畐聲。”段注：“富與福音義皆同。《釋名》曰：‘福，富也。’”

按富 fù（幫職）从畐聲（並職）訓備。字从畐聲，當爲畐聲（幫職）之借。畐是兩個酒器並排，説明家裹不但有酒，而且酒多。《詩》：“君子有酒，旨且多。……君子有酒，旨且有。”有酒的前提是糧食豐盈，不但有飽飯吃，而且有糧食釀酒，也就是説生活所需，應有盡有。備者全都具備，一曰厚者，副之則薄，兩畐並之則厚。今汨羅方言，仍稱富足爲“富厚”，此用畐之引申義。

幅 幅 《説文》：“幅，布帛廣也。从巾，畐聲。”段注：“凡布帛廣二尺二寸，其邊曰幅。《左傳》曰：‘夫富如布帛之有幅焉，爲之制度，使無遷也。’引伸爲邪幅。《小雅》：‘邪幅在下。’傳曰：‘幅，偪也。所以自偪束也。’”

按幅 fú（幫職）从畐聲（並職）訓布帛廣，即布帛的幅度、寬度，其邊叫幅，俗稱邊幅。字从畐聲，當爲畐聲（幫職）之借，此用兩個酒器相連其外各有邊，兩邊之間的廣度即幅度。又爲邪幅者，舊稱綁腿，舊時軍人行軍出操皆打綁腿，邪（斜）着緊束兩腿。幅，逼也，所以自偪束也。此用畐偪之引申義。

匐 匐 《説文》：“匐，伏地也。从勹，畐聲。”段注：“匐伏疊韵。

《釋名》曰：‘匍匐，小兒時也。’……匐，伏也。伏地行也。人雖長大，及其求事盡力之勤，猶亦稱之。《詩》曰‘凡民有喪，匍匐救之’是也。”

按匐 fú（並職）从畐聲（並職）訓伏地。字从畐聲，當爲偪聲（幫職）之借。字从勹，與从人同意。匐謂人身貼緊地面，匍匐即身子貼地爬行。而匍（並魚）从甫聲（幫魚），即爬聲（並魚）之借。字从畐聲，此用畐偪之引申義。

愊𢗈 《説文》：“愊，悃愊也。从心，畐聲。”段注：“各本作‘誠志也’，今依全書通例訂。”

按愊 bì（滂職）从畐聲（並職）訓悃愊。字从畐聲，當爲偪聲（幫職）之借。悃，勞倦也。心爲事所困逼，意因困窘而勞倦，而志不稍懈，故引申爲誠志也。字从偪聲，此偪逼近之引申義。

蝠𧍠 《説文》：“蝠，蝙蝠也。从虫，畐聲。”段氏於蝙下注曰：“《方言》曰：‘蝙蝠，自關而東謂之服翼，或謂之飛鼠，或謂之老鼠，或謂之仙鼠，自關而西秦隴之間謂之蝙蝠。’”

按蝠 fú（幫職）从畐聲（並職）訓蝙蝠。字自畐聲，蓋爲福聲（並職）之借，福者判木爲薄片，片即今板字。蝙蝠之翅翼無羽毛，扁平而光，與福判木之薄片相似，故以蝠喻其翼。福、服古音同，蝙蝠又稱服翼者，此皆以其德名。

堛𡎋 《説文》：“堛，凷也。从土，畐聲。”段注：“《釋言》：‘凷，堛也。’郭引‘枕王以堛’。堛即墣之異文。《禮運》‘蕢桴’，注曰：‘蕢讀爲凷，聲之誤也。凷，堛也。’”

按堛 bì（滂職）从畐聲（並職）訓凷。畐聲當爲副聲（滂職）之借。凷則是从泥土中分離出來的不規則的土凷。字或作塊，从鬼聲正謂土塊之形狀不規則，此用副剖分之引申義。

㷭𤑔 《説文》：“㷭，以火乾肉也。从火，稫聲。㷭，籀文不省。”段注：“《周禮·籩人》注曰：‘鮑者於楅室中糗幹之，出於江淮也。’此當作㷭室中㷭乾之。《漢書·貨殖傳》注引作‘於煏室乾之’可證煏即㷭字。㷭，《方言》作㶶，凡以火而乾五穀之類，自山而東齊楚以往，謂之熬。關西隴冀以往謂之僨，秦晋之間或謂之聚，省作煏，又或作焙，而異其音，《玉篇》作煏，無穲。'"

按穲 bì（並職）从稫聲（並職）訓以火乾肉。字从禾，初義當爲以火乾五穀。稫聲當爲从禾，畐聲。字从畐聲，即畐聲（幫職）之借，以火逼近以其熱乾之。或作僨、作焙，備聲音聲皆畐聲之借，今湖湘方言“火焙肉”“火焙魚”以及“把穀物焙乾”，字皆作焙。

# 孚部第六

## 由聲字

（《説文》無由篆而从由聲字以十數。由篆許書失收。）

𢎘 《説文》："𢎘，木生條也。从马，由聲。《商書》曰：'若顛木之有𢎘枿，古文言由枿。'"段注："今《書》作由櫱，許木部作甹𣡌，枿即𣡌，櫱之異體也。甹者生也。《左傳》：'史趙曰：陳，顓頊之族也。歲在鶉火，是以卒滅，陳將如之。今在析木之津，猶將復由。'此以生滅對言，由即甹之叚借。"

按𢎘 yóu（余幽）从由聲（余幽）訓木生條。此用由"木萌芽於果實中人"之引申義。段氏訓由爲生是正確的。

由 朱駿聲通訓定聲："由，按古𢎘字，从果省，木萌芽於果實中人也。上出者，芽櫱初抽之象，指事。《説文》𢎘下奪古文，今補於此。"

按由 yóu（余幽）是𢎘的古文，朱駿聲析形釋義殊確，足補許書之缺漏。《説文》中凡从由聲字，其用由之本義引申義者，皆以由爲讀，用由爲語源。

苗 《説文》："苗，蓨也。从艸，由聲。"朱駿聲通訓定聲："與从艸从田之苗聲義迥别。"

按苗 dí（定覺）从由聲（余幽）訓蓨，諸家以爲羊蹄菜，其説難徵，其語源不詳。

迪 《説文》："迪，道也。从辵，由聲。"段注："按道兼道路、引導二訓。《方言》：'由，迪，正也。'"

按迪 dí（定覺）从由聲（余幽）訓道。道路可从中行進，亦可引導行進。字从由聲，此用由芽櫱上抽之引申義。《論語》："誰能出不由户，何莫由斯道也。”道，虛化的道理，天道、人道，皆用由之引申義。

䌷䌷 《説文》：“䌷，行䌷䌷也。从彳，由聲。”段注：“䌷䌷，蓋與《小弁》‘踧踧’同。行平易也。皆徒厤切。《玉篇》云：‘䌷，除又切，與宙同。’古往今來無極之名。”徐鍇繫傳：“行平易不止也。”

按䌷 dí（定覺）从由聲（余覺）訓行䌷䌷也。䌷䌷叠用故訓不止。字从由聲，此仍用迪之行進於道之引申義。从彳與从辵同意。

詶詶 《説文》：“詶，詶也。从言，由聲。”段注：“祝福字亦作袖，蓋与詶一字也。”

按詶 zhòu（定幽）从由聲（余幽）訓詶。《説文》：“詶，詛也。”詶即今語詛咒。祝、咒一字，祝即祝人得福，亦可咒人遭殃。字从由聲，蓋抽聲之借，抽謂用鞭抽打，詶謂用惡罵抽打，今湖湘方言“詶娘罵老子”，詶娘即咒娘。

胄胄 《説文》：“胄，胤也。从肉，由聲。”段注：“《左傳》曰：‘是四嶽之裔胄也。’……與甲冑字别。”

按胄 zhòu（定幽）从由聲（余幽）訓胤，子孫後裔。字从由聲，此以由木萌芽於果實中人，喻人从母體出生。人生曰育，育（余覺）、由（余幽）餘母雙聲，幽覺對轉，此用由之比喻義。

冑冑 《説文》：“冑，兜鍪也。从冃，由聲。”段注：“兜下曰：兜鍪，首鎧也。按古謂之冑，漢謂之兜鍪，今謂之盔。”

按冑 zhòu（定幽）从由聲（余幽）訓兜鍪，即今語頭盔。頭盔上有向上指的裝飾，使頭盔有似篆文之由字，故以由名之。又加形旁冃（帽的本字）以與从月（肉）之胄相區别。金文冑字作，下从冒，即帽字，从象頭盔，中之即上出之裝飾，與由形相近，故借用由爲名。此相似孳乳。

笛笛 《説文》：“笛，七孔筩也。从竹，由聲。羌笛三孔。”段注：“《周禮·笙師》字作篴。大鄭云：‘杜子春讀篴如蕩滌之滌，今人所吹五空竹笛。’按篴、笛古今字。”

按笛 dí（定覺）从由聲（余幽），定餘旁紐，幽覺對轉。字或作篴，从逐聲（定覺），蓋爲竹聲（端覺）之借。笛从竹，爲管樂，故以竹名之。

柚 《説文》："柚，條也，似橙而酢。从木，由聲。《夏書》曰'厥苞橘柚'。"段注："橘橙柚三果，莫大於柚。"

按柚 yòu（余幽）从由聲（余幽）訓條。字从由聲，蓋爲卣聲（定幽）之借，卣謂果實大而下垂。條从攸聲，亦當爲卣聲之借。條謂柳條下垂，唐詩咏有"萬條垂下緑絲絲"句。

邮 《説文》："邮，左馮翊高陵亭。从邑，由聲。"

按邮 yóu（余幽）从由聲（余幽），訓左馮翊高陵亭。字从由聲，作地名字，此但借其聲。

宙 《説文》："宙，舟輿所極覆也。从宀，由聲。"段注："覆者反也，與復同，往來也。舟輿所極覆者，謂舟車自此至彼而復還，此如循環然，故其字从由。……訓詁家皆言上下四方曰宇，往古來今曰宙。"

按宙 zhòu（定幽）从由聲（余幽），訓舟輿所極覆。舟行水，輿行陸，由動作所歷的距離産生時間，舟輿所極則時間無限。由从木萌芽於果實中，即以生長的動作表時間，草木生生不息，時間永恒無限，此仍用由生長産生時間之引申義。

舳 《説文》："舳，舳艫也。从舟，由聲。《漢律》名船方長爲舳艫。"段注："長當作丈。《史》《漢》，《貨殖傳》皆曰：'船長千丈。'注者謂總積其丈數。蓋漢時計船以丈，每方丈爲一舳艫也。此釋舳艫之謂，二字不分析者也。下文分釋，謂船尾舳，謂船頭艫，此分析者也。……《方言》曰：'舟後曰舳，舳所以制水也。'郭云：'今江東呼柁爲舳。'"

按舳 zhú（定覺）从由聲（余幽），幽覺對轉。舳在船尾，特指从船後伸出以制水的部件，今稱船舵。此用由種子發芽出殼，出土生長之引申義，从車軸能轉動車輪引申。

岫 《説文》："岫，山有穴也。从山，由聲。䆳，籀文从穴。"

《爾雅·釋山》："岫，山有穴爲岫。"

按岫 xiù（邪幽）从由聲（余幽）訓山有穴，謂山有洞穴，人物能从中出入。陶潛《歸去來兮辭》："雲無心以出岫。"此用由種子發芽出殼出土之引申義。

**鼬** 《説文》："鼬，如鼠，赤黄色，尾大，食鼠者。从鼠，由聲。"段注："今之黄鼠狼也。"

按鼬 yòu（余幽）从由聲（余幽）訓赤黄色食鼠者。字从由聲，蓋竹聲（端覺）之借。其形體如竹筒，故以鼬稱之，此以德爲名。今湘潭方言稱"黄竹筒"，"黄竹筒給鷄拜年没安好心"。鼬稱鼠狼者，謂其性如狼而食鼠，鼠在字在表動，舊時毛筆有羊毫、狼毫，狼毫即以黄鼠狼之尾毛制成。

**怞** 《説文》："怞，朖也。从心，由聲。《詩》曰：'憂心且怞。'"段注："今《毛詩》作妯，毛云'動也'，鄭云'悼也'。"

按怞 chóu（定幽）从由聲（余幽）訓朖。朖从良聲，良有高、明義。《毛詩》作妯，《説文》："妯，動也。"《方言》："妯，擾也，人不静曰妯。"此謂憂心从中而來，層出不窮。字从由聲，此用種子發芽出殼出土，生長不息之比喻義。

**油** 《説文》："油，油水，出武陵孱陵西，東南入江。从水，由聲。"段注："俗用爲油膏字。"

按油 yóu（余幽）从由聲（余幽）訓油水。字从由聲，作水名字，此但借其聲。作油膏字油初指由植物種子仁榨出的油，如茶（籽）油、菜油、花生油等。此用由从由中果實中人出之引申義，後則動物膏脂也都稱油，如猪油、牛油、腸油、板油等。

**妯** 《説文》："妯，動也。从女，由聲。"段注："《小雅》：'憂心且妯。'《釋詁》《毛傳》皆曰：'妯，動也。'箋云：'妯之言悼也。'《方言》：'妯，擾也，人不静曰妯。'"

按妯 chōu（透幽）从由聲（余幽）訓動，謂煩擾，不平静。字从女者，古時多曠夫怨女，古詩多有詠閨怨愁思之作。李白詩："燕草碧如絲，秦桑低緑枝。當君懷歸日，是妾斷腸時。"可見愁思困擾人之深。字从由聲，此用由種子發芽出殼出土漸出漸長不止之引申義。

紬 紬 《説文》："紬，大絲繒也。从糸，由聲。"段注："大絲較常絲爲大也。"

按紬 chóu（定幽）从由聲（余幽）訓大絲繒，謂粗絲所織繒。由者木萌芽於果實中人，其芽本細，但與絲相較則粗大，此用由幼芽从果實人中抽出，喻絲从繭中抽出來之較粗者。字从由聲，此用由之引申義。

軸 軸 《説文》："軸，所以持輪者也。从車，由聲。"段注："所以者三字今補。軸所以持輪，引伸爲凡機樞之稱。若織機之持經者亦謂之軸是也。"《釋名·釋車》："軸，抽也。入轂中可抽出也。"

按軸 zhóu（定覺）从由聲（余幽）訓所以持輪者，謂以軸橫貫輪中心以持輪。由的本義是種子發芽破殼破土而出，反之則爲入。从軸與車輪的關係説，軸主要是貫入，貫入才能持輪。字从由聲，此用由破殼破土而出之反向引申。

## 酉聲字

酉 酉 《説文》："酉，就也。八月黍成，可爲酎酒，象古文酉之形也。凡酉之屬皆从酉。丣，古文酉从丣。丣爲春門，萬物已出。丣爲秋門，萬物已入。一，閉門象也。"

按酉 yǒu（余幽）甲骨文作酉<粹28>、酉<粹61>，象貯酒器，其上之一，表酒器之蓋塞。酒爲揮發性液體，平時必加蓋塞密封貯存，引申指酒，即酒的象形初文。此以酒器代指酒。从丣爲春門者，丣取象酒器開塞啓封之形，開塞則酒氣（酒香）外溢，丣取象酒器蓋塞嚴密，酒氣無法外泄。丣是𨟻的省形，故曰古文酉。

卣 卣 朱駿聲通訓定聲："《爾雅·釋器》：'卣，中尊也。'又：'彝，卣，罍，器也。'李注：'卣，鬯之尊也。'……《書·洛誥》：'以秬鬯二卣。'《文侯之命》：'用賚爾秬鬯一卣。'

……今附於此，存參。”

按卣 yǒu（余幽）訓中尊，酒器。與酉音義同，當爲一字之異體。

**酒** 《説文》：“酒，就也。所以就人性之善惡。从水酉，酉亦聲。一曰造也。吉凶所造起也，古者儀狄作酒醪，禹嘗之而美，遂疏儀狄。杜康作秫酒。”

按酒 jiǔ（精幽）从酉聲（余幽）。酉是酒的象形初文（酉象貯酒器，此借貯酒器表酒），酒是酉的後起的加注形旁字。酒爲流體，故字从水。後酉借爲地支申酉字，遂增水旁作酒以示區别。

**遒** 《説文》：“逎，迫也。从辵，酉聲。遒，逎或从酋。”

按逎 qiú（从幽）从酉聲（余幽）訓迫，迫近、逼迫。字从酉，酉即酒，重文作遒字从酋，許訓酋爲“从酉，水半見於上”，此爲誤説。按酋上之八，八即分，當爲酒器啓封香氣四溢，所謂美酒飄香。逎（遒）訓迫者，此蓋謂酒氣逼人。逼、迫同義。遒又訓健勁者，蓋亦由酒勁道足引申。

**醜** 《説文》：“醜，可惡也。从鬼，酉聲。”段注：“非真鬼也。以可惡，故从鬼。”

按醜 chǒu（昌幽）从酉聲（余幽）訓可惡，當爲臭聲（昌幽）之借。臭味謂氣味，兼指好惡。字从鬼，則此臭當爲腐臭、惡臭，今俗語罵人猶有臭鬼之語。

**庮** 《説文》：“庮，久屋朽木。从广，酉聲。《周禮》曰：‘牛夜鳴則庮，臭如朽木。’”段注：“《周禮·内饔》：‘牛夜鳴則庮。’先鄭云：‘庮，朽木臭也。’《内則》鄭注云：‘庮，惡臭也。’引《春秋傳》‘一薰一庮’。許説同先鄭。久屋而後有朽木，故字从广。”

按庮 yǒu（余幽）从酉聲（余幽）訓久屋朽木，意謂如久屋朽木之臭，是酉聲當爲臭聲（昌幽）之借，用臭之惡臭義。

**槱** 《説文》：“槱，積木燎之也。从木火，酉聲。《詩》曰：‘薪之槱之。’《周禮》：‘以槱燎祠司中司命。’禉，槱或从示。柴祭天神也。”段注：“燎，依許《火部》當作尞。祠，今

《周禮》作祀。許从毛説。又引《周禮》者，廣槱證也。”

按槱 yǒu（余幽）从酉聲（余幽）訓積木燎之。字从酉聲，上古無酒，當人類掌握了火以後，認爲火是好東西，故積木而燎，把火獻給天神。在古人的觀念中，凡是人類認爲好的東西都要敬獻神。當人類進入農耕社會，發展到相當程度，有了較豐盈的糧食，可用米煮酒，酒成了初民最好的美食，於是在積木而燎的基礎上，加上奠酒而祭，這便是槱字从酒的深層文化信息。

**酋 酋** 《説文》：“酋，繹酒也。从酉，水半見於上。《禮》有大酋，掌酒官也。”段注：“繹之言昔也。昔，久也。……繹酒謂日久之酒。……引申之凡久皆曰酋。”

按酋 qiú（从幽）从酉聲（余幽）訓繹酒，日久之酒。酒爲液體，易揮發，需密封貯存，可以久存。久貯之酒，今称陳酒，陳酒啓封，則香氣四溢。俗所謂美酒飄香。酋从八，《説文》：“八，别也。”八謂香氣外溢。許釋爲“水半見於上”，殊誤。凡祭神之酒——奠，敬賓奉上之酒——尊，皆从酋者，正謂酒啓封飄香，此古人造字構形之精，分析之細。

**趥 趥** 《説文》：“趥，行皃。从走，酋聲。”

按趥 qiú（清幽）从酋聲（余幽）訓行。字从走，走古義爲奔跑，奔跑要貫勁，此用酋遒勁之引申義。明焦竑《俗書刊誤·俗用雜字》：“伏地而行曰趥。”字从酋聲，蓋用酋酒氣逼人之引申義。伏地即迫地，逼迫義近。又《字彙補》：“趥，驅迫也。”字从酋聲，亦用酋酒氣逼人之引申義。

**觩 觩** 《説文》：“觩，雉射收繳具。从角，酋聲。讀若鰌。”

按觩 qiū（從幽）从酋聲（余幽）訓雉射收繳具。字从酋聲，當收聲（書幽）之借，从書鄰紐，幽部叠韵，此用收回收之義。

**楢 楢** 《説文》：“楢，柔木也。工官以爲耎輪。从木，酋聲。讀若糗。”段注：“郭注《山海經》云：‘楢，剛木，中車材。’剛木即柔木，蓋此木堅韌，故柔剛異稱而同實耳。”

按楢 yóu（余幽）从酋聲（余幽）訓柔木。字从酋聲，蓋柔聲

（日幽）之借，餘日旁紐，幽部叠韵。可爲㼚輪，則當爲木柔韌，此用柔柔韌之引申義。

**猶** 《説文》：“猶，玃屬。从犬，酋聲。一曰隴西謂犬子爲猶。”段注：“《釋獸》曰：‘猶如麂，善登木。’许所説謂此也。”

按猶 yóu（余幽）从酋聲（余幽）訓玃屬。猶之動作特别輕巧敏捷。字从酋聲，此蓋以陳酒啓封，酒氣升騰飄逸，喻猶動作之輕巧敏捷，此用酋啓封飄香之引申義。

## 周聲字

**周** 《説文》：“周，密也。从用口。𠖝，古文周字，从古文及。”

按周 zhōu（章幽），甲骨文作⊞ <前6.63.1>，金文作周 <保卣>。⊞从田，象田畝之界限分明，其中四點象禾稼，表示禾稼茂盛稠密，⊞即稠之象形初文。金文之周从口，即从口，邑所从口，即城邦，周即周國，周王朝之周。相傳周人的始祖爲后稷，主管農耕，周人以農業立國，故以周爲國名。由周聲孳乳的形聲字，其用周之本義引申義者皆以周爲語源。

**禂** 《説文》：“禂，禱牲馬祭也。从示，周聲。𩦠，或从馬，𠷎省聲。”段注：“《甸祝》：‘禂牲，禂馬。’杜子春云：‘禂，禱也。’爲馬禱無疾，爲田禱多獲禽牲。”

按禂 dǎo（端幽）从周聲（章幽）訓禱牲馬祭。字从周聲，爲壽聲（禪幽）之借。禂即禱，必借周聲者以區别禱爲人，而禂爲牲馬。此用禱之引申義。許書正篆用借聲，而重文用聲之正字，於此有示意。

**琱** 《説文》：“琱，治玉也。一曰石似玉。从玉，周聲。”段注：“《釋器》：‘玉謂之雕。’按琱琢同部雙聲相轉注，《詩》《周禮》之‘追’，《大雅》之‘敦弓’，皆與琱雙聲也。”

按琱 diāo（端幽）从周聲（章幽）訓治玉。周聲蓋爲刀聲（端宵）之借，端母雙聲，宵幽旁轉，謂用如刀之利器治玉，刀在字中表動作。

**啁** 《説文》："啁，啁嘐也。从口，周聲。"段注："《楚語》：'䳼鷄啁哳而悲鳴。'啁，大聲；哳，小聲也。"

按啁 zhāo（端幽）从周聲（章幽）訓啁嘐，鳥悲鳴聲時大時小。字从周聲，作鳥鳴聲，即象聲字，此但借其聲。

**調** 《説文》："調，龢也。从言，周聲。"段注："龢，各本作和，今正。《龠部》曰：'龢，調也。'與此互訓。和本係唱和字，故許云'相應也'。今則概用和而龢廢矣。"

按調 tiáo（定幽）从周聲（章幽）訓龢，龢謂和諧。字从言，从言與从心同意，謂處事協調配合和諧得體。字从周聲，此用周之周密調和義。

**雕** 《説文》："雕，𪇰也。从隹，周聲。鵰，籒文雕，从鳥。"段注："《鳥部》曰：'𪇰，雕也。'假借爲琱琢、凋零字。"

按雕 diāo（端幽）从周聲（章幽），訓𪇰。字从周聲，當爲刀聲（端宵）之借，謂雕之利嘴如刀，以如刀之利嘴啄物。

**椆** 《説文》："椆，椆木也。从木，周聲。讀若丩。"段注："《中山經》：'虎首之山多苴椆椐。'郭注：'椆未詳也。音彫。'"《集韵》："椆，木名，寒而不凋。"

按椆 chóu（定幽）从周聲（章幽）訓椆木。字从周聲，此用周之周密義。椆樹，湖湘所在多有。清吴其濬《植物名實圖考·木類》："椆，㫰其木質重而堅，耐久不蛀，葉亦似樟稍小，亦似山茶枝幹，皮光而灰黑，木紋似栗而斜。"此木經冬不凋，故郭謂音彫。

**稠** 《説文》："稠，多也。从禾，周聲。"段注："本謂禾也，引伸爲凡多之稱。"

按稠 chóu（定幽）从周聲（章幽）訓多，田裏禾多稠密。[illegible]是稠的本字，後[illegible][illegible]并爲一字，又增禾旁以爲稠密字。

**裯** 《説文》："裯，衣袂衹裯。从衣，周聲。"段注："依全書之例此當云衹裯也。衣袂二字葢誤衍。《召南》：'抱衾與裯。'毛曰：'裯禪被也。'"

按裯 chóu（定幽）从周聲（章幽）訓衹裯單被。字从周聲，此周之周全義，謂單被可以覆蓋全身。

彫 《説文》："彫，琢文也。从彡，周聲。"段注："琢者治玉也。《玉部》有琱，亦治玉也。《大雅》：'追琢其章。'傳曰：'追，雕也。'金曰彫，玉曰琢，毛傳字當作琱，凡琱琢之成文曰彫，故字从彡。今則彫雕行而琱廢矣。"

按彫 diāo（端幽）从周聲（章幽）訓琢文，謂彫琢刻畫成文。字从周聲，當爲刀聲（端宵）之借，端母雙聲，幽宵旁轉。此以音近相借。刀在字中表動，謂以如刀之利器琢文。

髯 《説文》："髯，髮多也。从髟，周聲。"段注："《彡部》曰：'㐱者稠髮也。'稠髮當作髯。"

按髯 tiáo（定幽）又讀綢，从周聲（章幽）訓髮多。字从周聲，此用稠禾多喻髮多，此用稠比喻義。

惆 《説文》："惆，失意也。从心，周聲。"段注："《荀卿子》：'惆然不嗛。'陸機《歎逝賦》：'心惆焉而自傷。'《廣雅》曰：'惆，痛也。'"

按惆 chóu（透幽）从周聲（章幽）訓失意，引申爲有傷痛。字从周聲，當爲刀聲（端宵）之借。刀在字中表動作，謂心受創如刀之割，世事之艱辛有如刀割之傷心。

凋 《説文》："凋，半傷也。从仌，周聲。"段注："傷，創也。半傷，未全傷也。仌霜者，傷物之具。"

按凋 diāo（端幽）从周聲（禪幽）訓半傷。字从周聲，當爲刀聲（端宵）之借。此謂冰寒如刀之傷物，刀在字中表動作。《紅樓夢》黛玉《葬花吟》有"風刀霜劍嚴相逼"，正謂寒風冰霜如劍之傷物。

鯛 《説文》："鯛，骨耑脆也。从魚，周聲。"桂馥義證："魚名鯛，其骨耑脆。本書脱魚字。"

按鯛 diāo（端幽）从周聲（章幽）訓魚骨耑脆（此據桂氏説）。字从周聲，當爲凋聲（端幽）之借。凋傷則脆，此用凋之引申義。

婤 《説文》："婤，女字也。从女，周聲。"

按婤 zhōu（章幽）从周聲（章幽）訓女字，女子人名用字。字从周聲，作女子人名用字，此但借其聲。

**綢** 《説文》："綢，繆也。从糸，周聲。"段注："謂枲之十絜，一曰綢繆。二義皆與繆同也。今人綢繆字不分用。然《诗·都人士》單用綢字，曰'綢直如髮'。毛傳以密直釋之，則綢即稠之叚借也。"

按綢 chóu（定幽）从周聲（章幽）訓繆。字从周聲，此用周周圍、圍繞之引申義。《詩·綢繆》："綢繆束薪，三星在天。"毛傳："綢繆，猶纏綿也。"今語綢緞爲絲織品總名，綢謂密織，緞謂精加工，亦用周密之引申義。

**蜩** 《説文》："蜩，蟬也。从虫，周聲。《詩》曰：'五月鳴蜩。'䑳，蜩或从舟。"段注："《豳風》傳曰：'蜩，螗也。'《大雅》：'如蜩如螗。'傳曰：'蜩，蟬也；螗，蝘也。'……許書無螗字，螗蓋蟬之大者也，當依《小正》作唐。"

按蜩 tiáo（定幽）从周聲（章幽）訓蟬。蜩喜鳴叫，天氣越燥熱，叫得越厲害。《詩·大雅·蕩》以"如蜩如螗，如沸如羹"並列爲喻，正謂蜩螗之亂叫狂叫令人心煩。蜩俗名知了，蜩即知了的合音。此以蜩之鳴叫聲爲名，此以業爲名。字从周聲，但借其聲以擬蜩之鳴聲，與周字的本義引申義無關。

**錭** 《説文》："錭，鈍也。从金，周聲。"段注："今俗謂挫抑人爲錭鈍，讀如刀。"

按錭 táo（定幽）从周聲（章幽）訓鈍。字从周聲，當爲凋聲（端幽）之借，蓋謂刀鋒凋敝而鈍，即刀刃鋒芒全失，此用凋之凋敝義。今湖湘俗語謂挫抑人爲"掰掉他的角"，與此義略同。

**輖** 《説文》："輖，重也。从車，周聲。"段注："謂車重也。……引申爲凡物之輕重。"

按輖 zhōu（章幽）从周聲（章幽）訓重。字从周聲，蓋爲稠聲（定幽）之借，凡物多則重，此用稠多之引申義。

# 丑聲字

**丑** 《説文》：“丑，紐也。十二月萬物動用事，象手之形。日加丑，亦舉手時也。”

按丑 chǒu（透幽）字从ㄋ，ㄋ即手，以从肉之肚爲食肉及其音讀與肉（日覺）相近推之，手中之丨，蓋即肉之象意，所謂象意是人的主觀意向規定的，如皿中之一，是血的象意。丑是肚的象形初文。《説文》：“肚，食肉也。”肚是丑後起的加注形旁字，丑借地支子丑之丑，食肉字遂加肉旁以别義。

**肚** 《説文》：“肚，食肉也。从丑肉，丑亦聲。”段注：“食肉必用手，故从丑肉。”

按肚 niú（泥幽）从丑聲（透幽）訓食肉。丑本爲肉之象意符號，再加肉，於字形爲緟益。肚、丑泥日準雙聲，幽部叠韵，肚、肉泥日準雙聲，幽覺對轉。

**羞** 《説文》：“羞，進獻也。从羊丑，羊所進也。丑亦聲。”段注：“宗廟犬名羹獻。犬肥者獻之，犬羊一也，故从羊。引申之凡進皆曰羞。……从丑者謂手持以進也。”

按羞 xiū（心幽）从丑聲（透幽）訓進獻。羞字甲骨文作[illegible]，从又；又，手也。字从羊，不是活羊，而是羊羹。手持羊羹，不是自己吃，而是敬獻給神祖、尊長享用，故稱進。字从丑聲，即手聲之借。

**杽** 《説文》：“杽，械也。从木手，手亦聲。”段注：“械當作梏。字从木手，則爲手械無疑也。《廣雅》曰：‘杽謂之梏。’杽、杻古今字。”

按杽 chǒu（透幽）訓械，手械。手械爲木質刑具，故从木；手械是戴在手上的刑具，故从手。丑手（書幽）透書準旁紐，幽部叠韵。手械稱梏者，梏（見覺）杽幽覺對轉，字从告亦取梏手義。

**鈕** 《説文》：“鈕，襍飯也。从食，丑聲。”段注：“《米部》曰：‘粈，襍飯也。’此鈕篆，蓋俗增。”

按飷 niǔ（泥幽）从丑聲（透幽）訓雜飯。丑即肚之象形初文，初義爲食肉。遠在漁獵時代，肉食是主食，進入農耕時代，食穀（粒食）爲主食，食即食米。《尚書·堯典》所謂“蒸民乃粒”。粈从食（食米）从丑（食肉），即米與肉摻雜做的飯，與《米部》之粈訓雜飯音義皆同，是一字之異體。但飷字隱含了深層的歷史文化信息。

**粈** 《説文》：“粈，糅飯也。从米，丑聲。”段注：“《食部》曰：‘飷，糅飯也。’《廣韵》曰：‘飷，亦作粈。’然則飷粈一字，今之糅雜字也。”邵瑛群經正字：“今經典作糅，《説文》無糅字。”

按粈 róu（泥幽）从丑聲（透幽）訓糅飯，謂米食（粒食）與肉食揉和。字从丑聲，此用丑肉食之引申義。

**衄** 《説文》：“衄，鼻出血也。从血，丑聲。”段注：“《素問》曰：‘鼻衄又脾移熱於肝，則爲驚衄。’”《素問·水熱穴論》：“冬取井榮，春不鼽衄。”

按衄 nǜ（泥覺）从丑聲（透幽），泥透旁紐，幽覺對轉，訓鼻出血。字从丑聲，當爲鈕聲（泥幽）之借。《説文》：“鈕，印鼻也。从金，丑聲。[⿰王丑]，古文鈕，从玉。”印鈕象人鼻，故借鈕以代人鼻。从鈕字説爲相似孳乳，故借丑爲鈕，借鈕代鼻。字从血，故訓鼻出血。此古人造字之巧思，非心領神會，難以索解。又印鈕似人鼻，人用印則捏鼻，人鼻出血，常以手捏緊止血。

**杻** 朱駿聲通訓定聲：“杻，《説文·木部》杶下以此字爲古文，誤也。按从木，丑聲。《爾雅》‘杻檍’注：‘關西呼杻子，一名土橿。’《詩》：‘山有樞，隰有杻。’陸疏：‘今官園種之，正名曰萬歲。共汲山下人或謂之牛筋，或謂之檍。’《南山有臺》：‘北山有杻。’傳：‘檍也。’《西山經》：‘英山其上多杻。’注：‘似棣，一名土橿。’今分此字爲正篆，系此。”

按杻 niǔ（泥文）从丑聲（透幽），爲木名，即檍樹。檍 yì（影職）、杻職文通轉，正名曰“萬歲”，蓋謂此木特經久耐用。

**丑阝** 《説文》："丑阝，地名。从邑，丑聲。"

按丑阝 niǔ（泥幽）从丑聲（透幽）訓地名。字从丑聲，作地名字，此但借其聲。

**沑** 《説文》："沑，水吏也。又昷也。从水，丑聲。"段注："謂水駛也。駛，疾也。其字在《説文》作𩥈，不解者訛爲吏耳。一本作利義同。錢氏大昕云：'吏當作文。'……《廣韵》云：'蹜沑，水文聚。'"

按沑 nǜ（泥幽）从丑聲（透幽）訓水吏。段氏謂水駛也，駛疾也，此水行疾，水流疾則易生波，故錢氏謂沑爲水文，皆難以信服，其語源不詳。

**狃** 《説文》："狃，犬性忕也。从犬，丑聲。"段注："忕，大徐作驕，非。忕，習也，余制切。《心部》作愧，習也。愧即忕之訛也。狃本謂犬性之忕，引伸叚借爲凡忕習之稱。《鄭風》傳曰：'狃，習也。'《國語》韋注、《左傳》杜注皆曰：'狃，忕也。'"

按狃 niǔ（泥幽）从丑聲（透幽）訓犬性忕，謂犬和人相處非常親近自然。字从丑聲，丑是食肉之䏔的本字，謂其與人食肉時之快意自然相仿佛，此用丑食肉之引申義，人飢餓時會覺得食物最親，進食最是愜意。

**妞** 《説文》："妞，人姓也。从女，丑聲。《商書》曰：'無有作妞。'"段注："《廣韵》《玉篇》皆曰：'妞，姓也。'……按古音在三部，讀如狃，好之古音讀如朽，是以《尚書》假妞爲好也。……今《尚書》妞作好，此引經説叚借也。"

按妞 hào（曉幽）从丑聲（透幽）訓人姓。字从丑聲，作人姓氏字，此但借其聲。

**紐** 《説文》："紐，系也。一曰結而可解。从糸，丑聲。"段注："今本系下曰：'係也。'係者，結束也。……結者，締也。締者，結不解也。其可解者曰紐。"

按紐 niǔ（泥幽）从丑聲（透幽）訓系，謂用繩帶打結，此用丑食肉用手抓住肉的引申義。手可抓緊，也可放開，故一曰結而可解，今語叫“活結”，結而不解之締，今語叫“死結”。

鈕 《說文》：“鈕，印鼻也。从金，丑聲。⿰王丑，古文鈕，从玉。”段注：“璽之籀文从玉，古文印鈕字从玉，蓋初作印時，惟以玉爲之也。”

按鈕 niǔ（泥幽）从丑聲（透幽）訓印鼻，即印把子，印上把手的部位。丑聲當爲手聲（書幽）之借，即用手把握印鼻。

矺 《說文》：“矺，刺也。从矛，丑聲。”徐灝注箋：“今粵語謂執仗刺人曰矺。”

按矺 niǔ（泥幽）从丑聲（透幽）訓刺。字从丑聲，當爲手聲（書幽）之借，手在字中表動作，即用手持矛刺殺，矛是刺殺的武器，刺殺是持矛的動作。

莥 《說文》：“莥，鹿藿之實名也。从艸，狃聲。”《爾雅·釋草》：“蔨，鹿藿；其實莥。”郭璞注：“今鹿豆也，葉似大豆，根黄而香，蔓延生。”

按莥 niǔ（泥幽）从丑聲（透幽）訓鹿藿之實，即今鹿豆。藿有香義，根香故以藿名之。字从狃聲，當爲丑聲之借。丑者，食肉之朒的本字，引申假借爲肉字，肉（日覺）、莥泥日準雙聲，幽覺對轉，此謂鹿豆煮熟如肉食之味。此用丑肉之引申義。

峱 《說文》：“峱，峱山也。在齊地。从山，狃聲。《詩》曰：‘遭我於峱之閒兮。’”段注：“傳曰：‘峱，峱山也。’”

按峱 náo（泥幽）从狃聲（泥幽）訓峱山。字从狃聲，作山名字，此但借其聲。

## 矛聲字

矛 《說文》：“矛，酋矛也。建於兵車，長二丈，象形。⿰矛戈，古文矛，从戈。”段注：“《考工記》謂之刺兵。”

按矛 máo（明幽）是一種長柄有直刃的刺殺的兵器。於車上使用，故其柄長，矛之刃蓋取象於茅。但从文字孳乳説，先有戈矛字，後有茅草字，正如先有取象匏瓠之壺，後乃造壺字，是矛、茅（明幽）爲同源。

戊 戊 《説文》："戊，中宫也。象六甲五龍相拘絞也。戊承丁，象人脅。"郭沫若《甲骨文字研究·釋干支》："戊象斧鉞之形，蓋即戚之古文。"

按戊 wù（明幽），郭氏"戊象斧鉞之形，蓋即戚之古文"，戊、戚（清覺）幽覺對轉，音理有聯繫。戊與矛同爲兵器，戊矛古同音，蓋同源。戊是戚的本字，戚是戊後起的加注聲旁字。

茂 茂 《説文》："茂，艸木盛皃。从艸，戊聲。"段注："依《韵會》訂。"

按茂 mào（明幽）从戊聲（明幽）訓草木盛皃。字从戊聲，蓋矛聲（明幽）之借。矛長二丈爲刺兵，茅之莖葉勁挺鋒利，生長旺盛，故借茅以喻草木之盛。《孟子》"茅塞"一詞，正是矛生長旺盛的佐證。必借戊聲者，以區别茅爲菅茅，茂爲草木盛皃。

茅 茅 《説文》："茅，菅也。从艸，矛聲。"段注："按統言則菅茅是一，析言則菅與茅殊。許菅茅互訓，此從統言也。陸璣曰：'菅似茅而滑澤，無毛，根下（當作上）五寸有白粉者，柔韌宜爲索，漚乃尤善矣。'此析言也。"

按茅 máo（明幽）从矛聲（明幽）訓菅。菅、茅統言則一，析言則殊。單从茅説，矛以茅爲語源，茅莖高長而其端鋒利，矛即取象於茅而製作。

敄 敄 《説文》："敄，彊也。从攴，矛聲。"承培元廣問答疏證："'敄'即'務彊也'之'務'。"

按敄 wù（明侯）从矛聲（明幽）訓彊。彊即今强字，此謂强勁有力。字从攴，與从又同意。又即手，謂以手持矛直刺，直刺必用力使勁，故許書訓彊，謂强有力，此用手持矛擊刺之引申義，孳乳爲務字从力，正謂持矛刺之務必用力。

柔 柔 《説文》："柔，木曲直也。从木，矛聲。"段注："凡木曲者可直，直者可曲曰柔。……引伸爲凡耎弱之稱，凡撫安之稱。"

按柔 róu（日幽）从矛聲（明幽）訓木曲直。字从矛聲，當爲肉聲（日覺）之借，骨肉相對，骨剛肉柔。《說文》："脜，面和也，从百肉，讀若柔。"段注："骨剛肉柔，故从百肉會意，肉亦聲。"借矛爲肉，此用肉柔之引申義。

楙　《說文》："楙，木盛也。从木，矛聲。"段注："此與《艸部》茂音義皆同。分艸木耳。"

按楙 mào（明幽）从矛聲（明幽）訓木盛。字从矛聲，此用矛長之引申義。

袤　《說文》："袤，衣帶以上。从衣，矛聲。一曰南北曰袤，東西曰廣。"段注："此古義也，少得其證。今則後義行而古義廢矣，帶者上衣下常之介也。"

按袤 mào（明幽）从矛聲（明幽）訓衣帶以上。帶者上衣下裳之介，帶繫於腰，此蓋以矛頭喻帶上，以矛柄喻帶下，从後義說，南北曰袤，此蓋用矛長之引申義。

蟊　《說文》："蟊，蠿蟊也。从蚰，矛聲。"段注："此字與《蟲部》食草根者絶異。"

按蟊 máo（明幽）从矛聲（明幽）訓蠿蟲、蠿蟊，即蜘蛛。《說文》："蠿蟊，作網蛛蟊也。"蜘蛛吐絲結網，吐絲綿綿不絶，字从矛聲，蓋爲綿聲（明元）之借，此以雙聲相借。

蟊　《說文》："蟊，蟲食艸根者。从蟲，𠦒，象形。吏抵冒取民財則生。蝥，蟊或从敄。蛑，古文蟊，从虫从牟。"段注："艸當作苗。《小雅》：'去其螟螣，及其蟊賊。'《釋蟲》：'食苗根蟊。'毛傳：'食根曰蟊。'……今人則盡叚蟊爲之矣。"

按蟊 máo（明幽），徐鍇繫傳："唯此一字象蟲形，不从矛。"段注："謂上體象此蟲繞於苗幹之形。"然徐、段說均可疑，愚謂弔聲當矛聲（明幽）之誤，而从矛聲蓋爲苗聲（明宵）之借，食苗根，傷及苗本爲害最烈。

**菽** 《説文》："菽，細艸叢生也。从艸，敄聲。"段注："菽與茂音義同。《廣雅》曰：'菽務，茂也。'務即菽之訛。"《廣雅·釋言》："菽，葆也。"王念孫疏證："菽之言茂，葆之言苞也。"

按菽 mào（明侯）从敄聲（明侯）訓細草叢生。此既用敄茂之引申義，又兼用毛聲（明宵）之借義。細草，故以毛狀之。

**鍪** 《説文》："鍪，六月生羔也。从羊，敄聲。讀若霧。"段注："《廣雅》：'羍、鍪、羜、䍽，羔也。'"

按鍪 wù（明侯）从敄聲（明侯）訓六月生羔，羊羔，小羊。字从敄聲，當爲毛聲（明宵）之借。毛引申有小義，今俗稱初生嬰兒爲"毛毛"，極細之雨爲"毛毛雨"，皆用毛小之引申義。

**瞀** 《説文》："瞀，氐目謹視也。从目，敄聲。"段注："氐，各本作低，今从宋本。《玉篇》云：'目不明皃。'"

按瞀 mào（明侯）从敄聲（明侯）訓氐目謹視。凡物需低目謹視者其物必小，而低目謹視則目光所及之範圍必小。字从敄有小義者，當爲毛聲（明宵）之借，用毛細小之義。又訓目不明皃，則敄聲當爲霚聲之借，霚即今霧字，有霧則所視不明，俗謂視不明爲霧蒙蒙。

**鞪** 《説文》："鞪，車軸束也。从革，敄聲。"段注："此與《木部》楘音同義近。楘謂輈束，鞪謂軸束，分析易明。而《小戎》音義曰：'楘本又作鞪。'《玉篇》亦曰：'鞪亦作楘，曲輈束也。'疑本一字，許書有楘無鞪，後人補之又改輈爲軸。"

按鞪 mù（明屋）从敄聲（明侯）訓車軸束。當爲車輈束，束縛義近。敄聲蓋縛聲（並鐸）之借，並明旁紐，屋鐸旁轉，又兼用敄强之引申義。束縛車輈必用强力，而以革縛較繩索强勁。漢字之内涵豐富，信息多有兼包，鞪即其例。

**鶩** 《説文》："鶩，舒鳧也。从鳥，敄聲。"段注："《几部》曰：'舒鳧鶩也。'與《釋鳥》同。舍人、李巡云：'鳧，野鴨名；鶩，家鴨名。'許於鳧下當云'鳧，水鳥也。舒鳧、鶩也'。

文乃備。”

按鶩 wù（明侯）从敄聲（明侯）訓舒鳧，鳧（並魚）浮游於水面。鳧以浮（並幽）爲語源，字从敄聲，亦當爲浮聲之借。敄、浮並明旁紐，侯幽旁轉。鶩亦喜浮行水面，宋詩“春江水暖鴨先知”，描寫的正是鴨喜浮水的習性。必借敄聲者，略異其音以別義。

**楙**

《説文》：“楙，冬桃。从木，敄聲。讀若髦。”段注：“《釋木》曰：‘旄，冬桃。’郭云：‘子冬孰。’按作旄者字之假借。”《桂海虞衡志》：“冬桃狀如棗，軟爛甘酸，冬月熟。”

按楙 máo（明宵）从敄聲（明侯）訓冬桃，桃之冬熟者。果之冬熟，其習性必强。字从敄聲，此用敄强之引申義。

**楘**

《説文》：“楘，車歷録束文也。从木，敄聲。《詩》曰：‘五楘梁輈。’”段注：“《秦風》：‘五楘梁輈。’傳曰：‘五，五束也；楘，歷録也。梁輈，輈上句衡也。一輈五束，束有歷録。’……駟車之轅，率尺所一縛。……按此所謂曲轅鞻縛也。’……《革部》曰：‘車軸束謂之鞪。’”

按楘 mù（明屋）从敄聲（明侯）訓車歷録束文，與鞪實爲一字。楘从木者，車輈以木，故从木；束縛以革，故从革。字从敄聲，當爲縛聲（並鐸）之借，並明旁紐，鐸屋旁轉，侯屋對轉。借敄爲縛，用縛之束縛義。

**帑**

《説文》：“帑，鬃布也。一曰車衡上衣。从巾，敄聲。讀若項。”段注：“鬃者泰也。《廣韵》《集韵》十遇作髮巾。”桂馥義證：“鬃布也者，猶今之油布，可以禦雨。”

按帑 wù（明侯）从敄聲（明侯）訓鬃布，謂於布面涂泰（漆）以增强布的功能。字从敄聲，此用敄强之引申義。

**鬏**

《説文》：“鬏，髮至眉也。从髟，敄聲。《詩》曰：‘紞彼兩鬏。’𩭹，鬏或省。《漢令》有‘髳長’。”段注：“《庸風》：‘髧彼兩髦。’傳曰：‘髧，兩髦之皃。髦者，髮至眉，子事父母之飾。’許所本也。……毛云‘髮至眉’，蓋以髮兩㡱下垂至眉，像嬰兒夾囟之角髮下垂，父母在，不失其嬰兒之素也。……今則《詩》《禮》皆作髦，或由音近假借。”

按髳 máo（明幽）从敄聲（明侯）訓髮至眉，此古子事父之飾。字从敄聲，此用敄强增飾之引申義。

**嵍** 《説文》：“嵍，山名。从山，敄聲。”

按嵍 wù（明侯）从敄聲（明侯）訓山名。字从敄聲，作山名字，此但借其聲。

**騖** 《説文》：“騖，亂馳也。从馬，敄聲。”

按騖 wù（明侯）从敄聲（明侯）訓亂馳。字从敄聲，當爲霚（霧）聲（明侯）之借，大霧迷蒙，視野模糊，看不清路綫，故其馳必亂。借敄爲霧，此用霧氣迷蒙之引申義。

**霚** 《説文》：“霚，地氣發，天不應曰霚。从雨，敄聲。雺，籀文霚省。”段注：“‘曰霚’二字今補。霚，今之霧字。……《釋名》曰：‘霧，冒也，氣蒙冒覆地之物也。’《開元占經》引《元命包》：‘陰陽亂爲霧。’……亦雨之類也，故从雨。”

按霚 wù（明侯）从敄聲（明侯），訓地氣發天不應曰霚，氣蒙冒覆地之物。敄聲當爲覆聲（滂覺）之借，滂明旁紐，幽覺陰入對轉。霧氣覆蓋地面，遮蔽模糊了人的視綫，或當爲冒聲（明幽），霧、冒古音同，冒、覆音義並近。

**婺** 《説文》：“婺，不繇也。从女，敄聲。”段注：“繇者，隨從也。不繇者，不隨從也。今此字無用者矣，惟婺女，星名；婺州，地名。”

按婺 wù（明侯）从敄聲（明侯）訓不繇，不隨從。字从敄聲，蓋爲霧聲（明幽）之借，此用霧亂之引申義。在中國古代社會，女有所謂“三從”。不隨從是亂了當時的規矩，這是婺字深層的文化信息。

**蝥** 《説文》：“蝥，盤蝥也。从虫，敄聲。”

按蝥 máo（明幽）从敄聲（明侯）訓盤蝥。《説文》：“盤，盤蝥，毒蟲也。”段注：“《本草經·蟲部·下品》曰：‘斑猫，味辛寒，有毒，一名龍尾。諸家云：大荳葉上取之，長五六分，甲上黑黄斑文，烏腹尖喙。’按斑猫俗字也。”是蝥从敄聲，當爲毒聲（定覺）之借，斑表其狀，毒表其性，此用毒、有毒、放毒之引申義。

務 𩔆 《説文》："務，趣也。从力，敄聲。"段注："趣者疾走也。務者言其促疾於事也"

按務 wù（明侯）从敄聲（明侯）訓趣，意爲致力於事，强力从事。字从敄聲，此用敄强之引申義。

鍪 鍪 《説文》："鍪，鍑屬。从金，敄聲。"《急就篇》顔師古注："鍪，似釜而反唇。"……羅振玉《古器物識小録·鍪》："予藏十六年鍪，文曰：'鍪容五升，重三斤九兩。'其形制圓底，碩腹而細頸，反唇。一旁有環，一旁有方銎，可安木柄。"

按鍪 móu（明幽）从敄聲（明侯）訓鍑屬。《説文》："鍑，如釜而大口者。"字从敄聲，當爲腹聲（幫覺）之借，鍑（幫覺）、鍪皆以腹爲語源，即取象人腹所爲器。鍪必借敄聲者，以區别釜鍑皆大口，而鍪細頸反唇。

䤈 䤈 《説文》："䤈，䤈䤉，榆醬也。从酉，敄聲。"段注："榆醬用榆人爲之，榆人者榆子中人也。《齊民要術》曰：'作榆子醬法，治榆子人一升，擣末篩之，清酒一升，醬五升，合和一月可食之。'"

按䤈 mú（明侯）从敄聲（明侯）訓榆醬。作榆醬，先將榆子人擣末篩之，粉末過篩，即呈粉霧狀。字从敄聲，蓋爲霧（明侯）之借，此用霧之粉霧狀。

㽥 㽥 《説文》："㽥，復也。从彳，柔聲。"段注："此字引伸爲狃忕之義，故《玉篇》云：'習也，忕也。'或與狃同，按狃行而㽥廢矣。"朱駿聲通訓定聲："㽥，復也。謂往來也。"

按㽥 rǒu（日幽）从柔聲（日幽）訓復，謂往來。字从柔聲，當是揉聲（日幽）之借，揉是《説文》煣的重文，本義是煣制皮革，搓揉的動作必不斷地來回反復，孳乳爲㽥，此用揉往來反復之義。

鞣 鞣 《説文》："鞣，耎也。从革柔，柔亦聲。"段注："耎同偄，弱也。"桂馥義證："《集韵》：'《説文》：鞣，耎也，謂柔革。’《廣韵》：‘鞣，熟皮。’”

按鞣 róu（日幽）从柔聲（日幽）訓耎。耎，偄弱、柔軟。字从革，此謂經過揉制的熟皮。字从柔聲，此用柔軟之引申義。

**煣** 《説文》：“煣，屈申木也。从火柔，柔亦聲。”段注：“謂曲直之也。……《手部》無揉字，《漢書·食貨志》：‘煣木爲耒。’”

按煣 róu（日幽）从柔聲（日幽），訓屈申木。字从火，謂以火逼烤木條，使之變軟而屈申之。字从柔聲，此用柔之柔軟義。

**蝚** 《説文》：“蝚，蛭蝚，至掌也。从虫，柔聲。”段注：“《本艸經》：‘水蛭，味鹹，一名至掌。’是名醫謂即水蛭也。”

按蝚 róu（日幽）从柔聲（日幽）訓蛭蝚，至掌。水蛭爲軟體動物，故曰蝚。水蛭聞人行水中之聲即至，叮上人吸血，扯拔之不下，以掌拍之即應聲掉下。此狀其習性，並以其習性爲此蟲之名。余幼年在鄉間，常在水田、水塘、水圳活動，熟知此蟲習性如此。字从柔聲，此用柔柔軟之引申義。

**腬** 《説文》：“腬，嘉善肉也。从肉，柔聲。”段注：“謂肥美。小徐云：《晋語》曰：‘若克有成，無亦晋之柔嘉，是以甘食。偃之肉腥臊，將焉用之。’”

按腬 róu（日幽）从柔聲（日幽）訓嘉善肉，謂柔嫩肥美的肉。字从柔聲，此用肉柔之引申義。

**畮** 《説文》：“畮，龢田也。从田柔，柔亦聲。鄭有畮，地名也。”段注：“《考工記》：‘車人爲耒，堅地欲直庛，柔地欲句庛。’《地官·草人》：‘墳壤用豕。’鄭曰：‘墳壤潤解也。’曰柔地，曰潤解，皆龢田之謂，對剛土而言。”

按畮 róu（日幽）从柔聲（日幽）訓和田。字从柔聲，此用柔之柔和義。

**鍒** 《説文》：“鍒，鐵之耎也。从金柔，柔亦聲。”段注：“耎猶偄也。偄者弱也。鍒正爲鉅之反。”

按鍒 róu（日幽）从柔聲（日幽）訓鐵之耎。字从柔聲，此用柔之柔軟義。又亦聲字所謂會意兼形聲字，皆當爲形聲字，凡形聲字皆會意。

**輮** 《説文》："輮，車网也。从車，柔聲。"段注："今本作'車軔'，《篇》《韵》皆作'車輞'，輞訛爲軔，見《爾雅》釋文。輞从車旁蓋俗，古祇作网耳。……車网者輪邊圍繞如网然。……按輮之言肉也，凡物邊爲肉，中爲好。"

按輮 róu（日幽）从柔聲（日幽）訓車網，車輪的周邊。字从柔聲，當爲肉聲（日覺）之借，日母雙聲，幽覺對轉。字借柔爲肉，此用肉爲邊，中空爲好之引申義。

**霚** 《説文》："霚，天氣下，地不應，曰霚。霚，晦也。从雨，㮕聲。"段注："今本作曰霿，或作曰霚，皆非也。霚，《釋名》作蒙，《開元占經》作濛，《釋名》曰：'蒙，日光不明，蒙蒙然也。'《開元占經》引郗萌曰：'在天爲濛，在人爲霧。日月不見爲濛，前後人不相見爲霧。'……《釋天》曰：'霚謂之晦。'"

按霚 méng（明東）从㮕聲（明侯）訓天氣下，地不應曰霚，謂高空有氣如霚蒙蔽日月，無光如晦，使人目不見日月。字从㮕聲，當爲冡聲（明東）之借，明母雙聲，侯東陰陽對轉。《説文》："冡，覆也。"冡字今通作蒙，蒙行而冡廢。故《釋名》作蒙，《開元占經》作濛，字从水與从雨同意，借㮕爲蒙，用蒙覆蔽蓋之引申義。

**萲** 《説文》："萲，毒艸也。从艸，婺聲。"

按段注本無此字，參見段注本䔧字下注文。

**䔧** 《説文》："䔧，毒艸也。从艸，務聲。"段注："鉉、鍇本篆皆作'萲，从草，婺聲'。鉉本萲下又出䔧篆云'卷耳也。从艸，務聲'。鍇本無䔧，張次立依鉉補之。考《後漢書·劉聖公傳》'戰於䔧鄉'注曰'䔧音莫老反'，《字林》云'毒艸也'，因以爲地名。《廣韵》：'䔧，毒艸，武道切。又地名。'據此則毒艸之字，從力不從女，明矣。今改正篆文作䔧，毒艸也，而刪'䔧，卷耳也'之云。"

按蕬mào（明幽）从務聲（明侯）訓毒草。字从務聲，蓋爲毒聲（定覺）之借，蕬、毒明母雙聲，幽覺陰入對轉。又《説文》毒訓厚，毒厚（匣侯）借務爲毒，此用毒之有毒、毒害義。

**蕬** 《説文》：“蕬，艸也。从艸，楙聲。”

按蕬mào（明幽）从楙聲（明幽）訓草。今爲何草不詳。其語源不詳。

**懋** 《説文》：“懋，勉也。从心，楙聲。《虞書》曰：‘時惟懋哉。’[illegible]，或省。”段注：“古多叚茂字爲之。”

按懋mào（明幽）从楙聲（明幽）訓勉，謂盡心用力。楙、茂音同義近，人之盡心勉力而行以成事，與草木之奮發上長而豐茂有相似者。字从楙聲，此用楙豐茂之引申義。

## 缶聲字

**缶** 《説文》：“缶，瓦器，所以盛酒漿。秦人鼓之以節謌。象形。”段注：“《釋器》《陳風》傳皆云：‘盎謂之缶。’許云‘盎，盆也’‘罌，缶也’。似許與《爾雅》説異。”

按缶fóu（幫幽）甲骨文作[illegible]。朱芳圃《殷周文字釋叢》謂甲骨文下部“凵象器形”，上部即杵之初文，爲聲符。齋按“凵象器形”是。凡初民人工製作之器，其初必皆取象自然之物，缶、釜（並魚）同源，幫並旁紐，魚幽旁轉，釜、鍑（幫覺）同器。《説文》“鍑，釜之大口者”，鍑从復（並覺），當爲腹聲（幫覺）之借，缶、腹幫母雙聲，幽覺對轉，是缶从凵，象器形當取象人腹（斷面之形），是缶釜鍑諸字皆以腹爲語源。字从午者，缶爲人工所造器，以土爲之，土必搗碎和匀深加工，杵即搗土之器，故字从午杵（昌魚），雖韵部與缶有聯繫，但聲紐相去甚遠，朱氏謂“杵爲聲符”，其説不確。

**缻** 朱駿聲通訓定聲：“缻，《後漢·孔融傳》：‘譬如物在缻中。’注引《説文》：‘缻，缶也。’《字書》曰：‘缻似缶而高。’按此字當爲缶之或體。从瓦缶，缶亦聲。姑附於此。”

按缻 fóu（幫幽）从缶聲（幫幽）訓缶。缻是缶的加注形旁字，缶缻音義皆同，此一字之異體。

**𠛎** 《説文》："𠛎，刀握也。从刀，缶聲。"段注："謂握持處也。……刀把曰𠛎。《少儀》亦作拊，'刀却刃授穎，削授拊'，注：'穎，鐶也。拊謂把也。'"

按𠛎 fǔ（滂幽）从缶聲（幫幽）訓刀握，刀把。初民在寶貝玉之前，還有過一段寶陶缶的歷史，寶字从缶聲，正傳達了此中信息。刀要握在自己的手中，即刀把要抓在自己的手裏。"太阿倒持"就衹能任人宰割。對刀的使用者説，刀把是最寶貴的，這是無數血腥慘烈所凝成的共識。

**𪔉** 《説文》："𪔉，鼓鼙聲。从鼓，缶聲。"朱駿聲通訓定聲："𪔉，鼓缶聲也。从鼓缶會意，缶亦聲。段氏玉裁訂爲鼛字之訛體。愚按鼛鼙聲也，𪔉，缶聲也。後人誤合爲一耳。"鈕樹玉《説文段注訂》："𪔉，鼓鼙聲……竊疑鼙當是缶，缶下聲字爲後人加。缶，瓦器，秦人鼓以節謌。从鼓缶，乃會意。"

按𪔉 tà（透緝）字从鼓缶會意，即鼓缶以節歌。透母緝部，象擊缶之音。

**寶** 《説文》："寶，珍也。从宀玉貝，缶聲。"段注："玉與貝在屋下會意。"

按寶 bǎo（幫幽）从玉與貝在屋下會意。寶之義已明，又增缶者，寶以缶爲語源。初民在寶貝玉之前，還有一段寶盆缶的漫長歷史。《易·既濟》之卦象爲䷾，離下坎上，離爲火，坎爲水。《周易正義》曰："水在火上炊爨象，飲食以之而成，性命以之而濟。"此正取象以缶盛水而下生火以烹煮。陶器的發明和應用是原始人類開天辟地最大的成功，故曰既濟。故缶成了當時人們最好的寶貝，這是寶从缶的深層的歷史信息。

**𣝗** 《説文》："𣝗，囊張大皃。从橐省，缶聲。"段注："《石鼓文》：'其魚隹可？隹鱮隹鯉。可以𣝗之？隹楊及柳。'𣝗讀如苞苴之苞。蘇軾詩作貫，非也。"

按橐 páo（滂幽）从缶聲（幫幽）訓囊張大皃，意指囊内裝滿了東西鼓脹起來。此以缶内裝滿了食物喻囊内裝滿了物品而鼓脹起來。从語源説，缶腹同源，缶取象人腹。古語鼓腹而嬉，即指人吃飽了高興地拍着飽食的肚子嬉戲。包（幫幽）、飽（幫幽）同源，包是女人腹内懷了胎兒，飽是腹中吃飽了食物，孳乳爲苞，苞（幫幽）是用草木的枝葉包藏食物，橐、苞是一字的異體，皆以腹爲語源。

𧓎  《説文》："𧓎，蠜𧓎也。从䖵，橐聲。蜉，𧓎或从虫从孚。"段注："《蟲部》：'蠜𧓎，大螘也。'……'蚍蜉，大螘'，《釋蟲》文。郭云：'俗呼爲馬蚍蜉。'按馬之言大也。"

按𧓎 fú（並幽）从橐聲（滂幽）訓蠜𧓎，大螘，今稱螞蟻。字作螞从虫者，此類化影響，字从橐聲，𧓎訓囊張大皃，故引申有大義。而以橐爲名者，螞蟻的身子，正像一個鼓脹的囊。此義比況爲名，用橐之比喻義。

## 叉聲字

叉  《説文》："叉，手足甲也。从又象叉形。"段注："叉、爪古今字，古作叉，今用爪。……《曲禮》：'大夫士去國不蚤鬋。'蚤皆即叉字也。鄭注皆云：'蚤讀爲爪。'讀爲者，易其字也。不易爲叉，而易爲爪，於此可見漢人固以爪爲手足甲之字矣。《釋名》曰：'爪，紹也。筋極爲爪，紹續指端也。'亦不作叉。"

按叉 zhǎo（莊幽）字从又，又即手。叉，指間兩點，即跳蚤。叉是蚤的本字，蚤是後起的加形旁字。兩點象蚤，是造字時造字者的命意，且約定俗成，全群共喻成爲社會共識。這種情況可稱象意，即作者以主觀命意的符號，表示客觀事物，如皿上一點表示血，刀上一點表示刃，刃是刀口帶血的部位，是其比。跳蚤是古人生活中常有的，跳蚤靈活善跳，發現跳蚤，立即用指頭按住，指頭按住的齧人跳虫叫叉，按住跳蟲的指頭也叫蚤，後區別叫爪。叉、爪（莊幽）同音，引申指手指甲。

**⿱叉䖵** 《説文》：“⿱叉䖵，齧人跳蟲也。从䖵，叉聲。叉，古爪字。蚤，⿱叉䖵或从虫。”段注：“蝨，但齧人。⿱叉䖵則加之善躍，故著之，惡之甚也。……經傳多段爲早字。”

按⿱叉䖵 zǎo（精幽）从叉聲（莊幽）訓齧人跳虫。叉是⿱叉䖵的本字，⿱叉䖵是後起的加形旁字。蚤小善跳，發現了要立即用手指頭按住掐死。叉即取象用指頭按住跳蚤，字中兩點即跳蚤之象意。

**瑵** 《説文》：“瑵，車蓋玉瑵。从玉，蚤聲。”段注：“蔡邕《獨斷》云：‘凡乘輿車皆羽蓋金華爪。’爪與瑵同。又《王莽傳》曰：‘造華蓋九重，高八丈一尺，金瑵。’師古曰：‘瑵讀曰爪。’玉裁按，瑵蚤爪，三字一也，皆謂蓋橑末。”王筠句讀：“謂蓋弓之末，曲如叉（爪）形，以玉飾之也。”

按瑵 zhǎo（莊幽）从蚤聲（精幽）訓車蓋玉瑵，謂弓蓋橑末，曲如叉（爪）形，字从叉，叉爪一字，以玉飾，故字作瑵。

**鼜** 《説文》：“鼜，夜戒守鼓也。从壴，蚤聲。《禮》‘昏鼓四通爲大鼓，夜半三通爲戒晨，旦五通爲發明’，讀若戚。”段注：“戚，古音如促。尗聲與蚤聲同在三部。”

按鼜 qì（清覺）从蚤聲（精幽）訓夜戒守鼓。無事按時擊鼓，有警則隨時擊鼓報警爲戒。字从蚤聲，蓋爪聲之借，作動字則爲及時抓擊。

**⿰亻蚤** 《説文》：“⿰亻蚤，⿰亻蚤驕也。从人，蚤聲。”段注：“此復舉字之未删者。……馬高六尺爲驕，借爲倨傲之稱。”

按⿰亻蚤 sāo（心幽）从蚤聲（精幽）訓驕，驕傲，自高自大。字从蚤聲，蚤體形甚小，但善跳躍，喻跳得高。字从人，此以喻人能耐不大，但自視甚高，倨傲不遜，俗語有“跳得越高，摔得越慘”，故語有“驕必敗”之古訓。字从蚤聲，此用蚤跳甚高之引申義。

**騷** 《説文》：“騷，摩馬也。从馬，蚤聲。”段注：“各本摩馬上有‘擾也，一曰’四字，淺人所增也。今删正。人曰搔，馬曰騷，其意一也。摩馬如今人之刷馬，引伸之義爲騷動。《大雅·常武》傳曰‘騷，動也’是也。”

按騷 sāo（心幽）从蚤聲（精幽）訓摩馬也。字从蚤聲，蚤是齧人跳蟲，人馬被蚤蝨等咬則癢，癢則動，故引申有動擾義。人有癢痛則搔，今語叫搔癢。馬癢則只能動，人覺而摩之，故曰摩馬。字从蚤聲，蓋當爲搔聲之借，用搔之搔癢義。

**慅** 《説文》："慅，動也。从心，蚤聲。一曰起也。"段注："《月出》：'勞心慅兮。'《常武》：'徐方繹騷。'傳曰：'騷，動也。'此謂騷即慅之叚借字也。二字義相近，騷行而慅廢矣。"

按慅 sāo（心幽）从蚤聲（精幽）訓動。字从蚤聲，此用跳蚤咬人、人癢則動之引申義。字从心，謂心裏癢癢的。今俗謂心裏按捺不住，想伸手動作叫"你手癢吧"，正用此意。騷是由具體可見之事物引申爲動，慅从心則屬後起。

**搔** 《説文》："搔，刮也。从手，蚤聲。"段注："刮，各本作括，今正。刮者掊也，非其義，括者掊杷也，掊杷正搔之訓也。《内則》：'疾痛苛養（癢），敬抑搔之。'注曰：'抑，按，搔摩也。'摩馬曰騷，其聲同也。又《疒部》：'疥，搔瘍也。'瘍之需手搔者謂之搔瘍。"

按搔 sāo（心幽）从蚤聲（精幽）訓刮。字从蚤聲，人被蚤咬而起癢。从手者用手搔癢，引申爲凡杷搔之稱。《詩·静女》："搔首踟躕。"

## 勹聲字

**勹** 《説文》："勹，裹也。象人曲形有所包裹。"段注："今字包行而勹廢矣。包當作勹，淺人改也。布交切。以包苞鞄字例之，古音在三部。"王筠句讀："今借包爲勹。"

按勹 bāo（幫幽）訓有所包裹，當是抱持的本字。孳乳爲包，包是胞的本字，勹不獨行，字遂孳乳爲抱，抱以手故从手。借爲包裹字，裹从衣，是裹之以衣。包从巳，巳者胎兒，婦人懷孕，子在腹中，爲腹所包藏，包是婦人懷孕腹中有胎兒的本字，包借爲包藏字，遂增肉旁作胞。原始人類漁獵所獲，每以樹葉、草莖、楊柳枝包之，字則作苞。《石鼓文》:“其魚隹可？隹鱮隹鯉，可以櫜之？隹楊及柳。”古以苞苴爲行賄的代稱，苞苴即以草莖、樹枝包藏魚肉送人。

匋　《説文》：“匋，作瓦器也。从缶，包省聲。古者昆吾作匋。案《史篇》讀與缶同。”段注：“作字各本無，今依《玉篇》補。……《瓦部》云：‘甄，匋也。’……作瓦器者㲉之燒之。……今字作陶，陶行而匋廢矣。……疑作勹聲。”

按匋 táo（定幽）字从勹，勹即人，从缶聲（幫幽），字从人缶，即人製作瓦器，其最後也是最關鍵的一道工序，裝窑加火燒制，俗稱燒窑。燒（書宵）、匋書定準旁紐，宵幽旁轉。是匋以燒之聲紐爲聲，以缶之韵部爲韵，合二字之聲韵爲讀，會二字之意爲義。前人衹考慮韵部的相同相近，而不注意聲紐是否相同相近，這是一個很大的疏忽。聲韵之密，必求聲韵之皆相同相近。

勹　《説文》:“勹，覆也。从勹人。”段注：“此當爲抱子抱孫之正字。今俗作抱，乃或捊字也。《衣部》之褢，則訓褢也。”林義光《文源》:“勹，今以抱爲之。”

按勹 bào（並幽），段氏以爲“此當爲抱子抱孫之正字”，殊確。凡及物動字，在造字之初，所及必爲具體之事物。人生之初，不能自立行走，必父母保抱而養育之。勹是將幼子抱在懷裏，保是背在背上，所謂保（抱）勹提携，後世勹廢不行而以抱代之。勹保同源而略異其音以别義，懷抱擁抱義由此引申。

包　《説文》：“包，妊也。象人褢妊，巳在中，象子未成形也。元气起於子，子，人所生也。男左行三十，女右行二十，俱立於巳，爲夫婦。褢妊於巳，巳爲子，十月而生。男起巳至寅，女起巳至申，故男年始寅，女年始申也。”段注：“勹，象褢，其中巳字象未成之子也。”

按包 bāo（幫幽）訓妊，本義是指婦人懷孕，俗語叫懷毛毛。《漢語大字典》釋包爲“胎衣”是錯的。《説文》另有胞字，胞即胎衣，俗稱胞衣。

**萄** 《説文》：“萄，艸也。从艸，匋聲。”段注：“今人爲蒲萄字。”

按萄 táo（定幽）从匋聲（定幽）訓草。今爲何草不詳，其語源不詳。今爲葡萄字，葡萄漢時从西域引進，字屬譯音，與匋之字義無關。

**詢** 《説文》：“詢，往來言也。一曰小兒未能正言也。一曰祝也。从言，匋聲。䛌，詢或从包。”鄭知同商義：“往來言者，以此人之言往言於彼，復以彼人之言來言於此，而搆兩人之怨。如《左傳》陳乞搆高國與諸大夫，造二者之言往來讒於其間也。”

按詢 táo（定幽）从匋聲（定幽）訓往來言，造二者之言往來，讒於其間而構兩人之怨，謂造謡生事、挑唆是非。字从匋聲，蓋謡（余宵）之借。其訓祝者，蓋爲禱聲（端幽）之借，用禱之禱祝義。

**陶** 《説文》：“陶，再成丘也。在濟陰。从𨸏，匋聲。《夏書》曰：‘東至於陶丘。’陶丘有堯城，堯嘗所居，故堯號陶唐氏。”段注：“《釋丘》曰：‘一成爲敦丘，再成爲陶丘。’”

按陶 táo（定幽）从匋聲（定幽）訓再成丘，从𨸏謂高。匋是人工燒制匋器，陶是天然生成的兩重高丘，後用陶爲陶丘所在地之地名，號“定陶”。字从匋聲作地名字，此但借其聲。

**騊** 《説文》：“騊，騊駼，北野之良馬也。从馬，匋聲。”王闓運《爾雅集解·釋畜》：“騊駼，遥途也。日行千里。《説文》云：‘北野之良馬也。’”

按騊 táo（定幽）从匋聲（定幽）訓騊駼、遥途，能日行千里之良馬。字从匋聲，當爲遥聲（余宵）之借，餘定準旁紐，宵幽旁轉，古音相近，此以音近相借。良馬的特點就是善跑，以遥途喻馬善跑，日行千里，即千里馬。

**苞** 《説文》：“苞，艸也。南陽以爲麤履。从艸，包聲。”段注：“《曲禮》：‘苞屨不入公門。’注：‘苞，藨也。齊衰、藨蒯之菲也。'《子虛賦》：'葴析苞荔。'張揖曰：'苞，蔗也。'玉裁按，當是蔗是正字，苞是叚借。……各本不从艸，誤。蘪，草屨也。"

按苞 bāo（幫幽）从包聲（幫幽）訓草，南陽以爲蘪屨。字从包聲，當爲麃聲（幫宵）之借。作蘪屨之草即蔗草，此以音近而借。

咆 《說文》："咆，嗥也。从口，包聲。"段注："《廣韵》曰：'咆㺭，熊虎聲。'"

按咆 páo（並幽）从包聲（幫幽）訓嗥，熊虎聲。字从包聲，作象聲字，此但借其聲。

鞄 《說文》："鞄，柔革工也。从革，包聲。讀若朴。《周禮》曰：'柔皮之工鮑氏。'鮑即鞄也。"段注："《考工記》：'攻皮之工五，函鮑韗韋裘。'先鄭云：'鮑讀如鮑魚之鮑，書或爲鞄。'……又'鮑人之事'，後鄭云：'鮑，故書或作鞄。'許云鮑即鞄者……鞄正字，鮑假借。"

按鞄 páo（並幽）从包聲（幫幽），訓柔革之工，即製作皮革之工。而讀若朴者，傳達了一個遠古信息：朴者，厚朴，即樹皮，初民最先剥取樹皮遮蔽下體，進而剥取魚皮，故字作鮑，再演進則剥取獸皮，字則从革。朴从卜聲（幫屋），剥聲（幫屋）之借。製作皮革的第一步就是剥取魚皮、獸皮，鞄、剥幫並旁紐，幽屋旁對轉，古音相近。

皰 《說文》："皰，面生氣也。从皮，包聲。"段注："《玉篇》作'面皮生氣也'。玄應書：'一作面生熱氣也。'《淮南》：'潰小皰而發痤疽。'高曰：'皰，面氣也。'玄應引作'靤'。"徐鍇繫傳："（皰，）面瘡也。"

按皰 pào（滂幽）从包聲（幫幽），訓面生氣，指面皮上起的像水泡的小疙瘩。字从包聲，泡聲（並幽）之借，此以形似爲喻。

胞 《說文》："胞，兒生裹也。从肉包。"段注："包謂母腹，胞謂胎衣。……今俗語同胞是也。"

按胞 bāo（幫幽）从包聲（幫幽）訓兒生裹也。字从包聲，此用包包裹之引申義，今俗語叫胞衣。

**飽**　《説文》：“飽，猒也。从食，包聲。𩛿，古文飽，从采聲。”段注：“《甘部》曰：‘猒，飽也。’是爲轉注。”

按飽 bǎo（幫幽）从包聲（幫幽）訓猒。猒者，飽足，字从包。《説文》：“包，妊也。”婦人懷孕則腹漸大鼓起，俗稱“出懷”。此以婦人懷孕腹大鼓起，喻人食飽肚子鼓起，古語“鼓腹而嬉”，正以鼓腹形容飽食無憂。

**枹**　《説文》：“枹，擊鼓柄也。从木，包聲。”段注：“‘柄’各本作‘杖’，今依《文選》注、玄應書正。《左傳》音義引《字林》亦作‘柄’。《左傳》‘右援桴而鼓’。……枹桴二字同體。……鼓，椎也。按桴本訓棟，借爲鼓柄字耳。”

按枹 fú（並幽）从包聲（幫幽）訓擊鼓柄，即鼓槌。以枹槌鼓發出咚咚的響聲，冬（端冬）、枹幽冬陰陽對轉，因以其發聲爲鼓槌名。此以德爲名。

**麭**　《説文》：“麭，桼垸已，復桼之。从桼，包聲。”段注：“垸者以桼和灰垸而髼也。既垸之，復桼之，以光其外也。”

按麭 pào（滂幽）从包聲（幫幽）訓桼垸已，復桼之以光其外，即使其外表放光，今湖湘俗語叫麭光。字从包聲，蓋表聲（幫宵）之借，此用表之外表、表面義。

**匏**　《説文》：“匏，瓠也。从包，从瓠省。包，取其可藏物也。”段注：“瓠下曰‘匏也’，與此爲轉注。……《邶風》傳曰‘匏謂之瓠’，謂異名同實也。《豳風》傳曰‘壺，瓠也’，此謂壺即瓠之假借字也。”

按匏 páo（並幽）从包聲（幫幽）訓瓠。字从包聲，當爲浮聲（並幽）之借。乾匏質輕中空，入水能浮，古人用以濟渡。入水能浮，是匏的特性，此以德爲名。《列子》“中流失船，一壺千金”之壺即匏瓠。許氏以包藏之包釋之，實爲誤説。《詩·豳風·七月》“八月斷壺”，亦借壺爲瓠。陶壺之製作，其初即取象於匏瓠。

**郇**　《説文》：“郇，地名。从邑，包聲。”

按郇 bāo（幫幽）从包聲（幫幽）訓地名。字从包聲，作地名字，此但借其聲。

**罦** 《説文》："罦，覆車也。从网，包聲。《詩》曰：'雉離於罦。'䍖，罦或从孚作。"段於罬下注曰："郭注：'今之翻車也。有兩轅，中施罥以捕鳥。'"

按罦 fú（並幽）从包聲（幫幽）訓覆車，即翻車，是設有機關的捕鳥的網。鳥觸動機關，網即翻下來將鳥罩住，即將鳥包藏在網内。字从包聲，此用包之覆蓋包藏義。

**袍** 《説文》："袍，襺也。从衣，包聲。《論語》曰：'衣敝緼袍。'"段注："《秦風》：'與子同袍。'《釋言》《毛傳》皆曰：'袍，襺也。'《玉藻》曰'纊爲繭，緼爲袍'，注曰：'衣有著之異名也。'《記》文袍、襺有别，析言之。渾言不别也。……《釋名》曰：'袍，丈夫著，下至跗者也。'袍，苞也；苞，内衣也。"

按袍 páo（並幽）从包聲（幫幽）訓襺。古之袍有夾層，其中箸綿，絮纊爲新綿，緼爲舊絮。用新綿爲襺，用舊絮爲袍，析言有别，渾言則不别。字从包聲，此用包之包裹包藏義。

**裦** 《説文》："裦，褱也。从衣，包聲。"段注："《論語》：'子生三年，然後免於父母之懷。'馬融釋以懷抱，即褱裦也。今字抱行而裦廢矣。抱者引堅也。"

按裦 bào（並幽）从包聲（幫幽）訓褱。字从包聲，勹聲（並幽）之借，此用勹抱子抱孫之引申義。

**庖** 《説文》："庖，廚也。从广，包聲。"段注："《王制》：'三爲充君之庖。'注曰：'庖，今之廚也。'《周禮·庖人》注曰：'庖之言苞也，苞裹肉曰苞苴。'"

抱庖 páo（並幽）从包聲（幫幽）訓廚。字从包聲，當爲苞聲（幫幽）之借。苞者苞苴，以草木苞裹肉。庖廚是作肉食的地方，《孟子》："庖有肥肉。"當時的當權者君子是肉食者。

**炮** 《説文》："炮，毛炙肉也。从火，包聲。"段注："炙肉者貫之加於火，毛炙肉謂肉不去毛炙之也。……《詩》《禮》言毛炮者，毛謂燎毛，炮謂裹燒，毛公則謂連毛燒之曰炮。"徐灝注箋："炮本連毛裹燒之名。"

按炮 páo（並幽）从包聲（幫幽）訓毛炙肉。毛謂燎毛，炮謂裹燒。字从包聲，此用包之包裹義。

**泡** 《説文》："泡，泡水。出山陽平樂東北入泗。从水，包聲。"段注："又流貌也，或曰浮漚也。"

按泡 pāo（滂幽）从包聲（幫幽）作水名字，此但借其聲。从水流説，水流動中常激起泡沫，泡沫舊稱浮漚，其形如包狀。此以形似爲名。

**雹** 《説文》："雹，雨仌也。从雨，包聲。𩂣，古文雹如此。"段注："仌舊作冰，今正。雨仌，謂自上而下之仌也。……（古文𩂣）象其磊磊之形。"

按雹 báo（並覺）从包聲（幫幽），幫並旁紐，幽覺對轉。訓雨仌，指水蒸氣在高空遇冷氣而抱成團，即凝結成冰塊。字从包聲，此用包之擁抱義。

**鮑** 《説文》："鮑，饐魚也。从魚，包聲。"段注："饐，飯傷溼也，故鹽魚溼者爲饐魚。……師古注《漢書》曰：'鮑，今之鮑魚也。'……皆當作浥耳。浥，溼也。"

按鮑 bào（並幽）从包聲（幫幽）訓饐魚，即今之鹽漬魚。字从包聲，謂魚爲鹽水所浸漬，有似包藏，此用包之包藏義。饐魚今湖南湘東方言叫"熱魚"，字正當作饐或鮑。其鮑與鞄古相通者，鮑从包聲，當爲剥聲（幫屋）之借，指剥取魚皮爲革。《詩》"象弭魚服"之服，即魚皮所制之箭袋。

# 卯聲字

**卯** 丣 《説文》："卯，冒也。二月萬物冒地而出，象開門之形。故二月爲天門。凡卯之屬皆从卯。𨚫，古文卯。"

按卯 mǎo（明幽）篆作丣與丣，古文酉相對。"**丣**爲春門，萬物已出，丣爲秋門，萬物已入"，其中傳達了一個重要信息，酉是酒的象形初文，取象酒器，即丣和貯酒之酉相關。酒是揮發性的液體，盛在瓶内須加蓋密封，酉字甲骨文作酉 <粹 61>，▽象器體形，其上之ǁ象器頸，ǁ上之一象蓋塞形。貯酒則加蓋密封，丣正取象瓶頸加蓋之形。加蓋塞則酒氣閉而不出，飲用時揭蓋啓封，則酒氣外溢上揚，字則作**丣**。智慧的古人借此以喻春天到來，地氣上升，萬物復蘇，草木種子的幼芽破土而出，名之曰"開春門"。酒器加蓋塞作丣形，則酒閉塞不出，借以爲秋天到來，萬物成熟收縮，名之曰"秋門"。春秋之來，其意難象，故借酒器之開閉的具體形象爲喻。

**茆** 茆 《説文》："茆，鳧葵也。从艸，卯聲。"段注："《周禮·醢人》：'茆菹。'鄭大夫讀爲'茅'。或曰'茆，水艸'。杜子春讀爲茆，後鄭曰：'茆，鳧葵也。'今《周禮》轉寫多訛誤，爲正之如此。漢時有茆茆二字，經文作茆，兩鄭皆易字爲茆也。鳧葵名茆亦名蓴，今之蓴菜也。"

按茆 máo（明幽）从卯聲（明幽）訓鳧葵。鳧葵即今語蓴菜。茆謂鳧葵者，謂其葉如鳧之浮於水面，鳧（並魚）、茆明並旁紐，魚幽旁轉，此以鳧爲喻。字从卯者，則用酒氣上冒之比喻義。

**貿** 貿 《説文》："貿，易財也。从貝，卯聲。"段注："《衛風》：'抱布貿絲。'《咎繇謨》：'貿遷有無化居。'"

按貿 mào（明幽）从卯聲（明幽）訓易財。字从卯聲，取象酒瓶之揭蓋啓封，蓋開則酒氣出，以喻交易之雙方各有所出，各以其所有易其所無。所謂"貿遷有無化居"，化者貨幣，居者居聚之貨物。貿遷有無化居，以貨幣爲中介交换，由上古的以物易物，到以貝爲中介貿遷，是社會的一大進步。字从卯聲，此用卯出之引申義。又卯爲春門，貿易必開市開門，或叫開張，開張指開門將貨物陳列出來。

**昴** 《説文》："昴，白虎宿星。从日，卯聲。"段注："《召南》傳曰：'昴，留也。'古謂之昴，漢人謂之留。故《天官書》言昴，《律書》直言留，毛以漢人語釋古語也。《元命包》云：'昴六星，昴之言留，物成就繫留。'此昴亦呼留之義也。"

按昴 mǎo（明幽）从卯聲（明幽）訓白虎宿星。虎嘯生風，所謂威風，虎嘯大口開，搏噬亦大開口，甲骨文虎字正取象虎大張口之形，凡物進了虎口很難逃生，是開口爲吞噬。這是一個事物的兩個方面，但字从卯聲，義當訓開，此用卯開春門之引申義。

**窌** 《説文》："窌，窖也。从穴，丣聲。"段注："《考工記·匠人》注曰：'穿地曰窌。'《吕覽》：'穿竇窌。'《月令》《淮南》作'窖'，丣聲，各本作'卯聲'，今正。窌見《左傳》釋文音力救、力到二反。則从丣雙聲可知矣。"

按窌 liù（來幽）从丣聲（來幽）訓窖。窖，地窖。窌、窖（見覺）幽覺對轉，見來互轉，蓋出於古之複輔音，窌、窖實爲一字之異體。凡窖藏之物必閉窖固藏，字从丣聲，此用丣閉秋門之引申義。

**奅** 《説文》："奅，大也。从大，丣聲。"段注："以謂虛張之大。《廣韵》曰'起釀也'。……各本作卯聲，今正。按《漢書》與窌通用，其字當力救切，古音在三部，訛从卯，乃匹皃切矣。"

按奅 pào（滂幽）从丣聲（來幽）訓大，謂虛張之大者。《廣韵》謂起釀，即酒發酷，酒體膨脹，酒滓上浮，則字从卯聲（明幽），卯者冒也，酒氣上冒，此用卯之引申義。

**聊** 《説文》："聊，耳鳴也。从耳，卯聲。"段注："《楚辭》曰：'耳聊啾而戃慌。'王注云：'聊啾，耳鳴也。'此聊之本義。"

按聊 liáo（來幽）从卯聲（明幽）訓耳鳴。字从卯聲，卯，冒也，自耳朵冒出來的聲音，耳朵原衹接聽聲音，今从耳朵裏冒出聲音來，此異事，故記之。

鄮 鄮 《説文》："鄮，會稽縣。从邑，貿聲。"

按鄮 mào（明幽）从貿聲（明幽）訓會稽縣。字从貿聲，作地名字，此但借其聲。

## 肉聲字

肉 肉 《説文》："肉，胾肉。象形。"段注："下文曰：'胾大臠也。'謂鳥獸之肉。……生民之初，食鳥獸之肉，故肉字最古。……人曰肌，鳥獸曰肉，此其分别也。"

按肉 ròu（日覺）訓胾，胾是經切割成塊的鳥獸之肉。肉字最古，是諸多漢字的語源字。

䚻 䚻 《説文》："䚻，徒歌。从言，肉聲。"段注："《缶部》䍃从缶，肉聲，然則此亦當曰肉聲無疑。……䚻謠古今字也。謠行而䚻廢矣。……《漢・五行志》：'女童䚻曰：檿弧萁服。'余招切，二部。《篇》《韵》皆曰：'䚻，與周切，從也。'此古音古義。"

按䚻 yóu（余宵）从肉聲（日覺），日餘旁紐，宵幽旁轉，幽覺對轉，䚻訓徒歌，即口唱不合樂。口，今湖湘方言叫肉口，古語有"絲不如竹，竹不如肉"。絲，弦樂；竹；管樂；肉，口唱歌，管弦之樂不能相比。字从肉聲，正取用肉口唱歌之義。

謠 謠 朱駿聲通訓定聲："謠，戴侗《六書故》引唐本《説文》有謠字，按即䚻之或體。"

按䚻、謠 yáo（余宵）古今字。䚻、謠古音同。此一字之異體。

𢍏 𢍏 《説文》："𢍏，持弩拊。从廾，肉聲。讀若逵。"段注："凡弓刀把處皆曰拊，今《考工記・弓人》作柎，从木。……按肉聲，故讀如逵，逵古音同仇。……小徐云'肉非聲'，大徐徑删聲字，誤矣。"

按𢍏 kuí（群幽）从肉聲（日覺），幽覺對轉。肉謂弓刀把手處者，此玉璧肉好之肉義，以手握璧即握璧之肉，把手處其形難象，故借璧肉表示，此古人造字之巧思。

䍃 《説文》：“䍃，瓦器也。从缶，肉聲。”徐灝注箋：“䍃爲瓦器之通名。因謂燒瓦竈爲䍃，後又增穴爲窯也。䍃、匋語之轉，肉聲、䍃聲古音並在幽部，鼎臣謂當从䍃省乃得聲，非也。”

按䍃 yóu（余宵）从肉聲（日覺），宵幽旁轉，幽覺對轉。缶作食器。遠在漁獵時代，人類掌握了火，用火助捕野獸，用火燒食野獸之肉，待到陶器問世，初民即以缶烹煮鳥獸之肉。缶、寶古同音，缶是人類最早的寶物。烹煮好的肉還要用缶盛着吃，是䍃以肉爲聲，用肉爲語源，正如稍後的豆。《説文》：“豆，食肉器。”豆（定侯），肉幽旁轉，幽覺對轉，此音之轉移。瓦器叫䍃，此以業爲名。燒瓦器之竈叫窯，由䍃孳乳。缶是初民之寶，源於肉食爲初民之寶，正如後世由肉食轉變爲粒食，以糧食爲寶。民以食爲天，糧食是寶中寶。

朒 《説文》：“朒，朔而月見東方謂之縮朒。从月，肉聲。”段注：“《尚書·五行傳》：‘朔而月見東方謂之側匿，側匿則侯王其肅。’注云：‘側匿猶縮縮，行遲皃。肅，急也。君政緩則日行徐，月行疾，臣放恣也。’按鄭注訛奪，側匿與縮朒疊韵雙聲。……各本篆作肭，解作内聲，今正。”王夫之《續春秋左氏傳博議》：“使當曆法大明之日，朔望轉合之不差，遲疾朒朓之不亂。”

按朒 nǜ（泥覺）从肉聲（日覺）訓朔而月見東方謂之側匿，即謂夏曆月之初一月見東方，這是當時曆法不精而生差錯的一個術語。曆法大明之後，就不再有這類情形出現。字从肉聲者，骨肉相對，骨剛肉柔，肉受壓力可以退縮，此用肉柔軟能退縮之引申義。

脜 《説文》：“脜，面和也。从百肉。讀若柔。”段注：“《抑》詩：‘輯柔爾顔。’傳曰：‘輯，和也。’《泮水》：‘載色載笑。’傳曰：‘色温潤也。’《玉篇》曰：‘野王案：柔色以藴之，是以今爲柔字。’按今字柔行而脜廢矣。……骨剛肉柔，故从百肉會意，肉亦聲。”

按脜 yóu（日幽）从肉聲（日覺）訓面和，謂面色柔和。字从肉聲，此用肉柔之引申義。

育 𡿩 《説文》："育，養子使作善也。从𠫓，肉聲。《虞書》曰：'教育子。' 毓，育或从每。"

按育 yù（余覺）从肉聲（日覺），从肉聲與毓从每同意，甲骨文每、母同字，从肉表示母體，母體是肉，胎兒也是肉，俗語所謂"兒是娘身上掉下來的肉"。从𠫓與从㐬同，𠫓者倒子，胎兒从母體出生，頭朝下出生爲正産，手脚先出爲難産，古人叫"牾生"。《左傳》："莊公牾生，驚姜氏。"許氏訓𠫓爲"不順忽出也。……不孝子突出，不容於内也"。段氏進而解爲"不从子而从倒子者，正謂不善者可使作善也"。二者都背離了生育的基本常識，理當駁正。育的本义是生育，引申爲養育、教育，又引申爲凡物之培育培養。

傜 𠉧 《説文》："傜，喜也。从人，䚻聲。自關以西，物大小不同謂之傜。"段注："喜下曰'樂也'。《王風》：'君子陶陶。'傳曰：'陶陶，和樂皃也。'陶陶即傜傜之假借也。凡言遥遥、歈歈，皆疊字，則知可作傜傜矣。《釋詁》曰：'繇，喜也。'繇亦即傜。"

按傜 yáo（余宵）从䚻聲（余宵）訓喜。《禮記·檀弓》："人喜則斯陶，陶斯咏，咏斯猶，猶斯舞。"陶即傜字，人喜樂時想宣泄自己的情緒，即想唱歌，於是唱起來，一邊唱一邊身子摇起來，摇着摇着不由自主地舞起來。䚻是徒歌，字从人，不是人在唱歌，而是想要唱歌，於是不由自主地唱起來。傜字含蓄而準確地傳達了這一信息，此漢字深層信息之藴與巧。

䌛 𦅾 《説文》："䌛，隨從也。从系，䚻聲。由，或䌛字。"段注："从系者，謂引之而往也。《爾雅·釋故》曰：'䌛，道也。'……道路及導引，古同作道，皆隨從之義也。䌛之訛體作繇，亦用爲傜役字，傜役者隨從而爲之者也。"邵瑛《群經正字》："今作繇。"

按䌛 yáo（余宵）从䚻聲（余宵）訓隨从。䌛、由古同字，謂身不由自主隨從人而行事，引申爲傜役字，此用繇隨从之引申義。

**蹞** 《說文》："蹞，脛肉也。从足，𢍰聲。一曰曲脛也。讀若逵。"

按蹞 kuí（群幽）从𢍰聲（群幽）訓脛肉，謂脛肉鼓起如刀把。刀把是使刀握手的部位，此以相似爲喻，今湖湘方言稱脛爲小腿，又叫"腿把子"，正用此义。

**頯** 《說文》："頯，權也。从頁，𢍰聲。"段注："權者，今之顴字，《戰國策》：'眉目準頞權衡犀角偃月。'其字正作權。《易·夬》：'九三，壯于頄。'王云：'面，權也。'翟云：'面顴，頰閒骨也。'鄭作'頯'，'頯夾面也'。……《國策》謂之'權衡'者象其平也。……《肉部》曰：'肫者，面頯也。'……漢高祖隆準，準與肫音同。故應劭曰：'隆，高也。準，頰權準也。'"

按頯 kuí（群幽）从𢍰聲（群幽）訓權，即今語顴骨。顴骨夾頰而平，《戰國策》以權衡釋之，此用𢍰从廾，取兩面相對而平之引申義。

**瑤** 《說文》："瑤，石之美者。从玉，䍃聲。《詩》曰：'報之以瓊瑤。'"

按瑤 yáo（余宵）从䍃聲（余宵）訓石之美者。䍃爲瓦器，䍃从肉，从深層信息說，初義烹煮肉食的瓦器，缶和肉食都是初民生活之寶物，故引申有美好義。

**嗂** 《說文》："嗂，喜也。从口，䍃聲。"段注："此字與䚻義相近。"

按嗂 yáo（余宵）从䍃聲（余宵）訓喜。䍃从肉从缶。嗂从口，謂用口吃用缶烹煮好的肉。有煮好的美食享用是件喜事，人高興時唱歌同樣是喜事，故二字義近，同以肉爲語源。

**踰** 《說文》："䠛，跳也。从足，䍃聲。"段注："《方言》：'䠛，跳也，陳宋之間曰䠛。'"

按䠛 yáo（余宵）从䍃聲（余宵）訓跳。跳（透宵）、䠛宵部叠韵，餘透一聲之轉。字从䍃聲，當爲嗂聲（余宵）之借，用嗂喜之引申義。人高興時手舞足蹈，古語叫“則不知手之舞之足之蹈之”，今俗語常説“高興得跳起來”。

鷂 鷂 《説文》：“鷂，鷙鳥也。从鳥，䍃聲。”段注：“《釋鳥》：‘鷂，負雀。’郭曰：‘鷂，鷂也，江東呼之爲鷂。’按鷂古音淫，見釋文，今音燿，見《廣韵》，語之轉也。《説文》鷂即鷂，以其善捉雀，故亦爲鷙鳥。”

按鷂 yáo（余宵）从䍃聲（余宵）訓鷙鳥。字从䍃聲，蓋爲遥聲（余宵）之借，遥遠義相因。鷂，今湖湘俗稱鷂子，善捕鷄，每於高空盤旋，看準獵物，直下取之，故以鷂爲名。或稱鷂者，此語之轉。

榣 榣 《説文》：“榣，樹動也。从木，䍃聲。”段注：“搖之言搖也，今俗語謂煽惑人爲招搖，當用此从木二字，謂能招致而搖動之也。”

按榣 yáo（余宵）从䍃聲（余宵）訓樹動。字从䍃聲，當爲搖聲（余宵）之借，榣是搖後起的區別字，今榣并搖，榣廢不用。

欿 欿 《説文》：“欿，欿欿，氣出皃。从欠，䍃聲。”段注：“按《詩》‘君子陶陶’，傳曰‘陶陶，和樂皃’，疑正字當作欿，又‘鬱陶’字亦當作此。”

按欿 yáo（余宵）从䍃聲（余宵）訓出氣皃。䍃聲蓋爲䍃聲（余宵）之借。《説文》：“䍃，徒歌也。”歌永言，延長的餘音，有似出氣之皃，此以䍃爲語源。字从欠，“欠，張口氣悟也”，段氏：“‘陶陶，和樂皃’，疑正字當作欿。”其説可參。

搖 搖 《説文》：“搖，動也。从手，䍃聲。”

按搖 yáo（余宵）从䍃聲（余宵）訓動。䍃聲當爲䍃聲（余宵）之借。《説文》：“䍃，徒歌。”《禮記·檀弓》：“人喜則斯陶，陶斯咏，咏斯猶，猶斯舞。”段氏謂陶即傜之借，陶謂心裹喜滋滋地想唱，咏是唱起來。《檀弓》鄭玄注：“猶當爲搖，聲之誤也。搖謂身動搖也。”猶斯舞，謂身不由自主地手舞足蹈起來。這是搖从䍃聲訓動搖的深層信息。

媱 媱 《説文》：“媱，曲肩行皃。从女，䍃聲。”段注：“《九思》：

‘音案衍兮要媱。’舞容也。《廣韵》曰：‘媱，美好。’”《方言》卷十：“媱，游也。江沅之間，謂戲爲媱。”郭璞注：“遙，言心搖蕩也。”

按媱 yáo（余宵）从䍃聲（余幽）訓曲肩行皃，舞容。字从䍃聲，當爲㫐聲（余宵）之借，用《檀弓》“咏斯猶”之意，謂唱着唱着就不自覺地曲肩扭腰地舞起來。

**蒼**《説文》：“蒼，艸也。从艸，育聲。”

按蒼 yù（余覺）从育聲（余覺）訓草。今爲何草不詳，其語源不詳。

**緕**《説文》：“緕，帛青經縹緯，一曰育陽染也。从糸，育聲。”段注：“經者从絲，緯者衡絲。育陽，漢南郡屬縣，縣在育水北，故曰育陽。”

按緕 yù（余覺）从育聲（余覺）訓帛青經縹緯。字从育聲，蓋爲黝聲（影幽）之借。《説文》：“黝，微青黑色也。”借育爲黝，用黝微青黑之義。一曰育陽染，則此以產地之名爲帛色之名。

**淯**《説文》：“淯，淯水，出弘農盧氏山，東南入沔。从水，育聲。或曰出酈山西。”

按淯 yù（余覺）从育聲（余覺）訓淯水。字从育聲，作水名字，此但借其聲。

**䌛**《説文》：“䌛，艸盛皃。从艸，䌛聲。《夏書》曰：厥艸惟䌛。”段注：“此以形聲包會意。䌛，隨從也。他書凡䌛皆作繇。……馬融注《尚書》曰：‘繇，抽也。’故合艸䌛爲䌛，此許君引《禹貢》明從艸䌛會意之恉。”

按䌛 yáo（余宵）从䌛聲（余宵）訓草盛皃。此用䌛隨從之引申義。

**䌛**《説文》：“䌛，行䌛徑也。从辵，䌛聲。”段注：“《玉篇》：‘䌛，疾行也。’按此當作‘行徑也’，或作‘行由徑也’。”

按䌛 yóu（余幽）从䌛聲（余）訓行䌛徑，即行由徑，今俗語叫“抄近路”，故引申有疾行義。《論語》：“誰能出不由户，何莫由斯道矣。”由是木萌於果實中人，即从果實中破壳而出，故引申有隨從義，此用由之引申義。

⿰弓䌛 《説文》：“⿰弓䌛，弓便利也。从弓，䌛聲。讀若燒。”段注：“⿰弓䌛之言由也，所謂自由自便也。”

按⿰弓䌛 yáo（余宵）从䌛聲（余宵）訓弓便利。从䌛與从由同意，謂矢從弓射出便利而無阻礙，此用由種子自然地發芽抽條之引申義。

櫾 《説文》：“櫾，崑崙山河隅之長木也。从木，䌛聲。”段注：“《西山經》曰：‘槐江之山，西望其大澤，其陰多榣木。’郭曰：‘榣木，大木。’……許謂櫾爲長木，搖爲樹動。他書則櫾爲橘柚，榣爲長木，用字之不同也。……按許書有䌛無繇，或傳寫之誤。”

按櫾 yóu（余幽）从䌛聲（余宵）訓崑崙山河隅之長木。字从䌛聲，䌛、由同意，此用由芽糵出土上抽之引申義，上抽則長，故引申有長義。

⿵門䌛 《説文》：“⿵門䌛，開閉門利也。从門，䌛聲。一曰縷十絃也。”段注：“今俗語云自由自便當作此字。……各本作繇聲，許有䌛䍃無繇，今正。”

按⿵門䌛 yóu（余幽）从䌛聲（余宵）訓開閉門利。字从䌛聲，䌛从䍃。《説文》：“䍃，徒歌也。”人高興起來自然地要唱要舞，與由木萌於果實中人，自然地生長發育破殼破土，勢不可擋，都是自由自便，所以䌛、由同意。此用由自由自便之引申義。

囮 《説文》：“囮，譯也。从口，化聲。率鳥者，繫生鳥以來之名曰囮，讀若訛。圝，囮或䌛。”段注：“譯，疑當作誘。……率，捕鳥畢也，將欲畢之必先誘致之。潘安仁曰：‘暇而習媒翳之事。’徐爰曰：‘媒者，少養雉子，至長狎人，能招引野雉，因名曰媒。’……囮者誤之也，故讀若訛。……各本篆作圝，解作䌛，今正。按‘或’當作‘也本’二字，一化聲，一䌛聲，其義則同。《廣雅·釋言》曰：‘囮，圝也。’是可證爲二字轉注矣。潘岳《射雉賦》：‘恐吾游之晏起。’

又：'良游呃喔，引之規裏。'徐爰注：'雉，媒。江淮間謂之游。'唐吕温有《由鹿賦》。游與由皆即圝字也。從䌛，當作'從口，䌛聲'。"

按圝字據段説當讀 yóu（余幽）从䌛聲（余宵）訓譯，蓋當作誘。《説文》圝是囮的重文，囮 é（疑歌），鳥媒，今稱囮子，圝囮互訓，音異義同，䌛由音同義相關，作由作圝是用字之異，作游則爲同音假借。段於"囮，譯也"注曰"譯疑當作誘"，確有見解。其實誘（余幽）由古音同，誘从秀，秀的初義是禾作苞，抽采揚花，秀由爲同源孳乳，秀是禾穗從苞中自發抽出，誘是以甘言誂詞，將人引出，與鳥媒之義是相近相關的，段氏斷"圝，囮也。从䌛聲"，其説至確。

**䍃** 《説文》："䍃，瓜也。从瓜，䌛省聲。"段注："有瓜名䍃也。"桂馥義證："北人音轉呼爲梢瓜，其形長，即拄杖瓜也。"《本草綱目》："梢瓜，南人呼爲菜瓜。"

按䍃 yáo（余宵）从䌛聲（余宵）訓瓜名，北人呼爲"梢瓜"，南人呼爲"菜瓜"，其形長，有似拄杖。字从䌛聲，䌛由同字，此蓋用由發芽抽條之引申義。"

## 复聲字

**复** 《説文》："复，行故道也。从夊，畗省聲。"段注："《彳部》又有復，復行而复廢矣，疑《彳部》之復乃後增也。"

按复 fù（並覺）甲骨文作[甲骨文] < 鐵 1. 45. 1 >。《甲骨文字典》："从夊从亞，亞象穴居之兩側有台階上出之形。夊象足趾，台階所以供出入。夊在其上，則會往返出入之意。"孳乳爲復，復复一字，从彳與从夊同意，於字形爲緟益。复之初義當指從居穴出入，引申指居穴，《詩·大雅·綿》："古公亶父，陶復陶穴，未有家室。"陸德明《釋文》："《説文·穴部》引作寝。"《説文》："寝，地室也。"腹（幫覺）、复同源，凡人工製作之器物，其初必取象自然之物。

**復** 《説文》："復，往來也。从彳，复聲。"

按復 fù（並覺）从复聲（並覺）訓往來也。復是复後起的區別字，复訓行故道，復爲凡往來之詞。

腹 𦜝 《説文》："腹，厚也。从肉，复聲。"段注："腹厚疊韵，……謂腹之取名以其厚大。《釋名》曰：'腹，複也，富也。'……《釋詁》《毛傳》皆云'腹，厚也'，則是引伸之義。謂凡厚者皆可稱腹，如《小雅》'出入腹我'，《月令》'水澤腹堅'是也。"

按腹 fù（幫覺）从复聲（並覺）訓厚。复是寝穴的本字，寝穴所以居人，腹所以盛食。遠在漁獵時代，人食鳥獸之肉，腹所盛者肉食，是腹以肉（日覺）爲語源，而复以腹爲語源。在造字之初，凡人工所造之器物，必取象自然之物，正如先有壺字演進而有瓠字，壺之作取象於瓠，是其比。

椱 𣙴 《説文》："椱，機持繒者。从木，复聲。"段注："《淮南·氾論訓》云'機杼勝複'，複即椱之假借字也。"

按椱 fù（並覺）从复聲（並覺）訓機持繒者，段訂繒爲會。字从复聲，當爲復聲之借，用復之往來義。軸持經，杼持緯，勝即滕，控制經紗升降開合，椱則在經紗中來回移動扣緊已相交織之經緯使固。徐鍇繫傳、王筠釋例謂椱爲軸，並誤。清厲鶚《機神廟碑》："觀其爲器，則有杼，有軸，有疌，有滕，有椱，有樓。"疌是機之踏脚板，滕即勝，此軸椱非一物之顯證。

複 𧜶 《説文》："複，重衣也。从衣，复聲。一曰褚衣。"段注："引伸爲凡重之稱。"

按複 fù（幫覺）从复聲（並覺）訓重衣。字从复聲，當爲腹聲（幫覺）之借。腹中有胃，此腹相重之證，此用腹之引申義。

鰒 𩸄 《説文》："鰒，海魚也。从魚，复聲。"段注："郭注《三蒼》曰：'鰒似蛤，一偏著石。'《廣志》曰：'鰒無鱗有殼，一面附石，細孔雜雜，或七或九。'《本草》曰：'石决明，一名鰒魚。'"

按鰒 fù（並覺）从复聲（並覺）訓海魚，一面附石。字从复聲，蓋爲附聲（並侯）之借，此以雙聲相借。附者附著，此以業爲名。

**蝮** 《説文》："蝮，虫也。从虫，复聲。"《爾雅·釋魚》："蝮，虺。博三寸，首大如擘。"唐玄應《一切經音義》引《三蒼》："蝮蛇，色如綬文，文間有鬐鬣，鼻上有針，大者長七八尺，有牙，最毒。"

按蝮 fù（滂覺）从复聲（並覺）訓虫（虺），此蛇最毒。字从复聲，當爲毒聲（定覺）之借，蝮、毒叠韵，此以叠韵相借。蝮蛇即毒蛇，今湘潭方言叫"土逼"，土謂其色如土，逼（幫職）、蝮幫滂旁紐，職覺旁轉，逼即蝮之音變。

**鍑** 《説文》："鍑，如釜而大口者。从金，复聲。"段注："如、而二字依玄應補。釜者鬴之或字，《鬲部》曰'鬴，鍑屬'，是二篆爲轉注也。《方言》曰：'釜自關而西或謂之鍑。'"

按鍑 fù（幫覺）从复聲（並覺）訓如釜而大口者。字从复聲，當爲腹聲（幫覺）之借。凡人工製作之器物，其初皆必取象自然之物。鍑取象人腹横剖之形，即以腹爲語源；瓶取象人頸，即以頸爲語源，是其比。鍑古初爲陶器，缶即其前身。缶（幫幽）、鍑幫母雙聲，幽覺對轉，推而言之，釜（並魚）、鬴（並魚）亦鍑之音轉。

**轐** 《説文》："轐，車軸縛也。从車，复聲。《易》曰：'輿説轐。'"段注："謂以革若絲之類纏束於軸以固軸也。"

按轐 fù（幫覺）从复聲（並覺）訓車軸縛。字从复聲，當爲縛聲（並鐸）之借，幫並旁紐，覺鐸旁轉，即指用革或絲纏束車軸以固軸，也指縛車軸的皮帶繩索。

**蕧** 《説文》："蕧，盜庚也。从艸，复聲。"《爾雅·釋草》："蕧，盜庚。"郭璞注："旋蕧，似菊。"唐段成式《酉陽雜俎·木篇》："竹，竹花曰蕧，死曰[illegible]，六十年一易根，則結實枯死。"

按蕧 fǔ（並覺）从復聲（並覺）訓盜庚。从竹花曰蕧説，竹花，竹開花是六十年一易根，易根，則竹花而枯死，易根，古人戲稱其根被盜走了。根（見文）、庚（見陽）見母雙聲，字从復聲，即竹聲

(端覺)之借，指竹開花，又用復之易根而復生之義。从蕧爲旋蕧似菊説，則當用復之往返旋轉，蓋指此花之特性。

寑 《説文》："寑，地室也。从穴，復聲。《詩》曰：'陶寑陶穴。'"

按寑 fù(滂覺)从復聲(並覺)訓地室。復是复的加形旁字，复从是寑穴的初文，复从夊即止，本義指出入寑穴，引申指寑穴。

覆 《説文》："覆，覂也。从襾，復聲，一曰蓋也。"段注："反也。覆覂反三字雙聲。《又部》反下曰'覆也'。反覆者，倒易其上下。……覆與復義相通，復者往來也。"

按覆 fù(滂覺)从復聲(並覺)訓覂。覆即今翻來覆去，此用復之往來義。復是前後來回移動，覆是上下反向移動。

匔 《説文》："匔，重也。从勹，復聲。⿹勹复，或省彳。"段注："今則複行匔廢矣。"

按匔 fù(並覺)从復聲(並覺)訓重。複是重衣，匔是重穴。匔从勹，勹是抱的本字，此用勹環抱之引申義。

# 小部弟七

## 要聲字

**要** 《説文》："要，身中也。象人要自𦥑之形，从𦥑。[illegible]，古文要。"段注："按各本篆作‘[illegible]，从𦥑’，下有‘交省聲’三字，淺人所妄改也，今依《玉篇》《九經字様》訂。顧氏、唐氏所據《説文》未誤也。……上象人首，下象人足，中象人腰，而自𦥑持之，故从𦥑。必从𦥑者，象形猶未顯，人多護惜其腰故也。"

按要 yāo（影宵）是腰的本字，腰是要後起的加注形旁字。要篆从臼，臼是雙手。要字从女，這要特指女人的腰，湖湘俗語有"男子頭，女子腰"，這臼不是女人的雙手自持其腰，而是男子的雙手。《孟子》："踰東家墻而摟其處子，則得妻；不摟，則不得妻。"踰東家墻而摟其處子，是男子向女方示愛求歡。摟者摟腰，即飲食男女的男女。人的兩個基本要求，就是一要生存，二要發展。要生存就要飲食，要發展就要男女，這是人的本性，所謂"食色性也"。要的初義是要男歡女愛，引申指要飲食，再引申指人的一切需求。求是裘的本字，引申指天寒要穿皮裘。温飽是人生存的需要。

**葽** 《説文》："葽，艸也。从艸，要聲。《詩》曰：‘四月秀葽。’劉向説此味苦，苦葽也。"段注："毛曰：‘葽者，葽艸也。’玉裁按《小正》‘四月秀幽’，幽葽一語之轉，必是一物。……漢時目驗，今則不識。"

按葽 yāo（影宵）从要聲（影宵）訓草，劉向以爲苦葽。今爲何草不詳，其語源不詳。

**𣄴** 《説文》："𣄴，旗屬。从㫃，要聲。"《積微居小學金石論叢·釋旐》："𣄴之从要，所以要約士衆也。"

按𣄴 yǎo（影宵）从要聲（影宵）訓旗屬，所以要約士衆。字从要聲，當爲約聲（影藥）之借，影母雙聲，宵藥對轉。約的初義是束腰的帶子，引申爲凡約束、約定之詞。字从約聲，此用約之約定義。

**票** 《説文》："票，火飛也。从火𡇒，䙴與𢍶同意。"段注："此與熛音義皆同。……引申爲凡輕鋭之稱。《周禮·草人》：'輕䙴用犬。'注謂地之輕脆者也。漢有票姚校尉，票騎將軍。……今俗間信券曰票，亦尚存古義，凡从票爲聲者多取會意。……按當作从火䙴省，蓋省廾爲一也。𢍶即䙴之或體。䙴訓升高，火飛亦升高，故爲同意。"

按票 piāo（滂宵）从䙴省聲（清元）。《説文》："遷，登也。从辵，䙴聲。，古文遷。"商承祚《〈説文〉中之古文考》："（徐）鍇本（古文）作拪是也。"字从西，西是鳥巢。全字的意思是人攀上樹，在大樹上築人居之巢。《詩·小雅·伐木》："出自幽谷，遷於喬木。"正是由穴居演進爲巢居的歷史紀實。古史有"有巢氏"。《禮記·禮運》："冬則居營窟，夏則居橧巢。"遷字篆，字从，即人字，字从，即拱的象形初文，即舉手向上攀登，从即西，本指鳥巢，借指人居之巢，从象雙手在操作築巢，从辵是後起的形聲字。古文作拪，从手从西會意，謂以手築人居之巢，人登木上升居巢，借火焰上升爲喻。票的兩個基本義項，一是向上升，一是輕。火焰上鋭，故引申有輕鋭義。朱駿聲把票字歸入要聲，即同以𦥑（見覺）爲語源，覺對轉爲幽，旁轉爲宵。

**熛** 《説文》："熛，火飛也。从火，票聲。讀若摽。"段注："按同部票熛二字同音同義，熛即票聲。似票正熛俗。"

按熛 biāo（幫宵）从票聲（滂宵）訓火飛。票是熛的本字，熛是票的加注形旁字，票爲引申義所專，遂增火旁以示區別。

**蔈** 《説文》："蔈，苕之黄華也。从艸，票聲。一曰末也。"段注："《釋艸》：'苕，陵苕，黄華蔈，白華茇。'……玉裁按，許君芆字下云‘一曰艸之白華爲芆’，……則藨字下亦當云‘艸之黄華’。……《金部》之鏢、《木部》之標皆訓末，藨當訓艸末。”

按藨 biāo（幫宵）从票聲（滂宵）訓苕之黄華。苕从召聲，召有高義，曰凌霄花。藨从票聲，票，火飛也，火飛則高，火焰之頂部曰火舌，亦即火末，故从票聲字多有末義。花開在苕之顛頂，故以藨名，此用票末之引申義。

嘌 𡃟 《説文》：“嘌，疾也。从口，票聲。《詩》曰：‘匪車嘌兮。’”段注：“《檜風》：‘匪車嘌兮。’毛曰：‘嘌嘌，無節度也。’按無節度者即上章所云‘疾驅’，非有道之車也。”

按嘌 piāo（滂宵）从票聲（滂宵）訓疾。字从票聲，票訓火飛，火飛之速甚疾。字从口，本義當以火之急，喻發言疾。湖湘俗語形容講得特快、亂講叫射或叫亂射，成語“男子口，將軍箭”都是形容言談之疾，此則以言談之疾喻車行之疾。

𧽺 𧽺 《説文》：“𧽺，輕行也。从走，票聲。”桂馥義證：“輕行也者……𧽺捷輕便也。”

按𧽺 piāo（滂宵）从票聲（滂宵）訓輕行。此用票火飛之引申義。

瞟 瞟 《説文》：“瞟，瞭也。从目，票聲。”朱駿聲通訓定聲：“今俗語謂邪視曰瞟白眼。”

按瞟 piǎo（滂宵）从票聲（滂宵）訓瞭。今俗語用眼睛很快地掃視一下叫“瞟一眼”。字从票聲，此用票火飛之引申義。

覞 覞 《説文》：“覞，目有察省見也。从見，票聲。”段注：“目偶有所見也。伺者有意，覞者無心。今俗語尚云覞，與《目部》之瞟音義皆同。”

按覞 piāo（滂宵）从票聲（滂宵）訓目有察省見也。覞與瞟音義皆同，从見與从目同意，此一字之異體。

剽 剽 《説文》：“剽，砭刺也。从刀，票聲。一曰剽劫也。”段注：“謂砭之刺之皆曰剽也。砭者以石刺病也，刺者直傷也。砭刺必用其器之末，因之凡末謂之剽。《莊子》謂本末爲本剽。《素問》有《標本病傳論》，標亦末也。……《史記・貨殖傳》：'攻剽椎埋，劫人作姦。'《漢・賈誼傳》：'白晝大都之中，剽吏而奪之金。'"

按剽 piāo（滂宵）从票聲（滂宵）訓砭刺。字从票聲，此用票末之引申義。一曰劫也，則用利器脅人而劫奪。

膘 《説文》："膘，牛脅後髀前合革肉也。从肉，票聲。讀若繇。"段注："合革肉者，他處革與肉可分剥，獨此處不可分剥也。《七發》所謂'犓牛之腴'，毛傳云'射左膘'，《三蒼》云：'膘，小腹兩邊肉也。'……今俗謂牲肥者曰膘壯。音如標。"

按膘 piǎo（滂宵）从票聲（滂宵）指小腹肉。小腹是人和牲畜肥腴特多的部位。今湖湘俗語給豬催肥叫"壯膘"。字从票聲，此用票火飛之引申義。

標 《説文》："標，木杪末也。从木，票聲。"段注："杪末謂末之細者也。古謂木末曰本標，如《素問》有《標本病傳論》是也。引伸之凡末皆曰杪。"

按標 biāo（幫宵）从票聲（滂宵）訓木杪末，本指樹之末梢，引申指凡物之末梢，此用票火飛之引申義。火焰上騰，其最上爲火舌，火舌尖鋭，故引申爲凡物之末梢。

旚 《説文》："旚，旌旗旚繇也。从㫃，票聲。"段注："繇，今之摇字，小徐作摇。旚，今字作飄，飄摇行而旚繇廢矣。"

按旚 piāo（滂宵）从票聲（滂宵）訓旌旗飄摇。此以火焰在風中摇動喻旌旗在風中飄動。旚專指，飄通指，前者使用範圍小，故爲飄所取代。字从票，此用票火飛之引申義。

瓢 《説文》："瓢，蠡也。从瓠省，票聲。"段注："以一瓠劙爲二曰瓢，亦曰蠡。"

按瓢 piáo（並宵）从票聲（滂宵）訓蠡，以一瓠劙爲二曰瓢。劙者剖分，謂蠡，此以業爲名，古語有"以蠡測海"。字从票聲者，此用票火飛則輕之引申義。瓠乾則輕，入水能浮，稱瓢者此以德爲名。俗語有“照葫蘆畫瓢”，葫蘆即瓠蘆瓜，故湖湘俗又稱瓜瓢。

**幖** 《説文》：“幖，幖識也。从巾，票聲。”段注：“各本作‘識也’二字，今正。《通俗文》曰：‘徽号曰幖，私記曰幟。’《周禮·肆師》：‘表齍盛告絜。’鄭注：‘故書表爲剽，剽表皆謂徽識也。’”

按表剽皆假借字，幖其本字也。凡物幖識，亦曰徽識。今字多作標牓，標行而幖廢矣。

**僄** 《説文》：“僄，輕也。从人，票聲。”段注：“《方言》曰：‘仸，僄，輕也。楚凡相輕薄，或謂之仸，或謂之僄也。’”

按僄 piào（滂宵）从票聲（滂宵）訓輕，謂相輕薄。字从票聲，此用票火飛則輕之引申義。

**嫖** 《説文》：“嫖，輕也。从女，票聲。”段注：“與《人部》僄音義皆同。”

按嫖 piào（滂宵）从票聲（滂宵）訓輕。嫖僄音義皆同，从人與从女義同，實爲一字之異體，俗稱玩妓女爲嫖，則與僄義別。

**驃** 《説文》：“驃，黄馬發白色。一曰白髦尾也。从馬，票聲。”段注：“發白色者，起白點斑駁也。……與《牛部》犥下曰‘牛黄白色’，與驃音正同也。”

按驃 biāo（並宵）从票聲（滂宵）訓黄馬發白色，起白點斑駁。字从票聲蓋爲縹聲（滂宵）之借。《説文》：“縹，帛白青色也。”今俗稱淺色叫縹色，字从票聲，借票爲縹，用縹帛白青色之引申義。

**慓** 《説文》：“慓，疾也。从心，票聲。”段注：“《廣雅》：‘急也。’《弓人》曰：‘於挺臂中有柎焉，故剽。’注云：‘剽，疾也。’此謂剽即慓之叚借也。”

按慓 piāo（滂宵）从票聲（滂宵）訓疾。字从票聲，此用票火飛迅疾之引申義。

**漂** 《説文》：“漂，浮也。从水，票聲。”段注：“謂浮於水也。

《鄭風》：‘風其漂女。’毛曰：‘漂猶吹也。’”

按漂 piāo（滂宵）从票聲（滂宵）訓浮，謂浮於水面。凡物輕於水則浮，此用票火飛之引申義。凡能飛之物皆體勢强，火飛以其勢强，煙焰則輕。

**摽** 《説文》：“摽，擊也。从手，票聲。一曰挈闟牡也。”段注：“《左傳》：‘長木之斃，無不摽也。’杜云：‘摽，擊也。’《柏舟》傳曰：‘摽，拊心皃。’……闟牡一物也，見《門部》。挈者，提而启之也。”

按摽 biāo（滂宵）从票聲（滂宵）訓擊。火飛向上，摽擊則向下，此反向引申，而皆用迅疾義。字从票聲，此用火飛之引申義。从挈闟牡説，闟牡即今語門閂，抽出門閂，則啓閉而開，此亦用票飛升之引申義。

**縹** 《説文》：“縹，帛白青色也。从糸，票聲。”段注：“《釋名》曰：‘縹猶漂，漂，淺青色也。有碧縹，有天縹，有骨縹，各以其色所象言之也。’”

按縹 piǎo（滂宵）从票聲（滂宵）訓帛青白色，此謂帛由青色深化爲青白色。《釋名》所列之碧縹、天縹、骨縹，正顯示顔色淡化的系列，即由深而淺，此用票火飛之引申義，火飛則愈上升勢愈弱，此以比況爲義。

**飄** 《説文》：“飄，回風也。从風，票聲。”段注：“回者，般旋而起之風，《莊子》所謂‘羊角’，司馬云：‘風曲上行若羊角也。’《釋天》云：‘迴風爲飄。’……《何人斯》傳曰：‘飄風，暴起之風。’”

按飄 piāo（滂宵）从票聲（滂宵）訓回風，般旋而起之暴風，其勢勁疾，常將地面之物卷上高空。此用票火飛勢猛烈之引申義。

**勡** 《説文》：“勡，刦也。从力，票聲。”段注：“以力脅止人而取其物也。《賈誼傳》曰：‘盜者，白晝大都之中勡吏而奪之金。’……按此篆諸書多从刀，而許《刀部》剽下曰‘一曰剽，刦人也’，是在許時固从力从刀並行。”

按勡 piào（滂宵）从票聲（滂宵），訓劫。字从力从票，謂暴力劫持而强奪人財物。从力與从刀義相關，持刀即用暴力。此用票火飛，火勢勁猛之引申義。

**鏢** 《説文》："鏢，刀削末銅也。从金，票聲。"段注："削者，刀鞞也。……俗作鞘，刀室之末以銅飾之曰鏢。鞞用革，故其末飾銅耳。"

按鏢 biāo（滂宵）从票聲（滂宵）訓刀削末銅。削即今鞘字，即刀室，其末以銅飾之故曰鏢，此用票末之引申義。

**麃** 《説文》："麃，麠屬。从鹿，票省聲。"段注："鉉本作麠屬，鍇本作麋屬，今依《韵會》本。麃者麠屬也。麠者麋屬也。韋昭曰：'楚人謂麋爲麃。'蓋麃似麋而無角。陸機《詩疏》曰：'四足之美有麃，兩足之美有鷸。'"

按麃 páo（並宵）从票聲（滂宵）訓麠屬。麃爲四足之美者，即走獸中之美者。字从票聲，此用票火飛則高之引申義，高美義相函。

**藨** 《説文》："藨，鹿藿也。从艸，麃聲。讀若剽。一曰蔽之屬。"段注："前菇篆訓鹿藿之實，此藨訓鹿藿，則當類處。"朱駿聲通訓定聲："藨，亦名蔨。《爾雅》：'蔨，鹿藿，其實菇。'注：'今鹿豆也。'"

按藨 biāo（幫宵）从麃聲（並宵）訓鹿藿，即今登豆。《本草綱目・鹿藿》："鹿豆，登豆，野緑荳。時珍曰：豆葉曰藿，鹿喜食之，故名。俗呼登豆，登、鹿音相近也。"鹿喜食之，蓋草之美者，故以麃名，此用麃四足之美者之引申義。

**犥** 《説文》："犥，牛黄白色。从牛，麃聲。"段注："黄馬發白色曰驃，票麃同聲，然則犥者黄牛發白色也。《内則》'鳥皫色'亦謂發白色。"

按犥 piāo（滂宵）从麃聲（滂宵）訓牛黄白色。黄牛發白色，字从麃聲當爲票聲（滂宵）之借，此以聲子代聲母。此謂牛顔色由深轉淺，用火飛愈上則勢愈弱之引申義，與縹从票聲之義同。

**鄜** 《説文》："鄜，左馮翊縣。从邑，麃聲。"段注："隸省作鄜。”

按鄜 fū（滂宵）从麃聲（滂宵）訓左馮翊縣。字从麃聲，作邑名字，此但借其聲。

穮 《說文》：“穮，槈鉏田也。从禾，麃聲。《春秋傳》曰：‘是穮是衮。’”段注：“各本作耕禾間也，今正。《周頌》釋文引《說文》：‘穮，槈鉏田也。’……穮者耘也，非耕也。《周頌》：‘綿綿其麃。’毛傳曰：‘麃，耘也。’……《左傳》：‘是穮是蔉。’杜云：‘穮，耘也。’許云槈鉏田者，槈，薅器也；鉏，立薅斫也。薅者，披田草也。或槈其田，或鉏其田，皆曰穮。今吴下俗語説用鉏曰暴，即此字也。”

按穮 biāo（幫宵）从麃聲（滂宵）訓槈鉏田。字从麃聲，蓋爲表聲（幫宵）之借。用鉏曰暴，今字作刨，刨地即薅草，鉏停在土表，祇鋤動土的表層，字用表之表層表面義。

儦 《說文》：“儦，行皃。从人，麃聲。《詩》曰：‘行人儦儦。’”段注：“《齊風·載驅》曰：‘行人儦儦。’傳曰：‘儦儦，衆皃。’許曰‘行皃’者，義得互相足也。”

按儦 biāo（幫宵）从麃聲（滂宵）訓行皃。又訓衆皃者，从麃與从鹿同意，鹿爲大獸，喜群行，故麃引申有盛大義。

瀌 《說文》：“瀌，瀌瀌雨雪皃。从水，麃聲。”段注：“依《韵會》所據小徐本訂。《小雅·角弓》曰：‘雨雪瀌瀌，見晛日消。’《廣雅》：‘瀌瀌，雪也。’”

按瀌 biāo（幫宵）从麃聲（滂宵）訓雨雪皃。字从麃聲，當爲飄聲（滂宵）之借，用飄之飄飛義，謂大雪紛飛，俗稱飄雪或叫飛雪。

鑣 《說文》：“鑣，馬銜也。从金，麃聲。觻，鑣或从角。”王筠釋例：“案：上文‘銜’，馬勒口中也。《革部》‘勒’，馬頭絡銜也。然則勒以革爲之，所以繫鑣，鑣與銜皆以金爲之。鑣在口旁，銜在口中，三物一體，故通其名，而所在不可不别也。”

按鑣 biāo（幫宵）从麃聲（滂宵）訓馬銜。鑣、銜一體，銜在口中，鑣在口外。字从麃聲，當爲表聲（幫宵）之借，在口外故以表名之，此以德爲名，外表義相函。又銜从行，銜所以利行馬。字从金聲，金从今聲，今、含古本一字，含在馬口中，故从今，此以聲子代聲母。又銜以金爲之，故字从金，用金之引申義。

## 尞聲字

**尞** 《説文》："尞，柴祭天也。从火昚。昚古文慎字，祭天所以慎也。"段注："《示部》祡下曰：'燒柴尞祭天也。'是祡尞二篆爲轉注也。燒柴而祭謂之祡，亦謂之尞，亦謂之槱。《木部》曰：'槱，柴祭天神。'《周禮》槱燎字當作槱尞。"

按尞 liáo（來宵），甲骨文作[illegible]＜後上 24.7＞，《甲骨文字典》："[illegible]象木柴交積之形，旁加小點象火焰上騰之狀，下或從火，會燔柴而祭之意。"尞是燎的本字，作昚是[illegible]的訛變，訛火爲日，又於日下加火，火又訛變爲小，故又孳乳作燎。

**璙** 《説文》："璙，玉也。从玉，尞聲。"

按璙 liáo（來宵）从尞聲（來宵）訓玉。字从尞聲，尞訓祡（燒柴）祭天，祭天之火必大，火明可見。語有"明若觀火"，故尞引申有明白義。《爾雅》："白金謂之銀，其美者謂之鐐。"鐐，本又作璙。此璙有白義之證。璙从尞，初義當爲白玉。白玉無瑕，是璙即白玉之美者。此用尞（燎）火明白可見之引申義。

**遼** 《説文》："遼，遠也。从辵，尞聲。"

按遼 liáo（來宵）从遼聲（來宵）訓遠。字从尞聲，尞者燒柴祭天，其火必大。夜間火光能見度遠，火光之能見度遠，此用尞燒柴祭天之大火其所照必遠之引申義。

**鷯** 《説文》："鷯，刀鷯，剖葦，食其中蟲。从鳥，尞聲。"段注："《釋鳥》：'鳭鷯剖葦。'鳭者，刀之俗字。郭云：'好剖葦皮，食其中蟲，因名云。'……能剖葦故名刀鷯，刀與剖義相應。”

按鷯 liáo（來宵）从尞聲（來宵）訓刀鷯，剖葦，食其中蟲。字从尞聲，蓋爲刀聲（端宵）之借，刀、鷯端來旁紐，宵部疊韵，蓋謂此鳥有如刀之利嘴，能剖葦食其中蟲，又兼用尞明白之引申義，葦剖則其中之蟲明可見。

**膫** 《說文》：“膫，牛腸脂也。从肉，尞聲。《詩》曰：‘取其血膫。’膋，膫或从勞省聲。”段注：“今《毛詩》《禮記》皆作膋。”

按膫 liáo（來宵）从尞聲（來宵）訓牛腸脂。字从尞聲，當爲繚聲（來宵）之借。牛腸脂繞腸而生，繚繞義近。以此業爲名。

**簝** 《說文》：“簝，宗廟盛肉竹器也。从竹，尞聲。《周禮》：‘供盆簝以待事。’”

按簝 liáo（來宵）从尞聲（來宵）訓宗廟盛肉竹器，即竹籠。竹籠多孔，透氣好，利於保鮮。字从尞者，燎之本字，祭天之木柴架而燒之，木柴交相架則其中多孔穴利於燃燒。湖湘俗諺有“人要真心，火要空心”，在燒的木柴中要空爽，簝竹籠多孔透氣，與此相似，此相似孳乳。此用尞架柴而燒，其中空爽之義。

**橑** 《說文》：“橑，椽也。从木，尞聲。”段注：“《九歌》曰：‘桂棟兮蘭橑。’王云：‘以木蘭爲榱也。’……橑必與棼連言而別於榱桷，則榱桷爲屋椽，橑爲複屋之椽，可知。簷霤在複屋，故《廣韵》曰：‘屋橑，簷前木。’”

按橑 liáo（來宵）从尞（來宵）訓椽。椽訓榱，榱、椽互訓。段於榱下注曰：“榱之言差次也，自高而下，層次排列如有等差也。”劉熙《釋名·釋宮室》：“椽，傳也，相傳次而布列也。”是橑、椽、榱皆不以一木得名而以衆木依次排列得名。尞，燒柴祭天，架木而燒，其木衆多，故引申有衆義。車轑字从尞，蓋取車弓蓋二十八依次排列，亦取三十輻依次排列爲名。此用尞衆之引申義。

**寮** 《說文》：“寮，穿也。从穴，尞聲。《論語》有公伯寮。”段注：“《倉頡篇》曰：‘寮，小空也。’《西京賦》曰：‘交綺豁以疏寮。’薛曰：‘疏，刻穿之也。’善曰：《倉頡篇》云：‘尞，小窗’。《左傳》曰：‘同官爲寮。’……蓋同官者同居一域，如俗云同學一處爲同窗也。”

按寮 liáo（來宵）从尞聲（來宵）訓穿。穿即小空，俗所謂穿孔，小窗即通孔小之窗。字从尞聲，此用架柴木燒以尞祭，其間必有空隙通孔。此用尞之引申義。

**僚** 《説文》：“僚，好皃。从人，尞聲。”段注：“《陳風》：‘皎人僚兮。’傳曰：‘僚，好皃。’此僚之本義也。自借爲同寮字而本義廢矣。”

按僚 liáo（來宵）从尞聲（來宵）訓好皃。此用尞燒柴祭天、火光明亮之引申義。凡物色澤明亮則美好，於人曰漂亮、亮麗。

**獠** 《説文》：“獠，獵也。从犬，尞聲。”段注：“許渾言之。《釋天》析言之曰：‘宵田爲獠。’”

按獠 liáo（來宵）从尞聲（來宵）訓獵，狩獵，析言宵田曰獠，即夜間舉火而獵。犬是古代人類狩獵最好的助手，故字从犬。人類掌握火的應用後即用於狩獵，大大增强人捕獸的能力，至今凡野獸皆畏火，就是顯證。故字从尞，尞是燎的本字，最初是焚林而獵，漸進則舉火而獵。原始人類獵獸的兩個重要的輔助手段，一是用火驅獸，一是用犬追獸。獠字正是這一信息的寫真。

**燎** 《説文》：“燎，放火也。从火，尞聲。”段注：“此與尞義别。《盤庚》曰：‘若火之燎于原。’《大雅》曰：‘瑟彼柞棫，民所燎矣。’箋云：‘人熂燎除其旁草。’《小雅》：‘燎之方揚。’箋云：‘火田曰燎。’”

按燎 liáo（來宵）从尞聲（來宵）訓放火，一是放火燒荒，一是放火驅獸。从後一義説燎即獠。从前一義説，燎是尞的後起加形旁字，尞爲燒柴祭天義所專，燎爲凡放火燃燒之稱，‘火燒火燎’語中燎字，即與燃燒同義。

**䕩** 《説文》：“䕩，炙也。从炙，尞聲。讀若䰞燎。”段注：“其義同炙，其音同燎。……漢時蓋有此語。”

按簝 liǎo（來宵）从尞聲（來宵）訓炙。炙今稱紅燒，即源於古之抗於火上燒熟，此用燎燒之引申義。

憭 《說文》："憭，慧也。从心，尞聲。"段注："《方言》：'愈或謂之慧，或謂之憭。'郭云：'慧憭皆意精明。'按《廣韵》曰：'了者，慧也。'蓋今字叚了爲憭。"

按憭 liǎo（來宵）从尞聲（來宵）訓慧。字从尞，尞燒柴祭天，其火大，光明遠照，憭从心从尞，謂心中明白，不犯糊涂。《方言》："愈或謂之慧。"愈从俞，當爲喻之借，用淺近的事物喻深奧的道理，使人明白。字从尞，此用燎火照明之引申義。

潦 《說文》："潦，雨水大皃。从水，尞聲。"

按潦 liǎo（來宵）从尞聲（來宵）訓雨水大皃。字从尞聲，此用燒柴祭天之火大喻雨水大，此相似孳乳。

撩 《說文》："撩，理之也。从手，尞聲。"段注："之字依玄應書卷十五補。下云'謂撩捋整理也'。今多作料量之料。《通俗文》曰：'理亂謂之撩理。'"

撩 liáo（來宵）从尞聲（來宵）訓理之也。尞者燒柴祭天，所燒之柴木不是隨意堆放，而是架放有秩，即經細心處理，使火燒得旺，柴木全部燒得完，故引申有整理、理亂義。

嫽 《說文》："嫽，女字也。从女，尞聲。"段注："《廣韵》：'相嫽，戲也。'此今義也。"

按嫽 liáo（來宵）从尞聲（來宵）作女名字。此但借其聲，亦兼取聰慧美好之義。其訓相嫽戲，字从尞聲當爲撩聲之借，用撩之撩撥挑逗義。今湖湘方言仍謂相戲爲嫽，因相戲而生禍端叫"嫽禍"。

繚 《說文》："繚，纏也。从糸，尞聲。"

按繚 liáo（來宵）从尞聲（來宵）訓纏。字从燎聲，當爲庭燎大燭之借。庭燎纏束散木爲之，故引申有纏束義。此用庭燎必纏束之引申義。

墝 《說文》："墝，匎垣也。从土，尞聲。"段注："匎，各本作周，今正。匎，帀也。周，密也，義異。匎垣謂垣之圍帀者也。”

按撩 liáo（來宵）从尞聲（來宵）訓匊垣。字从尞聲，當爲繚聲（來宵）之借，此用繚之繚繞纏束之引申義。

鐐 鐐 《説文》：“鐐，白金也。从金，尞聲。”段注：“《爾雅》别之曰其美者，許不别也。”

按鐐 liáo（來宵）从尞聲（來宵）訓白金。字从尞聲，此用尞燒柴祭天，火光明亮之引申義，明白義相函。

轑 轑 《説文》：“轑，車蓋弓也。从車，尞聲。一曰輻也。”段注：“《輪人》爲蓋，蓋弓二十有八，以象恒星也。鄭注曰：‘弓者，蓋橑也。’蓋弓曰轑，亦曰橑，橑者椽也。形略相似也。”

按轑 lǎo（來宵）从尞聲（來宵）訓車蓋弓。此用蓋弓二十有八，依次排列有序爲名。此用尞燒柴祭天之柴經橑理有序之義。一曰輻也，則取三十輻共一轂而排列有序之義。

蘨 蘨 《説文》：“蘨，乾梅之屬。从艸，橑聲。《周禮》曰：‘饋食之籩，其實乾蘨，後漢長沙王始煮艸爲蘨。䕩，蘨或从潦。’”段注：“鄭注《周禮》云：‘乾蘨乾梅也，有桃諸，梅諸是其乾者。’……桃梅當从木，而从艸者，艸亦木也。……謂《周禮》之後，至漢長沙王始煮艸爲蘨，不用梅桃也。”

按蘨或作䕩 lǎo（來宵），从橑聲，當爲从木，尞聲（來宵）。重文作䕩，則爲从艸，潦聲。孫詒讓《周禮正義》：“凡乾梅乾桃，皆煮而暴之。”煮必用水，故䕩从潦。今湖湘方言，凡制乾果乾菜，都需用沸水煮死，但不煮熟煮爛，叫䕩，讀 liáo，字正當作䕩。桃梅木本，故从木。做乾桃乾梅往往添加紫蘇之類的草本香菜，故字从艸。字从潦讀 liáo，此用橑之橑理義，即製作乾果，需經水煮、暴曬等方式橑理。又桃諸、梅諸之諸當爲儲之借。漢字深層蘊含豐富，需深入發掘分析。

# 刀聲字

**刀** 《説文》："刀，兵也。象形。"段注："刀者兵之一也。"

按刀 dāo（端宵）訓兵，兵器。刀是兵器的一種，刀是名字，作動字則爲用刀切割砍殺，《老子》所謂"操刀必割"。名動一字是古漢語的一大特色，動字之雕、彫、凋所从之周，皆刀聲之借。

**苕** 《説文》："芀，葦華也。从艸，刀聲。"段注："《釋艸》曰：'葦醜芀。'顔注：《漢書》云'蒹，錐者是也'。取其脱穎秀出故曰芀。《方言》錐謂之鍣，音苕，因此凡言芀秀者多借苕字爲之。"《爾雅·釋草》："葦醜，芀。"陸德明《釋文》："芀字或作苕"。

按芀 tiáo（定宵）从刀聲（端宵）訓葦華。刀錐皆尖鋭，葦華秀出，其耑尖鋭，故以刀狀之，因以爲名。此以德爲名，用刀尖鋭之義。

**召** 《説文》："召，評也。从口，刀聲。"段注："《言部》曰：'評，召也。'"

按召 zhào（定宵）訓評。甲骨文作[甲骨文]作[甲骨文]。《甲骨文字典》："[甲骨文]爲匕柶之匕，匕下从口或酉，酉象酒尊之形。[甲骨文]，所以薦尊，後訛爲[甲骨文]，从[甲骨文]，象雙手，以手持匕挹取酒醴，表示主賓相見，相見紹介，侑於尊俎之間，當爲紹介之紹初文，金文形同，作[金文]（召卣），後簡化爲[金文]（克鐘），是即小篆所本。"

按召 zhào（定宵）是紹介的初文，也是招呼招待的本字。从刀是匕的訛變，非聲。

**到** 《説文》："到，至也。从至，刀聲。"段注："《大雅》曰：'靡國不到。'《論語》兩言'民到於今'。《釋詁》曰：'到，至也。'"

按到 dào（端宵）从刀聲（端宵）訓至。至是矢走完射程，頭朝下落到地面。到即今倒字，至、到同義，到、倒同字，倒是到的後起區别字。

釗 𨦟 《説文》："釗，刓也。从刀金。周康王名。"段注："金有芒角，摩弄泯之。《釋詁》曰：'釗，勉也。'其引伸之義也。又曰：'見也。'此假借釗爲昭也。"朱駿聲通訓定聲："刀亦聲。"

按釗 zhāo（章宵）从刀聲（端宵）訓刓。刀在字中表動。承培元《説文引經證例》："刓，摶也。摶，圜也。謂摩去器芒角也。"字从刀聲，此用釗摩去刀之鋒芒義。

苕 𦮶 《説文》："苕，艸也。从艸，召聲。"段注："《詩》：'苕之華。'"《爾雅·釋草》："苕，陵苕。"邵晋涵正義："謂之陵苕，所以别於《陳風》之'旨苕'也。……《本草》有紫葳，《唐本》注謂之凌霄。蔓生，依大木，久延至顛。"

按苕 tiáo（定宵）从召聲（定宵）訓草，蔓生依大木，久延至巔，凌霄而開花。字从召聲，當爲超聲（透宵）之借，謂蔓延超出大木之巔，此用超之超出義。

超 𧺺 《説文》："超，跳也。从走，召聲。"段注："跳，一曰躍也。"

按超 chāo（透宵）从召聲（定宵）訓跳。跳則高，語有"跳高"，謂雙脚騰空而起。一曰躍，字从翟，《説文》："翟，山雉也。尾長。"長高義相函，引申有超越、超出、高超等義。

詔 𧦝 朱駿聲通訓定聲："詔，此字《説文》不録，徐鉉補入爲十九文之一：'从言，召聲。誥也。'按上告下之義，古用誥，秦復造詔字當之。"

按詔 zhāo（章宵）从召聲（定宵）訓告，謂以言告之，此用召之引申義。

韶 𩐅 《説文》："韶，虞舜樂也。《書》曰：'簫韶九成，鳳皇來儀。'从音，召聲。"段注："《樂記》曰：'韶，繼也。'《公羊》疏引宋鈞注《樂説》云：'簫之言肅，舜時民樂其肅敬而紹堯道，故謂之簫韶。'"

按韶 sháo（禪宵）从召聲（定宵）訓虞舜樂，即韶樂。字从召聲，《甲骨文字典》據甲金文以爲召即紹之本字，紹有繼承義。《樂記》鄭玄注：“韶，舜樂名也。韶之言紹也，言舜能繼紹堯之德。”故韶引申有繼承美好義。“簫韶九成，鳳皇來儀”，正顯示韶樂之美妙，極具吸引力。

鞀 𩊓 《説文》：“鞀，鞀遼也。从革，召聲。鞉，鞀或从兆聲。鼗，鞀或从鼓兆。磬，籒文鞀，从殸召。”段注：“此門，聞也，户，護也，鼓，郭也，琴，禁也之例，以疊韵説其義也。遼者，謂遼遠必聞其音也。《周禮》注曰：‘鼗如鼓而小，持其柄摇之，旁耳還自擊。’”

按鞀 táo（定宵）从召聲（定宵）訓鞀遼，遼謂其遠聞，鞀謂如鼓而小。字从召聲，當爲兆聲（定宵）之借，兆者龜坼微小，此用兆小之引申義。

卲 𠨑 《説文》：“卲，卜問也。从卜，召聲。”

按卲 shào（禪宵）从召聲（定宵）訓卜問。字从召聲，此蓋用召告之引申義，謂所問之事於龜兆告之。

柖 𣏴 《説文》：“柖，樹摇皃。从木，召聲。”段注：“柖之言招也，樹高大，則如能招風者然。”

按柖 sháo（禪宵）从召聲（定宵）訓樹榣皃。樹招風則摇，字从召聲，當爲招聲（章宵）之借，用招之招引義。俗語有“樹大招風”。柖榣是後起的區别字，今但用招摇，而柖榣廢棄不用。

邵 𨚖 《説文》：“邵，晋邑也。从邑，召聲。”

按邵 shào（禪宵）从召聲（定宵）訓晋邑。字从召聲，作邑名字，此但借其聲。

昭 㫧 《説文》：“昭，日明也。从日，召聲。”段注：“引伸爲凡明之稱。”

按昭 zhāo（章宵）从召聲（定宵）訓日明。日高則明，昭是照的本字，日高則陽光普照大地，無處不明亮。字从召聲，當爲高聲（見宵）之借，《詩》：“其雨其雨，杲杲出日。”杲正是日高則明的寫實。

**佋** 《説文》：“佋，廟佋穆，父爲佋南面，子爲穆北面。从人，召聲。”朱駿聲通訓定聲：“按晋避司馬昭諱，别造此字，後人妄增入《説文》，不聞更有僇字也。姑附於此。”

按佋 zhāo（章宵）作廟諱，佋、昭同字，佋字段注本删。

**袑** 《説文》：“袑，絝上也。从衣，召聲。”段注：“絝上對上絝踦言，股所居也，大之則寬緩。”《集韵》：“袑，《説文》：‘袴上也。’一曰袴襠也。”

按袑 shào（禪宵）从召聲（定宵）訓絝上，即今語袴襠，袴襠在袴的上方，其下絝踦，即今語褲脚，或叫褲管。字从召聲，此用召高之引申義。

**卲** 《説文》：“卲，高也。从卩，召聲。”段注：“《廣雅·釋詁》同。《法言》曰：‘公儀子，董仲舒之才之卲也。’又曰：‘賢皆不足卲也。’”

按卲 shào（禪宵）从召聲（定宵）訓高。字从召聲，此用召高之義，今語年高德卲，即用此義。《小爾雅》：“卲，美也。”此用高之引申義，高尚與美好義相函。

**貂** 《説文》：“貂，鼠屬，大而黄黑，出胡丁零國。从豸，召聲。”

按貂 diāo（端宵）从召聲（定宵）訓鼠屬，大而黄黑。貂爲鼠屬之大者，其皮可制裘，特别名貴，是貂兼有大義和名貴義。字从召聲，此用召高之引申義。

**沼** 《説文》：“沼，池也。从水，召聲。”段注：“《召南》傳曰：‘沼，池也。’張揖《廣雅》同，按《衆經音義》兩引作‘小池也’。”

按沼 zhǎo（章宵）从召聲（定宵）訓池，小池。字从召聲，當爲兆聲（定宵）之借，此用兆龜坼微小引申義。

**招** 《説文》：“招，手評也。从手，召聲。”段注：“評，各本作呼，今正。呼者，外息也。評者，召也。不以口而以手，是手評也。”

按招 zhāo（章宵）从召聲（定宵）訓手評，謂以手勢招引之使來。引申爲邀約招致招引，古謂箭靶爲招，箭靶之設在習射，招引矢來，此以業爲名。

**弨** 《說文》："弨，弓反也。从弓，召聲。《詩》曰：'彤弓弨兮。'"段注："《小雅》：'彤弓弨兮。'傳曰：'弨，弛皃。'按《詩》正義引《說文》有'謂弛之而弓反'六字，蓋出庾儼默説，弛者弓解也。弓反者，《詩》所云'翩其反也'，弓反爲弨之本義，弛之則亦反矣。"王筠句讀："謂弛之而反也。"

按弨 chāo（昌宵）从召聲（定宵）訓弓反。字从召聲，蓋超聲（透宵）之借，弓弦解則弓超脱而無拘束，此用超之超脱義。

**紹** 《說文》："紹，繼也。从糸，召聲。一曰紹緊糾也。，古文紹从卩。"段注："緊者，纏絲急也。糾者，三合繩也。"林義光《文源》："絶蓋與紹同字，相承誤用爲斷繼之繼。"李孝定《甲骨文字集釋》："契文作㓞，象以刀斷絲之形，其本義當爲絶。與絶古當爲一字，林氏之説是也。初誼爲絶，而許書訓繼者亦治之訓亂也。其始爲一字，繼絶兩訓其後始分衍爲二耳。契文作㓞而篆文作紹者，古文衍變往往增口，許書古文遂又以爲从卲聲矣。"

按紹 shào（禪宵）从召聲（定宵）訓繼，此用絶之反向引申。又引申爲紹介。紹从糸，糸所以纏繞，故引申爲纏繞。

**蛁** 《說文》："蛁，蟲也。从虫，召聲。"段注："謂蟲名也。按《玉篇》以蛁蟧釋之，非也。蛁自蟲名，下文蚗下蛁蟟，别一蟲名。凡單字爲名者，不得與雙字爲名者相牽混。蛁蟧即蛁蟟，不得以釋蛁也。"

按蛁 diāo（端宵）从召聲（定宵）訓蟲。今爲何蟲不詳，其語源不詳。

**劭** 《說文》："劭，勉也。从力，召聲。讀若舜樂韶。"段注：

“漢成帝詔曰：‘先帝劭農。’蘇林曰：‘劭音翹，精異之意也。’晋灼曰：‘劭，勸勉也。’按《卩部》‘卲，高也’，卲與劭相似，轉寫容有互訛者，如應仲遠之名當是卲字，此蘇林所説，當亦是卲農。”

按劭 shào（禪宵）从召聲（定宵）訓勉。意爲從事艱難之事，需用超常的氣力，故須勉爲其難。字从召聲，蓋爲超聲（透宵）之借，用超之超越義。依段説“先帝劭農”字當作卲。

**鉊** 《説文》：“鉊，大鎌也。从金，召聲。鎌或謂之鉊，張徹説。”《方言》卷五：“刈鉤，江、淮、陳、楚之間謂之鉊。”

按鉊 zhāo（章宵）从召聲（定宵）訓大鎌。字从召聲，既用召从刀之義，又用召高之引申義，高大義相函。刈鉤即割禾的帶細齒的彎刀。

**軺** 《説文》：“軺，小車也。从車，召聲。”段注：“《漢·平帝紀》：‘立軺併馬。’服虔曰：‘立軺，立乘小車也。’”

按軺 yáo（余宵）从召聲（定宵）訓小車。字从召聲，當爲兆聲（定宵）之借，用兆龜坼細小之引申義。

**陧** 《説文》：“陧，耕以臿浚出下壚土也。一曰耕休田也。从𨸏，从土，召聲。”段注：“耕，謂耕者也。臿當依十二篇《甶部》作疀，古田器。《斗部》引《爾雅》‘斛謂之疀’是也。郭璞曰：‘斛疀，古鍫锸字。’浚者抒也，抒者挹也，壚者黑剛土也。耕者用鍫抒取地下黑剛土謂之陧。”

按陧 zhāo（章宵）从召聲（定宵）訓耕以臿浚出下壚土。字从召聲，蓋爲超聲（透宵）之借，用超使之超出之引申義。又字从召聲，刀聲（端宵）之借，以刀表鍫臿，用鍫臿入土中，將地下的黑剛土起上來，故字又从𨸏以足意。

**菿** 《説文》：“菿，艸大也。从艸，到聲。”段注：“《毛詩》：‘倬彼甫田。’《韓詩》作‘菿彼圃田’。《釋故》曰‘菿，大也’。卓聲、到聲古同在弟二部。……後人檢菿字不得，則於《艸部》末綴菿篆，訓曰‘艸木倒’，語不可通，今更正。

《爾雅》釋文，《廣韵·四覺》皆引《説文》‘菿，艸大也’。”桂馥義證：“‘艸木倒’者，後人亂之。《廣韵》《爾雅》釋文並引作‘艸大也’。”

按菿 dào（端宵）从到聲（端宵）訓草大。字从到聲，當爲卓聲（端藥）之借，《説文》：“卓，高也。”高大義相函。菿、卓端母雙聲，宵藥對轉。

**葝** 《説文》：“葝，艸大也。从艸，致聲。”朱駿聲通訓定聲：“按菿各本《説文》誤作葝，而反衍菿字於末，妄箸艸木倒之訓，此誤之又誤者，今附葝於此，所宜訂正。”

按葝是菿的誤字，清代《説文》諸家並有訂正之説。葝字宜删。

**照** 《説文》：“照，明也。从火，昭聲。”段注：“與昭音義同。”

按照 zhào（章宵）从昭聲（章宵）訓明。昭、照音義並同，照是昭的後起的孳乳字，昭是是照的本字，昭的初義是日出升高，日光普照，大地明亮，引申爲凡光亮所照明。照又引申爲關照、照應、照顧、對照諸義，昭則但訓明、明白、明亮，此又義析字别。照以昭爲語源，而昭以日高爲語源。

**菬** 《説文》：“菬，艸也。从艸，沼聲。”朱駿聲通訓定聲：“此字疑即苕之或體。或曰‘水艸也，从艸，从水，召聲’。存參。”

按菬 qiáo（从宵）从沼聲（章宵）訓草名字。今爲何草不詳，語源不詳。

**羔** 《説文》：“羔，羊子也。从羊，照省聲。”徐灝注箋：“疑羔之本義爲羊炙，故从火。小羊味美，爲炙尤宜，因之羊子謂之羔。《楚辭·招魂》‘臑鼈炮羔’是也。”

按羔 gāo（見宵）从照省聲（章宵）蓋爲燒省聲（書宵）之誤。炙今稱“紅燒”，或叫“燒烤”，廣州名菜烤乳猪即炙子羊之比。炙子羊、烤乳猪皆美味，高美義相函，故以羔爲名，此以德爲名。羔从火爲炙子羊，因以羔爲子羊之名。

**䅵** 《説文》：“䅵，禾皮也。从禾，羔聲。”段注：“禾皮者，禾稿之皮也。《吕氏春秋》曰：‘得時之麥，薄羔而赤色。’本謂稿皮，因以呼稍皮，羔聲、勺聲古音同在二部，故羔音灼，下文曰‘禾若秧穰’，曰‘把取禾若’，若即羔，今音相近，又改其字耳。”

按羔 zhuó（章藥）从羔聲（見宵），宵藥對轉，訓禾皮，禾稿之皮，謂禾已成熟，禾表層乾枯之皮。字从羔聲，當爲稿聲（見宵）之借，用稿之枯稿義。

窯 《説文》：“窯，燒瓦窯竈也。从穴，羔聲。”段注：“窯似竈，故曰窯竈。《韵會》本作‘燒瓦窯也’。無竈字。大徐本作‘燒瓦竈也’，非是。《綿》詩鄭箋云：‘復穴皆如陶然。’是謂經之陶，即窯字之叚借也。《綿》正義引《説文》：‘陶，瓦器竈也。’蓋其所據乃《缶部》匋下語，匋窯蓋古今字。”

按窯 yáo（余宵）从羔聲（見宵）訓燒瓦窯竈。羔聲蓋燒聲（書宵）之借，用燒之燒制義，謂燒之而成器。

顤 《説文》：“顤，大頭也。从頁，羔聲。”段注：“《玉篇》引《倉頡》云：‘頭大也。’《廣雅》曰：‘顤，大也。’”

按顤 qiāo（溪宵）从羔聲（見宵）訓大頭。字从羔聲，蓋爲高聲（見宵）之借，高大義相函，此用高大之引申義。

## 兆聲字

𠧞 《説文》：“𠧞，灼龜坼也。从卜，兆象形。兆，古文𠧞省。”段注：“《周禮》注曰：‘兆者，灼龜發於火，其形可占者，其象似玉瓦原之璺罅，是用名之焉。’按凡曰朕兆者，朕者如舟之縫，兆者如龜之坼，皆引伸假借也。……按古文祇爲象形之字。”

按兆 zhào（定宵），《説文》作𠧞。𠧞是兆後起的加注形旁字。古人灼龜以占卜吉凶，其裂痕爲兆。龜坼細微，引申爲凡徵兆之字。

**珧** 《説文》：“珧，蜃甲也，所以飾物也。从玉，兆聲。《禮記》曰：‘佩刀，天子玉琫而珧珌。’”段注：“介物之殼曰甲。……《釋器》曰‘以蜃者謂之珧’。按《爾雅》：‘蜃小者珧。’……玉珧亦蜯屬。”

按珧 yáo（余宵）从兆聲（定宵）訓蜃甲。蜃甲小，故名兆，其甲有類似晶體閃光者，與玉相似，古人以爲妝飾，故字入《玉部》。字从兆聲，此用兆龜坼細微之引申義。

**咷** 《説文》：“咷，楚謂兒泣不止曰噭咷。从口，兆聲。”

按咷 táo（定宵）从兆聲（定宵）訓小兒泣不止。字从兆聲，作象聲字，此但借其聲，與兆之本義引申義無關。

**趒** 《説文》：“趒，雀行也。从走，兆聲。”段注：“今人概用跳字。”王筠釋例：“雀能躍不能步，人之跳似之。”

按趒 tiáo（定宵）从兆聲（定宵）訓雀行。雀行衹能跳躍，不能邁步，是兆聲蓋爲挑聲（定宵）之借，用挑之挑起挑高義，又兼用兆小之引申義，雀跳之跨度甚小。

**逃** 《説文》：“逃，亡也。从辵，兆聲。”段注：“亡逃互訓。”

按逃 táo（定宵）从兆聲（定宵）訓亡，逃亡、逃跑。字从兆聲，兆是灼龜的坼縫，引申指間隙。逃謂尋找間隙，乘機逃跑，此用兆縫隙之引申義。

**跳** 《説文》：“跳，蹷也。从足，兆聲。一曰躍也。”段注：“《方言》：‘自關而西秦晋之間曰跳。’”

按跳 tiào（定宵）从兆聲（定宵）訓蹷，謂蹷起。字从兆聲，當爲召聲（定宵）之借，用召高之引申義。人物跳起則高，語有“跳高”，跳召古同音，跳高叠韵，或爲挑聲之借，挑之則高，跳挑古音同。

**誂** 《説文》：“誂，相評誘也。从言，兆聲。”段注：“《戰國策》：‘楚人有兩妻。人誂其長者，長者詈之。誂其少者，少者許之。’《史記·吴王濞傳》：‘使中大夫應高誂膠西王。’按後人多用挑字。”

按誂 tiǎo（定宵）从兆聲（定宵）訓相評誘。字从兆聲，此用兆有縫隙，利用縫隙，用甘言諛辭乘間挑動引誘對方。此用兆之引申義。

**眺** 《説文》："眺，目不正也。从目，兆聲。"段注："按《釋詁》《説文》皆云：'覜，視也。'然則覜望字不得作眺。《月令》'可以遠眺望'系假借，小徐注引《射雉賦》'目不步體，袤眺旁剔'。徐爰曰：'視瞻不正，常驚惕也。'此眺字本義。"

按眺 tiào（透宵）从兆聲（定宵）訓目不正。字从兆聲，此用兆灼龜坼紋之引申義。龜坼之裂紋常邪行不正，故兆引申有不正義。

**挑** 《説文》："挑，羊未卒歲也。从羊，兆聲。或曰羠羊百斤左右爲挑。讀若《春秋》盟於洮。"

按挑 zhào（定宵）从兆聲（定宵），訓羊未卒歲。羊未卒歲是小羊。字从兆聲，此用兆龜坼細微之引申義。

**朓** 《説文》："朓，晦而月見西方謂之朓。从月，兆聲。"孔廣居疑疑："朓之爲言跳也。"楷化後與从肉兆聲之朓無别。

按朓 tiǎo（透宵）从兆聲（定宵）訓晦而月見西方。字从兆聲，當爲跳聲（定宵）之借。實際上這是舊時曆法欠精準出現誤差，在曆法上的一種説法，曆法大進步達到精準之後，就不再有這種誤差現象。

**脁** 《説文》："脁，祭也。从肉，兆聲。"段注："祭名也。《廣雅》云：'祧，祭也。'祧當作脁。"朱駿聲通訓定聲："按脁之言超也，此爲遷廟而祭之名，字亦作祧。"

按脁 tiǎo（透宵）从兆聲（定宵）訓祭，此爲遷廟而祭。字从兆聲，當爲超聲（透宵）之借，用超之遷升義。

**祧** 朱駿聲通訓定聲："祧，此《説文》新附字，按即脁也。《廣雅·釋天》：祧，祭先祖也。許叔重《五經異義》'將祧而去之，故曰祧'。按上祧，祭也。下祧，廟也。"

按祧 tiāo（透宵）从兆聲（定宵）訓祭。祧、脁一字之異體。

**桃** 《説文》："桃，桃果也。从木，兆聲。"

按桃 táo（定宵）从兆聲（定宵）訓桃果。桃果，果之小者，字从兆聲，此用兆龜坼細微之引申義。

**旐** 《説文》：“旐，龜蛇四游，以象營室。攸攸而長也。从㫃，兆聲。《周禮》曰：‘縣鄙建旐。’”《積微居小學金石論叢·釋旐》：“按許君釋旌旗之名，率據《周禮》，……明其語柢，亦嫌附合。愚謂旐之爲言召也，謂所以召士衆也。”

按旐 zhào（定宵）从兆聲（定宵）訓縣鄙所建旗。建旗所以召集士衆，字从兆聲，當爲召聲（定宵）之借，用召之召集義。

**窕** 《説文》：“窕，深肆極也。从穴，兆聲。讀若挑。”段注：“窕與窘爲反對之辭。《釋言》曰：‘窕，肆也。’《大戴禮·王言》：‘七者布諸天下而不窕，内諸尋常之室而不塞。’《淮南·俶真訓》：‘處小隘而不塞，横扃天地之間而不窕。’……凡此皆可證窕之訓寛肆。凡言在小不塞、在大不窕者，謂置之小處而小處不見充塞無餘地，置之大處而大處不見空曠多餘地。高誘曰：‘不窕，在大能大也。’”

按窕 tiǎo（定宵）从兆聲（定宵）訓深肆極也。深、肆、極三字皆表程度，既可表無限大（在大能大），也可表無限小（在小能小），處大有餘地，處小也有餘地，這裏説的是一個深邃的哲理。字从兆聲，用龜坼微小之引申，从正反雙向引申，凡事皆有正反兩面，這是雙向引申的客觀依據。

**佻** 《説文》：“佻，愉也。从人，兆聲。《詩》曰：‘視民不佻。’”段注：“古本皆作‘愉’，汲古閣作‘偷’，誤也。《心部》曰：‘愉，薄也。’《小雅·鹿鳴》曰：‘視民不恌。’許所據作‘佻’是。毛傳曰：‘恌，愉也。’按《釋言》：‘佻，偷也。’偷者愉之俗字。今人曰偷薄，曰偷盗，皆从人作偷，他侯切。而愉字訓爲愉悦，羊朱切。此今義今音今形，非古義古音古形也。……按佻訓苟且，苟且者必輕，故《離騷》注曰：‘佻，輕也。’”

按佻 tiāo（透宵）从兆聲（定宵）訓愉，愉即今偷薄字。字从兆聲，此用兆龜坼細微之引申義。凡物小則輕，故引申有輕佻、輕薄義。

**覜** 《説文》：“覜，諸侯三年大相聘曰覜。覜，視也。从見，兆聲。”

按覜 tiào（透宵）从兆聲（定宵）訓諸侯三年大相聘曰覜。此古代諸侯三年行大聘問相見之禮。相見聘問訓視，故字从見，四方諸侯遠道來相見聘問，故引申有覜望義。眺爲視不正，不與於覜望之義。段氏已於眺篆詳辨之。

**洮** 《説文》：“洮，洮水。出隴西臨洮，東北入河。从水，兆聲。”

按洮 táo（透宵）从兆聲（定宵）訓洮水。字从兆聲，作水名字，此但借其聲。

**鮡** 《説文》：“鮡，魚名。从魚，兆聲。”段注：“按字見《爾雅》：‘鱯之小者也。’”

按鮡 zhào（定宵）从兆聲（定宵）訓魚名，鱯之小者。字从兆聲，此用兆龜坼微小之引申義。

**挑** 《説文》：“挑，撓也。从手，兆聲。一曰摷也。《國語》曰：‘郤至挑天。’”段注：“下文云‘撓者，擾也。擾者，煩也’。挑者，謂撥動之，《左傳》云‘挑戰’是也。……韋本作‘佻天’。注云：‘佻，偷也。’今按‘佻天之功，以爲己力’，與《左傳》‘天實置之，而二三子以爲己力’語意正同。”

按挑 tiǎo（定宵）从兆聲（定宵）訓撓，此用挑挑動、挑撥、挑起之義。此謂乘隙而入，動其所不能動。“郤至挑天”則當爲苟且之義。二者皆用兆龜坼細微之引申義。

**姚** 《説文》：“姚，虞舜居姚虚，因以爲姓。从女，兆聲。或爲姚嬈也。史篇以爲姚易也。”

按姚 yáo（余宵）从兆聲（定宵）訓虞舜居姚虚，因以爲姓。字从兆聲，作姓氏字，此但借其聲。

**絩** 《説文》：“絩，綺絲之數也。漢律曰：‘綺絲數謂之絩，布謂之緫，綬組謂之首。从糸，兆聲。”段注：“綺者，文繒也。文繒絲尚有數，則餘繒可知。其若干絲爲一絩，未聞。”

按絩 tiào（透宵）从兆聲（定宵）訓綺絲之數，謂以若干絲爲一絩。絩用以織，其絲有定數，但不會太多，合數絲之絩仍小。字从兆聲，此用兆龜坼微小之引申義。

**垗** 《説文》：“垗，畔也。爲四畔，畍祭其中。从土，兆聲。《周禮》曰：‘垗五帝於四郊。’”段注：“畔者，田界也。界者，竟也。……畔，各本訛畤，《集韵》《類篇》又訛時，今正。四畔，謂四面有埒也。……兆者，分也。形聲中有會意也。……今《周禮》作兆，許作垗。”

按垗 zhào（定宵）从兆聲（定宵）訓畔，爲四畔，界祭其中。謂爲祭壇，四周有邊界，祭於其中，四面有埒，謂邊界突起。字从兆聲，兆者龜坼，裂縫下陷，而訓埒謂突起，此用兆龜坼之反向引申，下陷之裂縫與突起之埒皆可以爲分界。

**銚** 《説文》：“銚，温器也。从金，兆聲。一曰田器。”段注：“今煮物瓦器謂之銚子，讀徒吊切是也。……《周頌》：‘庤乃錢鎛。’傳曰：‘錢，銚也。’許下文錢下亦曰：‘銚也，古田器。’銚，《釋器》《方言》皆作斛。《釋器》曰‘斛謂之疀’。郭云：即古鍫臿字。《方言》曰：‘臿，燕之東北、朝鮮洌水之間謂之斛，赵魏之間謂之喿。’銚斛喿三字同，即今之鍫字也。”

按銚 yáo（余宵）又音 diào（透宵），段説今煮物瓦器謂之銚子，字从兆聲（定宵），此用兆小之引申義。一曰田器，即今之鍫臿字。銚从兆聲，亦用兆小之引申義。鍬之尖耑必鋭，此亦用兆小之引申義。字或作錢，字从戔聲，戔有小義。尹知章注《管子》：“大鋤謂之銚。”此當是後世銚演進爲鋤，非銚義之朔。

## 勺聲字

**勺** 《説文》：“勺，枓也。所以挹取也。象形。中有實與包同意。”段注：“（枓也）二字依玄應書卷四補。……枓下云

‘勺也’。此云‘勺，料也’是爲轉注。……所以二字依《息夫躬傳》顔注補。顔之訓詁多取諸許也。挹者，抒也，勺是器名，挹取者，其用也。……外象其哆口，有柄之形，中一象有所盛也。……此字當依《考工記》上灼反，《中庸》市若反。……今俗語猶時灼切。《二部》俗作杓。”

按勺 sháo 舊讀 shuò（禪藥）。从勺聲（禪藥）訓料。勺的古義當是舀水的器具，即瓢之類。《孟子》：“昏夜叩人之門户，求水火無弗與者。”與字从勺，即給一勺水。古語有“任憑弱水三千，我衹取一瓢飲”。《論語》：“一簞食，一瓢飲，在陋巷，人不堪其憂，回也不改其樂。”勺中之一，即表所盛之水。造字之初所盛之物，必指具體之物，初民之勺所盛爲水無疑。待到農耕社會糧食漸有盈餘，久之而有酒之釀造，酌酒用料，料从斗，其中兩點古人以之象酒。《詩・大東》：“維北有斗，不可以挹酒漿。”反之，人間的料是挹酒漿的。

礿  《説文》：“礿，夏祭也。从示，勺聲。”段注：“《周禮》：‘以禴夏，享先王。’《公羊傳》曰：‘夏曰礿。’注：‘始熟可汋，故曰礿。’《釋天》曰：‘春祭曰祠，夏祭曰礿，秋祭曰嘗，冬祭曰蒸。’孫炎曰：‘祠之言食。礿，新菜可汋。嘗，嘗新穀。蒸，進品物也。’汋與礿疊韵，汋即《説文》鬻字。”

按礿 yuè（余藥）从勺聲（禪藥）訓夏祭，以禴夏，享先王。字从勺聲，當爲汋聲（余藥）之借。《爾雅・釋天》：“夏祭曰礿。”郭璞注：“新菜可汋。”陸德明《經典釋文》：“汋，燂菜也。”即《説文》鬻字，内肉及菜湯中薄出之。今湖湘俗語叫氽，或叫氽湯。如氽猪肝、氽冬莧菜，此用勺水即出之引申義。

玓 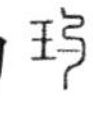 《説文》：“玓，玓瓅，明珠光也。从玉，勺聲。”段注：“光，各本作色，今依李善所引。《史记・司馬相如傳》曰：‘明月珠子，玓瓅江靡。’應邵曰：‘靡，邊也。’”

按玓 dì（端藥）从勺聲（禪藥）訓玓瓅，明珠光。字从勺聲，當爲旳聲（端藥）之借。《説文》：“旳，明也。”段注：“旳者白之明也，故俗字作的。”此借旳日光明亮色白，喻明珠之閃閃發光。

**芍** 《説文》："芍，鳧茈也。从艸，勺聲。"段注："今人謂葧臍，即鳧茈之轉語。……古勺聲與弱聲同，芍之可食者，其蒻也。"

按芍 sháo（禪藥）从勺聲（禪藥）訓鳧茈，即今語葧臍，可食。字从勺聲，當爲弱聲（日藥）之借。蒻者蒲子，謂蒲之柔弱者。葧臍是生長在水下泥中的塊根，脆嫩可食，故以蒻喻之。芍、蒻（日藥）禪日旁紐，藥部叠韵，此以音近相借。

**⿱竹肑** 《説文》："⿱竹肑，手足指節鳴也。从筋省，勺聲。肑，⿱竹肑或省竹。"徐鍇繫傳："手指節連綴之筋可屈伸者也，曳之則鳴也。"

按⿱竹肑 bó（幫藥）从勺聲（禪藥）訓指節鳴，此當爲象指節鳴聲。字从勺聲，作象聲字，此但借其聲。

**杓** 《説文》："杓，枓柄也。从木，勺聲。"段注："枓柄者，勺柄也。勺謂之枓，勺柄謂之杓。……《天官書》《天文志》皆云：'杓擕龍角，魁枕参首。'北斗一至四爲魁，象羹枓，五至七爲杓，象枓柄也。"

按杓 biāo（幫宵）从勺聲（禪藥）訓枓柄。字从勺聲，此用勺之引申義，又以木表勺柄，此相關引申。

**旳** 《説文》："旳，明也。从日，勺聲。《易》曰'爲旳顙'。"段注："旳者，白之明也。故俗字作的。漢魯峻碑曰：'永傳童齡，⿰日奐矣旳旳。'引申爲射旳。……旳顙，白顛也。"

按旳 dì（端藥）从勺聲（禪藥）訓明，光明。字从勺聲，當爲射聲（船鐸）之借。端船準旁紐，藥鐸旁轉，謂日光从高空照射大地，其光芒明亮潔白。明白義相函。今字通用的。引申爲射的者，用的明顯易見之義。

**⿰禾勺** 《説文》："⿰禾勺，禾危采也。从禾，勺聲。"段注："危采謂穎欲斷落也。《齊民要術》云：'刈晚則穗折，遇風則收減。'《玉篇》云：'⿰禾勺亦懸物也。'則⿰禾勺同《方言》之𠄏，《方言》曰：'𠄏，懸也。'……郭璞曰：'了𠄏，懸物皃。丁小反。'

……丩者，象形字，𥝩者，諧聲字。”徐灝注箋：“禾熟則穎屈而下垂，其狀欲墜落，故曰危穗。”

按𥝩 diǎo（端宵）从勺聲（禪藥）訓禾危采，謂采已折下懸但未斷落。段説是，徐説似是而非。字从勺聲，當爲丩聲（端幽）之借，亦即今之吊字（端藥）、《説文》之卣字（定幽）。穗已折而下懸遇風則斷落，故曰遇風則收減。禾采成熟顆粒飽滿，重而低頭，俗叫‘勾頭散子’，與折而下懸是顯然不同的，説字者不可不察。

彴 《説文》：“彴，約也。从人，勺聲。”段注：“疊韵爲訓。《釋天》曰‘奔星爲彴約’。舊作‘彴約’。《佩觿》辨證曰：‘字从人，不从彳。’或云許本作‘彴約也’三字爲句。”《玉篇》：“《爾雅》曰‘奔星爲彴約’，即流星也。”

按彴 bó（並藥）从勺聲（禪藥）訓約。字从勺聲，射聲（船鐸）之借。今湖湘俗語喻人奔走之迅疾，每説“一射（讀 shǎ）就走了”，此以人奔跑如矢之飛喻流星奔走之飛快。《爾雅》之“奔星”，正以人之奔跑喻流星之一閃即逝。

豹 《説文》：“豹，似虎圜文。从豸，勺聲。”段注：“豹文圜，《易》曰：‘君子豹變，其文蔚也。’”

按豹 bào（幫藥）从勺聲（禪藥）訓似虎。豹猛獸，性兇暴，字从勺聲，當爲暴聲（並藥）之借，用暴之暴烈、兇猛義，此以德爲名。俗語中形容人膽大性子暴，叫“吃了豹子膽”，就是从這個意義説的。

馰 《説文》：“馰，馬白頟也。从馬，勺聲。一曰駿也。《易》曰爲馰顙。”段注：“《秦風》：‘有馬白顛。’傳曰：‘白顛，旳顙也。’《釋獸》曰：‘旳顙，白顛。’郭云：‘戴星馬也。’……舊作‘旳省聲’，旳聲亦勺聲也，今正。”

按馰 dí（端藥）从勺聲（禪藥）訓馬白頟。字从勺聲，當爲旳聲（端藥）之借，用旳日光色白明亮之義。《説文》：“勺，枓也。”無白義，舊作旳省聲不誤。

鼩 《説文》：“鼩，胡地風鼠。从鼠，勺聲。”《廣韵》：“鼩，鼠屬。能飛，食虎豹。出胡地。”

按䶂 zhuó（章藥）从勺聲（禪藥），訓胡地風鼠。風者謂御風而行，即能飛。能食虎豹，此鼠中之碩大無比者。字从勺聲，蓋爲碩聲（禪鐸）之借，章禪旁紐，藥鐸旁轉，此音近相借。必借勺聲者，以區別《詩》碩鼠爲食黍之鼠。

灼 《說文》：“灼，灸也。从火，勺聲。”段注：“灸各本作炙，誤，今正。此與上灸篆爲轉注。炙謂炮肉，灼謂凡物以火附箸之。如以楚焞柱龜曰灼龜，其一耑也。《七諫》注曰：‘點，污也。灼，灸也。猶身有病，人點灸之。’……凡訓灼爲明者，皆由經傳段灼爲焯。《桃夭》傳曰：‘灼灼，華之盛也。’謂灼爲焯之段借字也。《周書》：‘焯見三有俊心。’今本作‘灼見’。”

按灼 zhuó（章藥）从勺聲（禪藥）訓灸。字从勺聲，蓋爲射聲（船鐸）之借，不是用火燒，而是用艾火照射，此謂火與人體保持適當距離，即有藥效而不灼傷。段氏灼爲焯之假借字，其說良有見地。

尥 《說文》：“尥，行脛相交也。从尢，勺聲。”段注：“行而脛相交，則行不便利。高注《淮南》、郭注《方言》、王注《素問》皆曰：‘了戾，謂纏繞不適。’……此下舊有‘牛行脚相交爲尥’，小徐本無，乃讀者箋記語耳。”《玉篇》：“牛行後脛相交。”

按尥 liào（來宵）从勺聲（禪宵），訓行脛相交。此謂跛者脚一長一短，長脚向前跨一步，短脚抬步與前脚靠攏而不能超越前脚叫尥，即用了𠄌之了，又用相交之交，即以了之聲紐爲聲，以交之韵部爲韵，是勺聲當爲交聲（見宵）之借，用交之相交義。

汋 《說文》：“汋，激水聲也。从水，勺聲。井一有水，一無水，謂之瀱汋。”段注：“《釋名》：‘汋，澤也。有潤澤也。自臍以下曰水腹，水汋所聚也。……《釋名》說其義曰：‘罽，竭也，汋有水聲汋汋也。’然則瀱謂一無水，汋謂一有水。”

按汋 zhuó（崇藥）从勺聲（禪藥）訓激水聲。字从勺聲，作象聲字，此但借其聲。

**扚** 《説文》：“扚，疾擊也。从手，勺聲。”段注：“疾速擊之也。《史記·天官書》：‘扚雲。’……許慎注《淮南》云：‘扚，引也。’”

按《史記·天官書》“扚雲”，索隱曰：“劉氏音時酌反。”則扚當讀 shuì（書藥），从勺聲（禪藥），訓疾擊。引，引者引弓發矢。字从勺聲，蓋爲射聲（船鐸）之借。射箭必先引而後發，手持待擲之物，亦必先引退，然後向前投擲，此扚所以訓引，扚訓疾擊，正謂以引弓發矢喻疾擊，此用射之引申義。

**妁** 《説文》：“妁，酌也。斟酌二姓者也。从女，勺聲。”段注：“斟酌二姓者，如挹彼注兹，欲其調適也。”

按妁 shuò（禪藥）从勺聲（禪藥）訓酌，斟酌二姓。字从勺聲，當爲酌聲（章藥）之借，用酌之斟酌義。

**約** 《説文》：“約，纏束也。从糸，勺聲。”段注：“束者，縛也。引申爲儉約。”

按約 yuē（影藥）从勺聲（禪藥）訓纏束。字从糸，初義當爲束腰的帶子。字从勺聲，當爲要（腰的本字）聲（影宵）之借。要、約影母雙聲、宵藥對轉。訓纏束是約的引申義。在造字之初，及物動字所及必爲特定的具體之物，要、約都是出現較早的漢字，同是不少與之諧聲字的語源。

**𥿮** 《説文》：“𥿮，白𥿮，縞也。从素，勺聲。”段注：“縞者，鮮支也。《急就篇》有‘白𥿮’，顔注曰：‘謂白素之精者，其光𥿮𥿮然也。’”

按𥿮 yuè（余藥）从勺聲（禪藥）訓白𥿮，縞。白素之精者，其光𥿮𥿮然。字从勺聲，當爲的聲（端藥）之借，用日高光亮明白之引申義。縞从高有白義者，亦从日高生義。高聲即杲聲（見宵）之借。《説文》：“杲，明也。”明、白義相函。

**釣** 《説文》：“釣，鉤魚也。从金，勺聲。”段注：“鉤者曲金也。以曲金取魚謂之釣。”

按釣 diào（端宵）从勺聲（禪藥），宵藥對轉，訓鉤魚。勺聲當爲𠧪聲（定幽）之借，用𠧪草木垂實𠧪𠧪然之引申義。鉤者曲金，其上安餌，魚食餌則上鉤，起釣則魚懸垂而上，釣魚俗稱垂釣是其義，參見杓字解讀。釣作動字是釣魚，作名字是釣具。

**酌 酌** 《説文》："酌，盛酒行觴也。从酉，勺聲。"段注："盛酒於觶中以飲人曰行觴。《投壺》云：'命酌曰請行觴。'"《玉篇》："酌，斟也。"

按酌 zhuó（章藥）从勺聲（禪藥）訓盛酒行觴。字从勺聲，勺者枓也。本義是用勺斟酒請飲。也可自斟自飲，李白詩："花間一壺酒，獨酌無相親。"獨酌即自斟自飲。

**箹 箹** 《説文》："箹，小籟也。从竹，約聲。"

按箹 yuē（影藥）从約聲（影藥）訓小籟。約者束腰之帶，腰是身中小處。又凡物放鬆則大，約束則小，故約引申有小義。字从約聲，此約束則小之引申義。

## 翟聲字

**翟 翟** 《説文》："翟，山雉也。尾長。从羽，从隹。"段注："《釋鳥》：'翟，山雉。'郭曰：'長尾者。'……按翟羽，經傳多假狄爲之。狄人字，傳多假翟爲之。"

按翟 dí（定藥）訓山雉，尾長。雉尾長高舉，从翟聲，趯、躍、鸐、糴諸字之有上出、上躍義者，皆用尾長高舉之引申義。

**藋 藋** 《説文》："藋，堇艸也。一曰拜商藋。从艸，翟聲。"段注："疑堇艸爲蒴藋，拜商藋爲今之灰藋也。灰藋似藜。《左傳》'斬之蓬蒿藜藋'。"

按藋 diào（定藥）从翟聲（定藥）訓蓳草（段注本作堇草），一曰拜商藋。灰藋似藜，藜，蓬蒿，皆草莖之長高者。藋與爲類，亦當爲高莖之草。字从翟聲，此用翟尾長高翹之比喻義。

**趯 趯** 《説文》："趯，躍也。从走，翟聲。"段注："《召南》傳曰：

‘趯趯，躍也。’《足部》曰：‘躍，迅也。’”

按趯 yuè（余藥）从翟聲（定藥）訓躍，跳得高、跨得遠。字从翟聲，此用翟尾長高翹之引申義。

**躍** 《説文》：“躍，迅也。从足，翟聲。”段注：“迅，疾也。”

按躍 yuè（余藥）从翟聲（定藥）訓迅。躍的本義是跳躍，但許書訓迅者，跳躍是一個向上的動作，雙脚必須同時離地，動作必須迅速才能完成。此从不同角度補充跳躍的義項。

**鬻** 《説文》：“鬻，内肉及菜湯中薄出之。从䰜，翟聲。”段注：“内，今之納字，薄音博，迫也。納肉及菜於鬻湯中而迫出之，今俗所謂煠也。玄應曰：‘江東謂瀹爲煠，煠音助甲切。鬻，今字作瀹，亦作汋。’《通俗文》曰：‘以湯煮物曰瀹。’《廣雅》曰：‘瀹，湯也。’孫炎説夏礿之義曰‘新菜可汋’。”

按鬻 yuè（余藥）从翟聲（定藥）訓内肉及菜湯中薄出之，謂將放進湯中的肉、菜迅急擢起來。字从翟聲，此用翟長尾高翹之引申義。

**糴** 《説文》：“糴，穀也。从米，翟聲。”段注：“糴者穀也，故糴字从入糴會意。”

按糴 dí（定藥）从翟聲（定藥）訓穀。穀者糧食，糧所以養生，是人生存所必需的寶中寶。字从翟聲，翟尾長尾翹則高的引申義。

**燿** 《説文》：“燿，照也。从火，翟聲。”徐灝注箋：“俗作耀。”

按燿 yào（余藥）从翟聲（定藥）訓照，謂光亮从上面照下來，語有日照、光照。本義謂日光从高空照射下來。字从翟聲，此用翟尾長高翹之引申義。

**濯** 《説文》：“濯，澣也。从水，翟聲。”段注：“《崧高》傳曰：‘濯濯，光明也。’《靈臺》傳曰：‘濯濯，娱游也。’皆引伸之義也。有假洮爲濯者，如鄭注《顧命》之洮爲‘澣衣成事’是也。《周禮》故書以‘濯’爲‘祧’。《爾雅》以濯爲珧。《史》《漢》以‘輯濯’爲‘楫櫂’，皆古文假借。”

按濯 zhuó（定藥）从翟聲（定藥）訓澣，謂水从上向下冲洗，洗去污垢。此用翟尾長之引申義。長高義相函，引申爲凡洗滌之稱。成語“洗心革面”，指洗去心靈的污垢。冲洗要用大量的水，故引申有盛大義。《詩·大雅·常武》：“濯征徐國。”毛傳：“濯，大也。”

擢 𢷾 《説文》：“擢，引也。从手，翟聲。”段注：“毛傳曰：‘楫所以擢舟也。’擢舟，謂引舟也。”徐灝注箋：“此當以拔擢爲本義，假借爲擢舟。”

按擢 zhuó（定藥）从翟聲（定藥）訓引。引者，引弦向後而矢向前，以喻擢舟。櫂劃水向後挑起，而舟向前，向前則産生長度，向上則産生高度，皆與翟尾長之義相關。拔者拔起，許書下文“拔，擢也”，即用拔高之義。擢舟爲引申義非假借，徐説不當。

嬥 𡢃 《説文》：“嬥，直好皃。从女，翟聲。一曰嬈也。”段注：“直好，直而好也。嬥之言擢也。《詩》：‘佻佻公子。’《魏都賦》注云：‘佻或作嬥。’……下文嬈下云：‘一曰嬥也。’二篆爲轉注。”桂馥義證轉引魏李登《聲類》：“嬥，細腰貌。”

按嬥 tiǎo（定藥）从翟聲（定藥）訓直好皃，即今語“高挑個兒”。女子腰細則身段挺直，而婀娜多姿。字从翟聲，此用翟長尾之引申義，高長義相函。一曰嬈者，字从堯。堯，高也。妖嬈，美皃。

蠗 𧕅 《説文》：“蠗，禺屬。从虫，翟聲。”段注：“亦與母猴屬而别也。……《上林賦》：‘蛭蜩蠗蝚棲息乎其間。’郭璞云：‘蠗猱似獼猴而黄。’蠗猱二物，郭並言之，非也。”

按蠗 zhuó（定藥）从翟聲（定藥）訓禺屬，猿猴類。猿善攀援，亦善跳躍，常於林木之間从一樹跳到另一樹，如行平地。字从翟聲，當爲躍聲（余藥）之借，猿（援）、蠗（躍）皆以業爲名。

糴 𥼦 《説文》：“糴，市穀也。从入糶。”段注：“《米部》曰‘糶，穀也’。故市穀从入糶，糶亦聲。”

按糴 dí（定藥）从糶聲（定藥）訓市穀，即買入糧食。字以糶爲聲，即以糶爲語源，會入糶二字之意爲義。凡形聲字，聲旁字用其本義引申義者，即會意字，亦聲之説，是以形聲字聲不表義爲前提的，則是一種很大的誤解，是不符合漢字實際的。

糶 糶 《説文》："糶，出穀也。从出，从糴，糴亦聲。"段注："《米部》曰'糴，穀也'。出穀之字从出糴，市穀之字从入糴。"

按糶 tiào（透宵）从糴聲（定藥）訓出穀。字从糴爲聲，合出糴二字會意，凡聲旁字都是表義的，但造字時聲旁有假借，這是漢字在發展過程中出現了一個假借造字階段，从而形成了單純表音的趨向。聲旁假借就是假借造字遺留的影響。

# 需部弟八

## 侯聲字

**矦** 《説文》："矦，春饗所射侯也。从人，从厂，象張布，矢在其下。天子射熊虎豹，服猛也。諸侯射熊虎，大夫射麋。麋，惑也。士射鹿豕，爲田除害也。其祝曰：毋若不寧侯，不朝於王所，故伉而射汝也。厌，古文侯。"

按矦 hóu（匣侯）甲骨文作厌 <鐵 100.4>、矦 <人 389>。《甲骨文字典》："從矢從厂，厂象射侯之形，矢集其下，則厂爲射侯自顯。"甲骨文用方伯字，蓋方伯必聽命於王，有不聽命反叛者，則成衆矢之的。"毋若不寧侯，不朝於王所，故伉而射汝也。"當有其歷史依據。射侯所以候人射，故引申爲等候、侍候義，字則孳乳爲候。

**喉** 《説文》："喉，咽也。从口，侯聲。"

按喉 hóu（匣侯）从侯聲（匣侯）訓咽，今稱咽喉或叫"喉嚨"。字从侯聲，此狀喉之發聲。又因其發聲以爲名，此物類命名的一種方式，如猿猴名猴，即以其遇事急不可待，每發出"喉喉"的聲音，故以猴名之。郭璞注《爾雅》所謂"其名自呼"。

**翭** 《説文》："翭，羽本也。从羽，侯聲。一曰羽初生。"段注："謂入於皮肉者也。按《詩》《周禮》'鍭矢'，《士喪禮》作'翭矢'。蓋此矢金鏃，候物而中，如羽本之入肉，故假借通用也。"

按翭 hóu（匣侯）从侯聲（匣侯）訓羽本者，鳥羽本，狀與矢鏃相似，羽本長入皮肉，有似矢射入射侯，此以形似爲喻，即相似孳乳。鍭矢作翭矢者，徐灝注箋："箭以羽爲用，故矢亦名翭。又因金鏃而改从金旁作鍭也。"《爾雅》："金鏃翦羽謂之鍭。"或从羽，箭待羽爲用，翦羽即箭之舵，無羽則箭難以射中，是箭矦羽始可用，此用矦之等候義。

餱 𩚵 《説文》："餱，乾食也。从食，矦聲。《周書》曰：'峙乃餱粻。'"段注："凡乾者曰餱，故許曰乾食。"

按餱 hóu（匣侯）从矦聲（匣侯）訓乾食，即今語乾糧，如今之炒米、麵、餅乾之類，是古代行軍旅行的備用食品。字从矦聲，此用矦之等候義。

郈 𨚱 《説文》："郈，晋之温地。从邑，矦聲。《春秋傳》曰：'争郈田。'"

按郈 hóu（匣侯）从矦聲（匣侯），訓晋之温地。字从矦聲，作地名字，此但借其聲。

候 𠊱 《説文》："候，司望也。从人，矦聲。"段注："《曹風》：'候人。'傳云：'候人，道路送賓客者。'《周禮·候人》注云：'候，候迎賓客之來者。'按凡覰伺皆曰候，因之謂時爲候。"

按候 hòu（匣侯）从矦聲（匣侯）訓司（伺）望。此用射矦待矢之來的引申義。

猴 𤡔 《説文》："猴，夒也。从犬，矦聲。"段注："夒上當有'母猴'二字。……母猴乃此獸名，非謂牝者。沐猴、獮猴皆語之轉、字之訛也。陸佃據柳子厚之言曰：'蝯静而猴躁，其性迥殊。'按許書亦猴與蝯别。"

按猴 hóu（匣侯）从矦聲（匣侯）訓母猴夒。猴性特急躁，遇事輒發出"喉喉"的叫聲，因以其聲爲名。此以德爲名，與矦之本義引申義無關。

鯸 𩺊 《説文》："鯸，魚名。从魚，矦聲。"段注："按《吴都賦》'鯸鮐'，當是本作'矦鮐'，故與'王鮪'相儷。《廣雅》'鯸鮔'即'矦鮐'之俗字也。"明陶宗儀《輟耕録》卷九："鯸鮔，鲀也。背青腹白，觸物即怒，其肝殺人。正今人名爲河豚者也。”

按鯸 hóu（匣侯）从侯聲（匣侯）訓魚名，即今語河豚。段氏以爲侯鮐與王鮪相儷，是用侯爲王侯字，用王大侯次於王之引申義。

**緱** 《説文》：“緱，刀劍緱也。从糸，侯聲。”段注：“《廣韵》曰：‘刀劍頭纏絲爲緱也。’按謂人所把處如人之喉然。”

按緱 gōu（見侯）从侯聲（匣侯）訓刀劍緱，人所把處如人之喉然。字从侯聲，當爲喉聲（匣侯）之借。人所把處如劍之咽喉要害之處，段説殊確。

**鍭** 《説文》：“鍭，矢金族翦羽謂之鍭。从金，侯聲。”段注：“族，各本作鏃，今正。《㫃部》曰：‘族，矢鏠也。’……《大雅》傳曰：‘鍭，矢參亭。’參亭者，《考工記》所謂一在前二在後也。《釋器》曰：‘金鏃翦羽謂之鍭。’……考《儀禮記》作‘翭矢’。《羽部》：‘翭，羽本也。一曰羽初生皃。’‘翦，羽生也。一曰矢羽。’然則翭矢以翦羽得名，不以金族爲義。”

按鍭 hóu（匣侯）从侯聲（匣侯）訓矢金族翦羽。翦即矢羽，矢前有鏃，金屬箭頭，箭頭在箭桿之前，翦羽在箭桿之後，族、桿、翦羽三者都齊備了，矢的製作才算停當，即“矢參亭”。字或从羽作翭，或體補充字義之未備者，段氏“翭矢以翦羽得名”是完全正確的，但同以金族爲義。字从侯聲，此用今等候之引申義。

## 豆聲字

**豆** 《説文》：“豆，古食肉器也。从口，象形。𣅜，古文豆。”段注：“《考工記》曰：食一豆肉，中人之食也。……（口）音圍，象器之容也。上一象幎也。……下一象丌也，……‖象骹也，……豆之柄是也。”

按豆 dòu（定侯）甲骨文作 <甲 1613>。上一象幎，幎者覆豆之巾。中之一象肉，此造字者以意爲之，非象形乃象意。豆之製作取象於人頭，頭（定侯）、豆古音同，爲同源孳乳。但从文字製作的先後説，先有豆字，演進而有頭字，正如壺（匣魚）之製作取象於瓠（匣魚），但从文字製作説先有壺字，演進而有瓠字，是其比。《詩·七月》："八月斷壺。"《鶡冠子》："中流失船，一壺千金。"兩壺字都是瓠之假借。頭與瓠作爲形聲字，是較爲晚出的。造字之初，凡人工製作之器物必取象於自然之物，近取諸身，遠取諸物。

**梪** 《説文》："梪，木豆謂之豆，从木豆。"段注："《釋器》曰：'木豆謂之梪，竹豆謂之籩，瓦豆謂之登。'毛傳亦曰：'木曰豆，所以薦菹醢也。瓦曰登，所以薦大羹也。'毛詩豆當作梪。《瓬人》：'豆中縣'豆本瓦器，故木爲之，則異其字。"

按梪 dòu（定侯）从豆聲（定侯）訓木豆。从文物演進的歷史説，先有陶質之瓦豆，待到金屬器具問世，才有用木加工製作的木豆，其間相隔一段很長的歷史年代。段氏"豆本瓦器，故木爲之，則異其字"是符合歷史的。

**逗** 《説文》："逗，止也。从辵，豆聲。"

按逗 dòu（定侯）从豆聲（定侯）訓止。豆者，古食肉器，瓦器，豆盛肉食置於席上，則止而不動。故引申有止、停止、停留、逗留義。字从辵者，辵表示人行止，豆不能自行，人持豆置於席上則止而不動，即今語停頓之逗，是逗以豆置不動爲語源。

**鞁** 《説文》："鞁，車鞁具也。从革，豆聲。"徐鍇繫傳："鐍中舌也。"

按鞁 dòu（定侯）从豆聲（定侯）訓車鞁具，此指馬腹帶繫轡環中的舌，扣緊轡環使不移動。字从革，革所以羈縶。从豆聲當爲逗聲（定侯）之借，用逗留止之引申義。謂以鞁固定鞁具。鞁，車駕具。

**豎** 《説文》："豎，堅立也。从臤，豆聲。𥪡，籀文豎，从殳。"段注："堅立謂堅固立之也。豎與尌音義同，而豎从臤，故知爲堅立。《周禮》：'内豎。'鄭云：'豎，未冠者之官名。'蓋未冠者才能自立，故名之豎，因以爲官名。豎之言孺也。"

按豎 shù（禪侯）从豆聲（定侯）訓堅立。字从臤，臤是堅的本字，初義謂手抓得緊，眼睛盯得緊，即看守堅牢，土緊則堅。字从豆聲，豆之校直丌廣，置於席上，立得安穩，故謂豎立。此用豆立之義，引申有豎直、横豎義。

脰　《説文》："脰，項也。从肉，豆聲。"段注："《公羊傳》曰：'宋萬搏閔公，絶其脰。'注：'脰，頸也。齊人語。'"

按脰 dòu（定侯）从豆聲（定侯），訓項。《説文》頭後，頸項對文則異，散文則通。豆之形制，取象人頭，豆之校取象人頸，而豆校（見宵）者，骹聲（溪宵）之借。《説文》："骹，脛也。"脛是支撑身體的，頸是支持頭的。脛頸皆从巠，巠从壬，壬者今之挺字，挺則直，校直，借校爲骹，正以骹喻豆之足，又以脰喻人之頸。

郖　《説文》："郖，弘農縣庾地。从邑，豆聲。"段注："庾當作渡，字之誤也。《水經注・河水篇》曰：'門水又北徑弘農縣故城東，城即故函谷關。門水側城北流而注於河，河水於此有逗津，以河北有逗水南入於河，故有逗津之名也。'"

按郖 dòu（定侯）从豆聲（定侯）訓弘農縣庾地。字从豆聲，作地名字，此但借其聲。段氏據《水經注》以爲庾當作渡，郖當作逗，作津渡名。字从豆聲，亦但借其聲。

侸　《説文》："侸，立也。从人，豆聲。讀若樹。"段注："《十篇》曰：'立，侸也。'與此爲互訓。今本立下改爲'住也'，則不可通矣。侸讀若樹，與尌、豎音義同，不當作住。今俗用住字，乃駐、逗二字之俗，非侸字之俗也。"

按侸 shù（禪侯）从豆聲（定侯）訓立，今字同樹。《玉篇》："侸，《説文》作侸，今作樹。"字从豆聲，此以豆立於席上之堅立，喻人立於地上之穩當。

裋　《説文》："裋，豎使布長襦。从衣，豆聲。"段注："豎與裋疊韵，豎使謂僮豎也。《淮南》高注曰：'豎，小使也。'顔注《貢禹傳》曰：'裋褐謂僮豎所著布長襦也。'《方言》：'襜褕，其短者謂之裋褕。'韋昭注《王命論》云：'裋，謂短襦也。'本《方言》。"

按裋 shù（禪侯）从豆聲（定侯）訓豎使布長襦。字从豆聲（定侯），當爲豎聲（禪侯）之借。用豎之僮豎義。僮小僮賤，故引申有破敝義。《史記·秦始皇本紀》："大寒者利裋褐，而饑者甘糟糠。"裋豎謂麻葛所織之粗布衣。《廣韵》："裋，敝布襦也。"《史記·項羽本紀》："豎子不足與謀。"豎子謂智術短淺者。

**頭** 《說文》："頭，百也。从頁，豆聲。"段注："百下曰：'頭也。'頭下曰：'百也。'是曰轉注。《禮記》曰：'頭容直，頭頸必中。'"

按頭 tóu（定侯）从豆聲（定侯）訓百，即首。从器物製作說，豆取象於頭，以頭爲語源。从文字孳乳說，頭以豆爲聲，即由豆孳乳，頭作爲形聲字，其出現較晚。

**鱫** 《說文》："鱫，鱫魚也。从魚，豆聲。"段注："亦作鮭。"

按鱫 tǒu（透侯）从豆聲（定侯）訓鱫魚。字从豆聲，作魚名字，今爲何魚不詳，其語源不詳。

## 朱聲字

**朱** 《說文》："朱，赤心木，松柏屬。從木，一在其中。"

按朱 zhū（章侯）甲骨文作朱 < 後上 12. 8 >，或作朱 < 遺 121 >。《甲骨文字典》："商承祚謂甲骨文朱字象繫珠形，中之橫畫或點象珠形，兩端象三合繩分張之形。古多重赤色珠，故朱得有赤義，爲珠之初文。"朱是珠（章侯）的象形初文，珠是朱後起的加注形旁字。朱爲赤色義所專，遂增形旁玉作珠以別義。

**珠** 《說文》："珠，蚌中陰精也。从玉，朱聲。《春秋國語》曰'珠足以御火灾'是也。"

按珠 zhū（章侯）从朱聲（章侯）訓蚌中陰精則專指蚌珠，成語有"老蚌生珠"。據商氏說，朱是珠的本字，蓋指石珠，今珠通指蚌珠，也指石珠。引申指凡珠形之物，如露珠、眼珠、算珠等。

**茱** 《說文》："茱，茱萸，茮屬。从艸，朱聲。"段注："《內則》：'三牲用藙。'注：'藙，煎茱萸也。'《漢律》：'會稽獻焉。'《爾雅》謂之榝，《本艸經》：'吴茱萸，味辛温，一名藙。'"

按茱 zhū（禪侯）从朱聲（章侯）訓茱萸，茮屬。茮即今椒字，椒辛辣能殺蟲，故《爾雅》謂之榝。字从朱者，蓋誅聲（端侯）之借，用誅誅殺、誅鋤之義。

咮 咮 《説文》："咮，鳥口也。从口，朱聲。"段注："今人噣、咮、啄三字同音通用。許分别甚明。人口不曰咮。……按《廣韵》十虞曰：'譳咮，多言皃。'四十九宥曰：'咮，鳥口。'然則大徐用章俱一切，誤也。"

按咮 zhòu（端侯）从朱聲（章侯）訓鳥口。鳥口鋭利，所以啄食，朱聲當爲豖聲（透屋）之借。孳乳爲啄，《説文》："啄，鳥食也。"又《説文》："噣，喙也。从口，蜀聲。"段注："《曹風》：'不濡其咮。'毛曰：'咮，喙也。'《玉篇》引'不濡其噣'。咮噣二同，朱聲、蜀聲同部也。……《詩・韓奕》傳：'厄，烏噣也。'厄同軶。烏噣，《釋名》《小爾雅》作烏啄。"噣 zhòu（端侯）从蜀聲（禪屋）訓喙，當爲豖聲（透屋）之借，是啄、噣、咮三字，皆以豖（透屋）爲語源。

誅 誅 《説文》："誅，討也。从言，朱聲。"段注："凡殺戮、糾責皆是。"

按誅 zhū（端侯）从朱聲（章侯）訓討，討伐、責罰、殺戮。字从朱聲，當爲豖聲（透屋）之借，用豖之以刀劍等利器刺入、斬殺之義。引申爲以言辭責備索求。金文中山玉壺誅字从戈朱聲是其證。

殊 殊 《説文》："殊，死也。从歺，朱聲。一曰斷也。《漢令》曰：'蠻夷長有罪當殊之。"段注："凡漢詔云殊死者，皆謂死罪也。死罪者首身分離，故曰殊死。引伸爲殊異。……（一曰斷也）各本無此四字，依《左傳》釋文補。斷與死本無二義，許以字從歺，故以死爲正義。"

按殊 shū（禪侯）从朱聲（章侯）訓死，謂斬殺，殺死，砍頭，身首分離，故引申有殊異義。字从朱聲，當爲殳聲（禪侯）之借，殳者戈矛之類，《詩》：“伯也執殳，爲王前驅。”《說文》：“殳，以杖殊人也。”此用殳之引申義。

**筡 筡** 《說文》：“筡，棒雙也。从竹，朱聲。”段注：“棒雙見《木部》。《廣雅》：‘箺篗謂之筡。’《廣韵·四江》曰：‘棒篗者，帆未張也。’又曰：‘篗者，帆也。’按以篰席爲帆曰棒雙，故字或皆从竹。今大船之帆多用篰席是也。”

按筡 zhū（昌侯）从朱聲（章侯）訓棒雙，篗者，帆也。字从朱聲，蓋用珠聯之引申義，謂連竹爲帆，帆以張風借風力行船。

**株 株** 《說文》：“株，木根也。从木，朱聲。”段注：“《莊》《列》皆有‘厥株駒’。株，今俗語云椿’。”

按株 zhū（端侯）从朱聲（章侯）訓木根。《易》：“本乎天者親上，木乎地者親下。”人和動物本乎天，其頭在上，草木本乎地，其根在下，根即樹木之頭。字从朱聲，當爲頭聲（定侯）之借。此以人之頭喻草木之根，此神似。正如以木之根，喻人之跟，此形似。人的頭和木的根在人身和木體中的性質和作用是相同的，俗話說“生口的要吃，生根的要肥”，正是从這個意義說的。

**邾 邾** 《說文》：“邾，江夏縣。从邑，朱聲。”

按邾 zhū（端侯）从朱聲（章侯）訓江夏縣。字从朱聲，作邑名字，此但借其聲。

**袾 袾** 《說文》：“袾，好佳也。从衣，朱聲。《詩》曰：‘静女其袾。’”段注：“好者，美也。佳者，善也。《廣韵》曰：‘朱衣也。’按《廣韵》蓋用《說文》古本，故其字从朱衣。所引《詩》則假袾爲姝也。……今《詩》袾作姝。《女部》引《詩》作姄。”

按袾 zhū（端侯）从朱聲（章侯）訓好佳。同姝，謂女人貌美行善，即《詩·桃夭》所謂“桃之夭夭，灼灼其華”。字从朱聲，指女子，即所謂紅顏少婦。

**洙 洙** 《說文》：“洙，洙水。出泰山蓋臨樂山，北入泗。从水，朱聲。”

按洙 zhū（禪侯）从朱聲（章侯）訓洙水。字从朱聲，作水名字，此但借其聲。

**姝** 《説文》：“姝，好也。从女，朱聲。”段注：“《邶風》傳曰：‘姝，美色也。’《衛風》傳曰：‘姝，順皃。’《齊風》傳曰：‘姝，初昏之皃。’各隨文爲訓也。”

按姝 shū（昌侯）从朱聲（章侯）訓好，謂容貌美好。字从朱聲，此用朱色赤之引申義。所謂美貌如花，花色多紅，“二月桃花紅勝火”。宋玉《登徒子好色賦》：“此郊之姝，華色含光。”正謂紅艷之美。

**殳** 《説文》：“殳，好也。从女，殳聲。《詩》曰：‘静女其殳。’”段注：“此與姝音義皆同。……今《毛詩》作姝，傳云：‘姝，美色也。’”朱駿聲通訓定聲：“按當爲姝之或體。”

按殳 shū（昌侯）同姝，字从殳聲（禪侯）訓好。殳聲當爲朱聲之借，用朱赤、美好之引申義。

**絑** 《説文》：“絑，純赤也。《虞書》丹朱如此。从糸，朱聲。”段注：“純同醇，厚也。赤，南方色也。按市下云：‘天子朱市，諸侯赤市。’然則朱與赤深淺不同。”

按絑 zhū（章侯）从朱聲（章侯）訓純赤。字从朱聲，朱是珠的本字，此用珠赤之引申義。

**鼄** 《説文》：“鼄，鼅鼄也。从黽，朱聲。蛛，鼄或从虫。”段注引《方言》曰：“鼅鼄，鼄蝥也。自關而西，秦晋之間謂之鼄蝥，自關而東趙魏之郊，謂之鼅鼄，或謂之蠾蝓，蠾蝓者，侏儒語之轉也。”

按鼄 zhū（端侯）从朱聲（章侯）訓鼅鼄，即蜘蛛。蜘蛛結網環網而走，有如人行之踟躕，故以蜘蛛名之，此以業爲名。蠾蝓，侏儒語之轉者，蜘蛛體横，身材特短，故以人之侏儒喻之。

**銖** 《説文》：“銖，權十絫黍之重也。从金，朱聲。”段注：“各本作‘權十分黍之重也’，今正。權，五權也。五權，銖兩斤鈞秳也。《厽部》曰：‘絫，十黍之重也。’此云‘銖，權十絫黍之重也’。……若《禾部》稱下云：‘十二粟爲一分，十二分爲一銖。’則用《淮南·天文訓》與《律厤志》，別爲一說。……以今禾黍驗之，粟輕於黍遠甚，程氏瑶田說。”

按銖 zhū（禪侯）从朱聲（章侯）訓權十絫黍之重。字从朱聲，當爲珠聲（章侯）之借。用珠顆小重微，借以喻銖爲銖兩之銖，此用輕微之引申義。以《孫子算經》“稱之所起，起於黍，十黍爲一絫，十絫爲一銖，二十四銖爲一兩，十六兩爲一斤”證之，段氏訂“銖，權十分黍之重”爲“權十絫黍之重”是正確的。

## 俞聲字

俞 𠓵 《説文》：“俞，空中木爲舟也。从亼，从舟，从巜。巜，水也。”段注：“《淮南·氾論訓》：‘古者爲窬木方版以爲舟航。’高曰：‘窬，空也。方，並也。舟相連爲航也。’按窬同俞，空中木者舟之始，並版者航之始，如椎輪爲大路之始。其始見本空之木用爲舟，其後因刳木以爲舟。凡穿窬厠牏皆取義於俞。《中孚》傳曰：‘利涉大川，乘木舟虚也。’”林義光《文源》：“从舟，余省聲。余俞雙聲旁轉。”

按俞 yú（余侯）訓空中木爲舟。空中謂木腐中空。俞、窳（余魚）余母雙聲，魚侯旁轉，俞、窳同源，俞以窳爲語源，其始見空中木用爲舟，其後因刳木爲舟。初民無有刳木之利器，衹能用因窳而中空之木，這是文明演進之必然。

瑜 瑜 《説文》：“瑜，瑾瑜也。从玉，俞聲。”段注：“此也字之上有‘美玉’二字是。”

按瑜 yú（余侯）从俞聲（余侯）訓瑾瑜美玉。字从俞聲，蓋爲逾聲（余侯）之借，謂此玉之美逾於衆品者，此用逾逾越之引申義。

逾 逾 《説文》：“逾，逃進也。从辵，俞聲。《周書》曰：‘無敢昏逾。'" 段注："逃進，有所超越而進也。"

按逾 yú（余侯）从俞聲（余侯）訓越進，有所超越而進。謂逾越、超出、超過、勝過。字从俞聲，此用俞舟行之引申義。

踰 𨄎 《説文》："踰，越也。从足，俞聲。" 段注："越，度也。踰與逾音義略同。"

按踰 yú（余侯）从俞聲（余侯）訓越，謂踰越、超越、越過。此用俞舟渡之引申義。

諭 𧩕 《説文》："諭，告也。从言，俞聲。" 段注："凡曉諭人者皆舉其所易明也。《周禮·掌交》注曰：'諭，告曉也，曉之曰諭，其人因言而曉亦曰諭。諭或作喻。'"

按諭 yù（余侯）从俞聲（余侯）訓告。告者必使人曉喻，即由不曉到曉，手段是舉其所易明而曉其難明。字从俞聲，此用俞舟渡由此岸到彼岸之引申義。

羭 𦍷 《説文》："羭，夏羊牝曰羭。从羊，俞聲。" 段注："牝，各本作牡，誤。按《釋獸》：'夏羊牝羭，牡羖。' 自郭所據牝牡字已互訛，引之者多誤，因之竄改《説文》，今正。……夏羊謂黑羊，郭注《爾雅》云：'白者吴羊，黑者夏羊。'"

按羭 yú（余侯）从俞聲（余侯）訓牝羊，牝羊即母羊。字从俞聲，俞者空中木爲舟，俞中空孳乳爲窬，窬者孔穴，凡獸之牝者，其牝器有孔穴，此用俞中空之引申義。

榆 𣗥 《説文》："榆，榆白，枌。从木，俞聲。" 段注："《陳風》：'東門之枌。' 傳云：'枌，白榆也。' 然則《釋木》'榆白' 爲逗，'枌' 爲句，顯然。許意亦如此讀。别榆一種以起下也。榆莢可食，亦可爲醬。《酉部》所謂'𨡕醶'也。"《本草綱目·榆》："邢昺《爾雅》疏云：'榆有數十種，今人不能盡别，唯知莢榆、白榆、刺榆、榔榆數者而已。' 莢榆、白榆皆大榆也，有赤、白二種，白者名枌。"

按榆 yú（余侯）从俞聲（余侯）訓白枌，白枌即白榆。榆木之大者，木材堅致。由空中木爲舟，演進刳木爲舟，所用之木材必堅致，榆蓋選材之首，字从俞聲，蓋用舟俞之義。又枌（並文）从分聲（幫文）訓白榆者，分聲當爲粉聲（幫文）之借，用粉白之引申義。

郙 𨛫 《説文》："郙，清河縣。从邑，俞聲。"

按郙 shū（書侯）从俞聲（余侯）訓清河縣。字从俞聲，作邑名字，此但借其聲。

牏 牏 《説文》："牏，築墻短版也。从片，俞聲。讀若俞，一曰若紐。"段注："《木部》栽下曰：'築墻長版也。'長版用於兩邊，短版用於兩耑。一縮一横也，此牏之本義。《史》《漢》，《萬石君傳》：'石建取親中帬厠牏，身自浣滌。'蘇林曰：'牏音投。'賈逵解《周官》云：'牏，行清也。'孟康曰：'厠，行清。牏行清中受糞函者也。東南人謂鑿木空中如曹謂之牏。'依蘇、孟説，則《史》《漢》之牏即窬之叚借字。《穴部》曰：'窬，空中也。'徐廣謂讀牏爲竇是也。"

按牏 yú（余侯）从俞聲（余侯）訓築墻短版。短版待長板相交形成版築，版築中空，實土以築，是从俞聲用版築中空之義。短版訓牏者，長版待短版相構而成牏，此仍用俞中空之引申義。厠牏之牏爲行清（厠）中受糞函，與牏爲築版亦相似，故以牏喻之，窬牏同以俞之中空爲義，即以俞爲語源。

䕱 䕱 《説文》："䕱，檾屬。从麻，俞聲。"段注："檾爲枲類，䕱又檾類也。"《正字通》："䕱即今白麻，多生卑濕處，俗名苘麻。"

按䕱 tóu（定侯）从俞聲（余侯）訓檾屬，即今之白麻，俗名苘麻。䕱讀定母侯部字者，此俞、竇（定屋）義近，定母雙聲，侯屋陰入對轉。麻中空喜濕潤，空中利於吸取水分，故以䕱名之。此用俞中空之義。

窬 窬 《説文》："窬，穿木户也。从穴，俞聲。一曰空中也。"段注："《儒行》：'篳門圭竇。'鄭云：'門旁窬也，穿墻爲之如圭矣。'……郭璞《三蒼解詁》云：'窬，門旁小竇也。'是則於門旁穿壁，以木衺直居之，令如圭形，謂之圭窬。"

按窬 yú（余侯）从俞聲（余侯）訓穿木户。穿壁以木衺直居之如圭形，因稱圭窬。字从俞聲，此用俞空中之義。一曰空中者，謂凡空中之名，亦用俞空中之引申義。

瘉 𤸫 《説文》："瘉，病瘳也。从疒，俞聲。"段注："《釋詁》及《小雅·角弓》毛傳皆曰：'瘉，病也。'渾言之謂瘳而尚病也，許則析言之謂雖病而瘳也。"

按瘉 yù（余侯）从俞聲（余侯）訓病瘳。俞者行水之舟，引申爲舟渡，由此岸達彼岸是一個過程，病之痊瘉也是一個過程，俗語"病來如山倒，病去如抽絲"，病來甚速，而其瘳甚慢。瘳（透幽）从翏聲（來幽），正抽聲（透幽）之借，故段氏説"渾言之謂瘳而尚病也，許則析言之謂雖病而瘳也"。此剖析入微，字从俞正以舟之渡河由此岸達彼岸，喻病之由瘉而痊。

㡏 𢄼 《説文》："㡏，正耑裂也。从巾，俞聲。"段注："耑，各本作耑，今正。《衣部》曰：'耑，衣正幅也。'此謂帛之正耑，以别於上文帎謂殘帛之裂。"

按㡏 shū（山侯）从俞聲（余侯）訓正耑裂，裂者分裂、裂开。字从俞聲，此用俞空中之引申義。

褕 𧛥 《説文》："褕，褕翟，羽飾衣。从衣，俞聲。一曰直裾謂之襜褕。"段注："《鄘風》：'玼兮玼兮，其之翟也。'毛傳曰：'翟，揄狄闕狄，羽飾衣也。'釋文：'揄字又作褕，狄字又作翟。'依《説文》則毛傳本作褕作翟也。《羽部》曰：'翟，山雉。'其衣曰褕翟、闕翟，故知爲羽飾衣也。……《方言》：'襜褕，江淮南楚謂之穜裕，自關而西謂之襜褕。'《釋名》：'荆州謂禪衣曰布襹，亦曰襜褕，言其襜襜弘裕也。'師古注《急就篇》及《雋不疑傳》曰：'直裾，禪衣也。'"

按褕 yú（余侯）从俞聲（余侯）訓褕翟，羽飾衣，謂畫有雉尾羽的華麗的禮服。翟（山雉）尾羽特長，色彩艷麗，故引申有衣服華美義。《集韵》："褕，衣美也。"字从俞聲，此用逾之勝於、勝過義。一曰直裾謂之襜褕，此指不緊身的寬鬆舒適的禪衣，今湘方言仍稱單衣爲“布襴”，如“长襴子”“短襴子”。

覦 覦 《説文》：“覦，欲也。从見，俞聲。”段注：“覦欲叠韵，《廣韵》曰：‘覬覦，欲得也。’”

按覦 yú（余侯）从俞聲（余侯）訓欲，意爲想得到。俞聲蓋爲欲聲（余屋）之借，俞、欲余母雙聲，侯屋陰入對轉。古人説“食色，性也”，又説“飲食男女，人之大欲存焉”。食、色是人的天性，即人的生理需求，是人生存和發展的最根本的需求和欲望，但作爲社會的人、文明理智的人，應該懂得節制自己的欲望而决不可縱欲。

歈 歈 《説文新附》：“歈，歌也。从欠，俞聲。”徐鉉注：“《切韵》云：‘巴歈，歌也。’案《史記》：‘渝水之人善歌舞，漢高祖采其聲。後人因加此字。’”鄭珍新附考：“此本歋歈字，義爲手拉相笑……非巴歈歌專字。”

按歈 yú（余侯）从俞聲（余侯）訓歌，艷歌。字从俞聲，此用俞愈勝美之引申義。

貐 貐 《説文》：“貐，猰貐，似貙，虎爪。食人，迅走。从豸，俞聲。”《爾雅·釋獸》：“猰貐，類貙，虎爪，食人，迅走。”

按貐 yǔ（余侯）从俞聲（余侯）訓猰貐，似貙。貙（透侯）、貐透余準旁紐，侯部叠韵，貙貐一聲之轉。虎爪食人，則爲巨獸，食人故以契狀之，作猰者，此文字之類化。字从俞聲，此用俞之愈勝義，蓋以愈喻其迅走。

愉 愉 《説文》：“愉，薄也。从心，俞聲。《論語》曰：‘私覿愉愉如也。’”段注：“薄本訓林薄、蠶薄，而叚爲淺泊字。泊，《水部》作洦，凡言厚薄皆亭泊之叚借也。此薄也當作薄樂也，轉寫奪樂字，謂淺薄之樂也，引申之，凡薄皆云愉。《唐風》：‘他人是愉。’傳曰：‘愉，樂也。’《禮記》曰：‘有和氣者必有愉色。’此愉之本義也。《鹿鳴》：‘視民不恌。’傳曰：‘恌，愉也。’許書《人部》作‘佻，愉也’。《周禮》：‘以俗教安，則民不愉。’鄭注：‘愉謂朝不謀夕。’此引申之義也。淺人分別之，别製偷字，从人，訓爲偷薄，訓爲苟且，訓爲偷盗，絶非古字，許書所無。”

按愉 yú（余侯）从俞聲（余侯）訓薄樂。此用俞舟渡之引申義，即由此岸到彼岸，由初創到成功，由疾病到痊瘉，由此給人帶來的快慰和愉悦。但一心衹想享樂，怠惰而無作爲，只顧眼前，朝不謀夕，必然走向反面。

**渝** 《説文》：“渝，變汙也。从水，俞聲。一曰渝水在遼西臨渝，東出塞。”段注：“《釋言》曰：‘渝，變也。’《鄭風》傳、虞翻注《易》、杜注《左傳》皆同。許謂瀞而變汙。”

按渝 yú（余侯）从俞聲（余侯）訓變。字从俞聲，此用俞舟渡行則其在水上的位置不斷變化之義。成語“矢志不渝”則堅貞不變。从這個意義説變則污。許謂瀞而變污，瀞者清净，水止則清，但水久止不流則腐，語謂“流水不腐”，這是自然辯證法。

**揄** 《説文》：“揄，引也。从手，俞聲。”段注：“《漢・郊祀歌》曰：‘神之揄，臨壇宇。’師古云：‘揄，引也。’”

按揄 yú（余侯）从俞聲（余侯）訓引，在止水中舟不能自行，人引之行。字从俞聲，初義當爲引舟行水。引者，引弓發矢，引弦上之矢向後，弦之反作用力推矢向前。人引舟槳劃水向後，因推舟向前行，與引弓發矢相似，故以引釋之。

**媮** 《説文》：“媮，巧黠也。从女，俞聲。”段注：“按偷盗字當作此媮。”朱駿聲通訓定聲：“媮，字亦作偷。”《漢書・元帝紀》：“媮合苟從，未肯極言，朕甚閔焉。”顔師古注：“媮，與偷同。”

按媮 tōu（透侯）从俞聲（余侯）訓巧黠。舟行順水因風張帆，則費力少而舟行速，此仍用俞行舟之引申義。偷懶、偷情、偷工减料、偷天换日，其行皆有巧黠在其中，故偷盗之特高巧者稱“神偷”。

**匬** 《説文》：“匬，甌匬器也。从匚，俞聲。”段注：“大徐無匬字，非是。甌者，小盆也。甌匬二字爲名，則非甌也。《玉篇》云：‘余主切。器受十六斗。’按《玉篇》蓋謂即《論語》‘與之庾’之庾，苞注：‘十六斗爲庾也。’”王筠釋例：

“《荀子》‘流丸止於甌臾’，蓋亦謂地之凹處似甌瘉也。”

按瘉 yǔ（定侯）从俞聲（余侯）訓甌瘉，古代容器，可容十六斗。蓋謂此器如空中，因名之俞，此用俞之引申義。

緰 緰 《説文》：“緰，緰貲，布也。从糸，俞聲。”段注：“謂布名，《急就篇》：‘服瑣緰𢂔與繒連。’師古曰：‘緰𢂔緆布之尤精者也，𢂔貲同。’”

按緰 tóu（定侯）从俞聲（余侯）訓緰貲，緆布之尤精者。字从俞聲，愈聲（余侯）之借，用愈之愈益、勝過義。

蝓 蝓 《説文》：“蝓，虒蝓也。从虫，俞聲。”段注：“虒蝓，讀移臾二音，今生墻壁間濕處，無殼有兩角，無足，延行地上，俗呼延游，即虒蝓古語也。《本草經》作蛞蝓，……則蛞蝓即蝸牛。”

按蝓 yú（余侯）从俞聲（余侯）訓虒蝓、延游，即今蝸牛。延行地上，字从俞聲蓋揄聲（余侯）之借，用揄引之義。

輸 輸 《説文》：“輸，委輸也。从車，俞聲。”段注：“委者，委隨也；委輸者，委隨輸寫也。以車遷賄曰委輸，亦單言曰輸。……輸於彼則彼贏而此不足，故勝負曰贏輸。”

按輸 shū（書侯）从俞聲（余侯）訓委輸、運送。字从俞聲，此用俞舟渡行水之引申義。

隃 隃 《説文》：“隃，北陵西隃，雁門是也。从𨸏，俞聲。”段注：“《爾雅·釋地》郭注曰‘雁門山’是也。《史記·趙世家》作‘先俞’。古西先同音也。”

按隃 shù（書侯）从俞聲（余侯）訓北陵西隃雁門，雁門山。字从俞聲，作山名字，此但借其聲。

𨡓 𨡓 《説文》：“𨡓，𨢦𨡓也。从酉，俞聲。”

按𨡓 tú（定侯）从俞聲（余侯）訓𨢦𨡓，即榆醬。段氏於𨢦下注曰：“榆醬用榆人爲之，榆人者，榆子中人也。”字从俞聲，當爲榆聲（余侯）之借，謂用榆子中人所作醬，此用榆子人之義。

# 需聲字

**需** 《説文》:“需,𩂣也。遇雨不進止𩂣也。从雨而。《易》曰:‘雲上于天,需。’”段注:“而者,𩂣之意。……《公羊傳》曰:‘而者何?難也。’《穀梁傳》曰:‘而,緩辭也。’而爲遲緩之辭,故从而。”

按需 xū(心侯)从而,《説文》:“而,須也。象形。”从而與从須同意,此謂遇雨止而少待。此用而須細小之引申義。此以而須之小,喻時間之短暫。

**臑** 《説文》:“臑,臂,羊豕曰臑。从肉,需聲。讀若儒。”段注:“各本皆作臂羊矢也……今正。……謂人之臂,在羊豕則曰臑也。……臑之言濡也,濡者,柔也。”

按臑 nào(泥侯)从需聲(心侯)訓羊豕之臂曰臑,其處肉特多而肥腴。字从需聲,當爲濡聲(日侯)之借,用濡柔之義。

**儒** 《説文》:“儒,柔也。術士之稱。从人,需聲。”段注:“以疊韵爲訓,鄭目録云:‘儒行者以其記有道德所行。儒之言優也,柔也,能安人能服人。’又儒者濡也,以先王之道能濡其身。《玉藻》注曰:‘舒儒者,所畏在前也。’”徐灝注箋:“人之柔者曰儒,因以爲學人之稱。”

按儒 rú(日侯)从需聲(心侯)訓柔,術士之稱。謂剛柔相濟,以柔克剛。所謂上善若水,高明柔克。字从需聲,當爲柔聲(日幽)之借,日母雙聲,侯幽旁轉。此用柔弱勝剛强之引申義。

**襦** 《説文》:“襦,短衣也。从衣,需聲。一曰㬌衣。”段注:“顔注《急就篇》曰:‘短衣曰襦,自膝以上。’按襦若今襖之短者,袍若今襖之長者。”

按襦 rú(日侯)从而聲(日之)之借,用而須小之引申義。短小義相函。一曰㬌衣,安㬌,昷也。則需聲當爲耎聲(日元)之借。《釋名》曰:“襦,耎也。言温耎也。”

魗 𩴾 《説文》："魗，鬼彪聲，魗魗不止也。从鬼，需聲。"

按魗 rú（日侯）从需聲（心侯）訓鬼彪聲，魗魗不止。字从需聲，作象聲字，此但借其聲。

獳 𤟹 《説文》："獳，怒犬皃。从犬，需聲。讀若槈。"

按獳 nòu（泥侯）从需聲（心侯）訓怒犬皃。字从需聲，蓋爲怒聲（泥魚）之借，泥母雙聲，魚侯旁轉，此用人怒之引申義，又略異其音與形以别義。

懦 𢤓 《説文》："懦，駑弱也。从心，需聲。"朱駿聲通訓定聲："與偄、媆、嬬俱略同。段氏玉裁訂即偄字，亦作愞。按耎需偏旁古多相亂，莫能定也。《晋語》：'少懦於諸侯。'注：'弱也。'賈注：'下也。'《荀子·禮論》：'苟怠惰偷懦之爲安。'注：'讀爲儒。'《漢書·兒寬傳》：'然懦於武。'注：'柔也。'"

按懦 nuò（泥侯）从需聲（心侯）訓駑弱。字从需聲，當爲耎聲（日元）之借，用耎之耎弱義。

濡 𤅒 《説文》："濡，濡水。出涿郡故安，東入淶。从水，需聲。"段注："今字以濡爲霑濡，經典皆然。"

按濡 rú（日侯）从需聲（心侯）訓濡水，作水名字，此但借其聲。作霑濡字，則用需从而，用而小且緩慢之引申義。

擩 𢹁 《説文》："擩，染也。从手，耎聲。《周禮》曰：'六曰擩祭'。"段注："各本篆作'擩'，解作'需聲'，引《周禮》作'擩祭'，今正。古音耎聲在十四部，需聲在四部，其音畫然分别，後人乃或淆亂其偏旁，本从耎者，譌而从需，而音由是亂矣……不知《説文》古本之有㨎無擩也。《禮經》注曰：'㨎，染也。'李奇《子虛賦》注曰：'染，㨎也。'"徐灝注箋："隸書需字或作耎，故《禮經》擩、㨎錯出。"

按㨎 rǔ（日元）从耎聲（日元）訓染。染（日談）、㨎日母雙聲，元談通轉，而需聲（心侯）之侯與談元相去相遠。據此，字當依段説作㨎，从耎聲爲是。

**嬬** 《説文》："嬬，弱也。一曰下妻也。从女，需聲。"段注："嬬之言濡也，濡柔也。……下妻猶小妻，《後漢書·光武紀》曰：'依托爲人下妻。'《周易》：'歸妹以須。'釋文云：荀、陸作'嬬'。陸云：'妾也。'"

按嬬 rú（日侯）从需聲（心侯）訓弱。字从需聲，當爲柔聲（日幽）之借，日母雙聲，侯幽旁轉，此用柔弱之引申義。

**繻** 《説文》："繻，繒采色也。从糸，需聲。讀若繻有衣。"段注："此本義也。《左傳》：'紀裂繻。'大夫以裂繻爲名，此繻乃㡔之叚借。"

按繻 xū（心侯）从需聲（心侯），訓繒采色。字从需聲，當爲擩聲（日侯）之借，用擩染之引申義。繒之有采色，由於人工染色，此以結果代原因。

**孺** 《説文》："孺，乳子也。一曰輸孺也，輸孺尚小也。从子，需聲。"段注："以叠韵爲訓，凡幼者曰孺子。此其義也。"

按孺 rú（日侯）从需聲（心侯）訓乳子，謂哺乳中的幼兒。字从需聲，當爲乳聲（日侯）之借，乳在字中表動，此許書有明確提示，孺乳古音同，借需爲乳，乳是孺的語源。《釋名·釋長幼》："兒始能行曰孺。"於音於義，皆無理據，段氏凡幼者曰孺子，此引申之義。雖未能揭示語源，仍有一定的合理性，斥人年幼無知，每曰"乳臭未乾"，就是从這一意義説的。

**醹** 《説文》："醹，厚酒也。从酉，需聲。"段注："《大雅》：'酒醴維醹。'傳曰：'醹，厚也。'"

按醹 rú（日侯）从需聲（心侯）訓厚酒，謂酒醇厚。字从需聲，當爲乳聲（日侯）之借。《説文》："湩，乳汁也。"湩，謂乳汁濃厚。濃重義近，語有濃墨重彩。此以乳汁之濃重（厚）喻酒之醇厚。

## 付聲字

**付** 《説文》："付，予也。从寸，持物以對人。"段注："予者，推予也。《尚書》：‘天既孚命正厥德。’今文《尚書》作‘天既付命正厥德’。”

按付 fù（幫侯）訓予，謂予人。持物以對人必爲具體之物，生活中必備之物，首先和主要的是衣、食，即布帛、糧食。从語言上求之，蓋當爲布。布（幫魚），《説文》从糸付聲之紨，正訓布。《説文》：“紨，布也，一曰粗紬。从糸，付聲。”又从付聲之府，《説文》：“府，文書藏也。”古代文書的材料爲竹帛，竹簡、布帛。字从付，正以府中之付表布帛。《左傳》：“衣食所安，弗敢專也，必以分人。”此以衣食予人之證。《史記·淮陰侯列傳》：“推衣衣我，推食食我。”是付以布爲語源，又略異其音以别義。

祔 《説文》：“祔，後死者合食於先祖。从示，付聲。”段注：“《士虞禮》：‘卒哭，明日以其班祔。’《春秋左氏傳》曰：‘凡君薨，卒哭而祔，祔而作主，特祀於主，蒸嘗禘於廟。’”

按祔 fù（並侯）从付聲（幫侯）訓後死者合食於先祖。字从付聲，蓋爲附聲（並侯）之借，用附之附益義。

符 《説文》：“符，信也。漢制以竹，長六寸，分而相合。从竹，付聲。”段注：“《周禮》：‘門關用符節。’注曰：‘符節者，如今宫中諸官詔符也。’”

按符 fú（並侯）从付聲（幫侯）訓信，信者信物，雙方用此爲憑證合而取信，合謂符之兩半相合無間。字从付聲，用相付之引申義。

柎 《説文》：“柎，闌足也。从木，付聲。”段注：“柎跗正俗字也，凡器之足皆曰柎。”

按柎 fū（幫侯）从付聲（幫侯）訓闌足。初本指鐘鼓之柎，引申指凡器之足。作器之初，原本無柎，後增柎以增强器物的穩定程度。字从付聲，蓋附聲之借，用附之附益義。柎蓋取象人足之脚掌，足有掌，人立才能安穩。鐘鼓之架有柎，才能牢穩。引申指花萼，即花之托。

疛 《説文》：“疛，俛病也。从疒，付聲。”段注：“《方言》曰：‘短，東陽之間謂之疛。’按俛者多庳，《方言》與許義相近。”徐鍇繫傳：“《爾雅》注：‘戚施之疾，俯而不能仰也。’”徐岩《古代疾病名候疏義》卷四：“（㽷僂）蓋即今之脊椎後彎也，亦名龜背。”

按㽷 fù（並侯）从付聲（幫侯）訓俛病。字从付聲，當爲俯聲之借，謂背佝僂不能伸直，此用俯俯身之引申義。

髯 《説文》：“髯，結也。从髟，付聲。”段注：“《廣韵》云：‘露髻。’”

按髯 fù（幫侯）从付聲（幫侯）訓結，古髮髻本字，髻是後起的表髮髻的專字。王筠句讀：“結，宋本作髻。……《毛詩》《周禮》之副，蓋即髯也。……《後漢書》注：‘副，婦人首服，三輔謂之假紒。’《廣雅》：‘假結謂之髻。’”髯訓結髻即假結。字从付聲，蓋爲副聲（滂職）之借，用副之副貳義。

府 《説文》：“府，文書藏也。从广，付聲。”段注：“文書所藏之處曰府，引伸之，爲府史胥徒之府。《周禮》‘府六人，史十有二人’。注云：‘府治藏，史掌書者。’”

按府 fǔ（幫侯）从付聲（幫侯）訓文書藏，政府收藏文書的處所。字从付聲，當爲布聲（幫魚）之借，古代文書材料爲布帛簡牘，故古以竹帛代文書典籍。唐詩：“竹帛煙消帝業虛，關河空鎖祖龍居。”指秦始皇焚書，書燒完了，秦王朝也就完蛋了。此詩正以竹帛代文書典籍之證。是收藏文書之府，以布爲語源，府本藏文書之府，引申指府史胥徒所居之府，又引申爲凡官府之府，舊敬稱別人所居爲貴府者，此又用官府之引申義。

駙 《説文》：“駙，副馬也。从馬，付聲。一曰近也。一曰疾也。”段注：“副者，貳也。《漢百官公卿表》：‘奉車都尉，掌御乘輿車，駙馬都尉掌駙馬。’皆武帝初置，晋尚公主者並加之。師古曰：駙，副馬也。非正駕車皆爲副馬。……附近字今人作附，或作傅，依此當作駙。（一曰疾也）與赴音義皆相近。”

按駙 fù（並侯）从付聲（幫侯）訓副馬。字从付聲，當爲副聲

（滂職）之借，滂並旁紐，此以旁紐雙聲相借。副字《説文》作䮛，字从畐，畐是兩個貯酒器并排靠近擺着。畐即今逼近字，故引申有近義，增刀作䮛，省做副。副訓分，亦訓相畐，二者相畐，即二者相逼近，分則爲一正一副，非正御所乘故曰副，古尚公主稱駙馬，是以公主爲正，公主之壻爲副。借付爲副，此用副之副貳義。

**怤** 《説文》："怤，思也。从心，付聲。"《玉篇》："怤，悦也，信也，樂也。"

按怤 fū（滂侯）从付聲（幫侯）訓思。持物以對人，物給不給人，應不應給人，是經過思考的，故訓怤爲思。接受付予是快樂，給予别人，理應給的了心願，也是快樂，雙方都有喜悦，故《玉篇》訓悦也樂也。

**泭** 《説文》："泭，編木以渡也。从水，付聲。"段注："《方言》曰：'泭謂之䈟，䈟謂之筏。筏，秦晋之通語也。'《廣韵》曰：'大曰簰曰筏，小曰泭。'按《論語》'乘桴浮於海'，假桴爲泭也。凡竹木蘆葦皆可編爲之，今江蘇、四川之語曰䈟。"

按泭 fú（並侯）从付聲（幫侯）訓編木以渡。字从付聲，當爲浮聲（並幽）之借，並母雙聲，侯幽旁轉，必借付聲者以區别泭爲浮而可乘之具，浮僅表上浮之動作。編竹木爲之，故字从竹从木，又字从卑聲（幫支）者，蓋爲牌聲（並支）之借。今湖湘稱"木牌""竹牌"。

**鮒** 《説文》："鮒，鮒魚也。从魚，付聲。"段注："鮒見《易》《禮》。鄭注《易》曰：'鮒魚微小。'虞翻曰：'鮒，小鮮也。'王逸注《大招》及《廣雅》皆云'鰿，鮒也'。"《埤雅·釋魚》："鮒，小魚也。即今之鯽魚。"

按鮒 fù（並侯）从付聲（幫侯）訓小魚。字从付聲，當爲副聲（並職）之借，用幅之正大副小之引申義。

**拊** 《説文》："拊，揗也。从手，付聲。"段注："揗者，摩也。古作拊揗，今作撫循，古今字也。《堯典》曰'擊石拊石'，拊輕擊重，故分言之。”

按拊 fǔ（滂侯）从付聲（幫侯）訓揗撫摩輕拍。字从付聲，當爲舞聲（明魚）之借，舞之動作輕柔，撫由舞孳乳，此用舞輕之義。

紨 《説文》：“紨，布也。一曰粗紬。从糸，付聲。”段注：“謂布名。”

按紨 fù（滂侯）从付聲（幫侯）訓布。字从付聲，當爲布聲（幫魚）之借，上文説付字時，已討論付以布爲語源，付之初義爲以布予人。

坿 《説文》：“坿，益也。从土，付聲。”段注：“《吕氏春秋·七月紀》：‘坿，墻垣。’高注：‘坿讀如符，坿猶培也。’《十月紀》：‘坿，域郭。’高注：‘坿，益也。令高固也。’按今多用附訓益，附乃附婁，讀步口切，非益義也。今附行而坿廢矣。”

按坿 fù（並侯）从付聲（幫侯）訓益，增益。字从付聲，此用付付予、給予之引申義。《吕氏春秋》之“坿城郭”“令高固”，即給城郭增土、培土，使城加高加固，正用增益之義。

附 《説文》：“附，附婁，小土山也。从𨸏，付聲。《春秋傳》曰：‘附婁無松柏。’”段注：“杜注：‘部婁，小阜。’服虔曰：‘喻小國。’《風俗通義》引《左傳》釋之曰：‘言其卑小，部者阜之類。今齊魯之間，田中少高卬名之爲部矣。’按或作培塿。依許則傳文本作附婁，字从𨸏，其本義也。……《玉篇》曰：‘《説文》以坿爲坿益字，从土。此附作步口切，小土山也。’玉裁謂《土部》坿益也，增益之義宜用之，相近之義亦宜用之。今則盡用附，而附之本義廢矣。”

按附 fù（並侯）从付聲（幫侯）訓附婁，小土山，謂其高甚微，僅略高出地面。字从付聲，蓋鳧聲（並魚）之借，鳧浮游於水面，僅略高於水面似之，此相似孳乳。附、鳧並母雙聲，侯魚旁轉。今附之本義廢，附皆用坿之本義、引申義，而坿字亦廢，此文字之歷史演變。

腐 《説文》：“腐，爛也。从肉，府聲。”

按腐 fǔ（並侯）从府聲（幫侯）訓爛，腐爛。字从府，《説文》："府，文書藏也。"表面上看不出腐爛與文書藏有任何聯繫，但其深層，却有作者造字時的巧思。古代文書以竹簡、木牘、布、帛爲書寫材料，這些材料可以久藏不朽爛，但肉特别是鮮肉，能保鮮時間短，久藏則必腐爛。字从肉从府，正謂肉久藏則腐爛。漢字富於深層信息，要正確解讀漢字，常需好學深思，有時還要領悟古人造字的匠心巧思，即神交古人。

## 蜀聲字

**蜀** 《説文》："蜀，葵中蠶也。从虫，上目象蜀頭形，中象其身蜎蜎。《詩》曰：'蜎蜎者蜀。'"段注："毛傳曰：'蜎蜎，蠋皃。蠋，桑蟲也。'傳言蟲，許言蠶者，蜀似蠶也。"

按蜀 shǔ（禪屋）爲加體象形字，訓葵中蠶，如蠶之蠶食葵葉。蜀、啄（透屋）透禪準旁紐，屋部叠韵，蓋爲同源。即蜀以豖（透屋）爲語源。

**噣** 《説文》："噣，喙也。从口，蜀聲。"段注："《曹風》：'不濡其咮。'毛曰：'咮，喙也。'《玉篇》引'不濡其噣'。……《詩·韓奕》傳：'厄，烏噣也。'……《釋名》《小爾雅》作'烏啄'。"

按噣 zhòu（端侯）从蜀聲（禪屋）訓喙（鳥嘴）。字从蜀聲，當爲豖聲（透屋）之借，啄謂鳥以利口啄食。

**趨** 《説文》："趨，行皃。从走，蜀聲。讀若燭。"段注："《篇》《韵》皆曰：'小兒行。'"

按趨 zhú（章屋）从蜀聲（禪屋）訓行皃。《篇》《韵》皆曰小兒行，此蓋以蜀之爬行喻小兒之行。小兒之行由爬行開始，此以蜀行爲喻。《詩》："蜎蜎者蜀。"蜎蜎蓋即狀蜀之爬行。

**躅** 《説文》："躅，蹢躅也。从足，蜀聲。"段注："蹢躅雙聲。"

按躅 zhú（定屋）从蜀聲（禪屋）訓蹢躅，或單用躅。《逸周書·太子晋》:“師曠東躅其足曰:‘善哉善哉!’王子曰:‘太師何舉足驟?’師曠曰:‘天寒足躅,是以數也。’”孔晁注:“東躅,踏也。”王念孫《讀書雜志》:“東躅二字義不可通,‘東’當爲‘束’字之誤也。束躅,叠韵字,謂數以足踏地而稱善也。”按東躅不誤,東聲當爲豖聲之借,東(端東)豖(透屋)啄(端屋),此以鳥之以喙啄物,喻足用力豖地。“天寒足躅”之躅,字从蜀聲,當爲冢聲(端東)之借,冢即腫(章東)字謂天寒足爲寒氣所傷而腫,故用力頻頻頓足而取暖,這是天寒時人們常見的習慣性動作。蹢躅即彳亍,舉足欲前而實不前,即原地踏步。字从蜀聲,即豖聲(透屋)之借。

斀 《説文》:“斀,去陰之刑也。从攴,蜀聲。《周書》曰:‘刖劓斀黥。’”段注:“斀,斲也。《大雅》:‘昏椓靡共。’鄭云:‘昏椓皆奄人也。昏,其官名也。椓,毀陰者也。’此假椓爲斀也。”

按斀 zhuó(端屋)从蜀聲(禪屋)訓去陰之刑。字从蜀聲,當爲豖聲(透屋)之借。豖从豕,初義是爲牡豕去勢,即割掉公猪的睾丸。引申指爲男子去勢,即去陰之刑。豖字甲骨文作,用豕腹上一短劃丨與豕體分離表示去勢,而即牡豕,腹上一短劃丨與體相連表示公猪。

髑 《説文》:“髑,髑髏,頂也。从骨,蜀聲。”段注:“《頁部》曰:‘頂,顛也。’《廣雅》:‘頊顱謂之髑髏。’按《頁部》:‘頊顱,頭骨也。’”

按髑 dú(定屋)从蜀聲(禪屋)訓髑髏,頂也。或稱頊顱,即今語頭骨。字从蜀聲,當爲頭聲(定侯)之借,定母雙聲,侯屋陰入對轉。必借蜀聲者,以區别髑爲頭骨,頭爲今語腦袋。

觸 《説文》:“觸,牴也。从角,蜀聲。”段注:“《牛部》曰:‘抵,觸也。’”

按觸 chù(昌屋)从蜀聲(禪物)訓抵,謂牛以角抵人抵物。字从蜀聲,當爲啄聲(端屋)之借。此以鳥用利嘴啄食爲喻,端昌準旁紐,屋部叠韵。

**韣** 《説文》："韣，弓衣也。从韋，蜀聲。"段注："《月令》：'帶以弓韣。'高誘曰：'韣，弓韜也。'"

按韣 dú（定屋）从蜀聲（禪聲）訓弓衣，或稱弓韜，弓韜即今語弓套。韜套謂包藏。字从蜀聲，蓋爲兜聲（端侯）之借，端定旁紐，侯屋陰入對轉，此用兜之包藏義。俗語有"吃不完兜着走"，兜在句中表動。

**襡** 《説文》："襡，短衣也。从衣，蜀聲。讀若蜀。"段注："《晋書·夏統傳》：'使妓女服袿襡。'"

按襡 shǔ（禪屋）从蜀聲（禪屋）訓短衣。字从蜀聲，此蓋用蜀葵蠶形體短小之引申義。今湖湘方言仍稱短衣爲"袿子"，又叫"短襡（讀 chuò）子"。

**屬** 《説文》："屬，連也。从尾，蜀聲。"

按屬 zhǔ（章屋）从蜀聲（禪屋）訓連。字从尾从蜀，初義當爲禽獸之交尾，獸畜之交尾稱連，此語今猶存湖湘方言中。字从蜀聲，當爲豖聲（透屋）之借，孳乳爲豚，《廣韵》訓"尾下竅"。楊樹達先生以爲"屬蓋豚之初文，豚爲屬之或作也。……漢魏之際，屬爲陰竅，乃通俗常言也"（詳見《積微居小學金石論叢·釋屬》）。沈兼士在《積微居小學金石論叢·沈序》中説："案《文始》矦部：涿孳乳爲屬，連也。字从尾，謂孳尾也。今俗尚謂人之構精爲屬，獸之孳尾爲連，蓋涿以體言，屬以用言，詳略互見，不求備也。由是知古訓本借，難於億必。"屬爲陰竅，豚即屬之或作，作動字則爲孳尾，俗稱交尾。於人曰構精，此男女交合，俗亦稱豖，涿即豚之借字，今湖湘方言，亦猶存此語。

**歜** 《説文》："歜，盛氣怒也。从欠，蜀聲。"段注："引伸爲凡氣盛之稱。《左傳》：'饗有昌歜。'杜注曰：'昌歜，昌蒲葅也。'孔氏冲遠云：'相傳昌歜之音爲在感反。徧檢書傳，昌蒲之草無此別名。'玉裁謂，此非草名也，乃葅名也。《周禮》'昌本'言取其根，《左傳》'昌歜'言昌陽氣辛香以爲葅，其氣觸鼻，故名昌歜。歜之讀在敢反者，語之轉也。

……《玉篇》云：‘歜亦徂感切。昌蒲葅也。’……皆可讀屋沃本韵之音，非必定當在敢反也。”

按歜 chù（昌屋）从蜀聲（禪屋）訓盛氣怒。今俗語叫“氣鼓冲”。字从蜀聲，當爲觸聲（昌屋）之借，用觸之牴觸衝撞義。昌蒲葅稱昌歜，正取其辛香之氣觸鼻刺鼻，今俗語叫“嗆鼻”。

**獨** 《説文》：“獨，犬相得而鬥也。从犬，蜀聲。羊爲群，犬爲獨。一曰北嚻山有獨㹮獸，如虎，白身，豕鬣，尾如馬。”段注：“犬好鬥，好鬥則獨而不群，引伸叚借之爲專壹之稱。”

按獨 dú（定屋）从蜀聲（禪屋）訓犬相得而鬥。字从蜀聲，當爲鬥聲（端屋）之借。犬之鬥以口相咬，俗稱“狗咬狗”。鬥者，人相鬥，此以人相鬥喻犬相咬，鬥、啄（端侯）蓋同源。

**燭** 《説文》：“燭，庭燎，大燭也。从火，蜀聲。”段注：“古庭燎依慕容所爲，以葦爲中心，以布纏之，飴蜜灌之，若今蠟燭。玉裁謂古燭蓋以薪蒸爲之，麻蒸亦其一端。麻蒸，其易燃者，必云古無麻燭，蓋非。”

按燭 zhú（章屋）从蜀聲（禪屋）訓庭燎大燭。燭所以照明，字从蜀聲，當爲照聲（章宵）之借，此以業爲名。白晝之晝（端侯）即得聲義於照，白晝區别於黑夜，以有日照，是其比。

**濁** 《説文》：“濁，濁水。出齊郡厲嬀山，東北入鉅定。从水，蜀聲。”段注：“按濁者，清之反也。《詩》曰：‘涇以渭濁。’又曰：‘載清載濁。’”

按濁 zhuó（定屋）从蜀聲（禪屋）訓濁水。字从蜀聲，作水名字，此但借其聲。从清濁相對説，濁者渾濁，字从蜀聲，蓋爲斲聲（端屋）之借，謂將水底的污泥攪動，使水變濁。

**鐲** 《説文》：“鐲，鉦也。从金，蜀聲。軍法：司馬執鐲。”段注：“《周禮・鼓人》：‘以金鐲節鼓。’鄭注：‘鐲，鉦也。形如小鐘，軍行鳴之以爲鼓節。’大鄭云：‘讀如濁其源之濁。’”

按鐲 zhuó（定屋）从蜀聲（禪屋）訓鉦，形如小鐘，軍行鳴之以爲鼓節。字从蜀聲，蓋爲幢聲（昌東）之借。《積微居小學述林·釋幢》：“幢之爲言撞也。”此用幢之衝幢、撞擊義。鐲鐘不能自鳴，人以器撞之則鳴，此以業爲名。

斣 《説文》：“斣，相易物俱等爲斣。从斗，蜀聲。”段注：“今南俗有此語。”錢坫斠詮：“今人易物等平云對者，即此字也。”

按斣 dòu（端侯）从蜀聲（禪屋）訓相易物俱等爲斣。字从蜀聲，蓋爲鬭聲（端侯）之借。《説文》：“鬭，遇也。”謂兩者相遇而合，此謂兩物價值相對，對交换的雙方均合意，此用鬭遇合之引申義。今湖湘俗語仍説以物换物叫對，如“大米對黄荳”，古字正當作斣。

欘 《説文》：“欘，斫也。齊謂之兹箕，一曰斤柄性自曲者。从木，屬聲。”王筠句讀：“欘與《斤部》斸同。《釋器》：‘斪斸謂之定。’李巡曰：‘鉏别名也。’”

按欘 zhú（端屋）同斸，从屬聲（章屋）訓斫，即今語鋤頭一類的農具。《説文》：“斫，擊也。”段注：“凡斫木、斫地、斫人皆曰斫矣。”鋤以斫地，字从屬聲，當爲斫聲（章鐸）之借，屬、斫章母雙聲，鐸屋旁轉，此以業爲名。字从木者，鋤以木爲柄，从斤者，鋤是斧斤一類器具。

孎 《説文》：“孎，謹也。从女，屬聲。讀若人不孫爲孎。”段注：“謹者，慎也。《祭義》：‘洞洞乎屬屬乎如弗勝。’《廣雅》：‘洞洞屬屬，敬也。’各本孎上有不字，宋本無者是也。”

按孎 zhú（端屋）从屬聲（章屋）訓謹，謹慎。字从屬聲，引申有相屬、部屬、下屬義。爲人下屬，其言行必謹。此用屬之下屬、从屬之引申義。

斸 《説文》：“斸，斫斸也。从斤，屬聲。”

按斸 zhú（端屋）从屬聲（章屋）訓斫斸。斸欘音義皆同，當爲一字之異體。从木者，以木爲柄，从斤者，以斫地故从斤，二字互爲補充。

# 豖聲字

**豖** 《説文》：“豖，豕絆足行豖豖也。从豕繫二足。”

按豖 chù（透屋），以豖爲聲的啄、琢、椓諸字，皆與豕絆足行豖豖之義無關。聞一多在《考古社刊六期·釋豖》中説：“[illegible]當釋爲去勢之豖，故所从之丨旁列，以示去勢之誼，經傳之椓劅斀等均與此音近義通。《詩·大雅·召旻》：‘昏椓靡共。’傳云：‘椓，夭椓也。’箋：‘昏椓皆奄人也。椓，毀陰者也。’”豖的初義當爲給牡豕去勢，即割掉公猪的睾丸。殷人已知豕去勢可以催肥。《説文》豶訓羠豕，羠豕即去勢之豕。《甲骨文字典》：“豶當爲[illegible]後起的形聲字。”其説可商。應當説，豖是爲豕去勢，豶是豕去勢後的效應，兩者迥然有别。

**琢** 《説文》：“琢，治玉也。从玉，豖聲。”段注：“《釋器》：‘玉謂之琢，石謂之摩。’毛傳同。按琢琱字謂鐫鏨之事……雕人蓋琢之，如鳥之啄物。”

按琢 zhuó（端屋）从豖聲（透屋）訓治玉。字从豖聲，此用爲豕去勢之引申義。玉待雕琢方能成器。

**啄** 《説文》：“啄，鳥食也。从口，豖聲。”段注：“鳥咮鋭，食物似琢。”

按啄 zhuó（端屋）从豖聲（透屋）訓鳥食，謂鳥以如刀之利口啄食。字从豖聲，此用豖以利刃爲豕去勢之引申義。

**斀** 《説文》：“斀，擊也。从攴，豖聲。”段注：“此與《木部》椓音義皆同。”

按斀 zhuó（端物）从豖聲（透屋）訓擊。字从豖聲，此用人琢玉、鳥啄食之引申義。

**椓** 《説文》：“椓，擊也。从木，豖聲。”段注：“此與《攴部》斀音義皆同，《詩》云：‘椓之丁丁。’……《吕刑》曰：‘爰始淫爲劓刵椓黥。’”

按椓 zhuó（端屋）从豖聲（透屋）訓擊，與斀音義同，爲一字之異體。用爲爲男性去勢，即宫刑。此用豖爲豖去勢之引申義。

**豛** 《説文》："豛，椎毄物也。从殳，豖聲。"段注："謂用椎毄中物，與《攴部》豛、《木部》椓音義略同。"

按豛 dú（端物）从豖聲（透屋）訓椎擊物，用椎擊中物。字从豖聲，此用豖爲豖去勢的引申義。

**瘃** 《説文》："瘃，中寒腫覈。从疒，豖聲。"段注："《趙充國傳》：'手足皸瘃。'文穎曰：'瘃，寒創也。'按腫覈者，腫而肉中鞕如果中有覈也。覈核古今字。"

按瘃 zhú（端屋）从豖聲（透屋）訓中寒腫核，謂爲寒氣所傷，肉中出現腫塊。字从豖聲，此用爲豖去勢必生創傷之引申義。

**涿** 《説文》："涿，流下滴也。从水，豖聲。上谷有涿鹿縣。𣅀，奇字涿，从日乙。"段注："《周禮·壺涿氏》注：'壺，瓦鼓也；涿，擊之也。'按擊瓦鼓之聲如滴然，故曰壺涿。今俗謂一滴曰一涿，音如篤，即此字也。"

按涿 zhuó（端屋）从豖聲（透屋）訓流下滴，意爲水流成滴擊地。古語有"水滴石穿"，正謂水點下滴有一定力量。俗語有"屋檐水滴滴滴在現處"，屋檐水能穿石是持久的力量。字从豖聲，當爲啄聲（端屋）之借，用鳥以鋭口啄食之引申義，涿、啄皆以豖爲豖去勢爲語源。

# 豫部弟九

## 五聲字

**五** 《説文》："五，五行也。从二，会昜在天地間交午也。凡五之屬皆从五。X，古文五如此。"林義光《文源》："五，本義爲交午，假借爲數名。"朱芳圃《殷周文字釋叢》："X象交錯形，二謂在物之間也。當以交錯爲本義。自用爲數名後，經傳皆借午爲之。"

按五 wǔ（疑魚）甲骨文與《説文》古文皆作X，蓋取象人之兩手相交錯之形，借爲數字，交錯義則借午杵字爲之。

**吾** 《説文》："吾，我自稱也。从口，五聲。"段注："《釋詁》曰：'吾，我也。'"

按吾 wú（疑魚）从五聲（疑魚）訓我自稱。蓋呼其名者，近在眼前，點頭而應之曰"吾"。作人稱代詞，與我義同，而我則呼其名者不在眼前，抬頭而應之曰"我"。此以其應聲爲吾、我名，而代詞皆出於假借，與字的形義無關。

**伍** 《説文》："伍，相参伍也。从人五。"段注："参，三也。伍，五也。《周禮》曰：'五人爲伍，凡言参伍者，皆謂錯綜以求之。……五亦聲也。"

按伍 wǔ（疑魚）从五聲（疑魚）訓相参伍，謂古以五人編爲軍事編制的最小單位。伍之長亦稱伍，又爲古之户籍編制。引申爲凡人事之相参伍。

**菩** 《説文》："菩，艸也。从艸，吾聲。《楚詞》有菩蕭。"段注："按今《楚詞》無菩蕭，惟宋玉《九辨》云：'白露既下百艸兮，奄離披此梧楸。’梧楸蓋許所見作菩蕭，正百屮之二也。”《玉篇》：“菩，草似艾。”

按菩 wú（疑魚）从吾聲（疑魚）訓屮，菩蕭類厠。《玉篇》以菩似艾，《楚辭》蕭艾連言，是菩即艾之類。艾（疑月）、菩疑母雙聲，魚月通轉。又菩同蘇（疑魚）。《方言》卷三：“蘇亦荏也。”郭璞注：“今江東人呼荏爲菩，音魚。”《集韵》：“蘇，草名，江東人乎荏爲蘇，或作菩。”荏即今語紫蘇，色紫，氣芳香，江南人以紫蘇和魚作羹。故又名蘇，蘇、菩古音同。

衙 衙 《説文》：“衙，衙衙，行皃。从行，吾聲。”段注：“《九辯》：‘導飛廉之衙衙。’王注：‘風伯次且而埽塵也。’按衙衙是行列之意，後人因以所治爲衙。”

按衙 yú（疑魚）从吾聲（疑魚）訓行皃，行列之意。字从吾聲，蓋魚聲（疑魚）之借，用魚貫成行之意，語有“魚貫而入”。後世以所治爲衙者，衙讀 yá（疑魚）。封演《封氏聞見記·公牙》：“近代通謂府庭爲公衙，公衙即古之公朝也，字本作牙。《詩》曰：‘祈父，予王之爪牙。’祈父司馬掌武備，象猛獸以爪牙爲衛。故軍前大旗謂之‘牙旗’……近俗尚武，是以通呼公府爲‘公牙’，府門爲‘牙門’音稍訛變，轉而爲衙也。”此衙从吾聲，當爲牙聲之借，用爪牙爲武備之義。

齬 齬 《説文》：“齬，齟齬也。从齒，吾聲。”

按齬 yǔ（疑魚）从吾聲（疑魚）訓齟齬。《説文》：“齟，齟齬，齒不相值也。”謂上下齒錯位，没有對正，參差不齊。字从吾聲，當爲五聲（疑魚）之借，用五之交午、交錯義。

語 語 《説文》：“語，論也。从言，吾聲。”段注：“此即毛鄭説也。語者，御也。如毛説，一人辯論是非謂之語；如鄭説，與人相答問辯難謂之語。”

按語 yǔ（疑魚）从吾聲（疑魚）訓論，謂論説、交談、辯論。字从吾聲，當爲五聲之借，用五之相交、交錯義。

敔 敔 《説文》：“敔，禁也。一曰樂器椌楬也，形如木虎。从攴，吾聲。”段注：“與圉、禦音同。《釋言》：‘禦，圉禁也。’《説文》御訓祀，圉訓囹圉，所以拘罪人。則敔爲禁禦本字。禦行而敔廢矣。古假借作御作圉。”

按敔 yǔ（疑魚）从吾聲（疑魚）訓禁。字从吾聲，當爲五聲之借，用五之交錯義，相交則止。字从攴，攴从又，又，手也，是敔之初義當爲制止，引申爲禁止。引申之止樂之器叫敔。段注：“敔者，所以止樂。”又名楬者，字从曷聲（匣月）則爲遏聲（影月）之借，用遏之遏止義。

梧 㮎 《説文》：“梧，梧桐木。从木，吾聲。一曰櫬。”段注：“白桐華而不實，材中樂器。青桐則不中用。《毛詩》：‘椅桐梓漆，爰伐琴瑟。’其白桐與？……郭注《爾雅》於‘榮，桐木’曰：‘即梧桐。’”

按梧 wú（疑魚）从吾聲（疑魚）訓梧桐木。字从吾聲，蓋娛聲（疑魚）之借。梧桐可作琴瑟，琴瑟弦樂，可彈奏以娛人，此以業爲名。

圄 圄 《説文》：“圄，守之也。从囗，吾聲。”段注：“按《韵會》云：‘圄，《説文》本作圉。’蓋小徐本有圉無圄。《左傳》：‘圄伯嬴於轑陽而殺之。’”

按圄 yǔ（疑魚）从吾聲（疑魚）訓守之，守即今之看守犯人。字从吾聲，當爲御聲（疑魚）之借，用御之禁御、守御義。而御从午聲，即以午之交午爲語源。

郚 郚 《説文》：“郚，東海縣，故紀侯之邑也。从邑，吾聲。”

按郚 wú（疑魚）从吾聲（疑魚）訓東海縣，故紀侯之邑。字从吾聲，作邑名字，此但借其聲。

晤 晤 《説文》：“晤，明也。从日，吾聲。《詩》曰：‘晤辟有摽。’”段注：“晤者，启之明也。《心部》之悟，《㝱部》之寤，皆訓覺，覺亦明也。同聲之義必相近。……今《詩》作寤……寤訓覺，晤其叚借之字也。”

按晤 wù（疑魚）从吾聲（疑魚）訓明，段謂晤者啓之明也。字从吾聲，當爲五聲（疑魚）之借，謂由黑夜而白晝相交，此用五相交替之引申義。今用爲相會見字，亦用相交之義。

寤 《說文》："寤，寐覺而有言曰寤。从㝱省，吾聲。一曰晝見而夜㝱也。𥧑，籀文寤。"段注："按《周南》毛傳曰：'寤，覺也。'……古書多叚寤爲悟。"

按寤 wù（疑魚）从吾聲（疑魚）訓寐覺而有言，即今語睡醒。字从吾聲，當爲五聲（疑魚）之借，用五之相交、交會義。

𡧪 《說文》："𡧪，寤也。从宀，吾聲。"段注："寐覺而有言曰寤，𡧪之音義皆同也。"

按𡧪 wù（疑魚）从吾聲（疑魚）訓寤。𡧪、寤音義皆同，是一字之異體。字从吾聲，當爲五聲之借，用五之交會義，即由寐到覺醒。

䶌 《說文》："䶌，獸名。从㲋，吾聲。讀若寫。"

按䶌 xiě（心魚）从吾聲（疑魚）訓獸名，蓋爲㲋獸之類。其語源不詳。

悟 《說文》："悟，覺也。从心，吾聲。𢘑，古文悟。"段注："《見部》覺下曰：'悟也。'是爲轉注。按古書多用寤爲之。"

按悟 wù（疑魚）从吾聲（疑魚）訓覺。覺是由睡而醒，即寤，由睡眠狀態，轉入清醒狀態。悟是睡醒了對外事物能認識，能理解，較醒寤進一層，是寤、悟義同而實有别。字从吾聲，五聲之借，用五之交會義。引申之凡人之心意與事之理相會都叫悟。

浯 《說文》："浯，浯水，出琅邪靈門壺山，東北入濰。从水，吾聲。"

按浯 wú（疑魚）从吾聲（疑魚）訓浯水。字从吾聲，作水名字，此但借其聲。

啎 《說文》："啎，屰也。从午，吾聲。"段注："屰，各本作逆，今正。逆，迎也。屰，不順也。今則逆行而屰廢矣。相迎者必相屰，古亦通用逆爲屰。考《儀禮》之'梧受'，《爾雅》《釋名》之'梧丘'。《太史公書》之'魁梧''枝梧'，《漢書》之‘抵梧’，皆是啎之訛字。”

按啎 wǔ（疑魚）从吾聲（疑魚）訓屰（逆），逆謂背逆，抵觸。字从吾聲，當爲五聲之借，實則啎是午的後起的加注聲旁字，午以五（㐅）爲語源，午本有相交錯相抵觸之義。《説文》午訓啎，啎訓逆，其義本一貫。

## 父聲字

父 《説文》："父，巨也。家長率教者，从又舉杖。"段注："率同達，先導也。經傳亦借父爲甫。"郭沫若《甲骨文字研究》："父乃斧之初字。石器時代男子持石斧以事操作，故孳乳爲父母之父。"

按父 fù（並魚）初義本爲斧斤之斧，引申借用爲父母之父，本字遂增形旁斤作斧，以表斧斤字。斧斤相對，斧大斤小，父子相對，父大子小，故斧父並有大義。父引申爲對男長輩的通稱。父母之父，本無形可象，故借斧斤之象以表之，其核心意義是巨大，故許釋父爲"巨也"。

甫 《説文》："甫，男子之美稱也。从用父，父亦聲。"段注："凡男子皆得稱之。以男子始冠之稱，引伸爲始也，又引伸爲大也。"

按甫 fǔ（幫魚）甲骨文作，《甲骨文字典》："从田从中，象田中有中之形，當爲圃之初文，後隸定爲甫。《説文》：‘甫，男子美稱也。’爲假借義。後加囗爲園圃之圃。金文初亦作（乙父尊），後訛爲从用从父之（穌甫人匜）。《説文》篆文作，當承金文之訛。"古時圃在屋旁，圃即今語之菜園，故从甫聲字多與在旁義相關。作男子美稱者，此以與父音近而假借。

布 《説文》："布，枲織也。从巾，父聲。"段注："其艸曰枲曰萉，析其皮曰林曰木，屋下治之曰麻，緝而績之曰綫曰縷曰纑，織而成之曰布。……古者無今之木綿布，但有麻布及葛布而已。引伸之凡散之曰布，取義於可卷舒也。”

按布 bù（幫魚）从父聲（並魚）訓枲織，即麻所織之布。麻和絲比，麻粗糙，絲精細，故麻布俗稱大布，後世从域外引進棉花織棉布亦稱大布。字从父聲，此用父巨之引申義。

**莆** 《説文》：“莆，萐莆也。从艸，甫聲。”

按莆 fǔ（幫魚）从甫聲（幫魚）訓萐莆。《説文》：“萐莆，瑞艸也。堯時生於庖廚，扇暑而涼。”段注：“《白虎通》曰：‘孝道至則萐莆生庖廚，萐莆者，樹名也，其葉大於門扇，不摇自扇。’”萐莆，扇暑而涼。其葉大於門扇，不摇自扇，字从甫聲，當爲父聲（幫魚）之借，用父巨之引申義。

**斧** 《説文》：“斧，所以斫也。从斤，父聲。”段注：“所以二字今補。斧之爲用廣矣，斤則不見於他用也，蓋其制有異矣。白與黑相次文曰黼，蓋如畫斧然。故亦曰斧藻。”

按斧 fǔ（幫魚）从父聲（並魚）訓斫。从文字孳乳的次弟説，斧是父的後起的加旁字，父是斧的本字。借爲父母字，並爲父母義所專，本字孳加斤爲斧以示區别。楊樹達先生説：“文字的初義不屬初形，屬後起字。”父、斧就是一例。

**蒲** 《説文》：“蒲，水艸也。或以作席。从艸，浦聲。”段注：“《周禮》祭祀席有蒲筵。……此當云‘从艸水，甫聲’。”

按蒲 pú（並魚），草本故从草，水生故从水，从甫聲（幫魚）訓水草，或以作席。此香蒲或稱蒲草。字从甫聲，蓋爲鋪聲（滂魚）之借，用鋪之鋪陳、鋪墊義。席所以鋪陳、鋪墊，此以業爲名。一種用作燈芯的草，稱”燈心草“是其比。

**哺** 《説文》：“哺，哺咀也。从口，甫聲。”段注：“玄應引許《淮南》注曰：‘哺，口中嚼食也。’又引《字林》：‘哺，咀食也。’凡含物以飼曰哺。《爾雅》：‘生哺鷇。’”

按哺 bǔ（並魚）从甫聲（幫魚）訓哺咀。咀，咀嚼，將口中的食物嚼碎嚼爛。今母親給幼兒餵食皆將食物嚼爛。字从甫聲，蓋斧聲（並魚）之借，用斧斫之引申義，此以斧斫喻齒嚼，而咀从且聲，蓋爲鋤聲之借。作鉏，在字中表動，而嚼（從藥）从爵聲（精藥）則當爲焦聲（精宵）之借，焦爛義近，故許注《淮南》哺爲“口中嚼食”。

**逋** 《説文》：“逋，亡也。从辵，甫聲。𨓭，籀文逋从捕。”段注：“《亡部》曰：‘亡，逃也。’《訟》九二曰：‘歸而逋。’”

按逋 bū（幫魚）从甫聲（幫魚）訓亡，逃亡，逃跑。字从甫聲，當爲捕聲（並魚）之借，本義是指捕捉逃亡的人，引申虚化爲逃亡，也指逃亡的人。

**誧** 《説文》：“誧，大也。从言，甫聲。一曰人相助也。讀若逋。”段注：“《廣韵》曰：‘誧，諌也。’”

按誧 bū（幫魚）从甫聲（幫魚）訓大。字从甫聲，當爲斧聲（幫魚）之借，此用斧大之引申義。字从言，《玉篇》訓大言，朱駿聲通訓定聲：“言之大也。與吴誇略同。”一曰人相助，則甫聲當爲輔聲（並魚）之借，用輔之輔佐義。

**鬴** 《説文》：“鬴，鍑屬也。从鬲，甫聲。釜，鬴或从金父聲。”段注：“今經典多作釜，惟《周禮》作鬴。”

按鬴同釜 fǔ（並魚）从甫聲（幫魚）訓鍑屬。《説文》：“鍑，釜大口者。”鍑（幫覺）从復聲（並覺）當爲腹聲（幫覺）之借，在造字之初，凡人工製作的器物，必取象自然之物，近取諸身，遠取諸物，鍑釜之作，即取象人腹。甫聲、父聲則皆表大義。

**尃** 《説文》：“尃，布也。从寸，甫聲。”段注：“《祭義》：‘溥之而横乎四海。’釋文：‘溥本或作尃，同芳于反。’……《漢書》《上林賦》：‘布結縷。’《史記》布作尃。徐廣曰：‘尃，古布字。’按尃訓布也。”

按尃 fū（滂魚）从甫聲（幫魚）訓布，分布、散布。布本名字，尃从寸。寸，手也，表動。尃，動字，使之分布，廣布。字从甫聲，當爲布聲（幫魚）之借，用布表動，廣布之義。甫是圃的初文，與分布義無關。

**脯** 《説文》：“脯，乾肉也。从肉，甫聲。”段注：“《周禮·腊人》：‘掌乾肉，凡田獸之脯腊膴胖之事。’注云：‘大物解肆乾之，謂之乾肉，薄析曰脯，捶之而施薑桂曰段脩。'"

按脯 fǔ（幫魚）从甫聲（幫魚），訓乾肉，薄析之曰脯。字从甫聲，當爲薄聲（並鐸）之借。幫並旁紐，魚鐸陰入對轉，用薄之薄析義，此以業爲名。

簠 《説文》："簠，黍稷圜器也。从竹皿，甫聲。𠤱，古文簠，从匚夫。"段注："簠盛稻粱……此云黍稷者，統言則不别也。……云圜器與鄭云'方器'互異。"

按簠 fǔ（幫魚）从甫聲（幫魚）訓黍稷圜器。从出土青銅器簠呈長方形看，鄭説方器爲是。字从甫聲，當爲方聲（幫陽）之借，幫母雙聲，魚陽陰陽對轉，用方之四方義，此由音理亦證簠爲方器。

餔 《説文》："餔，申時食也。从食，甫聲。[illegible]，籀文餔，从皿浦聲。"段注："各本'申時'上有'日加'二字，今依《廣韵》《類篇》《韵會》正。《淮南書》云：'日至於悲谷，是謂餔時。'餔一作晡，引伸之義凡食皆曰餔。又以食食人謂之餔。"

按餔 bū（幫魚）从甫聲（幫魚）訓申時食，申酉相連，約當下午之四至五小時，正傍晚時分。字从甫聲，當爲傍聲（並陽）之借，幫並旁紐，魚陽陰陽對轉，此用傍之傍晚義。古人一日兩餐，晚餐於傍晚進食。

圃 《説文》："圃，所以種菜曰圃。从口，甫聲。"段注："所以二字今補。《齊風》毛傳曰：'圃，菜園也。'馬融《論語》注曰：'樹菜蔬曰圃。'"

按圃 pǔ（幫魚）从甫聲（幫魚）訓所以種菜曰圃，即今語菜園。甫字甲骨作[illegible]，是圃的象形初文，古時民居之菜園在屋旁，圃、旁（並陽）音近，當爲同源。

郙 《説文》："郙，汝南上蔡亭。从邑，甫聲。"

按郙 fǔ（幫魚）从甫聲（幫魚）訓汝南上蔡亭。字从甫聲，作地名字，此但借其聲。

痡 《説文》："痡，病也。从疒，甫聲。《詩》曰：'我僕痡矣。'"孔穎達疏引孫炎曰："痡，人疲不能行之病。"

按痡 pū（滂魚）从甫聲（幫魚）訓病，人疲不能行之病。字从甫聲，蓋爲疲聲（並歌）之借，滂並旁紐，魚歌通轉，此以音近相借。

黼 《説文》："黼，白與黑相次文。从黹，甫聲。"段注："《考工記》文，鄭曰：'文章黼黻繡五者，言刺繡采所用也。繡以爲裳。'"又段氏於斧下注曰："白與黑相次文曰黼，盖如畫斧然，故亦曰'斧藻'。"

按黼 fǔ（幫魚）从甫聲（幫魚）訓白與黑相次文，蓋如畫斧然。此謂斧身色黑，而斧刃色白。字从甫聲，當爲斧聲（幫魚）之借，用斧黑白相次義。

俌 《説文》："俌，輔也。从人，甫聲。讀若撫。"段注："謂人之俌，猶車之輔也。按俌見《釋詁》：'弼棐輔比，俌也。'郭云：'俌猶輔也。'……蓋輔專行而俌廢矣。"

按俌 fǔ（幫魚）从甫聲（幫魚）訓輔，輔者相互依傍爲助。字从甫聲，當爲傍聲（並陽）之借，幫並旁紐，魚陽對轉，此用傍之依傍義。

補 《説文》："補，完衣也。从衣，甫聲。"段注："既袒則宜補之，故次之以補，引伸爲凡相益之稱。"許書袒訓爲"衣縫解"，今字作"綻"。

按補 bǔ（幫魚）从甫聲（幫魚）訓完衣，將有裂縫破損的衣服修補完善。字从甫聲，當爲傍聲（並陽）之借，用傍之依傍、从旁相助之引申義，孳乳爲幫，本義是鞋幫，引申爲凡幫助、相幫字，《説文》無幫。

酺 《説文》："酺，頰也。从面，甫聲。"段注："頰者，面旁也。面旁者，顏前之兩旁。《大招》：'靨輔奇牙，宜笑嘕只。'王注：'言美頰有靨酺，口有奇牙，嘕然而笑，尤媚好也。'《淮南書》：'奇牙出，靨輔摇。'高注：'靨輔，頰邊文，婦人之媚也。'又曰：'靨輔在頰則好，在顙則醜。'注：'靨酺者，頰上室也。’由此言之，靨輔在頰，故酺與頰可互稱。”

按酺 fǔ（並魚）从甫聲（幫魚）訓頰面旁，面之兩旁。字从甫聲，當爲旁聲（並陽）之借，並母雙聲，魚陽對轉。此用旁在面之兩旁義。段氏釋酺爲面旁，是心知其意，而不知造字時聲旁有假借，故未能明白言之。

匍  《説文》：“匍，手行也。从勹，甫聲。”段氏於匐下注曰：“匍伏疊韵。《釋名》曰：‘匍匐，小兒時也。’匍猶捕也，藉索可執取之言也。匐，伏也，伏地行也。人雖長大，及其求事盡力之勤，猶亦稱之。《詩》曰‘凡民有喪，匍匐救之’是也。按二篆可合用，可析言。”

按匍 pú（並魚）从甫聲（幫魚）訓手行，即今語爬行。字从甫聲，蓋巴聲（幫魚）之借。《説文》：“巴，蟲也，或曰食象它，象形。”是巴即它，它是蛇的象形初文，蛇行即爬行。《戰國策·秦策》：“嫂蛇行匍伏。”匍伏即匍匐，亦即蛇行。人爬行與蛇行相似。爬从巴孳乳，即取蛇行義。

痡  《説文》：“痡，石閒見也。从厂，甫聲。讀若敷。”段注：“閒讀去聲，閒見謂突兀忽見。……痡，史假逋字爲之。《魏書》《北史·温子昇傳》皆云：‘子昇詣梁客館，不修容止，謂人曰：詩章易作，逋峭難爲。’字當作痡。《廣韵》引《字林》云：‘峬峭，好形皃也。’峬即痡之隸變。”朱駿聲通訓定聲：“閒見，謂空隙處乍見也。”

按痡 fū（滂魚）从甫聲（幫魚）訓石閒見，乍見，蓋由甫之始才義引申。字从甫聲，作虛字，此但借其聲。

豧  《説文》：“豧，豕息也。从豕，甫聲。”朱駿聲通訓定聲：“謂喘息。”

按豧 fú（滂魚）古無輕唇音，豕息當爲豕息聲，讀 pǔ，豕善睡，鼾聲特大，此以甫甫之聲狀之，作象聲字。字从甫聲，此但借其聲，又兼用甫大之引申義。

悑  《説文》：“悑，惶也。从心，甫聲。，悑或从布聲。”

按悑 bù（滂魚），重文作怖。今通用怖字。悑从甫聲（幫魚）訓惶恐、恐怖。字从甫聲，蓋逋聲（幫魚）之借，謂在逃懼捕而終日惶恐。

浦 𣴱 《説文》："浦，水瀕也。从水，甫聲。"段注："瀕下曰：'水厓，人所賓附也。'《大雅》：'率彼淮浦。'傳曰：'浦，厓也。'"《廣雅·釋邱》："浦，厓也。"王念孫疏證："浦者，旁之轉聲。"

按浦 pǔ（滂魚）从甫聲（幫魚），訓水瀕。字从甫聲，當爲旁聲（並陽）之借。滂並旁紐，魚陽陰陽對轉。浦者水旁，此用旁在旁之義。

鋪 𨪐 《説文》："鋪，箸門抪首也。从金，甫聲。"段注："抪，各本作鋪，依《舞賦》李注正。《手部》曰：'抪，捫持也。'捫持者，古者箸門爲蠃形，謂之椒圖，是曰鋪首。以金爲之，則曰金鋪。……按《大雅》'鋪敦淮濆'，箋云：'陳屯其兵於淮水之上。'此謂叚鋪爲敷也。今人用鋪字本此。"

按鋪 pū（滂魚）从甫聲（幫魚）訓箸門抪首，今通稱鋪首，以銅爲獸面銜環箸於門上。字从甫聲，當爲布聲（幫魚）之借，用布之分布義。

捕 𢪃 《説文》："捕，取也。从手，甫聲。"段注："此與搏義別。"《字彙》："捕，擒捉也。又逮捕。逮者，其人在而直追取之；捕者，其人亡當討捕之。"

按捕 bǔ（並魚）从甫聲（幫魚）訓取。字从甫聲，當爲逋聲（幫魚）之借，用逋逃、逃亡之義，即其人亡，當討捕之義。

輔 𨌞 《説文》："輔，《春秋傳》曰：'輔車相依。'从車，甫聲。人頰車也。"

按輔 fǔ（並魚）从甫聲（幫魚）訓輔車相依，輔指人頰。从這一義項説，輔即酺，面頰之兩旁、面旁，車即牙車，人之上牙不動，下牙能轉動，故曰牙車，車者謂車輪能轉。輔車互爲表裏，故曰相依。字从甫聲，當爲旁聲（並陽）之借，用旁之在旁義。

**酺** 《説文》："酺，王悳布大歙酒也。从酉，甫聲。"段注："《漢文帝紀》：'餔五日。'文穎曰：'音步《漢律》三人以上，無故飲酒，罰金四兩。今詔橫賜得令會聚飲食五日也。'"

按酺 pú（並魚）从甫聲（幫魚）訓王悳布大飲酒，此法外廣施恩特許大聚飲。字从甫聲，當爲布聲（幫魚）之借，既用布之布施義，又用布之廣布義。《漢令》橫賜之橫，即廣之假借。

**抪** 《説文》："抪，捫持也。从手，布聲。"段注："謂捫按而持之也。"《廣雅·釋詁》："抪，布也。"王念孫疏證："抪與上'鋪'字同。"

按抪 bù（幫魚）从布聲（幫魚）訓捫持。《説文》："捫，撫持也。"撫謂撫摩，撫平。字从布聲，此用布之展布義。

**噂** 《説文》："噂，噍皃。从口，尃聲。"段注："按釋玄應書三引《説文》皆云：'噂喋，噍皃也。'《廣韵》十九鐸、廿六緝皆云'噂喋，噍皃'。"

按噂 bó（幫鐸）从尃聲（滂鐸）訓噍皃。《説文》："尃，布也。"字从尃聲，當爲搏聲（幫鐸）之借，用搏之搏擊義。此謂嚼食時上齒與下齒相搏擊。

**齳** 《説文》："齳，噍堅也。从齒，尃聲。"段注："《口部》：'噂喋，噍皃。'《廣韵》曰：'齳，同噂。'……此蓋噂之或字。"

按齳 bó（幫鐸）从尃聲（滂鐸）訓噍堅。字从尃聲，當爲搏聲（幫鐸）之借。噂、齳音義皆同，从齒與从口同意，實爲一字之異體。

**博** 《説文》："博，大通也。从十尃。尃，布也，亦聲。"段注："凡取於人易爲力曰博。《陳風》鄭箋：'交博，好也。'"

按博 bó（幫鐸）从尃聲（滂鐸）訓大通。字从尃聲，當爲布聲（幫魚）之借，用布之廣布義。博、布幫母雙聲，魚鐸陰入對轉。凡取於人易爲力曰博，故引申有博取賭博義。字又孳乳爲簙。

**鞲** 《説文》："鞲，車下索也。从革，尃聲。"段注："《釋名》：

‘縛在車下，與輿相連縛也。’當作轉在車下。”

按轉 bó（幫鐸）从尃聲（滂鐸）訓車下索。是轉爲名字，表動則爲束縛，轉、縛有名、動之别。字从尃聲，當爲搏聲（幫鐸）之借，用搏索持之引申義。

敷 𢿌 《説文》：“敷，㰻也。从攴，尃聲。《周書》曰：‘用敷遺後人。’”段注：“此與《寸部》尃音義同。……俗作敷，古寸與方多通用。”《玉篇》：“敷，布也，亦作敷。”

按敷 fū（滂魚）从尃聲（滂鐸）訓㰻。尃訓布，表動，从甫从寸，甫聲當爲布聲（幫魚）之借。字从寸，寸即手，謂以手廣布之，字本从寸，又从攴，攴从又，又即手，於字形爲緟益，故段曰敷與尃音義同。

髆 髆 《説文》：“髆，肩甲也。从骨，尃聲。”段注：“《肉部》曰：‘肩，髆也。’單呼曰肩，絫呼曰肩甲，甲之言蓋也。肩蓋乎衆體也。今俗云肩甲者，古語也。”

按髆 bó（幫鐸）从尃聲（滂魚）訓肩甲，即今語肩膀。字从尃聲，當爲旁聲（並陽）之借，幫並旁紐，陽鐸陽入對轉。此用旁在兩旁之義，肩在體之兩旁，故以旁名之，此以德爲名。

膊 膊 《説文》：“膊，薄脯，膊之屋上。从肉，尃聲。”段注：“膊之屋上，當作薄之屋上，薄，迫也。《釋名》：‘膊，迫也，薄椓肉迫箸物使燥也。’説與許同。”

按膊 pò（滂鐸）从尃聲（滂魚）訓薄脯。字从尃聲，當爲迫聲（幫鐸）之借，薄椓肉迫箸物使燥也，此用迫迫近之引申義。

韉 韉 《説文》：“韉，軶裹也。从韋，尃聲。”段注：“軶，轅前也。以皮裹之。”

按韉 pò（滂鐸）从尃聲（滂魚）訓軛裹，車軶上用皮帶纏裹。字从尃聲，當爲縛聲（並鐸）之借，用縛束縛之引申義。

榑 榑 《説文》：“榑，榑桑，神木，日所出也。从木，尃聲。”段注：“叒下曰：‘日初出東方湯谷所登榑桑，叒木也。’然則榑桑即叒木也。”《廣韵》：“榑，榑桑，海外大桑，日所出也。”

按榑 fú（並魚）从尃聲（滂魚）訓榑桑，神木，大桑。字从尃聲，當爲父聲（並魚）之借，用父巨之引申義。

**傅** 《説文》：“傅，相也。从人，尃聲。”段注：“《左傳》：‘鄭伯傅王。’注曰：‘傅，相也。’……亦爲今之附近字。如凡言附箸是也。”

按傅 fù（幫魚）从尃聲（滂魚）訓相，謂輔佐輔助，从旁相助。字从尃聲，當爲傍聲（並陽）之借，幫並旁紐，魚陽對轉，此用傍之依傍義。

**溥** 《説文》：“溥，大也。从水，尃声。”

按溥 pǔ（滂魚）从尃聲（滂魚）訓大。字从尃聲，《説文》：“尃，布也。”尃聲當爲布聲（幫魚）之借。布作動字有分布、廣布義，廣布則大。此用布廣布則大之引申義。

**搏** 《説文》：“搏，索持也。从手，尃聲。一曰至也。”段注：“索各本作索，今正。入室搜曰索。索持，謂摸索而持之。……《射人》注：‘貍，善搏者也，行則止而擬度焉，其發必獲。’……今則捕行而搏廢，但訓爲搏擊，又按搏擊與索取無二義。”

按搏 bó（滂魚）从尃聲（滂魚）訓索持。搜索獲其人，必縛之而行；而搜所見之人，必經搏擊而獲，又縛之而行。

**縛** 《説文》：“縛，束也。从糸，尃聲。”段注：“束下曰縛也，與此爲轉注。引申之所以縛之之物亦曰縛。”

按縛 fù（滂鐸）从尃聲（滂魚）訓束，束謂縛緊，緊迫而束之。字从尃聲，當爲迫聲（幫鐸）之借，用迫之緊迫、緊逼義。

**鎛** 《説文》：“鎛，鎛鱗也。鐘上横木上金華也。从金，尃聲。一曰田器。《詩》曰：‘庤乃錢鎛。’”段注：“縣鐘者，直曰虡，横曰筍。《考工記》云：‘鱗屬以爲筍。’《明堂位》云：‘夏后氏之龍簨虡。’注云：‘飾簨以鱗屬，又於龍上刻畫之爲重牙。’然則横木刻爲龍，而以黄金涂之，光華爛然，是之謂鎛鱗。鎛之言薄也，迫也。以金傅箸之也。”

按鎛bó（幫鐸）从尃聲（滂魚）訓鎛鱗，鐘上横木上金華。龍者鱗蟲之長，横木刻畫爲龍而以黄金涂之，是爲鎛鱗。字从尃聲，當爲迫聲（幫鐸）之借，謂以金傅箸之爲飾，此用迫之傅箸義。一曰田器錢鎛。《國語·周語》：“脩其疆畔，日服其鎛，不解於時。”韋昭注：“鎛，鉏屬。”按鉏薅具，農人薅苗間草，迫地鉏去。字从尃聲，亦迫聲之借，用迫之迫地鉏去義，此以業爲名。

**簙** 《説文》：“簙，局戲也。六箸十二棊也。从竹，博聲。古者烏巢作簙。”段注：“古戲，今不得其實。箸，韓非所謂博箭。《招魂》注云：‘篦簬作箸。’故其字从竹。……經傳多假博字。”

按簙bó（幫鐸）从博聲（幫鐸）訓局戲，爲簙具以戲。字从博聲，此用博大通，取於人易爲力，相博以娱之義。

**薄** 《説文》：“薄，華葉布也。从艸，傅聲。讀若傅。”段注：“與尃敷字義通。从艸，故訓華葉布。”

按薄fū（滂魚）从傅聲（幫魚）訓華葉布，花葉舒展散布。字从傅聲，當爲布聲（幫魚）之借，布在字中表動，用布之展布義。

**薄** 《説文》：“薄，林薄也。一曰蠶薄。从艸，溥聲。”段注：“《吴都賦》：‘傾藪薄。’劉注曰：‘薄不入之叢也。’按林木相迫不可入曰薄，引伸凡相迫皆曰薄，如外薄四海，日月薄蝕皆是。……相迫則無閒可入，凡物之單薄不厚者，亦無閒可入，故引伸爲厚薄之薄。”

按薄bó（並鐸）从溥聲（滂魚）訓林薄，不入之叢，謂林木相迫人不可入。字从溥聲，當爲迫聲（幫鐸）之借，此用迫之迫近、緊逼義。一曰蠶所以養蠶器也，器中密植稻麥秆如不入之叢。字从溥聲，亦迫聲之借。

**鑮** 《説文》：“鑮，大鐘淳于之屬，所以應鐘磬也。堵以二金，樂則鼓鑮應之。从金，薄聲。”段注：“《周禮》《禮經》皆云：‘鎛似鐘而大。’……鄭云：‘似鐘則非鐘也。’故許既云大鐘，而又云淳于之屬。”

按鑮 bó（幫鐸）从薄聲（並鐸）訓大鐘。字从薄聲，當爲溥聲（滂魚）之借。《説文》：“溥，大也。”此用溥大之引申義。

欂 《説文》：“欂，欂櫨，柱上枅也。从木，薄聲。”朱駿聲通訓定聲：“櫨，單言曰櫨，絫言曰欂櫨……方木，似斗形，在短柱上，拱承屋棟，亦名枅。”

按欂 bó（並鐸）从薄聲（並鐸）訓枅拱承屋棟。所以承重受壓，壓迫義相函。字从薄聲，此用薄迫之引申義。

## 疋聲字

疋 《説文》：“疋，足也。上象腓腸，下从止。《弟子職》曰：‘問疋何止。’古文以爲《诗·大雅》字，亦以爲足字，或曰胥字。一曰：‘疋，記也。’”段注：“謂問尊長之卧足當在何方也。《内則》曰：‘將衽，長者奉席，請何止。’止一作趾，足也。……此謂古文叚借疋爲雅字，古音同在五部也。……此亦謂同音叚借，如府史胥徒之胥。……後代改疋爲疏耳。疋疏古今字。此與足也別一義。”

按疋 shū（山魚）訓足，疋、足同義。疋从人立於地面，兩足保持一定距離説。足从人立時，足與地面相接觸，是身體的最下部分，有足人才完整説。故疋引申有稀疏義，疋在身體最下，故下層下吏稱胥。粗疏與劣義相屬，疏通與明敏義相關。

䟽 《説文》：“䟽，門户青疏窻也。从疋，疋亦聲。囪象䟽形，讀若疏。”王筠句讀：“疏窻者，刻鏤門户，使之疏通也。”

按䟽 shū（山魚）从疋聲（山魚）訓門户青疏窻。字从疋聲，此用疋之稀疏、疏通義。疏則有通孔，可以通風采光。

㼀 《説文》：“㼀，通也。从爻疋，疋亦聲。”段注：“此與《㐬部》疏音義皆同。……爻者刻文相交也。”

按㼀 shū（山魚）从疋聲（山魚）訓通，當指窗櫺通風透光。字从爻，當取象窗櫺之格相交。朱駿聲通訓定聲：“當爲䟽之古文，爻象囱文。”實則㽰、䟽當爲一字之重文。

胥 《説文》：“胥，蟹醢也。从肉，疋聲。”段注：“《釋名》曰：‘蟹胥，取蟹藏之。使骨肉解，足胥胥然也。’《字林》云：‘胥，蟹醬也。’……按蟹八跪二螯，故字从疋。”

按胥 xū（心魚）从疋聲（山魚）訓蟹醢，即蟹醬。蟹做成醬，體解肉化，足胥胥然。字从疋聲，既用疋足之義又用疋稀疏之引申義，其訓相者，胥、相（心陽）山心準雙聲，魚陽對轉，此以音近相借。

楚 《説文》：“楚，叢木，一名荆也。从林，疋聲。”

按楚 chǔ（初魚）从疋聲（山魚）訓叢木，謂木叢生而疏密有致。字从疋聲，此用疋疏之義。

䟽 《説文》：“䟽，齎財卜問爲䟽。从貝，疋聲。讀若所。”段注：“《史記·貨殖傳》：‘醫方諸食技術之人焦神竭能，爲重糈也。’《日者傳》：‘卜而有不審，不見奪糈。’按糈皆當作䟽，同音假借。䟽所以讎卜者也。祭神米曰糈，卜者必禮神，故其字亦作糈。”

按䟽 shǔ（山魚）从疋聲（山魚）訓齎財卜問。字从疋聲，當爲糈聲（心魚）之借，糈者祭神精米。从文明演進的歷史説，初古酬問卜，只用實物。《詩》“握粟出卜，自何能穀”就是顯證。後世交易頻繁，以貨貝爲媒介，故字孳乳爲䟽。䟽字後起，糈絶非䟽之假借。

疏 《説文》：“疏，通也。从㐬，从疋，疋亦聲。”段注：“《疋部》曰：‘㽰，通也。’疏與㽰音義皆同，皆从疋者，疋所以通也。”

按疏 shū（山魚）从疋聲（山魚）訓通。字从㐬，㐬者倒子，胎兒从母體出生，頭朝下出生爲正産，即順産。母體之陰道開啓，則胎兒順暢出生。又疋即足，胎兒頭先出，身體漸出，足最後出，足出來了，胎兒的出生就完成了，出生的關卡就通過了，這就是疏豐富而生動的含義。引申爲凡疏通之稱。

䙵 《説文》：“䙵，祭具也。从示，胥聲。”段注：“《山海經》

《離騷經》皆作‘糈’，王逸曰：‘糈，精米，所以享神。’郭璞曰：‘糈，祭神之米名。’”

按稰 xǔ（心魚）从胥聲（心魚）訓祭具，指享神之精米。字从胥聲，當爲糈聲（心魚）之借，用糈祭神精米之義。

**壻** 《説文》：“壻，夫也。从士胥。《詩》曰：‘女也不爽，士貳其行。’士者，夫也。讀與細同。婿，壻或从女。”段注：“夫者，丈夫也，然則壻爲男子之美稱。……《周禮》注、《詩》箋皆曰：‘胥有才知之稱。’……《説文·言部》曰：‘諝，知也。……以女配有才知者。’”

按壻 xù（心魚）从胥聲（心魚）訓夫，夫壻。字从胥聲，當爲𤕟聲（山魚）之借。用壻有才知之義。楊樹達先生在《釋諝》中指出：“壻从胥聲，胥亦言𤕟，謂士之疏通有才知者也。……俗語云，郎才女貌。壻字从士从胥，正郎才之謂也。”

**諝** 《説文》：“諝，知也。从言，胥聲。”段注：“《周禮》《詩》皆假胥爲之。《天官》：‘胥十有二人。’注：‘胥讀爲諝，謂其有才知爲什長。’《秋官·象胥》注：‘胥，其有才知者也。’《小雅》：‘君子樂胥。’箋云：‘胥，有才知之名也。’”

按諝 xū（心魚）从胥聲（心魚）訓知，謂有才智。字从胥聲，當爲𤕟聲（山魚）之借。𤕟，門户疏窗，所以通風采光，通則明，此用疏通明亮之引申義。

**楈** 《説文》：“楈，楈木也。从木，胥聲。讀若芟刈之芟。”段注：“《上林賦》有‘胥邪’，《南都賦》作‘楈枒’，郭璞曰：‘胥邪似并閭，皮可作索。’”

按楈 xū（心魚）从胥聲（心魚）訓楈木，即今椰子，椰子即胥邪之音轉。字从胥聲，用胥蟹醬美食之引申義。椰子爲果品中之美味。

**糈** 《説文》：“糈，糧也。从米，胥聲。”段注：“凡糧皆曰糈。《離騷》王注曰：‘糈，精米，所以享神。’其一耑也。”

按糈 xǔ（心魚）从胥聲（心魚）訓糧，精米。字从胥聲，此用胥美食之引申義。

**惰**《説文》："惰，知也。从心，胥聲。"段注："此與《言部》諝音義皆同。"

按惰 xǔ（心魚）从胥聲（心魚）訓知。此與諝音義皆同，當爲一字之異體。言爲心聲，从心與从言同意。

**湑**《説文》："湑，莤酒也。一曰浚也。一曰露皃也。从水，胥聲。《詩》曰：'有酒湑我。'又曰：'零露湑兮。'"段注："《小雅·伐木》云：'釃酒有萸。'傳曰：'以筐曰釃，以藪曰湑。'又云：'有酒湑我。'傳曰：'湑，莤之也。'……《酉部》云：'莤者，禮祭束茅加於裸圭而灌鬯酒，是爲莤。……此亦同漉瀝。義可兩兼，湑浚雙聲。"

按湑 xū（心魚）从胥聲（心魚）訓莤酒，一是用茅吸酒，一是濾酒。字从胥聲，皆當爲疋聲（山魚）之借，用疏疏通之引申義。

**鰖**《説文》："鰖，鰖魚也。从魚，胥聲。"《正字通》："鰖，魚也。一説胥訓蟹醢，鰖當是魚醢。"

按鰖 xū（心魚）从胥聲（心魚）訓魚名，今爲何種魚不詳。一説鰖當是魚醢。字从胥聲，此用胥蟹醢之引申義。

**揟**《説文》："揟，取水沮也。从手，胥聲。武威有揟次縣。"段注："沮，今之渣字。……取水渣者必浚之漉之如釃酒然。然則揟與《水部》之湑音義皆同，今所謂濾水也。《周禮》謂伺捕盜賊者爲胥，亦此意。"

按揟 xū（心魚）从胥聲（心魚）訓取水沮，濾去水中的渣滓。字从胥聲，當爲疋聲（山魚）之借，用疏疏通之引申義，謂水可通而渣不能過，此去粗取細。《集韵》："揟，取魚也。"正反用此意，故略異其讀（清魚）。

**蝑**《説文》："蝑，蜙蝑也。从虫，胥聲。"

按蝑 xū（心魚）从胥聲（心魚）訓蜙蝑。《説文》："蜙蝑，舂黍也。以股鳴者。"股鳴，謂股動而發聲。字从胥聲，當爲疋聲（山魚）之借。疋，足也。股、足義相函，此以聲子代聲母。以股鳴是蝑的特點，故以疋爲名，此以業爲名。

梳 𣐊 《説文》："梳，所以理髮也。从木，疏省聲。"段注："所以二字今補。器曰梳，用之理髮因亦曰梳。凡字之體用同稱如此。《漢書》亦作疏……疏通也。"

按梳 shū（山魚）从疏聲（山魚）訓所以理髮。字从木，本義當爲名字，段氏加"所以"二字是正確的。梳的作用是理髮，疏理頭髮。理髮是動字。漢字中多有名動一字者，即段氏所説"體用同稱"，這是漢字的一個特點。梳从疏聲必作㐬者，以保持字形勻稱美觀。

## 魚聲字

魚 𩵋 《説文》："魚，水蟲也。象形。魚尾與燕尾相似。"段注："其尾皆枝，故象枝形，非从火也。"

按魚 yú（疑魚）爲象形字。魚，水族，故稱水蟲。魚是初民極重要的生活資源，故其時稱漁獵時代。

穌 穌 《説文》："穌，把取禾若也。从禾，魚聲。"段注："把，各本作把，今正。禾若散亂，把而取之，不當言把也。《離騷》：'蘇糞壤以充幃兮，謂申椒其不芳。'王逸曰：'蘇，取也。'《韓信傳》曰：'樵蘇後爨，師不宿飽。'《漢書》音義曰：'樵，取薪也。蘇，取草也。'此皆假蘇爲穌也。蘇，桂荏也。蘇行而穌廢矣。"

按穌 sū（心魚）从魚聲（疑魚）訓杷取禾若。字从魚聲，魚在字中表動，捕魚，此用魚捕魚之引申義。

蘇 蘇 《説文》："蘇，桂荏也。从艸，穌聲。"段注："桂荏，今之紫蘇。"

按蘇 sū（心魚）當爲从艸从禾，魚聲（疑魚），訓桂荏，紫蘇。紫蘇芳香，古今皆用紫蘇和魚羹。字从禾，盉字之借，盉羹調盉字古作盉。从魚，魚在字中表動，作魚羹。

魯 魯 《説文》："魯，鈍詞也。从白，魚聲。《論語》曰：'參也魯。'"段注："孔注《論語》曰：'魯，鈍也。'《左傳》：

‘魯人以爲敏。’謂鈍人也。《釋名》曰：‘魯，魯鈍也。國多山水，民性樸鈍。’按惟魯鹵莽皆即此。……古文以旅爲魯。”林義光《文源》：“（古魯字）从口不从白，彝器每言‘魯休’‘純魯’，阮氏元云：‘魯本義蓋爲嘉，从魚入口，嘉美也。’”

按魯lǔ（來魯）从魚聲（疑魚），从白當爲从口之誤，實當爲从甘之省，金文魯侯鬲作字从（甘）可證。魯的初義是魚羹，食之而甘，故引申有嘉美義。金文魯休、純魯是魯用爲嘉美之證。其用爲魯鈍、粗魯義者，魯當爲鹵（來魚）字之借。此以同音相借。

⿱艸魯　《説文》：“⿱艸魯，艸也。可以束。从艸，魯聲。蓾，⿱艸魯或从鹵。”段注：“《釋艸》云：‘蓾蘆。’郭云：‘作履苴艸。’按《説文》云：‘苴，履中艸。’謂以艸襯履底曰苴。《賈子》曰‘冠雖敝，不以苴履’是也。許云可用束，郭云可苴履，大約是一物。”

按⿱艸魯lǔ（來魚）从魯聲（來魚）訓草，可以束，蓋謂此草可以直接用來束物，則此草必粗且韌。字从魯聲，蓋爲鹵聲（來魚）之借。《爾雅》：“天生爲鹵。”鹵是没有經過人工湅治的粗鹽，故引申有粗鹵義。此許書正篆用借聲，而重文用聲之正字。

櫓　《説文》：“櫓，大盾也。从木，魯聲。樐，或从鹵。”段注：“盾，瞂也。戟，盾也。《秦風》毛傳曰：‘伐，中干也。’伐即瞂，干即戟。櫓其大者也。《釋名》曰：‘盾大而平者曰吴魁，隆者曰須盾。’櫓或假杵爲之。‘流血漂杵’即流血漂櫓也。……鹵，聲也。《始皇本紀》亦假鹵爲之，天子出行鹵簿，鹵大楯也。以大盾領一部之人，故名鹵簿。”

按櫓lǔ（來魚）从魯聲（來魚）訓大盾。字从魯聲，當爲鹵聲（來魚）之借，用鹵粗大之引申義。櫓⿱艸魯二字重文作樐蓾，益證魯之訓魯鈍當爲鹵聲之借。

䲆　《説文》：“䲆，二魚也。”段注：“此即形爲義，故不言从二魚。二魚重而不並，《易》所謂貫魚也，魚行必相隨也。《晋語》：‘暇豫之吾吾，不如烏烏。’韋注：‘吾讀如魚。’韓文公詩用‘魚魚雅雅’，豈即本《國語》乎？从二魚與从三魚不同，三魚謂不變其新，二魚謂連行可觀。”

按𩺰 yú（疑魚）从二魚，謂魚行前後相隨，形容魚出行之暇豫悠然，觀之令人愉悦。

瀺 《説文》：“瀺，捕魚也。从𩺰水。漁，篆文瀺，从魚。”段注：“捕舊作捕，今正。捕，索持也。漢人用捕字多如此，捕魚字古多作魚。……必从𩺰者，捕魚則非一魚也。𩺰水者，魚之驚透於水也。”

按瀺，今字作漁 yú（疑魚），字从水魚會意，謂人从水中取魚。今湖湘俗語叫“杷魚”，杷魚必有器。以手取魚則叫捉魚。

## 予聲字

予 《説文》：“予，推予也。象相予之形。”段注：“象以手推物付之。”

按予 yú（余魚）訓推予，象相予之形，段氏解爲以手推物付之。在造字之初，推予，推物付之必爲具體之物，予字篆作予，从字形并聯繫予的孳乳字杼看，經反復揣摩，我以爲予从[illegible]，[illegible]蓋取象兩個織布梭相對。从丿象由梭中牽出絲縷，即緯紗。全字取象織布帛時，兩手執梭，右手執梭从經紗中推過來，左手接住从經紗推回來，右手接住再推過來，如此循環往復，是予即杼之象形初文。引申爲凡推予、給予字，並爲引申義所專，字遂加木旁作杼以爲機杼字，杼（定魚）、予異讀以別義。

芧 《説文》：“芧，艸也。从艸，予聲。可以爲繩。”段注：“《上林賦》：‘蔣芧青薠。’張揖曰：‘芧，三棱也。’郭樸音杼。按三棱者……莖三棱如削。……江蘇蘆灘中極多，呼爲馬芧，音同宁，莖可繫物，亦可辮之爲索。”

按芧 zhù（定魚）从予聲（余魚）訓草，莖三稜，莖呈三棱形。

杼之兩端形鋭，杼體呈棱形。字从予聲，此用杼鋭如棱之義。

**柔** 《説文》："柔，栩也。从木，予聲。讀若杼。"段注："《莊子》：'狙公賦芧。'司馬云：'芧，橡子也。'芧即柔字，橡即樣字。"又栩下段注曰："皁斗，櫟實也。一曰樣斗。"

按柔 shù（邪魚）从予聲（余魚）訓栩，其語源不詳。

**杼** 《説文》："杼，機持緯者。从木，予聲。"段注："梭、梭皆俗字。"

按杼 zhù（定魚）从予聲（余魚）訓機持緯者，即今語梭字。予是杼的象形初文，杼是後起的加注形旁字。引申假借爲推予、付予字，遂加木旁作杼，以爲機杼字。

**伃** 《説文》："伃，婦官也。从人，予聲。"段注："《漢書·外戚傳》：'婦官十四等，昭儀位視丞相，比諸侯王，倢伃視上卿，比列侯。'韋昭曰：'倢承伃，助也。'"

按伃 yú（余魚）从予聲（余魚）訓婦官。古代農耕社會男耕女織，機杼所以織布，故以予（杼的本字）代婦人，因以伃爲婦官之稱。

**屖** 《説文》："屖，履屬。从履省，予聲。"

按屖 xù（邪魚）从予聲（余魚）訓履屬。字从予聲，蓋以履頭略似杼形爲喻，此以比況爲名，又兼用杼持緯穿行經紗中織布，喻履載人足以行。

**序** 《説文》："序，東西墻也。从广，予聲。"段注："《釋宫》曰：'東西墻謂之序。'按堂上以東西墻爲介。"

按序 xù（邪魚）从予聲（余魚）訓東西墻。古者庠序爲學校之稱。《孟子》："庠者養也，校者教也，序者射也。"蓋於東西墻張侯爲的以習射。射（船鐸）、予船余準雙聲，魚鐸陰入對轉。投梭織布，與張弓發矢有相似者，以序名東西墻者，此由比喻而相關引申。

**豫** 《説文》："豫，象之大者，賈侍中説，不害於物。从象，予聲。"段注："此豫之本義，故其字从象也。引伸之凡大皆稱豫。侍中説，豫象雖大而不害於物。故寬大舒緩之義取此字。”

按豫 yù（余魚）从予聲（余魚）訓象之大者。字从予聲，蓋爲舒聲（書魚）之借。《説文》：“舒，伸也。从予，舍聲。一曰舒緩也。”緩者緩慢，字从舍，舍者屋舍，从予，予是杼的本字，此以梭行喻人行，人在屋内行走，舒適緩慢，毛澤東詞所謂“不管風吹浪打，勝似閑庭信步，今日得寬餘”，借予爲舒，此用舒之寬緩義。

**抒** 《説文》：“抒，挹也。从手，予聲。”段注：“凡挹彼注兹曰抒。《斗部》曰：‘斛，抒也。’”

按抒 shū（船魚）从予聲（余魚）訓挹。挹从邑，邑城皆所以盛民，引申謂以器盛物。而挹彼注兹則指舀水注水，以喻杼持緯穿行經紗中而予經紗，引申爲凡付予之詞。

**紓** 《説文》：“紓，緩也。从糸，予聲。”段注：“《小雅》：‘彼交匪紓。’傳曰：‘紓，緩也。’《左傳》多用紓字，其義皆同，亦叚抒爲之。”

按紓 shū（書魚）从予聲（余魚）訓緩。字从予聲，當爲舒聲（書魚）之借，用舒之舒緩義。

**野** 《説文》：“野，郊外也。从里，予聲。壄，古文野，从里省从林。”段注：“《邑部》曰：‘距國百里曰郊。’《冂部》曰：‘邑外謂之郊，郊外謂之野，野外謂之林，林外謂之冂。’《詩·召南》《邶風》傳皆曰：‘郊外曰野。’《鄭風》傳曰：‘野，四郊之外也。’《論語》：‘質勝文則野。’包咸曰：‘野如野人，言鄙略也。’”

按野 yě（余魚）从予聲（余魚）訓郊外。字从里，里是民居村落，古時的里，與國邑都是有邊界的。《詩·將仲子》“毋逾我里”就是顯證。字从予，予是杼的本字。此以織布梭穿過經紗出外，喻人越過里邑邊界走向野外。此用杼之引申義。

# 䀠聲字

**䀠 䀠** 《説文》："䀠，十又視也。从二目。凡䀠之屬皆从䀠。讀若拘。又若良士瞿瞿。"段注："十又各本作左右，非也，今正。凡《詩·齊風》《唐風》《禮記·檀弓》《曾子問》《雜記》《玉藻》或言瞿，或言瞿瞿，蓋皆䀠之假借，瞿行而䀠廢矣。瞿下曰：'雁隼之視也。'若毛傳於《齊》曰'瞿瞿無守之皃'，於《唐》曰'瞿瞿然顧禮義也'。各依文立義，而爲驚遽之狀則一。"饒炯部首訂："會意，从二目，左右視也，即申釋二目會意之旨，蓋驚恐者目善揺。"

按䀠 jù（見魚）訓左右視，此狀驚顧之神態。作聲旁字，則多表與左右相關之義。

**瞿 瞿** 《説文》："瞿，雁隼之視也。从隹䀠，䀠亦聲。凡瞿之屬皆从瞿。讀若章句之句，又音衢。"段注："隼亦鵻字也。知爲鷹隼之視者，以从隹䀠知之也。……經傳多假瞿爲䀠。"

按瞿 jù（見魚）从䀠聲（見魚）訓鷹隼之視，謂鷹隼於高空俯視，緊盯着地面的獵物，目不轉睛，此瞿之本義。徐鍇繫傳云"驚視也"，陸德明《莊子》釋文之瞿義，皆當爲䀠義之引申義，非瞿之本義。

**𣕊 𣕊** 《説文》："𣕊，茉臿也。从木入象形，䀠聲。"段注："（从木）謂柄，从入者象兩刃也。"

按𣕊 xū（曉魚）从䀠聲（見魚）訓茉臿，茉臿有兩刃。字从䀠聲，此以人獸之雙目喻𣕊之有兩刃。此相似孳乳，用目左右相對成雙之引申義。

**𡙁 𡙁** 《説文》："𡙁，目衺也。从䀠从大，大人也。"段注："𡙁之目衺，淫視者大。"桂馥義證："怒而衺視也。"

按𡙁 jū（見魚）从䀠聲（見魚）訓目衺，蓋謂瞪大雙目斜看。字从䀠聲，此用䀠目左右視之引申義。

**䀠䀠** 《説文》："䀠，舉目驚䀠然也。从夰从䀠，䀠亦聲。"段注："《廣韵》引《埤蒼》：'目驚䀠䀠然。'《雜記》下曰：'免喪之外，行於道路，見似目瞿，聞名心瞿。'二瞿當作䀠。"

按䀠 jù（見魚）从䀠聲（見魚）訓舉目驚䀠然。謂舉目而視，見似所亡之先人，頓時深感驚恐。字从䀠聲，此用䀠驚視之引申義。

**趯趯** 《説文》："趯，走顧皃。从走，瞿聲。讀若劬。"段注："此形聲包會意。瞿，鷹隼之視也。《記》曰：'見似目瞿。'"

按趯 qú（群魚）从瞿聲（見魚）訓走顧。此以鷹隼於空中盤旋環視，喻人物之走顧，此用瞿之引申義。

**忂忂** 《説文》："忂，行皃。从彳，瞿聲。"段注："此與《足部》躣音義同。"

按忂 qú（群魚）从瞿聲（見魚）訓行皃。字从瞿聲，此蓋以鷹隼之雙目注視，喻人之雙足疾走。

**躣躣** 《説文》："躣，行皃。从足，瞿聲。"段於忂下注曰："此與《足部》躣音義同。"

按躣 jué（見鐸）从瞿聲（見魚）訓行皃。此與忂音義皆同，从足與从彳同意，此當爲一字之異體。

**衢衢** 《説文》："衢，四達謂之衢。从行，瞿聲。"段注："《釋名》曰：'四達曰衢。齊魯間謂四齒杷爲欋，欋杷地則有四處，此道似之也。'按《中山經》：'宣山桑枝四衢，少室山木曰帝休，枝五衢。'《天問》：'靡萍九衢。'《淮南書》：'木大則根欋。'皆謂交道岐出。"

按衢 qú（群魚）从瞿聲（見魚）訓四達之衢，謂四通八達，交錯歧出的道路。字从瞿聲，當爲䀠聲（見魚）之借，用䀠左右視之引申義，引申爲凡道路之稱，以及凡有歧之物名，如四齒杷之欋。

**臞臞** 《説文》："臞，少肉也。从肉，瞿聲。"段注："《釋言》：'臞，脊也。'《周禮》注：'瘠，臞也。'"

按臞 qú（群魚）从瞿聲（見魚）訓少肉，謂消瘦。字从瞿聲，當爲眀聲（見魚）之借，用眀左右視出於驚恐之引申義。人久處於驚恐之中必消瘦，也可説从瞿聲爲欋聲（群魚）之借，此以原因代結果。其信息隱於深層，是一種曲折的表達方式。

**懼** 《説文》：“懼，恐也。从心，瞿聲。𢥞，古文。”段注：“恐下曰懼也。是爲轉注。……眀者左右視也。”

按懼 jué（群鐸）从瞿聲（見魚）訓恐，恐、懼互訓義近。字从瞿聲，當爲眀聲（見魚）之借，用眀驚視之引申義。重文作𢥞，此許書正篆用借聲，而重文用聲之正字。懼从心，語所謂“心驚膽戰”，或叫“驚心動魄”。

**灈** 《説文》：“灈，灈水。出汝南吳房，入瀙。从水，瞿聲。”

按灈 qú（群魚）从瞿聲（見魚）訓灈水。字从瞿聲，作水名字，此但借其聲。

**鱹** 《説文》：“鱹，魚名。从魚，瞿聲。”

按鱹 qú（群魚）从瞿聲（見魚）訓魚名。字从瞿聲，作魚名字，今爲何魚不詳，其語源不詳。

**斞** 《説文》：“斞，挹也。从斗，臾聲。”段注：“挹亦抒也。《詩》箋、《禮》注皆用斞，皆謂挹酒於尊中也。如鄭説則《賓筵》之仇，乃此字之叚借。”

按斞 jū（見魚）从臾聲（見魚）訓挹，挹酒於樽。字从臾聲，蓋爲与聲（余魚）之借。《説文》：“与，賜予也，一勺爲与，此與予同意。”又《説文》：“勺，枓也，所以挹取也。”斞从斗，即以斗左右挹酒侑賓。故字借臾爲与，此臾字之深層信息。

**䚄** 《説文》：“䚄，相誤也。从言，狊聲。”段注：“《廣韵》：‘相䚄誤也。’䚄誤蓋同詿誤。”

按䚄 guà（見支）从狊聲（見魚）訓相誤，謂因驚恐錯亂而相誤。字从狊聲，此用狊舉目驚狊然之引申義。

**矍** 《説文》：“矍，隹欲逸走也。从又，持之瞿瞿也。讀若《詩》云‘穬彼淮夷’之穬。一曰視遽皃。”

按矍 jué（見鐸）从眀聲（見魚），魚鐸對轉，訓隹欲逸走。隹爲人所獲持於手中，欲伺機逃逸，以驚恐的眼神偷看，尋找機會。字从䀠聲，此用䀠驚視之引申義。

**趩𧻓** 《説文》："趩，大步也。从走，矍聲。"

按趩 jué（見鐸）从矍聲（見鐸）訓大步。字从矍聲，蓋爲巨聲（群魚）之借，用巨之巨大義。

**躩𨆌** 《説文》："躩，足躩如也。从足，矍聲。"段注："《論語》苞氏曰：'躩，盤辟皃也。'"《論語》皇侃義疏引江熙云："躩，速貌也。"《莊子·山木》："蹇裳躩步，執彈而留之。"成玄英疏："躩步，猶疾行也。"

按躩 jué（見鐸）从矍聲（見鐸）訓足躩如，謂盤辟皃。此用矍鳥執於人手之中翅足不能舒展之義，一旦逃脱則急飛而去。訓疾行速皃，正用其引申義。

**貜𧳜** 《説文》："貜，𧳜貜也。从豸，矍聲。"段注："𧳜，《廣韵》引作𧳜，未知孰是。蓋合二字爲獸名，與《犬部》玃字義别。"朱駿聲通訓定聲："按犬屬，食母猴。《西山經》：'皋涂之山有獸焉，其狀如鹿而白尾馬足人手而四角，名曰貜如。'疑即此也。"

按貜 jué（見鐸）从矍聲（見鐸）訓𧳜貜，能食母猴，是犬屬之大者。字从矍聲，蓋爲巨聲（群魚）之借，用巨之巨大義。

**玃𤡿** 《説文》："玃，大母猴也。善攫持人，好顧盼。从犬，矍聲。《爾雅》曰：'玃父善顧。'"

按玃 jué（見鐸）从矍聲（見鐸）訓大猴，善攫持人，謂用爪子抓人。字从矍聲，當爲攫聲（見鐸）之借，用攫執之引申義。

**攫𢹎** 《説文》："攫，扟也。从手，矍聲。"段注："《蒼頡篇》曰：'攫，搏也。'《通俗文》曰：'手把曰攫。'《淮南子》曰：'鳥窮則搏，獸窮則攫。'按《衆經音義》卷五、卷十二引《説文》同而注之曰'扟，居逆切'，是其所據。《説文》作丮，轉寫訛作扟耳。丮者持也。"朱駿聲通訓定聲："《韵會》

引《説文》：‘爪，持也。’”

按攫 jué（見鐸）从矍聲（見鐸）訓扟（當爲丮）持。是人以手，鳥以爪，此用矍隹持於人手之引申義。

㩴  《説文》：“㩴，爪持也。从手，瞿聲。”段注：“覆手曰爪，謂覆手持之也。”

按㩴 jú（見魚）从瞿聲（群魚）訓爪持。字从瞿聲，當爲矍聲（見鐸）之借，用矍隹持於人手之引申義。

彏  《説文》：“彏，弓急張也。从弓，矍聲。”段注：“《廣韵》曰‘弓弦急皃’。”

按彏 jué（見鐸）从矍聲（見鐸）訓弓急張。字从矍聲，此隹執於人手必抓緊之引申義，緊急、緊張義皆相因。人手稍一放鬆，鳥就从手中飛走了，語所謂“稍縱即逝”，弓弦拉緊即張，稍一放鬆，弓弦就回到原位，故以爲喻，這是彏从矍聲的深層信息。

钁 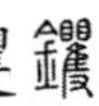 《説文》：“钁，大鉏也。从金，矍聲。”段注：“鉏之大者曰钁。”

按钁 jué（見鐸）从矍聲（見鐸）訓大鉏。鉏即今鋤字。字从矍聲，當爲巨聲（群魚）之借，見群旁紐，魚鐸陰入對轉。钁所以薅草鋤土，故又當爲厥聲（見月）之借，見母雙聲，月鐸通轉。《説文》：“厥，發石也。”郭璞《山海經》注：“厥，掘也。”今語叫發掘，又湖湘俗稱鋤頭叫“钁頭”。

## 旅聲字

旅  《説文》：“旅，軍之五百人。从㫃从从，从，俱也。，古文旅，古文以爲魯衛之魯。”段注：“从㫃者，旌旗所以屬人耳目。”

按旅 lǚ（來魚）甲骨文作，从在㫃下，會以旍致衆之意。字从象一行人列隊在旍旗下行進。古以爲軍旅之名，旅、吕、侣（來魚）古音相同義相關，當爲同源孳乳。

**者** 《説文》："者，别事詞也。从白，𣎆聲。𣎆，古文旅。"

按尞甲骨文作□或作□，𣎆蓋□之訛變。白蓋□（火）之訛變，是者即尞字之訛變。者 zhě（章魚）、尞（來宵）古音相近，旅（來魚）、尞來母雙聲，魚宵旁轉，者、尞蓋一字之異構，皆爲甲骨文□字之訛變。者、庶（書鐸）章書旁紐，魚鐸對轉，孳乳爲煮，煮是用器燒水烹煮食物，庶是燒石以烤煮食物。庶、煮蓋同源。

**諸** 《説文》："諸，辯也。从言，者聲。"段注："辯當作辨，判也。按辨下奪詞字，諸不訓辨，辨之詞也。……《白部》曰：'者，别事詞也。諸與者音義皆同。'《釋魚》：'前弇諸果，後弇諸獵。'諸即者。……或訓爲之，或訓爲之於，則於雙聲叠韵求之。"

按諸 zhū（章魚）、者古音同，者、尞一字之異構，尞是燎的本字。古人聚架柴燒而祭天，祭天所燒柴必多，故引申有衆多義，如諸父、諸兄、諸母。此用者尞燒柴而祭之引申義。

**鬻** 《説文》："鬻，亯也。从䰜，者聲。□，鬻或从火。□，䰜或从水。"段注："鬺，鬻也。鬻下當云：'鬺也。'經傳用亯，用烹，乃鬺之假借字耳。……（鬻或从水，）水在鬲中會意。"

按鬻 zhǔ（章魚）今字通用煮，从者聲（章魚）訓亯。亯當作鬺，鬺从羊，初義是用鬲烹羊，李白詩："烹羊宰牛且爲樂。"烹要用火，故从火，鬲中要用水，故从水。煮是者的孳乳，字从者，此用者尞之引申義，尞是燎的本字。

**書** 《説文》："書，箸也。从聿，者聲。"段注："《叙目》曰：'箸於竹帛謂之書。書者如也。'箸於竹帛，非筆末由矣。"

按書 shū（書魚）从者聲（章魚）訓箸，箸於竹帛謂之書。箸，明，明白義由燎瞭引申，箸於竹帛，一目瞭然。此用者燎瞭之引申義。有火則明，古語所謂"明若觀火"。書作動字是書寫，作名字是書籍。

**睹** 《説文》："睹，見也。从目，者聲。覩，古文从見。"

按睹 dǔ（端魚）从者聲（章魚）訓見，能見，看得見。字从者聲，此用者尞燃燒有光亮則凡物皆明白可見之引申義。

**翥** 《説文》："翥，飛舉也。从羽，者聲。"段注："《方言》曰：'翥，舉也。楚謂之翥。'郭云：'謂軒翥也。'"

按翥 zhù（章魚）从者聲（章魚）訓飛舉。字从羽，羽是鳥翅。字从者聲，者、尞同字，尞即燎，初義是燒柴祭天，引申爲凡焚燒。此蓋以燒柴煙焰上升喻鳥之展翅高飛。此用者燎之引申義。

**觰** 《説文》："觰，觰拏，獸也。从角，者聲。一曰下大者。"段注："未聞。……謂角之下大者曰觰也。《廣雅·釋詁》曰：'觰，大也。'"

按觰 zhā（端魚）从者聲（章於）訓觰拏，獸也。今爲何獸不詳。一曰下大者。字从者聲，此用者燎之引申義，燒柴祭天其火必大之義。

**箸** 《説文》："箸，飯攲也。从竹，者聲。"段注："攲，各本作敧，《支部》：'敧，持去也。'《危部》：'攲，𩠐也。'攲者傾側意，箸必傾側用之。故曰飯攲。……箸，《曲禮》謂之梜，假借爲箸落，爲箸明，古無去入之别，字亦不从艸也。"

按箸 zhù（定魚）从者聲（章魚）訓飯攲，即今語筷子。筷子夾取食物，故又稱梜，物夾箸而不失。字从者聲，此用者燎凡物着火則燃燒而火不去之引申義。火燃燒則光亮明顯，故引申有顯著義。此皆用尞燒柴而祭之引申義。

**楮** 《説文》："楮，穀也。从木，者聲。柠，楮或从柠。"

按楮 chǔ（透魚）从者聲（章魚）訓穀。《説文》："穀，楮也。"段注："《小雅》傳曰：'穀，惡木也。'陸機疏曰：'江南以其皮擣爲紙，謂之穀皮紙，絜白光輝。'按《山海經》傳曰：'穀亦名構。'此一語之輕重耳。"楮名穀，字从㱿者，蓋謂其皮特厚韌如㱿，㱿、構一聲之轉。柠，楮或从宁者，宁引申亦有固義。字从者聲，蓋宁聲（定魚）之借。此木名穀，名柠者，蓋以其皮如㱿之固厚而得名。

**都** 《説文》："都，有先君之舊宗廟曰都。从邑，者聲。《周禮》：'岠國五百里爲都。'"

按都 dū（端魚）从者聲（章魚）訓有先君之舊宗廟曰都。都、邑相對，都大邑小，都、鄙相對，都在中心地域，鄙在邊遠地區。故都引申有總括義。如都督、都統、都管等。字从者聲，此用者尞燒柴祭天，柴聚多則火大之引申義。

**睹** 《説文》“睹，且明也。从日，者聲。”段注：“各本作旦明，誤，今正作且明。睹與昧爽同義。許書有睹無曙。……《廣韵》曰：‘睹，詰朝欲明也。’”

按睹 shǔ（禪魚）从者聲（章魚）訓且明，謂東方發白，示日將出天明。字从者聲，此用者尞燒柴而祭以燒柴之火光明亮，喻日將出而未出之光明。

**暑** 《説文》：“暑，熱也。从日，者聲。”段注：“暑與熱渾言則一，故許以熱訓暑。析言則二，故《大雅》：‘温隆蟲蟲。’毛云：‘温温而暑，隆隆而雷，蟲蟲而熱也。’暑之義主謂濕，熱之義主謂燥，故溽暑謂濕暑也。《釋名》曰：‘暑，煮也。如水煮物也。熱，爇也，如火所燒爇也。’”

按暑 shǔ（書魚）从者聲（章魚）訓熱。此以火之熱喻夏天烈日之暑，今俗語叫炎天暑熱。字从者聲，當爲煮聲（章魚）之借，謂酷暑給人的感受有似蒸煮。

**瘏** 《説文》：“瘏，病也。从疒，者聲。《詩》曰：‘我馬瘏矣。’”段注：“《周南·卷耳》曰：‘我馬瘏矣。’《釋詁》《毛傳》皆曰：‘瘏，病也。’”

按瘏 tú（定魚）从者聲（章魚）訓病，此馬馱人升高爬坡，熱汗淋漓，疲極而病。字从者聲，此用者尞火大熱極之引申義。

**署** 《説文》：“署，部署也。各有所网屬也。从网，者聲。”段注：“部署猶處分。……《項羽本紀》曰：‘梁部署吴中豪傑爲校尉侯司馬。’《急就篇》曰：‘分别部居，不雜厠。’《魯語》：‘孟文子曰：夫位，政之建也，署，位之表也，署所以朝夕虔君命也。’按官署字起於此。……网屬猶系屬，若网在綱，故从网。”

按署 shǔ（禪魚）从者聲（章魚）訓部署。字从者聲，此用者尞燒柴祭天，柴聚衆多必統一安排分別處置之義。

**裙** 《説文》："褚，卒也。从衣，者聲。一曰裝也。"段注："《方言》云'卒，或謂之褚'是也。郭云：'言衣赤褚'音赭。……裝，各本作製，誤。今依《玉篇》《廣韵》正。"

按褚 zhǔ（端魚）从者聲（章魚）訓卒，謂卒衣，褚音赭。字从者聲，當爲赭聲（章魚）之借。《説文》："赭，赤土也。"衣褚即穿赤色衣服，以此作卒的身份標志。者有赤色義者，此用燒柴祭天，火色紅之引申義，這是者的深層信息。

**屠** 《説文》："屠，刳也。从尸，者聲。"段注："刳，判也。"

按屠 tú（定魚）从者聲（章魚）訓刳，謂宰殺豬羊狗刨毛開剖分邊，即屠宰牲畜供肉食。《六書故》："屠，刳剥畜牲也。"《周禮·地官》賈公彦疏："云屠者，謂屠宰豕羊之類。"俗語稱專業殺豬者爲屠夫。字从者聲，蓋爲刳聲（溪魚）之借，此用刳剖分之義。此以叠韵相借。

**豬** 《説文》："豬，豕而三毛叢尻者。从豕，者聲。"段注："三毛叢尻，謂一孔生三毛也。……今之豕皆然。"

按豬 zhū（定魚）从者聲（章魚）訓豕而三毛叢尻者。此以叢（從東）之聲紐爲聲，以居（見魚）之韵部爲韵，合二字之聲韵爲讀，會二字之意爲義，豬以毛之叢生的特點爲名，即以業爲名。

**赭** 《説文》："赭，赤土也。从赤，者聲。"段注："《邶風》'赫如渥赭'，即《秦風》之'顔如渥丹'。故箋訓赭爲丹，古《秦風》毛亦作'渥赭'，是以《韓詩》作沰，沰與赭音義皆同也。《管子·地數篇》云：'上有赭者下有鐵。'是赭之本義爲赤土也。引申爲凡赤。"

按赭 zhě（章魚）从者聲（章魚）訓赤土。字从者聲，此用者尞燒柴生火，火赤之引申義。沰（透鐸）从石聲（禪鐸）與赭音同者，魚鐸陰入對轉。

**奢** 《説文》："奢，張也。从大，者聲。凡奢之屬皆从奢。奓，籀文。”段注：“張者施弓弦也。引申爲凡充㢈之稱，侈下曰‘一曰奢也’。”

按奢 shē（書魚）从者聲（章魚）訓張，謂張大、張揚。字从者聲，此用者尞燒柴祭天其火必大之引申義。今常用義爲奢侈，鋪張浪費。籒文作奓，从大从多，爲會意，自大自多，妄自尊大，都是人生的敗筆。

**渚** 《説文》：“渚，渚水，在常山中丘逢山，東入湡。从水，者聲。《爾雅》曰：‘小州曰渚。’”段注：“州洲古今字。《召南》傳曰：‘渚，小洲也。’水岐成渚。”

按渚 zhǔ（章魚）从者聲（章魚）訓渚水。字从者聲，作水名字，此但借其聲。作州渚字，渚者小州，水岐成渚，謂河流中高出水面的陸地。字从者聲，當爲箸聲（定魚）之借，用箸著明、顯著之引申義。

**闍** 《説文》：“闍，闉闍也。从門，者聲。”

按闍 dū（端魚）从者聲（章魚）訓闍闉。鈕樹玉、桂馥、王筠等謂當从《集韵》所引《説文》作“城門臺也”。臺者臺觀，所以觀望城外動静。字从者聲，當爲睹聲（端魚）之借，用睹之觀望、察看義。

**緒** 《説文》：“緒，絲耑也。从糸，者聲。”段注：“抽絲者，得緒而可引。”

按緒 xù（邪魚）从者聲（章魚）訓絲耑。絲耑在繭中不可見，以温水煮之則見。字从者聲，當爲煮聲（章魚）之借，此用煮之蒸煮義。

**堵** 《説文》：“堵，垣也。五版爲堵。从土，者聲。𩫖，籒文从𩫖。”段注：“《儒行》曰：‘儒有一畝之宫，環堵之室。’注云：‘宫謂墻垣也。堵，面一堵也。’面一堵者，謂面各一堵也。”

按堵 dǔ（端魚）从者聲（章魚）訓五版爲堵，面一堵，一室四堵。字从者聲，蓋爲當聲（端陽）之借，當即今擋字，墻所以遮風擋雨，堵、當端母雙聲，魚陽對轉。

陼 《説文》：“陼，如渚者陼丘，水中高者也。从𨸏，者聲。”

按陼 zhǔ（章魚）从者聲（章魚）訓如渚者陼丘，水中高者也。《爾雅·釋水》、陸德明《經典釋文》：“字又作渚。”渚、陼音義皆同，蓋一字之異體，渚在水中故从水，高出於水面故从𨸏，二字互補。

藷 《説文》：“藷，藷蔗也。从艸，諸聲。”段注：“或諸蔗，或都蔗，藷蔗二字疊韵也。或作竿蔗，或干蔗，象其形也。或作甘蔗，謂其味也。”

按藷 zhū（禪魚）从諸聲（章魚）訓藷蔗。字从諸聲，當爲赭聲（章魚）之借。《説文》赭訓赤土，引申爲凡赤色之稱。字从者聲，此用者寮燒柴而祭火赤之引申義。蔗从庶，于省吾謂庶者燒石以煮，石燒則紅，藷、蔗（章鐸）章母雙聲，魚鐸陰入對轉，當爲一字之異體。可單稱蔗，亦可稱藷蔗，其稈色赤，故以藷蔗名之，此以德爲名。

儲 《説文》：“儲，偫也。从人，諸聲。”段注：“古者太子，謂之儲君。”

按儲 chǔ（定魚）从諸聲（章魚）訓偫，謂儲備，儲以待用。字从諸聲，當爲宁聲（定魚）之借。《説文》：“宁，辨積物也。”段注：“辨，今俗字作辦，音蒲莧切。”今簡作辦、置辦，孳乳作貯，《説文》：“貯，積也。”段注：“此與宁音義皆同，今字專用貯矣。”

櫡 《説文》：“櫡，斫謂之櫡。从木，箸聲。”段注：“櫡，一作鐯，俗字也。凡斫木之斤，斫地之欘，皆謂之櫡，櫡之言箸也。箸，直略反。郭云：‘钁也。’《金部》云：‘钁，大鉏也。’……欘櫡皆重柄，故字皆从木。”

按櫡 zhuó（端鐸）从箸聲（定魚）訓斫謂之櫡，大鉏、斧頭之類的工具。字从箸聲，當爲斫聲（章鐸）之借，斫作動字是斫木、斫地，作名字是斫木、斫地的器具，即斧頭、大鋤之類的器具。

礴 《説文》：“礴，斫也。从石，箸聲。”段注：“斫者，其器所以斫地，因謂之斫也。《釋器》曰：‘斫謂之鐯。’鐯字又作櫡，依許則當作礴，郭云：‘钁也。’《金部》：‘钁者，大鉏也。’然則必以金爲之，安得从石？蓋上古始爲之用石，如砮砭之類。”

按礈、鐯、檽、斫，一字之分化。礈 zhuó（端鐸）从箸聲（定魚）訓斫，謂斫地之大鋤，箸聲當爲斫聲（章鐸）之借。上古爲石器，故字从石，初民經歷了漫長的石器時代，文物演進，後世以金屬爲之，故字从金作鐯，用之必有柄，柄以木爲之，故字从木。而初字作斫，字兼表名、動。文字就是歷史，由斫、礈而鐯、檽貯存了文物（文明）演進的原始信息。

躇 《説文》：“躇，峙躇，不前也。从足，屠聲。”段注：“峙見《止部》，云：‘躇也。’今按當云：‘峙躇也。’”王筠釋例：“峙下當云：峙躇不前也。”

按躇 chú（定魚）从屠聲（定魚）訓峙躇不前。邵瑛《群經正字》：“今經典作踟躕……正字當作峙躇。”是躇从屠聲，當爲箸聲（定魚）之借，即今語着火着迷之本字。謂黏着離不開。峙从寺聲，寺即持之本字，峙躇謂被執持黏着，故訓不前。漢語、漢字無所謂單純聲音組織，凡雙聲叠韵連綿字皆可分析，皆當分析。不能分析的觀點是錯的，其錯誤在於違反了漢語、漢字的本質特點。

藸 《説文》：“藸，茎藸也。从艸，豬聲。”段注：“鉉本移此字於茎篆下，以茎藸二字當類列，而不知許意單呼藸者，别是一物也。”

按藸 chú（定魚）从豬聲（定魚）訓藸草。《爾雅·釋草》：“菋，茎豬。”郭璞注：“五味也。蔓生，子叢在莖頭。”字从豬聲，此用豬三毛丛居之引申義。

誻 《説文》：“誻，誻拏，羞窮也。从言，奢聲。”段注：“《方言》：‘嘲哰謰謱，拏也。拏，揚州、會稽之語也。或謂之惹，或謂之諺。’郭曰：‘拏謂誻拏也。奴加反。’按誻拏出此。羞窮者，謂羞澀辭窮而支離牽引，是曰誻拏。”

按誻 zhā（端魚）从奢聲（書魚）訓誻拏，羞窮，謂羞澀辭窮。字从奢聲，此用奢張大之引申義。其辭支離牽引，不知所云，故《玉篇》曰："譇㐤，言不可解也。"今俗語叫胡扯。

## 庶聲字

**庶 庶** 《説文》："庶，屋下衆也。从广炗。炗，古文光字。"于省吾《甲骨文字釋林》："甲骨文'庶'字是从火石、石亦聲的會意兼形聲字，也即'煮'之本字……庶之本義乃以火燃石而煮……但因古籍中每借'庶'爲'衆庶'之'庶'，又别制'煮'字以代'庶'，'庶'之本義遂湮没無聞。"

按庶 shù（書鐸）从庰（石的異體）聲（書鐸），訓屋下衆也。燃石而煮，其所燃之石必多，故引申有衆庶義。庶之庶民、庶妻、富庶義皆由此引申。

**蔗 蔗** 《説文》："蔗，藷蔗也。从艸，庶聲。"

按蔗 zhè（章鐸）从庶聲（書鐸）訓藷蔗。藷（禪魚）、蔗一物，藷即蔗音之稍變。字从庶聲，庶从石火，石燒達到一定温度，則顯赤色，蔗成熟則稈呈赤色，此用石赤喻蔗稈赤，因以爲蔗名，此以德爲名。

**嗻 嗻** 《説文》："嗻，遮也。从口，庶聲。"段注："《廣韵》：'嗻，多語之皃。'然則遮者，謂多言遏遮人言也。"

按嗻 zhè（章鐸）从庶聲（書鐸）訓遮。字从庶聲，蓋爲遮聲（章魚）之借，謂用多言來阻攔别人説話。章母雙聲，魚鐸陰入對轉。

**遮 遮** 《説文》："遮，遏也。从辵，庶聲。"

按遮 zhē（章魚）从庶聲（書鐸）訓遏。《説文》："遏，微止也。"即阻止遮攔。字从庶聲，當爲石聲（禪鐸）之借，此謂大石擋住了出路。遮、石章禪旁紐，魚鐸陰入對轉。

**蹠 蹠** 《説文》："蹠，楚人謂跳躍曰蹠。从足，庶聲。"段注："見《方言》。"

按蹠 zhí（章鐸）从庶聲（書鐸）訓楚人謂跳躍曰蹠。字从庶聲，當爲石聲（禪鐸）之借。有兩類情況：一是路上遇到大石頭，一躍而過；一是行路不小心，脚趾碰上石頭劇痛難忍，條件反射地猛然跳起來。後者是不少人都有過的經歷。此用石之引申義。

樜 𣞭 《説文》："樜，樜木，出發鳩山。从木，庶聲。"段注："《北山經》曰：'發鳩之山，其上多柘木。'許所據柘作樜也。"

按樜 zhè（章鐸）从庶聲（書鐸）訓樜木。古桑、柘每連言，桑、柘相對，桑柔柘堅，樜、柘一字之異體。字从庶聲，當爲石聲（禪鐸）之借，用石堅之引申義。

蟅 𧕅 《説文》："蟅，螽也。从虫，庶聲。"段注："螽，各本訛作蟲，今正。《方言》曰：'蟒，宋魏之間謂之蚮，南楚之外謂之蟅蟒，或謂之螣。'郭注：'即蝗也。'……按即今北人所謂蚂蚱，江南人謂之蝗蟲。"

按蟅 zhè（章鐸）从庶聲（書鐸）訓螽，蚱蜢，蝗蟲。字从庶聲，當爲石聲（禪鐸）之借，用石大之引申義。蝗从皇聲有大義，皆謂此蟲數量大。螽从冬聲，則爲衆聲之借。蝗蟲之來遮天蓋地，借螽爲衆，以喻其多。字从庶聲，庶亦有衆多義。

度 㡯 《説文》："度，法制也。从又，庶省聲。"段注："古者五度，分寸尺丈引，謂之制……周制寸、尺、咫、尋、常、仞皆以人之體爲法。寸法人手之寸口……皆於手取法，故从又。"

按度 dù（定鐸）从庶省聲的説法是錯的，當爲从厈聲，厈即石字的異體。度當爲从又、石聲（禪鐸），訓法制。法制是後起的引申義，初義當爲以手投石。投石擊獸，投石測距，閑時練習投石，投石超距，是古代一種重要的軍事訓練與遊戲。故引申有度量義，由度量而有長度、寬度、高度、深度，用心思揣摩估計叫揣度。《孟子》引《詩》："他人有心，予忖度之。"進而由人制定長度單位，制度義即由此引申。原始人類經歷了漫長的石器時代，度的造字，凝結了古人的智慧，貯存了衆多的古老信息。

席 席 《説文》："席，藉也。《禮》：'天子、諸侯，席有黼綉純飾，从巾，庶省聲。𡚁，古文席。"段注："此以疊韵爲訓，户護門聞之例也。藉本祭藉，引伸爲凡藉之稱。……其方幅如巾也。……下象形，上从石省聲。”

按席 xí（邪鐸），庶省聲，當爲石聲（禪鐸）。古文𠩄，上从石省聲，即是佐證。席必从石者，初民坐卧於平滑之石上，久之以嫩草墊於石上，柔軟舒適，又久之編草藉之。古文𠩄从因，正象席之編織紋。仍以石爲聲者，席起於石，石是席的語源。

**𢾔** 《説文》：“𢾔，閉也。从攴，度聲。讀若杜。剫，𢾔或从刀。”段注：“杜門字當作此。杜行而𢾔廢矣。”

按𢾔 dù（定魚）从度聲（定鐸）訓閉。字从度聲，蓋爲遮聲（章魚）之借，用遮之遮攔、阻遏義。

**渡** 《説文》：“渡，濟也。从水，度聲。”段注：“《邶風》傳曰：‘濟，渡也。’《方言》曰：‘過度謂之涉濟。’凡過其處皆曰渡。”

按渡 dù（定鐸）从度聲（定鐸）訓濟，謂橫渡江河。字从度聲，此用度投石超距之引申義。

**蓆** 《説文》：“蓆，廣多也。从艸，席聲。”段注：“《鄭風》：‘緇衣之蓆兮。’《釋故》毛傳皆云：‘蓆，大也。’……廣義與大近 。”

按蓆 xí（邪鐸）从席聲（邪鐸）訓廣多。編草爲席，草多席大。李白詩：“燕山雪花大如席。”正用席大之比喻義。茵、蓆義近。緑草如茵，當亦爲草多面廣。字从席聲，此用席席大面廣之引申義。

## 叚聲字

**叚** 《説文》：“叚，借也。闕。𠬋，古文叚。𡰪，譚長説叚如此。”段注：“《人部》假云‘非真也’，此叚云‘借也’。然則凡云假借當作此字。古多借瑕爲假。晋士文伯名匄，字伯瑕。楚陽匄、鄭駟乞，皆字子瑕，古名字相應，則瑕即叚也。《禮記》‘公肩假’古今人表作‘公肩瑕’。《左傳》：‘瑕嘉平戎於王。’《周禮》注作‘叚嘉’。皆同音叚借。”

按叚 jiǎ（見魚）訓借，今字作假。人之所有非己所有，故曰借。从叚聲字，有表公牡義者，有表赤義者，有表縫隙義者，有表大義者，其語源不詳。

**瑕** 《説文》："瑕，玉小赤也。从玉，叚聲。"段注："《子虛賦》：'赤瑕駁犖。'張揖曰：'赤瑕，赤玉也。'……《廣雅》玉屬有'赤瑕'。若《聘義》：'瑕不揜瑜。'注：'瑕，玉之病也。'高注《淮南書》曰：'瑕猶釁也。'此别一義。"

按瑕 xiá（匣魚）从叚聲（見魚）訓玉小赤。字从叚聲蓋豭聲之借，豭者公猪，牝牡相交，其牡器出體呈淺紅色，此用豭赤之引申義。

**葭** 《説文》："葭，葦之未秀者。从艸，叚聲。"

按葭 jiā（見魚）从叚聲（見魚）訓葦之未秀者。葦，蘆葦，草本之高大者；未秀，謂尚未作苞抽穗。字从叚聲，蓋爲豭聲（見魚）之借，豭牡豕，牝、牡相對，牡大牝小，字从豭聲，此用牡大之引申義。

**徦** 《説文》："徦，至也。从彳，叚聲。"段注："《方言》曰：'徦、狢，至也。邠唐冀兖之間曰徦，或曰狢。按狢，古格字。徦，今本《方言》作假，非也。"

按徦 jiǎ（見魚）从叚聲（見魚）訓至，叚聲當爲各聲（見鐸）之借，各即狢（格）之本字，見母雙聲，魚鐸陰入對轉。

**蝦** 《説文》："蝦，足所履也。从足，叚聲。"《廣韵》："蝦，脚下。"

按蝦 xiā（匣魚）从叚聲（見魚）訓足所履。字从叚聲，當爲各聲（見鐸）之借，各字甲骨文作，从，是向居穴下走的，从或作，、即初民的居穴。此用各狢之引申義。

**嘏** 《説文》："嘏，大遠也。从古，叚聲。"段注："《釋詁》《小雅》《大雅》《傳》《少牢禮》注皆曰'嘏，大也'。……許獨兼遠言之者，大則必遠。"

按嘏 gǔ（見魚）从叚聲（見魚）訓大遠。字从古，古者時間久遠。字从叚聲，蓋爲各聲（見鐸）之借，此用各狢之引申義，行則至遠。

**鞎** 《説文》：“鞎，履也。从韋，叚聲。”桂馥義證：“本書：‘蝦，足所履也。’”

按鞎 xiá（匣魚）从叚聲（見魚）訓履。《説文》：“履，足所依也。”足依履以利行。字从叚聲，當爲各聲（見鐸）之借，用各徦之引申義。

**椵** 《説文》：“椵，椵木，可作床几。从木，叚聲。讀若賈。”段注：“《釋木》曰：‘櫠椵。’《本艸》陶隱居説人參曰：‘高麗人作人參贊曰：三椏五葉，背陽向陰，欲來求我，椵樹相尋。椵樹，葉似桐，甚大，陰廣。’《圖經》亦言：‘人參春生苗，多於深山背陰，近椵漆下潤濕處。’是則椵爲大木。”

按椵 jiǎ（見魚）从叚聲（見魚）訓椵木，此木葉似桐，甚大，陰廣。字从叚聲，蓋爲豭聲（見魚）之借，用豭牡大之引申義。

**暇** 《説文》：“暇，閒也。从日，叚聲。”段注：“古假暇通用。假訓大，故包閒暇之義。”

按暇 xiá（匣魚）从叚聲（見魚）訓閒。閒、暇雙聲義近，字叚聲，當爲隙聲（溪鐸）之借，溪匣旁紐，魚鐸對轉。此謂忙碌中有空隙時間，此用隙空隙之引申義。

**瘕** 《説文》：“瘕，女病也。从疒，叚聲。”朱駿聲通訓定聲：“《素問·大奇論》：‘三陽急爲瘕。’注：‘太陽受寒，血疑爲瘕。’”《靈樞經·水脹》：“石瘕生於胞中，寒氣客於子門，子門閉塞，氣不得通，惡血當寫不寫，衃以留止，日以益大，狀如懷子，月事不以時下，皆生女子，可導而下。”

按瘕 jiǎ（見魚）从叚聲（見魚）訓女病，指血凝於腹中結塊。血色紅，字从叚聲，蓋瑕聲（匣魚）之借，用瑕玉小赤之引申義。經閉血凝專指女子，而“太陽受寒血疑爲瘕”則兼指男女。

**假** 《説文》：“假，非真也。从人，叚聲。《虞書》曰：‘假於上下。’”段注：“《又部》曰：‘叚，借也。然則假與叚義略同。’六書‘六曰假借’，謂本無其字，依聲託事也。……《堯典》文，此引經説假借也。”

按假 jiǎ（見魚）从叚聲（見魚）訓非真。又《説文》："借，假也。"借（精魚）从昔聲（心鐸）。原始人類經歷了漫長的石器時代，其時舉事皆借助石器，借假皆以石（禪鐸）爲語源，假有大義亦源於石。

**豭** 《説文》："豭，牡豕也。从豕，叚聲。"段注："《左傳》：'野人歌曰，既定爾婁豬，盍歸吾艾豭。'此豭爲牡豕之證也。"

按豭 jiā（見魚）从叚聲（見魚）訓牡豕，叚聲當爲石聲（禪鐸）之借，用石大之引申義。

**騢** 《説文》："騢，馬赤白雜毛。从馬，叚聲。謂色似鰕魚也。"段注："《魯頌·有騢》、《釋獸》、毛傳皆曰：'彤白雜毛曰騢。'……鰕魚謂今之蝦，亦魚屬也。蝦略有紅色。凡叚聲多有紅義，是以瑕爲玉小赤色。"

按騢 xiá（匣魚）从叚聲（見魚）訓馬赤白雜毛。字从叚聲，蓋爲瑕聲（匣魚）之借，用瑕玉小赤之義。

**麚** 《説文》："麚，牡鹿也。从鹿，叚聲。以夏至解角。"

按麚 jiā（見魚）从叚聲（見魚）訓牡鹿。字从叚聲，當爲豭聲（見魚）之借，此以豕之牡喻鹿之牡。

**鰕** 《説文》："鰕，鰕魚也。从魚，叚聲。"段注："各本作'魵也'，今正。鰕者今之蝦字，古謂之鰕魚。"

按鰕 xiā（匣魚）从叚聲（見魚）訓鰕魚。字从叚聲，當爲瑕聲（匣魚）之借，此用瑕玉小赤之引申義。

**蝦** 《説文》："蝦，蝦蟆也。从虫，叚聲。"段注："蝦蟆見於《本艸經》，背有黑點，身小，能跳接百蟲，解作呷呷聲。"

按蝦 há（匣魚）从叚聲（見魚）訓蝦蟆。字从叚聲，此以叚狀其鳴聲，即呷呷聲，又以其鳴叫之聲爲此物之名。郭注《爾雅》所謂其名自呼。字从叚聲，此但借其聲，與叚之本義、引申義無關。

**鍜** 《説文》："鍜，錏鍜也。从金，叚聲。"

按鍜 xiá（匣魚）从叚聲（見魚）訓錏鍜。《説文》："錏鍜，頸鎧也。"頸鎧，戴在頸部的鎧甲。字从叚聲，蓋甲聲（見葉）之借，見匣旁紐，魚葉通轉，古音相近，此以音近相借。

**家** 《説文》："家，凥也。从宀，豭省聲。"段注："凥，各本作居，今正。……竊謂此篆本義乃豕之凥也，引申假借以爲人之凥。"

按家 jiā（見魚）从豭省聲（見魚）訓凥，此凥當爲男女居室之居。《孟子》："男女居室，人之大倫也。"男女居室即夫妻，夫妻必同居一室，所謂"生則同室，死則同穴"。古訓有"男以女爲室，女以男爲家"，即以家指丈夫，室指妻子。豭字甲骨文作，腹部一斜畫，象公猪的牡器。《説文》豭訓牡豕，獸畜之牝牡雌雄，與人之男女，从表性别説，是没有兩樣的。作字的偏旁，可以通作。豭在家字中借以喻男，是合情理的。段氏謂借豕居喻人居，近似有理，但未達一間，即未能从男女居室立説。

**稼** 《説文》："稼，禾之秀實爲稼。莖節爲禾，从禾，家聲。一曰稼，家事也。一曰在野曰稼。"段注："既言秀又言實者，《論語》説也。謂禾采之成曰稼也。……稼之言嫁也。毛傳曰：'種之曰稼。'《周禮·司稼》注曰：'種穀曰稼，如嫁女，以有所生。'"

按稼 jià（見魚）从家聲（見魚）訓禾之秀實爲稼。秀是禾作苞，抽穗揚花授粉，實是谷灌漿成熟，這一過程與人之居室夫妻好合生子是相似的。禾也是有雄株雌株的，必授粉方能成實，此用家之男女居室夫妻好合生子爲喻。段説稼之言嫁，當説稼之言家，用男女居室之家爲喻。

**幏** 《説文》："幏，南郡蠻夷賨布也。从巾，家聲。"段注："《貝部》曰賨者南蠻賦也。《文選·魏都賦》注引《風俗通》曰：'槃瓠之後，輸布一匹，小口二丈，是爲賨布，廩君之巴氏出幏布八丈，幏亦賨也。故統謂之賨布。"徐鍇繫傳："漢制名賦夷布爲幏，幏猶中國言稅也。"

按㟁 jià（見魚）从家聲（見魚）訓蠻夷賨布，即蠻夷稅賦之布。字从家聲，蓋假聲（見魚）之借，用假之假借義，此謂借助民力，此與租爲助，周人什一而助之義相近。

**嫁** 《説文》："嫁，女適人也。从女，家聲。"段注："《白虎通》曰：'嫁者，家也，婦人外成，以出適人爲家。'"

按嫁 jià（見魚）从家聲（見魚）訓女適人。人謂男人，適謂往到，家謂成家，即女子到男方落户成家。字从家聲，此用家男女居室之引申義。

## 各聲字

**各** 《説文》："各，異詞也。从口夂，夂者有所行而止之相聽意。"

按各 gè（見鐸）甲骨文作[illegible]或[illegible]。《甲骨文字典》："从口从夂，口或作凵，並象古之居穴，以足向居穴會來格之意。各字孳乳之字，如𡧍、客、輅等字，皆與各之本義有關。"徐灝《説文解字注箋》："各，古格字，故从夂。夂有至義，亦有止義，格訓爲至，亦訓爲止矣。"楊樹達《積微居小學述林》："'各'亦'來'也。"

**茖** 《説文》："茖，艸也。从艸，各聲。"段注："《爾雅·釋草》：'茖，山葱。'郭璞注：'茖葱，細莖大葉。'"

按茖 gé（見鐸）从各聲（見鐸）訓草，山葱。葱葉中空呈管狀，與居穴之孔有相似者，此相似孳乳，用各从口（凵）之引申義。

**路** 《説文》："路，道也。从足，各聲。"段注："《釋宫》：'一達謂之道路。'此統言也。《周禮》：'澮上有道，川上有路。'此析言也。《爾雅》《毛傳》：'路，大也。'此引伸之義也。"

按路 lù（來鐸）从各聲（見鐸）訓道，道、路義近。字从各聲，各指人來至居穴，引申也指居穴。字又从足，路是人走的，也是人走出的，綜合言之，路是人通往居穴的路，也是出離居穴的路，引申爲凡道路之稱。

**詻** 《説文》："詻，論訟也。傳曰：'詻詻孔子容。'从言，各聲。"段注："訟當作頌，論頌即言容也。《玉藻》曰：'戎容暨暨，言容詻詻。'注：'詻詻，教令嚴也。'……《論語》曰：'子温而厲。'"王筠句讀："詻，《墨子·親士篇》之詻詻即諤諤也。"

按詻 è（疑鐸）从各聲（見鐸）訓論訟（頌），即言容。詻詻，謂教令嚴；諤諤，謂直諍辯皃。字从各聲，用各格之嚴格義。

**鞈** 《説文》："鞈，生革可以爲縷束也。从革，各聲。"段注："《小雅》：'約之閣閣。'毛曰：'約，束也，閣閣猶歷歷也。'按閣讀如絡。"

按鞈 luò（來鐸）从各聲（見鐸）訓生革可以爲縷束。謂用生革纏繞捆緊。各作爲居穴，是一個封閉區間，字从各聲，此用各封閉之引申義。

**眳** 《説文》："眳，眄也。从目，各聲。"段注："《方言》：'眳，眄也。吴楊江淮之間，或曰瞷，或曰眳。'"

按眳 luò（來鐸）从各聲（見鐸）訓眄。《方言》戴震疏證："眳，眄也。眄，衺視也。"字从各聲，各是人由地面下降至居穴，故引申有向下義。此謂由上向下，由正向旁看，故引申有斜視義。此用各下降之引申義。

**雒** 《説文》："雒，忌欺也。从隹，各聲。"段注："《釋鳥》曰：'鵅，鵋鶀。'玄應引作'忌欺'。《釋鳥》又曰：'怪鴟。'舍人曰：'謂鵂鶹也。南陽名鉤鵅，一名忌欺。'然則忌欺與怪鴟一物。……鵅即雒字，各家音格，但今江蘇此鳥尚呼鉤雒鴟，雒音同洛，則音格者南北語異耳。"

按雒 luò（來鐸）諸家音格（見鐸），忌、欺叠韵，欺、格旁紐雙聲，忌、欺、格蓋狀此鳥之鳴叫聲。从鳴叫聲説，讀格與鳥鳴叫聲切近，讀洛者語言之變遷，此亦關乎古有複輔音。

**鵅** 《説文》："鵅，烏鸔也。从鳥，各聲。"段注："見《釋鳥》，郭云：'水鳥也。'按此與《隹部》雒音同義別。"《爾雅·釋鳥》："鵅，烏鸔。"郭璞注："水鳥也。似鶂而短頸，腹翅紫白，背上緑色，江東呼爲烏鸔。"《太平御覽》引《纂文》曰："鵅、施、石皦、開零皆野鴨，没食曰鵅。"

按鵅 luò（來鐸）从各聲（見鐸）訓烏鸔，即野鴨。字从各聲，爲露聲（來鐸）之借，露引申有白義，暴露義近，此用露白之引申義。《纂文》没食曰鵅，讀各聲爲落聲之借，其説有誤。

骼 𩪥 《説文》："骼，禽獸之骨曰骼。从骨，各聲。"段注："云曰骼曰骴者，所以别人禽之異名。……《月令》：'孟春掩骼薶骴。'鄭云：'骨枯曰骼，肉腐曰骴。'"

按骼 gé（見鐸）从各聲（見鐸）訓禽獸之骨，謂肉腐剩下的骨架，引申爲凡骨之稱。字从各聲，蓋爲架聲（見歌）之借。骼、架見母雙聲，歌鐸通轉。

胳 𦚤 《説文》："胳，亦下也。从肉，各聲。"段注："亦腋古今字。《亦部》曰：'人之臂亦也。'兩厷迫於身者謂之亦。亦下謂之胳，又謂之胠，身之迫於兩厷者也。"

按胳 gé（見鐸）从各聲（見鐸）訓亦下。亦即今腋字，亦下今稱"胳肢窩"。字从各聲，當爲凵（坎）聲（溪談）之借，坎窞、洞穴。胳肢窩，其間有較大空隙，故以胳名之。胳或名胠（溪魚），字从去聲（溪魚），胠、胳同義，从去與从各同意。

挌 𦓤 《説文》："挌，枝挌也。从丯，各聲。"段注："枝挌者，遮禦之意。《玉篇》曰：'挌，枝柯也。'《釋名》：'戟，格也。旁有枝格也。'"

按挌 gé（見鐸）从各聲（見鐸）訓枝挌，今字作格，即枝丫。字从各聲，用格之枝挌遮御之義。

觡 𧣾 《説文》："觡，骨角之名也。从角，各聲。"段注："骨角，角之如骨者，猶石言玉石也。《樂記》：'角觡生。'注云：'無䚡曰觡，無䚡者，其中無肉，其外無理。'郭氏《山海經》傳云'麋鹿角曰觡'是也。牛羊角有肉有理。《玉篇》云：'無枝曰角，有枝曰觡。'此取枝挌之意。"

按觡 gé（見鐸）从各聲（見鐸）訓骨角。字从各聲，蓋爲辂聲（見鐸）之借，用格之枝辂義。

**簬**《説文》："簬，栝簬也。从竹，各聲。"段注："《方言》：'栝箈。'……郭云：'盛栝器籠也。'按引伸爲籠絡字，今人作絡，古當作簬，亦作落。"

按簬 luò（來鐸）从各聲（見鐸）訓栝簬，盛栝器籠。能盛栝必有一定空間。字从各聲，此用各居穴之引申義。

**格**《説文》："格，木長皃。从木，各聲。"段注："木長皃者，格之本義。引伸之，長必有所至。故《釋詁》曰：'格，至也。'……此接於彼曰至，彼接於此則曰來。"

按格 gé（見鐸）从各聲（見鐸）訓木長貌，此用木長必有所至之引申義。字从各聲，各的本義是人下至居穴，此用各至之引申義。

**賂**《説文》："賂，遺也。从貝，各聲。"段注："按以此遺彼曰賂，如道路之可往來也。貨賂皆謂物，其用之則有公私衺正之不同。"

按賂 lù（來鐸）从各聲（見鐸）訓遺，謂施予贈送，以財物贈人，用財物行賄買通他人。字从各聲，各在字中表動，即持財物以往。此用各到往之引申義。

**客**《説文》："客，寄也。从宀，各聲。"段注："自此託彼曰客。引伸之曰賓客。賓，所敬也；客，寄也。（从宀，）所託也。"

按客 kè（溪鐸）从各聲（見鐸）訓寄，寄託，短時間逗留。字从宀，甲骨文作，指地上的居室。字从各，各訓至，此指非室之主人來到居室。即今語作客、客人。來的是友善的是客人；來的是入室爲害的則是寇。客、寇（溪侯）雙聲，此同源孳乳。

**頟**《説文》："頟，顙也。从頁，各聲。"段注："《釋名》曰：'額，鄂也，有垠鄂也。'引伸爲凡有垠鄂之稱。"徐鉉等注："今俗作額。"

按頟 é（疑鐸）从各聲（見鐸）訓顙。《説文》頟、顙互訓。《方言》卷十："頟，顙也。中夏謂之頟，東齊謂之顙。"顙（心陽）、頟陽入對轉，頟从各聲，蓋爲鄂聲（疑鐸）之借。垠鄂謂周邊突起，故頟稱頟角，頭角峥嶸，即頟角突出。鄂从咢，與頟从各，同以屰（逆的本字）（疑鐸）爲語源，而屰又與㡿（透鐸）同源。㡿石開裂每每突出，這是頟鄂的深層信息。

貉 貈 《說文》："貉，北方貉，豸種也。从豸，各聲。孔子曰：貉之言貉，貉惡也。"段注："貉與惡叠韵，貉貉，惡皃。"

按貉 mò（明鐸）从各聲（見鐸）訓北方貉，豸種，古代漢族稱北方少數民族的一種。孔子"貉之言貉，貉惡也"，蓋謂此種族强悍凶暴，古代中土之外侮，主要來自北方，故有此成見。

駱 駱 《說文》："駱，馬白色黑鬣尾也。从馬，各聲。"段注："《釋獸》曰：'白馬，黑鬣駱。'"

按駱 luò（來鐸）从各聲（見鐸）訓馬白色。字从各聲，蓋爲路聲（來鐸）之借，从路聲字有白義者有鷺、露等。路有白義者，古居穴在地下不能見，而出入居穴之路則明白可見，故路引申有白義。

鼨 鼨 《說文》："鼨，鼨鼠。出胡地，皮可作裘。从鼠，各聲。"

按鼨 hé（匣鐸）又讀 luò（來鐸），字从各聲（見鐸）訓鼨鼠，似土拔鼠而頭大。字从各聲，蓋爲碩聲（禪鐸）之借。《說文》："碩，頭大也。"借各爲碩，此以德爲名。必借各者，以區别鼫爲五技鼠。

洛 洛 《說文》："洛，洛水。出左馮翊歸德北夷畍中，東南入渭。从水，各聲。"

按洛 luò（來鐸）从各聲（見鐸）訓洛水。字从各聲，作水名字，此但借其聲。

雒 雒 《說文》："䨼，雨䨼也。从雨，各聲。"段注："此下雨本字，今則落行而䨼廢矣。"

按䨼 luò（來鐸）从各聲（見鐸）訓雨䨼。字从各聲，此用各人由地面下降到居穴，喻雨由天空下降至地面，此相似孳乳。字从各聲，此用各下降之引申義。

**鮥** 《説文》："鮥，叔鮪也。从魚，各聲。"

按鮥 luò（來鐸）从各聲（見鐸）訓叔鮪。段氏於"鮪，鮥也"下注引陸璣疏曰："大者爲王鮪，小者爲鮛鮪，一名鮥，肉色白。"字从各聲，當爲路聲（來鐸）之借，用路白之引申義。

**閣** 《説文》："閣，所以止扉者。从門，各聲。"段注："《釋宫》曰：'所以止扉謂之閣。'郭注：'門辟旁長橜也。'……按郭云門辟旁長橜者，謂門開則邊旁有兩長橜，使其止而不過也。云即門橜者，謂《左傳》之閣，即他經之闑，兩扉中之橜也。是二者皆所以止扉，皆謂之閣。"

按閣 gé（見鐸）从各聲（見鐸）訓所以止扉者。字从各聲，當爲挌聲（見鐸）之借，用挌之枝挌義。字今通作格，格挌意爲有枝岐出相撑拒。

**挌** 《説文》："挌，擊也。从手，各聲。"段注："凡今用格鬥字當作此。《後漢·陳寵傳》'斷獄者急於篣挌酷烈之痛'注引此《説文》。《周禮》注曰：'若今時無故入人室宅廬舍，上人車船，牽引人欲犯法者，其時格殺之無罪。'《公羊·定四年》注曰：'挾弓者，懷格意也。'……此等格字皆當从手。"

按挌 gé（見鐸）从各聲（見鐸）訓擊，即今格鬥、格殺字。字从各聲，當爲挌聲（見鐸）之借，用挌之枝挌撑拒撲擊義。挌从丯，丯是契刻割剥字的語源。

**絡** 《説文》："絡，絮也。一曰麻未漚也。从糸，各聲。"段注："今人聯絡之言，蓋本於此。包絡字漢人多叚落爲之。其實絡之引申也。《楊雄傳》曰：'綿絡天地'以絮喻也。《陳風》曰：'東門之池可以漚麻。'傳曰：'漚，柔也。'……按未漚者曰絡，猶生絲之未湅者。"

按絡 luò（來鐸）从各聲（見鐸）訓絮，絲綿，本指絲之繭。蠶吐絲，層層包裹成繭，故引申有包絡、聯絡義。字从各聲，各指居穴，居穴是一個封閉區間，故以人之居穴，喻蠶之在繭，引申指集繭之綿。麻未漚與繭未煮有相似者，故引申指麻未漚。

**垎** 《説文》："垎，水乾也。从土，各聲。一曰堅也。"段注："謂土中水乾而無潤也。……按乾與堅義相成，水乾則土必堅。"

按垎hè（匣鐸）从各聲（見鐸）訓水乾。字从各聲，當爲涸聲（匣鐸）之借。《説文》："涸，渴也。""渴，盡也。"涸，乾涸，水盡則涸，字从固者，水盡則土堅。

**略** 《説文》："略，經略土地也。从田，各聲。"段注："昭七年《左傳》：'芋尹無宇曰：天子經略，諸侯正封，古之制也。'杜注：'經營天下，略有四海，故曰經略。'……《禹貢》曰：'嵎夷既略。'凡經界曰略……引申之規取其地亦曰略地。凡舉其要而用功少皆曰略，略者對詳而言。"

按略lüè（來鐸）从各聲（見色）訓經略土地，謂經營土地，劃定疆界。天子經略者，謂天子以天下爲一家。居穴之坎窖有界，天下亦有界。字从各聲，此用各居穴有界之引申義。引申之指疆界，指法度，指謀略。天下之界大，故又引申爲大略。

**鉻** 《説文》："鉻，鬄也。从金，各聲。"段注："鬄者鬀髮也。亦謂之鉻。俗作剳作鵅。"《正字通》："鉻，言鬄去髮也。《梵書》：'須髮自鉻。'通作落。"

按鉻luò（來鐸）从各聲（見鐸）訓鬄，鬀髮。字从各聲，蓋爲挌聲（見鐸）之借，用挌格殺之引申義。

**輅** 《説文》："輅，車軨前横木也。从車，各聲。"段注："《婁敬傳》：'脱輓輅。'蘇林曰：'輅音凍洛之洛一木横遮車前，二人挽之，三人推之。'"

按輅hé（匣鐸）从各聲（見鐸）訓車軨前横木，綁在轅上，供人牽挽的横木。字从各聲，當爲格聲（見鐸）之借。《説文》："格，木長皃。"引申有來至義，此謂横木牽挽車行，行必有所至，此用格至之引申義。

**璐** 《説文》："璐，玉也。从玉，路聲。"段注："《九章》：'被明月兮佩寶璐。'王逸注：'寶璐，美玉也。'"

按璐lù（來鐸）从路聲（來鐸）訓玉。王逸注爲美玉，此泛而不切。从路的字有兩個重要義項，一是大，一是白，璐即又大又白的美玉。明月是夜光珠，以明月喻珠即謂此珠又白又大，白表示夜間閃光放亮。字从路聲，用路白之引申義。

**鷺** 《説文》："鷺，白鷺也。从鳥，路聲。"段注："《釋鳥》曰：'鷺，舂鉏。'《周頌·魯頌》傳曰：'鷺，白鳥也。'按《大雅》：'白鳥翯翯。'白鳥謂鷺，傳不言者，人所共知也。漢人謂鷺爲白鳥也。……此白鷺當作白鳥。"

按鷺lù（來鐸）从路聲（來鐸）訓白鷺。字从路聲，此用路白之引申義。初民穴居，居穴在地下，平地不能見，而出入居穴的路在地上，明白可見，故路引申有白義。路的初義是出入居穴的通道。

**簬** 《説文》："簬，箘簬也。从竹，路聲。《夏書》曰：'惟箘簬枯。'䈝，古文簬，从輅。"段注："枯，各本作楛，今依《木部》正。"又《説文》："箘，箘簬，竹也。"段注："按箘簬二字一竹名，《吴都賦》之'射筒也'。劉逵曰：'射筒竹細小通長，長丈餘，無節，可以爲矢笴（箭竿）。"

按簬lù（來鐸）从路聲（來鐸）訓箘簬，一種可作箭竿的細長節稀的竹子。字从路聲，當爲格聲（見鐸）之借。《説文》："格，木長皃。"此以木長喻此竹節稀，節間特長，節稀則適爲箭竿，竿中如有節，則矢行路綫受影響，此用格木長之引申義。

**潞** 《説文》："潞，冀州浸也。上黨有潞縣。从水，路聲。"

按潞lù（來鐸）从路聲（來鐸）訓冀州浸。字从路聲，作水名字，此但借其聲。又訓潞縣，作地名字，亦但借其聲。

**露** 《説文》："露，潤澤也。从雨，路聲。"段注："澤與露叠韵。……蔡邕《月令》曰：'露者陰之液也。'按露之言臚也，故凡陳列表見於外曰露。"

按露lù（來鐸）从路聲（來鐸）訓潤澤，今稱露水、露珠，作動字則爲下露水。字从路聲，此用居穴在地下，出入居穴的路在地面，明白可見之義，引申之裸呈於地面上無覆蓋者皆可稱露，只有上無覆蓋裸陳於外的才能上露水。露以路爲語源，露是水液，故露、澤（定鐸）疊韵。

**㤲** 《説文》："㤲，敬也。从心，客聲。《春秋傳》曰：'以陳備三㤲。'"段注："《釋詁》《商頌》、毛傳皆曰：'恪，敬也。'……今字作恪。"

按㤲 kè（溪鐸）从客聲（溪鐸）訓敬。字从客聲，此用主人敬客之引申義。今字作恪，字从各聲（見鐸）則當爲客聲。

**落** 《説文》："落，凡艸曰零，木曰落。从艸，洛聲。"

按落 luò（來鐸）从洛聲（來鐸）訓木曰落，此謂木葉落，木葉經秋而落。劉長卿詩"淮南木落楚山多"，成語有"葉落歸根"。字从洛聲，當爲各聲（見鐸）之借，用各人下降至居穴的引申義。必借洛聲者，以區别茖爲山葱，落爲木葉落。引申爲凡物凡事之起落。

## 白聲字

**白** 《説文》："白，西方色也。侌用事，物色白，从入合二，二侌數。凡白之屬皆从白。皁，古文白。"朱駿聲通訓定聲："蔣驥曰：'字从日，上象日未出初生微光。'按日未出地平時，先露其光恒白，今蘇俗語'昧爽曰東方發白'是也。……皓暤的等字亦皆从日訓白。《莊子·人間世》：'虚室生白。'崔注：'白者，日光所照也。'《知北游》：'若白駒之過隙。'釋文：'白駒，日也。'……皆可爲从日之證。"商承祚《〈説文〉中之古文考》："（甲骨文、金文皆）从日鋭頂，象日始出地面，光閃耀如尖鋭，天色已白，故曰白也。"

按白 bái（並鐸）之初義當爲日光，日初出色紅，升到一定高度色白，白色是日光的正色，有日光的時段稱白晝，没有日光的時段稱黑夜，初民最初所見的光是日光，光（見陽）、白陽鐸，陰入對轉。《説文》："景，日光也。"从景聲的顥，《説文》："顥，白皃。"此日光色白之顯證。《説文》："灝，豆汁也。"豆汁色白，由豆汁作成的豆腐色白，俗語有“青葱拌豆腐，一清二白”。又从白之皃，《説文》：“皃，頌儀也。从儿，白象面形。”又“兜，兜鍪，首鎧也。从兜从皃省，皃象人頭形也”。人頭圓趾方，頭圓法天，天圓地方，日圓，此正以人頭圓象日形而有光，有光謂面無遮蔽有光亮，今語“光臨”“賞光”正用此義之引申。伯仲之伯，古但作白，伯者頭胎，首子或叫元子，諸侯之伯，即由此引申。

**碧** 《説文》：“碧，石之青美者。从玉石，白聲。”段注：“从玉石者，似玉之石也。碧色青白。”

按碧 bì（幫錫）从白聲（並鐸）訓石之青美者。碧色青白，謂白而藏青，幫並旁紐，錫鐸旁轉。碧、白古音相近，碧以白爲語源。

**迫** 《説文》：“迫，近也。从辵，白聲。”段注：“《釋言》曰：‘逼，迫也。’逼本又作偪，許無逼偪字，蓋衹用畐。”

按迫 pò（幫色）从白聲（並鐸）訓近，謂靠近、逼近。字从白聲，爲皕聲（幫職）之借。《説文》：“皕，二百也。凡皕之屬皆从皕。讀若逼。”皕从二百，百从一白，即以人之頭爲一百，人之全身爲一千，實則皕當爲皕之借，謂兩個人頭挨近，引申爲凡近之稱。而畐訓迫近，則當爲畾聲（幫職）之省，畐是酒器，畾是兩個酒器挨近在一起，引申爲凡近之稱。《説文》：“富，備也。一曰厚也。从宀，畐聲。”實爲畾聲之首。富是家裏酒多，凡抽意義，必借助具體事物來表現。

**敀** 《説文》：“敀，迮也。从攴，白聲。”段注：“迮，起也。敀者，起之也。與迫音義同。”

按敀 pò（幫鐸）从白聲（並鐸）訓迮。字从白聲，當爲迫聲之借，指兩個人相向走來，頭挨近。字从攴，指使兩個人頭挨近，此有主動和被動、自動和使動之别。从語源説，白是日光，日光照在在人身上揮之不去，故白引申有迫近義。

**柏** 《説文》：“柏，鞠也。从木，白聲。”

按柏 bǎi（幫鐸）从白聲（並鐸）訓鞠。《説文》：“鞠，蹋鞠也。”即今語踢球，球蹋則高，人常蹋鞠就體魄健，蹋鞠爲古代重要的軍事訓練項目。柏木質地堅韌，紋理密致，爲優良用材，柏樹身高大，樹齡特長，蓋以蹋球爲喻。字从白聲，此用白人頭之引申義。柏既是用材之優等，又是樹齡樹身之特出者。

**帛** 《説文》："帛，繒也。从巾，白聲。"段注："《糸部》曰：'繒，帛也。'……帛，今之壁色，繒也。"徐灝注箋："帛者，縑素之通名。壁色，白色也，故从白。"

按帛 bó（並鐸）从白聲（並鐸）訓繒，今之壁（白）色繒。字从白聲，此用白之白色義，帛爲衣料之上等，故白又兼用頭首之引申義。

**伯** 《説文》："伯，長也。从人，白聲。"段注："《載芟》傳云：'伯，長子也。'《伯兮》傳云：'伯，州伯也。'一義之引伸也。"

按伯 bó（幫鐸）从白聲（並鐸）訓長，長子，即首子或稱元子，頭一個出生的兒子。字从白聲，此用白人頭之引申義。訓州伯則爲長子義之引申。

**魄** 《説文》："魄，陰神也。从鬼，白聲。"段注："陽言氣，陰言神者，陰中有陽也。……《祭義》曰：'氣也者，神之盛也。魄也者，鬼之盛也。'鄭云：'氣謂噓吸出入者也。耳目之聰明爲魄。'……《孝經》説曰：'魄，白也；白，明白也。'"

按魄 pò（滂鐸）从白聲（並鐸）訓陰神，引申之人的形體謂之魄，魄即今語體魄。字从白聲，此用魄明白可見之義。

**狛** 《説文》："狛，如狼，善驅羊。从犬，白聲。讀若檗。甯嚴讀之若淺泊。"段注："當言柏，今人黃檗字作黃柏，正雙聲之轉也。泊，淺水皃，見《水部》。俗作泊，非也。"

按狛 bó（幫鐸）从白聲（並鐸）訓如狼，善驅羊。字从白聲，蓋爲敀聲（幫鐸）之借，用敀之逼迫義。

**怕** 《説文》："怕，無僞也。从心，白聲。"段注："按許以爲訓母猴，僞訓作也。是許書作爲字皆當作作僞也。……《子虛賦》曰：'怕乎無爲。'憺怕，俗用澹泊爲之，叚借也。澹作淡，尤俗。……今人所云怕懼者，乃迫之語轉。"

按怕 bó（並鐸）从白聲（並鐸）訓無僞，即胸懷坦蕩，没有做作。此用白清白之引申義，謂以真相示人。作懼怕、恐怕字，怕讀 pà（滂魚）。字从白聲，此迫聲（幫鐸）之借，段氏以爲乃迫之語轉。

**鮊** 《説文》："鮊，海魚也。从魚，白聲。讀若書白不黑。"《廣雅·釋魚》："鮊，鱎也。"王念孫疏證："今白魚，生江湖中，鱗細而白，首尾俱昂，大者長六七尺。"《本草綱目·白魚》："時珍曰：'白，亦作鮊。白者，色也。鱎者，頭尾向上也。'"

按鮊 bó（並鐸）从白聲（並鐸），此用白之白色義。是鮊以色白爲語源。

## 乇聲字

**乇** 《説文》："乇，艸葉也，𠂹采，上毌一，下有根，象形字。"于省吾《甲骨文字釋林》："甲骨文亳字所从之乇，與宅字所从乇形同。"《甲骨文字典》："甲骨文𠂇舊釋力……于省吾釋乇，至確。《説文·采部》：'采，辨别也。象獸指爪分别也。'然采實非象形字，自采之古文觀之，乃从乇从八之會意字。八，别也。象物之分别形。而乇乃所以分别之器。蓋古刀字作𠚣。爲表示其刃部功能，或省作丿，復加指示符號一，遂作𠂇。……讀爲矺，典籍通作磔，割裂祭牲肢體也。"

按乇 tuō（透鐸）是矺 zhé（透鐸）的本字，同磔。《史記·李斯列傳》："十公主矺死於杜。"索隱："矺音宅，與磔同。"《集韵·陌韵》："磔，《説文》'辜也'，通作矺。"磔 zhé（端鐸），《説文》："磔，辜也。"此爲古代分裂肢體的酷刑。甲骨文从𠂇，丿象刀，此當爲石刀。𠂇中之一，並非指示符號，而當是牲體，即肉。初民狩獵得獸，小獸私之，大獸必以石刀切而分之，切字甲骨文作十，其丨表刀，其一表肉，十字的初義就是切肉，乇字的初義，就是割裂牲體，後世磔作爲分解肢體的酷刑，即由此而生。

**吒** 《説文》："吒，噴也，叱怒也。从口，乇聲。"段注："《曲禮》曰：'毋叱食。'謂當食而叱怒他事，嫌於怒食。故注云：'嫌薄之。'《淮陰侯傳曰》：'項王喑噁叱吒，千人皆廢。'"

按吒 zhà（端魚）从乇聲（透鐸）訓噴，叱怒。噴是噴氣，今俗叫呸，怒聲。乇聲蓋爲土聲（透魚）之借，吐、噴義近。

**託** 《説文》："託，寄也。从言，乇聲。"段注："與《人部》侂音義皆同。"

按託 tuō（透鐸）从乇聲（透鐸）訓寄。字从乇聲，當爲宅聲（定鐸）之借。《説文》："宅，人所託凥也。"字从宅聲，此用宅人所托居之引申義。

**亳** 《説文》："亳，京兆杜陵亭也。从高省，乇聲。"段注："《六國表》：'湯起於亳。'徐廣曰：'京兆杜縣有亳亭。'錢氏大昕《史記考異》曰：'《殷本紀》：湯始居亳。'"

按亳 bó（並鐸）从乇聲（透鐸）訓京兆杜陵亭，商湯時始都亳。林義光《文源》以爲"从京，宅省，京宅互體而省，宅者人所託居"。國邑有高大建築，故从京，是亳亦人所託居。字以乇爲聲，用乇之寄託義。

**秅** 《説文》："秅，二秭爲秅。从禾，乇聲。《周禮》曰：'二百四十斤爲秉，四秉曰筥，十筥曰稯，十稯曰秅，四百秉爲一秅。"段注："（二百四十斤爲秉）此七字妄人所增，當删。"《廣雅·釋器》："稯十曰秅。"王念孫疏證："秅之言都也，都亦聚也。《掌客》疏云'秅者，束之總名'是也。"

按秅 chá（定魚）从乇聲（透鐸）訓二秭爲秅，此謂禾總束之名。乇聲蓋爲都聲（端魚）之借，此用都之都總義。

**宅** 《説文》："宅，人所託凥也。从宀，乇聲。宅，古文宅。厇亦古文宅。”段注：“託者寄也。《人部》亦曰：侂，寄也。引伸之凡物所安皆曰宅。”

按宅 zhái（定鐸）从乇聲（透鐸）訓人所托居。字从乇聲，乇的初義是割裂牲體的石刀。初民穴居，以狩獵爲生，狩獵得肉，必分割而食，這石刀便是人生存之所依託，有此才能安生。此用乇之引申義。

頊 《説文》：“頊，頊顱，首骨也。从頁，乇聲。”段注：“此五字各本作顱也二字，今依全書通例正。《骨部》曰：‘髑髏，頂也。’頊顱即髑髏，語之轉也。”

按頊 tuó（定鐸）从乇聲（透鐸）訓頊顱，首骨。字从乇聲，當爲宅聲（定鐸）之借。顱（來魚）以盧（來魚）爲聲，當爲廬聲（來魚）之借。頭骨即頭之宅廬，字从宅聲，此用宅之廬舍義。是頊以宅爲語源。

魠 《説文》：“魠，哆口魚也。从魚，乇聲。”段注：“哆者張口也……以魠爲名，取開袥之意。”

按魠 tuō（透鐸）从乇聲（透鐸）訓哆口魚。字从乇聲，蓋爲袥聲（透鐸）之借，用袥之開拓義。又乇是割裂牲體的石刀，是乇引申亦有張大義。又乇與乇相對，乇之刀小，乇之刀大，故乇引申有大義。

奼 《説文》：“奼，少女也。从女，乇聲。”段注：“《廣韵》曰：‘美女。’”朱駿聲通訓定聲：“字亦作姹。”《玉篇》：“姹，美女也。”

按奼 chà（透魚）从乇聲（透鐸）訓少女，謂待字閨中的少女。少女多紅顔，唐詩所謂“人面桃花相映紅”，語所謂“姹紫嫣紅”。字从乇聲，當爲宅聲（定鐸）之借，用宅之家宅閨門義。

詫 《説文》：“詫，奠酒爵也。从宀，託聲。《周書》曰：王三宿三祭三詫。”段注：“大徐作‘奠爵酒’，今依《韵會》所據訂。《周書·顧命》曰：‘王三宿三祭三詫。’某氏注曰：‘酌者實三爵於王，王三進爵，三祭酒，三奠爵。’《丌部》曰：‘奠，置也。’……禮器必有冪也，故从宀。”

按詫 dù（端魚）从託聲（透鐸）訓奠酒爵。字从託聲，謂灑酒於地以寄意。此用託之寄託義。

厇厇 《説文》："厇，開張屋也。从广，秅聲。濟陰有厇縣。"段注："謂屋之開張者也。"

按厇 chá（定魚）从秅聲（定魚）訓開張屋，開敞的屋。字从秅聲，蓋爲祏聲（透鐸）之借，用祏之開拓義。

侂侂 《説文》："侂，寄也。从人，厇聲。厇，古文宅。"段注："此與託音義皆同，俗作托，非也。"

按侂 tuō（透鐸）从厇聲（定鐸）訓寄，寄者寄託。字从厇，古文宅字。此用宅人所托居之引申義。

## 睪聲字

睪睪 《説文》："睪，司視也。从目，从羍。今吏將目捕辠人也。"段注："司者，今之伺字。……羍者，罪也。……此以漢制明之，故曰今漢之吏人携帶眼目捕罪人。"

按睪 yì（余鐸）从目，目者今語眼目，或曰眼綫，今臺灣稱綫民，專事爲官署捕人提供綫索。从羍謂罪人，字从目从羍會意，訓司視，謂吏携帶眼綫捕罪人。

釋釋 《説文》："釋，解也。从釆，釆取其分別。从睪聲。"段注："《廣韵》曰：'捨也，解也，散也，消也，廢也，服也。'按其實一解字足以包之。"

按釋 shì（書鐸）从睪聲（余鐸）訓解。字从睪聲，當爲石聲（禪鐸）之借，此謂處於石器時代的初民遇有似可用之石即細加揣摩、分別，有用的揀而存之，不適用的散而去之。字从釆，此用釆分別、分解之義。

譯譯 《説文》："譯，傳四夷之語者。从言，睪聲。"段注："依李善、徐堅訂。《方言》：'譯，傳也。'《王制》曰：'東方曰寄，南方曰象，西方曰狄鞮，北方曰譯。'"

按譯 yì（余鐸）从睪聲（余鐸）訓傳四夷之語者。字从睪聲，當爲易聲（余錫）之借。余母雙聲，錫鐸旁轉，古音相近。此謂以中國之言與四夷語相互傳譯。

**睪**　《說文》："睪，引繒也。从廾，睪聲。"段注："引繒而長之，蓋作僞之事。與'斁，解也''殬，敗也'音義相通。或曰'當作引給。給，絲勞也'。"

按睪 yì（余鐸）从睪聲（余鐸）訓引繒。段謂引繒而長蓋作僞之事，於典籍無據。訓引給，謂之綿延無窮而有餘也。亦懸揣之詞。睪之語源不詳。

**斁**　《說文》："斁，解也。从攴，睪聲。《詩》曰：'服之無斁。'斁，厭也。一曰終也。"段注："此與釋音義同，後人區别之。"

按斁 yì（余鐸）从睪聲（余鐸）訓解。字从攴，與从手同意，謂分解而揀擇之。此用解之引申義。字从睪聲，當爲石聲（禪鐸）之借。

**殬**　《說文》："殬，敗也。从歺，睪聲。《商書》曰：'彝倫攸殬。'"

按殬 dù（端鐸）从睪聲（余鐸）訓敗，敗壞。字从睪聲，當爲石聲（禪鐸）之借，敗謂石器毀壞。石器是初民生産、生活的器具，是初民生存的依託，故爲制字。

**圛**　《說文》："圛，回行也。从口，睪聲。《商書》曰：'曰圛。'圛者，升雲半有半無。讀若驛。"段注："謂回曲而行。"

按圛 yì（余鐸）从睪聲（余鐸）訓回行，回曲而行。字从睪聲，蓋爲繹聲（余鐸）之借，此謂用繅車繅絲，車轉而絲收於籆，其行回曲，此用繹之引申義。

**釋**　《說文》："釋，漬米也。从米，睪聲。"段注："《大雅》曰：'釋之叜叜。'傳曰：'釋，淅米也。叜叜，聲也。'按漬米，淅米也。漬者初湛諸水，淅則淘汰之。《大雅》作釋，釋之叚借字也。"

按糬 shì（書鐸）从睪聲（余鐸）訓漬米，即淘米，用水洗的方式擇米。字从睪聲，當爲擇聲（定鐸）之借，擇以水，是睪聲又兼爲澤聲（定鐸）之借，水擇即水選。

**襗** 《説文》："襗，絝也。从衣，睪聲。"段注："《論語》：'紅紫不以爲褻服。'鄭注云：'褻衣，袍襗。'《秦風》：'與子同澤。'傳曰：'澤，潤澤也。'箋云：'襗，褻衣，近汗垢。'《釋名》曰：'汗衣，近身受汗垢之衣也。'"

按襗 zé（定鐸）从睪聲（余鐸）訓絝。今字作褲，褻衣受汗垢，即貼身穿的内衣内褲。字从睪聲，當爲澤聲（定鐸）之借，用澤之汗水污垢義。

**嶧** 《説文》："嶧，葛嶧山也。在東海下邳。从山，睪聲。《夏書》曰：'嶧陽孤桐。'"

按嶧 yì（余鐸）从睪聲（余鐸）訓葛嶧山。字从睪聲，作山名字，此但借其聲。

**驛** 《説文》："驛，置騎也。从馬，睪聲。"段注："言騎以别於車也。馹爲傳車，驛爲置騎，二字之别也。《周禮》'傳遽'，注曰：'傳遽若今時乘傳騎驛而使者也。'……車謂傳，馬謂遽，渾言則傳遽無二，析言則傳遽分車馬，亦可證單騎從古而有，非經典所無。"

按驛 yì（余鐸）从睪聲（余鐸）訓置騎，古代驛站專供傳遞公文或官員來往使用的馬。稱置騎者，置，置换，古驛站六十里一站，加急文書六十里一换馬。字从睪聲，當爲易聲（余錫）之借，用易之更易義。余母雙聲，錫鐸旁轉。是驛以易爲語源。

**澤** 《説文》："澤，光潤也。从水，睪聲。"段注："又水艸交厝曰澤，又借爲釋字。"

按澤 zé（定鐸）从睪聲（余鐸）訓光潤。凡生物氣液充分有光潤，氣液乾枯則黯然失色。字从睪聲，當爲液聲（余鐸）之借。《説文》："液，𧖴也。"又"𧖴，氣液也"。此指人和動物，在植物則爲汁液水分。引申指水澤，如水鄉澤國，洞庭湖古稱雲夢澤。

**擇𢷎**《説文》："擇，柬選也。从手，睪聲。"段注："柬者，分别簡之也。簡者存也。今小徐本作'簡選'，乃是譌字。《韵會》作揀，乃俗字。《辵部》選下曰：'一曰選擇也。'"吴大澂古籀補："古擇字从収，不从手。"

按擇 zé（定鐸）从睪聲（余鐸）訓柬選。柬選在造字之初，必爲具體之物，聯繫釋、斁、殬諸字考察，所柬選者當爲石塊、石料，字从睪聲，蓋當爲石聲（禪鐸）之借。原始人類經歷了漫長的石器時代，石和石器給人類留下了衆多而深刻的記憶。

**繹𦆍**《説文》："繹，抽絲也。从糸，睪聲。"段注："抽者引也。引申爲凡駱驛温尋之稱。《駉》傳曰：'繹繹，善走也。'"《方言》卷六："繹，理也。絲曰繹之。"郭璞注："言解繹也。"

按繹 yì（余鐸）从睪聲（余鐸）訓抽絲。抽絲的第一步是煮繭，从而找出絲緒，即絲頭。字从睪聲，當爲釋聲（書鐸）之借，此用釋之分解、柬選義。

**鐸𨭷**《説文》："鐸，大鈴也。从金，睪聲。軍灋五人爲伍，五伍爲兩，兩司馬執鐸。"段注："《鼓人》：'以金鐸通鼓。'注：'鐸，大鈴也。'謂鈴之大者，説者謂軍法所用金鈴金舌，謂之金鐸。施令時所用金鈴木舌，則謂之木鐸。"

按鐸 duó（定鐸）从睪聲（余鐸）訓大鈴。字从睪聲，當爲碩聲（禪鐸）之借，亦即石聲（禪鐸）之借，用石大之引申義。

**蘀𦼮**《説文》："蘀，艸木凡皮葉落陊地爲蘀。从艸，擇聲。《詩》曰：'十月殞蘀。'"段注："陊，落也。鍇本作'墮'。……毛曰：'蘀，落也。'殞，鉉作隕。"

按蘀 tuò（透鐸）从擇聲（定鐸）訓草木皮葉落陊地。字从擇聲，當爲落聲（來鐸）之借。用落木落之引申義。透來旁紐，鐸部疊韵。

# 隨部弟十

## 它聲字

它 《説文》："它，虫也。从虫而長，象冤曲垂尾形。上古艸凥患它，故相問無它乎？凡它之屬皆从它。蛇，它或从虫。"段注："今人蛇與它異義異音。……而其字或段佗爲之，又俗作他。經典多作它，猶言彼也。"

按它 tā（透歌）是蛇的象形初文，蛇是它的後起的加形旁字。蛇 shé（船歌）、它透船旁紐，歌部疊韵，此一聲之轉。

詑 《説文》："詑，沇州謂欺曰詑。从言，它聲。"段注："《方言》：'秦謂之謾。'郭云：'言謾詑。'……按《戰國策》曰：'寡人正不喜詑者言也。'"

按詑 tuó（定歌）从它聲（透歌）訓欺。字从它聲，蓋爲多聲（端歌）之借，多是兩塊肉重疊在一起，欺人之言憑空虛加，此用多相加之引申義。實則蛇卧時蛇身盤繞成圈相重叠。多、它同源，多當以它爲語源。今長沙方言謂欺騙人叫"謾詑"，或説"謾你的詑"。又憑空加害叫"多（duǒ）害"，字正當作多。

䩛 《説文》："䩛，馬尾䩛也。从革，它聲。今之般緧。"段注："《方言》：'車紂，自關而東，周雒汝潁而東謂之緻，或謂之曲綯，或謂之曲綸。自關而西謂之紂。'《糸部》曰：'緧，馬紂也；紂，馬緧也。'《考工記》：'必緧其牛。'後鄭云：'關東謂紂爲緧。'按䩛鞠語相似，䩛蓋鞠之轉語。"徐鍇繫傳："緧今鞦字。"

按䩛 tuó（定歌）从它聲（透歌）訓馬尾䩛，或謂之曲綯。蛇息則盤旋而卧。字从它聲，此用蛇盤之引申義。

佗 《説文》："佗，負何也。从人，它聲。"段注："負字蓋淺人增之耳。《小雅》：'舍彼有罪，予之佗矣。'傳曰：'佗，加也。'此佗之本義之見於經者也。佗之俗字爲駝爲馱。隸變佗爲他，用爲彼之稱。古相問無它乎，衹作它。"

按佗 tuó（定歌）从它聲（透歌）訓負何，用背負載物體。字从它聲，此用蛇盤而卧之引申義。

袉 《説文》："袉，裾也。从衣，它聲。《論語》曰：'朝服袉紳。'"段注："《士昏禮》：'主人爵弁纁裳緇袘。'袘謂緣，緣之言施。以緇緣裳象陽氣下施。按袘即袉之隸變。鄭云'裳緣'，許云'裾'者，許謂衣袌曰袉。"

按袉 tuó（定歌）从它聲（透歌）訓裾，衣服的大襟，其滚邊有如蛇行，此以蛇之斜行爲喻。

䙾 《説文》："䙾，司人也。从見，它聲。讀若馳。"段注："司者今之伺字。《釋訓》曰：'戚施，面柔也。'郭云：'戚施之疾不能仰，面柔之人常俯，似之，亦以名云。'《釋文》云：'戚施字書作䫂䙾，同。'按面柔之人不敢專輒，必伺人顔色，故云爾。但許無䫂字，許義不必同《爾雅》。"

按䙾 shī（書歌）从它聲（透歌）訓司人，謂伺人顔色。字从它聲，此用蛇行之引申義。

沱 《説文》："沱，江别流也。出崏山東，别爲沱。从水，它聲。"段注："《召南》曰：'江有沱。'《釋水》曰：'水自江出爲沱。'毛傳曰：'沱，江之别者。'按今《説文》衍'流'字，宜删，沱爲江之别，如勃澥爲海之别，立文正同。"

按沱 tuó（定歌）从它聲（透歌）訓江别流，即江之别者。字从它聲，此它即今之他字。此用他，即别，别的引申義。

池 《説文》："池，陂也。从水，也聲。"段注："此篆及解各本無，今補。按徐鉉等曰：'池沼之池，通用江沱字。今别作池，非是。’學者以爲確不可易矣。考《初學記》引《説文》：‘池者陂也。从水，也聲。’依《𨸏部》陂下：‘一曰池也。’《衣部》：‘褫，詰若池。’叒之，則池與陂爲轉注，徐堅所據不誤。又考《左傳·隱三年》正義引應劭《風俗通》云：‘池者陂也。从水，也聲。’……然則應所見固有池篆，别於沱篆顯然。”

按池 chí（定歌）从也聲（余歌）訓陂。《説文》：“陂，阪也。从𨸏，皮聲。一曰池也。”段注：“陂得訓池者，陂言其外之障，池言其中所蓄之水。”是陂即蓄水池的塘堤，而池是水所鍾聚之處，并兼水言之。字从也，用也有空能受水之引申義。匜从也，也可注水酒是其比。《説文》：“也，女侌也。”女陰有空隙可受水。

**鮀** 《説文》：“鮀，鮎也。从魚，它聲。”段注：“舍人云：‘鯊，石鮀也。’郭云：‘今吹沙小魚也，體圓而有點文。’”

按鮀 tuó（定歌）从它聲（透歌）訓鮎，舍人以爲石鮀，體圓而有點文。字从它聲，此用蛇體圓之引申義。

**拕** 《説文》：“拕，曳也。从手，它聲。”段注：“曳之義略同抴。高誘注《淮南》‘遇盜拕其衣’云：‘拕，奪也。’”《廣韵》：“拕，曳也，俗作拖。”

按拕 tuō（透歌）从它聲（透歌）訓曳，即抴字。字从它，它即蛇，从手，此謂以手抓住蛇尾倒拖。此用它之引申義。

**鉈** 《説文》：“鉈，短矛也。从金，它聲。”段注：“《晋書》：‘丈八鉈矛左右盤。’”

按鉈 tuó（透歌）从它聲（透歌）訓短矛，即蛇矛。字从它聲，當爲蛇聲（書歌）之借，謂其外形如蛇。此以德爲名，用蛇之如蛇義。

**迆** 《説文》：“迆，衺行也。从辵，也聲。《夏書》曰：‘東迆北會於匯。’”

按迆 yǐ（余歌）从也聲（余歌）訓衺行。字从也聲，當爲它聲（透歌）之借。蛇字从它聲（透歌），此用蛇斜行之引申義。

**䖨** 《説文》："䖨，敷也。从攴，也聲。讀與施同。"段注："今字作施，施行而䖨廢矣。施，旗旖施也。經傳多假借。"《積微居小學述林·釋䖨》："凡从攴之字，皆含用力動作之意。……也，《説文》訓女陰，象形。據形求義，䖨當爲人於女陰有所動作，蓋男子御女之義。"

按䖨 shī（書歌）从也聲（余歌）訓敷，謂施行，即行男女之事。古人説"飲食男女，人之大欲存焉"。《孟子》説"男女居室，人之大倫"。今湖湘俗語仍説行男女之事爲施，讀 shǐ 字正當作䖨。

**杝** 《説文》："杝，落也。从木，也聲。讀又若阤。"段注："玄應書謂杝、欐、籬三字同。引《通俗文》'柴垣曰杝，木垣曰柵'。按《釋名》亦云：'籬，離也。以柴竹作，疏離離也。'……《小雅》：'析薪杝矣。'傳曰：'析薪者必隨其理。'謂隨木理之迆衺而析之也。假杝爲迆也。凡笆籬多衺織之，故其義相通。"

按杝 lí（來歌）从也聲（余歌）訓落，謂籬落，即籬笆。籬笆多斜織，字从也聲，當爲蛇聲（書歌）之借，用蛇斜行之引申義。

**施** 《説文》："施，旗旖施也。从㫃，也聲。"段注："按經傳叚此爲敷䖨字。䖨之形、施之本義俱廢矣。毛傳曰：'施，移也。'此謂施即延字之叚借。"

按施 shī（書歌）从也聲（余歌）訓旗旖施。《説文》："旖，旖施，旗皃。"段注："旖施叠韵字，在十七部，許於旗曰'旖施'，於木曰'檹施'，於禾曰'倚移'，皆讀如阿那。《檜風》：'猗儺其枝。'傳云：'猗儺，柔順也。'《楚辭·九辨》《九歎》皆作'旖旎'。《上林賦》：'旖旎從風。'張揖曰：'旖旎，猶阿那也。'……本謂旌旗柔順之皃，引伸爲凡柔順之稱。"按旖施謂旌旗隨風擺動，迎風飄揚，旗幅繫於旗杆，風之來旗杆不動而旗幅隨風而動，旖施蓋指在輕微不大的風中飄動，有如蛇行之左右擺動，給人一種愉悦的美感。是字从也聲，當爲蛇聲之借，用蛇斜行之引申義。

**馳** 《説文》："馳，大驅也。从馬，也聲。"段注："《詩》每以馳驅並言。……馳亦驅也，較大而疾耳。”

按馳 chí（定歌）从也聲（余歌）訓大驅，急馳，奔馳。字从也聲，當爲它聲（定歌）之借，它是蛇的本字，蛇徐行蜿蜒屈折，緩慢地移動，疾行則一閃即逝。此以蛇之疾行喻馬之奔馳。此用蛇疾行之引申義。

阤 《説文》：“阤，小崩也。从𨸏，也聲。”段注：“大曰崩，小曰阤。《吴都賦》曰：‘崩巒阤岑。’此其義也。《子虛賦》曰：‘登降阤靡。’《上林賦》曰：‘巖阤甗錡。’皆謂欹傾也。後人多用陊字爲之，古書或用褫爲之。”

按阤 zhì（定歌）从也聲（余歌）訓小崩，謂山體稍許崩塌而傾斜。字从也聲，當爲它聲（透歌）之借，用蛇斜行之引申義。或作陊者，《説文》：“陊，落也。”崩阤必有山體之土石下落陊。陊（定歌）、阤古音同，是二字音同義近。

暆 《説文》：“暆，日行暆暆也。从日，施聲。樂浪有東暆縣，讀如酏。”段注：“《史記·屈原賈生列傳》曰：‘庚子日施兮，服集予舍。’施即《説文》暆字也。暆暆，迆邐徐行之意。”《正字通》：“暆，古語呼日斜爲暆。”

按暆 yí（余歌）从施聲（書歌）訓日行暆暆，謂日斜而慢慢地西沉。字从施聲，此用施旖施之引申義。

䗐 《説文》：“䗐，姑䗐，强羊也。从虫，施聲。”段注：“羊，《釋文》所引及宋本如此。當音陽，蓋今江東人謂麥中小黑蟲爲羊子者是也。鉉本作‘蛘’，李仁甫作‘羋’，皆非是。《釋蟲》曰：‘蛄䗐，强蛘。’郭云‘今米穀中蠹小黑蟲’是也。建平人呼爲‘羋子’，亡婢反。郭音恐未諦。……《爾雅》正文恐亦本作羊。”

按䗐 shī（書歌）从施聲（書歌）訓强羊，米中黑色小蛀蟲，又叫米象，米象即米羊之語轉。字从施聲，當爲岐聲之借，䗐蛀入米中，與岐之行男女之事有相似者，此相似孳乳。姑或作蛄，字从古，凡物古舊則色黯而黑，此用古舊之引申義。

# 𠀀聲字

**𠀀** 《説文》："𠀀，反丂也。讀若呵。"

按𠀀 hē（曉歌）、丂 kǎo（溪幽）溪曉旁紐。丂是老人的手杖，考字甲骨文作，象老人恃杖而行，丅象手杖，初民之手杖以枝柯爲之。柯即斧戈之柄，何字甲骨文作，象人負戈之形。李孝定云："契文可字實象枝柯之形。《詩》云：'伐柯伐柯，其則不遠。'卜辭斤字作，其柯正作，可證。又契文河、何字所从亦作，並可爲，當釋可之佐證。"《甲骨文字典》可下説："實爲曲柄斧之柯柄，有考古實物可證。"考（丅）、柯（）一字之分化，故𠀀反其形以别義。从𠀀聲（可聲）諸字，皆以爲語源。

**可** 《説文》："可，肎也。从口𠀀，𠀀亦聲。"段注："肎者骨閒肉肎肎箸也。凡中其肎綮曰肎。可肎雙聲。"《廣韵》："可，許可也。"

按可 kě（溪歌）从𠀀聲（曉歌）訓肎，即今語肯定。可从口，初義當是聽到人呼唤而應聲曰"可"，即表答應聲。字从𠀀，此但借其聲。由應聲之答應，引申爲應允、允許、許可、肯定。凡抽象之意義，必借具體事物來表現。

**苛** 《説文》："苛，小艸也。从艸，可聲。"段注："引伸爲凡瑣碎之稱。"

按苛 kē（匣歌）从可聲（溪歌）訓小草。字从可聲，可从𠀀是枝柯的本字，枝柯和樹榦相對，榦大枝小，而草之枝柯更微小，故引申有微小義。字从可聲，此用草枝柯之引申義。

**訶** 《説文》："訶，大言而怒也。从言，可聲。"

按訶 hē（曉歌）从可聲（溪歌）訓大言而怒，謂大聲斥責。字从可聲，本義是聽到人呼唤的應聲，若呼唤自遠，必大聲應之，今面對而大聲，故爲怒，此用可大聲之引申義。

**鴚** 《説文》："鴚，鴚鵝也。从鳥，可聲。"段注："《方言》：

‘鴈，自關而東謂之鴚鵝，南楚之外謂之鵝，或謂之鶬鴚。’……鴚字亦作駕。……張揖注《上林賦》曰：‘駕鵝，野鵝也。’”

按鴚 gē（見歌）从可聲（溪歌）訓鴚鵝、野鵝，或謂之鶬鴚，鶬从倉，蒼，青色，與家鵝白色相對。鴚、鵝（疑歌）音近，此一聲之轉。鴚、鵝連言者，鴚，鵝屬。

**奇** 《説文》：“奇，異也。一曰不耦。从大，从可。”段注：“不群之謂。……奇耦字當作此。今作偶，俗。按二義相因。”

按奇 qí（群歌）从可聲（溪歌），字从大，大即人，从可，可是枝柯的本字。人緣木，爬到樹頂，站在樹頂上，這便是乘。雙腿跨在樹枝上，背靠樹幹坐着，這便是奇。倚騎字所从之奇，即用此義。奇、異奇耦字，其義皆此引申。

**哿** 《説文》：“哿，可也。从可，加聲。《詩》曰：‘哿矣富人。’”

按哿 gě（見歌）从加聲（見歌）訓可。可謂稱可，表示嘉許、贊賞。加可音義並近，哿是可的加注聲旁字。字从加聲，當爲嘉聲（見歌）之借，用嘉之嘉許義。

**柯** 《説文》：“柯，斧柄也。从木，可聲。”段注：“《考工記》曰：‘一欘有半謂之柯。’注云：‘伐木之柯，柄長三尺。’……按柯斧者，大斧也。柯之假借爲枝柯。”

按柯 kē（見歌）从可聲（溪歌）訓斧柄。字从可，可从丁，即甲骨文之了，了者斧斤之柄，以枝柯爲之。了即象枝柯之形，斧柄以柯爲之，故以柯名斧柄，非枝柯借斧柄之名爲之，段説有誤。了孳乳爲可，了不獨行，故增木爲柯。从語源説，先有自然物之枝柯，後有以枝柯爲斧柄之柯。

**疴** 《説文》：“疴，病也。从疒，可聲。《五行傳》曰：時即有口疴。”段注：“《五行傳》者，伏生鴻範五行傳也。‘言之不從，是謂不乂，時則有口舌之疴。’”

按疴 kē（影歌）从可聲（溪歌）訓病。疾病相對，疾輕病重。重大義相函，此用可大之引申義。

**何** 《説文》："何，儋也。一曰誰也。从人，可聲。"段注："何俗作荷，猶佗之俗作駝，儋之俗作擔也。《商頌》'百禄是何''何天之休''何天之龍'。傳曰：'何，任也。'箋云：'謂擔負。'《周易》'何天之衢'，虞翻曰：'何，當也。'……又《詩》'何戈與祋''何蓑何笠'，傳皆云：'揭也。'揭者，舉也。戈、祋手舉之，蓑、笠身舉之，皆擔義之引伸也。"

按何 hè（匣歌）从可聲（溪歌）訓儋，今簡作擔。何字甲骨文作，取象人負戈而行之形，初義當爲何戈，引申爲凡擔何之詞。今字作荷，乃借用荷花字。作誰何字，从可聲，此但借其聲。

**砢** 《説文》："砢，磊砢也。从石，可聲。"段注："磊砢二字雙聲。《上林賦》曰：'水玉磊砢。'張揖云：'磊砢，魁礨皃也。'……《世説新語》曰：'其人磊砢而英多。'"

按砢 luǒ（來歌）从可聲（溪歌）訓磊砢。磊多，砢大，故張揖釋魁礨，謂衆石累積高大皃。以之狀人，蓋謂人氣勢恢宏。字从可，此用可大之引申義。

**河** 《説文》："河，河水，出敦煌塞外昆侖山，發原注海。从水，可聲。"

按河 hé（匣歌）从可聲（溪歌）訓河水。字从可聲，作水名字，此但借其聲。

**閜** 《説文》："閜，大開也。从門，可聲。大栝亦爲閜。"段注："引申爲凡大之稱。"

按閜 xiǎ（曉歌）从可聲（溪歌），訓門大開。字从可聲，此用可大之引申義。

**抲** 《説文》："抲，抲撝也。从手，可聲。《周書》曰：'盡執抲。'"段注："今《尚書》抲作拘，字之誤也。……《周書》當'盡執'爲逗，下云'抲以歸於周'，謂指撝以歸於周也。"

按抲 hē（曉歌）从可聲（溪歌）訓撝，指揮。字从可聲，用可指斥之引申義。

**妸** 《説文》："妸，女字也。从女，可聲。讀若阿。"

按妸 ē（影歌）从可聲（溪歌）訓女字。字从可聲，作女名字，此但借其聲。

**坷** 《説文》："坷，坎坷也。从土，可聲。梁國寧陵有坷亭。"段注："坎坷雙聲，謂不平也。"

按坷 kě（溪歌）从可聲（溪歌）訓坎坷，坎窞，地穴。坷从可聲，當爲窠聲（溪歌）之借，窠有孔穴，或作科（溪歌）。《孟子》："原泉混混，不舍晝夜，盈科而後進。"科亦取有坎窞之意。

**軻** 《説文》："軻，接軸車也。从車，可聲。"

按軻 kē（溪歌）从可聲（溪歌）訓接軸車。字从可聲，蓋柯聲（見歌）之借，柯者斧柄，此蓋以斧柄之柯，喻持輪之軸。

**阿** 《説文》："阿，大陵曰阿。从𠂤，可聲。一曰阿曲𠂤也。"段注："傳曰：'曲陵曰阿。'……《大雅》：'有卷者阿。'傳曰：'卷，曲也。'然則此阿謂曲𠂤也。引申之，凡曲處皆得稱阿。……曲則易爲美，故《隰桑》傳曰：'阿然，美皃。'凡以阿言私曲、言昵近者，皆引申叚借也。"

按阿 ē（影歌）从可聲（溪歌）訓大陵。字从可聲，此用可大之引申義。一曰曲𠂤，則阿从可聲當爲柯聲（見歌）之借，柯者斧柄，古者斧用曲柄，甲骨文作了，正象柄曲之形。此用柯柄曲之引申義。

**滒** 《説文》："滒，滒水，在山陽湖陵南。《禹貢》：'浮於淮泗，達於滒。'从水，苛聲。"

按滒 hé（匣歌）从苛聲（匣歌）訓滒水。字从苛聲，作水名字，此但借其聲。

**徛** 《説文》："徛，舉脛有渡也。从彳，奇聲。"段注："《釋宫》曰：'石杠謂之徛。'郭曰：'聚石水中以爲步渡彴也。'"

按徛 jì（見歌）从奇聲（群歌），訓舉脛有渡，有渡謂水中有聚石，人可跨而渡水。字从奇聲，此用奇人兩脛跨枝柯而坐之引申義。

**齮** 《説文》："齮，齧也。从齒，奇聲。"段注："《史·漢·田儋傳》：'齮齕用事者墳墓。'如淳曰：'齮齕，猶齗齧也，齕齩也。'按凡从奇之字多訓偏，如掎訓偏引，齮訓側齧，索隱注《高紀》云：'許慎以爲側齧。'"

按齮 yǐ（疑歌）从奇聲（群歌）謂側齧。字从奇聲，此用奇不正之引申義。

**猗** 《説文》："猗，虎牙也。从牙奇，奇亦聲。"段注："今俗謂門齒外出爲虎牙。古語也。……《可部》曰'奇，異也'。"

按猗 qī（溪歌）从奇聲（群歌）訓虎牙，指門齒與臼齒之間的鋭齒。字从奇聲，此用奇異之引申義。

**踦** 《説文》："踦，一足也。从足，奇聲。"段注："《管子》：'告堯之時，一踦腓，一踦屨而當死。'謂一足剕一足屨當死罪也。引伸之凡物單曰踦。……若《衣部》曰：'襱，絝踦也。'毛傳曰：'蠨蛸長踦也。'則皆謂足，不必一足。"

按踦 qī（溪歌）从奇聲（群歌）訓一足。古人席地而坐，兩膝着席，兩脛股皆並，而踦者人之雙脛股跨枝柯分張，枝柯之兩旁各一足，故踦訓一足。引申之凡單數曰奇。

**攲** 《説文》："攲，持去也。从支，奇聲。"段注："支有持義。故持去之攲从支。宗廟宥座之器曰攲器，按此攲當作敧。……箸必斜用之，故曰飯敧。《廣韵》：'敧，不正也。'《玉篇》曰：'攲，今作不正之敧。……攲，奇聲，古在十七部；敧，支聲，古在十六部。'"徐灝注箋："《通俗文》云'以箸取物曰攲'，即持去義。"

按攲 jī（見歌）从奇聲（群歌）訓持去，蓋源於以箸取物，箸必邪用之，故从奇聲有不正義。

**殑** 《説文》："殑，棄也。从歺，奇聲。俗語謂死曰大殑。"

按殑 qī（溪歌）从奇聲（群歌）訓棄。字从歺，《説文》："歺，𠬜骨之殘也。"古者人死則冎其肉置其骨，棄（溪）、奇旁紐，人死則棄世，故俗語以大殑爲人死之稱。

剞 𠝏 《説文》："剞，剞剧，曲刀也。从刀，奇聲。"《廣雅·釋器》："剞，㓹，刀也。"王念孫疏證："剞之言阿曲，劂之言屈折也。《説文》：'剞剧，曲刀也。'剧與劂同。"

按剞 jī（見歌）从奇聲（群歌）訓剞剧，曲刀，古代行刑的器具，亦刻鏤工具。字从奇聲，此用奇阿曲不正之引申義。

觭 觭 《説文》："觭，角一俛一仰也。从角，奇聲。"段注："觭者奇也，奇者異也。一曰不耦也，故其字从奇。"

按觭 jī（溪歌）从奇聲（群歌）訓角一俛一仰。字从奇聲，此用奇異不耦之引申義。

椅 椅 《説文》："椅，梓也。从木，奇聲。"段注："《釋木》曰：'椅梓。'渾言之也。《衛風》傳曰：'椅，梓屬。'析言之也。椅與梓有别，故《詩》言'椅桐梓漆'，其分别甚微也。故《爾雅》《説文》渾言之。"《本草纲目》："時珍曰：梓木處處有之，有三種：木理白者爲梓，赤者爲楸，梓之美文者爲椅。"

按椅 yǐ（影歌）从奇聲（群歌）訓梓，梓之美文者爲椅。字从奇聲，當爲綺聲（溪歌）之借。《説文》："綺，文繒也。"此用綺文繒之引申義。

旖 旖 《説文》："旖，旖施，旗皃。从㫃，奇聲。"段注："旖施，叠韵字，在十七部，許於旗曰旖施，於木曰檹施，於禾曰倚移，皆讀如阿那。《檜風》：'猗儺其枝。'傳云：'猗儺，柔順也。'……（旖施）本謂旌旗柔順之皃，引伸爲凡柔順之稱。"

按旖 yǐ（影歌）从奇聲（群歌）訓旖施，旌旗隨風飄揚皃，引申爲凡物柔順之皃。旖从奇，奇、正相對，奇有奇異、不正、斜行義。施，从也，當爲它聲之借，它是蛇的本字，旌旗隨風飄揚，有如蛇行委蛇曲折，此旖施當是阿那之正字。旌旗隨風飄揚，與蛇行之委蛇曲折相似，故以爲喻。雙聲叠韵字，皆義源字形，並非所謂單純的聲音組織，是應當而且必須从字形分析入手來解讀的。

**寄** 《説文》："寄，託也。从宀，奇聲。"段注："字从奇。奇，異也。一曰不耦也。《言部》曰：'託，寄也。'《方言》曰：'餬，託庇，寓，媵，寄也。'"

按寄 jì（見歌）从奇聲（群歌）訓託。託謂託身，託體，字从奇，奇的初義是人緣木上樹，雙腿跨枝柯，背倚樹身而坐。這種坐姿，从古人的習俗説，是異様的、不正常的。人類進入室居後，只能栖身屋室，寄於樹枝只能是臨時的、短暫的。故非其所居叫寄居，生長於非居之處曰寄生，此皆用奇跨枝柯而坐之引申義。

**倚** 《説文》："倚，依也。从人，奇聲。"

按倚 yǐ（影歌）从奇聲（群歌）訓依。《説文》依、倚互訓。倚的初義是背靠着，字从奇聲，奇的初義是人於樹上雙腿分張，跨枝柯背靠樹身而坐，只有背靠樹身，才能坐穩。

**騎** 《説文》："騎，跨馬也。从馬，奇聲。"段注："兩髀跨馬謂之騎，因之人在馬上謂之騎。"

按騎 qí（群歌）从奇聲（群歌）訓跨馬。字从奇聲，此用奇人跨柯枝而坐之引申義。

**猗** 《説文》："猗，犗犬也。从犬，奇聲。"段注："犬曰猗，馬曰騬，牛曰犗，羊曰羠。言之不妨通互耳。"

按猗 yī（影歌）从奇聲（群歌）訓犗犬，去勢的雄犬。去勢則犬之雄性功能缺失，此用奇不耦、不完整之引申義。

**掎** 《説文》："掎，偏引也。从手，奇聲。"段注："一本作偏引一足也。……《左傳》曰：'譬如捕鹿，晋人角之，諸戎掎之。'杜注云：'掎之，掎其足也。'"

按掎 jǐ（見歌）从奇聲（群歌）訓偏引，謂偏引一足。字从奇聲，此用奇單、不耦、偏之引申義。

**綺** 《説文》："綺，文繒也。从糸，奇聲。"段注："謂繒之有文者也。文者錯畫也。錯畫謂這遣其介畫。繒爲这遣方文，謂之文綺。"

按綺 qǐ（溪歌）从奇聲（群歌）訓文繒，繒之有文者，謂这遣其介畫，奇、正相對，奇有偏邪不正之義。織文交錯則傾斜，此用奇不正之引申義。

**畸** 《説文》："畸，殘田也。从田，奇聲。"段注："殘，各本作殘，今正。殘者賊也，殘者禽獸所食餘也。因之凡餘謂之殘。今則殘行而殘廢矣。殘田者餘田不整齊者也。凡奇零字皆應於畸引申用之，今則奇行而畸廢矣。"

按畸 jī（見歌）从奇聲（群歌）訓殘田。字从奇聲，此用奇不整齊、零散之引申義。

**錡** 《説文》："錡，鉏鋤也。从金，奇聲。江淮之間謂釜錡。"段注："《豳風》：'既破我斧，又缺我錡。'傳曰：'鑿屬曰錡。'此蓋所謂鉏鋤者與？字或作奇。……《召南》：'維錡及釜。'傳曰：'錡，釜屬，有足曰錡。'"

按錡 qí（群）从奇聲（群歌）訓鉏鋤。王筠釋例："終疑錡爲鋸之古名也，字从奇，謂鋸（齒）交相錯出。"字从奇聲，蓋綺聲（溪歌）之借，用綺織文交錯之引申義。

**輢** 《説文》："輢，車旁也。从車，奇聲。"段注："謂車兩旁式之後，較之下也，注家謂之輢。按輢者，言人所倚也。……旁者倚之，故曰輢。"

按輢 yǐ（影歌）从奇聲（群歌）訓車旁，車旁人之所倚。字从奇聲，當爲倚聲（影歌）之借，用倚背靠樹榦之引申義。

**陭** 《説文》："陭，上黨陭氏阪也。从𨸏，奇聲。"

按陭 yì（影歌）从奇聲（群歌）訓上黨陭氏阪。字从奇聲，作阪名字，此但借其聲。

**荷** 《説文》："荷，扶渠葉。从艸，何聲。"

按荷 hé（匣歌）从何聲（匣歌）訓扶渠葉。扶渠葉即荷葉，荷葉生於扶渠莖之頂，故以人頭頂負荷大物喻之。此用何負荷、擔負之引申義。此以業爲名。

**閜** 《説文》："閜，門傾也。从門，阿聲。"段注："此與上閜篆各字各義。”

按閜 ě（影歌）从阿聲（影歌）訓門傾，傾謂傾斜。字从阿聲，此用阿曲不正之引申義。

娿 《說文》：“娿，媕娿也。从女，阿聲。”段注：“媕娿，雙聲字。《韵會》作陰阿，李燾本作陰娿。《集韵》《類篇》同。《廣韵》曰：‘媕娿不決，媕音庵。’”

按娿 ē（影歌）从阿聲（影歌）訓媕娿。《說文》媕下曰：“女有心媕媕也。”媕娿謂猶豫不決無主見。字从阿聲，此用阿曲圓轉之引申義，圓轉則不定。

檹 《說文》：“檹，木旖施也。从木，旖聲。賈侍中說檹即椅也，可作琴。”段注：“旖各本作檹施。《集韵》《類篇》作柂，皆非也。《㫃部》旖下曰：‘旗旖施也。’旗旖施，故字从㫃，木如旗之旖施，故字从木旖。”

按檹 yī（影歌）从旖聲（影歌）訓木旖施。此以旗幟之从風旖施，喻樹木迎風摇曳生姿，給人以柔順的美感。此同狀孳乳，用旌旗旖施之引申義。

哥 《說文》：“哥，聲也。从二可。古文以爲歌字。”段注：“此義未見用者。今呼兄爲哥。……《漢書》多用哥爲歌。”徐灝注箋：“哥、歌，古今字。”

按哥 gē（見歌）从二可，是哥以可（溪歌）爲聲，哥是歌的本字，歌是後起的加注形旁字。歌永言，故字从二可，即用延長字音的手段表達情緒情感。

歌 《說文》：“歌，詠也。从欠，哥聲。謌，歌或从言。”段注：“《言部》曰：‘詠，歌也。’二字爲轉注。歌永言，故从言。”

按歌 gē（見歌）歌是哥的後起的加注形旁字。歌訓詠，詠从永，謂延長所歌唱之字音宛轉悠揚，以充分宣洩情感，歌詠同義互訓。

滒 《說文》：“滒，多汁也。从水，哥聲。讀若哥。”段注：“《淮南·原道訓》曰：‘甚淖而滒。’高云：‘滒亦淖也。饘粥多瀋者曰滒，讀歌謳之歌。’按今江蘇俗語謂之稠也。”

按滒 gē（見歌）从哥聲（見歌）訓多汁。字从哥即歌字，此以歌咏延長音節之多韵味，喻果疏肉肴之多汁液多味，此相似孳乳。

## 爲聲字

**爲** 《說文》：“爲，母猴也。其爲禽好爪。下腹爲母猴形。王育曰爪象形也。，古文爲，象兩母猴相對形。”

按爲 wéi（匣歌）甲骨文作，羅振玉《增訂殷墟書契考》：“按（爲）从爪从象，絶不見母猴之狀，卜辭作手牽象形……意古者役象以助勞，其事或尚在服牛乘馬以前。”爲之作爲、行爲、从事、製作、治理諸義，即由役象助勞引申。古代中原本有象，西周以降由於氣候的變遷，象在中原絶迹。故漢人有此誤解，恐亦歷史之訛傳。

**蔿** 《說文》：“蔿，艸也。从艸，爲聲。”段注：“晋有土蔿，楚有蔿姓。……《左傳》蔿薳錯出，薳即蔿字。”

按蔿 wéi（匣歌）从爲聲（匣歌）作草名字，其語源不詳。作人名字，作姓氏字，字从爲聲，此但借其聲。

**譌** 《說文》：“譌，譌言也。从言，爲聲。《詩》曰：‘民之譌言。’”段注：“《小雅》：‘民之訛言。’箋云：‘訛，僞也。人以僞言相陷入。’按爲僞譌古同，通用。”

按譌 é（疑歌）从爲聲（匣歌）訓譌言。《漢書》顏師古注：“譌，古訛字也。”譌、訛同字，謂錯誤。古爲、僞同字，僞者人爲，凡人爲者即非真、作僞。字从爲聲，此用人爲之引申義。

**䞈** 《說文》：“䞈，資也。從貝，爲聲。或曰：此古貨字。”段注：“按《篇》《韵》皆云：‘賭也。’許無賭字。……按爲、化二聲同在十七部。貨古作䞈，猶訛譌通用耳。”

按䞈 guì（見歌）从爲聲（匣歌）訓資。此古貨字，資即今語資金，貨即今語貨幣，皆通貨之名。从字源說，从爲聲當爲化聲（曉歌）之借，用化變化變易之引申義。

**鄬** 《說文》：“鄬，地名。从邑，爲聲。”

按鄬 wéi（匣歌）从爲聲（匣歌）訓地名。字从爲聲，作地名字，此但借其聲。

寪 《説文》："寪，屋皃。从宀，爲聲。"段注："王逸注《招隱士》曰：'崎嶇閜寪。'"徐灝注箋："此云屋皃，亦謂屋宇開張之皃耳。"

按寪 wěi（匣歌）从爲聲（匣歌）訓屋皃，徐灝以爲屋宇開張皃，蓋由"閜，大開也"受到啓發，閜、寪連言義當相關。愚以爲字从爲聲蓋爲危聲（疑歌）之借，危、高義相函，李白《蜀道難》"危乎高哉"，正是高、危義相函的顯證。此用危高之引申義。匣疑旁紐，歌部叠韵。

寪 《説文》："寪，口咼也。从疒，爲聲。"段注："《口部》曰：'咼，口戾不正也。'"

按寪 wěi（匣歌）从爲聲（匣歌）訓口咼，口戾不正，口角歪斜。字从爲聲，當爲化聲（曉歌）之借，用化之變化、變形義。

僞 《説文》"僞，詐也。从人，爲聲。"段注："詐者，欺也。《釋詁》曰：'詐，僞也。'按經傳多假爲爲僞。如《詩》'人之爲言'即僞言。《月令》：'作爲淫巧。'今《月令》云：'詐僞淫巧。'……徐鍇曰'僞者，人爲之，非天真也，故人爲爲僞'是也。"

按僞 wěi（疑歌）从爲聲（匣歌）訓詐，欺詐，僞裝。字从爲聲，人爲與天真相對，人爲即做作、作假、欺詐，此用人爲之引申義。

闖 《説文》："闖，闢門也。从門，爲聲。《國語》曰：'闖門而與之言。'"段注："《魯語》：'闖門與之言，皆不踰閾。'"

按闖 wěi（匣歌）从爲聲（匣歌）訓闢門。字从爲聲，蓋爲撝聲（曉歌）之借。《説文》："撝，裂也。"此用撝裂開之引申義。

撝 《説文》："撝，裂也。从手，爲聲。一曰手指撝也。"

按撝 huī（曉歌）从爲聲（匣歌）訓裂，謂分裂、裂開。字从爲聲，蓋破聲（滂歌）之借，用破之破裂義。

**媯** 《説文》:“媯,虞舜尻媯汭,因以爲氏。从女,爲聲。”

按媯 guī(見歌)从爲聲(匣歌)訓虞舜居媯汭,因以爲氏。字从爲聲,作姓氏字,此但借其聲。舜帝弟名象,封於有畀,是舜的氏族與馴象有關,是从爲當爲从象之借。

**鄬** 《説文》:“鄬,鄭地阪。从𨸏,爲聲。《春秋傳》曰:‘將會鄭伯於鄬。’”

按鄬 wéi(匣歌)从爲聲(匣歌),訓鄭地阪。字从爲聲,作地名字,此但借其聲。

**皮** 《説文》:“皮,剥取獸革者謂之皮。从又,爲省聲。凡皮之屬皆从皮。𠭊,古文皮。𡰱,籀文皮。”段注:“剥,裂也。謂使革與肉分裂也。云革者,析言則去毛曰革,統言則不别也。云者者,謂其人也。取獸革者謂之皮。皮被,被析也。見木部。因之所取謂之皮矣。引伸凡物之表皆曰皮。凡去物之表亦皆曰皮。《戰國策》言‘皮面抉眼’,王褒《僮約》言‘落桑皮椶’,《釋名》言‘皮瓠以爲蓄’皆是。”

按皮 pí(並歌)訓剥取獸革者謂之皮,本義是動字,即剥皮。引申指所剥之獸皮。字从又,又即手,又上之丨蓋爲刀之省形,初義當爲人持刀剥取獸皮。爲省聲之説,純屬附會。

**彼** 《説文》:“彼,往有所加也。从彳,皮聲。”段注:“彼加叠韵。”

按彼 bǐ(幫歌)从皮聲(並歌)訓往有所加。字从皮,剥皮。往有所加,謂从獸身上剥下來的,放入竹筐之類的器内,故曰往有所加。此爲彼此字,代詞,則爲引申假借,此爲近指,彼爲遠指。

**詖** 《説文》:“詖,辨論也,古文以爲頗字。从言,皮聲。”段注:“此詖字正義。皮,剥取獸革也。被,析也。凡从皮之字皆有分析之意,故詖爲辨論也。”

按詖 bì(幫歌)从皮聲(並歌)訓辨論,分辨是非正誤。字从皮聲,此用皮剥皮之引申義。

**鞁**　《説文》："鞁，車駕具也。从革，皮聲。"段注："《晋語》：'吾兩鞁將絶，吾能止之。'韋曰：'鞁，靷也。'按韋以《左傳》作靷，故以靷釋之。其實鞁所包者多。"

按鞁 bèi（並歌）从皮聲（並歌）訓車駕具。駕具所以牽引車前行。字从皮聲，蓋彼聲（幫歌）之借，用彼往有所加之引申義，即拉車由此及彼前行。

**簸**　《説文》："簸，揚米去康也。从箕，皮聲。"

按簸 bǒ（幫歌）从皮聲（並歌）訓揚米去康。康即今穅字，穀的碎殼。簸作名字是簸箕，作動字是簸米揚去穅。米重穅輕，揚起時，米重在下，穅輕在上，米穅分離，簸則生風，穅隨風向前落下，米仍留在箕内，這是聰明的古人發明的一種原始的風選方法。字从皮聲，此用皮析、分析之引申義。

**柀**　《説文》："柀，黏也。从木，皮聲。一曰析也。"段注："《釋木》曰：'柀，黏。'……即今之杉木也。黏與杉爲正俗字。郭云：'黏生江南，可以爲船及棺。'羅氏願《爾雅翼》曰：'柀似杉而異，杉以材稱，柀又有美實，而材尤文采，其樹大連抱，高數仞，葉似杉，木如柏，作松理，肌理細軟，堪爲器用，古所謂文木也。'"

按柀 bǐ（幫歌）从皮聲（並歌）訓黏，即今杉木，而實有别。杉的特點，砍伐放置，乾枯後，皮極易剥離，故以柀名，故一曰析也，此以業爲名。杉（山侵）、黏（泥談）山泥鄰紐，侵談旁轉，此一聲之轉。

**貱**　《説文》："貱，迻予也。从貝，皮聲。"段注："迻，遷徙也。展轉寫之曰迻書。展轉予人曰迻予。貱迻疊韵。"

按貱 bì（幫歌）从皮聲（並歌）訓移予。字从皮聲，當爲彼聲（幫歌）之借。《説文》："彼，往有所加也。"字从貝，所加者貝也。此用彼往有所加之引申義。

**旇**　《説文》："旇，旌旗披靡也。从㫃，皮聲。"徐鍇繫傳："披靡，四散皃也。"桂馥義證："旇披聲相近，戴侗曰：'風之所吹，披散偃靡也。’”

按旇 pī（滂歌）从皮聲（並歌）訓旌旗披靡。字从皮聲，此用皮析、分散之引申義。

**疲** 《説文》：“疲，勞也。从疒，皮聲。”段注：“經傳多假罷爲之。”

按疲 pí（並歌）从皮聲（並歌）訓勞，謂疲勞，勞累。字从皮聲，當爲簸聲（幫歌）之借，用簸之簸揚、顛簸、簸弄之引申義，顛簸歷久則疲。

**帔** 《説文》：“帔，弘農謂帬帔也。从巾，皮聲。”段注：“謂帬曰帔也，《方言》曰：‘帬，陳魏之間謂之帔。自關而東謂之襬。’”劉熙《釋名·釋衣服》：“帔，披也。披之肩背，不及下也。”

按帔 pèi（滂歌）从皮聲（並歌）訓弘農謂帬帔。此帬爲繞領，有似今之圍巾，繞領圍脖而下披，或稱披風。字从皮聲，此用皮析、分散下垂之引申義。

**被** 《説文》：“被，寢衣，長一身有半。从衣，皮聲。”段注：“《論語·鄉黨篇》曰：‘必有寢衣，長一身有半。’孔安國曰：‘今被也。’”

按被 bèi（並歌）从皮聲（並歌）訓寢衣長一身有半。字从皮聲，獸皮覆蓋獸身整體，寢衣覆蓋人全身，故以被爲名。此相似孳乳，用皮覆蓋之引申義。

**頗** 《説文》：“頗，頭偏也。从頁，皮聲。”段注：“引伸爲凡偏之稱。”

按頗 pō（滂歌）从皮聲（並歌）訓頭偏，謂頭向左右擺動。字从皮聲，此用皮析、分離之引申義。分離則偏向，頭左右擺而身子不動，故曰偏。今偏頗爲同義複詞。

**髲** 《説文》：“髲，益髮也。从髟，皮聲。”段注：“各本作‘鬄也’二字，今正。《庸風》正義引《説文》云：‘髲，益髮也。言人髮少，聚他人髮益之。’……《召南》：‘被之僮僮。’傳曰：‘被，首飾也。’箋云：‘《禮》主婦髲鬄。’《少牢饋食禮》：‘主婦被錫。’注曰：‘被錫讀爲髲鬄。古者或鬄賤者刑者之髮以髲婦人之紒爲飾，因名髲鬄焉。’”

按髲 bì（並歌）从皮聲（並歌）訓益髮。謂益髮爲飾。字从皮聲，當爲被聲（並歌）之借。被者寢衣，人本有衣，寢時復加被於上，與人本有髮，復以他人之髮益之爲飾。兩者相似，故爲喻，此用被寢衣之引申義。

**破** 《説文》：“破，石碎也。从石，皮聲。”段注：“《瓦部》曰：‘𤭢者，破也。’然則碎、𤭢、䊳三篆同義。引伸爲碎之稱。”

按破 pò（滂歌）从皮聲（並歌）訓石碎，破裂，破碎。字从皮聲，此用皮析、分散之引申義。

**駊** 《説文》：“駊，駊騀，馬摇頭也。从馬，皮聲。”

按駊 pǒ（滂歌）从皮聲（並歌）訓駊騀，馬摇頭。字从皮聲，蓋頗聲（滂歌）之借，用頗之偏頗不正義。又騀从我，凡从我聲字多有高義，此則謂馬首低昂。

**𡯁** 《説文》：“𡯁，蹇也。从尢，皮聲。”段注：“𡯁，俗作跛。……今之經傳有跛無𡯁。”

按𡯁 bǒ（滂歌）从皮聲（並歌）訓蹇。《説文》：“蹇，𡯁也。”《易》曰：“蹇，難也。”謂行走艱難，特别費力。字从皮聲，蓋爲簸聲（幫歌）之借，此謂跛者行路如簸，不斷上揚起跳。此用簸簸米揚穅之引申義。

**跛** 朱駿聲通訓定聲：“跛，行不正也。从足，皮聲。讀若彼。按此字當爲𡯁之或體，今系於此。”

按《説文》無跛，跛即𡯁之俗字，音義與𡯁全同。

**波** 《説文》：“波，水涌流也。从水，皮聲。”

按波 bō（幫歌）从皮聲（並歌）訓水涌流。涌者騰涌，字从皮聲。簸（幫歌）从皮聲，蓋用波浪之起伏，喻箕之簸揚簸動。

**鮍** 《説文》：“鮍，鮍魚也。从魚，皮聲。”

按鮍 pí（滂歌）从皮聲（並歌）訓鮍魚。字从皮聲，作魚名字，其語源不詳。《齊民要術·脯腊》："去直鰓，破腹作鮍，净疏洗，不須鱗。"《新唐書·百官志三》："饗宗廟，則供魚鮍。"字从皮聲，蓋破聲（滂歌）之借，用破之剖破義。

**披** 《説文》："披，从旁持曰披。从手，皮聲。"段注："《士喪禮》：'設披。'注曰：'披，絡柳棺上，貫結於戴，人君旁牽之，以備傾虧。'又'執披者旁四人'，注曰：'前後左右各二人。'此從旁持之義也。《五帝本紀》：'黄帝披山通道。'徐廣曰：'披，他本亦作陂字，蓋當音詖，陂者旁其邊之謂也。'按披陂皆有旁其邊之意。中散能知之。而索隱云'披音如字'，謂披山林艸木而行，以通道也。此則司馬貞不知古義之言。"《釋名·釋喪制》："兩旁引之曰披。披，擺也。各於一旁引擺之，備傾倚也。"

按披 pī（滂歌）从皮聲（並歌）訓从旁持曰披。字从皮聲，皮的初義是剥皮。字从手，一手持刀分離獸皮，一手从旁持已剥離的皮用力牽引。披字从手从皮，正取象人剥取獸皮時一手持已剥離之皮用力牽引，以提高剥皮的效率。遠在漁獵時代，先民剥取獸皮、魚皮是常見的事，披字正貯存了剥皮必从旁用力牽扯，以加速剥取進程的寶貴經驗。作爲喪制之披，屬後起之引申義。

**紴** 《説文》："紴，絛屬。从糸，皮聲。讀若被，或讀若水波之波。"

按紴 bō（幫歌）从皮聲（並歌）訓絛屬。《説文》："絛，扁緒也。"段注："《廣雅》作'編緒'。《漢書》及賈生《新書》作'偏諸'，蓋上字作編，下字作諸爲是。諸者謂合衆采也。按紴絾蓋其闊者，絛其陿者。"是絛紴皆手工編織的彩色絲帶，手工編織較寬且厚，故以皮狀之，此用皮之引申義。讀若水波之波者，《玉篇》："紴，水紴錦文。"《廣韵》："紴，水波錦文。"紴，手工編織的彩色絲帶，仿此而有機織的彩色錦，有呈水波文的彩色錦。

**鈹** 《説文》："鈹，大鍼也。从金，皮聲。一曰劒而刀裝者。"段注："玄應曰：'醫家用以破癰。'"

按鈹 pī（滂歌）从皮聲（並歌）訓大鍼，醫家用以破癰。《靈樞經》："鈹針者，末如劍鋒，以取大膿。"字从皮聲，當爲破聲（滂歌）之借，用破之破癰取膿義。此以業爲名。

**陂** 《説文》："陂，阪也。从𨸏，皮聲。一曰池也。"段注："池，各本作沱，誤。今依《韵會》正。……陂得訓池者，陂言其外之障，池言其中所蓄之水。故曰：'劉媪嘗息大澤之陂。'謂大澤之旁也。"《釋名·釋山》："山旁曰陂。"

按陂 bēi（幫歌）从皮聲（並歌）訓阪，山坡，斜坡，坡在山體之旁。字从皮聲，此用皮傅、傅着在旁之義。

**坡** 《説文》："坡，阪也。从土，皮聲。"段注："《𨸏部》曰'坡者曰阪'，此二篆轉注也。又曰'陂，阪也'。是坡、陂二字音義皆同也。"朱駿聲通訓定聲："按即陂之或體。"

按坡 pō（滂歌）从皮聲（並歌）訓阪。是坡、陂二字音義皆同，坡爲陂之或體。

## 丽聲字

**丽** 《説文》丽是麗的古文。朱駿聲通訓定聲："丽，兩耦也。象兩兩相附之形。从兩二相並，下畫垂者，猶凡字之上畫垂也。籀又从二卜。按字亦作㔷，作儷，作㒧，作娌。《方言》十二：'俚，耦也。'《廣雅·釋詁四》：'娌，二也。'丽里雙聲，經傳皆以麗爲之。《廣雅·釋言》：'㒧，扶也。'"

按丽同麗。《集韵》："麗，古作丽。"丽 lì（來支）孳乳爲麗（來支），丽是麗的古文，經傳皆用麗字，丽不獨行。

**麗** 《説文》："麗，旅行也。鹿之性，見食急則必旅行。从鹿丽。《禮》'麗皮納聘'，蓋鹿皮也。丽，古文。𠀍，篆文麗字。"段注："此麗之本義，其本作丽，旅行之象也，後乃加鹿耳。《周禮》：'麗馬一圉，八麗一師。'注曰：'麗，耦也。'

《禮》之‘儷皮’，《左傳》之‘伉儷’，《説文》之‘驪駕’，皆其義也。……《聘禮》曰：‘上介奉幣儷皮。’……儷即麗之俗。鄭注：‘儷皮，兩鹿皮也。’”

按麗 lì（來支）从丽聲（來支）訓旅行。旅（來魚）、麗來母雙聲，支魚旁轉，音義並近。旅、侣（來魚）同音，侣、儷更相近，伴侣即有兩兩相伴之義。麗之有麗耦、附麗義者，皆由丽之兩兩相附之形引申。

⿰麗攴 《説文》：“⿰麗攴，數也。从攴，麗聲。”段注：“《大雅》：‘其麗不億。’毛曰：‘麗，數也。’《方言》作‘⿰麗攴’，亦云‘數也’。蓋⿰麗攴是正字，麗是假借字。从麗者，麗兩也，兩兩而數之也。”

按⿰麗攴 lǐ（來支）从麗聲（來支）訓數，謂兩兩而數之。字从攴者，古人數物必以手。字从麗聲，用麗耦、麗兩之引申義。从文字孳乳的次弟説，先借用麗字，後加攴作⿰麗攴，以示區别。

儷 《説文》：“儷，棽儷也。从人，麗聲。”段注：“按《左傳》‘伉儷’杜云：‘儷，偶也。’……許書但取枝條棽儷之訓，不及其他。於从人之意未合。”

按儷 lì（來支）从麗聲（來支），字从人，本義當爲伉儷之儷。成對，配耦，此用丽兩之引申義。就棽儷説，徐鍇繫傳：“棽儷，參差繁茂貌也。”謂樹木枝條繁茂。字从麗聲，用儷旅之引申義。旅，衆也，故引申有繁茂義。

⿱艹麗 《説文》：“⿱艹麗，艸木生箸土。从艸，麗聲。《易》曰：‘百穀艸木麗於地。’”段注：“此引《易·彖傳》，説從草麗之意。”

按⿱艹麗 lì（來支）从麗聲（來支）訓草生箸土。字从麗聲，此用麗附麗、附着之引申義。

邐 《説文》：“邐，行邐邐也。从辵，麗聲。”段注：“邐邐，縈紆皃。”

按邐 lǐ（來支）从麗聲（來支）訓行邐邐，謂其行縈回紆曲。字从麗聲，蓋麗旅之引申義。衆行遇崎嶇之道，則其行陣必縈回紆曲。

**躧** 《説文》："躧，舞履也。从足，麗聲。韅，或从革。"段注："《地理志》：'跕躧。'臣瓚曰：'蹑跟爲跕。'按舞不納履，故凡不著跟，曳之而行曰躧履。"

按躧 xǐ（山支）从麗聲（來支）訓舞履。舞不納履，故凡曳之而行曰躧履。躧、徙（心支）古音相近，謂兩脚前後緊相隨，貼近地面拖着移動。字从麗聲，此用麗耦之引申義。

**簏** 《説文》："簏，竹器也。可以取麤去細。从竹，麗聲。"段注："俗云'簁籮'是也。《廣韵》云：'簏，盝也。'能使麤者上存，細者盝下。簏簁古今字也。……《漢・賈山傳》作'篩'。"

按簏 shāi（山支）从麗聲（來支）訓竹器，可以取粗去細。或作簁，从徙聲（心支），今字作篩。字从麗聲，當爲析聲（心錫）之借，用析之分析義，分别粗細，而有所去取。簏、析山心準雙聲，支錫陰入對轉，字變作簁，徙聲亦析聲之借。

**酈** 《説文》："酈，南陽縣。从邑，麗聲。"

按酈 lì（來錫）从麗聲（來支）訓南陽縣。字从麗聲，作邑名字，此但借其聲。

**曬** 《説文》："曬，暴也。从日，麗聲。"段注："《漢・中山靖王傳》：'白日曬光，幽隱皆照。'……曬與釃同意，散其光也。所智切，音變則所賣切，十六部。"《方言》卷七："曬，暴也。暴五穀之類，秦晋之間謂之曬。"

按曬 shài（山支）从麗聲（來支）訓暴。暴曬穀物，謂太陽散發其光照射大地。字从麗聲，當爲析聲（心錫）之借，用析之分析、分散、散發義。

**癘** 《説文》："癘，癰也。从疒，麗聲。一曰瘦黑。讀若隸。"錢坫斠詮："此面目癘黑字。"

按癘 lì（來支）从麗聲（來支）訓癰，癰疽。《釋名・釋疾病》："癰，壅也。氣壅否結，裹而潰也。"癰疽日久潰爛流膿，字从麗聲，蓋爲離聲（來歌）之借，用離之流離義。一曰瘦黑，則字从麗聲，蓋爲黧聲（來脂）之借。來母雙聲，歌脂旁轉。

麗見 𧡍 《説文》："覼，求視也。从見，麗聲。讀若池。"段注："視字各本奪，今補。求視者，求索之視也。李善注《吴都賦》引《蒼頡篇》曰：'覼，索視之皃也。'亦作矖。"

按覼 lì（來支）从麗聲（來支）訓求視，謂目光有求索探尋之意，即審視。字从麗聲，當爲析聲（心錫）之借，用析之分析、探求義。

驪 𩦠 《説文》："驪，馬深黑色。从馬，麗聲。"

按驪 lí（來支）从麗聲（來支）訓馬深黑色。字从麗聲，當爲黧聲（來脂）之借，來母雙聲，支脂通轉。

灑 𤅪 《説文》："灑，汛也。从水，麗聲。"段注："凡埽者先灑。"又於汛下注曰："卂，疾飛也，水之散如飛。此以形聲包會意也，楊雄《劇秦美新》云：'況盡汛埽前聖數千載功業。'汛埽即灑掃也。俗用爲潮汛字。……按汛與灑互訓而殊音，洒則經典用爲灑之假借。然謂洒即汛之假借，則於古音尤合。蓋洒从西聲，西古音如詵也。小顏注《東方朔傳》'洒埽'云'洒音信'，此謂即汛字也。云又'山豉反'，此謂即灑字也。此等必皆《漢書》音義舊説。"

按灑 sǎ（山支）从麗聲（來支）訓汛。灑謂灑水，以手匊水快速散水於地，水之散如飛。字从麗聲，當爲析聲（心錫）之借，用析之分析、分散義。山心準雙聲，支錫陰入對轉，埽必先灑者，以免灰塵飛揚。

鱺 𩻲 《説文》："鱺，鱺魚也。从魚，麗聲。"段注："此即今人謂鰻爲鰻鱺之字也。與鱧鱶鯉皆不同。"朱駿聲通訓定聲："按即鰻也……字亦作鯬。"

按鱺 lí（來支）从麗聲（來支）訓鱺魚、鰻鱺，即今語黄鱔。鰻从曼，曼言其體長。鱺从麗當爲黧聲（來脂）之借，來母雙聲，支脂通轉，此言其色，此與驪从麗聲訓馬深黑色，麗聲爲黧聲之借正同。黄鱔色黄，亦有黑色者，黎黑、黎黄同源。

**纚** 《説文》："纚，冠織也。从糸，麗聲。"段注："冠織者，爲冠而設之織成也。凡繒布不須翦裁而成者，謂之織成。《内則》注曰：'縰，韜髮者也。'《士冠禮》曰：'纚廣終幅長六尺。'注曰'纚，今之幘。終，充也。'纚一幅長六尺，足以韜髮而結之矣。"

按纚 xǐ（山支）从麗聲（來支）訓冠織，爲冠而設之織成。專爲冠而特織，直接用於束髮的布帛成品，今陝北農民用以包頭的白羊肚頭巾略似之。纚、縰同字，字从麗聲，蓋爲徙聲（心支）之借，用徙移徙之引申義，謂用於固定頭髮，使不移徙，此用徙義之反向引申義。

**釃** 《説文》："釃，下酒也。从酉，麗聲。一曰醇也。"段注："《小雅》曰：'釃酒有藇。'又曰：'有酒湑我。'傳曰：'以筐曰釃。以藪曰湑。'湑，莤之也，引申爲凡分疏之義。……不澆酒也。按醇蓋誤字，當作淳。《水部》曰：'淳者，渌也。''渌者浚也。'其義與下酒同耳。而分爲二者，言淳言渌，則不專謂酒也。"桂馥義證引趙宧光曰："下酒者，去糟取清也。"

按釃 shī（山支）从麗聲（來支）訓下酒，去糟取清。字从麗聲，當爲析聲（心錫）之借，用析之分析分别義。

# 解部弟十一

## 支聲字

**支** 《説文》："支，去竹之枝也。从手持半竹。凡支之屬皆从支。，古文支。"段注："此於字形得其義也。……上下各分竹之半，手在其中。"

按支 zhī（章支）訓去竹之枝。支本竹枝，引申指樹枝，字則孳乳作枝。又引申指人獸的肢體，字則孳乳作肢。支爲會意，枝、肢爲形聲。字形直接表義是漢字顯著的本質的特點。

**芰** 《説文》："芰，蔆也。从艸，支聲。，杜林説，芰从多。"段注"（芰蔆）是謂轉注。……支聲在十六部，多聲在十七部，二部合音最近，古弟十七部中字多轉入弟十六部。"又段於蔆下注："《説文》之芰，薢茩，即今蔆角。"又於茩下注曰："蔆以角得名，蔆之言棱也，茩之言角也。"

按芰 jì（群支）从支聲（章支）訓蔆，即今語菱角。菱多角歧出，故以支名之，此以業名之。多謂多角，此用支竹枝之引申義。

**趌** 《説文》："趌，緣大木也。一曰行皃。从走，支聲。"段注："與蚑音義略同。"

按趌 qí（群支）从支聲（章支）訓緣大木，俗稱"上樹"或叫"爬樹"。人上樹時，兩手分張抱樹，兩腿夾緊樹向上爬，爬樹時四肢並用。字从支聲，此用支肢體支分之引申義。

**跂** 《説文》："跂，足多指也。从足，支聲。"段注："《莊子》：'駢拇，枝指。'字只作枝，跂蓋俗體。"王先謙《莊子集解》："跂、歧同。"

按跂 qí（群支）从支聲（章支）訓足多指，謂足五指外多出的指頭。字从支聲，此用支之分枝、歧出義。

鬿 𩰲 《説文》："鬿，三足鍑也。一曰滫米器也。从鬲，支聲。"段注："鍑如釜而大口。《廣雅》：'鬿，鬴也。'……滫米猶淅米，淅之以得其泔也。"

按鬿 yǐ（疑支）从支聲（章支）訓三足鍑，大口的三足釜。足者，人下肢，三足以支撑大口釜，此以人獸之足喻鍑釜之足。字从支聲，當爲肢聲（章支）之借。

翄 翄 《説文》："翄，翼也。从羽，支聲。𦐔，翄或从羽氏。"段注："《飛部》曰：'䎗，翄也。翼，篆文䎗也。'……支氏同部。"

按翄 chì（書支）今字作翅，从支聲（章支）訓翼，鳥類的上肢。鳥上肢的作用是飛行，字从支聲，此用支之肢體義。又翼从異聲（余職）者，亦聲（余鐸）之借，亦是臂本字，今作腋。

雉 雉 《説文》："雉，雉鳥也。从隹，支聲。一曰雉度。"段注："漢武帝造鳷鵲觀，在雲陽甘泉宮外。"

按雉 zhī（章支）从支章（章支）訓雉鳥，今爲何鳥不詳，其語源不詳。

枝 枝 《説文》："枝，木别生條也。从木，支聲。"段注："《艸部》曰：'莖，枝主也。'榦與莖爲艸木之主，而别生條謂之枝，枝必岐出也。故古枝岐通用。"

按枝 zhī（章支）从支聲（章支）訓木别生條，由木主榦分出的枝條。字从支聲，此用支之分支、歧出義。

郊 郊 《説文》："郊，周文王所封，在右扶風美陽中水鄉。从邑，支聲。岐，郊或从山，支聲。因岐山以名之也。"

按郊 qí（群支）从支聲（章支）訓文王所封。字从支聲，作邑名字，此但借其聲。

岐 岐 《説文》岐，郊的重文。朱駿聲通訓定聲："按岐山，山有兩枝故名，从山从枝省會意。……在今陝西鳳翔府岐山縣。"

按岐 qí（群支），山以兩枝得名，故名岐山。此許書郊之或體。

𣐼 《説文》：“𣐼，配鹽幽尗也。从尗，支聲。豉，俗𣐼从豆。”段注：“幽與鬱同義。以豆鬱之，其味苦。《招魂》曰：‘大苦鹹酸，辛甘行些。’王云：‘大苦，豉也。辛謂椒薑也，甘謂飴蜜也。言取豉汁，調和以椒薑鹹酢，和以飴蜜，則辛甘之味皆發而行也。’《釋名》曰：‘豉，嗜也。五味調和須之而成，乃可甘嗜，故齊人謂豉，聲同嗜也。’”

按𣐼 shì（禪支）从支聲（章支）訓配鹽幽尗，是傳統的調味品。字从支聲，蓋爲嗜聲（禪脂）之借。𣐼、嗜禪母雙聲，脂支通轉，此以音近相借，今湖湘方言正讀豉爲 shì。

伎 《説文》：“伎，與也。从人，支聲。《詩》曰：‘籥人伎忒。’”段注：“《舁部》曰：‘與者黨與也。’此伎之本義也。《廣韵》曰‘侣也’，不違本義。俗用爲技巧之技。”朱駿聲通訓定聲：“叚借爲忮。”

按伎 jì（群支）从支聲（章支）訓與、黨與，今俗謂朋友爲“相與的”。字从支聲，蓋取本之諸枝皆與榦相連之引申義。

𠤣 《説文》：“𠤣，頃也。从匕，支聲。匕，頭頃也。《詩》曰：‘𠤣彼織女。’”段注：“頃者頭不正也。《小雅·大東》‘跂彼織女’，傳曰：‘跂，隅皃。按隅者，陬隅不正。而角織女三星成三角，言不正也。許所據作𠤣，今本乃改爲俗企字，音同而義不同矣。’”

按𠤣 qì（溪支）从支聲（章支）訓頃，本謂頭不正，引申爲凡傾斜不正之詞。

屐 《説文》：“屐，屩也。从履省，支聲。”段注：“按《釋名》云：‘屐，搘也。爲兩足搘以踐泥也。’又云：‘屩，不可踐泥也，屐踐泥者也。’然則屐與屩有別。”

按屐 jī（群錫）从支聲（章支），支錫陰入對轉。訓屩，當曰屩屬，今稱“木屐”，木底有齒的鞋子。《晋書·謝安傳》：“心喜甚，不覺屐齒之折。”屐齒即《釋名》之“爲兩足搘”。搘同支，支柱，謂屐下之支柱如屐之足。字从支聲，此用支之支撑、支柱義。

頍 《説文》："頍，舉頭也。从頁，支聲。《詩》曰：'有頍者弁。'"段注："此頍之本義也。故其字从頁。……舉頭曰頍，故戴弁亦曰頍。義之相因而引伸者也。"

按頍 kuǐ（溪支）从支聲（章支）訓舉頭。字从支聲，此用支樹枝上揚之引申義。

魊 《説文》："魊，鬼服也。一曰小兒鬼。从鬼，支聲。《韓詩》傳曰：'鄭交甫逢二女，魊服。'"段注："《衣部》曰：'袳，鬼衣也。'……凡爲神之偶衣物必沽而小耳。"

按魊 jì（群支）从支聲（章支）訓鬼服，今俗謂"冥衣"。段謂凡神偶衣物必沽而小。字从支聲，此用枝榦相對，榦大枝小之引申義。魊訓小兒鬼，支當亦用小義。

攱 《説文》："攱，攱傴也。从危，支聲。"段注："玄應所引云'攱傴，傾側不安也'，此乃以注家語入正文耳。……《廣韵》云：'攱者不正也。傴者傴隅不安皃。'俗用崎嶇字，正此二字之隸變。"

按攱 qī（溪支）从支聲（章支）訓傴，即今語崎嶇字，謂傾斜不正。支（枝）歧出則不正，字从支聲，此用支歧出之引申義。

馶 《説文》："馶，馬彊也。从馬，支聲。"《太平御覽》卷三百八十六引《通俗文》："强健曰馶。"《廣雅·釋詁》："馶，强也。"

按馶 zhī（章支）从支聲（章支）訓馬彊，引申泛指强健。字从支聲，枝繁葉茂是樹木生長强健的形象，此用枝繁則樹强之引申義。

忮 《説文》："忮，很也。从心，支聲。"段注："很者，不聽从也。《雄雉》《瞻卬》傳皆曰：'忮，害也。'害即很義之引申也。"

按忮 zhì（章支）从支聲（章支）訓很，不聽从。今湖湘俗語叫"搞戾的"。支岐很戾，皆有不正歪邪義，引申訓害，謂心術不正，起心妨人。

洓 𣴁 《説文》："洓，水都也。从水，支聲。"段注："水都者，水所聚也，民所聚曰都。洓之證未詳。"桂馥義證："《風俗通》：'水澤所聚謂之都。'亦曰瀦，或作豬。《禹貢》：'大野既豬。'《史記·夏本紀》豬作都。鄭注《檀弓》曰：'南方謂都爲豬。'"

按洓 zhī（章支）从支聲（章支）訓水都，水所聚，此蓋謂衆支流匯聚。支的初義是竹枝、木枝，枝由榦歧出而分枝，反之則衆枝匯聚於榦，此雙向引申，洓从支聲訓水都，正取衆支流匯聚之義。《廣韵·寘韵》："洓，水㡿。"《字彙·水部》："洓，水派流貌。"水㡿指水歧出，派流謂水分流。就客觀事物言，木由榦生衆枝，水由衆支流匯聚爲水都。客觀事物各有屬性，但皆相反相成，此語義雙向引申之物理依據。

技 𢪓 《説文》："技，巧也。从手，支聲。"段注："《工部》曰：'巧者，技也。'二篆爲轉注。古多叚伎爲技能字。《人部》曰：'伎，與也。'"

按技 jì（群支）从支聲（章支）訓巧，技巧同義相包函。巧从丂，丂即考字，考、老同義，語有"熟能生巧"，技巧是長期磨練積累的升華。技从支聲，支者歧出，从積極意義説，就是逸出、超出，技巧是一種超凡出俗不同尋常的境界。字从支聲，此用由歧引申的超逸義。《集韵》："技，不端也。"即今語伎倆，指不正派的手段，所謂"鬼蜮伎倆"，就是从技的消極方向引申。

妓 𡚱 《説文》："妓，婦人小物也。从女，支聲。讀若跂。"段注："今俗用爲女妓字。"

按妓 jì（群支）从支聲（章支）訓婦人小物。字从支聲，支即竹枝、樹枝本字，枝榦相對，榦大枝小，故从支聲有小義，此用支小之引申義。假借爲技藝字，如歌妓、藝妓，俗稱賣淫的女子爲妓女，則由歌妓、藝妓演化而來。

蚑 𧌒 《説文》："蚑，徐行也。凡生之類，行皆曰蚑。从虫，支聲。”段注：“依李善《洞簫》《琴》二賦注，補徐字及‘凡生’以下八字，凡蟲行曰蚑，《周書》曰：‘蚑行喘息。’《小弁》曰：‘鹿斯之奔，維足伎伎。’伎本亦作跂。毛傳曰‘舒皃’。箋云：‘伎伎然舒者，留其群也。’……毛傳、鄭箋正與徐行説合也。《漢書》‘跂跂脈脈善緣壁’，其字亦當作‘蚑蚑’。”

按蚑 qí（群支）从支聲（章支）訓徐行。字从虫，爬蟲之行多徐。凡物行以足，支即肢，支榦相對，支有小義，此蓋謂步小行徐。字从支聲，此兼支肢和支小之引申義。

𩓨 《説文》：“𩓨，小頭𩓨𩓨也。从頁，枝聲。讀若規。”段注：“𩓨之言嫢也。嫢者細也。……亦作頯，亦作櫰。”

按𩓨 guī（見支）从枝聲（章支）訓小頭𩓨𩓨。字从支聲，此用枝榦相對、榦大枝小之引申義。

## 只聲字

只 《説文》：“只，語已詞也。从口，象氣下引之形。”段注：“已，止也。矣只皆語止之詞。《庸風》‘母也天只，不諒人只’是也。亦借爲是字，《小雅》‘樂只君子’，箋云：‘只之言是也。’……宋人詩用只爲祇字，但也，今人仍之。讀如隻。”

按只 zhǐ（章支）訓語已詞。語已詞，虚詞，虚詞皆假借實字爲之，此但借其聲，與字的本義引申義無關。只字當有本義，假借義行而本義廢棄湮没。

迟 《説文》：“迟，曲行也。从辵，只聲。”段注：“迟曲雙聲。《乚部》曰：‘迟曲隱蔽。’孟康注《子虛賦》曰：‘文理茀鬱迟曲。’軍法有逗留，有迟橈，《光武紀》：‘不拘以逗留法。’如淳曰：‘軍法行而逗留畏愞者，要斬。’此謂止而不進者。《史》《漢》，《韓安國傳》：‘廷尉當恢迟橈，當斬。’服虔曰：‘迟音企。’應劭曰：‘迟，曲行避敵也。橈，顧望也。軍法語也。’此謂有意回遠遲誤者。《淮南書》云：‘兩軍相當，屈橈者要斬。’”

按迟 qì（溪錫）从只聲（章支）訓曲行。字从只聲，蓋爲支聲（章支）之借，支歧出，有斜義，斜、曲義相近，軍法迟橈謂避敵繞道，此用支歧出之引申義。

**齞** 《説文》：“齞，張口齒見也。从齒，只聲。”段注：“依《文選》注訂。《登徒子好色賦》：‘齞脣歷齒。’……古音在十六部。”

按齞 yǎn（疑真）从只聲（章支），古音在十六部，則當爲支、錫部字，从只訓張口齒見。只从口从八。八，分也。分張、分開義相函，是只字的本義當爲張口。八、支義相函，枝由樹榦分杈歧出，是支只音義相近，當爲同源。

**胑** 《説文》：“胑，體四胑也。从肉，只聲。肢，胑或从支。”段注：“《荀子·君道篇》：‘如四胑之從心。’……《孟子》謂之四體，《孟子》注：‘胑作枝，云體者，四枝股肱也。’”

按胑 zhī（章支）从只聲（章支）訓體四胑。字从只聲，當爲支聲（章支）之借，肢、枝同源，此《説文》正篆用借聲，而重文用聲之正字。

**枳** 《説文》：“枳，枳木，似橘。从木，只聲。”段注：“《考工記》：‘橘踰淮而北爲枳。’《本艸經》所謂枳實也。枳可爲籬，《周書·小開》曰：‘德枳維大人。’”

按枳 zhǐ（章支）从只聲（章支）訓枳木，似橘，果小味酸，不能食，供藥用。字从只聲，此蓋用只但之義，只，僅只，謂但形似橘而無橘之實。

**積** 《説文》：“積，積椒，多小意而止也。从禾从支，只聲。一曰木也。”段注：“（積椒）二字各本無，今補。……小意者，意有未暢也。謂有所妨礙，含意未伸。《廣韵》積椒皆訓“曲枝果”。按積椒，字或作枳椇，或作枳枸，或作枳句，或作枝拘，皆上字在十六部，下字在四部，皆詰詘不得伸之意。”

按穦 zhǐ（章支）从只聲（章支）訓多小意而止，本謂草木屈曲不伸展皃。字从只聲，蓋爲迟聲（溪錫）之借，用迟曲行之引申義。

**疻** 《説文》：“疻，疻痏，毆傷也。从疒，只聲。”段注：“疻痏二字各本無，依全書通例補。《漢書·薛宣傳》《廷尉引傳》曰：‘遇人不以義而見疻者，與痏人之罪鈞，惡不直也。’應劭曰：‘以杖手毆擊人，剥其皮膚，起青黑而無創瘢者，律謂疻痏。’按此應注譌脱。《急就篇》顔注云：‘毆人皮膚腫起曰疻，毆傷曰痏。蓋應注律謂疻下奪去六字。當作其有創瘢者謂痏。’……疻輕痏重……創瘢謂皮破血流。”

按疻 zhǐ（章支）从只聲（章支）訓毆傷，謂毆人致皮肉青腫而無創痕的叫疻。字从只聲，此用只、但、僅之義，僅傷及皮肉而無創瘢，有創瘢叫痏，皮破血流，皮開肉綻。

**伿** 《説文》：“伿，惰也。从人，只聲。”段注：“惰者，不敬也。《醫經》‘解㑊’之‘㑊’，當作此字。”

按伿 yì（余支）从只聲（章支）訓惰，謂懈怠。字从只聲，只从口八，八分，口分即張口，口閉則緊，口開則鬆，鬆懈、懈怠則不敬慎。字从只聲，此用只張口則鬆懈之引申義。

**咫** 《説文》：“咫，中婦人手長八寸謂之咫，周尺也。从尺，只聲。”段注：“咫之言猶近也。”

按咫 zhǐ（章支）从只聲（章支）訓中婦人手長八寸謂之咫，當是以拇指與食指分張伸直量物，其長謂咫。咫小於尺，約當今市尺之六寸左右，故以“咫尺”喻近，語有“咫尺天涯”。余少時在鄉村，每見人量不太長的物件，輒伸張大拇指與食指量之，此情此景，今猶歷歷在目。字从只聲，只从口八，八，分也。只的初義當爲張口，借以喻張指，分張大拇指與食指量物之長短，此用只張口之引申義。俗稱大拇與食指分張處叫虎口，故以張口爲喻。

**抧** 《説文》：“抧，開也。从手，只聲。讀若抵掌之抵。”段注：

“抵，各本作扺，今正。抵，側手擊也。抵掌者，側此手擊彼手掌也。”

按抧 zhǐ（章支）从只聲（章支），訓開。字从只聲，此用只張口之引申義。抧訓開，引申爲凡開合之詞。

**軹** 《説文》：“軹，車輪小穿也。从車，只聲。”段注：“輪當作轂，《輪人職》曰：‘五分其轂之長，去一以爲賢，去三以爲軹。’鄭司農云：‘賢，大穿也；軹，小穿也。’”桂馥義證：“車軹之耑，毋轂者名爲轊，轂末之小穿，容轊者名爲軹。”

按軹 zhǐ（章支）从只聲（章支）訓轂小穿，車轂外端貫穿車軸的小孔。字从只聲，只者開口，口即孔，口小故稱小穿，此既用只開口之義，又兼用口小之義。此謂賢大於軹上之小穿，故賢爲大穿。

**謑** 《説文》：“謑，待也。从言，伿聲。讀若醯。”段注：“小徐曰：‘此與徯字義相通。’”《集韵》：“謑，或作徯。”

按謑 xī（匣支）从伿聲（余支）訓待。字或作徯（匣支），《説文》：“徯，待也。”是謑、徯音義皆同，伿聲當爲奚聲（匣支）之借。奚字甲骨文作，象以手牽摀罪隸髪辮之形。奚爲殷代奴隸之一種，奴隸之行動必有待而行，此用奚待之引申義。

## 朿聲字

**朿** 《説文》：“朿，木芒也。象形。凡朿之屬皆从朿。讀若刺。”段注：“芒者，艸耑也。引伸爲凡鑯鋭之稱。今俗用鋒鋩字，古衹作芒，朿今字作刺，刺行而朿廢矣。……不言从木者，朿附於木，故但言象形也。”

按朿 cì（清錫）訓木芒。徐鍇繫傳：“从木形，左右象刺生之形也。”朿不獨立使用，今字作刺，刺是後起的加形旁字。

**帝** 《説文》：“帝，諦也。王天下之號，从二，朿聲。帝，古文帝。古文諸上字皆从一，篆文皆从二，二，古文上字。示辰龍童音章皆从古文上。”段注：“《毛詩故訓傳》曰：‘審諦如帝。’”

按帝 dì（端錫）从朿聲（清錫）訓諦，審諦。帝从二，古文作一，一者天所从之一，一者人之顛頂，引申指上天，帝的初義是天帝、上帝。《詩·大雅》屢言上帝，如“上帝板板”“上帝不寧”“上帝居歆”“上帝臨女”等，許氏“王天下之號”當爲後起之義。字从朿聲，朿鋭，此當指視聽所及，勢力影響所及。朿鋭則入深，深遠、深廣義相函。上天稱帝，人間稱王，“溥天之下，莫非王土，率土之濱，莫非王臣”，禹王、商王、周王，至秦統一六國，秦王政始稱帝。字从朿聲，此用朿鋭所入深廣之引申義。

**茦** 《説文》：“茦，莿也。从艸，朿聲。”段注：“茦刺見《釋艸》，刺不从艸。《方言》曰：‘凡艸木刺人，北燕、朝鮮之間謂之茦。’”

按茦 cì（清錫）从朿聲（清錫）訓莿（當作刺），指草木芒刺刺人。郭璞《爾雅》注：“草刺針也。”茦是朿的後起區別字，專指草的刺針。

**莿** 《説文》：“莿，茦也。从艸，刺聲。”段注：“按《方言》祇作刺，即从艸，亦當與茦篆相屬，恐後人增之。”朱駿聲通訓定聲：“按當爲茦之或體。”

按莿 cì（清錫）从刺聲（清錫）訓茦，與茦音義並同，當爲茦之或體。

**趚** 《説文》：“趚，側行也。从走，朿聲。《詩》曰：‘謂地蓋厚，不敢不趚。’”段注：“側行者，謹畏也。……《小雅》‘趚’作‘蹐’，毛曰：‘蹐，累足也。’《足部》引‘不敢不蹐’，此不同者，蓋三家文異也。朿聲、脊聲同部。”

按趚 qì（清錫）从朿聲（清錫）訓側行，毛説“累足”。《直音篇·走部》：“趚，小步。”字从朿聲，朿鋭引申有小義，此蓋謂踮起脚輕輕地小步前行，極力形容行走時謹畏的心態。此用朿鋭小之引申義。

**柴** 《説文》：“柴，識也。从此，朿聲。一曰藏也。”段注：“藏，今字也，古作臧。《廣雅》：‘石鍼謂之莿。’與識訓相近。又‘莿，㧗也’，與藏訓相近，㧗同舒卷之卷。”

按莿 zuǐ（精支）从朿聲（清錫），支錫對轉，訓識，一曰藏。識者標志，記號。段謂《廣雅》“石鍼謂之莿”，與識訓相近者，蓋謂以石鍼刻畫標志。“莿，㧗也”，與藏訓相近者，謂有所蓋藏，必作標識，己之所知而人不能知，二義相關聯。字从朿聲，此用朿鋭可刻畫之引申義。

**迹** 《説文》：“迹，步處也。从辵，亦聲。蹟，或从足責。𨒪，籀文迹，从朿。”

按迹 jì（精錫）从亦聲（余鐸）訓步處，人獸行走時在地上留下的足迹，脚印。按迹金文師寰簋作𨒪，與籀文同。字从亦聲，當爲朿聲（清錫）之借，用朿鋭刺地易留下印記，以喻脚踩地留下的印記。脚有指甲，獸有利爪，故以刺喻之。

**諫** 《説文》：“諫，數諫也。从言，朿聲。”段注：“謂數其失而諫之。”

按諫 cì（清錫）从朿聲（清錫）訓數諫。數其失則其言刺耳，所謂忠言逆耳。字从朿聲，此用朿直刺、刺痛之引申義。

**敇** 《説文》：“敇，擊馬也。从攴，朿聲。”段注：“所以擊馬者曰箠，亦曰策，以策擊馬曰敇，策專行而敇廢矣。”

按敇 cè（初錫）从朿聲（清錫）訓擊馬。字从朿聲，朿即刺，此用朿刺、刺激、激勵之引申義，後字作策。《説文》：“策，馬箠也。”策从竹，名字；敇从攴，動字。

**刺** 《説文》：“刺，君殺大夫曰刺。刺，直傷也。从刀朿，朿亦聲。”段注：“刺，直傷也。當爲正義。……官稱刺史，鍼黹曰刺繡，用檣曰刺船，盗取國家密事爲刺探，尚書事皆其引伸之義也。”

按刺 cì（清錫）从朿聲（清錫）訓直傷，謂以刀劍等利器直刺傷人。引申爲凡刺入之義，此用朿之引申義。

**策** 《説文》：“策，馬箠也。从竹，朿聲。”段注：“馬箠曰策，以策擊馬曰敇，經傳多假策爲册。又計謀曰籌策者，策猶籌，籌猶筭，筭所以計曆數。謀而得之，猶用筭而得之也，故曰筭（算）、曰籌、曰策，一也。”

按策 cè（初錫）从朿聲（清錫）訓馬箠，箠所以擊馬。字从朿聲，用刺之刺入、刺激義。今政策字，册之假借。

**責** 《説文》：“責，求也。从貝，朿聲。”段注：“引伸爲誅責、責任。《周禮·小宰》：‘聽稱責，以傅别。’稱責即今之舉債，古無債字，俗作債，則聲形皆異矣。”王筠句讀：“責，謂索求負家償物也。”

按責 zé（莊錫）从朿聲（清錫）訓求，謂要求負債人還債。俗語“殺人償命，欠債還錢”。今字作債（莊支），故段説聲形皆異。

**涑** 《説文》：“涑，小雨霝皃。从水，朿聲。”段注：“霝，各本作零，今正。涑涑，亦雨聲。”

按涑 sè（山錫）从朿聲（清錫）訓小雨霝皃。字从朿聲，朿鋭引申有小義，此用朿小之引申義。涑涑訓雨聲，則涑涑爲象聲字。字从朿聲，則爲但借其聲。

**狄** 《説文》：“狄，北狄也，本犬種，狄之爲言淫辟也。从犬，亦省聲。”段注：“北，各本作赤，誤，今正。……按亦當作朿……古音在十六部也，若从亦聲，則古音在五部。”

按狄 dí（定錫）从亦聲（余鐸）訓北狄，北方少數民族。亦聲當爲朿聲（清錫）之借，狄蓋由少數民族語轉譯，字从亦聲或朿聲，皆但借其聲。

**禘** 《説文》：“禘，諦祭也。从示，帝聲。《周禮》曰：‘五歲一禘。’”段注：“《言部》曰：‘諦者審也。’諦祭者，祭之審諦者也。”羅振玉《增訂殷虚書契考釋》：“卜辭中帝字亦用爲禘祭之禘。”

按禘 tì（透錫）从帝聲（端錫）訓禘祭，祭名。甲骨文禘只作帝，審諦義蓋後起。《詩·大雅》：“昭事上帝。”中華傳統文明尊天敬祖，祭祖必祭天，祭天即祭上帝。字从帝聲，初義當爲祭祀上帝。

啻 𡁊 《説文》:“啻，語時不啻也。从口，帝聲。一曰啻諟也。”段注:“玄應引《倉頡篇》曰:‘不啻，多也。’按不啻者，多之詞也。《秦誓》曰:‘不啻若自其口出。’《世説新語》云:‘王文度弟阿智惡乃不啻。’《玉篇》云:‘買賣云不啻也。’可知爲市井常談矣。不啻如楚人言‘夥頤’，啻亦作翅，支聲帝聲同部也。《疒部》疷下曰:‘病不翅。’《孟子》曰‘奚翅食重’。……《言部》曰:‘諟，理也。’亦用諟爲寀諦字。”徐灝注箋:“時當作詞，字之誤也。”

按啻 chì（節支）从帝聲（端錫）訓語時（時當作詞）不啻也，即今語但、只、僅。字从帝聲，當爲只聲（章支）之借，用只之僅只義。字或作翅，从支聲（章支），亦當爲只聲之借，只僅言其少，不啻、不只言其多。

諦 諦 《説文》:“諦，審也。从言，帝聲。”段注:“毛傳曰:‘審諦如帝。’”

按諦 dì（端錫）从帝聲（端錫）訓審。《説文》審是篆文寀，“寀，悉也。知寀諦也。”毛傳“審諦如帝”，意思是對下土的一切事情上帝看得最清楚，瞭解得最明白透徹，人是不能也無法欺天的。字从帝聲，此用帝之天帝、上帝義。

締 締 《説文》:“締，結不解也。从糸，帝聲。”段注:“解者，判也。下文曰:‘紐，結而可解也。’故結而不可解者曰締。”

按締 dì（定錫）从帝聲（端錫）訓結不解，言締結之後，永遠不可解。《新唐書·魏玄同傳》:“玄同與裴炎締交，能保始終，故號‘耐久朋’。”古人認爲上帝是永恒存在的，故帝引申有恒久義。字从帝聲，此用帝恒久長在之引申義，今語有“地久天長”。

莿 莿 《説文》:“莿，以穀萎馬置莝中。从艸，敕聲。”段注:“以穀曰餘，穀雜莝中曰莿。”

按莿 cè（初錫）从敕聲（初錫）訓以穀萎馬置莝中。莝是切短的草料。字从敕聲，敕从朿攴，謂用手將穀摻入莝中拌匀喂馬。字从敕聲，此用敕擊馬之引申義。

**嘖 嘖** 《説文》："嘖，大呼也。从口，責聲。讀，嘖或从言。"段注："呼當作嘑。《廣韵》：'嚾，嘖叫也。'《左傳·定四年》：'嘖有煩言。'《百官公卿表·典客》：'太初元年更名大鴻臚。'應劭曰：'郊廟行禮讀九賓，鴻聲臚傳之也。'今《漢書》譌讚。"

按嘖 zé（莊錫）从責聲（莊錫）訓大嘑。嘑是叫喊、叫喚的本字。《説文》："嘑，唬也。"大聲吼叫。字从責聲，當爲朿聲（清錫）之借，此以聲子代聲母，謂大聲刺耳，震耳，此用朿之引申義。嘖嘖連言，則當爲象聲字，字从責聲，則爲但借其聲，即今語咋唬之咋。

**齰 齰** 《説文》："齰，齒相值也。从齒，責聲。一曰齧也。《春秋傳》曰：'晳齰'。"段注："按謂上下齒整齊相對。"

按齰 zé（初錫）从責聲（莊錫）訓齒相值，上下齒整齊相對。字从責聲，《説文》："責，求也。"與齒相值義無關，責聲當爲朿聲（清錫）之借，兩朿相對才能完全正對，俗語所謂"針尖對麥芒"。字从朿聲，此以朿鋭喻齒鋭。一訓齧，鋒利之齒相對能嚼碎食物，此皆用朿鋭之引申義。

**羵 羵** 《説文》："羵，羊相羵羵也。从羊，責聲。"段注："羵羵叠韵字，猶委積也。"朱駿聲通訓定聲："羵羵猶委積，羊相覆壓也。羊性寒則散，熱則聚。"

按羵 zì（从錫）从責聲（莊錫）訓羊相羵羵，謂羊相擠壓。字从責聲，當爲積聲（精錫）之借，用積堆積之引申義。

**簀 簀** 《説文》："簀，牀棧也。从竹，責聲。"《爾雅·釋器》："簀，謂之笫。"郭璞注："牀版。"郝懿行義疏："簀以竹爲之。許云'牀棧'，郭云'牀版'，皆謂分析竹片施於牀榦之上。"

按簀 zé（莊錫）从責聲（莊錫）訓牀棧、牀板。簀用厚竹片横編鋪於牀榦之上，其上再鋪茵席，是簀即今之床墊。字从責聲，此用積貝必依次貫穿存放之引申義。

**積 積** 《説文》："積，聚也。从禾，責聲。"段注："禾與粟皆得稱積，引伸爲凡聚之稱。”

按積 jī（精錫）从責聲（莊錫）訓聚，謂取禾秉而依次堆放。《説文》：“穦，積禾也。”又“秩，積皃”。《詩》曰：“穦之秩秩。”積、穦、秩三字義相函，相互補充。貝之積必依次貫穿存放。資从次聲，正取次第義。穦从資聲，正取次貝喻積禾。舊時禾粟收穫，先搬至禾場，依次堆放，待其漸乾，天氣晴好打場。禾秉之堆放，井然有序，故以秩秩狀之。積从禾責，字从責聲，當爲朿聲之借，謂朿取禾秉有序地堆放。

**幘** 《説文》：“幘，髮有巾曰幘。从巾，責聲。”段注：“《方言》曰：‘覆髻謂之幘巾，或謂之承露，或謂之覆髤。’《獨斷》曰：‘幘，古者卑賤執事不冠者之所服也。’”

按幘 zé（莊錫）从責聲（莊錫）訓髮有巾曰幘。从髮髻言，幘在髻上故曰覆，幘上别無他物，故曰承露。髮髻挽而成堆，其上之幘正積於髮上。字从責聲，當爲積聲（精錫）之借，用積之堆積義。

**磧** 《説文》：“磧，水陼有石者。从石，責聲。”段注：“陼丘，水中高者也。《三蒼》曰：‘磧，水中沙堆也。’”

按磧 qì（清錫）从責聲（莊錫）訓水陼有石者，謂水中冲積而成的沙堆。字从責聲，當爲積聲（精錫）之借，用積之堆積義。

**漬** 《説文》：“漬，漚也。从水，責聲。”段注：“謂浸漬也。”

按漬 zì（从錫）从責聲（莊錫）訓漚。《説文》：“漚，久漬也。”如漚麻必久漬，漚到麻皮腐爛脱落，漬則指浸泡在水中，讓水分漸次浸進物體。字从責聲，當爲積聲（精錫）之借，用積依次堆放禾秉之引申義。

**嫧** 《説文》：“嫧，齊也。从女，責聲。”段注：“謂整齊也。《方言》：‘媌嫧鮮好也，南楚之外通語也。’”

按嫧 zé（莊錫）从責聲（莊錫）訓齊，謂裝束整齊，不散亂。字从責聲，當爲積聲（精錫）之借。用積之禾秉依次堆放有序之引申義。《詩》所謂“穦之秩秩”。《説文》：“穦，積禾也。”

**績** 《説文》：“績，緝也。从糸，責聲。”段注：“績之言積也，積短爲長，積少爲多，故《釋詁》曰：‘績，繼也。事也，業也，功也，成也。’《左傳》曰：‘遠績禹功。’《大雅》曰：‘維禹之績。’傳曰：‘績，功也。’”

按績 jì（精錫）从責聲（莊錫）訓緝也。《説文》：“緝，績也。”二字互訓。緝从咠，咠从口耳，咠是口貼近别人的耳説話。緝从糸，指將劈細的麻拉近撚成綫，緝就緝麻的單程動作説，績就績麻的全過程説，績是依次有序地將麻不斷連起。字从責聲，當爲積聲（精錫）之借，用積依次有序堆放禾粟之引申義。

逖 𨓈 《説文》：“逖，遠也。从辵，狄聲。逷，古文逖。”段注：“《釋詁》：‘逷，遠也。’《大雅》：‘用逷蠻方。’《牧誓》：‘逷矣西土之人。’郭樸注《爾雅》、顔之推《觀我生賦》、李善《文選》注引《書》皆作‘逷’，衛包始改爲‘逖’也。”

按逖 tì（透錫）从狄聲（定錫）訓遠。狄者北狄，在中國北疆，離中原較遠，故引申有遠義。字作逷从易者，易有延易義，延之則長，長、遠義相函。

適 䢓 《説文》：“適，之也。从辵，啻聲。”段注：“《釋詁》：‘適之，往也。’……按此不曰往而曰之，許意蓋以之與往稍别，逝徂往，自發動言之，適自所到言之，故變卦曰之卦，女子嫁曰適人。”

按適 shì（書錫）从啻聲（書枝）訓之。段氏謂適自所到言之。字从啻聲，當爲迹聲（精錫）之借，謂足迹所到。

蹢 𨇨 《説文》：“蹢，蹢躅，逗足也。从足，啻聲。或曰蹢躅。賈侍中説：足垢也。”段注：“（蹢躅，）各本奪此二字。《文選》注四引皆有。……逗，各本作住，今正。逗者，止足也。《説文》無住字。”

按蹢 zhí（定錫）从啻聲（書支）訓逗足，即今語止步，足迹停留在到達的地方，不再前行。字从啻聲，當爲適聲（書錫）之借，此用適足迹所到義。

讁 𧮾 《説文》：“讁，罰也。从言，啻聲。”

按謫 zhé（端錫）从啻聲（書支）訓罰、譴責、責備。字从啻聲，當爲朿聲（清錫）之借，用朿直刺、刺傷之引申義，引申指罰罪，即貶謫。

敵 𢿌 《説文》："敵，仇也。从攴，啻聲。"段注："仇，讎也。《左傳》曰'怨耦曰仇'。仇者兼好惡之詞，相等爲敵，因之相角爲敵，古多假借適爲敵。"

按敵 dí（定錫）从啻聲（書支）訓仇。仇兼好惡之詞。相等爲敵，匹敵，勢均力敵。相角爲敵，敵對，相互攻擊。字从啻聲，當爲朿聲（清錫）之借，用刺之直刺、刺傷義。

鷸 鷸 《説文》："鷸，雉屬，戇鳥也。从鳥，啻聲。"段注："戇，愚也。"

按鷸 dí（端錫）从啻聲（書支）訓戇鳥，愚笨之鳥，雉屬野鷄一類的鳥。余幼年在湘北農村，曾聽獵人長者言，有一類雉特笨，遇警不及飛走，往往躲入草木叢中將利嘴插入泥土中，不須費力，便能活捉。老人言所描述之狀，至今猶歷歷在目。據此則啻聲蓋爲朿聲（清錫）之借，指用如刺之利嘴插入泥土中，其戇態油然而現。此用朿鋭利之引申義。

麱 麱 《説文》："麱，麥覈屑也。十斤爲三斗，从麥，啻聲。"段注："此云帶覈之屑，謂其糠碎，礦之尚未成末。麩與麪未分，是爲麱。《廣韵》云'麩麱'，又云'麱麩'，皆謂麩未離析。"朱駿聲通訓定聲："按礦麥未簏，麩與麥並者。"

按麱 zhí（定錫）从帝聲（書支）訓麥覈屑。謂麥已磨成粉，但未過篩，麥麩與麪粉未分離。字从啻聲，當爲朿聲（清錫）之借，用刺鋭引申有小義。磨成的麥粉與麥麩皆較細碎，故以朿之尖鋭比況。

樀 樀 《説文》："樀，户樀也。从木，啻聲。《爾雅》曰：'檐謂之樀，樀朝門，讀與滴同。"段注："按户樀謂門檐也。……樀之言滴也，與霤滴相近。"王筠釋例："樀，讀若滴，吾鄉檐瓦有當者謂之滴水，即此意也。"

按樀 dí（端錫）从啻聲（書支）訓户樀，屋檐。屋檐正當屋瓦下水處，俗稱屋檐水。俗語有“屋檐水滴滴滴在現處”，喻子不孝父，媳不敬婆，將來是必遭報應的。字从啻聲，當爲滴聲（端錫）之借，用滴之點滴、下滴之義。

**褅** 《説文》：“褅，緥也。从衣，啻聲。《詩》曰：‘載衣之褅。’”段注：“《小雅・斯干》曰：‘載衣之裼。’傳曰：‘裼，緥也。’此謂裼即褅之假借字也。易聲、啻聲古音同在十六部。……緥者，小兒衣也。”《漢書音義》孟康曰：“緥，小兒被也。”

按褅 tì（透支）从啻聲（書支）訓緥，背負小兒的被，即繈緥。字从啻聲，蓋爲締聲（定錫）之借，小兒背在背上，其結必固，以防小兒在行進中因結鬆散而墜落。

**滴** 《説文》：“滴，水注也。从水，啻聲。”

按滴 dī（端錫）从啻聲（書支）訓水注。水一點一點落下，刺擊地面，語有“水滴石穿”。字从啻聲，當爲朿聲（清錫）之借。朿尖鋭，此用朿之刺擊義。又屋檐水下滴發出“滴噠滴噠”的響聲，嘀噠作象聲字，則但借其聲。

**摘** 《説文》：“摘，拓果樹實也。从手，啻聲。一曰指近之也。”段注：“拓者拾也，拾者掇也，掇者拾取也，果樹實者，有果之樹之實也。拓之謂之摘。引申之凡他取亦曰摘。此篆與擿音義殊。”

按摘 zhāi（端錫）从啻聲（書支）訓拓果樹實，謂采摘，摘取樹上的果實。字从啻聲，當爲朿聲（清錫）之借，摘果每用指甲掐下，此以朿喻指甲之鋒利，此用朿之刺取義。

**嫡** 《説文》：“嫡，孎也。从女，啻聲。”段注：“按俗以此爲嫡庶字，而許書不尔。蓋嫡庶字，古衹作適，適者之也。所之必有一定也。《詩》：‘天位殷適。’傳曰：‘紂居天位，而殷之正適也。’而今經傳作嫡者，蓋皆不古。”

按嫡 dí（端錫）从啻聲（書支）訓孎。《説文》：“孎，謹也。”字从啻聲，蓋朿聲（清錫）之借，凡草木皆可握而捋，遇朿握持捋取必傷手，故須謹慎从事，語有“棘手”，遇棘手事，不可大意魯莽。此用朿鋭易傷手之引申義。作嫡庶字則爲適字之假借。

**鏑** 《説文》：“鏑，矢鏠也。从金，啇聲。”段注：“謂矢族之入物者。古亦作鍉。是聲、啇聲同部也。”

按鏑 dí（端錫）从啇聲（書支）訓矢鋒，矢鏃之入物者。矢鋒鋭利故能入物，字从啇聲，當爲朿聲（清錫）之借，用朿鋭利之引申義。

**擿** 《説文》：“擿，搔也。从手，適聲。一曰投也。”段注：“（搔，）此義音剔。《詩》：‘象之揥也。’傳曰：‘揥，所以摘髮也。’……以許説繩之，則作擿爲是。……以象骨搔首，因以爲飾，名之曰揥，故云所以擿髮，即後人玉導、玉搔頭之類也。《廣韵》十二霽曰：揥者，揥枝整髮釵。……與上文投者擿也，爲轉注。……今字作擲……《説文》無擲字。”

按擿 zhì（定錫）从適聲（書錫）訓搔，搔頭，理順頭髮。引申指簪股。字从適聲，當爲朿聲（清錫）之借，搔頭之器物其端必鋭，此用朿鋭之引申義。

## 兒聲字

**兒** 《説文》：“兒，孺子也。从儿，象小兒頭囟未合。”段注：“《子部》曰：‘孺，乳子也。’乳子，乳下子也。《褋記》謂之嬰兒，《女部》謂之嫛娩。兒孺雙聲。引伸爲凡幼小之稱。（囟）謂篆體臼也，囟者頭會𡿺蓋也。小兒初生，𡿺蓋未合，故象其形。”

按兒 ér（日支）訓孺子，處於哺乳期的嬰兒。孺（日侯）从需聲（心侯），乳聲（日侯）之借。孺子即乳子，吃奶的幼兒。兒、乳日母雙聲，支侯旁轉，乳子的形貌特徵，就是頭囟未合。

**齯** 《説文》：“齯，老人齒。从齒，兒聲。”段注：“《魯頌》：‘黄髮兒齒。’《釋詁》曰：‘黄髮齯齒，壽也。’《釋名》曰：

‘九十或曰齯齒，大齒落盡，更生細者如小兒齒也。’按《毛詩》作兒，古文，他書作齯，今文也。”

按齯 ní（疑支）从兒聲（日支）訓老人齒。謂老人大齒落盡，更生細者如小兒齒。字从兒聲，此用兒幼小之引申義。

**誽** 《説文》：“誽，言相誽司也。从言，兒聲。”段注：“誽司猶刺探，誽之言惹也。司之言伺也。”

按誽 nì（疑支）从兒聲（日支）訓相誽司，猶刺探。字从兒聲，此用幼兒性喜黏惹之引申義，兒、惹（日鐸）日母雙聲。

**鬩** 《説文》：“鬩，恒訟也。《詩》曰：‘兄弟鬩於墻。’从鬥兒。”段注：“恒，常也。故以小兒善訟會意。……兒亦聲。”

按鬩 xì（曉錫）从兒聲（日支）訓恒訟，愛相争鬥争吵。字从兒聲，用幼兒愛相争鬥之義。

**敓** 《説文》：“敓，敉也。从攴，兒聲。”段注：“按敉下當云‘敉敓，毁也’。敓下當云‘敉敓也’，此全書之例，多爲淺人亂之。《篇》《韵》皆連舉敉敓字，知爲叠韵無疑。《廣韵》云：‘敉敓，擊聲也。’”

按敓 ní（疑支）从兒聲（日支）訓敉敓，毁也。敉（幫支）、捭（幫支）同音，从手與从攴同意。敓从兒聲，蓋與睨聲音相關，捭分敓合，故與搗毁、毁敗義相關。訓擊聲，作象聲字，則爲但借其聲。

**睨** 《説文》：“睨，衺視也。从目，兒聲。”段注：“《中庸》：‘睨而視之。’”

按睨 nì（疑支）从兒聲（日支）訓衺視。凡人斜視多眯眼，或微閉一只眼。字从兒聲，蓋用兒小之引申義。

**覞** 《説文》：“覞，旁視也。从見，兒聲。”段注：“《目部》曰：‘睨，衺視也。’二字音義皆同。”

按覞 nì（疑支）从兒（日支）訓旁視。覞睨二字音義皆同，覞當爲睨之或體字。

**鶃** 《説文》：“鶃，鶃鳥也。从鳥，兒聲。《春秋傳》曰：‘六鶃退飛。' 鷊，鶃或从鬲。⿰赤鳥，司馬相如鶃从赤。”段注：“水鳥也。……薛綜曰：‘鷁首者，船頭象鷁鳥。’按今字多作鷁，……兒聲、鬲聲、益聲，皆十六部也。……按赤聲古音在五部而用爲鶃字者，合韵也。”

按鶃 yì（疑錫）从兒聲（日支）訓鶃鳥，水鳥名。字从兒聲者，此水鳥之鳴聲如兒音，又以其鳴聲爲此鳥之名。《孟子·滕文公下》：“有饋其兄生鵝者，己頻顣曰：惡用是鶃鶃者爲哉？”趙岐注：“鶃鶃，鵝㖒聲。”鵝鴨鶃皆水禽，鵝从我聲，鴨从甲聲，皆以其鳴聲爲名，是其比。鶃从兒聲，或从益聲，或从鬲聲，兒益鬲古音同在十六部，皆狀其鳴聲，又以其鳴聲爲名。郭璞注《爾雅》所謂“其名自呼”。

## 觬

《説文》：“觬，角觬曲也。从角，兒聲。西河有觬氏縣。”段注：“《篇》《韵》皆云‘角不正’。”

按觬 ní（疑支）从兒聲（日支）訓角觬曲。字从兒聲，兒者乳子，乳子之骨骼柔嫩軟弱，其體態多彎曲不正。此用兒乳子之骨骼柔弱之引申義。

## 郳

《説文》：“郳，齊地。从邑，兒聲。《春秋傳》曰：‘齊高厚定郳田。’”

按郳 ní（疑支）从兒聲（日支）訓齊地。字从兒聲，作地名字，此但借其聲。

## 倪

《説文》：“倪，俾也。从人，兒聲。”段注：“然則倪亦訓益也。……《莊子》‘不知端倪’，借端爲耑，借倪爲題也。題者，物初生之題也。”《孟子·梁惠王下》：“反其旄倪。”趙岐注：“倪，弱小倪倪者也。”倪即婗之借。《説文》：“婗，嫛婗也。”段於嫛下注：“《釋名》：‘人始生曰嬰兒，或曰嫛婗，嫛是也，言是人也，婗其啼聲也。’”

按倪 ní（疑支）从兒聲（日支）訓俾，倪即弱小倪倪者，即哭哭啼啼的嬰兒孺子。啼哭是乳子表達訴求的主要手段，故以啼哭之聲表示孺子。

## ⿸厂兒

《説文》：“⿸厂兒，石地惡也。从厂，兒聲。”段注：“《集韵》

《類篇》皆曰：‘碥屔，石地。’按《石部》曰：‘碥，石地惡也。’二篆叠韵。”

按屔 yì（疑錫）从兒聲（日支）訓石地惡。字从兒聲，有醜惡義者，此蓋用幼兒善啼哭，啼哭則面目難看之引申義。屔、碥（匣錫）叠韵同義。今湖湘方言特别粗糙的物體叫粗碥的，蓋亦从惡劣義引申。

麑 《説文》：“麑，狻麑獸也。从鹿，兒聲。”段注：“《釋獸》曰：‘狻麑如虦貓，食虎豹。’”《爾雅》郭璞注：“（狻麑）即獅子也。”

按麑 ní（疑支）从兒聲（日支）訓狻麑獸，即獅子。麑本麛，鹿爲麛之或體，作狻麑字，屬假借。

霓 《説文》：“霓，屈虹，青赤或白色，黔氣也。从雨，兒聲。”段注：“許意詘曲之虹多青赤，或有白色者，皆謂之霓。《釋天》曰：‘螮蝀，虹也，霓爲挈貳。’郭云：‘雙出色鮮盛者爲雄曰虹，暗者爲雌曰霓。’據此似青赤爲虹，白色爲霓，然析言有分，渾言不別。”

按霓 ní（疑支）从兒聲（日支）訓屈虹，青赤或白色。色鮮盛者爲雄曰虹，暗者爲雌曰霓，雌雄相對，雄大雌小。字从兒聲，此用兒小之引申義。

鯢 《説文》：“鯢，刺魚也。从魚，兒聲。”段注：“刺魚者，乖刺之魚，謂其如小兒能緣木。《史》《漢》謂之人魚。《釋魚》曰：‘鯢大者謂之鰕。’郭云：‘今鯢如魚似鮎，四脚，前似獮猴，後似狗，聲如小兒啼，大者長八九尺，别名鰕。’”

按鯢 ní（疑支）从兒聲（日支）訓刺魚，乖刺之魚，有四足，能緣木，聲如小兒啼，今稱“娃娃魚”，正取其聲如小兒啼。字从兒聲，此用兒之如小兒啼之引申義。此以其特色爲名，即以德爲名。

婗 《説文》：“婗，嫛婗也。从女，兒聲。一曰婦人惡皃。”段於嫛下注：“嫛婗合二字爲名，不容分裂。《釋名》：‘人始生曰嬰兒，或曰嫛婗，嫛，是也。言是人也。婗，其啼聲也。’”朱駿聲通訓定聲：“按嫛婗雙聲連語即嬰兒之音轉。”

按婗 ní（疑支）从兒聲（日支）訓嫛婗，段氏“婗其啼聲也”，其説殊確。胎兒出生的第一聲，就是啼哭，所謂“呱呱墮地”，因以其啼哭聲爲嬰兒之名。此用婗啼哭聲之引申義。

蜺 《説文》：“蜺，寒蜩也。从虫，兒聲。”段注：“《方言》：‘小而黑者謂之蜺。’又曰：‘蟪謂之寒蜩。寒蜩，瘖蜩也。’不言蜺與寒蜩爲一。許本《爾雅》爲説。”

按蜺 ní（疑支）从兒聲（日支）訓寒蜩。《爾雅·釋蟲》：“蜺，寒蜩。”郭璞注：“寒螿也。似蟬而小，青赤。”寒蜩似蟬而小，故以蜺名之。字从兒聲，此用兒小之引申義。

輗 《説文》：“輗，大車轅耑持衡者也。从車，兒聲。輨，輗或从宜。棿，輗又从木。”段注：“轅與衡相接之關鍵也。墨子曰：‘吾不知爲車輗者巧也。用咫尺之木，不費一朝之事，而引三十石之任。’”《論語·爲政》：“大車無輗，小車無軏，其何以行之哉？”皇侃《論語義疏》引鄭玄曰：“輗穿轅端著之，軏因轅端著之。”

按輗 ní（疑支）从兒聲（日支）訓大車轅耑持衡者，銜接車轅與衡（横木）的活銷，引車而行的關鍵部件。此件僅用咫尺之木，言其小。字从兒聲，此用兒小之引申義。

## 卑聲字

卑 《説文》：“卑，賤也。執事者，从𠂇甲。”朱駿聲通訓定聲：“按許説形聲義俱誤。此字即椑之古文，圓榼也。酒器，象形，𠂇持之，如今偏提，一手可攜者，其器橢圜有柄。故《考工·廬人》注云：‘齊人謂柯斧柄爲椑。’椑，隋圜也。《廣雅·釋器》：‘匾榼謂之椑。’《史記·大宛傳》注：‘飲器椑榼。’索隱謂今之偏榼也。……轉注爲尊卑。凡酌酒必資乎尊，禮器故爲貴。椑者如《左傳》：‘攝榼承飲。’《孔叢子》：‘子路嗑嗑，尚飲十榼，便於提攜常用之器故爲賤。亦如貨貝有貴賤，轉而爲人貴賤之稱也。”

按卑 bēi（幫支），據朱説卑是椑的本字，本義當爲圜榼酒器，作卑賤字講當爲其引申義，尊卑相對，尊飲酒之高貴禮器，卑（椑）飲酒之俗器，不能登大雅之堂，故引申有卑賤卑下義。凡抽象意義，必取象於具體事物，朱説確鑿有創見。

椑 《説文》：“椑，圜榼也。从木，卑聲。”段注：“《漢書》曰：‘美酒一椑。’椑見《急就篇》及《廣雅》。按《考工記·廬人》：‘句兵椑。’注云：‘椑，隋圜也。’”

按椑 pí（並支）从卑聲（幫支）訓圜榼，酒器。卑是椑的本字，椑是卑後起的加形旁字。器以木爲之，故从木。

萆 《説文》：“萆，雨衣。一曰衰衣。从艸，卑聲。一曰萆歷似烏韭。”段注：“《廣雅·釋器》曰：‘萆，謂之衰。’烏韭在《本草·草部》下品之下，石衣也。”

按萆 pì（並支）从卑聲（幫支）訓雨衣，今稱蓑衣。字从卑聲，此用卑之卑下義。謂雨衣的材料最次等，即下品。

鞞 《説文》：“鞞，刀室也。从革，卑聲。”段注：“《刀部》曰：‘削，鞞也。’削鞘古今字，音肖。”

按鞞 bǐng（幫耕）从卑聲（幫支）訓刀室，即刀鞘。刀室，室之特小者，肖从小聲有小義。卑下與小義相函。字从卑聲，此用卑下、小之引申義。

敳 《説文》：“敳，毀也。从攴，卑聲。”段在㲉下注：“按敳下當云‘敳㲉，毀也’。”

按敳 bǐ（幫支）从卑聲（幫支）訓毀，當云“敳㲉，毀也”。謂擊碎搗毀。凡物憎而毀之，必置於地。《史記·項羽本紀》：“亞父受玉斗，置之地，拔劍撞而破之。”是其例。

髀 《説文》：“髀，别也。从冎，卑聲。讀若罷。”段注：“髀與辰衇字音義相近。”

按髀 bēi（幫支）从卑聲（幫支）訓别，蓋爲捭聲（幫支）之借，用捭之捭闔、分開義。又髀、派（滂錫）支錫對轉，音義相近，當爲同源。

**髀** 《説文》："髀，股外也。从骨，卑聲。䠋，古文髀。"段注："各本無外，今依《爾雅》音義、《文選·七命》注、玄應書、《太平御覽》補。股外曰髀，髀上曰髖。《肉部》曰'股，髀也'，渾言之；此曰'髀，股外也'，析言之。其義相足。《大部》曰：'奎，兩髀之間也。'"

按髀 bì（並支）从卑聲（幫支）訓股外，即股骨、大腿骨。大腿可以左右分張，也可前後分開，人站立時則常左右分張，其間叫奎，今俗語叫胯。字从卑聲，當爲派聲（滂錫）之借，用派之派别、派分義。滂並旁紐，支錫對轉。

**脾** 《説文》："脾，土藏也。从肉，卑聲。"《釋名·釋形體》："脾，裨也。在胃下，裨足胃氣，主化穀也。"

按脾 pí（並支）从卑聲（幫支）訓土藏，今稱脾臟，内分泌腺之一，有製造新血球，破壞老血球，調劑脂肪、蛋白質、碳水化合物的新陳代謝，幫助胃消化食物等作用。字从卑聲，當爲裨聲（幫支）之借，用裨之增益、補益義。

**箄** 《説文》："箄，簁箄也。从竹，卑聲。"段注："絫呼曰簁箄，單呼曰箄。《方言》：'箄簍䉛箈簝也。簝小者，自關而西秦晋之間謂之箄。'郭云：'今江東呼小籠爲箄。'"

按箄 bǐ（幫支）从卑聲（幫支）訓簁箄，簝之小者。江東呼小籠爲箄。字从卑聲，此用卑小之引申義。

**鼙** 《説文》："鼙，騎鼓也。从鼓，卑聲。"段注："戴先生曰：'《儀禮》有朔鼙應鼙，鼙者小鼓，與大鼓爲節。'"鄭玄《儀禮》注："鼙，小鼓也。"

按鼙 pí（並支）从卑聲（幫支）訓騎鼓，小鼓。字从卑聲，此用卑小之引申義。

**𩞄** 《説文》："𩞄，益也。从會，卑聲。"段注："𩞄、裨古今字，今字作裨益，古字作𩞄益，裨行而𩞄廢矣。"

按𩞄 pí（並支）从卑聲（幫支）訓益，謂增益、補益。𩞄、裨音義皆同，此一字之異體。

**郫** 《説文》："郫，蜀縣也。从邑，卑聲。"

按郫 pí（並支）从卑聲（幫支）訓蜀縣。字从卑聲，作地名字，此但借其聲。

**稗** 《説文》："稗，禾别也。从禾，卑聲。"段注："謂禾類而别於禾也。……《左傳》云'用秕稗'也。杜云：'稗，草之似穀者，粺有米似禾可食，故亦種之。'如淳曰'細米爲稗'。故小説謂之稗官，小販謂之稗販。"

按稗 bài（並支）从卑聲（幫支）訓禾别。字从卑聲，當爲派聲（滂錫）之借，用派之派别、派分義。稗即今雜生在水稻中的稗草，有害禾苗生長。从細米爲稗説，字从卑聲，則用卑小之引申義，稗官、稗販即用此義。

**䵒** 《説文》："䵒，黍屬也。从黍，卑聲。"段注："禾之别爲稗，黍之屬爲䵒，言别而屬見，言屬而别亦見，䵒之於黍，猶稗之於禾也。《九穀考》曰：'余目驗之，采與穀皆如黍，農人謂之野稗，亦曰水稗。'"

按䵒 bǐ（幫支）从卑聲（幫支）訓黍屬，謂形似黍而實非黍的野稗，或曰水稗。此水即湖湘俗語"水貨"之水。字从卑聲，當爲派聲（滂錫）之借，用派之派别、派分義。

**粺** 《説文》："粺，毇也。从米，卑聲。"段注："粺者，糲米一斛舂爲九斗也。《大雅》：'彼疏斯粺。'傳云：'彼宜食疏，今反食精粺。'箋云：'米之率，糲十，粺九，鑿八，侍御七。'"

按粺 bài（並支）从卑聲（幫支）訓毇，經過加工的粗米。字从卑聲，蓋爲派聲（滂錫）之借，用派之派分、派别義，此謂派分之低檔次。

**俾** 《説文》："俾，益也。从人，卑聲。一曰俾，門侍人。"段注："俾與埤、朇、裨音義皆同，今裨行而埤朇俾皆廢矣。"

按俾 bǐ（幫支）从卑聲（幫支）訓益，與裨、朇音義皆同，當即裨、錍之或體。一曰俾，門侍人，看守門户的賤役。字从卑聲，此用卑卑賤之引申義。

**裨** 《説文》："裨，接也，益也。从衣，卑聲。"段注："《會部》曰：'錍，益也。'《土部》曰：'埤，增也。'皆字異而音義同，按（裨）本謂衣也，引伸爲凡埤益之稱。"

按裨 bì（幫支）从卑聲（幫支）訓接、益。字从卑聲，此用卑會之引申義。

**頼** 《説文》："頼，傾首也。从頁，卑聲。"段注："首，玄應引作頭，玄應引《倉頡篇》云：'頭不正也。'又引《淮南子》：'左頼右倪。'按《釋魚》：'左倪右倪。'郭注：'行頭左俾右俾。'俾亦作庳，皆非是。其字正當作頼。"

按頼 pǐ（滂支）从卑聲（幫支）訓傾首，低頭或頭向左右偏。字从卑聲，此用卑卑賤、地位低下之引申義。

**顰** 《説文》："顰，須髮半白也。从須，卑聲。"段注："此《孟子》'頒白'之正字也。趙注曰：'頒者斑也，頭半白斑斑者也。'卑與斑雙聲。"

按顰 bēi（幫支）从卑聲（幫支）訓須髮半白。字从卑聲，當爲斑聲（幫元）之借，此以雙聲相借。《説文》："辬，駁文也。"亦作斑。

**庳** 《説文》："庳，中伏舍。从广，卑聲。一曰屋卑。"段注："謂高其兩旁而中低伏之舍也。……卑各本作庳，今依《韵會》訂。《左傳》曰'宫室卑庳'，引伸之凡卑皆曰庳，《周禮》：'其民豐肉而庳。'"

按庳 bì（並支）从卑聲（幫支）訓中伏舍，兩旁高中間低的房舍。字从卑聲，此用卑低之引申義。

**碑** 《説文》："碑，豎石也。从石，卑聲。"王筠句讀："古碑有三用：宫中之碑，識日影也；廟中之碑，以麗牲也；墓所之碑，以下棺也。秦之紀功德也，曰立石，曰刻石；其言碑者，漢以後之語也。”

按碑 bēi（幫支）从卑聲（幫支）訓豎石，即豎石爲用，幫助完成某一項事，如記識日影、麗牲、下棺於墓穴。字从卑聲，蓋爲裨聲（幫支）之借。始皇勒石紀功稱立石，刻文字於上以紀功，後世之墓碑、界碑、里程碑、紀念碑，皆必刻文字於上，此秦立石之流變，目的皆取義於有助時人後人之記識。

**猈** 《説文》：“猈，短脛犬。从犬，卑聲。”段注：“猈之言卑也。”

按猈 bài（並支）从卑聲（幫支）訓短脛犬，謂犬身低矮。字从卑聲，此用卑低矮之引申義。

**䏶** 《説文》：“䏶，短人立䏶䏶皃。从立，卑聲。”段注：“䏶䏶，短皃。䏶之字或作罷。《周禮·典同》注：‘陂讀爲人短罷之罷。’《司弓矢》‘庳矢’注：‘鄭司農讀爲人罷短之罷。’或作矲。《方言》曰：‘ 矲，短也。’”

按䏶 bà（並支）从卑聲（幫支）訓短人䏶䏶。䏶䏶，短皃，短小，字从卑聲，此用卑低短之引申義。

**顰** 《説文》：“顰，涉水顰戚也。从頻，卑聲。”段注：“戚，古音同蹴，迫也。……顰戚謂顰眉蹙頞也。許必言涉水者，爲其字之从瀕也。”

按顰 pín（並真）从卑聲（幫支），幫並旁紐，真支通轉，訓涉水顰戚，顰謂皺眉頭，眉皺其間之距離縮短。字从卑聲，此用卑低矮之引申義。

**捭** 《説文》：“捭，兩手擊也。从手，卑聲。”段注：“謂左右兩手横開旁擊也。引申之爲《鬼谷子》之捭闔，捭之者開也，闔之者閉也。《禮記》‘燔黍捭豚’，叚捭爲擘字。”

按捭 bǎi（幫支）从卑聲（幫支）訓兩手擊，謂左右兩手横開旁擊。字从卑聲，蓋派聲（滂錫）之借，用派之派分、分别義。

**婢** 《説文》：“婢，女之卑者也。从女卑，卑亦聲。”段注：“婢之言卑也。”

按婢 bì（並支）从卑聲（幫支）訓女之卑者，謂身份卑下，即奴婢、婢女字。字从卑聲，此用卑卑賤之引申義。凡亦聲字，即所謂會意兼形聲字，這是一個不科學的概念，它是以形聲字聲不表義爲前提的，實際上形聲字的聲旁都是能表義的，但造字時聲旁往往有假借，須破假借才能解讀聲旁的本義引申義。段氏婢言之卑，就指出了卑作爲婢的聲旁，是表義的。

**㼰** 《說文》："㼰，罌謂之㼰。从瓦，卑聲。"段注："《方言》《廣雅》罌皆作甇。"桂馥義證："罌謂之卑者，《方言》文。彼作'甇'。徐鍇《韵譜》：'㼰，甇也。'"

按㼰 pí（並支）从卑聲（幫支）訓罌謂之㼰，即《説文·缶部》："罃，備火長頸缾也。"字从卑聲，蓋爲備聲（並職）之借，㼰、備並母雙聲，職錫對轉，此用備之防備義。此以業爲名。

**蠯** 《說文》："蠯，蠯蛸也。从䖵，卑聲。"段注："按《爾雅》釋文音俾……與蛸雙聲。"

按蠯 pí（並支）从卑聲（幫支）訓蠯蛸，也作螵蛸，螳螂的卵塊。螳螂卵衆卵相聯成塊，故以卑小狀之。卑有低矮義，肖有小義，字从卑聲，此用卑小之引申義。段氏謂蠯蛸雙聲，凡雙聲叠韵字兩字之間義多有聯繫。

**埤** 《說文》："埤，增也。从土，卑聲。"段注："《詩·北門》曰：'政事一埤益我。'傳曰：'埤，厚也。'……凡从曾之字，皆取加高之意，《會部》曰：'曾者益也。'是其意也。凡从卑之字，皆取自卑加高之意。所謂天道虧盈益謙，君子捊多益寡也。"

按埤 pí（並支）从卑聲（幫支）訓增。字从土，卑聲，謂於卑處加土，漸加漸多則高。字从卑聲，此用加土於卑處之引申義。

**錍** 《說文》："錍，鈭錍也。从金，卑聲。"桂馥義證："鈭錍，短斧也。"

按錍 bēi（幫支）从卑聲（幫支）訓鈭錍。《説文》："鈭錍，斧也。"段注："斧之一種也。"字从卑聲，用卑短小之引申義。桂馥説短斧是對的，但不準確，當説短柄小斧，木工工具中有短柄小斧。

**陴** 《説文》：“陴，城上女墻，俾倪也。从𨸏，卑聲。，籀文陴，从𩫖。”段注：“《土部》曰：‘堞，城上女垣也。’凡小者謂之女，女墻即女垣也。俾倪叠韵字，或作睥睨，或作埤堄，皆俗字。城上爲小墻作孔穴，可以窺外謂之俾倪。《左傳·宣十二年》：‘守陴者皆哭。’杜注：‘陴，城上俾倪。’《釋名》云：‘城上垣曰俾倪。言於其孔中俾倪非常。亦曰陴。陴，裨也。言裨助城之高也。亦曰女墻。’”

按陴 pī（並支）从卑聲（幫支）訓城上女墻，俾倪言於孔中俾倪非常。字从卑聲，此用卑低矮之引申義。女墻，女小，城上加垛有孔穴可以窺視城外，故稱睥睨。字从卑聲，又當爲裨聲（幫支）之借，女墻既增益城高，又有助於从孔穴中窺視城外敵情。

**潪** 《説文》：“潪，潪水，在丹陽。从水，箄聲。”

按潪 pài（滂支）从箄聲（幫支）訓潪水。字从箄聲，作水名字，此但借其聲。

**蠯** 《説文》：“蠯，陛也。脩爲蠯，圜爲蠇。从虫，庳聲。”段注：“陛，各本作螷，今《爾雅》同。《韵會》作陛，即蚌語之轉也。當依《玉部》作玭，‘玭，蚌之有聲者也’。《釋魚》曰‘螷蠯’，許無螷字。故先蠯而以陛釋之。郭云：‘今江東呼蚌長而陜者爲蠯。’……故下文受之以蚌。”

按蠯 pí（並支）从庳聲（並支）訓陛也，脩爲蠯，蠯是蚌語之轉，即蠯是蚌之長而陜者。字从庳聲，此用庳中伏舍兩旁高而中間低之引申義。蠯形與中伏舍有某些相似處，此以比擬爲意。

## 易聲字

**易** 《説文》：“易，蜥易，蝘蜓，守宫也。象形，秘書説曰：日月爲易。象侌易也。一曰从勿。”

按易 yì（余錫）甲骨文作、，《甲骨文字典》：“原字爲，象兩酒器相倾注承受之形。故會賜與之義，引伸之而有更易之義，後省爲[illegible]，乃截取[illegible]之部分而成。……經傳作錫、賜皆後起字。……《説文》所説形義皆不確。”易指《周易》，探討陰陽變化消長，即取易之變易義。蜥易名易者，取其能變色以隱身，能斷尾變形以求生，亦取易之變化義。其名蝘蜓者，即隱身藏於廷室内，又名守宫，亦取此義。今語常用之貿易、交易、易手、易容等義，亦皆兩酒器之相傾注引申，易是漢語中重要的語源字。

舓 《説文》：“舓，以舌取食也。从舌，易聲。䑛，舓或从也。”段注：“也聲古音在十七部，與十六部合韵最近。或作舐，或作狧，《漢書》：‘狧康及米。’”

按舓 shì（船支）从易聲（余錫），訓以舌取食。字从易聲，此用易延之引申義，延者延伸，即伸出舌頭取食，而狗以舌取食之現象常見，故字或作狧。舓爲形聲字，狧爲會意字，今湖湘方言讀 shě。

敡 《説文》：“敡，侮也。从攴从易，易亦聲。”段注：“此與《人部》傷義略同。”

按敡 yì（余支）从易聲（余錫）訓侮，謂簡慢輕視别人形諸顔面語言者。此用易容易之引申義。

睗 《説文》：“睗，目疾視也。从目，易聲。”段注：“古睒睗聯用，雙聲字也。《韵會》引鍇本作‘目急視’。毛晃《增韵》《龍龕手鑑》皆作急。”

按睗 shì（書錫）从易聲（余錫）訓疾視。字从易聲，蓋煔聲（書談）之借。《説文》煔訓火行，火之上升其速疾。煔、閃古音同，閃亦有迅疾義。

惕 《説文》：“惕，骨間黄汁也。从骨，易聲。讀若《易》曰‘夕惕若厲’。”

按惕 tì（透錫）从易聲（余錫）訓骨間黄汁。慧琳《一切經音義》卷七十五：“惕，《韵詮》云：‘惕者骨間黄汁也。’言人臨死之時，髓變爲惕，黄汁流出。”字从易聲，此蓋用易之變易義。

賜 《説文》：“賜，予也。从貝，易聲。”

按賜 cì（心錫）从易聲（余錫）訓予，給予。字从易聲，此用易兩酒器相倾注之引申義。字从貝，或从金，金貝皆有價值的物品。

**晹** 《説文》："晹，日覆雲暫見也。从日，易聲。"段注："覆雲者揜於雲。暫見者，倏見也。此與《目部》睗義略同。"王筠句讀："謂日在雲中倏出倏没也。"

按晹 yì（余錫）从易聲（余錫）訓雲覆日暫見。謂太陽被雲遮蔽，突然从雲的空隙處露臉，將陽光投射到大地。字从易聲，此用易酒器傾注酒漿之引申義。

**痬** 《説文》："痬，脈痬也。从疒，易聲。"段注："脈痬者，善驚之病也。"《廣雅·釋詁三》："痬，癡也。"王念孫疏證："《説文》：'痬，脈痬也。'脈易猶辟易也。《吴語》'稱疾辟易'，韋昭注云：'辟易，狂疾。'"

按痬 yì（余錫）从易聲（余錫）訓脈痬，謂病癲狂。字从易聲，蓋惕聲（透錫）之借。《説文》："惕，敬也。"敬、警、驚三字義相函，遇警則驚，心態常驚恐則易癲狂，即段氏所謂善驚之病。此以聲子代聲母。

**偒** 《説文》："偒，輕也。从人，易聲。一曰交偒。"段注："此依小徐。侮偒相屬。《蒼頡篇》曰：'偒，慢也。'《廣韵》曰：'偒，相輕慢也。'自易專行而偒廢矣。《禮記》：'易慢之心入之矣。'注：'易，輕易也。'《周易·繫辭》曰'交易而退'。經傳亦止作'易'。"

按偒 yì（余錫）从易聲（余錫）訓輕，謂輕慢，輕視，看不起人，怠慢别人。此用易輕易之引申義。

**裼** 《説文》："裼，但也。从衣，易聲。"段注："但各本作袒，今正。《人部》曰：'但者裼也。'故此云'裼者但也'，是爲轉注。……經傳凡單言裼者，謂免上衣也。凡單言袒者，謂免衣肉袒也。"

按裼 xī（心錫）从易聲（余錫）訓但（袒），袒開或脱去外衣。字从易聲，此易之移易義，酒傾注他器，則此器無酒。

**鬄** 《説文》：“鬄，髮也。从髟，易聲。髢，鬄或从也聲。”段注：“《庸風》：‘不屑髢也。’箋云：‘髢，髲也。’……《左傳》：‘衛莊公見己氏之妻髮美，使髡之以爲吕姜髢。’”

按鬄 dí（心錫）从易聲（余錫）訓髲，即假髮，加在真髮上的假髮。字从易者，此用易之移易義，移用他人之髮以爲己之假髮。古婦人用假髮爲飾。

**猲** 《説文》：“猲，犬張耳皃。从犬，易聲。”

按猲 zhé（端錫）从易聲（余錫）訓犬張耳皃。犬守夜，發現有聲響，即張耳諦聽。犬張耳是一種警覺的表現，甲骨文苟字作[illegible]，取象兩耳上聳，此蹲踞敬惕之形，爲警惕之初文。字从易聲，當爲惕聲（透錫）之借。

**惕** 《説文》：“惕，敬也。从心，易聲。悐或从狄。”段注：“狄，聲也。”

按惕 tì（透錫）从易聲（余錫）訓敬，恭敬謹慎，敬的初義當爲遇警而驚，戒慎恐懼，警惕義即由此引申。字从易聲，此用易之反向引申義，即今語犯難。

**緆** 《説文》：“緆，細布也。从糸，易聲，[illegible]，緆或从麻。”段注：“布，一本作麻，古亦呼布爲麻也。《燕禮》：‘冪用綌若錫。’鄭注：‘今文錫爲緆。緆，易也，治其布使滑易也。’按今文其本字，古文其叚借字也。先鄭曰：‘錫，麻之滑易者。’劉熙曰：‘錫，易也，治其麻使滑易也。’”

按緆 xī（心錫）从易聲（余錫）訓細布，細麻布。麻布粗糙，治之使滑易，經過加工，變得光滑細膩。字从易聲，此用易之變易義。

**錫** 《説文》：“錫，銀鉛之間也。从金，易聲。”段注：“《周禮·卝人》注曰：‘鈏也。……經典多叚錫爲賜字。凡言錫予者，即賜之叚借也。”

按錫 xī（心錫）从易聲（余錫）訓銀鉛之間，徐鍇繫傳：“銀色而鉛質也。”純錫爲銀白色，熔點極低，即在高温下易熔化，字从易，此用易容易義。

䔷 䔷 《説文》："䔷，䔷艸也。从艸，賜聲。"

按䔷 sì（心支）从易聲（余錫）訓䔷草。字从賜聲，作草名字，今爲何草不詳，其語源不詳。

鬄 鬄 《説文》："鬄，鬀髮也。从髟从刀，易聲。"段注："以刀除髮，會意也。"

按鬄 tì（透錫）从易聲（余錫）訓鬀髮，即今語剃髮字。字从易聲，此用易之變易、移易義。

剔 剔 《説文》："剔，解骨也。从刀，易聲。"朱駿聲通訓定聲："此字大徐增入《説文》爲十九文之一，訓解骨也。按即鬄字之或體。"

## 秝聲字

秝 秝 《説文》："秝，稀疏適秝也。从二禾，讀若歷。"段注："各本無秝字，今依江氏聲、王氏念孫説補。適秝，上音的，下音歷，疊韵字也。《玉篇》曰：'稀疏厤厤然。'蓋凡言'歷歷可數''歷録束文'，皆當作秝，歷行而秝廢矣。"朱駿聲通訓定聲："適秝者，疊韵連語，均匀之皃。"

按秝 lì（來錫）从二禾會意，訓稀疏適秝。其深層含義是禾苗的株距行距均匀，疏密適當，即適合禾苗的生長發展，留有充分合理的空間。它是先民長期農業生産總結出來的寶貴經驗，用秝字概括地表現。

厤 厤 《説文》："厤，治也。从厂，秝聲。"段注："《甘部》曆下云：'从甘厤，厤者調也。'按調和即治之義也，厤从秝，秝者稀疏適秝也。"

按厤 lì（來錫）从秝聲（來錫）訓治。字从秝聲，是禾苗的稀疏適秝出於人工，是从長期農業生産中總結出來的寶貴經驗。厤从厂，厂即石字，先民經歷了漫長的石器時代，製作石器有着諸多的寶貴經驗。厤字从厂从秝，正是自生民以來的經驗傳承和總結。以秝爲聲，正是突出農耕經驗的寶貴，關鍵是人的主觀能力在解決客觀世界問題時相互適應而不斷升華，這是厤的深層信息。

**歷** 《説文》："歷，過也，傳也。从止，厤聲。"段注："引伸爲治曆明時之曆。"

按歷 lì（來錫）从厤聲（來錫）訓過。厤訓治事，从開始到完成有一個過程，中間要經某些程序，花費一定時間，故引申有經歷、經過義。在治事過程中，往往需攻關克難，才能達到成功的彼岸，這便産生新的經驗和知識，這些是可以傳承的。這些成功或失敗的事迹，便是歷史，歷史是不斷前進的。厤从秝，秝是農業生産經驗的總結和升華，農業生産特具節季性，人類的農業活動力求不斷地和天時的節季性相適應。積久便産生了曆法，曆是歷的後起的區别字。農業生産的不斷進步，是天時、地利、人和三者的和諧結合。

**磿** 《説文》："磿，石聲也。从石，厤聲。"段注："磿爲石聲者，謂其聲歷歷然。《玉篇》曰'石小聲'是也。"

按磿 lì（來錫）从厤聲（來錫）訓石聲，作象聲字，此但借其聲。字从厤，厤訓治，此蓋指治石器，打磨石器發出的聲音。

**櫪** 《説文》："櫪，櫪撕，柙指也。从木，歷聲。"段注："柙，各本作椑，今正。柙指，如今之拶指。……《莊子》曰：'罪人交臂歷指。'歷指，謂以櫪撕柙其指也。"

按櫪 lì（來錫）从歷聲（來錫）訓櫪撕，柙指。櫪撕爲木質刑具，故从木。字从厤从斯，斯析也。厤从秝，稀疏適秝也。柙指套在兩手的十指上，手指被一一分開，歷歷可數，勒緊柙指使人痛徹心肺。字从歷聲，此用十指套在柙指中歷歷可數之義。

**履** 《説文》："屜，履下也。从履省，歷聲。"段注："謂履之之底也。行地經歷者，今人言履歷當用此字。"

按屜 lì（來錫）从歷聲（來錫）訓履下，即鞋底。鞋底踩在地上，每步都與地面相歷，此用歷之經歷義。

**瀝** 《説文》："瀝，漉也。从水，歷聲。一曰水下滴瀝也。"段

注：“瀝漉皆訓自下而上之，滴瀝則爲自上而下之，故殊其義。”

按瀝 lì（來錫）从歷聲（來錫）訓漉。《説文》：“漉，浚也。”“浚，抒也。”段注：“抒者挹也，取諸水中也。”故段説許意“瀝漉皆訓自下而上之”。漉即今俗語撈字，如成語“水中撈月”。字从歷，意爲把水中的東西撈起歷歷而上，即一步步升上來。一曰水下滴瀝，謂水一點一點向下滴，即歷歷而下，此皆用歷歷之經歷義。

## 辟聲字

**辟** 《説文》：“辟，法也。从卩辛。節制其辠也。从口。用法者也。”段注：“法當作灋。《小雅》‘辟言不信’，《大雅》‘無自立辟’，傳皆曰‘辟，法也’。……引伸之爲罪也……又引伸之爲辟除……又引伸爲一邊之義。……或借爲僻，或借爲避，或借爲譬，或借爲闢，或借爲壁，或借爲襞。”

按辟 pì（幫錫）訓法，謂法度，刑罰。引申指制定和掌握法度的人，天子，國君。又引申指大夫、士。甲骨文辟字作，取象於人跽坐於刑具下受刑，文明漸進，對辠人施刑必有法度可依，故引申爲刑法、法度。古之刑罰斷頭，斷肢體，故引申有劈義。辟是漢語中重要的語源字，其引申義系非常龐大。金文辟字所从之口，絶大多數作○，○即璧的象形初文。墻壁字、嬖愛字皆由璧字孳乳。

**璧** 《説文》：“璧，瑞玉，圜也。从玉，辟聲。”段注：“瑞以玉爲信也。《釋器》：‘肉倍好謂之璧。’邊大孔小也。鄭注《周禮》曰：‘璧圜象天。’”

按璧 bì（幫錫）从辟聲（幫錫）訓瑞玉，圜也。辟所从之口，金文大多作○，當是璧的本字。辟是○（璧的象形字）的加注聲旁字，古作璧有法，與作刑有法、作井有法同，刑法字本作荆，即取作井有法義。

**薜** 《説文》：“薜，牡贊也。从艸，辟聲。”朱駿聲通訓定聲：

“疑即薜荔。”王逸《楚辭》注：“薜荔、兔絲皆無根，緣物而生。”《爾雅·釋草》：“薜，山蘄。”郭璞注《爾雅》曰：“山蘄，當歸。”

按薜 bì（並錫）从辟聲（幫錫）訓薜荔。薜荔幼時，以不定根攀墻壁或樹而上，蓋當曰壁荔，从艸者，受荔字類化。字从辟聲，當爲壁聲（幫錫）之借，一名山蘄者，山蘄當歸（草藥名）。王闓運《爾雅集解·釋草》“藿山韭，茖山葱”條下指出：“此篇自有詞例，凡言山皆香草，非分家野也。”其説至確。當歸特芳香，故名山蘄，芳香可以辟穢氣，活血通迂。字从辟聲，此用辟之避免義，今字作避。

**躄** 《説文》：“躄，人不能行也。从止，辟聲。”段注：“《王制》：‘瘖聾跛躃。’……《説文》作躄，有足而不能行者，如有牟子而無見曰矇也。《荀卿書》《賈誼傳》皆假辟字爲之。服虔曰：‘辟，病躃不能行也。’”

按躄 bì（幫錫）从辟聲（幫錫）訓人（有足）不能行。字从辟聲，此用辟辟除、除去、排除之引申義。言雖有足，而因病失去了行走的功能。

**避** 《説文》：“避，回也。从辵，辟聲。”段注：“此回依本義訓轉，俗作迴是也。”

按避 bì（並錫）从辟聲（幫錫）訓回，回轉，回避，躲避。字从辟聲，此既用辟之離開義，又兼用璧之圓轉義。

**譬** 《説文》：“譬，諭也。从言，辟聲。”段注：“諭，告也。譬與諭非一事，此亦統言之也。”

按譬 pì（滂錫）从辟聲（幫錫）訓諭。此用比喻打比方的方法説明事理，使人容易明白。字从辟聲，當爲比聲（並脂）之借，滂並旁紐，錫脂通轉。

**鷿** 《説文》：“鷿，鷿鷈也。从鳥，辟聲。”段注：“《釋鳥》：‘鷉，須鸁。’按單呼曰鷈，絫呼曰鷿鷈。《方言》：‘野鳧其小而好没水中者，南楚之外謂之鷿鷉。’”《龍龕手鑑》：“鷿鷈，鳥名，似鳧而足近尾也。”

按鵧 pì（並錫）从辟聲（幫錫）訓鵧鷈。鷈，須鸁。鷈从虒，鸁从𣎆，皆有拂戾不正義。鵧从辟聲，亦當有此義。字从辟聲，此用辟之邪辟義。此鳥似鳧而非鳧，故以辟狀之。

**臂** 《說文》："臂，手上也。从肉，辟聲。"

按臂 bì（幫錫）从辟聲（幫錫）訓手上。手臂在身之兩旁，字从辟聲，此用辟之旁側義。

**劈** 《說文》："劈，破也。从刀，辟聲。"段注："此字義與副近而不同，今字用劈爲副，劈行而副廢矣。"

按劈 pī（滂錫）从辟聲（幫錫）訓破，指用刀斧等劈開、破開。字从辟聲，此用辟之開闢義。

**檗** 《說文》："檗，黄木也。从木，辟聲。"段注："《本艸經》之檗木也。一名檀桓。"宋曾慥《類說·雌黄》："古人寫書皆用黄紙，以檗染之，所以辟蠹，故曰黄卷。"

按檗 bò（幫錫）从辟聲（幫錫）訓黄木，其莖可制黄色染料，故名黄檗。古人寫書用黄紙，以檗染之所以辟蠹。黄木染紙有辟蠹的功能，故以檗名此木，此以業爲名。字从辟聲，此用辟之辟開義，如闢邪、避濕等。

**糪** 《說文》："糪，炊米者謂之糪。从米，辟聲。"段注："炊謂飯與鬻也，下言炊爨之失，故先之曰炊。《釋器》曰：'米者謂之糪。'米者謂飯之米性未孰者也。李巡云：'飯米半腥半熟曰糪。'"

按糪 bò（幫錫）从辟聲（幫錫）訓炊米者謂之糪，謂飯之米性未熟者，今俗稱"夾生飯"。字从辟聲，此用辟分之引申義。

**幦** 《說文》："幦，鬃布也。从巾，辟聲。《周禮》曰：'駹車犬幦。'"段注："許以鬃布釋幦，幦之本義也。經典用爲車覆笭之字也。"朱駿聲通訓定聲："幦則鬃布之專名也。"

按幦 mì（明錫）从辟聲（幫錫）言鬃布，覆蓋在車前横木上的鬃布。字从辟聲，蓋爲冖聲（明錫）之借，冖即冪字，此用冖之覆蓋義。

**僻** 《説文》："僻，辟也。从人，辟聲。《詩》曰：'宛如左僻。'一曰从旁牵也。"段注："辟，大徐本作避，非是。辟者法也。引伸爲辟人之辟。辟人而人避之亦曰辟。若《周禮·閽人》'凡外内命婦出入，則爲之辟'。《孟子》：'行辟人可也。'……他書辟人辟邪辟寒辟塵之類，語意大略相似。……《舟部》：'般，辟也。'即旋辟、盤辟之謂，辟之言邊也，屏於一邊也。僻之本義如是。《廣韵》曰：'誤也，邪僻也。'此引伸之義。"

按僻 pì（滂錫）从辟聲（幫錫）訓辟，謂屏於一邊以辟開、躲避。字从辟聲，此用辟屏於一邊之引申義。

**襞** 《説文》："襞，韏衣也。从衣，辟聲。"段注："《韋部》曰：'革中辨謂之韏。'革中辨者，取革中分其廣摺叠之。《廣雅》曰：'韏，曲也。'又曰：'韏，詘也。'衣之襵，如革之襵，故曰韏衣。……襞亦謂之襵。"

按襞 bì（幫錫）从辟聲（幫錫）訓韏衣，有摺叠的衣裙。衣裙有摺叠則突顯腰身的曲綫美。字从辟聲，此用辟盤辟回旋之引申義。

**𨐨** 《説文》："𨐨，法也。从辟井。《周書》曰：'我之不𨐨。'"段注："各本作'治也'，今依《尚書》釋文正。……㓝字下引《易》曰：'井者，法也。'辟亦聲。"

按𨐨 bì（幫錫）从辟聲（幫錫）訓法。法是比較抽象的，其初必取象於具體事物。从文物演進的歷史説，作井有法，作璧有法，皆當先於作刑之有法。㓝字从井，正説明作刑之法蓋源於作井有法，而讀辟聲者，辟字金作，所从之○，當即璧之象形初文，之語源蓋出於○，辟是○的象形加注聲旁字。辟爲辟法義所專，遂再增形旁玉作璧。在中華傳統文化中，璧的歷史是非常悠久的。𨐨字當爲合作井有法、作璧有法二字之形似會意。

**廦** 《説文》："廦，牆也。从广，辟聲。"段注："與《土部》之壁音義同。"朱駿聲通訓定聲："《廣雅·釋室》：'垣也。'據此則與壁同字。"

按廦 bì（幫錫）从辟聲（幫錫）訓牆。《説文》："牆，垣蔽也。"牆即今語圍墻。又《説文》"垣，牆也"，字从亘，篆作亘，中从回，取象水旋渦形，據此可以推知廦从辟聲當爲璧聲（幫錫）之借。初民地上之居室，其墻皆取圓周形。借辟爲璧，此用璧圓之義。

**㱸** 《説文》："㱸，仄也。从厂，辟聲。"段注："今人言偪仄，乃當作㱸仄。"

按㱸 pì（滂錫）从辟聲（幫錫）訓仄。字从辟聲，此用辟旁側之引申義。

**闢** 《説文》："闢，開也。从門，辟聲。"段注："引申爲凡開袥之稱。古多叚借辟字。"

按闢 pì（並錫）从辟聲（幫錫）訓開。字从辟聲，當爲劈聲（滂錫）之借，此用劈之分開義。

**擘** 《説文》："擘，撝也。从手，辟聲。"段注："《禮記》：'燔黍捭豚。'……按卑聲、擘聲皆在十六部。……擘豚謂手裂豚肉也。……若《孟子》'以仲子爲巨擘'，巨擘謂手大指也。凡大指主開，餘四指主合，故謂之巨擘。"

按擘 bò（幫錫）从辟聲（幫錫）訓撝。《説文》："撝，裂也。"字从辟聲，此用辟之開辟義，今俗字作辦。

**嬖** 《説文》："嬖，便嬖，炁（愛）也。从女，辟聲。"段注："《廣韵》曰：'愛也，卑也，妾也。'按經傳中不外此三義。"

按嬖 bì（幫錫）从辟聲（幫錫）訓便嬖，愛也，寵愛、寵幸。字从辟聲，當爲璧聲（幫錫）之借。璧者可珍愛之物，引申指所寵愛的人、愛妾之類。

**甓** 《説文》："甓，令適也。从瓦，辟聲。《詩》曰：'中唐有甓。'讀若檗。"段注："大徐適作甓。《陳風》：'中唐有甓。'傳曰：'甓，令適也。'……《爾雅》作瓴甋，俗字也。"

按甓 pì（並錫）从辟聲（幫錫）訓令適，俗作瓴甋。令適即磚，包括已燒的窑磚和未燒的土墼，都是建築墻壁的材料。字从辟聲，當爲壁聲（幫錫）之借，用壁之墻壁義。

繴　《説文》："繴，繴謂之罿，罿謂之罬，罬謂之罦，捕鳥覆車也。从糸，辟聲。"《爾雅·釋器》郭璞注："今之翻車也。有兩轅，中施罥，以捕鳥。"

按繴 bì（幫錫）从辟聲（幫錫）訓覆車，一種裝有機關的捕鳥的網。字从辟，開辟。覆車之網平時是張開的，此用辟之開辟義。繴謂之罿，从童聲當爲撞聲之借，一旦鳥撞着覆車的機關，覆車就轉動，覆車轉近地面停止轉動，進入覆車的鳥就跑不了了。所謂"一物五名，方言異也"，是从不同角度定義覆車。

壁　《説文》："壁，垣也。从土，辟聲。"段注："《釋名》：'壁，辟也。辟禦風寒也。'按壁自其直立言之。"

按壁 bì（幫錫）从辟聲（幫錫）訓垣，與廦音義同，今稱墻壁。字从辟聲，當爲璧聲（幫錫）之借，取垣墉周宇之義。此用璧圜之引申義。

## 役聲字

役　《説文》："役，戍也。从殳彳。伇，古文役从人。"段注："依《韵會》訂。戍，守邊也。《司馬法》曰：'弓矢圉，殳矛守，戈戟助。'凡五兵，長以衛短，短以救長。按圉，古禦字。今《周禮》注作圍，誤。殳所以守也，故其字从殳。引伸之義凡事勞皆曰役。……彳取巡行之意。

按役 yì（余錫）訓戍，持兵器守邊，持兵者人，故字或作伇，从人。初義指服兵役，引申指服勞役，再引申指服兵役、勞役的人。凡受役使的人皆可稱役。从語源説，凡役皆當有期，役、易（余錫）古音同，易謂變换、輪换。《詩》："君子於役。"正刺行役無期之苛政。

⿰木役　《説文》："⿰木役，穜樓也。一曰燒麥柃⿰木役也。从木，役聲。"段注："穜者，今之種字。樓者，今之耬字。《廣韵》曰：'耬，種具也。’今北方謂所以耩者曰樓。耩者，種也。小徐本樓作椴。”

按椴 xí（匣錫）从役（余錫）訓穜樓。樓，今之耬字，播種的農具，牛拉耬前進，種子均匀地播下。字从役聲，當爲易聲（余錫）之借，用易之變易、更易、延易義。

**疫** 《説文》：“疫，民皆疾也。从疒，役省聲。”段注：“鄭注《周禮》兩言‘疫癘之鬼’。”楊樹達先生《積微居小學述林·釋疫》：“今謂疫之爲言易也，古音役易同在錫部。易者，延也。……《國語·魯語》上記子叔聲伯之言曰：‘夫苦成叔家欲任兩國而無大德，其不存也，亡無日矣。譬之如疾，余恐易焉。’《後漢書·鄧訓傳》注引《東觀漢記》云：‘吏士嘗大病瘧，轉易至數十人。’此二文皆謂疾病延易，延易即今語之傳染也。病以延易而民皆疾，故謂之疫矣。”

按疫 yì（余錫）从役聲（余錫）訓民皆疾，此謂病相互傳染。字从役聲，易聲（余錫）之借，用易之延易義。此以同音相假借。

**豛** 《説文》：“豛，上谷名豬豛。从豕，役省聲。”段注：“謂上谷呼豬曰豛也。”

按豛 yì（余錫）从役省聲（余錫）訓上谷名豬豛。此方言殊語。字从役聲，此但借其聲，與役之本義、引申義無關。

**坄** 《説文》：“坄，匋竈窗也。从土，役省聲。”朱駿聲通訓定聲：“字亦作垼。《儀禮·士喪禮》：‘爲垼於西墻下。’注：‘塊竈。’《既夕記》：‘垼用塊。’”

按坄 yì（余錫）从役聲（余錫）訓匋竈窗，即匋竈的烟囱。或作垼，訓塊竈，則爲臨時的簡易竈。字从役聲，則當爲易聲（余錫）之借，用易之簡易義。

# 履部弟十二

## 𢼸聲字

**𢼸** 《説文》：“𢼸，眇也。从人，从攴，豈省聲。”段注：“眇，各本作妙，今正。凡古言𢼸眇者，即今之微妙字。眇者小也，引申爲凡細之稱。微者，隱行也。微行而𢼸廢矣。……鉉等曰：‘豈字从𢼸省，𢼸不應从豈省，疑从耑省。耑，物初生之題，尚𢼸也。’”

按𢼸 wēi（明微）从豈省聲（溪微）訓眇，眇小。高鴻縉《散盤集釋》：“𢼸應从攴、長會意，長爲髮之最初文……髮既細小矣，攴之則斷，而更𢼸也。”𢼸小字含義較爲抽象，其初當取象具體之物，高説有理，豈省聲之説無據。

**微** 《説文》：“微，隱行也。从彳，𢼸聲。《春秋傳》曰：‘白公其徒微之。’”段注：“𢼸訓眇，微从彳，訓隱行，叚借通用微而𢼸不行。《邶風》：‘微我無酒。’又假微爲非。……杜曰：‘微，匿也。’與《釋詁》‘匿，微也’互訓，皆言隱，不言行，𢼸之叚借字也。”

按微 wēi（明微）从𢼸聲（明微）訓隱行，隱蔽，藏匿，秘密。字从𢼸聲，此用𢼸細小之引申義。

**溦** 《説文》：“溦，小雨也。从水，𢼸聲。”段注：“今人概作微。《廣韵》《集韵》皆曰：‘溇溦小雨。’”

按溦 wēi（明微）从𢼸聲（明微）訓小雨。此用𢼸微眇細小之義。

**薇** 《説文》：“薇，菜也。似藿。从艸，微聲。[illegible]，籀文薇省。”段注：“謂似豆葉也。陸璣《詩》疏曰：‘薇，山菜也。莖葉皆似小豆，蔓生，其味亦如小豆，藿可作羹，亦可生食，今官園種之，以供宗廟祭祀。’項安世曰：‘薇，今之野豌豆也，蜀人謂之大巢菜。’按今四川人掐豌豆嫩梢食之，謂之豌豆顛顛。古之采於山者，野生者也。”

按薇 wēi（明微）从微聲（明微）訓菜，似藿，蔓生，其嫩苗之梢可食，豆小苗小，其梢更小，小而又小，故以薇名之。此用散眇之引申義。

⿱竹微 《説文》：“⿱竹微，竹也。从竹，微聲。⿱竹微省，籀文，从微省。”段注：“竹名，按⿱竹微篃古今字也。如《禮經》古文眉作微，《爾雅》湄作溦之比。《西山經》：‘英山其陽多箭多篃。’今本作䉋。郭云：‘今漢中郡出，厚裏而長節。’”

按⿱竹微 wéi（明微）从微聲（明微）訓竹，厚裏長節，故宜於爲矢榦。矢榦宜細，粗則不適用。字从微聲，此用微細小之引申義。

覹 《説文》：“覹，司也。从見，微聲。”段注：“司者，今之伺字。許書無伺。司下當有視字。《廣韵》曰：‘覹，伺視也。’於从微取意，⿰目微同覹。”

按覹 wéi（明微）从微聲（明微）訓司，伺視。字从微聲，此用微之隱蔽義。

徽 《説文》：“徽，徽識也。以絳帛箸於背。从巾，微省聲。《春秋傳》曰：‘揚徽者公徒。’若今救火衣然也。”段注：“各本删徽字，識作幟，今正。……《六月》詩：‘識文鳥章。’鄭箋：‘識，徽識也。將帥以下，衣皆箸焉。’《周禮·司常》：‘掌九旗之物名，各有屬以待國事。’鄭注：‘屬謂徽識也。《大傳》謂之徽號。今城門僕射所被及亭長箸絳衣，皆其舊象。’……蓋此等皆箸於背以爲表識也。”

按徽 huī（曉微）从微聲（明微）訓徽識，標誌，符號。字从微聲，箸於背之徽識必小於背衣，此用微小之引申義，但見微知著，是中華傳統文化的深層内涵。

**黴** 《説文》:“黴，中久雨青黑也。从黑，微省聲。”段注:“《楚辭·九歌》:‘顔黴黎以沮敗。’《淮南·説山訓》曰:‘晋文公棄荏席，後黴黑。’”

按黴 méi（明微）从微聲（明微）訓中久雨青黑。字从微聲，當爲溦聲（明微）之借。《説文》:“溦，小雨也。”初義當爲衣物被雨沾濕久而發霉變黑，今字作霉。引申指人面色陰沉灰黑，今俗語叫“霉相”。字从微聲，此用微積微漸著之引申義。

**徽** 《説文》:“徽，衺幅也，一曰三糾繩也。从糸，微省聲。”段注:“即《詩》之‘邪幅’也。傳曰:‘邪幅，偪也，所以自偪束也’。箋云:‘邪幅，如今之行縢也，偪束其脛，自足至膝。’按《内則》謂之偪，許云謂之徽，未見所出。……《釋詁》曰:‘徽，善也，止也。’《大雅》箋云:‘美也。’自偪束之義之引申也。”

按徽 huī（曉微）从微聲（明微）訓衺幅，所以自偪束。人偪束整齊，則行爲規範，放縱則衺僻。此用偪束則整之引申義。一曰三合繩者，繩亦所以纏束。

**豈** 《説文》:“豈，還師振旅樂也。一曰欲登也。从豆，敚省聲。”段注:“《公羊傳》曰:‘出曰祠兵，入曰振旅。’《周禮·大司樂》曰:‘王師大獻，則令奏愷樂。’……豆當作‘壴省’二字。豈爲獻功之樂，壴者陳樂也。”徐灝注箋:“豈即古愷字。”

按豈 qǐ（溪微）从微省聲（明微）訓還師振旅樂，即今語奏凱，凱歌之本字。樂樂，故孳乳爲愷樂，和樂也。豈、開（溪微）古音同。愷者開心、開懷、開顔。是豈、愷以開爲語源，門開，由閉而開，由小開而大開。

**芑** 《説文》:“芑，菜之美者，雲夢之芑。从艸，豈聲。”段注:“《吕氏春秋》:‘伊尹對湯曰:菜之美者，雲夢之芹。’高注:‘雲夢，楚澤。芹生水涯。’許作芑，蓋殷微二韵轉移最近。許君采自《伊尹書》，與《吕覽》字異，音義則同。”

按䓇 qǐ（溪微）从豈聲（溪微）訓菜之美者，雲夢之䓇（芹）。字从豈聲，當爲愷聲（溪微）之借。豈者還師振旅樂也，愷者豈樂令人開心，以喻䓇菜味美，令人開味。䓇或名芹，芹（群文）字从斤，斧斤所以開物，以喻芹味美令人開味。䓇、芹溪群旁紐，文微對轉，此一聲之轉。

**𪘏** 《説文》："𪘏，𪙓牙也。从齒，豈聲。"段注："屑牙猶差齒也。亦引伸爲摩器之名。《刀部》曰：'剴，一曰摩也。'皆於豈聲知之。"

按𪘏 ái（疑微）从豈聲（溪微）訓𪙓牙，用牙齒將食物咬碎摩細，磑摩之磑，蓋由此孳乳。𪙓从屑，屑者粉碎，字从豈聲，此用豈開破碎之引申義。凡人工所造器，必源於自然之物。

**敳** 《説文》："敳，有所治也。从攴，豈聲。讀若豤。"段注："《左傳·八凱》有'隤敳'。"

按敳 ái（疑微）从豈聲（溪微）訓有所治。初義蓋謂用石磑磑摩，引申爲凡有所治之稱。

**𣧑** 《説文》："𣧑，殺羊出其胎也。从歺，豈聲。"段注："此與《刀部》刉音同義異。"朱駿聲通訓定聲："《廣雅·釋亲》：'𣧑，胎也。'"

按𣧑 ái（疑微）从豈聲（溪微）訓殺羊出其胎。字从豈聲，當爲胎聲（定元）之借。之微通轉，謂殺已孕的母羊，取出其胎。

**剴** 《説文》："剴，大鐮也。一曰摩也。从刀，豈聲。"段注："謂可切地芟刈也。《金部》曰：'鉊，大鐮也。'"

按剴 kǎi（見微）从豈聲（溪微）訓大鐮，切地（摩地）割麥收禾的鐮刀。字从豈聲，此用豈開物之引申義。一曰摩，字从豈聲，當爲磑聲（疑微）之借，用磑之磑摩義，摩字今作磨。

**𩜁** 《説文》："𩜁，𩟗𩜁也。从食，豈聲。"

按𩜁 èn（疑文）从豈聲（溪微）訓𩟗𩜁。《説文》秦人謂相謁而食麥曰𩟗𩜁。字从豈聲，當爲磑聲（疑微）之借，指用麥磨粉作麥粥，今稱麵糊。𩟗（影文）从㥯聲（影文）蓋爲飲聲（影侵）之借，饐、飲影母雙聲，文侵通轉。饐饐謂招待客人飲麥粥，麥粥故曰飲。故徐鍇繫傳説："人相謁相見後設麥飯（當作粥）以爲常禮，如今人之相見飲茶也。"

皚 皚 《説文》："皚，霜雪之白也。从白，豈聲。"段注："辭賦家多用皚皚字。"

按皚 ái（疑微）从豈聲（溪微）訓霜雪之白。字从豈聲，蓋爲磑聲（疑微）之借。霜雪皆呈粉粒狀，與米麥之磑成粉末有相似者，粉亦色白，故稱粉白。霜雪的粉粒間多有空隙，光綫相互折射更顯其潔白放光，故辭賦家以皚皚形容白雪。

覬 覬 《説文》："覬，钦㚔也。从見，豈聲。"段注："《欠部》钦下曰：'钦，㚔也。'覬钦叠韵，古多作幾，漢人或作驥，亦作冀，於从豈取意，豈下曰：'欲也。'"

按覬 jì（見脂）从豈聲（微脂）訓钦㚔，希望，企圖。字从豈聲，豈有開義。此謂从對當前情景的剖析中看到希望，从而達到某種目的或使非分的企圖得逞，此用豈之開啓義。俗話説"情開一扇門"，一扇門或僅一綫，都是希望之所在。

顗 顗 《説文》："顗，謹莊皃。从頁，豈聲。"段注："莊者，壯盛字之假借也。《釋詁》曰：'顗，静也。'義相足。"

按顗 yǐ（疑微）从豈聲（溪微）訓謹莊皃。段謂莊者，壯盛字之假借。字从豈聲，蓋爲毅聲（疑物）之借，顗、毅疑母雙聲，微物陰入對轉。毅謂剛健、沉着、冷静，此用毅之引申義。

磑 磑 《説文》："磑，䃺也。从石，豈聲。古者公輸班作磑。"段于䃺下注："䃺，今字省作磨。"《急就篇》："碓磑。"顔師古注："磑所以䃺也。"

按磑 wèi（疑微）从豈聲（溪微）訓䃺（磨）。磑是磨的器物，名字。如將米麥豆等磨成粉。字从豈聲，此用豈開、破開之引申義。磑磨字今湖湘方言讀 ái，如"磑墨""磑時間"。磑時間，即磨時間，故意延磑時間。

愷 愷 《説文》："愷，樂也。从心，豈聲。"段注："《蓼蕭》傳曰：

‘豈，樂也。’豈同愷。……按《豈部》有此篆，解曰‘康也’。疑此重出，乃後人增竄。”

按愷 kǎi（溪微）从豈聲（溪微）訓樂，安樂、康樂。樂則人開心開懷，心情舒暢。字从豈聲，此用豈開啓之引申義。

**闓** 《説文》：“闓，開也。从門，豈聲。”段注：“本義爲開門，引申爲凡启導之稱。《心部》曰‘忻者闓也’。”

按闓 kǎi（溪微）从豈聲（溪微）訓開，本義是開門，引申爲凡開啓之稱。字从豈聲，此用豈啓開之義。豈、啓（溪脂）、開（溪微）三字之音義並近。

**螘** 《説文》：“螘，蠶蠹也。从虫，豈聲。”段注：“俗作蚍蜉非是，今正。《蟲部》曰：‘蠶蠹，大螘也，析言之也。渾言之則凡螘皆曰蠶蠹。……小者螘亦是析言。”

按螘 yǐ（疑微）从豈聲（溪微）訓蠶蠹，其語源不詳。

**塏** 《説文》：“塏，高燥也。从土，豈聲。”段注：“燥者乾也。《左傳》：‘請更諸爽塏者。’杜曰：‘爽，明也；塏，燥也。’”

按塏 kǎi（溪微）从豈聲（溪微）訓高燥。《説文》：“豈，還師振旅樂也。”豈即今語凱歌字。凱歌，勝利班師的樂章，其音歡快高昂，所謂“凱歌高奏”，故凱引申有高義，高、燥義相函，土高則燥，下則濕。字从豈聲，此用凱高之引申義。

**鎧** 《説文》：“鎧，甲也。从金，豈聲。”段注：“古曰甲，漢人曰鎧，故漢人以鎧釋甲。”《周禮·司甲》鄭玄注：“甲，今之鎧也。”賈公彦疏：“古用皮，謂之甲；今用金，謂之鎧。”

按鎧 kǎi（溪微）从豈聲（溪微）訓甲。鎧、甲一物，古以皮，後世以金。鎧即甲（見葉）之語轉，見溪旁紐，微葉通轉。

# 非聲字

**非** 《説文》:“非，韋也。从飞下翄，取其相背也。”段注:“韋，各本作違，今正。違者離也。韋者相背也。自違行韋廢，盡改韋爲違，此其一也。非以相背爲義，不以離爲義。……謂从飛省而下其翄。……翄垂則有相背之象，故曰非韋也。”

按非 fēi（幫微）、飛古音同，飛从三翅表迅飛，非从兩翅表鳥飛之常態。鳥本兩翅，从三翅者，鳥疾飛時翅膀動得特快，仿佛有無數翅膀在動，與人奔跑時从三止的構形命意是相同的。鳥展翅起飛時雙翅向下向後拍動，鳥體向上向前飛行，其方向正相反，故訓韋。韋，相背。引申假借爲是非字，正取相反相背之義，非爲是非義所專，遂以飛爲迅飛行之字。从飛行説，飛、非同義而微有別。

**芴** 《説文》:“芴，菲也。从艸，勿聲。”段注:“音義皆同。”

按芴 wù（明物）从勿聲（明物）訓菲（滂微）。《説文》:“菲，芴也。”二篆互訓，芴从勿。《説文》:“勿，州里所建旗，象其柄，有三游。雜帛，幅半異，以趣民，故遽稱勿勿。”勿本州里所建旗之名，三游，旗下的飄帶，隨風飄動，風疾則動快。以此狀草，謂葉薄而柔，隨風起伏，若勿之飄飛，鳥之翻飛，故菲、芴二字互訓。

**菲** 《説文》:“菲，芴也。从艸，非聲。”段注:“《釋草》《毛傳》皆同。”

按菲 fēi（滂微）从非聲（幫微）訓芴。字从非聲，此以細草之隨風起伏，如鳥之凌空翻飛，與旗勿之隨風飄飛相互爲喻。

**犇** 《説文》:“犇，兩壁耕也。从牛，非聲。一曰覆耕種也。讀若匪。”段注:“壁當作辟，辟是旁側之語。……兩辟耕謂一田中兩牛耕，一從東往，一從西來也。此耕字自人牛言之。”

按犇 fèi（幫微）从非聲（幫微）訓兩辟耕，兩牛相向而耕。字从非聲，此用非鳥兩翅之引申義。

**𨁈** 《説文》:“𨁈，䟄也。从足，非聲。”段注:“字亦作剕。”

按跸 fèi（並微）从非聲（幫微）訓跀。《説文》：“跀，斷足也。”段注：“《莊子》：‘魯有兀者叔山無趾，踵見仲尼。’……無足指，故以足跟行也。無足指不能行，故别爲刖足者之屨以助其行。左氏云‘踊貴屨賤’是也。”跀謂斷足，跸謂斷其雙足，字从非聲，此用非鳥雙翅之引申義。

**誹** 《説文》：“誹，謗也。从言，非聲。”段注：“誹之言非也。言非其實。”

按誹 fěi（幫微）从非聲（幫微）訓謗。謗从旁，溥聲之借，溥，大也。謗者夸大其詞，言非其實，此污衊不實之詞。字从非聲，此用非不是之引申假借義，即假借爲是非之非。

**䨽** 《説文》：“䨽，大目也。从目，非聲。”

按䨽 fēi（滂微）从非聲（幫微）訓大目。非、飛音同而義微異，鳥止則體小，展翅而飛則體大。字从非聲，此用鳥展翅而飛則體大之引申義。

**翡** 《説文》：“翡，赤羽雀也。出鬱林。从羽，非聲。”

按翡 fěi（並微）从非聲（幫微）訓赤羽雀。从非聲字有赤義者有緋。《説文新附》：“緋，帛赤色也。”又“痱，痱子”，熱瘡，色紅。又《爾雅·釋草》：“菲，莀菜。”郭璞注：“菲草生下濕地，似蕪菁，華紫赤色，可食。”諸从非聲字有赤義者，非聲蓋爲卉聲（匣物）之借，非、卉微物陰入對轉。花卉色多紅，語所謂紅花緑葉。今桃色新聞稱“緋聞”，即用此意。

**腓** 《説文》：“腓，脛腨也。从肉，非聲。”段注：“《咸·六二》：‘咸其腓。’鄭曰：‘腓，膞腸也。’按諸書或言膞腸或言腓腸，謂脛骨後之肉，腓之言肥，似中有腸者然，故曰腓腸。”

按腓 féi（並微）从非聲（幫微）訓脛腨，腓腸，俗稱“腿肚”。字从非聲，當爲肥聲（並微）之借。肥訓多肉，腿肚多肉，故以肥爲名，此以德爲名。

**餥** 《説文》：“餥，餱也。从食，非聲。陳楚之間相謁而食麥飯曰餥。”段注：“《釋言》曰：‘餥，餱食也。’……《方言》曰：‘餥，食也，陳楚之内相謁而食麥饘謂之餥。’郭曰：‘音非。’”

按餥 fēi（幫微）从非聲（幫微）訓餱。《說文》：“餱，乾食也。”一般是米麥炒熟磨成粉，蠹粉形相似，蜚字从非，《說文》：“蜚，蠹也。”土遇風則易飛揚，字从非聲，非之言飛也。米麥等炒熟磨成粉作乾糧叫餥，相謁而食麥饘謂之餥，謂將炒熟的米麥粉調成粥叫饘，用以待客。是字从非聲，當爲粉聲（幫文）之借，幫母雙聲，微文陰陽對轉。

棐 棐 《說文》：“棐，輔也。从木，非聲。”段注：“《尚書》多言棐。《釋詁》曰：‘弼、棐、輔、比，俌也。’按棐蓋弓檠之類。”朱駿聲通訓定聲：“棐者，夾車之木也。”

按棐 fěi（幫微）从非聲（幫微）訓輔。段以弓檠爲輔弓弩的器具，朱以爲夾車之木。字从非聲，皆取鳥雙翅相輔而飛之引申義。

郫 郫 《說文》：“郫，河東聞喜鄉。从邑，非聲。”

按郫 péi（並微）从非聲（幫微）訓河東聞喜鄉。字从非聲，作邑名字，此但借其聲。作姓氏字今作裴字，从非聲，亦但借其聲。聞喜者蓋取“子路聞過則喜”之意。

痱 痱 《說文》：“痱，風病也。从疒，非聲。”段注：“非風雙聲，《釋詁》曰：‘痱，病也。’”

按痱 féi（並微）从非聲（幫微）訓風病，即今之中風病。字从非聲，當爲風聲（幫冬）之借，此以雙聲相借，以風爲病因，是中醫的術語。

罪 罪 《說文》：“罪，捕魚竹网。从网，非聲。秦以爲辠字。”段注：“本形聲之字，始皇改爲會意字也。”

按罪 zuì（从微）从非聲（幫微）訓捕魚竹網。字从非聲，蓋爲排聲（並微）之借，謂用竹編排爲魚網，此用排之編排義。

俳 俳 《說文》：“俳，戲也。从人，非聲。”段注：“以其戲言之謂之俳，以其音樂言之謂之倡，亦謂之優，其實一物也。”

按俳 pái（並微）从非聲（幫微）訓戲，謂演員扮演戲中人物。字从非聲，此用鳥有雙翅之引申義。演員和所扮演的戲中人物是一而二，又二而一。

**裵** 《説文》："裵，長衣皃。从衣，非聲。"段注："此即《子虛賦》裶字也。若《史記·子虛賦》'弭節裵回'。《漢·郊祀志》'神裴回若留放'，乃長衣引伸之義。《後漢書·蘇竟傳》注云'裴回，謂縈繞淹留'是也。俗乃作俳佪、徘徊矣。"

按裵 péi（並微）从非聲（幫微）訓長衣皃。字从非聲，此用非飛之引申義，鳥飛則高則遠，高遠與長義相函。

**蕜** 《説文》："蕜，毛紛紛也。从毳，非聲。"段注："紛紛者多也，非分雙聲，蕜蕜猶紛紛也。《廣韵》曰'細毛'。"

按蕜 fēi（滂微）从非聲（幫微）訓毛紛紛。字从非聲，蓋爲紛聲（滂文）之借，紛、非滂母雙聲，文微陰陽對轉，毛多因風則紛飛。

**扉** 《説文》："扉，履屬。从尸，非聲。"段注："履者屨也，足所依也。云屬者，履之麤者曰扉也。"

按扉 fèi（並微）从非聲（幫微）訓履屬，履之粗者。字从非聲，此用非鳥雙翅以喻扉兩隻。

**厞** 《説文》："厞，隱也。从厂，非聲。"段注："隱者蔽也。《特牲饋食禮》：'佐食徹尸薦俎，敦於西北隅，几在南厞……'鄭云：'厞，隱也。'"

按厞 fèi（並微）从非聲（幫微）訓隱，隱蔽。字从非聲，蓋爲微聲（明微）之借。《説文》："微，隱行也。"此用微隱蔽之義。

**斐** 《説文》："斐，分别文也。从文，非聲。《易》曰：'君子豹變，其文斐也。'"段注："謂分别之文曰斐。……《小雅》：'萋兮斐兮。'傳曰：'萋斐，文章相錯也。'……許云分别者，渾言之則爲文，析言之則爲分别之文，以字从非知之。"

按斐 fěi（滂微）从非聲（幫微）訓分别文。字从非聲，當爲分聲（幫文）之借，幫滂旁紐，文微陰陽對轉，此用分之分别義。

騑𩥐 《説文》："騑，驂也。旁馬也。从馬，非聲。"段注："許意古爲駕三馬之名，後乃駕四、駕六，其旁馬皆得驂名矣。故又申之曰旁馬。"

按騑 fēi（幫微）从非聲（幫微）訓驂，旁馬。騑是駕在車轅兩旁的馬。字从非聲，此用非鳥展兩翅之引申義，鳥翅在鳥體的兩旁，以喻騑之爲旁馬。

悲㦂 《説文》："悲，痛也。从心，非聲。"段注："按憯者痛之深者也，恫者痛之專者也，悲者痛之上騰者也。各从其聲而得之。"

按悲 bēi（幫微）从非聲（幫微）訓痛，痛之上騰者也。字从非聲，此用非展雙翅而飛之引申義。於此亦可見段氏心知非、飛同義，形聲字聲中多有義。

扉扉 《説文》："扉，户扇也。从户，非聲。"段注："《釋宫》曰：闔謂之扉。門闔，門扇也。"

按扉 fēi（幫微）从非聲（幫微）訓户扇、門闔。門兩扇可以開閉。闔者閉也。門户相對，户一扇，而門兩扇，兩扇故曰闔。字从非聲，此用非鳥展雙翅之比喻義。

排𢱌 《説文》："排，擠也。从手，非聲。"段注："今義列也。"

按排 pái（並微）从非聲（幫微）訓擠。字从非聲，此用非鳥展雙翅而飛，鳥翼向下向後拍動空氣，空氣反作用力推鳥體向上向前。拍動空氣，即雙翅排擠，擠壓空氣。此用排之擠壓義。

婓婓 《説文》："婓，往來婓婓也。从女，非聲。一曰大醜皃。"段注："當依《廣韵》作'婓婓往來皃'。《玉篇》也亦作'皃'，《小雅》毛傳曰：'騑騑，行不止之皃。'與婓音義皆同。"

按婓 fēi（並微）从非聲（幫微）訓往來皃，當謂往來快捷皃。字从非聲，此用非展雙翅飛翔義，往來婓婓意爲往來如飛。其訓大醜皃，則非聲當爲是非之非，謂鼻子不像鼻子，臉不像臉，俗話所謂"不像人樣"。

**匪** 《説文》：“匪，器似竹匧。从匚，非聲。《逸周書》曰：‘實玄黄於匪。’”段注：“《漢書》作棐，應劭曰：‘棐，竹器也。’……古盛幣帛必以匪，匪篚古今字。有借匪爲斐者，如《詩》‘有匪君子’是也。……有借爲非者，如《詩》‘我心匪鑒’ ‘我心匪石’是也。有借爲彼者，如《左傳》引《詩》，如‘匪行邁謀’，杜曰：‘匪，彼也。’”

按匪 fěi（幫微）从非聲（幫微）訓器似竹匧，竹筐一類器物。字从非聲，當爲排聲（並微）之借，用排之排列、編排義，謂此器用竹編織而成器。

**蠹** 《説文》：“蠹，臭蟲，負蠜也。从䖵，非聲。蜚，蠹或从虫。”段注：“按臭蟲下有奪字。當云：‘臭蟲也。一曰負蠜也。’”

按蠹 fěi（並微）从非聲（幫微）訓臭蟲。臭蟲體内有臭腺，能噴射出臭氣。字从非聲，當爲噴聲（滂文）之借，蠹、噴滂並旁紐，微文陰陽對轉，此一聲之轉。能噴臭氣，故名臭蟲，此以業爲名。

**坒** 《説文》：“坒，塵也。从土，非聲。”段注：“坒之言沸也。”

按坒 fèi（並微）从非聲（幫微）訓塵，塵土，塵埃。粉末狀的碎土遇風則飛揚，語有“塵土飛揚”；風定則徐徐落地，語有“塵埃落定”。字从非聲，此用非之鳥展雙翅而飛之引申義。水沸向上翻滚與塵飛不切合，段説不確。

**輩** 《説文》：“輩，若軍發車，百兩爲輩。从車，非聲。”段注：“㒳，各本作兩，今正。車之稱㒳者，謂一車㒳輪，無取二十四銖之兩，此許之字例也。……非者㒳翅，形聲中有會意。”

按輩 bèi（幫微）从非聲（幫微）訓若軍發車，百兩爲輩。字从非聲，鳥展雙翅爲非，軍發軍百兩爲輩，謂百兩車排成一列前行。字从非聲，當爲排聲（並微）之借，此用排之排列義。今軍隊編制三至四個班爲一排，亦正用排列義，是其比。

**篚** 《説文》：“篚，車笭也。从竹，匪聲。”段注：“《釋器》曰：‘輿革前謂之鞎，後謂之笰。竹前謂之禦，後謂之蔽。’按此對文則别之，散文則不别。……第，車之蔽也。《周禮·巾車》：‘蒲蔽，棼蔽等，蔽即第也。’故鄭引‘翟茀以朝’作‘翟蔽以朝’。竹前竹後，許所謂車笭也。……笭之言櫺也，言其昤曨也。茀，《詩·碩人》从艸。……茀之言蔽也。篚是正字，茀是假借字。”

按篚 fěi（幫微）从非聲（幫微）訓車笭。用竹編織，以遮擋車箱前後，故又稱蔽；編織較稀疏，多有孔隙，故謂之笭。笭之言櫺，言其昤曨也，此謂孔隙透光。字从非聲，當爲排聲（並微）之借，用排之排列、編排、編織義。

## 委聲字

委 《説文》：“委，委，隨也。从女，禾聲。”段注：“《辵部》曰：‘隨，從也。’《毛詩·羔羊》傳曰：‘委蛇者，行可從迹也。’《君子偕老》傳曰：‘委委者，行可委曲從迹也。’按隨其所如曰委，委之則聚，故曰委輸，曰委積，所輸之處亦称委，故曰原委。……《詩》之委蛇即委隨。”徐鉉曰：“委，曲也。取其禾穀垂穗委曲之皃，故从禾。”

按委 wěi（影微）从禾聲（匣歌），影匣鄰紐，微歌旁轉，段氏謂十六部、十七部合音最近。字从禾聲，取禾采成熟低頭散子下垂之意，中國古典文化所謂女如也，夫唱婦隨，和諧相處。這是委从女禾訓隨，隨訓从的深層文化内涵。必形聲字之形與聲皆兩者結合共同表義。形旁古稱義符，是表義的；聲旁表音讀，同樣也是表義的，而且是表義的主體。委以和爲聲，即以禾爲語源，此用禾和之引申義。

萎 《説文》：“萎，食牛也。从艸，委聲。”段注：“下文云‘以穀萎馬’，則牛馬通稱萎。……今字作餧，見《月令》。”

按萎 wěi（影微）从委聲（影微）訓食牛，謂以草料放置牛前使牛自食。字从委聲，此用委之委積義，訓食則爲引申義。今用萎爲枯萎字，則爲痿字之假借。朱駿聲通訓定聲：“萎叚借爲痿。”

**逶** 《説文》："逶，逶迆，衺去皃。从辵，委聲。"段注："（逶迆）疊韵。"

按逶 wēi（影微）从委聲（影微）訓逶迆。其初形蓋當作委蛇，委者随从，蛇者蛇行。以夫婦之相随从，再加如蛇行之曲折自如，以狀其和諧而絶不相迕，這是一種美好的理想的自然狀態。字从委聲，用委之相随出於心之和順。

**踒** 《説文》："踒，足跌也。从足，委聲。"段注："跌當爲胅字之誤也。《肉部》曰：'胅，骨差也。'踒者骨委屈失其常，故曰胅，亦曰差跌。"

按踒 wō（影微）从委聲（影微）訓足跌，字當作胅，骨差，謂足因挫跌而筋骨受傷，足骨錯位，失去正常。字从委聲，用委之委屈失常義。今湖湘俗語叫"脚踒了"，正當用此踒字。

**諉** 《説文》："諉，諈諉也。从言，委聲。"段注："舊作絫也，今依全書通例正。"

按諉 wěi（泥微）从委聲（影微）訓諈諉。《説文》："諈諉，絫也。"段注："絫累正俗字，今人概作累而絫廢矣。見《釋言》孫炎曰：'楚人曰諈，齊人曰諉。'郭璞曰：'以事相屬累爲諈諉。'"字从委聲，此用委之推委、推卸義，謂將責任、擔子推給别人，讓其受累。亦但用爲推委、推托義，字今但作委。

**矮** 《説文》："矮，羊相矮積也。从羊，委聲。"段注："各本誤，今依《篇》《韵》補正。矮積疊韵字，猶委積也。《夏小正》：'三月羵羊。'傳曰：'羊有相還之時，其類羵羵然。'其矮積之謂與。"

按矮 wěi（影微）从委聲（影微）訓羊相矮積，羊相互擠在一起。字从委聲，此用委之委積義。

**殘** 《説文》："殘，病也。从歺，委聲。"段注："《艸部》曰：'菸，一曰殘也。'菸殘雙聲。《廣韵》曰：'殘，枯死也。''萎，蔫也。'按殘、萎古今字。菸、蔫古今字。"《玉篇》："殘，病也。亦作痿。"

按痿 wěi（影微）从委聲（影微）訓病，草木枯死。字从委聲，此用委低垂之引申義，萎則不振。

餧 《説文》："餧，饑也。从食，委聲。一曰魚敗曰餧。"段注本改作"餒，饑也。从食，妥聲。一曰魚敗曰餧"。注曰："各本篆作餧，解作委聲，非也，今正。"按妥聲乃與奴罪切音相近，猶挼必妥聲乃與女禾切相近，綏必從妥聲乃得。妥綏爲古今字也。

按餧 wèi（泥微）从委聲（影微）訓饑。人餓之時則體力不濟，精神萎靡不振。字从委聲，此用委之萎靡義。而餒从妥聲（透歌），歌微旁轉。妥者穩妥，人飢餓則坐臥不安，即總覺不妥。字从妥，此用妥之不妥之義，即反向引申，是餧、餒同字，委聲、妥聲取義之角度不同，餒即餧之或體。

痿 《説文》："痿，痹也。从疒，委聲。"段注："如淳曰：'痿音蹶踒弩，病兩足不能相過曰痿。'張揖曰：'痿不能行。'師古曰：'蹶踒，弩名。'……按古多痿痹聯言，因痹而痿也。《素問》曰：'有漸於濕，肌肉濡漬，痹而不仁，發爲肉痿。'"

按痿 wěi（影微）从委聲（影微）訓痹，因痹（濕症）而痿的身體某一部分萎縮喪失機能，不能行走。字从委聲，此用委之萎縮義。

倭 《説文》："倭，順皃。从人，委聲。《詩曰》：'周道倭遲。'"段注："倭與委義略同，委隨也，隨从也。《廣韵》作慎皃，乃梁時避諱所改耳。"

按倭 wēi（影微）从委聲（影微）訓順。隨从則順，此用委之委隨之引申義。

覣 《説文》："覣，好視也。从見，委聲。"段注："和好之視也。取委順之意。"

按覣 wēi（影微）从委聲（影微）訓好視，和好之視。字从委聲，此用委之委順義。

**巍** 《説文》："巍，高也。从嵬，委聲。"段注："高者必大，故《論語》注曰：'巍巍，高大之稱也。'"

按巍 wēi（疑微）从委聲（影微）訓高。字从委聲，當爲危聲（疑歌）之借，疑母雙聲，微歌旁轉。《説文》："危，在高而懼也。"李白《蜀道難》："危乎高哉，蜀道之難，難於上青天。"此用危之高大之引申義。

**緌** 《説文》："緌，系冠纓𠂸者。从糸，委聲。"段注："各本作'系冠纓也'，《韵會》無也字，皆非，今正。緌與纓無異材，垂其餘則爲緌，不垂則臿於纓卷間。《内則》'冠緌纓'注曰：'緌者，纓之飾也。'正義曰：'結纓頷下以固冠。結之餘者散而下垂，謂之緌。'"

按緌 ruí（日微）从委聲（影微）訓系冠纓垂者，古代帽帶系帽所餘下垂部分。字从委聲，此用委隨在下之引申義。

**錗** 《説文》："錗，側意。从金，委聲。"段注："《司部》曰：詞者意内而言外也。側意猶側詞，錗即今之歪字，唐人曰夭邪。"

按錗 nèi（泥微）从委聲（影微）訓側意，猶側詞，即今之歪字。

## 夷聲字

**夷** 《説文》："夷，東方之人也。从大，从弓。"

按夷 yí（余脂）字从大从弓，大蓋與矢形近而誤認，夷、矢（書脂）余書旁紐，脂部叠韵。《公羊傳》曰："敗者稱師，楚何以不稱師？王痍也。王痍者何？傷乎矢也。"傷乎矢稱痍，此夷从矢之證。其稱東方人者，與戎稱西方人相對，弓矢戈矛皆冷兵器時代的利器，此謂从西到東的華夏民族，皆使用弓矢戈矛爲兵器。《孟子》："舜，東夷之人也；文王，西夷之人也。"此以夷稱華夏人之證。東夷、西夷皆美稱，南蠻、北狄則含鄙薄意。

**荑** 《説文》："荑，艸也。从艸，弟聲。"段注："鍇本作'荑，夷聲’。……考《廣韻》《玉篇》《類篇》皆本《説文》云：‘苐，艸也。’知《集韻》合苐荑爲一字之誤矣。荑見《詩》，茅之始生也。”

按荑 tí（定脂）从夷聲（余脂）訓草，茅之始生，初生茅草的嫩芽。《詩·邶風·静女》：“自牧歸荑，洵美且異。”毛傳：“荑，茅之始生也。”《衛風·碩人》：“手如柔荑，膚如凝脂。”毛傳：“如荑之新生。”引申爲凡草木初生的嫩芽。字从夷聲，矢聲（書脂）之借，此以矢鋒之尖鋭喻初生之茅之尖鋭，又以茅嫩芽之白嫩，喻手之潔白柔嫩。

**咦** 《説文》：“咦，南陽謂大呼曰咦。从口，夷聲。”段注：“呼，外息也。大呼，大息也。”

按咦 yí（余脂）从夷聲（余脂）訓大呼，出大氣。字从夷聲，蓋象其出大氣的聲響，作象聲字，此但借其聲。

**𢓊** 《説文》：“𢓊，行平易也。从彳，夷聲。”段注：“《廣雅》：‘𢓊𢓊，行也。’按凡平訓皆當作𢓊，今則夷行𢓊廢矣。”

按𢓊 yí（余脂）从夷聲（俐脂）訓行平易。字从夷聲，多有平易義者，矢射而行，其行程多平，此用夷平之引申義。

**羠** 《説文》：“羠，騬羊也。从羊，夷聲。”段注：“夏羊犗曰羯，吴羊犗曰羠也。……《馬部》曰：‘騬，犗馬也。’”

按羠 yí（余脂）从夷聲（余脂）訓騬羊，閹割的羊。割掉了睾丸的公羊，已去掉其生殖功能，字从夷聲，此用夷之芟夷義。

**鴺** 《説文》：“鴺，鴺胡，污澤也。从鳥，夷聲。鵜，鴺或从弟。”段注：“今字多作鵜。”《爾雅·釋鳥》郭璞注：“今之鵜鶘也。好群飛，沉水食魚，故名洿澤。俗呼之爲淘河。”

按鴺 tí（定脂）从夷聲（余脂）訓污澤，淘河，皆謂沉入水中捕食魚類。捕食即殺，字从夷聲，此用夷之誅夷之引申義。

**桋** 《説文》：“桋，赤栜也。从木，夷聲。”段注：“《釋木》曰：‘桋，赤栜，白者栜。’……許書無栜字，蓋古只作朿也。”

按桋 yí（余脂）从夷聲（余脂）訓赤栜。《爾雅》郭璞注：“赤楝，樹葉細而岐鋭，皮理錯戾，好叢生山中，中爲車輞。白者葉圓而岐。”葉岐鋭，故以朿名之。朿矢鋒皆鋭。又以區别白者楝，故以夷名之。字从夷，夷从矢，此用矢鋭之引申義。

**痍** 《説文》：“痍，傷也。从疒，夷聲。”段注：“《成十六年》：‘晋侯及楚子鄭伯戰於鄢陵，楚子鄭師敗績。’《公羊傳》曰：‘敗者稱師。楚何以不稱師？王痍也。王痍者何？傷乎矢也。’”

按痍 yí（余脂）从夷聲（余脂）訓傷，謂傷於矢。字从夷聲，當爲矢聲（書脂）之借，此以聲子代聲母。古語“瘡痍滿目”，瘡从倉聲，當爲刅聲之借，刅今創字，創傷刀劍傷，痍傷矢所傷，“瘡痍滿目”謂戰争中受破壞嚴重。

**洟** 《説文》：“洟，鼻液也。从水，夷聲。”段注：“《易·萃》：‘上六，齎咨涕洟。’鄭注：‘自目曰涕，自鼻曰洟。’《檀弓》：‘垂涕洟。’正義：‘目垂涕，鼻垂洟。’……古書弟夷二字多相亂，於是謂自鼻出者曰涕，而自目出者别制淚字。王褒《童約》‘目淚下落，鼻涕長一尺’。”

按洟 tì（透脂）从夷聲（余脂）訓鼻液，即今語鼻涕。洟、涕（透脂）古音同，一从夷聲一从弟聲者，以區别前者爲鼻液，後者爲目液。字从弟聲、夷聲，皆當爲滴聲（端錫）之借，滴者液往下落，此謂落淚垂涕。

**姨** 《説文》：“姨，妻之女弟，同出爲姨。从女，夷聲。”段注：“《釋親》曰：‘妻之姊妹，同出爲姨。’”

按姨 yí（余脂）从夷聲（㑊脂）訓妻之女弟，同出爲姨，即今語之姨妹。字从夷聲，當爲弟聲（定脂）之借，用弟之次弟義，專指次弟在己之下者，引申之妻之姐妹皆可稱姨。今湘北方言妻之女弟稱姨，而妻之姐則稱㚢。

# 气聲字

**气** 《説文》："气，雲气也。象形。"段注："气、氣古今字。自以氣爲雲气字，乃又作餼爲廩氣字矣。气本雲气，引伸爲凡气之稱。……象雲起之皃。……借爲气假於人之气，又省作乞。"

按气 qì（溪物）象雲气之形，引申爲凡气之稱。气、起（溪之）溪母雙聲，之物通轉，气、起蓋爲同源，雲气易起易落，唐詩"坐看雲起時"，气輕故易向上升起。

**芞** 《説文》："芞，芞輿也。从艸，气聲。"《爾雅·釋草》："藒車，芞輿。"郭璞注："香草。"

按芞 qì（溪物）从气聲（溪物）訓芞輿，香草。字从氣聲，謂此草有香氣散發，此用氣之引申義。

**吃** 《説文》："吃，言蹇難也。从口，乞聲。"

按吃 chī（見物）舊讀 jì，从乞聲（見物）訓言蹇難，説話不流利，俗稱口吃的人爲"結巴"。字从乞聲，當爲汔聲（曉物）之借。《説文》："汔，水涸也。"水涸則不流，借乞爲汔，此以水涸不流，喻言語蹇難不流暢。此用汔之涸之引申義。

**趌** 《説文》："趌，直行也。从走，乞聲。"徐鍇繫傳："去無回慮也。"

按趌 jí（群物）从乞聲（見物）訓直行。字从乞聲，此蓋用雲蒸、氣上行之引申義。

**齕** 《説文》："齕，齧也。从齒，气聲。"段注："如淳注《漢書》曰：'齕，齩也。'"

按齕 hé（匣物）从乞聲（見物）訓齧、咬。字从气聲，蓋爲契聲（溪月）之借，用契之契刻之引申義，匣溪旁紐，物月旁轉。

**訖** 《説文》："訖，止也。从言，乞聲。"段注："《穀梁傳》：

‘毋訖糴。’范曰：‘訖，止也。’”

按訖 qì（見物）从乞聲（見物）訓止。字从乞聲，當爲汽聲（曉物）之借。《説文》：‘汽，水涸也。’水涸則流止，此用汔之流止之引申義。

刏 《説文》：“刏，劃傷也。从刀，气聲。一曰斷也。又讀若殪，一曰刀不利，於瓦石上刏之。”段注：“錐刀畫曰劃。”

按刏 jí（見行）从乞聲（見物）訓劃傷。字从乞聲，蓋爲契聲（溪月）之借，見溪旁紐，物月旁轉，此用契之刻劃義。

䖈 《説文》：“䖈，虎皃。从虎，乞聲。”段注：“《篇》《韵》作‘𧆸’。”朱駿聲通訓定聲：“按即《書》‘仡仡勇夫’字。”

按䖈 yì（疑物）从乞聲（見物）訓虎皃。虎嘯生風，此謂虎的威風威武皃，虎有威可畏。字从气聲，此用气之氣勢義。俗語所謂“虎虎有生氣”。

麧 《説文》：“麧，堅麥也。从麥，气聲。”段注：“謂麥之堅者也。《史》《漢》皆云‘亦食糠覈耳’。孟康曰：‘覈，麥糠中不破者也。’晋灼曰：‘覈音紇。京師人謂麤屑爲紇頭。’按《廣韵》引《漢書》‘食糠麧’爲是。孟注、晋音皆是麧字，後人妄改《漢書》耳。”

按麧 hé（匣物）从气聲（見物）訓堅麥，麥之堅者，麥糠中不破者，麥糠中的粗屑。字从气聲，蓋爲艱聲（見文）之借。《説文》：“艱，土難治也。”麧爲麥糠中不破者，亦難治之事物，借气爲艱，用艱之難治義。見匣旁紐，文物陽入對轉。

杚 《説文》：“杚，平也。从木，气聲。”段注：“杚非器也，厠於此者，因上文云杚斗斛而釋之也。……杚者平物之謂，平之必摩之，故《廣雅》曰：‘杚，摩也。’《廣韵》摩之訓本此。古杚與槩二字通用。”

按杚 gài（見物）从气聲（見物）訓平，謂摩平、刮平。字从气聲，當爲刏聲（見物）之借，用刏劃、劃一、劃平、摩平之義。杚、槩實一字。《説文》分别槩爲杚斗斛之器而杚爲平，實則杚从木，正謂杚爲木制之器。

**䅂** 《説文》："䅂，稭也。从禾，乞聲。"徐灝注箋："《一切經音義·二十二》云：'䅂，堅米也。'"《广韵》："䅂，稭也。舂粟不潰也。"

按䅂 hé（匣物）从乞聲（見物）訓稭，粟舂不潰者。字从乞聲，蓋爲艱聲（見文）之借。《説文》："艱，土難治也。"借乞爲艱，此用艱難治之引申義。

**氣** 《説文》："氣，饋客之芻米也。从米，气聲。《春秋傳》曰：'齊人來氣諸侯。'"段注："今字叚氣爲雲氣字。"

按氣 qì（溪物）从气聲（見物）訓饋客之芻米。字从气聲，當爲匄聲（見月）之借。《説文》："匄，气也。"段注："气者，雲气也。用其聲气借爲气求气與字。……今人以物與人曰給，其實當用匄字。"乞、匄見溪旁紐，物月旁轉。乞、匄字今作丐。

**仡** 《説文》："仡，勇壯也。从人，气聲。《周書》曰：'仡仡勇夫。'"段注："《秦誓》曰：'仡仡勇夫。'某氏曰：'仡仡壯勇之夫。'《公羊傳》：'趙盾之車右祁彌明者，國之力士也。仡然從乎趙盾而入。'何云：'仡然，壯勇皃。'"

按仡 yì（疑物）从气聲（見物）訓勇壯。字从气聲，此气之力氣、勇氣壯盛之義，語所謂"勇冠三軍""氣吞萬里如虎""氣衝霄漢"、項羽之"力拔出兮氣蓋世"。

**𣢟** 《説文》："𣢟，㚔也。从欠，气聲。一曰口不便言。"段注："㚔者，吉而免凶也。覬下曰：'𣢟，㚔也。'𣢟与覬音義皆同，今字作冀，古音不同。（一曰口不便言，）此謂與吃同也。《口部》曰：'吃，言蹇難也。'"

按𣢟 jì（見微）从气聲（見物）訓㚔，與覬（見微）之音義同。今字作冀，冀爲借音字，冀幸即今語"運氣"。字从气聲，此用气之引申義。

**𩑶** 《説文》："𩑶，秃也。从頁，气聲。"

按𩑶 kū（溪物）从頁，气聲（溪物），訓秃，秃訓無髮。字从气聲，蓋爲汔聲（曉物）之借，用汔之水竭斷流之引申義，以喻頭無髮。

忥 《説文》："忥，癡皃。从心，气聲。"段注："癡，不慧也。故忥與惛爲伍。"

按忥 xì（曉物）从气聲（溪物）訓癡皃。字从气聲，指氣質，多指一種負面的氣質，如蠢氣、傻氣。湘潭俗語叫"寶裏寶氣"。此用气之氣質之引申義。

汔 《説文》："汔，水涸也。从水，气聲。或曰泣下。《詩》曰：'汔可小康。'"段注："水涸爲將盡之時。故引伸之義曰危曰幾也。"

按汔 qì（曉物）从气聲（溪物）訓水涸。汔字甲骨文作三，象河床涸竭之形。二象河之兩岸，加一於中，表示水流已盡，即汔之本字，汔是後起的加注形旁字。水涸者水盡，水盡則流止。止盡，則事物終結，義皆由水涸引申。

紇 《説文》："紇，絲下也。从糸，气聲。《春秋傳》有臧孫紇。"

按紇 hú（匣物）从气聲（溪物）訓絲下，絲品質最下等。字从气聲，當爲汔聲（曉物）之借，用水涸水位降到最低的引申義。

圪 《説文》："圪，墻高皃也。《詩》曰崇墉圪圪。从土，气聲。"段注："《大雅・皇矣》：'崇墉言言。'傳曰：'言言，高大也。'又曰：'崇墉仡仡。'傳曰：'仡仡猶言言也。'"

按圪 yì（疑物）从气聲（溪物）訓墻高皃。字从气聲，此用气之雲氣義。雲高，如雲梯雲路，今形容建築物高，每言高聳入雲，此用雲氣高之引申義。又毛傳訓言言高大也，言言無高大義，其有高大義者，言蓋爲炎聲（匣談）之借。《説文》："炎，火光上也。"炎是焰的本字，火大時光焰衝天，故以言言喻高，圪圪、炎炎皆夸張的形容。

鉈 《説文》："鉈，乘輿馬頭上防鉈，插以翟尾鐵翮，象角，所以防网羅鉈去之。从金，气聲。"段注："防，古多作方，方鉈者其名，下言其制。"

按鉈 xì（曉物）从气聲（溪物）訓乘輿馬頭上防鉈，即馬頭上的金屬飾物，用以割除網羅。字从气聲，當爲匃聲（見物）之借，用匃之匃劃、劃斷之引申義。

愾 《説文》："愾，大息皃。从心，氣聲。《詩》曰：'愾我寤嘆。'"《詩》鄭玄箋："愾，嘆息之意。"

按愾 xì（曉物）从氣聲（溪物）訓太息皃，嘆息之意。嘆息即今嘆氣。字从氣聲，當爲气聲（見物）之借，此用气之雲氣之引申義，借以表人之氣勢、怒氣義。

鎎 《説文》："鎎，怒戰也。从金，愾省。《春秋傳》曰：'諸侯敵王所愾。'"段注："怒則有氣，戰則用兵，故其字从金氣，氣者气之叚借字也。……杜曰：敵猶當也。愾，恨怒也。……是則王所愾，王所怒也，敵王所怒。"

按鎎 kài（曉物）从氣聲（溪物）訓怒戰。字从氣聲，當爲气聲（見物）之借，此用雲氣引申所表人之氣勢、怒氣義。

## 旡聲字

旡 《説文》："旡，歙食屰气不得息曰旡。从反欠。凡旡之屬皆从旡。㒫，古文旡。"

按旡 jì（見物）訓飲食屰氣不得息，即吃飽了打飽嗝，不能再吃，也不想再吃了。實際上旡是既的省形。《説文》："即，即食也。"即是人坐在食器旁進食，孳乳爲既，既，人吃飽了，反過頭去打飽嗝。即、既所从之皀，即食器，離開皀（食器），旡所能表示的意思就不完整了。

既 《説文》："既，小食也。从皀，旡聲。《論語》曰：'不使勝食既。'"段注："此引經説假借也。《論語》以既爲气。……今《論語》作氣，气氣古今字。"

按既 jì（見物）是會意字，整字讀旡（見物），非以旡爲聲，許氏小食之説，於字形不合，義當爲吃飽了不能也不想再吃，用把頭反過去離開食器示意。

㤅 《説文》："㤅，惠也。从心，旡聲。𢟪，古文。"段注："《叀部》曰：'惠，仁也。'仁者，親也。……許君惠㤅字作此。愛爲行皃，乃自愛行而㤅廢，轉寫許書者，遂盡改㤅爲愛，全非許憮㤅二篆相聯之意。……𢟪者古文愛，唐人乃用爲'伊余來墍''民之攸墍'之𢟪，其貤繆有如此者。《詩》之墍乃呬之叚借，息也。"朱珔假借義證："今惠㤅字皆借愛字爲之而㤅廢，即愛之本義亦廢矣。"

按㤅 ài（影物）字从旡，當爲既聲（見物）之省，此《説文》𢟪爲㤅之古文可證。既是人吃飽了不想再吃了，用把頭轉過去張口打飽嗝，於是轉而想到自己的親人，身旁其他的人，是否也吃了，吃飽了，如果還没有吃、没有吃飽，就應幫他們也有吃、能吃飽，這就是推己及人，推愛施惠。惠訓仁，初義就是愛人，能給人以實惠，讓別人也生活得好，不能口惠而實不至，這就是𢟪的深層含義，也是古人造字的精微命意。它从一個小的視角，表示漢文化的博大精深，也表現中華民族富於愛心的高尚精神。

蔇 《説文》："蔇，艸多皃。从艸，既聲。"段注："《木部》：'穊，稠也。'音義同。"徐鍇繫傳："蔇猶密也。"

按蔇 jì（見物）从既聲（見物）訓草多皃。字从既聲，既的本義是人吃飽了不想再吃了，其内中含義是食物多充足。此用食物既多之引申義，此以食物多喻草多、禾稠密。

嘅 《説文》："嘅，嘆也。从口，既聲。《詩》曰：'嘅其嘆矣。'"王筠句讀："嘅，經典多借慨。"

按嘅 kǎi（溪物）从既聲（見物）訓嘆。字从既聲，當爲气聲（溪物）之借，用气之氣息、氣勢義，即項羽"力拔山兮氣蓋世"之氣。俗話説"人争氣，火争焰"，人的氣是需要宣泄的。毛澤東在七千人大會上説"白天出氣，晚上看戲"，氣出了心就順了。慨，古人叫"嘆息"，今人叫"嘆氣"。

槩 《説文》："槩，所以杚斗斛也。从木，既聲。"段注："所以二字今補。《月令》'正權槩'，鄭、高皆云：'槩，平斗斛者。’槩本器名，用之平斗斛亦曰槩。”

按槩 gài（見物）从既聲（見物）訓所以杚斗斛。《説文》：“杚，平也。”槩是刮平斗斛的器具，以斗斛量谷米，量時要稍微堆起然後用槩刮平，斗斛與權衡，皆以取平爲正。字从既聲，此用既食物多、充足之引申義。多的部分要刮平，从深層文化説，天道惡盈，《易·謙》所説“君子以裒多益寡，稱物平施”。但舊時鄉間市集的米店特善經營者，量米刮平後再加一小把放在上面，俗話叫“給點笑臉”。

**暨** 《説文》：“暨，日頗見也。从旦，既聲。”段注：“頗，頭偏也。頭偏則不能全見其面，故謂事之略然者曰頗。曰頗見者，見而不全也。《釋言》曰：‘暨，不及也。’此其引伸之義。”朱駿聲通訓定聲：“暨，日出平地謂之旦；既者，乍出微見也。”

按暨 jì（群物）从既聲（見物）訓日頗見。《爾雅》釋“不及”，《小爾雅》釋“及”，《玉篇》釋“至”。是暨从既，可以雙向取義。从日頗見説，有不及義，指太陽没有完全升上地面；从及言，則後所用暨字多用此義。字从及亦兼二者。既是自己吃飽了，但轉身便想到有人還没吃飽，此既雙向取義之理據。

**穊** 《説文》：“穊，稠也。从禾，既聲。”段注：“《漢書》劉章言耕田曰：‘深耕穊種，立苗欲疏，非其種者，鉏而去之。’引伸爲凡稠之稱。”

按穊 jì（見物）从既聲（見物）訓稠，禾苗茂密。字从既聲，此用既之吃飽食多之引申義。

**慨** 《説文》：“慨，忼慨也。从心，既聲。”段注：“依全書通例正。忼慨雙聲也。他書亦叚嘅爲之，作忼嘅。”

按慨 kǎi（溪物）从既聲（見物）訓忼慨。《説文》：“忼，忼慨也。忼慨，壯士不得志於心也。”段注：“忼之本義爲忼慨……亢之引申之義爲高。”徐鍇繫傳：“内自高亢憤激也。”此言壯士高尚其志不爲世用，故鬱悶形於色，而憤激之辭溢於言。字从既聲，此用既多之引申義。

**溉** 《説文》："溉，溉水，出東海桑瀆覆甑山，東北入海。从水，既聲。一曰灌注也。"

按溉 gài（見物）从既聲（見物）訓溉水。字从既聲，作水名字，此但借其聲。一曰灌注也。字从既聲，此用既食多之引申義，灌溉禾苗作物，要讓禾苗有飽足的水分滋養。又溉訓洗滌，滌衣物亦需有足够的水。

**摡** 《説文》："摡，滌也。从手，既聲。《詩》曰：'摡之釜鬵。'"段注："滌者，洒也。洒，先禮切。《詩》：'摡之釜鬵。'傳曰：'摡，滌也。'今本作溉者，非。凡《周禮》《禮經》摡字本皆从手，《釋文》不誤而俗本多譌。"

按摡 gài（見物）从既聲（見物）訓滌，洗滌，滌盪。字从既聲，當爲溉聲（見物）之借，滌必用水，而且要用够量的水，故字當从溉，洗滌衣物必用手，故字从手。必借既者，以區别摡爲洗滌，溉爲水名，爲灌注，文字中有省形者，主要考慮字結構之簡潔美觀。

**塈** 《説文》："塈，卬涂也。从土，既聲。"段注："卬，各本作仰，今正。卬涂，舉首而涂之。"

按塈 xì（曉物）从既聲（見物）訓仰涂。涂以黏土，故字从土。涂屋之頂棚必仰首，故字从既。既从旡，轉頭向後，與涂之卬首向上相似，故借旡以表之，此用既之引申義。

**愛** 《説文》："愛，行皃也。从夊，㤅聲。"段注："《心部》曰：'㤅，惠也。今字假愛爲㤅，而㤅廢矣。愛，行皃也，故从夊。"

按愛 ài（影物）从㤅聲（影物）訓行皃。字从夊，故訓行。初义蓋爲有愛心見諸行動，愛必有心，而能見諸行動最可貴，後世以愛代㤅，蓋以此。今字隸變作愛。

**䈇** 《説文》："䈇，蔽不見也。从竹，愛聲。"段注："《爾雅》：'薆，隱也。'《方言》：'揜，翳，薆也。'其字皆當从竹，竹善蔽，《九歌》曰'余處幽篁兮，終不見天'是也。《大雅》'愛莫助之'，毛曰：'愛，隱也。'假借字也。《邶風》'愛而不見’，郭注：《方言》作‘薆而’。”

按簝 ài（影物）从愛聲（影物）訓蔽不見。字从愛聲，蓋爲隱聲（影文）之借，此用隱之隱蔽義。影母雙聲，文物陽入對轉。

**僾** 《説文》：“僾，仿佛也。从人，愛聲。《詩》曰：‘僾而不見。’”段注：“《祭義》曰：‘祭之日，入室僾然必有見乎其位。’正義云：‘僾，髣髴見也。見，如見親之在神位也。’按僾與《爾雅》之‘薆，隱也’，《烝民》傳之‘愛，隱也’，《竹部》之簝‘蔽不見也’義相近。”《廣韵》：“僾，隱也。”

按僾 ài（影物）从愛聲（影物）訓仿佛，所見不分明，隱隱約約。字从愛聲，蓋爲隱聲（影文）之借，影母雙聲，文物陽入對轉，此用隱蔽之引申義。

## 利聲字

**利** 《説文》：“利，銛也。刀和然後利，从刀和省。《易》曰：‘利者義之和也。’𥝢，古文利。”段注：“銛者臿屬，引伸爲銛利字。銛利引伸爲凡利害之利。……依《韵會》本，毛傳曰：‘鸞刀，刀有鸞者，言割中節也。’《郊特牲》曰：‘割刀之用而鸞刀之貴，貴其義也。’聲和而後斷也。許據此説會意。……（𥝢，古文利。）蓋从刃禾。”屈翼鵬《殷虚文字甲編考釋》：“按利當是犁之初文，从禾，从刀，其小點當象犂出之土𠙵也。”

按利 lì（來質）訓銛，鋒利。屈氏謂當是犁的初文，犁用於犁田土，犁田土所以植谷。犁之用，人與牛要協調，人牛與犁具要協調，協調就是和，和然後功效顯著，這便是利之刀和然後利的深層信息。即使一般的刀具的使用，也有一個和然後利的問題，這便是運用之妙。《莊子》“庖丁解牛”的故事就是運用之妙的理想典範。利的諸多引申義，當皆由此產生。

**颲** 《説文》："颲，颲颲。風雨暴疾也。从風，利聲。讀若栗。"段注："（颲颲）二字各本無，今補，叠韵字也。"

按颲 lì（來質）从利聲（來質），訓風雨暴疾。字从利聲，蓋爲栗聲（來質）之借。栗實成熟，果殼自然爆裂，此用栗果殼爆裂之引申義，許書在讀若中有提示。

**棃** 《説文》："棃，棃果也。从木，㓹聲。㓹，古文利。"

按棃 lí（來脂）从㓹聲（來質）訓棃果。棃果色黄，有黑色斑點。字从㓹聲，當爲黧聲（來脂）之借。《説文》："黧，黄黑也。"是棃以色黄黑而得名，此以德爲名。从深層説，犁田翻出的土爲黄黑色，故㓹引申有黄黑色義。

**𨞛** 《説文》："𨞛，殷諸侯國，在上黨東北。从邑，㓹聲。㓹，古文利。《商書》：'西伯戡𨞛。'"

按𨞛 lí（來脂）从㓹聲（來質）訓殷諸侯國。字从㓹聲，作國名字，此但借其聲。

**黎** 《説文》："黎，履黏也。从黍，㓹省聲。㓹，古文利。作履黏以黍米。"段注："《釋詁》曰：'黎，衆也。'衆之義行而履黏之義廢矣，古亦以爲黧黑字。"

按黎 lí（來脂）从㓹聲（來質）訓履黏，作履黏以黍米。字从㓹聲，當爲暱聲（泥質）之借，用暱之黏暱義。來泥旁紐，脂質陰入對轉。

**藜** 《説文》："藜，艸也。从艸，黎聲。"段注："《左傳》：'斬之蓬蒿藜藋。'藜初生可食，故曰：'蒸藜不孰。'《小雅》：'北山有萊。'陸機云：'萊，兖州蒸以爲茹，謂之萊蒸。'按萊蒸蓋即蒸藜。"

按藜 lí（來脂）从黎聲（來脂）訓草，蓬蒿藜皆高莖草，藜花黄緑色。字从黎聲，蓋爲黧聲（來脂）之借，黄緑與黄黑色近，此以德爲名。

**犂** 《説文》："犂，耕也。从牛，黎聲。"段注："《山海經》曰：'后稷之孫曰叔均，是始作牛耕。'郭傳：'始用牛犁也。'按

《耒部》耕訓犂，是犂耕二字互訓，皆謂田器。今人分别，誤也。《仲尼弟子列傳》：‘冉耕，字伯牛，司馬耕，字子牛。’《論語》‘司馬牛’，孔注曰：‘宋司馬犂也。’此可證司馬牛名耕，一名犂也。蓋其始人耕者謂之耕，牛耕者謂之犂。其後互名之。”

按犂 lí（來脂）从黎聲（來脂）訓耕。犂从牛，即指用牛耕田，也指牛耕之器，犁具的全體。犁具發土的部分，今稱犁頭。字从黎聲，當爲來聲（來微）之借，來母雙聲，微脂旁轉。此略異其字形，略異其音以示區别。耒是犁的語源，耕者人耕，人耕用耒，耒耕是先民一大創造。作耒有法，用耒耕有法，故字从井，義取初民作井有法。刑法本从井作荆，亦取作井有法之義。

邌 《説文》：“邌，徐也。从辵，黎聲。”段注：“或假黎爲之。……傅毅賦‘黎收而拜’，李注：‘言舞將罷，徐收斂容態而拜。’引《蒼頡篇》：‘邌，徐也。’又或假犁爲之。……《晋世家》重耳妻笑曰：‘犂二十五年，吾冢上柏大矣。’益可見犂之爲遲也。”

按邌 lí（來脂）从黎聲（來脂）訓徐，遲緩。字从黎聲，當爲犁聲（來脂）之借。牛拉犁破土起土而行，要克服泥土的阻力，故拉犁而行，其速必慢，故以徐遲釋之。

䨼 《説文》：“䨼，䨼黄也。从隹，黎聲。一曰楚雀也，其色黎黑而黄。”段注：“䨼，《字林》省作䅐，又作鵹。䅐黄即離黄。……黎，黑皃，《月令》注作驪，亦謂黑色。”

按䨼 lí（未脂）从黎聲（來脂）訓䨼黄，即離黄。一曰楚雀，其色黎黑而黄。字从黎聲，當爲黧聲（來脂）之借。《説文》：“黧，黄黑也。”是䨼以色黧黑而黄得名，此以德爲名。

㦒 《説文》：“㦒，恨也。从心，黎聲。一曰怠也。”

按㦒 lí（來脂）从黎聲（來脂）訓恨。字从黎聲，《説文》：“黎，履黏也。”黏謂黍米煮熟性黏昵，此用黎黏昵之引申義，謂心中之恨事。黏昵，久不釋懷。一曰怠，黏昵則行動遲緩，故引申有怠惰義。

**鑗** 《説文》：“鑗，金屬也。一曰剥也。从金，黎聲。”段注：“剥者裂也，剥訓裂，知鑗與務義同音別。《方言》：‘蠡，分也。’……《方言》又曰：‘劙，解也。’亦即此字。

按鑗 lí（來脂）从黎聲（來脂）訓金屬。《集韵·脂韵》：“鑗，黑金也。”據此則从黎聲當爲黧聲（來脂）之借，用黧黑之義。一曰剥，剥者剥裂。字从黎聲，則當爲犂聲（來脂）之借，用犁犁田起土之引申義，起土必先將土剥裂。

## 匕聲字

**匕** 《説文》：“匕，相與比叙也。从反人。匕亦所以用比取飯，一名柶。”

按匕 bǐ（幫脂）字从反人。《積微居小學述林·釋匕》考定匕爲妣之初文，其説至確。“人之中有男女之別焉，造文者艱於剏構，小變人之形，以表人類中之女。……英吉利人稱人爲 Man，而女子曰 Woman。……彼加音於人以爲別，吾先民則變人之字形以爲別，方術不同，其意一也。”匕表女人，引申之亦表女性之器官，匕作爲飯匙，飯匕之匕，即取象女性之器。匕首之匕即由飯匙之匕引申。後世之刺刀有血槽，亦由匕首演變。今詈語之“他媽的”，所省略者亦即匕。

**牝** 《説文》：“牝，畜母也。从牛，匕聲。《易》曰‘畜牝牛吉’。”段注：“牝爲凡畜母之稱。”

按牝 pìn（並真）从匕聲（幫脂）訓畜母，當曰母牛，引申爲凡畜獸之母性。字从匕聲，此以人之女性，喻凡獸畜之母性。幫並旁紐，脂真陰陽對轉，略別其音以嚴人畜之分。

**旨** 《説文》：“旨，美也。从甘，匕聲。凡旨之屬皆从旨。𣅀，古文旨。”段注：“今字以爲意恉字。”

按旨 zhǐ（章脂）从匕聲（幫脂）訓美，謂味道甜美。字从匕聲，匕即匕匙，《説文》或作枇。用匕挑點食物送入口中嘗味，經品嚐感到味美叫旨。匕所以取食，口嘗而美叫旨，字以匕爲語源。

**疕** 《説文》："疕，頭瘍也。从疒，匕聲。"段注："《周禮·醫師》：'凡邦之有疾病疕瘍者造焉，則使醫分而治之。'注云：'疕，頭瘍，亦謂秃也。'"

按疕 bǐ（幫脂）从匕聲（幫脂）訓頭瘍。《周禮》賈公彦疏："疕，頭瘍，謂頭上有瘡含膿血者。"字从匕聲蓋爲借聲，其語源不詳。

**帔** 《説文》："帔，幏裂也。从巾，匕聲。"段注："謂殘帛裂也。《急就篇》曰：'帔敝囊橐不直錢。'《方言》器破而未離，南楚之間謂之𢼩，聲同義近，亦作柀。"

按帔 bǐ（幫脂）从匕聲（幫脂）訓幏裂。幏者殘帛，殘帛又開裂，此用匕女陰中裂之引申義，引申爲凡破舊之稱。

**尼** 《説文》："尼，從後近之。从尸，匕聲。"段注："尼訓近，故古以爲親暱字。"林義光《文源》："按匕尼不同音。匕，人之反文，尸亦人字，象二人相昵形，實昵之本字。"

按尼 ní（泥脂），林氏以爲象二人相昵形，實昵之本字。其説卓有創見，然猶有未盡善者，當説匕者女人，尸亦人字，與女人相對當爲男人，尼乃取象男女二人相親昵之形，這是生活中常有的事。尼是本字，昵是後起的加注聲旁字，日光照在人物身上，是非常貼近的，而且是揮之不去的。

**詣** 《説文》："詣，候至也。从言，旨聲。"段注："候至者，節候所至也。致下云'送詣也'，凡謹畏精微深造以道而至曰詣。《關中記》：'建章宫有駊娑、駘盪、枍詣、承光四殿。'《西京》《西都賦》皆作枍詣，俗作栺，誤。"

按詣 yì（疑脂）从旨聲（章脂）訓候至。字从旨，旨从匕甘，謂以匕取食物送到口嘗味。字从言，謂聽其言而能深入辨其意味。故詣引申有到、至、達到義。

**鞊** 《説文》："鞊，蓋杠系也。从革，旨聲。"段注："蓋杠，《考工記》謂之桯，桯讀如楹。系，各本作絲，今正。系，係也。係，絜束也。絜束者，圍而束之。鞊用革，故字从革。"

按鞊 zhì（章脂）从旨聲（章脂）訓蓋杠系。蓋，車蓋，如今之傘，有杠以撐持。以革繫之，使固定不摇擺。字从旨聲，蓋爲稽聲（見脂）之借，用稽之留止義。此以聲母代聲子。

鴲 《説文》："鴲，瞑鴲也。从鳥，旨聲。"段注："《廣韵》曰：'小青雀也。'按《廣韵》蓋謂即竊脂。"

按鴲 zhī（章脂）从旨聲（章脂）訓瞑鴲，小青雀，即竊脂。脂白，竊者淺，淺白與青色接近。字从旨聲，蓋爲脂聲（聞脂）之借。

脂 《説文》："脂，戴角者脂，無角者膏。从肉，旨聲。"段注："《考工記》鄭注曰：'脂者牛羊屬，膏者豕屬。'"

按脂 zhī（章脂）从旨聲（章脂）訓戴角者脂。牛羊等有角動物的油質組織叫脂。字从旨聲，此用旨肥美之引申義。

稽 《説文》："稽，留止也。从禾从尤，旨聲。"段注："玄應書引留止曰稽，高注《戰國策》曰：'留其日，稽留其日也。'凡稽留則有審慎求詳之意。故爲稽考。禹會諸侯於會稽，稽，計也。稽考則求其同異。故説《尚書》稽古爲同天。稽，同也。如流求也之例。"

按稽 jī（見脂）从旨聲（章脂）訓留止。字从旨聲，蓋至聲（章質）之借。至字甲骨文作，取象矢走完射程，頭朝下至地。至地則留止不再動。凡稽之引申義皆與至止相關。

耆 《説文》："耆，老也。从老省，旨聲。"段注："《曲禮》：'六十曰耆。'許不言者，許以耆爲七十已上之通稱也。鄭注《射義》云：'耆、耋皆老也。'古多假借爲嗜字。"王筠句讀："《廣韵》作耆，老不省。"

按耆 qí（群脂）从旨聲（章脂）訓老，老人味蕾退化，要吃點有口味的食物，才能吃得下飯。《孟子》説"五十非帛不暖，七十非肉不飽"，就是這個意思。字从旨聲，旨者甘旨美味食物，此言要吃甘旨食物才能吃飽，以此表示人年老。老是一個較爲抽象的概念，必借具體事物的形象才能表達。凡美味的食物都是人喜歡吃的，故引申有嗜好義。

⿸尸旨 《說文》："⿸尸旨，尻也。从尸，旨聲。"朱駿聲通訓定聲："《廣雅·釋親》：'⿸尸旨，臀也。'"

按⿸尸旨 qì（溪脂）从旨聲（章脂）訓尻，尻即臀。古人坐時臀部停留在足跟上。字从旨聲，蓋稽聲（見脂）之借，用稽之留止義。

䭫 《說文》："䭫，䭫首也。从首，旨聲。"段注："鄭曰：'䭫首，拜頭至地也。'頓首，拜頭叩地也。"

按䭫 qǐ（溪脂）从旨聲（章旨）訓䭫首，拜頭至地。字从旨聲當爲稽聲（見脂）之借，用稽之留止之引申義。

麡 《說文》："麡，大麇也。狗足。从鹿，旨聲。麂或从几。"段注："《山海經》注曰：'麂似獐而大，猥毛狗脚。'"

按麡 jǐ（見脂）从旨聲（章脂）訓大麇，似獐而大，皮名貴，肉味亦美。今湖湘俗語稱道味美，每曰"麂好吃"。字从旨聲，此用旨味美之引申義。

恉 《說文》："恉，意也。从心，旨聲。"段注："今字或作旨，或作指，皆非本字也。許《序》曰：'曉學者，達神恉。'"

按恉 zhǐ（章脂）从旨聲（章旨）訓意。字从旨聲，此以食物之味，喻言語之意，味實而意虛，今意、味每連用，如"意味深長""言在此而意在彼"。

鮨 《說文》："鮨，魚䏙醬也。出蜀中。从魚，旨聲。一曰鮪，魚名。"段注："醬字衍。䏙者豕肉醬也。引申爲魚肉醬，則稱魚䏙可矣。……鮪魚名，當作鮨魚也。三字一句，謂有魚名鮨也。"

按鮨 qí（群脂）从旨聲（章脂）訓䏙，即魚肉醬。字从旨聲，此用旨味美之引申義。

指 《說文》："指，手指也。从手，指聲。"段注："大指曰巨指，曰巨擘；次曰食指，曰嗹鹽指。"

按指 zhǐ（章脂）从旨聲（章脂）訓手指。字从旨聲，蓋源於食指之嗹鹽嘗味。指初蓋指食指，引申指所有的手指。字从旨聲，此用旨味美之引申義。

**柅** 《説文》："柅，柅木也。實如棃。从木，尼聲。"朱駿聲通訓定聲："《易》：'金柅。'馬注：'在車之下，所以止輪令不動也。'按謂軔也。"

按柅 nǐ（泥脂）从尼聲（泥脂）訓柅，實如棃，棃果汁黏昵。字从尼聲，此用尼男女親暱之引申義。《易》"金柅"在車下所以止車不動。字从尼聲則爲刃聲（日文）之借，此即軔之異體。

**秜** 《説文》："秜，稻今年落來年自生謂之秜。从禾，尼聲。"段注："謂不種而自生者也。"徐鍇繫傳："即今云穭生稻也。"

按秜 ní（泥脂）从尼聲（泥脂）訓稻今年落來年自生謂之秜。按稻皆移栽，秜指長在移栽稻旁的自生稻。字从尼聲，此用尼親昵之引申義。

**𥹉** 《説文》："𥹉，潰米也。从米，尼聲。交止有𥹉泠縣。"段注："潰，漏也。謂米之棄於地者也。"

按𥹉 mí（明脂）从尼聲（泥脂）訓潰米。蓋當爲潰爛之米，相黏著不散，故棄之於地。字从尼聲，此用尼黏昵之引申義。

**屔** 《説文》："屔，反頂受水丘也。从丘，从泥省。"段注："《釋丘》曰：'水潦所止泥丘。'釋文曰：'依字又作屔。'郭云：'頂上洿下者。'"

按屔 ní（泥脂）从尼聲（泥脂）訓反頂受水丘。字从尼聲，當爲泥聲（泥脂）之借。反頂受水，其上爲水所浸潤而成泥。此屔丘之特點。

**泥** 《説文》："泥，泥水，出北地郁郅北蠻中。从水，尼聲。"段注："按今字皆用爲塗泥字。"

按泥 ní（泥脂）从尼聲（泥脂）訓泥水。字从尼聲，作水名字，此但借其聲。泥作爲塗泥字，土爲水浸潤成泥，字从尼聲則用尼之黏昵義。實則塗泥是泥的本義，作水名字，是假借。

**蓍** 《説文》："蓍，蒿屬，生千歲，三百莖。《易》以爲數。天子蓍九尺，諸侯七尺，大夫五尺，士三尺。从艸，耆聲。"

按蓍 shī（戄脂）从耆聲（群脂）訓蒿屬，生千歲。此草草齡特長，故以耆名之。《説文》："耆，老也。"字从耆聲，此用耆老之引申義。

嗜𡁷《説文》："嗜，喜欲之也。从口，耆聲。"段注："此依《韵會》本，喜當作憙。憙，悦也。"

按嗜 shì（禪脂）从耆聲（群脂）訓喜欲之也。字从口，本義是喜歡吃、想吃的意思，引申爲凡喜愛、愛好。字从耆，耆从旨，旨者美味，美味、美食是人皆喜愛的，此用旨美食之引申義。

榰𣚦《説文》："榰，柱氐也。古用木，今以石。从木，耆聲。《易》曰'榰恒兇'，是。"段注："氐，各本作砥，誤，今正。《日部》昏下曰：'氐者，下也。'《广部》曰：底，一曰下也。氐底，古今字。"朱駿聲通訓定聲："蘇俗謂之柱磉石。"

按榰 zhī（章脂）从耆聲（群脂）訓柱底，柱下支撑柱子的木頭，古用木，今用石。字从耆聲，蓋爲稽聲（見脂）之借。《説文》："稽，留止也。"

比㠯《説文》："比，密也。二人爲从，反从爲比。凡比之屬皆从比。𣬈，古文比。"段注："本義謂相親密也。餘義俻也，及也，次也，校也，例也，類也，頻也，擇善而從之也，阿黨也，皆其所引伸。許書無篦字，古衹作比。"

按比 bǐ（並脂）从二匕會意，匕即女人，古代男人从事户外活動，列隊行進，故前後相从而行；女人从事家務活動，比肩而坐，其基本意義是彼此挨得近，親密。如段氏所説，其引申義甚多。比从匕，以匕爲語源。

祉𥘹《説文》："祉，以豚祠司命也。从示，比聲。《漢律》曰：'祠祉司命。'"段注："《祭法》注曰：'司命小神，居人之間，司察小過，作譴告者，主督察三命，今時民家或春秋祀司命。'"

按祉 bǐ（幫脂）从比聲（並脂）訓以豚祠司命，用小猪祭司命。司命小神，今湖湘民間稱司命竈君。字从比聲，訓小神者，比聲蓋爲匕聲之借，匕女人，男女相對，男大女小，此用女小之引申義。

**玭** 《説文》：“玭，从玉，比聲。宋宏曰：‘淮水中出玭珠。玭珠，珠之有聲者。蠙，《夏書》玭从蟲賓。’”段注：“‘玭珠，珠之有聲者’七字當作‘玭，蚌之有聲者’六字。玭本是蚌名，以爲珠名。”

按玭 pín（並真）从比聲（並脂）訓珠。字从比聲，蓋爲賓聲（幫真）之借，而賓聲實當爲蚌聲（並東）之借。玭、賓幫並旁紐，真部叠韵，而比蚌玭，僅以雙聲相借。

**芘** 《説文》：“芘，艸也。一曰芘尗木。从艸，比聲。”段注：“芘尗木，未聞。…… 蓋木名也。”王念孫《讀説文記》：“‘一曰芘茮木’五字，乃是‘一曰芘芣’之訛。《詩·東門之枌》三章‘視爾如荍’傳：‘荍，芘芣。’是也。”

按芘 pí（並脂）从比聲（並脂）訓草，草名。荍，芘芣。荍即今語蕎麥，蕎麥之花如細蟻，故以芘芣名之，作爲園藝栽培供觀賞的品種，即爲錦葵。二者有聯繫又有區別，芘芣雙聲字。

**枇** 《説文》：“枇，枇杷木也。从木，比聲。”

按枇 pí（幫脂）从比聲（並脂）訓枇杷木。枇杷果名，亦果樹名，其果一爪數粒，密集相聯。字从比聲，蓋用比密之引申義。

**秕** 《説文》：“秕，不成粟也。从禾，比聲。”段注：“按不成粟之字从禾，惡米之字从米，而皆比聲，此其别也。按今俗呼穀之不充者曰癟，補結切，即秕之俗音俗字也。”

按秕 bǐ（幫脂）从比聲（並脂）訓不成粟，今稱癟穀或叫癟殼，謂穀殼兩瓣貼近，中間没有米，或者米甚小。字从比聲，此用比密、貼近之引申義。

**粊** 《説文》：“粊，惡米也。从米，比聲。《周書》有《粊誓》。”段注：“《莊子》：‘塵垢粃康。’粃即粊字。”

按粊 bǐ（幫脂）从比聲（並脂）訓惡米，謂米發育不良，米粒瘦小不像樣，此米質之極差者。字从比聲，此仍用穀殼兩瓣貼近，米粒極差，此用比密之引申義。

**仳** 《説文》：“仳，别也。从人，比聲。《詩》曰：‘有女仳離。’”

按仳 pǐ（滂脂）从比聲（並脂）訓别，分别，離别。比本訓密，親密相處的兩人，也必有分離之時，所謂合久必分，此客觀事物之必然。此雙向取義。仳、别（幫月）旁紐雙聲。

**毗** 《説文》：“毗，輔信也。从卪，比聲。《虞書》曰：‘毗成五服。’”段注：“相輔之信也。信者卪也。从比，故以輔釋之。《周禮·掌節》：‘掌守邦節而辨其用，以輔王命。’……今《尚書》作‘弼’。”《玉篇》：“毗，今作弼。”

按毗 bì（並質）从比聲（並脂）訓輔信，相輔之信。信，卪。卪即今節字。毗同弼，今字作弼，輔弼。字从比聲，此用比二人相輔之引申義。

**庇** 《説文》：“庇，蔭也。从广，比聲。”段注：“蔭，艸侌也。引伸之爲凡覆庇之稱。《釋言》曰：‘庇，休，蔭也。’”

按庇 bì（幫脂）从比聲（並脂）訓蔭，謂遮陰。从广，屋舍在上，爲人遮陰。从比聲，謂二人相互照應護衛。此用比之引申義。

**肶** 《説文》：“肶，肶齎，人臍也。从囟，囟取通气也。从比聲。”段注：“人臍可以通氣，如囟門之通氣然。”

按肶 pí（並脂）从比聲（並脂）訓人臍。段説人臍可以通氣，如囟門之通氣然。即人臍的作用，可以和囟門相比。从胎兒的發育説，囟門和母體之心肺相通，助胎兒呼吸，臍則和胞相聯，爲胎兒輸送營養，助胎兒發育成長。字从比聲，此用比之輔助義。以之專表輔助義，字則略易其形，即變囟爲田作毘以示區别。

**妣** 《説文》：“妣，殁母也。从女，比聲。𠤏，籀文妣省。”羅振玉《增訂殷虚書契考釋》：“卜辭多作匕，與古金文同，多不从女。”

按匕 bǐ（幫脂）从反人，初義即表女人。增女爲妣是匕的後起的加形旁字。後以母爲父之比（配耦），故孳乳爲妣，考妣並稱，既指已故的父母，也指活着的父母。《爾雅》郭璞注：“古者通以考妣爲生存之稱。”妣从比聲，匕聲之借，用匕表女性之義。

**紕** 《説文》：“紕，氐人𦅾也。从糸，比聲。讀若《禹貢》玭珠。”段注：“氐人所織毛布也。……《禮記》用紕爲紕繆字。”

按紕 pī（滂脂）从比聲（並脂）訓氐人𦅾，氐人所織毛布。讀若玭珠者，玭珠，珠之有聲者，此以喻氐人所織之毛布粗獷，動則有聲。

**坒** 《説文》：“坒，地相次坒也。衛大夫貞子名坒。从土，比聲。”段注：“依小徐及《玉篇》《廣韵》作次坒。大徐作次比。”

按坒 bì（並脂）从比聲（並脂）訓地相次坒。字从比聲，此用比並、比密之引申義。

**蓖** 《説文》：“蓖，蒿也。从艸，毗聲。”

按蓖 pí（並脂）从毗聲（並脂）訓蒿，其草莖高，故字从高。字从毗聲者，《説文》：“毗，毗齎，人臍也。”謂其莖中有海綿質組織可以通氣輸送養分，此用毗人臍之引申義。

**膍** 《説文》：“膍，牛百葉也。从肉，𣬈聲。一曰鳥膍胵，鳥胃也。肶，膍或从比。”王筠句讀：“羊亦有之，在胃之下，而狀如焚夾，故名百葉。”

按膍 pí（並脂）从𣬈聲（並脂）訓牛百葉，即牛肚，狀如多重摺疊。字从𣬈聲，蓋爲比聲（並脂）之借，此用比之比密義。

**榌** 《説文》：“榌，梠也。从木，㮰聲。讀若枇杷之枇。”段注：“榌之言比叙也。”

按榌 pí（並脂）从㮰聲（並脂）訓屋梠。《釋名·釋宫室》：“梠，旅也，連旅之也。”屋梠是屋椽等距離地依次排列。字从㮰聲，當爲比聲（並脂）之借，用比之比叙、比次義。必借㮰聲者，以區别枇爲枇杷木，榌爲屋梠。

**貔** 《説文》：“貔，豹屬，出貉國。从豸，𣬈聲。《詩》曰：‘獻其貔皮。’《周書》曰：‘如虎如貔。’貔，猛獸。豼，或从比。”

按貔 pí（並脂）从𣬈聲，訓豹屬。猛獸，一説似虎。《詩》：“如虎如貔。”蓋謂此獸可以和猛虎相比，則字从毘聲當爲比聲（並脂）之借，用比可以相比並義。或以貔即白羆，則毘聲當爲罷聲（幫歌）之借，幫並旁紐，脂歌旁轉。

㩯 《説文》：“㩯，反手擊也。从手，毘聲。”段注：“《左傳》曰：‘宋萬遇仇牧於門，㩯而殺之。’《玉篇》所引如是。今《左傳》作批，俗字也。”

按㩯 pī（滂脂）从毘聲（並脂）訓反手擊。字从毘聲，蓋捭聲（幫支）之借。捭分用力大，故言㩯殺。今字作批，批判、批准，亦从分義引申。

媲 《説文》：“媲，妃也。从女，毘聲。”段注：“《釋詁》曰：‘妃，媲也。’此云‘媲，妃也’。見相爲轉注。”錢坫斠詮：“今通用配。”

按媲 pì（滂脂）从毘聲（並脂）訓妃，配偶，比配，今湖湘俗語稱“班配”。字从毘聲當爲比聲（並脂）之借，必借毘聲者，以區别妣爲考妣字，媲爲配偶字。

螕 《説文》：“螕，齧牛蟲也。从虫，毘聲。”段注：“今人謂齧狗蟲，語亦同。《通俗文》曰：‘狗蝨曰螕。’”桂馥義證：“戴侗曰：‘扁蟲著牛馬，食其血者也。’”

按螕 bī（幫脂）从毘聲（並脂）訓齧牛蟲。此蟲體扁，緊密地黏着在牛身上吸食牛血。字从毘聲當爲比聲（並脂）之借，此用比之比附黏着義。引申指狗蝨、鷄蝨等。

𧕴 《説文》：“𧕴，𧕴蠹，大螘也。从䖵，𣬉聲。蚍，𧕴或从虫，比聲。”段注：“《方言》作‘蚍蜉’。”

按𧕴 pí（並脂）从𣬉聲（並脂）訓𧕴蠹，今字作蚍蜉。字从𣬉聲，蓋爲比聲（並脂）之借。蚍蜉之主體兩節相連。字从比聲，此用比之比並義。又蠹（並幽）字从𣝗當爲櫜橐之省，蚍蜉身體之後節形如囊橐，故以蠹名之。

陛 《説文》：“陛，升高階也。从𨸏，坒聲。”段注：“升登古今字，古叚升爲登也。自卑而可以登高者謂之陛。……《獨斷》曰：‘群臣與至尊言，不敢指斥，故呼在陛下者而告之。’”

按陛 bì（並脂）从坒聲（並脂）訓升高陛，登高用的土築階梯。字从坒聲，此用坒之地相比次而升之引申義。

**梐** 《説文》：“梐，梐枑，行馬也。从木，陛省聲。《周禮》曰：‘設梐枑再重。’”

按梐 bì（並脂）从陛省聲（並脂）訓梐枑，行馬。古代官署前阻擋行人的障礙物。用木條交叉做成，故稱行馬。或叫拒馬叉子。以木製作，故从木。字从陛聲，此非升高之陛，而是阻人行的梐，謂不可逾越，此用陛反向引申之義。

**狴** 《説文》：“狴，狴牢謂之獄。所以拘非也。从非，陛省聲。”

按狴 pí（幫脂）从陛省聲（幫脂）訓狴牢所以拘非，拘禁罪人。字从陛省，蓋爲狴聲（幫脂）之借，用狴之狴牢義。

**此** 《説文》：“此，止也。从止匕。匕，相比次也。”段注：“《釋詁》曰：‘已，此也，正互相發明，於物爲止之處，於文爲止之詞。’……此釋从匕之故，相比次而止也。”

按此 cǐ（清支）字从止，止即足。此和是相對。遠在農耕社會之初，男人在户外耕種，女人在室内紡織，女人指着自己的脚下説“此”，男人指着頭頂的太陽説“是”。這是此、是深層的文化信息。

**祡** 《説文》：“祡，燒祡尞祭天也。从示，此聲。《虞書》曰：‘至於岱宗，祡。’𥛱，古文祡，从隋省。”

按祡 chái（崇支）从此聲（清支）訓燒柴尞祭天。字从此聲，當爲柴聲（崇支）之借，此用柴燒祡祭天之引申義。

**玼** 《説文》：“玼，新玉色鮮也。从玉，此聲。《詩》曰‘新臺有玼’。”段注：“各本無新。《詩》音義兩引皆作‘新色鮮也’。今補。玼本新玉色，引伸爲凡新色。如《詩》‘玼兮玼兮’，言衣之鮮盛。‘新臺有玼’，言臺之鮮明。《韵會》引作‘玉色鮮絜也’。……今本作‘泚’。《韓詩》作‘漼’，云鮮皃，即今璀璨字也。”

按玼 cǐ（清支）从此聲（清支）訓新玉色鮮。字从此聲，此用此近指之引申義。近與新義相函，凡近生即新生，近作即新作。

**茈** 茈 《説文》："茈，茈艸也。从艸，此聲。"段注："《周禮》注云：'染艸，茅蒐，槖盧，豕首，紫茢之屬。'按紫茢即紫莀也，紫莀即茈艸也。《廣雅》云：'茈莀，茈草也。'古列戾同音，茈紫同音。"

按茈 zǐ（精支）从此聲（清支）訓茈草，即紫草，可以染紫之草。今張家界景區有茈草潭，即此茈字。1984 年余與周秉鈞先生同游金鞭溪，至茈草潭，先生笑指深潭説："這就是茈草潭。茈草，染紫的草。"字从此聲，此用茈可染紫之義。

**呰** 呰 《説文》："呰，苛也。从口，此聲。"段注："苛亦當作訶，玄應引作訶，凡言呰毀當用呰。《喪服・四制》：'呰者，莫不知禮之所生也。'鄭云：'口毀曰呰。'"桂馥義證："苛也者，謂詆毀也。經典或借訾字。"

按呰 zǐ（精支）从此聲（清支）訓訶，謂指責詆毀。字从此聲，此用此近指指斥之引申義。

**啙** 啙 《説文》："啙，窳也。闕。"段注："此非許本文。《史記・貨殖傳》云：'呰窳偷生，無積聚。'《漢・地理志》：'啙窳，媮生而無積聚。'應劭曰：'啙，弱也。'晋灼曰：'啙，病也。窳，惰也。'徐廣曰：'呰窳，苟且惰嬾之謂也。'師古曰：'呰，短也。窳，弱也，言短力弱才不能勤作。'是皆啙窳爲雙字，不以窳釋啙。……其形則从此从吅，此亦聲。"

按啙 zǐ（精支）从此聲（清支）訓啙窳。字从此聲，此近指引申有小義，短小義相函，短小與弱劣義相關。从雙口者，謂食之者衆而生之者短力弱才，又惰而不肯勤作，則衣食短缺，苟且偷生，故以窳狀之。窳者，今俗語所謂"下三爛"是也。

**訿** 訿 《説文》："訿，訿訿，不思稱意也。从言，此聲。《詩》曰'翕翕訿訿'。"段注："按呰毀字古作呰，與訿别，後人混用。"朱駿聲通訓定聲："按此字亦即呰之異體，今附於此。

《禮記・喪服四制》：'訾之者是不知禮之所由生也。'注：'口毁曰訾。'玄應書引作呰，《左・昭廿一傳》注'不訾小忿'，釋文'本作呰'。《吕覽・審應》'公子沓訾之'，注：'毁也。'"

按訾 zī（精支）从此聲（清支）訓訾訾思不稱意。訾單用與連用意本不同，訾从言與从口同意，朱氏以訾爲呰之異體，其説可參。

**趀** 《說文》："趀，淺渡也。从走，此聲。"朱駿聲通訓定聲："字亦作跐。《莊子・秋水》：'彼方跐黄泉而登大皇。'司馬注：'測也。'"

按趀 cǐ（清支）从此聲（清支）訓淺渡。字从此聲，此用此短小之引申義。

**齜** 《說文》："齜，齒相齘也。一曰開口見齒之皃。从齒，此聲。讀若柴。"段注："齘，各本誤齗，李本不誤。……《管子》曰：'東郭有狗啀啀，旦莫欲齧我猳。'啀啀，露齒之皃。"

按齜 chái（崇支）从此聲（清支）訓齒相齘，牙齒相摩切。字从此聲蓋朿聲（清錫）之借，用朿芒朿之引申義。一曰開口見齒皃，即今語齜牙咧嘴。字从此聲蓋爲斯聲（心支）之借，用斯析、分裂、裂開之義。

**眥** 《說文》："眥，目匡也。从目，此聲。"段注："謂目之匡當也。《木部》曰：'棡，匡當也。'《字林》作'目厓'。"

按眥 zì（从支）从此聲（清支）訓目匡。字从此聲，蓋厓聲（疑支）之借。《說文》："厓，山邊也。"《說文新附》："睚，目際也。"眥、厓支部叠韵。

**雌** 《說文》："雌，鳥母也。从隹，此聲。"

按雌 cí（清支）从此聲（清支）訓鳥母。字从此聲，當爲匕聲（幫脂）之借，鳥獸相對，鳥小獸大。字从此，此从止，止有小義。故以雌表鳥之母性。此从匕，此用匕女、母之引申義。

**䍶** 《說文》："䍶，羊名。蹏皮可以割桼。从羊，此聲。"

按䍶 cī（清支）从此聲（清支）訓羊名。蹄皮可以割桼。謂其皮堅硬而鋒利。字从此聲，蓋爲朿聲（清錫）之借，清母雙聲，支錫對轉，此用朿鋒利之引申義。

**鴜**《説文》：“鴜，鸃鴜也。从鳥，此聲。”

按鴜 cí（从支）从此聲（清支）訓鸃鴜。《説文》：“鸃，鸃鴜也。”段注：“《上林賦》‘箴疵’，《史記》作‘鸃鵆’。張揖曰‘箴疵似魚虎而蒼黑色’。按鍼貲二音，鴜之言觜也。觜，口也。鸃鴜蓋其味似鍼之鋭。”字从此聲，蓋爲觜聲（精支）之借，言其味似鍼之鋭利。

**骴**《説文》：“骴，鳥獸殘骨曰骴，可惡也。从骨，此聲。《明堂月令》曰：‘掩骼薶骴。’”段注：“殘同歺，餘也。……以其歺薉可惡，人所不欲見，故從骨从此，此亦聲。”王筠句讀：“若曰謂之骴者，以其可惡而命之名也。此第指字聲言，蓋从此音者，多有可惡之意。”

按骴 cī（从支）从此聲（清支）訓鳥獸殘骨。字从此聲，蓋爲刺聲（清錫）之借。支錫陰入對轉，此謂殘骨如刺，見之刺目，令人惡心。今湘北俗語，凡令人惡心的事物叫“惡刺”，字蓋當作骴。

**觜**《説文》：“觜，鴟舊頭上角觜也。一曰觜，觿也。从角，此聲。”段注：“角觜，萑下云：‘毛角’是也。毛角，頭上毛有似角者也。觜猶策，鋭詞也。毛角鋭，凡羽族之味鋭，故鳥味曰觜，俗語因之凡口皆曰觜，其實本鳥毛角之稱也。鳥口之觜，《廣雅》作策，郭《爾雅》注云：‘山鵲策脚赤。’葉抄、釋文不誤。”

按觜 zī（精支）从此聲（清支）訓鴟舊頭上角觜，猫頭鷹頭上的毛角。字从此聲，當爲朿聲（清錫）之借，用朿尖鋭之引申義。凡鳥類之味皆角質而尖鋭，故移以稱鳥味爲觜。引申爲凡人獸之口，今字作嘴，如人之“油嘴滑舌”，又如“狗嘴裏吐不出象牙”。

**柴**《説文》：“柴，小木散材。从木，此聲。”段注：“《月令》：‘乃命四監，收秩薪柴，以供郊廟及百祀之薪燎。’注云：‘大者可析謂之薪，小者合束謂之柴。’”

按柴 chái（崇支）从此聲（清支）訓小木散材。散材，無用之材，指不能用來製作器物的廢料。字从此聲，此用此小之引申義。

貲 貲 《説文》："貲，小罰以財自贖也。从貝，此聲。《漢律》'民不繇，貲錢二十三'。"段注："貲字本義如是，引伸爲凡財貨之稱。……繇傜古今字。二十三各本作二十二，今正。……民不傜者，謂七歲至十四歲。貲錢二十三者，口錢二十，併武帝所加三錢也。"

按貲 zī（精支）从此聲（清支）訓小罰以財自贖。小罰則所罰之數亦小。字从此聲，此用此小之引申義。引申爲凡財貨之稱。

疵 疵 《説文》："疵，病也。从疒，此聲。"段注："古亦叚玼爲之。"

按疵 cī（从支）从此聲（清支）訓病。字从此聲，蓋玼聲（清支）之借。《廣韵》："玼，玉病。"指玉石上的斑點，玼瑕每連言。《説文》："瑕，玉小赤也。"小赤和斑點都是白玉的小缺陷小毛病。此顯而易見，故引以喻人之小病。字从此聲，此用此小之引申義。

頿 頿 《説文》："頿，口上須也。从須，此聲。"段注："在口上，在頰，亦得名須，而正名百物則曰髭曰䫇。《左傳》曰：'至於靈王，生而有頿，是爲頿王。'《釋名》曰：'髭，姿也，爲姿容之美也。'"

按頿 zī（精支）从此聲（清支）訓口上須。口上須稱頿，口下須今稱胡鬚，或曰胡子。相形之下，胡子長，頿須短。字从此聲，此用此短淺之引申義。

骴 骴 《説文》："骴，馬名。从馬，此聲。"

按骴 cǐ（清支）从此聲（清支）訓馬名，蓋亦馬品種中之體型特小者，如貴州之山地馬特矮小。此説若不謬，則字从此聲，當用此小之引申義。

鼒 鼒 《説文》："鼒，鼒鼠似鷄，鼠尾。从鼠，此聲。"桂馥《説文段注鈔案》："'鼒鼠'，《東山經》作'蚩鼠'，云：'狀如鷄而鼠毛，見則其邑大旱。'吾鄉張氏《耳夢録》言親見此禽，大如麻雀而鼠毛。與本經合，不言鼠尾也。《玉篇》依經亦作鼠毛，不作鼠尾。然則許書作‘尾’，恐係轉寫之訛。”

按䶅 zī（精支）从此聲（清支）訓䶅鼠似鴜鼠尾。字从此聲，蓋爲觜聲（精支）之借，謂此物之頭觜象鴜，其味稱觜，故以爲名。又䶅、鴜（見支）叠韵，此亦似鴜之證。

𡘋 《説文》：“𡘋，瞋大聲也。从大，此聲。”段注：“各本無聲字，今依《玉篇》《廣韵》補。瞋大聲者，謂張目而大聲。若言‘喑噁叱咤，千人皆廢’也。疑瞋下奪目字。又按瞋，張目也，瞋大。《史》所謂目眥盡裂也。”

按𡘋 xiè（曉月）从此聲（清支）訓嗔大，謂目張大。字从此聲，當爲眥聲（从支）之借，段氏後一説較爲合理。楊樹達先生在《積微居小學述林》中指出：“字音讀火戒切，此聲之説不合。蓋从大从此，非从此聲也。字从此者，假此爲眥。”

鮆 《説文》：“鮆，刀魚也。飲而不食，九江有之。从魚，此聲。”段注：“刀魚，今人語尚如此。其形像刀也。俗字作魛。《尚書·大傳》有魚刀，蓋即此。飲而不食，故其形纖削而味清雋，春出江中，人多食之。”

按鮆 jì（清支）从此聲（清支）訓刀魚，謂其體薄如刀片。字从此聲，此用此淺近、淺薄之引申義。

泚 《説文》：“泚，清也。从水，此聲。”段注：“此本義也。今《詩》‘新臺有泚’，毛曰：‘泚，鮮明貌。’此假泚爲玼也。”

按泚 cǐ（清支）从此聲（清支）訓清，清澈。字从此聲，此从止，水止則清，是此聲當爲止聲（章之）之借。清章鄰紐，之支旁轉。《詩·谷風》：“湜湜其止。”《説文》：“湜，水清見底也。”必借此聲者，以區別沚爲小渚，泚爲水清，此以聲子代聲母。

𢪊 《説文》：“𢪊，捽也。从手，此聲。”段注：“捽之訓在下。按玄應書兩引《説文》：‘𢪊，擳也。擳居逆反，謂擳，撮取也。’又引《通俗文》‘掔挽曰𢪊’。按玄應本較今本爲長，但許本無擳，衹用戟，是亦以俗字改許書也。……此與下手上此字義别。”

按㧗 zǐ（精支）从此聲（清支）訓戟，謂以戟撮取之。字从此聲，蓋刺聲（清錫）之借，謂以戟刺而取之。精清旁轉，支錫對轉。

**𢬦** 《説文》：“𢬦，積也。从手，此聲。《詩》曰‘助我舉𢬦’。一曰：摵頰旁也。”段注：“《小雅·車攻》曰：‘助我舉柴。’傳曰：‘柴，積也。’箋云：‘雖不中，必助中者舉積禽也。’柴，許所據作𢬦，此聲、責聲古同在十六部，以叠韵爲訓。一曰二字，《廣韵》及小徐本及《集韵》《類篇》皆有之，是也。無此則與上文‘積也’矛盾。”

按𢬦 zì（从支）从此聲（清支）訓積，謂獵所獲積禽，積言其多。字从此聲，當爲積聲（精錫）之借，此、積精清旁紐，支錫陰入對轉。

**姕** 《説文》：“姕，婦人小物也。从女，此聲。《詩》曰：‘婁舞姕姕。’”段注：“小物，謂用物之瑣屑者，今人用些字，取敚細之意，即姕之俗體也。……‘姕姕’，《詩》作‘傞傞’。傳曰：‘傞傞，不止也。’”

按姕 zī（精支）从此聲（清支）訓婦人小物，用物之瑣屑者。字从此聲，用些小之引申義。《龍龕手鑑》：“姕，婦人好皃也。”則姕从此聲蓋爲姿聲（精脂）之借。《説文》：“姿，態也。”謂舉止多姿。

**紫** 《説文》：“紫，帛青赤色也。从糸，此聲。”

按紫 zǐ（精支）从此聲（清支）訓帛青赤色。字从此聲，當爲茈聲（精支）之借。《説文》：“茈，茈艸也。”段注：“《周禮》注云：‘染艸，茅蒐……紫茢之屬。’按紫茢即紫莀也，紫莀即茈艸也。……陶隱居云：‘即是今染紫者。’”茈草是染紫色的染草，此以聲母代聲子。

**鈭** 《説文》：“鈭，鈭錍，斧也。从金，此聲。”

按鈭 zī（精支）从此聲（清支）訓鈭錍。字从此聲，用此小之引申義。錍从卑聲，用卑短小之義。鈭錍與“鏨，小鑿也”爲伍，亦是互證。桂馥義證：“鈭錍，短斧也。”短謂柄短，鈭、錍（幫支）叠韵，蓋亦於其字叠韵取義。

## 内聲字

**内** 内 《説文》：“内，入也。从冂入，自外而入也。”段注：“今人謂所入之處爲内，乃以其引伸之義爲本義也，互易之，故分别讀奴荅切，又多假納爲之矣。《周禮》注云：‘職内，主入也。内府主良貨賄藏在内者。’然則職内之内是本義，内府之内是引伸之義。冂音坰，按當音覓。……冂者，覆也。覆在外，各本無入字，今依《韵會》補。”林義光《文源》以爲金文“从宀入”，象入屋中之形。

按内 nà（泥緝）字从入，當爲入聲（日緝），泥日準雙聲，緝部叠韵，是内字以入爲語源。所入在造字之初必爲具體之物，从語源説，入是日光从孔隙照射進來。日（日質）、入日母雙聲，質緝通轉，是入以日爲語源。日是地球的光源，也是地球諸多能源的來源。字从冂入，林義光氏以爲金文从宀入，象入屋中之形，此説有創見，但不準確。一是人類在室居之前，經歷了漫長的穴居時代，冂者當爲穴居之覆；二是从穴外進入穴内的具體之物，應是陽光。日、入同源，陽光照射到居穴中，給人帶來了光明和温暖，它深刻地鏤進初民的記憶中，文明漸進，有了文字的創造。中華文明的傳統是慎終追遠，不忘其初，制成文字，這便是内。内的初義是日光由居穴外、由空隙處照射入穴内。作動字讀 nà，作方位名詞是内外的内，讀 nèi（泥物）。

**芮** 芮 《説文》：“芮，芮芮，艸生皃。从艸，内聲。讀若汭。”段注：“芮芮與莪莪雙聲，柔細之狀。”

按芮 ruì（日月）从内聲（泥緝）訓芮芮，草生皃，草初生柔細的樣子。字从内聲當爲日聲（日質）之借，日之光綫細而鋭，故稱光芒，草初生細而鋭，故亦稱芒。此以光芒喻草芒，日光的特點，有極强的穿透力，無孔不入，草之初生其芒能破土而出，亦有很强的穿透力，故以相喻。這就是哲學上的柔弱勝剛强，柔弱者生之徒。日光是由上向下照射，此由出而入，草之嫩芽从下破土而出，此由入而出。

二者相反而相成。細草的生長是和陽光照射密不可分的。字从内聲（泥緝），此用日光由外至内之反向引申。

**向 㕯** 《説文》："向，言之訥也。从口内。"段注："《檀弓》作'吶'，同'其言吶吶然，如不出諸其口'。注：'吶吶，舒小皃。'此與《言部》訥音義皆同。故以訥釋向。……内，入也。會意，内亦聲。"

按向 nà（泥緝）从内聲（泥緝）訓言之訥，説話遲緩，有些話到口邊又吞了回去。訥、向一字之異體，孔子曾經解釋説，"古者言之不出，耻躬之不逮也"，故"君子欲訥於言而敏於行"。字从内聲，此用内之向後退縮之引申義。

**訥 䛒** 《説文》："訥，言難也。从言内。"段注："與訒義同，與向音義皆同。《論語》：'君子欲訥於言而敏於行。'苞曰：'訥，遲鈍也。'……内亦聲。"

按訥 nà（泥緝）从内聲（泥緝）訓言難，説話遲鈍，難於輕易出口。訥、向一字，从言與从口同意。

**笍 笍** 《説文》："笍，羊車騶箠也。箸箴其耑長半分。从竹，内聲。"段注："騶箠者，御車之馬箠也。……善飾之車駕之以犢，馳驟不揮鞭策，惟用箴刺而促之。"

按笍 ruì（日月）从内聲（泥物）訓羊車騶箠，箸箴其耑長半分，古代一種頂端安有竹針的馬刺，竹箴尖鋭。字从内聲，當爲芮聲（日月）之借，用芮草芒尖鋭之引申義。

**朒 朒** 《説文》："朒，朔而月見東方謂之縮朒。从月，肉聲。"朱駿聲通訓定聲："按此朒之誤字，今訂正。隸《孚部》肉聲下。"

**汭 汭** 《説文》："汭，水相入皃。从水内，内亦聲。"段注："皃，各本作也。今依《玉篇》《廣韵》正，下文皆水皃，則皃字是也。……與枘同意。"

按汭 ruì（日月）从内聲（泥物）訓水相入，謂兩條河流匯合。

字从内聲，此用内自外而入之引申義。

納 䌷 《説文》："納，絲濕納納也。从糸，内聲。"段注："納納，濕意。劉向《九歎》：'衣納納而掩露。'王逸注：'納納，濡濕貌。古多叚納爲内字，内者入也。'"

按納 nà（泥緝）从内聲（泥緝）訓絲濕納納。字从内聲，當爲涅聲（泥質）之借。《説文》："涅，黑土在水中者也。"以喻絲在水，从水中撈起，故有沾濕義，納、涅泥母雙聲，緝質旁轉。

軜 軜 《説文》："軜，驂馬内轡系軾前者。从車，内聲。《詩》曰：'渋以觼軜。'"段注："系，各本作繫，繫見《糸部》，非其義也，今正。驂馬兩内轡爲環系諸軾前，故御者秪六轡在手。《秦風》毛傳曰：'軜，驂内轡也。'是則軜之言内，謂内轡也。其所入軾前之環曰觼。角部曰'觼，環之有舌者'是也。"

按軜 nà（泥緝）从内聲（泥物）訓驂馬内轡系軾前，駟馬車上兩旁之馬的内側系於軾上的繮繩。字从内聲，用内之在内側義。

蜹 蜹 《説文》："蜹，秦晋謂之蜹，楚謂之蟁。从虫，芮聲。"段注："蟁作蚊俗。……此爲方俗殊語以舉例也。"

摟蜹 ruì（日月）从芮聲（日月）訓蟁，今字作蚊。蟁从民聲，冥聲之借，謂白天藏在隱蔽處，昏夜出來咬人。蜹从芮，蜹頭小嘴尖，插入人肌膚吸血。字从芮聲，此用芮草芒尖鋭之引申義。

魶 魶 《説文》："魶，魶魚，似鱉，無甲，有尾無足，口在腹下。从魚，納聲。"段注："按此篆《玉篇》作魶，《廣韵》作魶。"

按魶 nà（泥緝）从納聲（泥緝）訓魶魚，蓋爲入内之内。口當在頭部，而此魚口在腹下，是口往後退縮，此用内入内之引申義。

矞 矞 《説文》："矞，以錐有所穿也。从矛㕯。一曰滿有所出也。"段注："㕯者入意。小徐作'㕯聲'，會意兼形聲也。……矞雲蓋取此義。"

按矞 yù（余質）从冏聲（泥緝）訓以錐有所穿也，以錐穿刺物。字从冏聲，當爲入聲（泥緝）之借，此以聲子代聲母。穿物，穿透則出，故引爲滿有所出。

**裔** 《説文》："裔，衣裙也。从衣，冏聲。𧘇，古文裔。"段注："裙，各本及《篇》《韵》皆作裾，今正。玄應書卷十四曰：'《説文》云：裔，衣裙也。以子孫爲苗裔者，取下垂義也。'按帔曰裠，裳曰下裠。……故《方言》《離騷》注皆曰：'裔，末也。'"

按裔 yì（余月）从冏聲（泥物）訓衣裙，衣末，衣邊。字从冏聲，蓋爲内聲（泥物）之借，子孫無窮，皆在邊末之内。此用内在内之引申義。

**噊** 《説文》："噊，危也。从口，矞聲。"《爾雅·釋詁下》："噊，危也。"王引之述聞："危有二義，一爲危險之危，幾、烖、殆是也。一爲詭詐之詭，噊是也。噊蓋譎之别體。"

按噊 yù（余質）从矞聲（余質）訓危，詭詐。噊蓋譎之别體。字从矞聲，用錐穿刺，袖而不見之引申義。

**趫** 《説文》："趫，狂走也。从走，矞聲。"段注："《東京賦》：'捎魑魅，斮獝狂。'薛曰：'獝狂，惡戾之鬼。'按獝當作趫。"徐鍇繫傳："趫，急疾之皃也。"

按趫 jú（見物）从矞聲（余質）訓狂走，以瘋狂喻走之特疾。錐刺物，其動作必用力而且迅疾。此用矞之引申義。

**遹** 《説文》："遹，回辟也。从辵，矞聲。"段注："依《韵會》作辟。《小雅》：'謀猶回遹。'毛傳曰：'回邪，遹辟也。'按辟僻古今字。《大雅》兩言回遹，箋皆云'回邪'。……遹，古多假爲述字。《釋言》云'遹，述也'，言叚借也。"朱駿聲通訓定聲："遹猶衺行也。與僻略同。"

按遹 yù（余質）从矞聲（余質）訓回辟，邪僻。字从矞聲，噊聲之借，用噊詭噊不正之引申義。又字从矞聲，有不正義者，以錐穿刺必轉動向前，故引申有回辟義。

譎 𧬄 《説文》："譎，權詐也。益梁日謬，欺天下曰譎。从言，矞聲。"段注："《方言》：'膠，譎，詐也。涼州西南之間曰膠。自關而東西或曰譎。'"

按譎 jué（見質）从矞聲（余質）訓權詐。字从矞聲，蓋爲遹聲（余質）之借，用遹邪僻之引申義。

鷸 䲣 《説文》："鷸，知天將雨鳥也。从鳥，矞聲。《禮記》曰：'知天文者冠鷸。'䳭，鷸或从遹。"

按鷸 yù（余質）从矞聲（余質）訓知天將雨鳥。字从矞聲者，謂在泥間作鷸鷸聲。此鳥鳴則天將雨，此以其鳴聲作此鳥之名，此以業爲名。又此鳥嘴長啄物鋒利如錐，是名鷸者，兼用錐鋭之引申義。

劀 𠟗 《説文》："劀，刮去惡創肉也。从刀，矞聲。《周禮》曰：'劀殺之齊。'"段注："《瘍醫》：'掌腫瘍，潰瘍，金瘍、折瘍之祝藥劀殺之齊。'鄭云：'劀，刮去膿血。殺謂以藥食其惡肉。'許異刮劀爲叠韵。"

按劀 guā（見質）从矞聲（余質）訓刮去惡創肉。字从矞聲，蓋爲刮聲（見月）之借。見母雙聲，月質旁轉。此用刮之刮去義。

橘 𣕛 《説文》："橘，橘果出江南。从木，矞聲。"段注："《禹貢》：'荆州厥苞橘柚。'《考工記》曰：'橘踰淮而北爲枳。'"

按橘 jú（見質）从矞聲（余質）訓橘果，果實爲橘子。其形扁圓而不正，故以橘名之。此以德爲名，用矞不正之引申義。

窬 𥥛 《説文》："窬，空皃。从穴，矞聲。"段注："孔之皃也。"《廣韵》："窬，穿皃。"

按窬 xuè（曉質）从矞聲（余質）訓空，孔穴皃。字从矞聲，《説文》："矞，以錐有所穿也。"以錐穿透則有孔穴，此用矞刺穿之引申義。

驈 𩧢 《説文》："驈，驪馬白跨也。从馬，矞聲。"段注："跨者兩股之間也。《釋獸》《毛傳》皆曰：'驪馬白跨曰驈。'"

《詩·魯頌·駉》："薄言駉者，有驈有皇。"唐張説《大唐開元十三年隴右監牧頌德碑》："差其毛物，則有蒼白驪黄，騂紫驈皇。"

按驈 yù（余質）从矞聲（余質）訓驪馬白跨。驈黄即橘黄，橘之成熟由緑而黄，由黄轉紅，紅者丹橘。字从矞聲，蓋爲橘聲（見質）之借，此用橘由緑轉黄義。

**憰** 《説文》："憰，權詐也。从心，矞聲。"段注："此與《言部》譎音義皆同。蓋彼以言，此以心。"

按憰 jué（見質）从矞聲（余質）訓權詐，此謂心術不正，好以欺詐行事。此用遹邪僻之引申義。

**潏** 《説文》："潏，涌出也。一曰水中坻，人所爲爲潏。一曰潏水名，在京兆杜陵。"段注："《上林賦》'潏潏淈淈'，李善皆引《説文》證之。……《釋水》曰：'小沚曰坻，人所爲爲潏。'"《廣韵》："泉出皃。"

按潏 yù（余質）从矞聲（余質）訓涌出，謂水从孔穴中涌出。字从矞聲，其出多回邪，此用矞之回邪義。作水名字，字从矞聲，則爲但借其聲。

**繘** 《説文》："繘，綆也。从糸，矞聲。䋶，古文从絲。𦃇，籀文繘。"段注："《方言》曰：'繘，自關而東，周洛韓魏之間謂之綆，或謂之絡，關西謂之繘。'"

按繘 jué（見質）从矞聲（余質）訓綆。《説文》："綆，汲井綆也。"汲井水用的繩索。字从矞聲，《説文》："矞，錐有所穿也。"汲井索引汲甀上下井中，與錐之穿物有相似者，此相似孳乳。井索稱綆者，字从更聲，爲亢聲之借，亢者咽喉，鯁是魚刺卡在咽喉裏，語有"如鯁在喉"。井索在井壁中，與魚刺在人咽喉中，亦有相似者，亦爲相似孳乳是其比。字从矞聲，此用矞以錐穿物之引申義。

**蟠** 《説文》："蟠，蟠蟥，蛢也。从虫，矞聲。"段注："蛢字今補，此轉注之例也。"

按蟠 yù（余質）从矞聲（余質）訓蟠蟥，蛢也。段氏於"蛢，蟠黄”注曰：“蟥，各本作蝗，今正。《釋蟲》曰：‘蛂，蟥蛢。’郭云：‘甲蟲也，大如虎豆，緑色，今江東呼黄瓶。’按蛂蟥，即蟠蟥也，以翼鳴者。”蟠蟥，甲蟲，金龜子。字从𧶠聲，當爲橘聲（見質）之借，橘之成熟由緑轉黄，蟠蟥即橘黄，或曰蛂蟥，即發黄。皆以其顏色爲名，此以德爲名。

醑 醑 《説文》：“醑，醬也。从酉，𧶠聲。”段注：“《廣雅》同。《玉篇》曰‘醓，醬也’。醓醬亦見《廣雅》。”《集韵·屑韵》：“醑，蚌醬。”

按醑 jú（見質）从𧶠聲（余質）訓醬。《集韵》以爲蚌醬，則字从𧶠聲，當爲鷸聲（余質）之借。《戰國策·燕策》：“蚌方出曝，而鷸啄其肉。”此蓋以鷸啄蚌肉引申指蚌肉，此用鷸之深層信息。

## 隹聲字

隹 隹 《説文》：“隹，鳥之短尾總名也。象形。”段注：“短尾名隹，别於長尾名鳥。云總名者，取數多也。亦鳥名，翩翩者雕。夫不也，本又作隹。”

按隹 zhuī（章微）訓鳥之短尾總名。此象形字，蓋取象鳥斂翅走在地上，與蛇之盤體而息作它之取象正同。它和隹都是漢字的字源字。

琟 琟 《説文》：“琟，石之似玉者。从玉，隹聲。讀若維。”

按琟 wéi（余微）从隹聲（章微）訓石之似玉者，隹蓋其表色。字从隹聲，蓋爲萑聲（章微）之借，草色青，草多起堆則呈深青色，此蓋玉之深緑色者。

萑 萑 《説文》：“萑，艸多皃。从艸，隹聲。”

按萑 zhuī（章微）从隹聲（章微）訓草多皃。俗稱人多物多叫起了堆。字从隹聲，蓋爲堆聲（端微）之借，堆字後起，本字當作𠂤。《説文》：“𠂤，小𠂤也。”古多以𠂤（阜）表多，如“物阜民康”。

唯 唯 《説文》：“唯，諾也。从口，隹聲。”段注：“此渾言之。《玉藻》曰：‘父命呼，唯而不諾。’析言之也。”

按唯 wéi（余微）从隹聲（章微）訓諾。唯諾皆人呼而已應之之應聲。作象聲字，此但借其聲，與字之本義引申義無關。

**趡** 趡 《説文》：“趡，動也。从走，隹聲。《春秋傳》曰‘盟於趡’，趡地名。”

按趡 cuǐ（清微）从隹聲（章微）訓動，蓋謂隹在地上走動。字蓋以走之聲紐爲聲，以隹之韵部爲韵，合二字之聲韵爲讀，會二字之意爲義。趡作地名字，从隹聲，此但借其聲。

**誰** 誰 《説文》：“誰，誰何也。从言，隹聲。”段注：“三字爲句。各本少誰字，誤刪之也。……《六韜》：‘令我壘上，誰何不絶。’”

按誰 shuí（禪微）从隹聲（章微）訓誰何，謂責問來人是何人。从語源説，誰亦發聲，久之而有所指。今所謂疑問代詞，凡代詞皆假借。

**睢** 睢 《説文》：“睢，仰目也。从目，隹聲。”段注：“《五行志》：‘萬衆睢睢。’《莊子》：‘而目睢睢。’又恣睢讀去聲，暴戾也。”

按睢 huī（曉微）从隹聲（章微）訓仰目，謂仰視。字从隹聲，隹能飛，此用隹飛之引申義。

**鵻** 鵻 《説文》：“鵻，祝鳩也。从鳥，隹聲。隼，鵻或从隹一，一曰鶉字。”段注：“《小雅》：‘翩翩者鵻。’《釋鳥》：‘鵻其鳺鴀。’毛傳曰：‘鵻，夫不也。’”徐灝注箋：“鵻爲祝鳩，職追切。隼爲鷙鳥，思允切。二字音義懸絶。……今本《説文》以隼爲鵻之或體，其誤顯然。”

按鵻 zhuī（章微）从隹聲（章微）訓祝鳩，夫不。字从隹聲，當爲錐聲（章微）之借，此用鵻錐啄之引申義。

**奞** 奞 《説文》：“奞，鳥張毛羽自奮奞也。从大隹。”段注：“奞，依《篇》《韵》補。奮奞雙聲字。……大其隹也，張毛羽，故从大。”

按奞 zhuì（章微）从隹聲（章微）訓鳥張毛羽自奮奞。字从大隹會意，而以隹爲聲，此爲鳥展翅即將起飛的動作，用奞張大毛羽之義。

**脽** 《説文》：“脽，𡲰也。从肉，隹聲。”段注：“𡲰，鍇作尻，非也。《東方朔傳》曰：‘臣觀其舌齒牙，樹頰胲，吐脣吻，擢頷頤，結股脚，連脽尻。’每句二字，皆相爲屬别。師古曰：‘脽，臀也。’……《朔傳》曰‘尻益高’是也。析言則𡲰統之，尻乃近穢處。今北方俗云溝子是也。連脽尻者，斂足而立之狀。”《正字通》：“脽，𡲰骨也。”

按脽 shuí（禪微）从隹聲（章微）訓𡲰，𡲰即今臀字。渾言則指臀部，析言則指臀部的尾椎骨。字从隹聲，當爲椎聲（定微）之借。此用脽之如椎義。

**椎** 《説文》：“椎，所以擊也。齊謂之終葵。从木，隹聲。”段注：“所以二字今補。器曰椎，用之亦曰椎。……《考工記》：‘大圭長三尺，杼上終葵首。’注曰：‘終葵，椎也。爲椎於其杼上，明無所屈也。’”徐灝注箋：“終葵之合聲爲椎，杼上漸殺而上也。”

按椎 zhuī（定微）从隹聲（章微）訓所以擊也。字兼名動。字从隹聲，此用隹嘴鋭之引申義。

**帷** 《説文》：“帷，在旁曰帷。从巾，隹聲。匿，古文帷。”段注：“《釋名》曰：‘帷，圍也，所以自障圍也。’……鍇曰：‘从匚，象周帀。’”

按帷 wéi（匣微）从隹聲（章微）訓在旁曰帷。此與帷在上四面幕相對。字从隹聲，當爲圍聲（匣微）之借。圍是韋後起的加注形旁字，韋是周圍、圍繞的本字。帷重文作匿，匿是圍的異體，此許書正篆用借聲，而重文用聲之本字。

**倠** 《説文》：“倠，仳倠，醜面。从人，隹聲。”段注：“《淮南》曰：‘粉白黛黑弗能爲美者，嫫母，仳倠也。’《廣雅》曰：

‘仳催，醜也。’《四子講德論》作‘倭傀’。……高誘曰：‘仳讀人得風病之痱，催讀近虺。’”

按催 suī（曉微）从隹聲（章微）訓仳催，醜面，面目醜陋。字从隹聲，蓋堆聲（端微）之借，謂眼睛、鼻子、口擠在一堆，非常難看，故曰醜面。

**頧** 《說文》：“頧，出頟也。从頁，隹聲。”段注：“謂頟胅出向前也。”

按頧 chuí（定微）从隹聲（章微）訓出額，額頭突出。字从隹聲，蓋爲奞聲（心微）之借，用奞鳥張毛羽自奮奞之引申義。

**魋** 《說文》：“魋，如小熊，赤毛而黃。从隹，鬼聲。”段注：“各本無此篆，據《言部》讙篆下曰：从言魋聲，必當有此篆。但大徐補入《鬼部》，未當，今依《爾雅》補入隹部，獸可言隹也。”

按魋 tuí（定微）从隹聲（章微）訓（神獸）如小熊，赤毛而黃。字从隹聲，其語源不詳。

**雇** 《說文》：“雇，高也。从屵，隹聲。”段注：“《玉篇》曰‘亦作隺’。按《自部》曰：‘隹隗，高也。’義同字異。徐鍇繫傳：‘雇，今俗作崔。’”

按雇 duī（端微）从隹聲（章微）訓高。字从隹聲，蓋爲堆聲（端微）之借，用堆高之引申義。

**崔** 《說文》：“崔，大高也。从山，隹聲。”朱駿聲通訓定聲：“鍇本無此篆，按與雇隺字皆同，字又作確。《爾雅·釋山》：‘石戴土謂之崔嵬。’”

按崔 cuī（清微）从隹聲（章微）訓大高，謂山大且高。與雇、隺爲一字之異體。

**隺** 《說文》：“隺，隺隗，高也。从自，隹聲。”段注：“隺隗猶崔巍，亦猶崒崋，疊韵字也。”朱駿聲通訓定聲：“按即崔，雇之或體。”

按陮 duì（定微）从隹聲（章微）訓陮隗，與崔、嵟爲一字之或體。

㢈　《説文》："㢈，屋從上傾下也。从广，隹聲。"段注："㢈之下推也。"王筠句讀："《玉篇》：'㢈，厭也。'今作壓。㢈謂棟折榱崩。覆壓於四壁中也。"

按㢈 tuí（定微）从隹聲（章微）訓屋从上傾下。字从隹聲，蓋爲推聲（透微）之借。屋頂从上傾下，漸次向下推移，此用推之推移義。

碓　《説文》："碓，所以舂也。从石，隹聲。"段注："所以二字各本無，今補。舂者擣粟也，杵臼所以舂。本斷木掘地爲之。師其意者，又皆以石爲之，不用手而足謂之碓。"

按碓 duì（端微）从隹聲（章微）訓所以舂。字从隹聲，當爲椎聲（定微）之借，用椎之椎擊義。碓又稱碓臼，臼是受米之器，碓是舂米之具。舊時碓舂米的部分用石材，其形正如鳥嘴，但粗大鈍而不鋭。

騅　《説文》："騅，馬蒼黑雜毛。从馬，隹聲。"段注："黑當作白，《釋器》《毛傳》皆云：'蒼白雜毛曰騅。'蒼者，青之近黑者也，白毛與蒼毛相間而生，是爲青馬。雖深於青白雜毛之驄，未黑也。……《釋言》曰：'菿，騅也。'《王風》傳曰：'菼，薍也，萑之初生者。'《艸部》曰：'菿者，萑之初生，一曰騅。'此以同色名之。觀萑葦之初生之色，則知蒼白之不可易矣。"

按騅 zhuī（章微）从隹聲（章微）訓馬蒼黑雜毛。字从隹聲，當爲萑聲（章微）之借，萑之初生，其色青白，馬青白雜毛，故以萑名之，此以德爲名。

惟　《説文》："惟，凡思也。从心，隹聲。"

按惟 wéi（余微）从隹聲（章微）訓凡思，思考，思慮。字从隹聲，當爲維聲（余微）之借，人思考問題是有頭緒的叫思緒，是有綫索路綫的叫思索思路，思想是要聯繫相關問題的叫思維，維者維系。字从隹聲，當爲圍聲（匣微）之借，今俗語叫"團算"，此用圍之範圍、入圍義。

**淮**（篆）《説文》："淮，淮水，出南陽平氏桐柏大復山，東南入海。从水，隹聲。"

按淮 huái（匣微）从隹聲（章微）訓淮水。字从隹聲，作水名字，此但借其聲。

**推**（篆）《説文》："推，排也。从手，隹聲。"

按推 tuī（透微）从隹聲（章微）訓排，推排，排擠，兩手向外或向内用力，使物體移動。字从隹聲，此用隹鳥展翅拍動翅膀的引申義。

**婎**（篆）《説文》："婎，姿婎，恣也。一曰醜也。从女，隹聲。"段注："恣，各本作姿，今正。按《心部》：'恣者，縱也。'諸書多謂暴厲曰'恣睢'。……《集韵》《類篇》皆云：'姿婎，自縱皃。'此許義也。……與《人部》仳倠醜面之倠通用。"

按婎 huī（曉微）从隹聲（章微）訓恣婎。恣者縱也，謂暴厲恣睢。字从隹聲，蓋爲奞聲（心微）之借，用奞鳥張毛羽自奮奞之引申義。

**維**（篆）《説文》："維，車蓋維也。从糸，隹聲。"段注："引申之凡相系者曰維，𣪠維、綏維是也。《管子》曰：'禮、義、廉、耻，國之四維。'"

按維 wéi（余微）从隹聲（章微）訓車蓋維，維系車蓋的繩索裝置，引申爲凡維系之稱。字从隹聲，蓋爲韋聲（匣微）之借，韋是圍的本字，韋引申指皮革，皮韋束物最牢固。字从韋聲，此用以皮韋束物之引申義。

**蜼**（篆）《説文》："蜼，如母猴，卬鼻長尾。从虫，隹聲。"段注："母猴，獼猴，沐猴，一聲之轉。……張揖注《上林》曰：'蜼似母猴，卬鼻而長尾。'郭注《爾雅》《山海經》皆曰：'似獼猴，尾長數尺，有岐，鼻露向上，雨即自縣樹，以尾塞鼻。'"

按蜼 wèi（余微）从隹聲（余微）訓如母猴，卬鼻長尾。卬鼻則鼻孔朝上，故必以岐尾塞鼻，以防雨水灌入鼻孔。字从隹聲，蓋爲錐聲（章微）之借。凡動物之鼻皆上小下大，蜼卬鼻，鼻孔朝上，則其鼻上大下小，有似錐形，此蜼形最顯著的特點，故以蜼名之。此以德爲名，用錐形之引申義。

**錐** 《説文》："錐，鋭也。从金，隹聲。"

按錐 zhuī（章微）从隹聲（章微）訓鋭，錐之尖鋒鋭利。錐本名字，即錐子，引申爲形容字。字从隹聲，此用隹鳥之嘴尖鋭之引申義。即錐以隹爲語源，取象隹之嘴形尖鋭。

**蓶** 《説文》："蓶，菜也。从艸，唯聲。"段注："《齊民要術》曰：'蓶菜音唯，似烏韭而黄。'"朱駿聲通訓定聲："《玉篇》：'似烏韭而黄。'"

按蓶 wéi（余微）从唯聲（余微）訓菜，似烏韭而黄。字从唯聲，蓋隹聲（章微）之借，韭之尖鋭，烏鳥隹同義，其嘴皆鋭，此用隹嘴鋭之引申義。必借唯者以區别萑爲草多皃，蓶爲菜。

**鷕** 《説文》："鷕，雌雉鳴也。从鳥，唯聲。《詩》曰：'有鷕雉鳴。'"段注："《邶風》：'有鷕雉鳴。'又云：'雉鳴求其牡。'毛曰：'鷕雌雉聲也。'此望文爲義。"馬瑞辰《毛詩傳箋通釋》："瑞辰按《説文》：'鷕，雌雉聲也。'義本毛傳。其實毛傳特望文生義，因《詩》下言'求牡'，遂以鷕爲雌雉聲耳，不知鷕本雉聲，不必定爲雌雉聲。"

按鷕 yǎo（余微）从唯聲（余微）訓雉鳴，謂雉鳴聲。字从唯聲，作象聲字，此但借其聲。

**雖** 《説文》："雖，似蜥易而大。从虫，唯聲。"段注："此字之本義也。自借以爲語詞，尟有知其本義者矣。《常棣》云：'每有良朋。'又云：'雖有兄弟。'傳云：'每，雖也。'"

按雖 suī（心微）从唯聲（余微）訓似蜥易而大。字从唯聲，其語源不詳。作虚詞義爲縱使、即使，此但借其聲。

**讙** 《説文》："讙，譟也。从言，魋聲。"段注："按許書魋字，大徐據此補入《鬼部》。”

按讙 tuí（定微）从魋聲（定微）訓譟。字从魋聲，蓋堆聲（端微）之借，此蓋謂鳥群集成堆，鳥群集則噪，此以鳥噪喻人譟。

漼 㴌 《説文》：“漼，深也。从水，崔聲。《詩》曰：‘有漼者淵。’”段注：“《小雅》：‘有漼者淵。’毛傳曰：‘漼，深皃。’”

按漼 cuǐ（清微）从崔聲（清微）訓深，深者水深淵深。字从崔聲，崔从山，訓大高，初義當爲山高。高深相反對而實相成，此用崔高之反向引申。

摧 𢶉 《説文》：“摧，擠也。从手，崔聲。一曰挏也。一曰折也。”段注：“《釋詁》《毛傳》皆曰：‘摧，至也。’即抵之義也。……挏者，攤引也。……折者，斷也。今此義行，而上二義廢矣。《詩》：‘室人交徧摧我。’傳曰：‘摧，沮也。’此折之義也。”

按摧 cuī（从微）从崔聲（清微）訓擠，排擠。初義多爲擠下，韓愈《柳子厚墓誌銘》：“反擠之而又下石焉。”高則易下，訓折，凡物高則易折，此謂摧之使折。字从崔聲，此用崔高之引申義。

催 𠑆 《説文》：“催，相擣也。从人，崔聲。《詩》曰：‘室人交徧催我。’”段注：“猶相迫也。《邶風·北門》曰：‘室人交徧摧我。’傳曰：‘摧，沮也。’音義曰：‘摧，或作催。’據許則催是也。不從傳者，傳取沮壞之義，與摧訓擠訓折義同。蓋當時字作催，而毛釋爲摧之假借，許則釋其本義也。”

按催 cuī（清微）从崔聲（清微）訓相擣，猶相迫，此謂催促、迫促、促使。字从崔聲，取居高臨下之意，故引申有迫使、促使義。

繀 䌚 《説文》：“繀，箸絲於筟車也。从糸，崔聲。”段注：“《竹部》曰：‘筟，筳也。’‘筳，繀絲筦也。’筟車亦曰繀車。……箸絲於筳謂之繀。”

按繀 suì（心微）从崔聲（清微）訓箸絲於筟車（即繀車），今紡紗車上收絲的器具即紗錠，紗錠隨紡車轉動，轉動故曰車。字从崔聲，當爲催聲（清微）之借，用催之催促、促使義。

匯 《説文》：“匯，器也。从匚，淮聲。”段注：“謂有器名匯也。……今按匯之言圍也。大澤外必有陂圍之，如器之圍物。古人説淮水曰：‘淮，圍也。’匯从淮，則亦圍也。《尚書》：‘東匯澤爲彭蠡。’謂東有圍受衆水之彭蠡，非謂漢水回而成澤也。”

按匯 huì（匣微）从淮聲（匣微）訓器，謂器之圍物。字从淮聲，當爲圍聲（匣微）之借，用圍之包圍、圍繞義。从大澤言，則謂大澤外必有陂圍之。

蓷 《説文》：“蓷，隹也。从艸，推聲。《詩》曰：‘中谷有蓷。’”段注：“隹，各本作萑，誤，今正。《王風》：‘中谷有蓷。’《釋艸》：‘萑，蓷。’毛傳曰：‘蓷，鵻。’蓋《爾雅》本作隹，與毛傳鵻字同。後人輒加艸頭耳。菼，亦一名鵻，皆謂其色似夫不也。陸機云：‘舊説及魏周元明皆云菴閭。《韓詩》及《三蒼》《説苑》云益母，《本艸》云：益母，茺蔚也。劉歆云：蓷，臭穢，艸名，臭穢即茺蔚也。’按臭茺雙聲，穢蔚叠韵，李、郭注《爾雅》亦云‘茺蔚’，未知許意何屬。”

按蓷 tuī（透微）从推聲（透微）訓隹，即鵻。《毛傳》：“鵻，夫不也。”段注：“其色似夫不也。”是蓷之色與夫不相似，此以德爲名。《三蒼》《説苑》云即益母草，此以草之藥用價值説，此以業爲名。《本草》云：“益母，茺蔚。”劉歆云：“蓷，臭穢，艸名，臭穢即茺蔚也。”此以草之氣味言，亦以德爲名。凡草木鳥獸蟲魚之名，不以其德，則以其業。而字从推聲，當爲隹聲（章微）之借，益母草屬唇形科，謂其葉形略似人唇，語有“唇槍舌劍”，是唇舌並有鋭意。字从推聲，借推爲隹，此用隹嘴鋭之義，字必借推者，以求與萑草多、蓶菜似烏韭相區別。

濰 《説文》：“濰，濰水，出琅邪箕屋山，東入海。徐州浸。《夏書》曰：‘濰淄其道。’从水，維聲。”

按濰 wéi（余微）从維聲（余微）訓濰水，作水名字，此但借其聲。

## 豕聲字

豕 《說文》：“豕，彘也。竭其尾，故謂之豕。象毛足而後有尾，讀與豨同。按今世字誤以豕爲彖，以彖爲豕，何以明之？爲啄琢从豕，蠡从彖，皆取其聲。以是明之。𧰨，古文。”段注：“豕首畫象其頭，次象其四足，末象其尾。”

按豕 shǐ（書支）爲象形字，豕、矢（書脂）書母雙聲，支脂通轉。而彘（定質）从矢，即取象於人射豕，是豕、矢、彘三字音義相關，豕、彘皆以矢爲語源。

㣇 《說文》：“㣇，豕也。从彑从豕，讀若弛。”朱駿聲通訓定聲：“與彖字音義俱别，按即豕也異體。喙、𢖍、蠡皆以爲聲。”王筠句讀：“㣇字疑即豕之重文。”

按㣇 chǐ（昌支）讀若弛，即豕之異體。

㒸 《說文》：“㒸，从意也。从八，豕聲。”段注：“从，相聽也。㒸者聽从之意。……隨从字當作㒸。後世皆以遂爲㒸矣。”

按㒸 suì（邪物），金文毛公鼎㒸字，取象人以手捉住中矢之豕，豕無力反抗，衹能順从人所爲，故引申有順从、隨从義。實則㒸从八，八分也，當取象豕逃脱人的追捕，逃出矢射程之外，㒸即遂之初文。

甤 《說文》：“甤，艸木實甤甤也。从生，豕聲。讀若綏。”段注：“甤與蕤音義皆同，甤之言垂也。……豕與甤皆在十六部，鍇作豕聲最善。”

按甤 ruí（日微）从豕聲（書支）讀若綏（心微），訓草木實甤甤。此以豕肥腹下垂，喻草木果實下垂，書日旁紐。

蕤 《說文》：“蕤，艸木華垂皃。从艸，甤聲。”段注：“引伸凡物之垂者皆曰蕤，冠緌系於纓而垂者也。禮家定爲蕤字。夏采建綏，《王制》‘大綏小綏’，《明堂位》‘夏后氏之綏’，《雜記》‘以其綏復’。鄭君皆改爲緌字，謂旄牛尾之垂於杠者也，讀如冠蕤，蕤賓之蕤。《白虎通》説蕤賓曰：‘蕤者下也，賓者敬也。’……豕聲在十六部，綏緌字亦皆同部。”

按蕤 ruí（日微）从甤聲（日微）訓草木華垂皃。段氏於甤下注曰：“甤與蕤音義皆同。”加草作蕤者，以區别甤爲草木垂實，蕤爲草木花垂。字从豕聲，皆取象豕腹下垂，綏取象冠纓結而下垂，緌則取象旄牛尾之垂於杠者，此皆同狀孳乳。

**喙** 《説文》：“喙，口也。从口，彖聲。”段注：“《説卦》傳：‘爲黔喙。’《左傳》：‘深目而猳喙。’叚借爲困極之義。”

按喙 huì（匣微）从𧰲聲（昌支），𧰲即豕之異體，訓口。是喙的初義當爲豕嘴，引申爲凡鳥獸的嘴，借指人口。“無庸置喙”，即今語“用不着你來插嘴”。俗語又有“上街頭賣肉，下街頭的猪嘴巴搭秤”，表示了一種非常鄙棄和厭惡的感情。𧰲、喙聲韵有隔，蓋當爲會意字。

**㦒** 《説文》：“㦒，怨恨也。从心，彖聲。讀若膎。”段注：“按𧰲，各本誤作彖。……彖聲在十四部，𧰲讀若弛在十六部，蠡、㦒皆𧰲聲，故同在十六部也，今俗作蠡、㦒，此《豕部》下所謂‘今世字，誤以彖爲𧰲也’。《口部》喙篆，疑亦本从𧰲聲。”

按㦒 xié（匣支）从𧰲聲（昌支）訓怨恨，𧰲即豕，豕怒則以嘴拱樹拱土，狠字从艮，艮（見文）即堇聲（見文）之借。《説文》：“堇，黏土也。”俗話説：“三百斤野猪，只有一把寡嘴。”野猪拱土不遺餘力，拱到精疲力竭，故喙引申有困極義。凡抽象之意義，率皆取象於具體之事物。

**蠡** 《説文》：“蠡，蟲齧木中也。从䖵，彖聲。𧖧，古文。”段注：“此非蟲名，乃謂蟲之食木曰蠡也。……蠡之言剺也，如刀之剺物。蠡，叚借之用極多，或借爲蠃蚌字，或借爲瓢蠡字。《楚辭》：‘覽芷圃之蠡蠡。’又借爲禾黍離離字。《孟子》曰：‘以追蠡。’趙注曰：‘追鐘鈕也。’鈕擘齧處深矣，蠡蠡欲絶之皃。此又以蠡同離，同劙。《方言》曰：‘劙，解也。’又曰：‘蠡，分也。’皆其義也。不知叚借之恉，乃云‘鐘鈕如蟲齧而欲絶’，是株守許書之辭，而未能通許書之意矣。……按此古文與篆不别，疑古文从豕。”

按蠡 lí（來支）从彖聲（昌支）訓蟲齧木中。字从彖，彖即豕之異體。亦即豕，豕的特點，有所恨怒則以嘴拱土，豤字或作墾，就是有力的佐證。字从蠡聲，正以豕之拱土喻蝨之齧木，這是蠡从彖的深層信息。

**遂 遂** 《説文》：“遂，亡也。从辵，㒸聲。”段注：“《廣韵》：‘達也，進也，成也，安也，止也，往也，從志也。’按皆引伸之義也。”

按遂 suì（邪物）从㒸聲（邪物）訓亡，逃亡，逃跑。字从㒸聲，㒸从豕八，謂豕被射中，但未傷及要害尚能逃，最終逃脱獵人的追捕。字从辵从㒸，謂成功逃走。引申有成功、成就、終了義。

**檖 檖** 《説文》：“檖，檖羅也。从木，㒸聲。《詩》曰：‘隰有樹檖。’”段注：“《釋木》：‘檖，蘿。’《秦風》毛傳曰：‘檖，赤羅也。’陸機、郭璞皆云：‘今之楊檖也。實似棃而小，酢，可食。’按蘿者羅之誤。……今《詩》《爾雅》作檖。”

按檖同檖 suì（邪物），从㒸聲（邪物），訓檖、羅。《埤雅·釋木》：“檖，一名羅，其文細密如羅，故曰羅也。”實似梨而小，小細義近。細（心脂）、檖心邪旁紐，脂微旁轉，微物對轉。檖从㒸聲，當爲細聲之借。用實似梨而細，爲此樹此果之名。

**顡 顡** 《説文》：“顡，頭蔽顡也。从頁，㒸聲。”段注：“蔽顡叠韵字，蓋古語也，《集韵》曰：‘謂頭癡。’錢氏大昕曰：‘春秋戰國人名有蒯聵者，疑即此蔽顡字。’”

按顡 wài（疑物）从㒸聲（邪物）訓頭蔽顡，謂頭癡。字从㒸聲，蓋爲聵聲（疑物）之借，顡、聵疑母雙聲，物部叠韵，此用聵之昏聵義。

**㥞 㥞** 《説文》：“㥞，深也。从心，㒸聲。”段注：“㥞與邃音義皆同。从穴者爲室之深，从心者爲意思之深。”

按㒸 suì（心物）从㒸聲（邪物）訓深。字从㒸聲，蓋爲邃聲（心物）之借，此以室之深，喻心思之深。心思之深，難以表現，故借穴室之深的具體形象表現。

**隊** 《説文》：“隊，從高隊也。从𨸏，㒸聲。”段注：“隊墜正俗字。古書多作隊，今則墜行隊廢矣。大徐以墜附《土部》非許意。”

按隊 zhuì（定物）从㒸聲（邪物）訓从高隊。字从㒸，㒸从豖八，豖从被追捕中逃走，慌不擇路，失足从高崖地上掉下，這便是隊。甲骨文隊字从𨸏，从倒子或倒人，則取象人走在高崖邊不慎失足掉下來。篆書承金文爲形聲字，甲骨文則爲會意。

**䃶** 《説文》：“䃶，陊也。从石，㒸聲。”段注：“陊者，落也。䃶與隊音義同，隊者從高隊也。《廣韵》曰：‘磓䃶，物墜也。’”

按䃶 zhuì（定物）从㒸聲（邪物）訓陊。陊，落。䃶與隊音義同，字从㒸聲當爲隊聲（定物）之借。此以豖从高崖下墜，喻石之墜。此以聲母代聲子。

**欚** 《説文》：“欚，江中大船也。从木，蠡聲。”段注：“《越絶書》曰：‘欐溪城者，闔廬所置船宫也。’蓋欐與欚古通用。”

按欚 lí（來支）从蠡聲（來支）訓江中大船，蠡聲蓋爲蠡聲（來支）之借。《説文》無蠡，字見《方言》卷五：“蠡，陳、楚、宋、魏之間或謂之簞，或謂之櫼，或謂之瓢。”郭璞注：“蠡，瓠勺。”古以匏瓠濟渡，蠡瓢與船形有某種相似，故以爲喻。又《方言》卷九：“凡船大者謂之舸，小舸謂之艖……東南丹陽會稽間謂艖爲欚。”欚蓋蠡之借，蠡瓢小當喻小船，而以喻大船者，此如鯤本魚子而以名大魚。蠡之本義爲蟲齧木，與大船無關。

**旞** 《説文》：“旞，導車所載。全羽以爲允。允，進也。从㫃，遂聲。旝，或从遺作。”《周禮·春官·司常》：“全羽爲旞，析羽爲旌。”鄭玄注：“全羽、析羽皆五采，繫之於旞、旌之上，所謂注旄於干首也。'"

按旞 suì（邪物）从遂聲（邪物）訓導車所載，全羽以爲允。允，進也。導車在前，所載之旞，師之耳目，指引士衆向前，取得殺敵的成功。字从遂聲，此用遂之完成、成就義。

穟 《說文》："穟，禾采之皃。从禾，遂聲。《詩》曰'禾穎穟穟'。蓫，穟或从艸。"段注："許以經言禾穎，則穟穟指采，言成就之皃。"

按穟 suì（邪物）从遂聲（邪物）訓禾采之皃，謂禾采完全成熟，低頭散子，顆粒飽滿。字从遂聲，此用遂完成、成熟之引申義。

邃 《說文》："邃，深遠也。从穴，遂聲。"

按邃 suì（心物）从遂聲（邪物）訓深遠。字从穴，穴有深度。从遂聲，遂訓亡，逃亡必行遠，故引申亦有深義，邃訓深遠，謂入之深遠。字从遂聲，此用遂之引申義。

襚 《說文》："襚，衣死人也。从衣，遂聲。《春秋傳》曰：'楚使公親襚。'"段注："《士喪禮》：'君使人襚。'注：'襚之言遺也。'《公羊傳》曰：'車馬曰賵，貨財曰賻，衣被曰襚。'注：'襚猶遺也。遺是助死人之禮。'"

按襚 suì（邪物）从遂聲（邪物）訓衣死人，送給死者的衣，給死者穿上。字从遂聲，當爲遺聲（余微）之借，邪余鄰紐，微物陰入對轉。此用遺之贈送義。死者不能自衣，故爲其衣也。

裞 《說文》："裞，贈終者衣被曰裞。从衣，兑聲。"段注："按此字僅見《漢書·朱建傳》，蓋襚之或字，淺人所增，非許本書所有也。"

按裞 shuì（書月）从兑聲（定月）訓贈終者衣被曰裞。字从兑聲，蓋税聲（書月）之借，《孟子》所謂"什一而助"。字从税聲，此用税助之引申義，助、遺義相函，故段氏謂裞爲襚之或體。

䜌 《說文》："䜌，塞上亭守𤈦火者也。从𨸏，从火，遂聲。隧，篆文䜌省。"段注："注見《火部》𤈦下，彼云'𤈦燧，候表也'。總釋此二篆，此云'塞上亭，守𤈦火者'，謂邊塞之上守望湰火之亭，故其字从𨺅，在阸隘之間也。”

按𨽌 suì（邪物）从遂聲（邪物）訓塞上守烽火者。字从遂聲，此用遂成就之引申義，言能完成守烽火之責。

䪁 《説文》：“䪁，䪢也。从韭，隊聲。”

按䪁 duì（定物）从隊聲（定物），訓䪢。段在䪢下注：“《周禮·醢人》：‘王舉則共醢六十甕，以五齊七醢七菹三臡實之。’注：‘齊當爲韲。凡醢醬所和，細切爲韲，凡醢醬所和，細切爲䪢，全物若牒爲菹。’王氏念孫曰：‘䪢者細碎之名，《莊子》言䪢粉是也。’按《艸部》曰：‘菹，酢菜也。’酢菜之細切者曰䪢，《通俗文》曰：‘淹韭曰𩐢，淹薤曰䪁。’蓋其名起於淹韭、淹䪢，故从韭。”韲、䪢一字之異體。是字从隊聲當爲碎聲（心物）之借，隊、碎定心鄰紐，物部叠韵，此用碎之粉碎義。

鐆 《説文》：“鐆，陽鐆也。从金，隊聲。”段注：“按此字非其次，疑後人因上説‘方諸’而增之。《周禮·秋官》本作遂。”朱駿聲通訓定聲：“經傳皆以遂以燧爲之。《司烜氏》：‘掌以夫遂取明火於日。’《禮記·内則》：‘小觿金燧。’釋文：‘火鏡也。’”

按鐆 suì（邪物）从隊聲（定物）訓陽鐆，取明火於日的火鏡。字从隊聲當爲燧聲（邪物）之借，用燧以鏡借日光成火之義，即用遂成就之義。

## 厶聲字

厶 《説文》：“厶，姦衺也。韓非曰：‘倉頡作字，自營爲厶。’”段注：“衺字淺人所增，當删。《女部》曰：‘姦者，厶也。’二篆爲轉注。……今字私行而厶廢矣。私者，禾名也。”

按厶 sī（心脂）訓姦，自營。厶、自（从質）心从旁紐，脂質陰入對轉，古音相近，一切圍繞自身着想劃算，毫無公心，這便是姦。此用厶自私之引申義。

**玜** 《説文》：“玜，石之似玉者。从玉，厶聲。讀與私同。”段注：“凡言讀與某同者，亦即讀若某也。”王筠釋例：“今所謂碧砸玜者，即玜也。而音轉如撕。”

按玜 sī（心脂）从厶聲（心脂）訓石之似玉者，音轉如撕。字从厶聲，蓋皙聲（心錫）之借，用皙白之引申義。玜、皙心母雙聲，脂錫通轉。

**私** 《説文》：“私，禾也。从禾，厶聲。北道名禾主人曰私主人。”段注：“蓋禾有名私者也。今則叚私爲公厶。……《周頌》：‘駿發爾私。’毛曰：‘私，民田也。’”

按私 sī（心脂）从厶聲（心脂）訓禾，禾名。字从厶聲，其語源不詳。

**萙** 《説文》：“萙，茅秀也。从艸，私聲。”段注：“《廣雅》曰‘藒，萙，茅穗也。’藒即荼字之變。《周禮》《儀禮》注、《鄭風》箋、吴語注皆云：‘荼，茅秀。’當是荼爲茅之秀，萙爲蒹之秀，統言之則曰茅秀而已，其色正白。”

按萙 sī（心脂）从私聲（心脂）訓茅秀，其色正白。字从私聲，蓋爲皙聲（心錫）之借，用皙白之引申義。今湖湘稱茅爲萙茅，其特高大者爲柬茅，字从柬聲，蓋爲敦聲之借。

**鬼** 《説文》：“鬼，人所歸爲鬼。从儿由象鬼頭。从厶，鬼陰氣賊害，故从厶。䰟，古文鬼。”段注：“《釋言》曰：‘鬼之爲言歸也。’……《禮運》曰：‘魂氣歸於天，形魄歸於地。’……自儿而歸於鬼也。……陰當作侌，此説从厶之意也。神陽鬼陰，陽公陰私。”

按鬼 guǐ（見微）从厶聲（心脂）訓人所歸，人死爲鬼，這是一種迷信觀念。由象鬼頭，當作甶象魌頭。古人以魌頭驅鬼，鬼無形可象，故借魌頭爲喻，鬼、歸（見微）古音同。

**瑰** 《説文》：“瑰，玫瑰也。从玉，鬼聲。一曰圜好。”段注：“謂圜好曰瑰，此字義之别説也。《衆經音義》亦引‘圜好曰瑰’。”

按瑰 guī（見微）从鬼聲（見微）訓玫瑰。《説文》："玫瑰，火齊珠。"珠圓，字从鬼聲蓋爲規聲（見支）之借，用規圓之引申義。規鬼雙聲，此以雙聲相假借。

**蒐** 《説文》："蒐，茅蒐，茹藘，人血所生，可以染絳。从艸鬼。"段注："陸璣云：'茹藘，茅蒐，蒨艸也。一名地血，齊人謂之茜。'……徐廣注《史記》云：'茜，一名紅藍，其花染繒赤黄。'此即今之紅花。……云'人血所生'者，釋此字所以从鬼也。……經傳多以爲春獵字。"

按蒐 sōu（山幽）字从艸鬼會意，其語源不詳。其訓春獵者，則當爲搜聲之借，用搜之搜索義。

**餽** 《説文》："餽，吴人謂祭曰餽。从食鬼，鬼亦聲。"段注："按祭鬼者餽之本義，不同饋也。以餽爲饋者，古文假借也。"

按餽 kuì（群微）从鬼聲（見微）訓吴人謂祭曰餽。字从鬼聲，此用鬼之本義。

**槐** 《説文》："槐，槐木也。从木，鬼聲。"段注："《釋木》曰：'櫰，槐大葉而黑。守宫槐，葉晝聶宵炕。'按此皆槐之異者。"

按槐 huái（匣微）从鬼聲（見微）訓槐木。此木葉大而黑，其下多陰。字从鬼聲，此用鬼陰之引申義。

**瘣** 《説文》："瘣，病也。从疒，鬼聲。《詩》曰：'譬彼瘣木。'一曰腫旁出也。"段注："傳曰：'壞，瘣也。'謂傷病也。《考工記》：'凡揉牙外不廉而内不挫旁不腫。'注：'腫，瘣也。'"

按瘣 huì（匣微）从鬼聲（見微）訓病，謂内傷致病。内傷則多有污血腫塊。字从鬼聲，蓋爲塊聲（溪微）之借。此用塊之痞結、腫塊、腫瘤義。

**傀** 《説文》："傀，偉也。从人，鬼聲。《周禮》曰：'大傀異災。'"段注："《方言》：'傀，盛也。'注：'言瓌瑋也。'《廣雅》：'傀，盛也。'司馬注《莊子》曰：'傀，大也。'《字林》：'傀，偉也。'"

按傀 guī（見微）从鬼聲（見微）訓偉，魁偉，高大。字从鬼聲，蓋爲魁聲（溪微）之借，用魁之羹斗、大斗之引申義。

**褢** 《説文》："褢，褎也。一曰臧也。从衣，鬼聲。"段注："褢之爲言回也。袼之高下，可以運肘，袂之長短，反詘之及肘。（一曰臧也，）此義與褱近。"

按褢 huái（匣微）从鬼聲（見微）訓褎（袖）。字从鬼聲，當爲回聲（匣微）之借，手在袖中可以回旋曲折，此用回之回旋之引申義。一曰藏，則鬼聲當爲褱聲（匣微）之借，褱、褢音義皆同。

**頯** 《説文》："頯，頭不正也。从頁，鬼聲。"

按頯 kuǐ（溪微）从鬼聲（見微）訓頭不正。字从鬼聲，蓋爲詘聲（溪物）之借，用詘之詰詘義。溪母雙聲，微物對轉。

**嵬** 《説文》："嵬，山石崔嵬，高而不平也。从山，鬼聲。"

按嵬 wéi（疑微）从鬼聲（見微）訓高而不平。字从鬼聲，蓋爲偉聲（匣微）之借，用偉之魁偉義。

**隗** 《説文》："隗，隗隗也。从𨸏，鬼聲。"

按隗 wěi（疑微）从鬼聲（見微）訓隗隗。《説文》："隗隗，高也。"段注："隗隗，猶崔巍。"字从鬼聲，蓋爲偉聲（匣微）之借，用偉之魁偉義。

**騩** 《説文》："騩，馬淺黑色。从馬，鬼聲。"

按騩 guī（見微）从鬼聲（見微）訓馬淺黑色。字从鬼聲，蓋爲槐聲（匣微）之借，用槐葉大而黑，其下多陰之引申義。

**媿** 《説文》："媿，慙也。从女，鬼聲。聭，媿或从恥省。"段注："慙下曰'媿也'。二篆爲轉注。"邵瑛《群經正字》："今經典多从或體作愧。"

按媿 kuì（見微）从鬼聲（見微）訓慙，慙（从談）从斬聲（莊談）當爲塹聲（清談）之借，塹者阬也，壕溝，護城河。媿从鬼聲，則當爲虧聲（溪歌）之借，愧謂虧心。做了虧心事，這便是愧。心裏總感到不安，這便是慚。見溪旁紐，微歌旁轉。字从女者，在男尊女卑的舊時代，總要把髒水潑到女人頭上。

**螝** 《説文》："螝，蛹也。从虫，鬼聲。讀若潰。"段注："《顏氏家訓》曰：'《莊子》螝二首。'螝即古虺字。見《古今字詁》。按《字詁》原文必曰：'古螝今虺。'以許書律之，古字段借也。"

按螝 guī（見微）从鬼聲（見微）訓蛹。蛹是昆蟲的幼蟲過渡到成蟲的一種形態。《爾雅》郭璞注："蛹，蠶蛹。"蠶蛹生活在繭中，其間陰暗少光，故以鬼名之。字从鬼聲，此用鬼之陰闇義。

**魁** 《説文》："魁，羹斗也。从斗，鬼聲。"段注："魁，頭大而柄長……引申之凡物大皆曰魁。"

按魁 kuí（溪微）从鬼聲（見微）訓羹斗，羹受食之處，爲羹中最大之處。字从魁聲，蓋爲偉聲（匣微）之借，用偉大之引申義。

## 出聲字

**出** 《説文》："出，進也。象艸木益兹上出達也。"

按出 chū（昌物）甲骨文作□，从□（止）从∪，□象足，∪或作凵，象初民之居穴。甲骨文出字象人自居穴外出之形。《説文》説形不確。

**祟** 《説文》："祟，神禍也。从示出。□，籀文祟，从襲省。"段注："釋玄應《衆經音義》曰：'謂鬼神作災禍也。'按出亦聲。"

按祟 suì（心微）从出聲（昌物）訓神禍，鬼神作灾禍害人。字从出聲，此用出之使之出義。

**茁** 《説文》："茁，艸初生出地皃。从艸出。《詩》曰'彼茁者葭'。"段注："《召南》文。毛曰：'茁，出也。'按也當爲皃之訛。”

按茁 zhuó（莊物）从出聲（昌物）訓草初生出地皃。草一旦破土而出，出地便漸高長壯，語有茁壯成長，此用出之引申義。此與充字胎兒从母體出生變成乳子，漸長大成人，其命意是相同的。

**咄** 《説文》：“咄，相謂也。从口，出聲。”段注：“謂欲相語而先驚之之詞。凡言咄嗟、咄唶、咄咄怪事者，皆取猝乍相驚之意。《倉頡篇》曰：‘咄，啐也。’《説文》：‘啐，驚也。’李善注曹植《贈彪詩》引《説文》：‘咄，叱也。’”

按咄 duō（端物）从出聲（昌物）訓相謂，欲相語而先驚之之詞，作嘆詞。字从出聲，此但借其聲。

**趉** 《説文》：“趉，走也。从走，出聲。讀若無尾之屈。”段注：“《玉篇》曰：‘卒起走也。’按今俗語有之。”《龍龕手鑑》：“趉，卒走皃。”

按趉 jué（見物）从出聲（昌物）訓走，奔跑。字从出聲，此用出突出之引申義。

**齜** 《説文》：“齜，齗齒也。从齒，出聲。”段注：“謂齗物而外露之齒也。故从齒出。”

按齜 zhí（崇物）从出聲（昌物）訓齗齒，齗物而外露的牙齒。字从出聲，此用出人走出居穴的引申義。

**詘** 《説文》：“詘，詰詘也。一曰屈襞。从言，出聲。䛫，詘或从屈。”段注：“二字雙聲，屈曲之意。（一曰屈襞，）此謂衣襞積。”

按詘 qū（溪物）从出聲（昌物）訓詰詘，屈曲之意。字从出聲，當爲屈聲（溪物）之借，用屈之屈折義，此許書正篆用借聲，重文用聲之正字。出有曲義者，出聲當爲茁聲（莊物）之借，草木之幼芽破土而出，其形曲，屯字就是顯證。語言是思想的直接現實。話語从口裏説出來，是經過頭腦思索的，所謂言之有文。言之無文，行之不遠，故詘字从言。

**柮** 《説文》：“柮，檮柮也。从木，出聲。讀若《爾雅》‘貀無前足’之貀。”段注：“舊作‘斷也’二字，今更正。今人謂木頭爲榾柮，於古義未遠也。……按（柮、檮）二篆舊先後倒置，今依全書通例正之。”

按柮 duò（端物）从出聲（昌物）訓檮柮，段於檮字下改引作“檮柮，斷木也”，並注曰：“謂斷木之榦，梱頭可憎者。”朱駿聲通訓定聲：“後人言木頭曰榾柮，蓋斷下之梱頭不中於用者。”字从出聲，蓋爲屈聲（溪物）之借，用屈之屈折、不方正之引申義，形容梱頭不中用。

**朏** 《説文》：“朏，月未盛之明也。从月出。《周書》曰‘丙午朏’。”段注：“《律歷志》曰：‘《召誥》曰：惟三月丙午朏。’周公七年復子明辟之歲三月甲辰朔之三日也。‘畢命豐刑曰：惟十有二年六月庚午朏。王命作策豐刑。’康王十二年六月戊辰朔之三日也。《志》引‘古文《月采篇》曰：三日曰朏。’按《尚書正義》曰：‘《周書·月令》云：三日粤朏。’疑即取諸《漢志》。”徐灝注箋：“月朔初生明，至初三乃可見，故三日曰朏，从月、出會意，出亦聲。”

按朏 fěi（滂物）从出聲（昌物）訓月未盛之明，俗話叫“初三初四鵝毛月”，謂初三初四之月形，僅如鵝毛而光未盛。字从出聲謂此日月出始可見，引申爲夏曆每月初三的代稱。字从出聲，此用出之出現義。

**窋** 《説文》：“窋，物在穴中皃。从穴，出聲。”段注：“《靈光殿賦》曰：‘绿房紫菂，窋咤垂珠。’謂蓮房之實窋咤然見於房外如垂珠也。上文云‘反植荷蕖’，故曰垂珠。”《集韵》：“窋，將出穴皃。”

按窋 zhú（端物）从出聲（昌物）訓物在穴中皃，物在穴中欲出皃。字从出聲，此蓋用人在居穴中將外出之引申義。

**痈** 《説文》：“痈，病也。从疒，出聲。”錢坫斠詮：“痈，女出病，或即此字。”

按痈 wù（疑物）从出聲（昌物）訓病，錢坫以爲“女出病”。

《説文》："娺，女出病。"女出病蓋即婦女子宫脱垂，由於過度勞累等原因，子宫脱出於陰道外。字从出聲，此用出之突出、出外之義。

**屈** 《説文》："屈，無尾也。从尾，出聲。"段注："《韓非子》曰：'鳥有翢翢者，重首而屈尾。'高注《淮南》云：'屈，讀如秋鷄無尾屈之屈。'郭注《方言》'隆屈'云：'屈尾。'《淮南》：'屈奇之服。'許注云：'屈，短也；奇，長也。凡短尾曰屈。'"

按屈 qū（溪物）从出聲（昌物）訓無尾。引申爲凡短之稱。凡物屈則短，伸則長，此用屈之引申義。

**欪** 《説文》："欪，咄欪，無慙。一曰無腸意。从欠，出聲。讀若卉。"段注："此疊韵，古語也。……無腸猶無心也。按《廣韵》云'訶也'，蓋謂同咄。"

按欪 chù（透物）从出聲（昌物）訓咄欪，無慚，没有愧意，做了錯事、説了大話没有絲毫愧疚之意。一曰無腸即無心，今語心、腸義近可通用，如"愁腸"，俗語説"腸子都悔青了"。欪謂隨口而出，没有經過思索，所謂口無遮攔，急不擇言。字从出聲，此用脱口而出之出的引申義。

**頔** 《説文》："頔，頭頡頔也。从頁，出聲。讀又若骨。"段注："頡頔疊韵，古語頭菌蠢皃。"

按頔 zhuō（章物）从出聲（昌物）訓頭頡頔，頭菌蠢皃。顔師古《急就篇》注："頔，兩頰之權也。"權即今顴字，蓋謂兩頰之肌肉瘦削，顴骨突出。字从出聲，此用出之突出義。

**豽** 《説文》："豽，豽獸，無前足。从豸，出聲。《漢律》，能捕豺豽購錢百。"段注："豽字各本無，今補。"

按豽 nà（泥物）从出聲（昌物）訓豽獸，無前足。字从出聲，蓋爲屈聲（溪物）之借。此以屈之無尾，比方豽之無前足，字从屈聲，用屈由短而無之義。

**炪** 《説文》："炪，火光也。从火，出聲。《商書》曰：'予亦炪謀。'讀若巧拙之拙。"段注："《類篇》作'火不光'，《集韵六術》曰：'炪爩，煙皃。'《類篇》同。又《九迖》曰：'炪爩，煙出也。'煙盛則光微，此蓋與上火猛作反對語。……壁中古文段炪爲拙也。今《尚書》作拙者，蓋孔安國以今字讀之也。"

按炪 zhuō（章月）从出聲（昌物）訓火光，火不光煙出，煙盛出則火不光。字从出聲，蓋爲屈聲（溪物）之借，此以屈之無尾喻火之不光。

**黜** 《説文》："黜，貶下也。从黑，出聲。"段注："《玉篇》云：'貶也，下也。'按當作'貶也，下色也'五字。貶也者，黜陟之義也。下色也者，爲从黑張本也。古或段詘、絀爲之。"

按黜 chù（透物）从出聲（昌物）訓貶也，下色也。黜陟相對，陟升黜降，貶謫，白色紅色鮮明，黑色陰暗。字从出聲，蓋爲屈聲（溪物）之借，用屈之委屈義。

**泏** 《説文》："泏，水皃。从水，出聲。讀若窋。"段注："《廣韵》曰：'水出皃。'《文子》曰：'原流泏泏，冲而不盈。'"宋羅泌《路史・禪通紀》："嫛婗號，母乳泏。"

按泏 zhú（端物）从出聲（昌物）訓水皃，水出皃。字从出聲，此用出之外出、上出義。原流即泉水，冲者向上冒出。

**聉** 《説文》："聉，無知意也。从耳，出聲。讀若孽。"段注："無知者其意，聉者其詞也。《方言》曰：'聾之甚，秦晋之間謂之䎽。'注曰：'言聉無所聞知也。'疑《方言》之正文本作'謂之聉'。今本訛。"

按聉 wà（疑物）从出聲（昌物）訓無知意。字从出聲，蓋爲屈聲（溪物）之借，用屈無尾之引申義。即以屈之無尾喻聾者耳之無聞。

**拙** 《説文》："拙，不巧也。从手，出聲。"段注："不能爲技巧也。"

按拙 zhuō（章物）从出聲（昌物）訓不巧。字从出聲，當爲屈聲（溪物）之借，用屈無尾、短尾之引申義，謂其智術淺短，短於技巧，甚至全無技巧。心靈則手巧，心笨則手拙。

絀 𢇍 《説文》："絀，絳也。从糸，出聲。"段注："此絀之本義，而廢不行矣。……古多叚絀爲黜。"

按絀 chù（端物）从出聲（昌物）訓絳。《説文》："絳，大赤也。"段注："大赤者，今俗所謂大紅也。上文純赤者，今俗所謂朱紅也。朱紅淡，大紅濃，大紅如日出之色，朱紅如日中之色，日中貴於日出，故天子朱市，諸侯赤市，赤即絳也。"是大紅之絳，低於朱紅一等。絀从出聲，當爲黜聲（透物）之借，用黜降之引申義。

蚍 𧊒 《説文》："蚍，蛣蚍也。从虫，出聲。"

按蚍 qū（溪物）从出聲（昌物）訓蛣蚍。《説文》："蛣蚍，蝎也。"《爾雅・釋蟲》："蝎，蛣蝠。"郭璞注："木中蠹蟲。"此蟲名蛣蚍者，其形詰詘也。又名蝎者，字从曷聲（匣月），害聲（匣月）之借。蝎是食木的害蟲。字从出聲，詘聲（溪物）之借，用詘之詘曲義。

㪍 𣪠 《説文》："㪍，楚人謂卜問吉凶曰㪍。从又持祟。讀若贅。"段注："與祝雙聲。"承培元《廣説文答問疏證》："㪍即冬賽報祠之賽……謂祈豐穰，問水旱也。"

按㪍 suì（心物）从祟聲（心物）訓卜問吉凶曰㪍，㪍即後世賽報之賽。字从祟聲，此用祟之避禍祈福義。

䳅 䳅 《説文》："䳅，鳥也。从鳥，祟聲。"段注："《廣韵》曰：'小鳥名。'"

按䳅 xù（心物）从祟聲（心物）訓鳥，小鳥名。爲何鳥不詳，其語源不詳。

款 𣢟 《説文》："款，意有所欲也。从欠，𥨊省聲。𣣔，款或从柰。"段注："《屈原賦》曰：'悃悃款款。'王注：'心志純也。'按古款與窾通用，窾者空也。……臣鉉等曰：'𥨊，塞也。意有所欲而猶未塞，款款然也。'按空則宜窒。……（从柰）取柰何之意。"

按款今字作款，今讀 kuǎn（溪元）。从祟聲（心物）蓋爲祟聲

（心物）之借，亦即竅聲（清月）之借，元月對轉。竅，塞也。空而未塞，故意有欲，即有所欲而未得滿足，故心款款然欲得。字从竅聲，此用竅空而欲塞之引申義。

**茁 蕨** 《説文》："茁，㕞也。从艸，屈聲。"段注："㕞當作刷，字之誤也。㕞，拭也。刷，掊杷也。茁之言掘也。與掊杷義近。今人謂以鈍帚去薉物曰茁，正是此字。《廣雅·釋器》：'茁謂之刷。'"

按茁 qū（見物）从屈聲（溪物）訓刷，以茁掊杷掘去穢物。字从屈聲，當爲掘聲（群物）之借，用掘之發掘義。

**鶌 鶌** 《説文》："鶌，鶌鳩，鶻鵃也。从鳥，屈聲。"段注："鶻鵃二字依《爾雅》補。《釋鳥》曰：'鶌鳩，鶻鵃。'《小雅》：'宛彼鳴鳩。'毛曰：'鳴鳩，鶻鵰也。'……郭云：'今江東亦呼爲鶻鵃。似山鵲而小，短尾，青黑色，多聲。即是此也。'"

按鶌 jué（見物）从屈聲（溪物）訓鶌鳩。字从屈聲，此用屈無尾之引申義。此鳥短尾，故以屈名，此以德爲名。又名鶻鵃者，鶻鵃蓋此鳥之鳴聲，又以其鳴聲爲名。又此鳥喜鳴，故曰鳴鳩。

**剧 剧** 《説文》："剧，剞剧也。从刀，屈聲。"

按剧 jué（見物）从屈聲（溪物）訓剞剧。《説文》："剞，剞剧，曲刀也。"剞从奇，奇正相對，奇有不正義，引申有曲義。剧从屈，屈短尾，剞剧短小的曲刀，古代施刑的小刀。字从屈聲，此用屈短之引申義。

**崛 崛** 《説文》："崛，山短而高也。从山，屈聲。"段注："短高者，不長而高也。不長故从屈，屈者無尾也。無尾之物則短，張揖《上林賦》注曰：'崛崎，斗絶也。'"

按崛 jué（群物）从屈聲（溪物）訓山短而高。字从屈聲，此用屈無尾之引申義。

**淈 淈** 《説文》："淈，濁也。从水，屈聲。一曰滒泥。一曰水出皃。"段注："今人汩亂字當作此。按《洪範》：'汩陳其五行。’某氏曰：‘汩，亂也。’……《屈賦》‘汩鴻’謂治洪水，治亂正一義。即《釋詁》之‘淈，治也’。……《上林賦》：‘潏潏淈淈。’”

按淈 gǔ（見物）从屈聲（溪物）訓濁，攪濁，擾亂。字从屈聲，蓋掘聲（群物）之借，用掘之掘發、攪亂義。一曰出皃，則字从屈聲，當爲出聲（昌物）之借，用出之外出義。

掘 𢯷 《説文》：“掘，搰也。从手，屈聲。”段注：“二篆疊韵轉注。”

按掘 jué（群物）从屈聲（溪物）訓搰。字从屈聲，當爲骨聲（見物）之借，骨器是人類最早的利器。《説文》：“搰，掘也。”段注：“《吳語》：‘夫諺曰狐埋之而狐搰之，是以無成功。’韋注：‘掘，發也。’”搰从骨聲，即以骨掘地。掘、搰（匣物）群匣旁紐，物部疊韵，是掘以骨爲語源。

堀 𡎸 《説文》：“堀，突也。从土，屈聲。《詩》曰：‘蜉游堀閲。’”段注：“突爲犬从穴中暫出，因謂穴中可居曰突，亦曰堀，俗字作窟。”

按堀 kū（溪物）从屈聲（溪物）訓突，洞穴。今字作窟。字从屈聲，當爲掘聲（群物）之借，狐兔之穴，皆狐兔用爪牙所穿穴。此用掘之發掘義。

堀 𡎸 《説文》：“堀，突也。《詩》曰‘蜉蝣堀閲’，从土屬省聲。”朱駿聲通訓定聲：“按即堀之或體，今并系于此。”

蔱 𦸗 《説文》：“蔱，艸也。从艸，㲚聲。”

按蔱 cuì（清月）从㲚聲（心物）訓草。今何草不詳，其語源不詳。

竂 𥨸 《説文》：“竂，塞也。从宀，㲚聲。讀若《虞書》曰‘竄三苗’之竄。”段注：“《廣雅》‘竂，塞也’本此。陸贄《關中事狀》：‘倘有賊臣盗竂。’……二竄本皆作竂，妄人所改也。”朱駿聲通訓定聲：“邊塞曰塞，竄人于邊塞曰竂。”

按𡨄 cuì（清月）从㲋聲（心物）訓塞，謂放逐人到邊塞。字从㲋聲，蓋爲塞聲（心職）之借，心母雙聲，職物通轉。邊塞名字，放逐去邊塞動字。名動一體，此漢字之特點。

𢡱 《說文》：“𢡱，謹也。从心，㲋聲。讀若毳。”

按𢡱 cuì（清月）从㲋聲（心物）訓謹。字从㲋聲，蓋爲塞聲（心職）之借，清心旁紐，物職通轉。《詩・邶風・燕燕》：“仲氏任只，其心塞淵。”毛傳：“任，大；塞，瘞；淵，深也。”正義曰：“言仲氏有大德行也，其心誠實而深遠也。”凡瓶盛酒加塞，則其氣液不外泄。故引申有閉塞、實在、謹慎義。

𧒂 《說文》：“𧒂，蟲也。从虫，㲋聲。”段注：“謂蟲名。”

按𧒂 cuì（清月）从㲋聲（心物）訓蟲，蟲名。今爲何蟲不詳，其語源不詳。

## 弗聲字

弗 《說文》：“弗，撟也。从丿乀，从韋省。乀，𠂆戾也。从反丿。讀與弗同。”段注：“撟，各本作撟，今正。撟者，舉手也。引申爲高舉之用。矯者，揉箭箝也，引申爲矯拂之用。今人不能辯者久矣。弗之訓撟也，今人撟皆作拂，而用弗爲不，其誤蓋亦久矣。……韋者相背也。故取以會意，謂或左或右，皆背而撟之也。”李孝定《甲骨文字集釋》按語：“字从弗，正象矯箭使直之形。”

按弗 fú（幫物）訓撟，初義是矯箭使直，弗蓋以逼（幫職）爲語源，用逼之逼束義，緊逼束縛之使正。幫母雙聲，職物通轉。弗以音近借爲不，并爲此義所專，遂另造矯字以代之。

茀 《說文》：“茀，道多艸不可行。从艸，弗聲。”段注：“《周語》：‘火朝覿矣，道茀不可行也。’注：‘草穢塞路爲茀。’《毛詩》借作蔽刜字。”

按茀 fú（滂物）从弗聲（幫物）訓道多草不可行，草穢塞路。字从弗聲，蓋爲蔽聲（幫月）之借，幫母雙聲，物月旁轉，此用蔽之遮蔽義。

咈咈 《説文》："咈，違也。从口，弗聲。《周書》曰：'咈其耇長。'"段注："違與韋同，相背也。……按《説文》引《微子篇》'咈其耇長，我興受其退'，皆系《周書》。"

按咈 fú（並物）从弗聲（幫物）訓違，違背，違反。字从弗聲，蓋爲拂聲（滂物）之借，用拂之拂亂義。

䠵䠵 《説文》："䠵，跳也。从足，弗聲。"《方言》卷一："䠵，跳也。"

按䠵 fú（滂物）从弗聲（幫物）訓跳，踴，躍，起跳。字从弗聲，蓋勃聲（並物）之借，用勃之勃起、勃發之引申義，並滂旁紐，物部叠韵。向上跳是驟時發生的爆發力。

䀟䀟 《説文》"䀟，目不明也。从目，弗聲。"段注："疑即昒之或字。"

按䀟 fèi（滂物）从弗聲（幫物）訓目不明。字从弗聲，當爲蔽聲（幫月）之借，用蔽之遮蔽義，謂目爲外物所蔽而所視不明。

刜刜 《説文》："刜，擊也。从刀，弗聲。"段注："《左傳》：'苑子刜林雍，斷其足。'"《左傳》孔穎達疏："刜，字从刀，謂以刀擊也，今江南猶謂刀擊爲刜。"

按刜 fú（滂物）从弗聲（幫物）訓擊，以刀擊，用刀橫掃過去。字从弗聲，蓋爲拂聲（滂物）之借。《説文》："拂，過擊也。"段注："《刀部》曰：'刜，擊也。'與拂義同。"擊以刀，而揮用手，字从拂聲，此用拂之過擊義。

柫柫 《説文》："柫，擊禾連枷也。从木，弗聲。"段注："《方言》曰：'僉，宋魏之間謂之欇殳。……或謂之柫，音拂。'……《王莽傳》：'必躬載柫。'《釋名》曰：'枷，加也。……或曰了了，杖轉於頭，故以名之也。'戴先生曰：'羅連語之轉，今連枷之制與古同。'"

按柫 fú（幫物）从弗聲（幫物）訓擊禾連枷，搗穗出其穀。字从弗聲，蓋爲拂聲（滂物）之借，用拂之過擊義。

**費** 《説文》：“費，散財用也。从貝，弗聲。”

按費 fèi（滂物）从弗聲（幫物）訓散財用，花費錢財。字从弗聲，當爲發聲（幫月）之借，弗、發幫母雙聲，物月旁轉。此用發之發放、散發義。財聚是爲使用，用則散發。今語花費，正用花開散發之義。

**佛** 《説文》：“佛，仿佛也。从人，弗聲。”段注：“按《髟部》有髴，解云：‘髴若似也。’即佛之或字。”

按佛 fú（滂物）从弗聲（幫物）訓仿佛。《説文》：“仿，仿佛，相似。視不諟也。”段注：“諟即諦，《言部》曰：‘審也。’”仿（滂陽）、佛雙聲，義相關而各有別。佛从弗聲，蓋勿聲（明物）之借，勿有三斿，迎風飄動，凡物在眼前飄忽晃動則看不仔細，此用勿飄忽之引申義。

**髴** 《説文》：“髴，髴若似也。从髟，弗聲。”段注：“似者像也，若似者絫言之。髴與《人部》仿佛之佛義同。”

按髴 fú（滂物）从弗聲（幫物）訓若似。字从弗聲，蓋勿聲（明物）之借，髴即佛之或字。

**艴** 《説文》：“艴，色艴如也。从色，弗聲。《論語》曰：‘色艴如也。’”段注：“按此當作：艴，怒色也。《孟子》：‘曾西艴然不悦。’趙曰：‘艴，愠怒色也。’……今《論語》作‘勃’，《木部》引《論語》作‘孛’，蓋必有古，魯齊之别在其間矣。或曰‘依《論語》則非怒色也’。不知怒者盛氣之稱，不嫌同詞。《孟子》‘王勃然變乎色’，不與今《鄉黨》同詞乎？”

按艴 bó（並物）从弗聲（幫物）訓色艴如也，怒色。字从弗聲，當爲孛聲（並物）之借。《説文》：“孛，𣎵孛也。从𣎵从子。人色也，故从子。《論語》：‘色孛如也。’”段注：“此（引《論語》）曰：證人色之説也。”草木之盛如人色盛，實一字通用。勃然大怒，勃指氣盛。

**岪** 《説文》：“岪，山脅道也。从山，弗聲。”段注：“脅者兩膀也，山如人體，其兩旁曰脅。《水經注》曰：'江水又東逕赤岬城。'引《淮南子》：'徬徨於山岬之旁。'注云：'岬，山脅也。'《楚辭·招隱士》云：'坱兮圠山曲岪。'王注云：'盤結屈也。'結屈，許書作詰詘，山脅之道然也。"

按岪 fú（並物）从弗聲（幫物）訓山脅道。字从弗聲，蓋逼聲（幫職）之借，弗、逼幫並旁紐，物職通轉。山脅者以人脅爲喻，人之脅在臂膀與軀體之間，故脅引申有迫近、逼迫義。

**炥 炥** 《説文》："炥，火皃。从火，弗聲。"段注："按此篆當是爕之或體。"

按炥 fú（並物）从弗聲（幫物）訓火皃，當作火盛皃。《集韵》："爕，熚爕。火不時出而滅。一曰鬼火。一曰火盛皃。"字从弗聲，當爲逼聲（幫職）之借。火盛則火之熱氣勢盛逼人，此用逼之相逼迫義。

**奰 奰** 《説文》："奰，大也。从大，弗聲。讀若予違汝弼。"王筠句讀："奰蓋弼之異文。"

按奰 fú（並物）从弗聲（幫物）訓大，讀若弼。字从弗聲，此用矯揉箭箝之引申義，矯正即輔弼，弼（並物）、奰音義皆同，弗之於箭，輔弼之於人，其用皆大，故引申有大義。又弼或作彌，彌从丙（幫職），丙即今逼字，弼所以輔正弓弩，與弗所以矯正箭竿，其用正同。王氏心知其意，而未達一間，故不能深入解讀。

**沸 沸** 《説文》："沸，畢沸，濫泉也。从水，弗聲。"段注："泉下小徐有也。按也當作皃。《詩·小雅》《大雅》皆有'觱沸檻泉'之語。傳云：'觱沸，泉出皃，檻泉正出。'《釋水》曰：'濫泉正出。'正出，涌出也。司馬彪注《上林賦》曰：'滭弗，盛皃也。'……《毛詩》觱檻皆假借字，今俗以沸爲鬵字。……《上林賦》'滭弗'，一本作'浡'。"

按沸 fèi（幫物）从弗聲（幫物）訓畢沸濫泉，泉涌出皃。《上林賦》注："滭弗盛皃，泉盛則源源涌出。"字从弗聲，當爲孛聲（並物）之借，此用孛草木之盛、人氣之盛，喻泉水勢之盛。又勃發則由於氣盛的壓力，泉水之噴涌，亦由於山體内在的壓力，是孛、逼音近義通。

**拂** 《説文》："拂，過擊也。从手，弗聲。"段注："徐鍇曰：'擊而過之也。'《刀部》曰：'刜，擊也。'與拂義同。"

按拂 fú（滂物）从弗聲（幫物）訓過擊。刜以刀，而揮刀以手，故字从手。刜、拂義近，相互補充。字从弗聲，蓋爲刜聲之借，用刜擊之義。

**紼** 《説文》："紼，亂枲也。从糸，弗聲。"段注："枲，各本作系，不可通，今正。亂枲者，亂麻也。可以裝衣，可以然火，可以緝之爲索。故《采尗》毛傳曰：'紼，繂也。'言用紼爲索也。"

按紼 fú（幫物）从弗聲（幫物）訓亂枲，亂麻，謂以亂麻爲索。字从弗聲，蓋爲索聲（山物）之借，此以疊韵相借，用索之繩索義。

**櫕** 《説文》："櫕，櫕木也。从木，費聲。"段注："未詳。"

按櫕 fèi（滂物）从費聲（滂物）訓櫕木。今爲何木不詳，其語源不詳。

**趣** 《説文》："趣，走也。从走，㢸聲。"段注："《篇》《韵》皆作'趀'，云'走皃'。"

按趣 fú（滂物）从㢸聲（並物）訓走，走皃。字从㢸聲，《説文》："㢸，山脅道也。"此謂走在山脅道上，其道狹隘逼人，此用㢸之引申義。

**鬻** 《説文》："鬻，涫也。从鬲，沸聲。"段注："今俗字涫作滚，鬻作沸，非也。《上林賦》曰：'滵潗鼎鬻。'嚴夫子《哀時命》曰：'氣涫鬻其若波。'……按此當云从水鬲，弗聲，非畢沸字也。"

按鬻 fèi（幫物）从弗聲（幫物）訓涫也。字从弗聲，蓋爲勃聲（並物）之借，鬲中水煮氣盛則勃起，此用勃之勃起義。泉水㴫弗與水鬻翻滚，此同狀孳乳，實爲同源。

# 日聲字

日 《説文》："日，實也。大昜之精不虧。从〇一，象形。凡日之屬皆从日。Θ，古文象形。"段注："以疊韵爲訓。……《釋名》曰：'日，實也。光明盛實也。'……蓋象中有烏。武后乃竟作𡆠，誤矣。"

按日 rì（日質）蓋最早的象形文之一，是漢字重要的語源字，初義是太陽，引申指白晝，有太陽的時候叫白天，晝與夜相對。又引申指地球自轉一周叫一日，即一晝夜。日是整個太陽系的中心，是整個太陽系的光源和熱源。

䵒 《説文》："䵒，黏也。从黍，日聲。《春秋傳》曰：'不義不䵒。'⿰黍刃，䵒或从刃。"段注："今《左傳》作暱，昵或暱字，日近也。……據杜子春説《考工記·弓人》昵或爲⿰黍刃。《方言》曰：⿰黍刃，黏也。齊魯青徐自關而東，或曰⿰黍刃，或曰⿰黍女。⿰黍女，黏也。"

按䵒 nì（泥質）从日聲（日質）訓黏，黍米煮熟有黏性。从日聲，日光照在人物身上，揮之不去，故以黏喻之。字或作⿰黍刃，字从刃，刀上一點，表示血，刀口是見血的部位，血有黏性。昵或爲⿰黍刃者，昵从尼聲，字从尸匕，尸即人，在字中指男人，从匕，匕，女人。尼的初義是男女親昵，古語形容夫妻情篤爲"如膠似漆"，膠、漆皆有較强的黏性。或作⿰黍女，字从女，是夫妻雙方對於對方都有吸引力，吸引力持久，即黏。

⿰黍尼 朱駿聲通訓定聲："⿰黍尼，此字《説文》汲古閣本增入，按即䵒之異體，姑附于此。"

按⿰黍尼 nǐ（泥質）从尼聲（泥脂），泥母雙聲，質脂陰入對轉，與䵒音義俱同，此一字之異體。

衵 《説文》："衵，日日所常衣。从衣从日，日亦聲。"朱駿聲通訓定聲："衵，近身衣也。从衣，日聲。"《左傳·宣九傳》：

“皆衷其衵服，以戲于朝。”《玉篇》：“衵，近身衣也。”

按衵 rì（日質）从日聲（日質），朱訓近身衣是對的，近身即貼身。字从日聲，此用日光照在人身上緊貼人身，揮之不去的引申義。日光照在人物上逼近人物，故引申有黏昵義。又凡亦聲字，皆以形聲字聲不表義爲前提，前人把他們認爲某些字聲旁能表義叫亦聲，是一個錯誤的觀點和提法，實際上形聲字的聲旁都是表義的，只表義的情況有顯有隱，相當複雜。

馹 馹 《説文》：“馹，傳也。从馬，日聲。”段注：“各本傳上有驛字，淺人所增，今刪正。《辵部》曰：‘遽者，傳也。’《人部》曰：‘傳者，遽也。’《釋言》曰：‘馹，傳遽也。’許用《釋言》文。……从日者，謂如日之健行。”

按馹 rì（日質）从日聲（日質）訓傳。傳者，傳車，車馬所駕故从馬。傳車在行進中，保持快速，字从日聲，此用日之健行義。日者太陽，《易》所謂“乾行健”，取自强不息之義。

涅 涅 《説文》：“涅，黑土在水中者也。从水，日聲。”段注：“者字依《論語》釋文補，《論語》孔注：‘涅可以染皁者。’”《廣雅·釋詁三》：“涅，泥也。”

按涅 niè（泥質）从日聲（日質）訓黑土在水中者也，即黑泥。字从日聲，當爲黏聲（泥質）之借，水中之土久經水浸漬成泥，泥有黏性，涅、黏古音同，黑土可以染黑。《論語》“涅而不緇”，謂雖在黑泥中，却不被染黑。

颸 颸 《説文》：“颸，大風也。从風，日聲。”

按颸 yù（匣質）从日聲（日質）訓大風。字从日聲，日月相對，日大月小，日爲太陽，月爲太陰，陰陽相對，陽强陰弱，陽剛陰柔。此用日大日剛强之引申義。

## 吉聲字

吉 吉 《説文》：“吉，善也。从士口。”

按吉jí（見質）字形結構不詳，衆説紛紜，皆不可據。甲骨卜辭及先秦文獻的常見用義是善、吉利、吉祥。由吉聲孳乳的字多有堅固義，或能傳達其初義的信息，尚待深考。又吉、蓋（見月）雙聲，質月旁轉，蓋、吉音近，吉蓋由蓋孳乳。

**趌** 《説文》："趌，趌趨，怒走也。从走，吉聲。"段注："凡異部疊韵，必部分相近。"朱駿聲通訓定聲："《纂文》：'趌趣，跳起也。'按趌趨、趌趣皆疊韵連語。"按雙聲疊韵連語，並非單純的聲音組織而需於各字中求義。从趌趨説，趨从曷，當爲揭聲之借，謂揭舉其尾；从趌趣説，趣从厥聲，當爲蹶聲之借。《説文》："蹶，一曰跳也。"但趌从吉聲，尚不能定其確解。

按趌jí（見質）从吉聲（見質）訓趌趨，怒走。字从吉聲，蓋爲疾聲（從質）之借，獸畜怒狂奔則多揭舉其尾。此用揭之揭舉義。

**齰** 《説文》："齰，齧堅聲。从齒，吉聲。"段注："齧，各本作齒，今依《玉篇》訂。《石部》曰：'硈，石堅也。'皆於吉聲知之。"

按齰xiá（匣質）从吉聲（見質），各本訓齒堅聲，聲字蓋衍。石堅，齒骨質亦堅，堅（見真）、吉見母雙聲，真質陽入對轉。《玉篇》以齒堅聲費解，故改作齧堅聲。

**詰** 《説文》："詰，問也。从言，吉聲。"

按詰jié（溪質）从吉聲（見質）訓問，責問，追問，緊逼不舍而問。緊（見真）、堅（見真）古音同。字从吉聲，此用吉堅之引申義。

**桔** 《説文》："桔，桔梗，藥名。从木，吉聲。一曰直木。"段注："桔梗，艸類，《本艸經》在《艸部》，而字从木者，艸亦木也。"

按桔jié（見質）从吉聲（見質）訓桔梗，藥名。梗有刺義，亦有直義。字从吉聲，蓋用吉堅之引申義。桔梗草本植物，而入木部者，蓋取其堅直如木之義。

**佶** 《説文》："佶，正也。从人，吉聲。《詩》曰'既佶且閑'。"

段注："《小雅·六月》傳曰：'佶，正也。'箋云：'佶，壯健之皃。'按鄭以言壯健乃可皃馬，但毛言正自可含壯健也。……本言人，引申言馬。"

按佶 jí（群質）从吉聲（見質）訓正。凡物正必堅挺，鄭訓佶爲壯健皃，健之初義本謂陽剛之美。健（群元）、佶雙聲。字从吉，此用吉堅之引申義。

袺 𧙝 《説文》："袺，執衽謂之袺。从衣，吉聲。"段注："《周南》：'采采芣苢，薄言袺之。'《爾雅》曰：'執衽謂之袺。'毛傳同。"

按袺 jié（見質）从吉聲（見質）訓執衽謂之袺。《爾雅》郭璞注："持衣上衽。"用手持衣衽提起。字从吉聲，蓋揭聲（溪月）之借，見溪旁紐，質月旁轉。《説文》："揭，高舉也。"段注："見於《詩》者，《匏有苦葉》，傳曰：'揭，褰裳也。'"

欯 𣢟 《説文》："欯，喜也。从欠，吉聲。"段注："《廣韵》曰'笑也'。"

按欯 xì（曉質）从吉聲（見質）訓喜，即喜歡、歡笑。字从吉聲，用吉之吉祥、喜慶義。

硈 𥑮 《説文》："硈，石堅也。从石，吉聲。一曰突也。"

按硈 qià（溪質）从吉聲（見質）訓石堅。堅（見真）、吉雙聲，真質對轉。《説文》："堅，土剛也。"字从吉聲訓堅，此用吉堅之義。

頡 𩑤 《説文》："頡，直項也。从頁，吉聲。"段注："《淮南·修務訓》：'王公大人有嚴志頡頏之行者，無不憚悇癢心而悅其色矣。'此頡頏正謂强項也。……直項者，頡之本義。"

按頡 xié（匣質）从吉聲（見質）訓直項，凡能正直者必堅强，故直項即强項，堅、强（溪陽）旁紐。字从吉聲，訓直，此用吉之堅强義。

黠 𪐳 《説文》："黠，堅黑也。从黑，吉聲。"段注："黑之堅者也。《石部》曰：'硈，石堅也。'亦吉聲也。引申爲奸巧之稱。《貨殖列傳》云：'桀，黠奴。'謂其性堅而善藏也。《方言》

曰：‘慧，自關而東，趙魏之間謂之黠，或謂之鬼。’”

按黠 xiá（匣質）从吉聲（見質）訓堅黑。字从吉聲，此用吉堅之義。

**𡗜** 《說文》：“𡗜，頭傾也。从夨，吉聲。讀若孑。”段注：“《玉篇》引《倉頡》云：‘仡仡也。’”朱駿聲通訓定聲：“按此當爲頡字之訓。”

按𡗜 jié（見質）从吉聲訓頭傾。字从夨，《說文》：“夨，傾頭。”字从吉聲，吉有直義，不當爲頭傾。《玉篇》訓仡仡，《說文》：“仡，勇壯也。从人，氣聲。”《周書》曰：“仡仡武夫。”段注：“某氏曰：‘仡仡，壯勇之夫。’”謂勇武健壯皃。是𡗜从吉聲，當用吉之堅直義。

**壹** 《說文》：“壹，嫥壹也。从壺吉，吉亦聲。”段注：“嫥，各本作專，今正。嫥下云‘壹也’。與此爲轉注。”徐鍇繫傳：“从壺，取其不泄也。”

按壹 yī（影質）从吉聲（見質）訓嫥壹。壹从壺，《說文》：“壺，昆吾圜器也，象形，从大，象其蓋也。”壺有口，加蓋則不泄，壹从吉聲，當用吉堅之引申義。謂蓋藏堅實，酒藏其中，久藏不變質變味，而且愈久愈醇愈香，是从吉又兼用吉善美之引申義。《說文》：“吉，善也。”蓋由此引申。推而論之，甲骨文之吉作作，字从口，口者器口，酒器酒壺之口，从或，象塞壺口之塞。演變爲吉，字作士，此形之省變。余在推演壹字時，突悟此意，殊爲欣喜，因特記之。今國藥店盛丹丸之瓶，所用之蓋塞亦多有此形者。是吉之初義當爲瓶塞。酒瓶加塞則氣不外逸，久存而味愈醇，氣愈香，故引申有美善義。人口所以言食，口不擇言，飢不擇食，則每禍从口出，病从口入，故人口亦貴有遮攔。《易・繫辭》：“吉人之辭寡，躁人之辭多。”吉人就是口有遮攔，心裏有隱形的塞子。

**鮚** 《說文》：“鮚，蚌也。从魚，吉聲。《漢律》：‘會稽郡獻鮚醬二斗。’”段注：“《地理志》：‘會稽鄞縣有鮚埼亭。’師古曰：‘鮚，蚌也。長一寸，廣二分，有一小蟹在其腹中。埼，曲岸也，其中多鮚，故以名亭。’按此名瑣鮚，瑣者小也，鮚之小者。《江賦》‘瑣鮚腹蟹’注引《南越志》曰：‘瑣蛣長寸餘，大者長二三寸，腹中有蟹子，如榆莢，合體共生，皆爲蛣取食。……《文選》字作蛣。”

按鮚 jié（群質）从吉聲（見質）訓蚌。蚌有堅殼，俗稱蚌殼。字从吉聲，此用吉堅之引申義。《漢律》：“會稽郡獻鮚醬。”可見鮚醬爲美味。字从吉聲，蓋又兼用吉之善美之引申義。

拮 《説文》：“拮，口手共有所作也。从手，吉聲。《詩》曰：‘予手拮据。’”段注：“《豳風》：‘予手拮据。’傳曰：‘拮据，撠挶也。手病口病，故能免於大鳥之難。’《韓詩》曰：‘口足爲事曰拮据，韓之足即毛之手也。許蓋合毛韓爲此訓。’”

按拮 jié（見質）从吉聲（見質）訓拮据，口手共有所作，言勞苦、艱難、困病。字从吉聲，用吉之堅緊、艱難義。

姞 《説文》：“姞，黃帝之後，伯鯈姓也。后稷妃家。从女，吉聲。”

按姞 jí（群質）从吉聲（見質）訓伯鯈姓。字从吉聲，作姓氏字，此但借其聲。

結 《説文》：“結，締也。从糸，吉聲。”段注：“古無髻字，即用此。”

按結 jié（見質）从吉聲（見質）訓締。《説文》：“締，結不解也。”結得牢固，解不開。俗語叫“結實”。字从吉聲，此用吉堅緊之引申義。

蛣 《説文》：“蛣，蛣蚍，蝎也。从虫，吉聲。”段注：“《釋蟲》曰：‘蝎，蛣蝠也。’郭云：‘木中蠹蟲。’”朱駿聲通訓定聲：“蚍，蛣蚍，蓋桑蠹、蝤蠐之類。”

按蛣 jié（溪質）从吉聲（見質）訓蛣蚍，木中蠹蟲。字从吉聲，蓋謂蠹蟲體柔而能齧，此用吉堅之引申義。

劼 《説文》：“劼，慎也。从力，吉聲。《周書》曰：‘劼毖殷獻臣。'"段注："慎者，謹也。《廣韻》曰：'用力也。'又'固也，勤也'。"

按劼 jié（溪質）从吉聲（見質）訓慎，謹慎。《廣韻》"固也"，義皆與堅緊相函。字从吉聲，此用吉堅緊之引申義。

**襭** 《說文》："襭，以衣衽扱物謂之襭。从衣，頡聲。擷，襭或从手。"段注："扱，收也。《周南》：'采采芣苢，薄言襭之。'《爾雅》曰：'扱衽謂之襭。'毛傳同。"

按襭 xié（匣質）从頡聲（匣質）訓以衣扱物。字从頡聲蓋扱聲（曉緝）之借。《說文》："扱，收也。"而頡訓直項，與以衣衽扱（收）物之義無關。

**噎** 《說文》："噎，飯窒也。从口，壹聲。"段注："《王風》：'中心如噎。'毛曰：'謂噎憂不能息也。'噎憂雙聲，憂即'終日號而不嗄'之嗄，氣逆也。今本毛傳訛脫，惟《玉篇》不誤。《鄭風》傳'憂不能息'，憂亦讀爲嗄。《欠部》曰：'歇，嗄也。'歇嗄即噎憂，劉氏台拱説。"

按噎 yē（影質）从壹聲（影質）訓飯窒，食物等堵塞喉嚨。今湖南方言叫"哽起了"。字从口，口在字中表喉嚨，引申爲凡阻塞、蔽塞之稱。字从壹聲，用壹壺加塞密閉氣不外泄之引申義。

**鷧** 《說文》："鷧，鵜也。从鳥，壹聲。"

按鷧 yì（影質）从壹聲（影質）訓鵜。《說文》："鵜，鸕鵜也。"鸕鵜善捕魚，魚家養以捕魚，在其頸上戴一環，細小的魚可吞下，大點的吞不下，飛到漁船上吐出，再下水捕魚。字从壹聲，噎聲（影質）之借，用噎飯、窒飯堵塞喉嚨之引申義。這是鷧从壹聲的深層信息。

**殪** 《說文》："殪，死也。从歺，壹聲。"段注："《左傳》：'聲子射其馬，斬鞅，殪。將擊子車，子車射之，殪。'《小雅》毛傳、文穎注《上林賦》皆曰：'壹發而死爲殪。'是也。故其字從壹。按《尚書》言'殪戎殷'，殪，仆也，此引伸之義。"

按殪 yì（影質）从壹聲（影質）訓死。字从壹聲當爲咽聲（影頁）之借，壹、咽影母雙聲，頁質對轉。“射其馬”，射中馬的咽喉。“斬鞅”，《説文》“鞅，頸靼也”，套在馬頸上的皮帶。“（馬）殪”，馬死倒下。“將擊子車，子車射之，殪”，箭能一箭將人射死，射的部位，必在咽喉，俗語叫“一箭封喉”，即刻斃命。壹在字中不作數字，一箭封喉即氣絶。

饐 𩞄 《説文》：“饐，飯傷溼也。从食，壹聲。”段注：“《魚部》曰：‘䱒，饐魚也。’是引伸之凡淹漬皆曰饐也。”

按饐 yì（影質）从壹聲（影質）訓飯傷溼，謂熟食因封閉不透氣又經久而腐臭。字从壹聲，此用壹閉塞、不透氣之引申義。

曀 曀 《説文》：“曀，天陰沉也。从日，壹聲。《詩》曰：‘終風且曀。’”段注：“各本作‘陰而風也’，今正。《釋名》：‘曀，翳也。言雲氣晻翳，日光使不明也。”

按曀 yì（影質）从壹聲（影質）訓天陰沉。字从日，謂日光被陰雲遮蔽，大地籠罩在雲氣陰霾之中，給人以鬱悶閉塞之感。字从壹聲，此用壹鬱抑閉塞之引申義。

豷 豷 《説文》：“豷，豕息也。从豕，壹聲。《春秋傳》曰：‘生敖及豷。’”段注：“息者，喘也。豷與眉呬齂音義皆同，而有人豕之别。”

按豷 yì（影質）从壹聲（影質）訓豕息，豕呼吸。咽喉是氣流的通道，是呼吸器官的重要部件。字从壹聲，當爲咽聲（影真）之借，用咽的咽喉義，此指用咽喉呼吸。

撎 撎 《説文》：“撎，拜舉首下手也。从手，壹聲。”錢坫斠詮：“今人言揖即撎也。”徐灝注箋：“舉手下手者，言舉其手俯而下之耳。《字林》誤作舉首。沈濤古本考：‘撎即今之揖，古之揖乃今之拱手。’”

按撎 yì（影質）从壹聲（影質）訓舉手下手，即拱手肅拜。字从壹聲，蓋即抑聲（影質）之借，用抑下按之引申義。

墷 墷 《説文》：“墷，天会𡑾起也。《詩》曰：‘墷墷其陰。’从土，壹聲。”段注：“依《玉篇》補起字較完。……《邶風·終風》文，今《詩》壇作曀。毛傳曰：‘如常陰曀曀然。’許所據作壇，其訓曰‘天陰塵’。”

按壇 yì（影質）从壹聲（影質）訓天陰𡏖起，即天氣中塵土飛揚遮天蔽日，古稱“陰霾”，俗稱“黄沙天”，蓋與今沙塵暴相似。沙塵把整個大地包圍了，人在此間深感鬱悶、閉塞。字从壹聲，此用壹閉塞不透氣之引申義。

## 七聲字

**七** 《説文》：“七，昜之正也。从一，微侌從中衺出也。”

按七 qī（清質）訓昜之正，此用陰陽五行之説爲解，與七字之形義不相干。七字甲骨文作十，《甲骨文字典》：“於横畫中加一小竪，會切斷横畫之意。丁山謂十本象當中切斷形，自借爲七數專名，不得不加刀于七以爲切斷專字，按其説可從。”

愚按丁説有創見，但不準確，文字之創意來源於社會生活，切斷横畫之説不可取，从甲骨文十的字形説，横畫表示大塊的肉，竪畫表刀，即用刀切肉。遠在漁獵時代，初民狩獵，得肉必分享，切肉分配是常有的事，制成文字便是十，借爲數字七，並爲此義所專。故加刀作切，以示區别。甲骨文十字初只作丨，後以數十相連，於丨之中加點，久則變爲十，十遂變形作七，以示區分。這裏要特别强調的是，造字之初，及物動字所涉及的對象必爲具體之物，如刭是用刀割頸，即自刎。刵斷耳，用刀割下耳朵。劓刖鼻，用刀割下鼻子，字从臬，自聲之借，自即鼻。搤是用手扼住對手的咽喉，搤从益聲是嗌聲之借。嗌今字作嗌，《説文》：“嗌，咽也。”嗌即咽喉。抽象的横畫之説是不合乎初民造字的形象思維的。

**叱** 《説文》：“叱，訶也。从口，七聲。”段注：“訶，大言而怒也。”

按叱 chì（昌質）从七聲（清質）訓訶，大言而怒，謂當面怒聲斥責。字从七，七是切割的本字，言下之意是再不聽，就宰了你。

俗話説“傷人一語，利於刀割”，此用七之切割義，謂惡語傷人比刀割還難受、難堪。

切 《説文》：“切，刌也。从刀，七聲。”段注：“二字雙聲同義。古文《禮》‘刌肺’，今文刌爲切，引伸爲迫切，又爲一切。”

按切 qiē（清質）从七聲（清質）訓刌。刌，寸切，即細切。實則切是七的後起的加形旁字，七是切的本字。切訓刌細切者，蓋與矺相對，《説文》矺作磔。“磔，辜也”，是古代一種分裂肢體的酷刑。矺之初義則爲割裂牲體，磔實由矺孳乳，割裂牲體是切割的第一步，切者細切則爲第二步。字从寸，寸有短小義。

## 必聲字

必 《説文》：“必，分極也。从八弋，八亦聲。”段注：“極猶準也。《木部》棟、極二字互訓。橦字下云：‘帳極也。’凡高處謂之極，立表爲分判之準，故云分極。引伸爲詞之必然。……樹臬而分也。弋今字作杙。……八，各本誤弋，今正。古八與必同讀也。”

按必 bì（幫質）从八聲（幫質）訓分極。字从弋，弋是分界的標識，即立表爲分判之準，字从八聲，此用八分别之引申義，即一分爲二，完全剖分，故引申爲詞之必然。凡物皆可分，而分是没有止境的。《莊子》：“一尺之棰，日取其半，萬世不竭。”

祕 《説文》：“祕，神也。从示，必聲。”

按祕（mì）舊讀 bì（幫質）从必聲（幫質）訓神，神祕不可測，引申爲祕密。字从必聲，蓋爲閉聲（幫質）之借，封閉則無從窺見，不見則無法知情。字从閉聲，此用閉而不見之引申義。

珌 《説文》：“珌，佩刀下飾，天子以玉。从玉，必聲。，琿，古文珌。”段於琿下注：“《玉篇》曰：‘珌，古文作琿。’《汗簡》《古文四聲韵》皆曰：‘琿見《説文》。’今據補。必畢古通用。”

按珌 bì（幫質）从必聲（幫質）訓佩刀下飾。徐鍇繫傳："下飾謂末也。"指刀鞘末端的裝飾。字从必聲（幫質）當爲畢聲（幫質）之借，畢者畢竟、完畢，引申指末尾。此以同音相假借，許書於正篆用借聲，重文用聲之本字。借必爲畢，於字形簡省見長。

苾 《説文》："苾，馨香也。从艸，必聲。"

按苾 bì（並質）从必聲（幫質）訓馨香。《説文》："馨，香之遠聞也。"言香氣濃郁散發甚遠，香氣是香分子的散發活動。字从必聲，此用必分之引申義。

鞑 《説文》："鞑，車束也。从革，必聲。"段注："《考工記》：'天子圭中必。'注：'必，讀如鹿車縪之縪，謂以組約其中央，爲執之以備失隊。'"

按鞑 bì（並質）从必聲（幫質）訓車束，約束車的皮帶。約束則緊逼，字从必聲，蓋爲逼聲（幫職）之借，此以聲近相借。

眍 《説文》："眍，直視也。从目，必聲。讀若《詩》云'泌彼泉水'。"

按眍 bì（幫質）从必聲（幫質）訓直視。字从必聲，蓋爲筆聲（幫物）之借，幫母雙聲，物質旁轉，此用筆直之引申義。今湖湘方言多云"筆直"，或云"劈直"。劈（滂錫）、眍幫滂旁紐，質錫通轉，刀直所劈亦直。

胒 《説文》："胒，肥肉也。从肉，必聲。"段注："《廣韵》曰：'胒，朇，肥也。''朇，肥狀也。'"

按胒 bié（並質）从必聲（幫質）訓肥肉。胒蓋即今語膘肥體滿之膘 biāo（滂宵），此以聲近相借。

虙 《説文》："虙，虎皃。从虍，必聲。"段注："古伏羲字作虙，《五經文字》引《論語》釋文云宓子賤姓虙，文字訛舛，轉而爲宓，故濟南伏生稱子賤之後也。"

按虙 fú（並職）从必聲（幫質）訓虎皃，蓋謂虎有威可畏，其氣勢逼人。字从必聲，當爲逼聲（幫職）之借，此以聲近相借，用逼之威逼義。

**監 𥁞** 《説文》："監，拭器也。从皿，必聲。"段注："《廣韵》《集韵》《類篇》皆作拭。許書以飾爲拭，不出拭，此作拭者，説解中容不廢俗字，抑後人改也。可以㕞拭之器，若今㕞子之類。韓非所謂'懷刷'，其是歟？古㕞刷通用也。今各本作械器，非古本。"

按監 mì（明質）从必聲（幫質）訓拭器刷子之類。監作名字，是拭物之器，作動字，是用之拭器。以刷拭器，務求潔净，字从必聲，此用必極致之引申義。或者必聲爲畢聲（幫質）之借，用畢之畢竟義。

**飶 𩚁** 《説文》："飶，食之香也。从食，必聲。《詩》曰：'有飶其香。'"段注："《周頌》傳曰：'飶，芬香皃。'許云'食之香'，爲其字从食也。……與《艸部》苾音同義近。"

按飶 bì（並質）从必聲（幫質）訓食之香。字从必聲當爲苾聲（並質）之借，用苾馨香之引申義。苾本草香，引申爲凡物之馨香。

**柲 𣏌** 《説文》："柲，欑也。从木，必聲。"段注："欑，各本誤从手，葉本誤从亻，今正。此即下文'積竹杖'也。……按戈、戟、矛、柄皆用積竹杖。引申爲凡柄之稱。"

按柲 bì（幫質）从必聲（幫質）訓欑。《説文》："欑，積竹杖。"戈、戟、矛用積竹杖作柄，聚集竹條排比壓制而成。字从必聲，蓋爲密（明質）聲之借，用密排比緊密之義。

**邲 𨛜** 《説文》："邲，晋邑也。从邑，必聲。《春秋傳》曰：'晋楚戰于邲。'"

按邲 bì（並質）从必聲（幫質）訓晋邑。字从必聲，作地名字，此但借其聲。

**宓 𡧐** 《説文》："宓，安也。从宀，必聲。"段注："此字經典作密，密行而宓廢矣。《大雅》：'止旅乃密。'傳曰：'密，安也。'正義曰：'《釋詁》曰：密、康，静也。康，安也。'轉以相訓，是密得爲安。"

按宓 mì（明質）从必聲（幫質）訓安，謂妥貼安穩。字从必聲，此用必分極之引申義。《經典》作密，此爲同音假借。

**佖** 《説文》："佖，威儀也。从人，必聲。《詩》曰：'威儀佖佖。'"段注："按此當作威儀媟嫚也。《小雅・賓之初筵》曰：'威儀怭怭。'傳曰：'怭怭，媟嫚也。'許所據作'佖佖'，自奪媟嫚字。《韵會》《廣韵》徑注云：'有威儀矣。'……《詩》音義曰：《説文》作'佖'。"

按佖 bì（並質）从必聲（幫質）訓威儀媟嫚。从《詩》看，蓋謂酒醉起舞，盡情放肆，全不顧禮數，威儀盡失。字从必聲，此用必極之引申義。

**毖** 《説文》："毖，慎也。从比，必聲。《周書》曰：'無毖於卹'。"段注："《釋詁》曰：'毖，慎也。'《大雅》：'爲謀爲毖。'傳曰：'毖，慎也。'"

按毖 bì（幫質）从必聲（幫質）訓慎，謹慎小心。人處事之心思欲細欲密，比密義近，近到極點，則毫無疏漏，此慎之極。字从比必，此用密極之義。

**覕** 《説文》："覕，蔽不相見也。从見，必聲。"段注："覕之言閟也，祕也。蔽覕雙聲。"

按覕 miè（明質）从必聲（幫質）訓蔽不相見。字从必聲，當爲蔽聲（幫月）之借，此許書於訓釋字中見意。有物遮蔽，則視力所不及，不及則不見。此用蔽之遮蔽義，幫明旁紐，質月旁轉。

**㧙** 《説文》："㧙，宰之也。从卩，必聲。"段注："未聞，蓋謂主宰之也。主宰之則制其必然，故从必。"

按㧙 bì（幫質）从必聲（幫質）訓宰之，蓋謂主宰之。主宰之則制其必然。字从必聲，此用必之必然、必定之義。

**駜** 《説文》："駜，馬飽也。从馬，必聲。《詩》曰：'有駜有駜。'"

按駜 bì（並質）从必聲（幫質）訓馬飽，馬飽則馬腹鼓脹起來。字从必聲，蓋爲奰聲（並質）之借。《説文》："奰，壯大也。从三大三目，二目爲䀠，三目爲䀠，益大也。一曰迫也。讀若《易》虙羲氏。

《詩》曰：‘不醉而怒謂之䨲。’”徐灝注箋：“䨲，隸省作奰。”字从奰，此用奰壯大、益大之引申義。腹鼓脹則顯益大。一曰迫者，逼（幫職）、迫（幫鐸）音義並近，幫母雙聲，職鐸旁轉。腹鼓脹則必有受逼迫之感。

**泌** 《説文》：“泌，俠流也。从水，必聲。”段注：“俠者，甹也。三輔謂輕財者爲甹。俠流者，輕快之流，如俠士然。……《陳風》：‘泌之洋洋。’毛曰：‘泌，泉水也。’”

按泌 bì（並質）从必聲（並質）訓俠流。張文虎《舒藝室隨筆》：“案《玉篇》作‘狹流也’。《説文》無狹字，蓋皆‘陜’之誤。《𨸏部》：‘陜，隘也。’《玉篇》云：‘陜，不廣也。亦作狹。’‘陜’，謂泉出石間甚偪側也。《上林賦》：‘偪側泌瀄。’司馬彪注：‘偪側，相近也。泌瀄，相楔也。’蓋‘偪側’言其勢，‘泌瀄’狀其流，正與‘陜流’義相發。”泌本狀泉水自地中涌出，引申又指泉，泉孔一般狹窄，水从泉穴受地中壓力擠出，故滚滚而出。字从必聲者，蓋爲偪聲（幫職）之借，此用偪之逼迫義，謂泉受擠壓被逼而出。

**鮅** 《説文》：“鮅，魚名。从魚，必聲。”段注：“（鮅）必淺人所增也。《釋魚》云：‘鮅鱒’系一魚二名，儻許録鮅字，便當與鱒相聯，由許時《爾雅》本無鮅字，但作必，必則例不録。”

按鮅 bì（並質）从必聲（幫質）訓魚名。《爾雅·釋魚》：“鮅，鱒。”郭璞注：“似鯶子，赤眼。”字从必聲，其語源不詳。

**閟** 《説文》：“閟，閉門也。从門，必聲。《春秋傳》曰：‘閟門而與之言。’”段注：“引申爲凡閉之稱，《載馳》《閟宫》傳曰：‘閟，閉也。’又叚爲祕字。……祕，神也。”

按閟 bì（幫質）从必聲（幫質）訓閉門。字从必聲，閉聲（幫質）之借。閉是閉門的會意字，閟是閉的後起的形聲字，閟、閉音義皆同，實爲一字之異體。

**瑟** 《説文》：“瑟，庖犧所作弦樂也。从珡，必聲。𤨾，古文瑟。”段注：“弦樂猶磬曰石樂。……凡弦樂以絲爲之，象弓弦，故曰弦。……瑟之言肅也。《楚辭》言‘秋氣蕭瑟’。”

按瑟 sè（山質）从必聲（幫質）訓弦樂，古撥弦樂器。瑟之言肅，謂秋氣肅殺，萬物收斂。字从必聲，其語源待考。

謐 《説文》：“謐，静語也。从言，监聲。一曰無聲也。”段注：“今文《尚書》：‘維刑之謐哉。’《周頌》：‘誐以謐我。’《釋詁》曰：‘謐，静也。’……許云‘静語者’，爲其從言也。”

按謐 mì（明質）从监聲（明質）訓静語。字从监聲，《説文》：“监，拭器也。”器拭則乾净，此蓋以器拭之乾净，喻人語之静。此用监之引申義。

醓 《説文》：“醓，歙酒俱盡也。从酉，监聲。”

按醓 mì（明質）从监聲（明質）訓飲酒俱盡。字从监聲，《説文》：“监，拭器也。”器洗後再以巾布拭之，則器内盡净。字从监聲，此用拭器盡净之引申義。或者监聲爲畢聲（幫質）之借，用畢完盡之引申義。

密 《説文》：“密，山如堂者。从山，宓聲。”段注：“《土部》曰：‘堂，殿也。’《釋山》曰：‘山如堂者密。’郭引《尸子》：‘松柏之鼠，不知堂密之有美樅。’按密主謂山，假爲精密字而本義廢矣。”

按密 mì（明質）从宓聲（明質）訓山如堂者，形如堂室之山。《論語》升堂入室，謂境界之高深，是如堂室之山，必在山之深處，故密引申有深、幽深義。而其本義則主謂山。精密、秘密、密切字，義皆出於假借。

璱 《説文》：“璱，玉英華相帶如瑟弦也。从玉，瑟聲。《詩》曰：‘璱彼玉瓚。’”段注：“左思《吴都賦》：‘符采彪炳。’劉逵注曰：‘符采，玉之横文也。’……《詩·大雅》作瑟，箋云：‘瑟，絜鮮貌。’”

按璱 sè（山質）从瑟聲（山質）訓玉英華相帶如瑟弦，謂玉器之横紋象瑟弦。字从瑟聲，用文如瑟弦之義。

蔤 《説文》：“蔤，扶渠本。从艸，密聲。”段注：“《釋艸》：

‘其本蔤。’郭云：‘莖下白蒻在泥中者。’按蔤之言入水深密也。蒲本亦稱蔤。”

按蔤 mì（明質）从密聲（明質）訓扶渠本，即藕荷在泥中的塊根。字从密，《說文》：“密，山如堂者。”密在山之深處，以喻藕在泥水之深處，此用密深之引申義。

# 泰部第十三

## 兑聲字

**兑**  《説文》：“兑，説也。从儿，㕣聲。”段注：“説者，今之悦字。”

按兑 duì（定月）是説的本字，説即今悦字。兑當爲从儿从口从八會意。儿即人；八，分也；人笑則口分開，相逢開口笑，所謂“笑口常開”。兑又从言作説者，人高興時有説有笑，不高興時悶不作聲，所謂“悶悶不樂”。今語開口説話的説，古語叫曰 yuē（匣月），曰字甲骨文作，字从口，上一横畫，表示開口發聲講話。這一横畫表示發聲講話，是古人造字時主觀認定的符號，而且是約定俗成全群共喻的，可稱爲象意符號。這類符號在漢字中还有一定的數量，如血，甲骨文作，皿中表示牲血，立字甲骨文作，大下一横畫表示地面、大地。天字甲骨文作，大上一横畫表示頭頂，引申指天空，等等。字从口，《説文》：“口，人所以言食也。”説話、笑要開口，飲食也要開口。説笑是因有喜樂的事，開口吃飯，有飯吃是可樂的事，所以《説文》釋兑爲説也。

**説**  《説文》：“説，説釋也。从言，兑聲。一曰談説。”段注：“説釋即悦懌，説悦、釋懌皆古今字，許書無悦懌二字也。説釋者，開解之意，故爲喜悦。《采部》曰：‘釋，解也。’”

按説 shuō（書月）字从言兑，兑是説的本字，説是兑的後起的加注形旁字。説訓説釋者，段説“説釋者，開解之意”，是正確的。開謂開口，即開心，解謂解惑、解悶，兑是喜悦的具體表現。一曰談説，則是曰字的假借。从深層説，開口説話也是一種喜悦的表現。

**敚**  《説文》：“敚，彊取也。《周書》曰：‘敚，攘矯虔。从攴，

兑聲’。”段注：“此是争敓正字。後人假奪爲敓，奪行而敓廢矣。……今《尚書》作奪，此唐天寶衛包所改。……唐人尚用敓字，《陸宣公集》有‘敓數’是也。”

按敓 duó（定月）从兑聲（定月）訓彊取，用武力、暴力敓取。其社會生活背景蓋爲野獸入人家室，或在屋外叼起家畜家禽，如猪、鷄之類，人在追趕上時用猛力痛擊野獸，野獸突遭痛擊，不自覺地鬆口，猪、鷄从口裹掉出來，這便是敓字的縮影。古語有“虎口奪食”，在小農田園經濟時代，這類事情是常有的。敓从兑，在字中表示開口。从攴，用猛力痛擊，是野獸開口的原因，鬆口則肉食从口裹掉出來。《説文》脱字正表肉从口裹掉出，可與敓字相互補充。

鵎 《説文》：“鵎，鵎鳥也。从鳥，兑聲。”段注：“《玉篇》：‘水鳥也。’”清李元《蠕範·物理》：“（鳧）黑者鳿，白者鵎，雜毛者⿱渝鳥，五色者⿰鳥犮。”

按鵎 yuè（余月）从兑聲（定月）訓鵎鳥，水鳥，鳧之白者。字从兑聲蓋爲雪聲（心月）之借，雪色白，故稱白雪，借兑爲雪，此用雪之雪白義。鵎、雪心余鄰紐，月部叠韵。

脱 《説文》：“脱，消肉臞也。从肉，兑聲。”段注：“消肉之臞，臞之甚者也，今俗語謂瘦太甚曰脱形，言其形象如解蜕也。此義少有用者。今俗用爲分散、遺失之義，分散之義當用挩，《手部》挩下曰‘解挩也’，遺失之義當用奪，《奞部》曰：‘奪，手持隹失之也。’”

按脱 tuō（透月）从兑聲（定月）訓消肉臞，今湖湘俗語叫“掉了一身肉”。許氏此訓，當爲脱之引申義。脱从兑，兑从八口，八口即開口，此謂開口肉从口裹掉出來。《狐狸和烏鴉》的故事，説烏鴉在狐狸的贊美聲中，得意忘形，一開口，肉便从口裹掉出來。今成語形容説話不經思考，叫“脱口而出”，正是用肉从口裹掉出來的引申義。引申爲凡脱落、掉下、失落之稱。如脱皮、脱殼、脱衣、脱鞋、脱牙、脱水等等。

⿰飠兑 《説文》：“⿰飠兑，小餟也。从食，兑聲。”段注：“《方言》：

'饟，餽也。'《玉篇》云：'饟，同餟。'《廣雅》：'祱，祭也。'祱亦同餟。"

按餟 shuì（書月）从兑聲（定月）訓小餟。《説文》："餟，祭酹也。"餟（端月）、書定準旁紐，月部疊韵，是兑聲當爲啜聲之借。其訓小餟，則兑聲又兼爲鋭聲（余月）之借，用鋭之尖鋭、尖小之義。

**梲** 《説文》："梲，木杖也。从木，兑聲。"段注："《穀梁傳》宣十八年曰：'邾人戕繒子于繒，戕猶残也，梲殺也。'梲殺謂杖殺之。……《後漢・禰衡傳》：'手持三尺梲杖。'"

按梲 tuō（透月）从兑聲（定月）訓木杖，木棒，既可擊亦可戕。戕（精陽）从爿聲（崇陽），蓋創聲（初陽）之借，創即今創傷字，是戕有刺殺義。字从兑聲當爲鋭聲（余月）之借，用鋭尖可刺、刺殺之引申義。

**税** 《説文》："税，租也。从禾，兑聲。"

按税 shuì（書月）从兑聲（定月）訓租，田租。《孟子・滕文公上》："夏后氏五十而貢，殷人七十而助，周人百畝而徹，其實皆什一也，徹者，徹也；助者，借也。"趙岐注："藉者，借也，猶人相借力助之也。"謂借民力助上之食税者。字从禾，指穀物糧食；从兑，糧食對農家説是口糧。字从兑聲當爲脱聲之借，脱是肉从口裏掉出來，税是通過政府法令讓農民把一部分口糧拿出來助長上之食用，此用脱之引申義。

**瘛** 《説文》："瘛，馬脛瘍也。从疒，兑聲。一曰將傷。"段注："瘍《廣韵》作傷。……將疑當作捋，捋瘛疊韵，小徐本作持。"

按瘛 duó（定月）从兑聲（定月）訓馬脛（瘍）傷。傷（書陽）字从兑聲，蓋傷之借。瘛、傷定書準雙聲，陽月通轉，此尚須存疑待考。

**駾** 《説文》："駾，馬行疾來皃。从馬，兑聲。《詩》曰：'昆夷駾矣。'"段注："《大雅・緜》曰：'混夷駾矣。'傳曰：'駾，突也。'"

按駾 tuì（透月）从兑聲（定月）訓馬行疾來皃，引申爲奔突。字从兑聲，當爲脱聲之借，用脱之馬脱繮、兔脱逃之義。駾，即脱繮之馬，任意奔突。此用脱之引申義。

**涚** 《説文》："涚，財昷水也。从水，兑聲。《周禮》曰：'以涚漚其絲。'"

按涚 shuì（書月）从兑聲（定月）訓財温水，財是才的借字。才是草木之初，引申假借爲才始字，才温水即稍温熱的水。字从兑聲當爲鋭聲（余月）之借，鋭尖引申有微小義，引申有稍微稍許義，此用鋭小之引申義。

**閲** 《説文》："閲，具數於門中也。从門，兑聲。"段注："具者，供置也。數者，計也。計者，會也，筭也。云於門中者，以其字从門也。《周禮》'大閲'，注曰：'簡軍實也。'《左氏春秋》'大閲'，傳曰：'簡車馬也。'引申爲閲歷。"

按閲 yuè（余月）从兑聲（定月）訓具數於門中，即今語檢閲，檢閲軍隊的人員裝備。裝備古人叫軍實，主要是車馬人員和裝備，通過定點出口，一一查點計數。字从兑，兑从八口，此以肉食从口裏脱出爲喻，人物从此出去，歷歷在目，明白可數。字从兑聲蓋爲脱聲之借，用肉从口裏脱出之引申義。

**挩** 《説文》："挩，解挩也。从手，兑聲。"段注："今人多用脱，古則用挩，是則古今字之異也。今脱行而挩廢矣。"

按挩 tuō（透月）从兑聲（定月）訓解挩。字从兑聲，當爲脱聲（透月）之借，脱是肉从口裏掉出來，以喻凡物从手裏掉出來。訓解挩者，解是鬆懈的本字，謂因手偶一鬆懈而掉下，可見挩是脱的後起的區别字。

**娧** 《説文》："娧，好也。从女，兑聲。"朱駿聲通訓定聲："字亦作倪。《廣雅·釋詁三》：'倪，可也。'"

按娧 tuì（透月）从兑聲（定月）訓好、美，謂容貌美麗。此用兑説之本義，説即今悦字。女子貌美，看了令人生快感，所謂"賞心悦目"。《廣雅》："倪，可也。"字从人，从人與从女同意，訓可，可即今語“可人”，看了令人感到滿意。

**蛻** 《説文》：“蛻，它蟬所解皮也。从虫，兑聲。”段注：“各本作稅省聲，淺人改耳，今正。”

按蛻 tuì（透月）从兑聲（定月）訓蛇蟬所解皮。字从兑聲，當爲脱聲（透月）之借。蛻作名字是蛇蟬所解皮，作動字是蛇蟬从老化的皮囊中解脱出來。蛇蟬所解皮保持整體性，給人以蛇蟬从皮囊中掙脱而出的印象。借兑爲脱，用肉从口中脱出之引申義。

**銳** 《説文》：“銳，芒也。从金，兑聲。㓹，籀文銳，从厂剡。”段注：“芒者，艸耑也。艸耑必鐵，故引申爲芒角字。今俗用鋒鋩字，古衹用夆芒。”

按銳 ruì（余月）从兑聲（定月）訓芒。芒草耑，草耑必鐵，鐵即今尖字。兑从八口，口之銳者，鳥嘴角質而尖，此蓋用鳥嘴尖銳之引申義。

**蘮** 《説文》：“蘮，艸之小者。从艸，㓹聲。㓹，古文銳字。讀若芮。”桂馥義證：“蘮或作蒍。《方言》：‘蒍，小也。凡草生而初達謂之蒍。’”

按蘮 jì（見月）从㓹聲（余月）訓草之小者。草生初達，謂草芽破土而出，剛露出地面，此時的草芽其形甚纖細而尖銳。字从㓹聲，此用㓹銳之引申義。又㓹从剡，剡从炎，炎是火焰的初字。火焰之頂耑尖銳，俗稱火舌，舌有尖義。

**罽** 《説文》：“罽，魚网也。从网，㓹聲。㓹，籀文銳。”段注：“《廣雅》：‘罽，罔也。’”

按罽 jì（見月）从㓹聲（余月）訓魚網，捕魚的網。《爾雅·釋言》：“氂，罽也。”郭璞注：“毛氂所以爲罽。”邢昺疏：“罽者，織毛爲之。”蓋古魚網或紡毛爲繩以結網，與紡麻爲繩以結網同。罽、結（見質）見母雙聲，質月旁轉。字从㓹聲，蓋爲結聲（見質）之借，用結之以繩結網義。罽、結見母雙聲，質月旁轉。

**瀱** 《説文》：“瀱，井一有水、一無水，謂之瀱汋也。从水，罽聲。”段注：“考《釋名》作罽，不从水，《説文》當同之。

瀱篆乃淺人所增耳。《爾雅》作瀱，亦非古本，罽訓竭，於音得之。”

按瀱 jì（見月）从罽聲（見月）訓瀱汋，井一有水、一無水。井水時有時無。汋爲有水，瀱爲無水。字从罽聲當爲竭聲（群月）之借。《史記·太史公自序》：“夫神大用則竭，形大勞則敝。”借罽爲竭，此用衰竭、竭盡之引申義。

⿰糸罽 《說文》：“⿰糸罽，西胡毳布也。从糸，罽聲。”段注：“毳者，獸細毛也，用織爲布，是曰⿰糸罽。亦叚罽爲之。”

按⿰糸罽 jì（見月）从罽聲（見月）訓西胡毳布，用獸細毛織成。字从罽聲，蓋爲結聲（見質）之借。《說文》：“結，締也。”“締，結不解也。”此用結之締結義。罽者結网，⿰糸罽者織布。

## 會聲字

會 《說文》：“會，合也。从亼，曾省。曾，益也。”段注：“《禮經》：‘器之蓋曰會，爲其上下相合也。’凡曰會計者，謂合計之也。”

按會 huì（匣月）从曾省，曾是甑的初字，甑是曾的後起加形旁字。會當是甑蓋的專字。蓋（見月）、會見匣旁紐，月部疊韵，此一聲之轉。引申爲凡器之蓋。从器蓋字《說文》作盇，“盇，覆也。从血，大聲”。段注：“皿中有血，而上覆之，覆必大於下，故从大。”其訓苫者，苫，覆之引申耳，今蓋行而盇廢矣。从文物演進和文字孳乳的次弟看，當先有盇（蓋）之作，然後有會之作。會、蓋音近同源，會當以蓋爲語源。

禬 《說文》：“禬，會福祭也。从示，會聲。”段注：“《周禮》注曰：‘除災害曰禬。禬，刮去也。’與許異。”

按禬 guì（見月）从會聲（匣月）訓會福祭，蓋爲除災求福之祭。字从會聲當爲刮聲（見月）之借。《說文》：“刮，掊杷也。”王筠句讀：“此刮蓋與搜括之括相似。”用刮之刮除、刮去義。除災即得福，二者相反而實相成。

**薈** 《説文》："薈，艸多皃。从艸，會聲。《詩》曰：'薈兮蔚兮。'"段注："引伸爲凡物會萃之義。……毛曰：'薈蔚，雲興皃。'謂南山朝隮如艸木蒙茸也。"

按薈 huì（影月）从會聲（匣月）訓草多皃，草茂盛皃。字从會聲，此用會之會合、聚合之引申義。

**噲** 《説文》："噲，咽也。从口，會聲。或讀若快。"段注："噲者，會也，聲氣所會也。"王筠句讀："此下咽之咽。"

按噲 kuài（溪月）从會聲（匣月）訓咽，下咽，从咽喉吞下。字从會聲，此用會合之引申義，口一合食物就咽下了。

**髓** 《説文》："髓，骨擿之可會髮者。从骨，會聲。《詩》曰：'髓弁如星。'"段注："《鄘風》：'象之揥也。'毛曰：'揥所以擿髮。'擿本又作擿，髓所以會髮，與揥所以擿髮，訓釋正同。"王育引詩辨證："髓，簪也，象骨爲之，故从髓。"

按髓 kuài（見月）从會聲（匣月）訓骨擿之可會髮者，會髮聚合髮束而加簪。字从會聲，用會聚合之引申義。从骨者，簪以象骨爲之。

**膾** 《説文》："膾，細切肉也。从肉，會聲。"段注："所謂先藿葉切之，復報切之也。報者，俗語云急報。凡細切者，必疾速下刀。"

按膾 kuài（見月）从會聲（匣月）訓細切肉。字从會聲，蓋爲快聲（溪月）之借，用快之快速義，又以動作之快，表肉切分之細，凡細切者必快速下刀。

**劊** 《説文》："劊，斷也。从刀，會聲。"段注："《易·困》：'九五，劓刖困于赤紱。'京房本作'劓劊'。按刖絶、劊斷，義正相同。今俗云劊子手。"

按劊 guì（見月）从會聲（匣月）訓斷，砍斷。字从會聲，此用會之會合義，指身首會合之處。舊時劊子手行刑砍頭，一刀把頭砍下，砍的正是身首會合之處。砍頭即斷頭，砍頭的地方叫斷頭臺，砍頭則身首異處。劊蓋爲斷頭專字，劊子手的劊就是顯證。造字之初，所造之字，初皆必爲專指。劓是割鼻，刖或作跀斷足，是其比。

檜檜 《説文》："檜，柏葉松身。从木，會聲。"段注："《釋木》《衛風》毛傳皆曰：'檜，柏葉松身。'《禹貢》作'栝'。"

按檜 guì（見月）从會聲（匣月）訓柏葉松身。是檜樹合柏葉松身，兼有松柏的特色。字从會聲，此用會之會合義。《禹貢》作"栝"者，字从𣈅，𣈅即取會合義。

鄶鄶 《説文》："鄶，祝融之後妘姓所封，潧洧之間，鄭滅之。从邑，會聲。"

按鄶 kuài（見月）从會聲（匣月），地在潧洧之間。字从會，取會之會合義。訓妘姓所封，作國名字，此但借其聲。

旝旝 《説文》："旝，旌旗也。从㫃，會聲。《詩》曰：'其旝如林。'《春秋傳》曰：'旝動而鼓。'一曰建大木，置石其上，發以機，以槌敵。"《左傳》杜預注："旝，旃也，通帛爲之，蓋今大大將之麾也，執以爲號令。"

按旝 kuài（見月）从會聲（匣月）訓旌旗，蓋今大將之麾，即令旗。字从會聲，蓋麾聲（曉歌）之借，用麾之指麾義。曉匣旁紐，歌月對轉。一曰建大木置石其上發以機，以槌敵，此别一義。字从會聲蓋爲發聲（幫月）之借，用發射之引申義，此以叠韵相借。

穭穭 《説文》："穭，穅也。从禾，會聲。讀若裹。"

按穭 kuài（溪月）从會聲（匣月）訓穅。《説文》："穅，穀之皮也。"穀皮即穀殼，穀殼兩瓣，合而包米其中。字从會聲，此用會之會合義。

儈儈 《説文新附》："儈，合市也。從人會，會亦聲。"朱駿聲通訓定聲："《聲類》云：'合市人也。'《漢書·貨殖傳》：'節駔儈。'注：'合會二家交易者。'《史記》只作'會'。按如今之牙行主人，謂平會兩家買賣之價，即會字之轉注。據《太平御覽》八百二十八引《説文》有此字，姑附于此。"

按儈 kuài（見月）从會聲（匣月）訓合市人，牙行老闆。字从會聲，此用會之會合義，引申指凡商人。今語有市儈，指商人習性與手段。

襘 𧜼 《説文》："襘，帶所結也。从衣，會聲。《春秋傳》曰：'衣有襘。'"段注："昭十一年《左傳》，叔向曰：'衣有襘，帶有結，視不過結襘之中，所以道容貌也。'杜注：'襘，領會。結，帶結也。'《玉藻》《曲禮》《深衣》皆謂交領曰袷，襘即袷，會合同義。"

按襘 guì（見月）从會聲（匣月）訓帶所結，指右衽衣領與衣交會處。字从會聲，此用會之會合義。

廥 廥 《説文》："廥，芻稾之臧也。从广，會聲。"段注："《天官書》：'其南衆星曰廥積。'如淳《漢書》注曰：'芻稾積爲廥也。'《史記正義》曰：'芻稾六星在天苑西，主積稾草者。'"

按廥 kuài（見月）从會聲（匣月）訓芻稾之臧，存放草料的倉儲。字从會聲，此用會之會聚、堆積義。

獪 獪 《説文》："獪，狡獪也。从犬，會聲。"段注："《方言》：'剿蹶，獪也，秦晋之間曰獪。'……郭云：'獪，古狡狭字。'……按此篆蓋本謂犬，叚借之言人。"

按獪 kuài（見月）从會聲（匣月）訓狡獪。字从會聲，此用會能説會道之義，指犬有隨機應變的能耐，狡詐則爲後起的引申義。

黵 黵 《説文》："黵，沃黑色也。从黑，會聲。"段注："按沃黑《玉篇》《廣韵》皆作'淺黑'，疑沃字誤，淺字長。"

按黵 huì（影月）从會聲（匣月）訓沃黑，段氏以爲淺黑長。字从會聲，蓋會合兩色如青紫青白之類而成淺黑。字从會聲，此用會之會合義。

澮 澮 《説文》："澮，澮水，出河東彘霍山，西南入汾。从水，會聲。"

按澮 kuài（見月）从會聲（匣月）訓澮水。字从會聲，作水名字，此但借其聲。

嬒 嬒 《説文》："嬒，女黑色也。从女，會聲。《詩》曰：'嬒兮蔚兮’。”段注：“《黑部》曰：‘黵，沃黑色也。’音同義近。……今《詩》作‘薈’，毛傳曰：‘薈蔚，雲興皃。’”

按嬒 huì（影月）从會聲（匣月）訓女黑色，謂膚淺黑。字从會聲，當爲黵聲（影月）之借，用黵淺黑之義。

**繪** 《說文》：“繪，會五采繡也。《虞書》曰：‘山龍華蟲作繪。’《論語》曰：‘繪事後素。’从糸，會聲。”

按繪 huì（匣月）从會聲（匣月）訓會五采繡。字从會聲，此用會之會合義。

## 丯聲字

**丯** 《說文》：“丯，艸蔡也。象艸生之散亂也。”朱駿聲通訓定聲：“按介畫竹木爲識也，刻之爲㓞。上古未有書契，刻齒於竹木以記事，丨象竹木，彡象齒形。”

按丯 jiè（見月），許訓草蔡，象草生之散亂，實爲誤説。朱氏此説特具創見，破千古之惑，惜不爲世人所正視。以从丰聲諸字證之，朱説確而有徵。

**㓞** 《說文》：“㓞，巧㓞也。从刀，丯聲。”朱駿聲通訓定聲：“疑即契字之古文。”

按㓞 qià（溪月）从丯聲（見月）訓巧㓞，謂刻得精巧、有規矩。實則㓞即丯的加注形旁字，刻以刀，故增刀以足意。

**夆** 《說文》：“夆，相遮要害也。从夊，丯聲。南陽新野有夆亭。”段注：“要害猶險隘也。”

按夆 hài（匣月）从丯聲（見月）訓相遮要害，在險隘處設置障礙，非通過檢查允許，不得通過。要是腰的本字，害的初義當爲闖入民宅行兇搶劫謀財害命。害从丯口，口在字中指咽喉，即用刀割斷咽喉。喉（匣侯）、害（匣月）雙聲。害引申指咽喉，古刑法一是大辟，斬首砍頭，即砍斷咽喉；二是腰斬，即將人攔腰斬斷，故要害相聯，以人之腰喉喻道路之險隘。字从丯聲，當爲害聲之借，用害之咽喉義。

**害** 《説文》："害，傷也。从宀口，言从家起也。丯聲。"段注："《人部》曰：'傷，創也。'……言爲亂階，而言每起於衽席。"

按害hài（匣月）从丯聲（見月）當爲㓞聲（溪月）之借，訓傷，傷害，因刀割而傷。此字當與寇字聯繫思考。寇从完，人居室，安然無恙，寇持械闖入施暴，見物就搶，見人就打。害則爲持刀闖入民居行兇害人，字从丯聲，謂持刀行兇，从口，口者被害人的口，指咽喉，一刀割斷咽喉，立即斃命。害的初義當爲割喉，遇害即用此義。許説、段注皆絞繞而不切實際。

**齧** 《説文》："齧，噬也。从齒，㓞聲。"段注："《口部》曰：'噬，啗也。'"

按齧niè（疑月）从㓞聲（溪月）訓噬，將食物用牙齒咬斷嚼碎。字从㓞聲，此用㓞切割之引申義。

**觢** 《説文》："觢，一角仰也。从角，㓞聲。《易》曰：'其牛觢。'"段注："一當作二。《釋嘼》曰：'角一俯一仰，觭；皆踊，觢。'皆踊，謂二角皆竪也。……《睽》：'六三，其牛掣。'鄭作㸷，云：'牛角皆踊曰㸷。'……觢者如有掣曳然。角本當邪展，而乃聳直也。"

按觢shì（禪月）从㓞聲（溪月）訓角仰，角直上指，如有掣曳然。字从㓞聲當爲掣聲（昌月）之借，用掣之牽掣義。

**栔** 《説文》："栔，刻也。从㓞木。"朱駿聲通訓定聲："按實與㓞同字。"

按栔qì（溪月）从㓞聲（溪月）訓刻。㓞从丯，丯是㓞的初字。加刀作㓞是後起的加注形旁字，从刀表刻的工具，从木表刻所施的對象。

**瘛** 《説文》："瘛，小兒瘛瘲病也。从疒，恝聲。"段注："《急就篇》亦云：'瘛瘲。'師古云：'即今癎病。'按今小兒驚病也。瘛之言掣也，瘲之言縱也。"

按瘛chì（昌月）从恝聲（見月）訓小兒瘛瘲病，即今癎病，或叫癲癇，此特指小兒驚風，湖湘俗語叫“抽風”，或叫“扯風”，扯即掣字。癇从閒者，它是一種間歇性發作的病。字从挈聲當爲掣聲（昌月）之借，用掣之牽掣義。

契 《說文》：“契，大約也。从大，㓞聲。《易》曰：‘後世聖人易之以書契。’”段注：“約取纏束之義。……後鄭云：‘書契謂出予受入之凡要，凡簿書之最目、獄訟之要辭皆曰契。’引《春秋傳》：‘王叔氏不能舉其契。’按今人但於買賣曰文契。”

按契 qì（溪月）从㓞聲（溪月）訓大約。古以刻竹木以相合取信，後世易之以書契文書，即以文書之文字取信。字从㓞聲，此用㓞之契刻、契合義。

挈 《說文》：“挈，縣持也。从手，㓞聲。”段注：“縣者，系也。……提，挈也。則提與挈皆謂縣而持之也。今俗語云挈帶。”

按挈 qiè（溪月）从㓞聲（溪月）訓懸持，挈帶。字从手，此謂手與物相契合，故能提起帶走。此用㓞之契合義。

絜 《說文》：“絜，麻一耑也。从糸，㓞聲。”段注：“一耑猶一束也。……《人部》係下云：‘絜，束也。’是知絜爲束也。束之必圍之，故引申之圍度曰絜，束之則不散曼，故又引申爲潔淨，俗作潔，經典作絜。”

按絜 jié（見月）从㓞聲（溪月）訓麻一耑，即一束。字从㓞聲，蓋爲結聲（見質）之借，用結之結束義。

犗 《說文》：“犗，騬牛也。从牛，害聲。”段注：“《馬部》曰：‘騬，犗馬也。’謂今之騸馬。”

按犗 jiè（見月）从害聲（匣月）訓騬牛，閹割過的牛，作動字則爲閹割，割去公牛的睪丸，古人叫“去勢”。字从害聲，當爲割聲之借，用割之閹割義。

割 《說文》：“割，剝也。从刀，害聲。”段注：“割謂殘破之。《釋言》曰：‘蓋、割，裂也。’……鄭注《緇衣》曰：‘割之言蓋也。’明蓋與割同也。”

按割 gē（見月）从害聲（匣月）訓剝，謂分割、割裂。从文字孳乳説，害是割的本字，割是害的加注形旁字。《論語・陽貨》："割鷄焉用牛刀?"割鷄，殺鷄，割斷鷄的喉管。傳統殺鷄鴨鵝等皆割喉。又害、曷（見月）、蓋（見月）與丯（見月）作聲旁字，以同音而互借，此蓋割同之理據。蓋即今鋸字（見魚），今湖湘稱鋸爲"蓋山"。

**䜖** 《説文》："䜖，通谷也。从谷，害聲。"段注："通迵之谷也。《文選》注曰：'華延《洛陽記》云：城南五十里有大谷，舊名通谷。'引申爲凡疏達之稱。"《玉篇》："䜖，同豁。"

按䜖 huò（曉月）从害聲（匣月）訓通谷，通迵之谷。字从害聲，此用害割喉之引申義，即以害代喉。人獸的喉管是氣流的通道，氣流是經常暢通無阻的，被堵塞則窒息，割斷即立死，故䜖以喉管喻通谷，引申爲豁達。

**搳** 《説文》："搳，擖也。从手，害聲。"

按搳 xiá（匣月）从害聲（匣月）訓擖。《説文》："擖，刮也。"字从害聲，蓋爲刮聲（見月）之借。《説文》："刮，掊杷也。"此用刮之掊杷義，如今刮胡子、刮地皮之類。

**矠** 《説文》："矠，矛屬。从矛，害聲。"

按矠 kāi（溪月）从害聲（匣月）訓矛屬。字从害聲，蓋爲喉聲之借。《三國演義》張飛使丈八長矛，慣以此直貫人之咽喉。

**轄** 《説文》："轄，車聲也。从車，害聲。一曰轄，鍵也。"段注："轂與軸相切聲也。"

按轄 xiá（匣月）从害聲（匣月）訓車聲，轂與軸相切聲。字从害聲作象聲字，此但借其聲。一曰轄鍵，字从害聲當爲要害之害。要是腰的本字，害則用割喉的引申義，即指咽喉。要、害並言者，古代執行死刑，一是砍頭，一是腰斬，砍頭即刎頸，割斷咽喉。腰和咽喉是人生命的兩個關鍵部位，故以害之割喉喻轄爲車之關鍵部位。

**趨** 《説文》："趨，超特也。从走，契聲。"段注："《史記・樂書》作跇。《吴都賦》：'跇踰竹柏。'李善引如淳曰：'跇，超踰也。恥曳切。'趨與跇音義同。"

按趨 chì（透月）从契聲（溪月）訓超特。字从契聲，《説文》：

“契，大約也。”契从大，是契引申有大義。字从契聲，此用契大之引申義。

**鶪** 《説文》：“鶪，鶪鷑，鳧屬。从鳥，契聲。”

按鶪 jié（見月）从契聲（溪月）訓鶪鷑，鳧屬。字从契聲，蓋狀此鳥之鳴聲，因以其鳴聲爲此鳥之名，此以業爲名。

**楔** 《説文》：“楔，櫼也。从木，契聲。”段注：“今俗語曰楔子。先結切。《考工記》曰：‘牙得則無槷而固。’注曰：‘鄭司農云：槷，椴也。蜀人言椴曰槷。玄謂槷讀如涅，从木，熱省聲。’按槷、椴皆假借字，椴即楔之假借也。《釋木》：楔、荊、桃爲木名。《南都》《蜀都》二賦皆有楔。”

按楔 xiē（心月）从契聲（溪月）訓櫼。櫼、鐵同，即今之尖鋭字。楔子是上平厚下扁鋭的木片，用以契入榫眼的空隙使之固定。字从契聲，既用契之契入，又用契之契合義。

**郹** 《説文》：“郹，周封黄帝之後於郹也。从邑，契聲。讀若薊。上谷有郹縣。”

按郹 jì（見月）从契聲（溪月）。字从契聲，作國名字，此但借其聲。

**㝞** 《説文》：“㝞，竫也。从宀，契聲。”段注：“《玉篇》引《蒼頡篇》云‘安也’。”

按㝞 yì（影月）从契聲（溪月）訓竫。字从契聲，此用契契入、契合之引申義。

**偰** 《説文》：“偰，高辛氏之子，爲堯司徒，殷之先也。从人，契聲。”段注：“經傳多作契，古亦假禼爲之。《禸部》曰：‘禼，古文偰。’言古文假借字也。”

按偰 xiè（心月）从契聲（溪月），作殷人始祖名字。字从契聲，此但借其聲。

**契頁** 《説文》：“契頁，司人也。一曰恐也。从頁，契聲。讀若楔。”段注：“司者，今之伺字。……楔或作禊，誤，今依古本正。”

按⿰契頁 qì（溪月）从契聲（溪月）訓司人，謂將頭插進人群或伸入孔隙窺伺。此用契契入之引申義。讀若楔者，謂像楔子一樣契入。一曰恐，則謂因恐懼而躲閃。

**鍥** 《説文》：“鍥，鎌也。从金，契聲。”段注：“《方言》曰‘刈鉤，江淮陳楚之間謂之鉊，或謂之鐹，自關而西或謂之鉤，或謂之鎌，或謂之鍥。’鍥，郭音結。《刀部》曰：‘釗，鎌也。’即《方言》之刈鉤也。”

按鍥 qiè（溪月）从契聲（溪月）訓鎌。鎌刀前彎所以刈禾，故曰刈鉤。字从契聲，此用契之契刻、契入義。

**⿸疒手** 《説文》：“⿸疒手，引縱曰⿸疒手。从手，瘛省聲。”段注：“引縱者，謂宜遠而引之使近，宜近而縱之使遠，皆爲牽掣也。……俗字作撦，作扯。”

按⿸疒手 chì（昌月）从瘛聲（章月）訓引縱曰⿸疒手，謂反勢牽掣。字从瘛聲當爲掣聲（昌月）之借，用掣之牽掣義。

## 匄聲字

**匄** 《説文》：“匄，气也。亡人爲匄，逯安説。”段注：“气者，雲气也，用其聲叚借爲气求，气與字。……匄訓气亦分二義二音。《西域傳》‘气匄亡所得’，此气求之義也，當去聲。又曰‘我匄若馬’，此气與之義也。……从亡人者，人有所無，必求諸人，故字从亡从人。”

按匄 gài（見月）字从亡人會意，亡是盲的本字。出亡在外的亡人是用引申義，盲人無視力，遇事多有所求於人。字从人，此人是正常人，盲人向正常人求助，正常人給予幫助，故匄訓气，气、匄皆雙向取義，既表求，也表給予。

**曷** 《説文》：“曷，何也。从曰，匄聲。”段注：“雙聲也，《詩》有言曷者，如‘曷不肅雝’，箋云：‘曷，何也。’”

按曷 hé（匣月）訓何。何（匣歌）、曷匣母雙聲，歌月對轉，古音相近。作疑問代詞，曷、何同爲假借，凡虚詞無形可象、無意可會，皆由假借。曷當有本義，但本義是什麽，不見經籍，今無可考。

**駒** 《説文》："駒，馬疾走也。从馬，匃聲。"

按駒 gě（見月）从匃聲（見月）訓馬疾走。字从匃聲蓋爲快聲（溪月）之借，用快之迅疾義。許書馬疾走對探求字義有提示。

**葛** 《説文》："葛，絺綌艸也。从艸，曷聲。"段注："《周南》：'葛之覃兮，爲絺爲綌。'"

按葛 gé（見月）从曷聲（匣月）訓絺綌草。割取葛藤，取其纖維爲絺綌，織作葛布。字从曷聲當爲割聲（見月）之借，用割之割取、收割義。葛以割爲語源，此以業爲名。

**喝** 《説文》："喝，㵣也。从口，曷聲。"段注："《莊子·庚桑楚》：'終日嗥而嗌不嗄。'崔譔本作不喝，云'啞也'。《子虛賦》：'榜人歌聲流喝。'郭璞曰：'言悲嘶也。'"朱駿聲通訓定聲："音之㵣也。"

按喝 yè（影月）从曷聲（匣月）訓㵣，謂嘶啞失聲。字从曷聲，蓋爲汔聲（曉物）之借。《説文》："汔，水涸也。"又"渴，盡也"。汔字甲骨文作三，正取象河水乾涸斷流之形。此以水涸斷流，喻人嘶啞失聲。

**趨** 《説文》："趨，趌趨也。从走，曷聲。"

按趨 jié（見月）从曷聲（匣月）訓趌趨。字从曷聲，蓋爲揭聲（溪月）之借，謂揭舉其尾。獸畜怒狂奔則多揭舉其尾，此用揭之揭舉義。

**遏** 《説文》："遏，微止也。从辵，曷聲。讀若桑蟲之蝎。"段注："《釋詁》：'遏，止也。'按微者細密之意。"

按遏 è（影月）从曷聲（匣月）訓微止。字从曷聲當爲汔聲（曉物）之借，用汔水涸流斷則止之引申義，影曉鄰紐，物月旁轉，此以音近相借。

**謁** 《説文》："謁，白也。从言，曷聲。"段注："《廣韵》曰：

‘白，告也。’按謁者若後人書刺自言爵里姓名，並列所白事。”

按謁 yè（影月）从曷聲（匣月）訓白，稟告陳述所白之事。从字曷聲，當爲揭聲（溪月）之借，用揭之揭舉、揭發之引申義。

**羯** 《説文》：“羯，羊羖犗也。从羊，曷聲。”段注：“《廣雅》：‘羖羊犗曰羯。’犗者，騬牛也。”

按羯 jié（見月）从曷聲（匣月），訓羊羖犗，閹割過的公羊。字从曷聲當爲割聲（見月）之借，用割之閹割義。

**鶡** 《説文》：“鶡，似雉，出上黨。从鳥，曷聲。”段注：“《後書·輿服志》：‘虎賁羽林皆鶡冠，鶡者，勇雉也。其鬥對一死乃止，故趙武靈王以表武士，加雙鶡尾，豎左右爲鶡冠。’徐廣曰：‘鶡似黑雉，出於上黨。’”

按鶡 hé（匣月）从曷聲（匣月）訓似雉出上黨。鶡者，勇雉，其鬥對一死乃止。字从曷聲，當爲害聲（匣月）之借，用害之殺害、殘害義。

**朅** 《説文》：“朅，去也。从去，曷聲。”段注：“《思玄賦》舊注、劉逵《蜀都賦》注皆同。按古人文章多云‘朅來’，猶往來也。”

按朅 qiè（溪月）从曷聲（匣月）訓去。朅蓋爲去之加注聲旁字。字从曷聲，其語源不詳。

**餲** 《説文》：“餲，飯餲也。从食，曷聲。《論語》曰：‘食饐而餲。’”《爾雅·釋器》：“食饐謂之餲。”郭璞注：“飯穢臭。見《論語》。”

按餲 ài（影月）从曷聲（匣月）訓飯餲，飯穢臭，謂飯因饐閉藏而變質變味。字从曷聲當爲害聲（匣月）之借。今因天氣熱，閉藏不透氣或收藏過久而變壞的情況是常見的。《論語》“食饐而餲”，正謂飯因閉藏不透氣而變壞。此用害之傷害、損壞義。

**楬** 《説文》：“楬，楬櫫也。从木，曷聲。《春秋傳》曰：‘楬而書之。’”段注：“楬櫫見《周禮》注：‘職金，楬而璽之。’

注曰：'楬，書其數量以著其物也。今時之書有所表識謂之楬櫫。'……《漢·酷吏傳》曰：'瘞寺門桓東，楬著其姓名。'著櫫同字可證也。……師古注《漢書》曰：'楬，杙也。椓杙於瘞處而書死者名也。'"

按楬 jié（群月）从曷聲（匣月）訓楬櫫即楬著，於作標志之弋（小木樁）上書寫所識之事物。字从曷聲，當爲揭聲（溪月）之借，用揭之揭舉義。

暍 《說文》："暍，傷暑也。从日，曷聲。"

按暍 yē（影月）从曷聲（匣月）訓傷暑，傷於暑熱。字从日，日謂夏日，俗所謂炎天暑熱。字从曷聲當爲害聲（匣月）之借，此用害之傷害義。此字可與餲字互證，飯之壞敗多由於傷暑。

馤 《說文》："馤，禾舉出苗也。从禾，曷聲。"段注："何休曰：'生曰苗，秀曰禾，禾采初挺出於苗是曰馤，既成則屈而下垂矣。'……許云禾舉出苗則謂采。《手部》：'揭者，高舉也。'音義略同。"朱駿聲通訓定聲："穗初出莖如揭而未垂也。"

按馤 jié（見月）从曷聲（匣月）訓禾舉出苗，穗初出莖，如揭而未垂。字从曷聲，當爲揭聲（溪月）之借，用揭之揭舉義。

藹

朱駿聲通訓定聲："藹，《上林賦》：'晻薆咇茀。'注：'藹薆音義同。'引《說文》有此字，姑附于此。"

按藹 ài（影物）从曷聲（匣月），與薆音義同，此一字之異體。

褐 《說文》："褐，編枲韤。一曰粗衣。从衣，曷聲。"

按褐 hè（匣月）从曷声（匣月）訓編枲韤，粗麻編的襪子。字从曷聲，當爲葛聲（見月）之借，麻葛相類，皆爲粗纖維。一曰粗衣，則當爲葛布衣，葛藤加工爲絺綌，所織之衣即爲粗布衣。

歇 《說文》："歇，息也，一曰氣越泄。从欠，曷聲。讀若香臭盡歇。"段注："息者，鼻息也。息之義引伸爲休息，故歇之義引申爲止歇。"

按歇 xiē（曉月）从曷聲（匣月）訓息，休息、止歇。字从曷聲，當爲汔聲（曉物）之借，用汔水涸斷流之引申義。

**㕎** 《説文》："㕎，屋迫也。从广，曷聲。"段注："㕎之言遏也。"王筠句讀："屋中迫促，少所容也。"

按㕎 yè（影月）从曷聲（匣月）訓屋迫，屋中迫促。字从曷聲，蓋爲遏聲（影月）之借，此用遏止之引申義。

**碣** 《説文》："碣，特立之石也。東海有碣石山。从石，曷聲。𥓓，古文。"段注："碣之言傑也。"

按碣 jié（群月）从曷聲（匣月）訓特立之石。特立，獨立高聳。字从曷聲，蓋爲傑聲（群月）之借。《説文》："傑，埶也。材過萬人也。"段注："埶本穜埶字，引伸爲勢力字。傑者言其勢傑然也。《衛風》毛傳曰：'桀，特立也。'"字从曷聲，借曷爲傑，此用傑之傑出義。

**猲** 《説文》："猲，猲獢，短喙犬也。从犬，曷聲。《詩》曰：'載獫猲獢。'《爾雅》曰：'短喙犬謂之猲獢。'"

按猲 xiē（曉月）从曷聲（匣月）訓短喙犬。犬豕之喙，今湖湘俗語叫"嘴筒子"，故有長短之分。猲之喙特短，看上去似截去了一截。字从曷聲，蓋爲截聲（从月）之借，用截之截短義，或者當爲割聲（見月）之借。

**竭** 《説文》："竭，負舉也。从立，曷聲。"段注："凡手不能舉者，負而舉之。……《豕部》曰：'竭其尾。'"

按竭 jié（群月）从曷聲（匣月）訓負舉，將重物背在背上，扛在肩上。字从曷聲當爲揭聲（溪月）之借，用揭舉之引申義。

**愒** 《説文》："愒，息也。从心，曷聲。"段注："此休息之息，上文息篆訓喘息，其本義。凡訓休息者，引申之義也。《釋詁》及《甘棠》傳皆曰：'憩，息也。'憩者，愒之俗體。《民勞》傳又曰：'愒，息也。'非有二字也。"

按愒 qì（溪月）从曷聲（匣月）訓息，休息，停止勞作。字从曷聲，當爲汔聲（曉物）之借，用汔水涸斷流之引申義。

**渴** 《説文》："渴，盡也。从水，曷聲。"段注："渴、竭古今字，古水竭字多用渴，今則用渴爲瀫字矣。"

按渴 jié（群月）从曷聲（匣月）訓盡，本義當爲水盡，引申爲凡盡之稱。字从曷聲，當爲气聲（曉物）之借，气是汽的本字，曉匣旁紐，物月旁轉，此以音近相借，此用汽水涸斷流之引申義。

⿵門曷 《説文》：“⿵門曷，門聲也。从門，曷聲。”

按⿵門曷 yà（影月）从曷聲（匣月）訓門聲，開閉門發出的響聲。字从曷聲，作象聲字，此但借其聲。

揭 《説文》：“揭，高舉也。从手，曷聲。”段注：“見於《詩》者，《匏有苦葉》傳曰：‘揭，褰裳也。’”

按揭 jiē（見月）从曷聲（匣月）訓高舉。《詩·大東》：“西柄之揭。”高亨注：“揭，高舉也。”字从曷聲，蓋爲桀聲（群月）之借。《説文》：“桀，磔也。从舛在木上也。”舛者雙足，人雙足在木上則高，訓磔是後起的引申義。字从桀聲，此用桀高之引申義。

⿰玄曷 《説文》：“⿰玄曷，不成遂急戾也。从弦省，曷聲。讀若瘞。”段注：“不成遂者，不成就也，因之急戾是曰⿰玄曷。”

按⿰玄曷 yì（影月）从曷聲（匣月）訓不成遂急戾。字从曷聲，蓋爲戾聲（來月）之借，質月旁轉，此用戾之乖戾義。

蝎 《説文》：“蝎，蝤蠀也。从虫，曷聲。”段注：“《釋蟲》曰：‘蝎，桑蠹，桑中蟲也。’”

按蝎 hé（匣月）从曷聲（匣月）訓蝤蠀，桑中蛀蟲，木中的害蟲。字从曷聲當爲害聲（匣月）之借，用害之傷害義。

堨 《説文》：“堨，壁間隙也。从土，曷聲。讀若謁。”段注：“隙者，壁際也。壁際者，壁之釁也，亦曰堨，此古義也。”

按堨 yè（疑月）从曷聲（匣月）訓壁間隙，墻壁的縫隙。字从曷聲，蓋爲隙聲（溪鐸）之借，溪疑旁紐，鐸月通轉，古音相近，此用隙之縫隙義。

藹 《説文》：“藹，臣盡力之美。《詩》曰：‘藹藹王多吉士。’从言，葛聲。”段注：“《釋訓》曰：‘藹藹，萋萋，臣盡力也。’《大雅》毛傳曰：‘藹藹猶濟濟也，濟濟多威儀也。’”

按藹 ǎi（影月）从謁聲（影月）訓臣盡力之美。字从謁聲，其語源不詳。或者爲薆者（影月）之借，薆謂遮蔽以喻衆多，而謁訓白，明白，蓋喻辦事明白能幹。

**鄗** 《説文》："鄗，南陽陰鄉。从邑，葛聲。"

按鄗 gé（見月）从葛聲（匣月）訓南陽陰鄉。字从葛聲，作地名字，此但借其聲。

**擖** 《説文》："擖，刮也。从手，葛聲。一曰撻也。"段注："此與抈音義略同。"

按擖 qiā（見月）从葛聲（見月）訓刮。字从葛聲蓋爲刮聲（見月）之借，用刮之掊杷刮磨義。

**藒** 《説文》："藒，藒車，芞輿也。从艸，楬聲。"段注："各本無藒車二字，今依《韵會》所引補。藒芞、車輿皆叠韵。……《離騷》《上林賦》皆作揭車。《廣志》曰：'黄葉白華。'"

按藒 qiè（溪月）从楬聲（見月）訓藒車，芞輿，香草。字从楬聲，當爲气聲（溪物）之借，用气之氣味義，如香氣、臭氣，此謂氣味芳香。

**藹** 《説文》："藹，蓋也。从艸，渴聲。"段注："今人靄字當用此。"王筠句讀："此殆覆蓋字也。"

按藹 ài（影月）从渴聲（匣月）訓蓋。《説文》："蓋，苫也。"苫是蓋屋的茅草。从盍，盍（匣葉）是今器蓋的本字。字从渴聲，當是盍聲之借，亦即蓋聲（見月）之借，或者當爲薆聲（影物）之借。

**㵣** 《説文》："㵣，欲歠歠。从欠，渴聲。"段注："渴者，水盡也。音同竭。水渴則欲水，人㵣則欲飲，其意一也。今則用竭爲水渴字，用渴爲饑㵣字，而㵣字廢矣，渴之本義廢矣。"

按㵣 kě（溪月）从渴聲（群月）訓欲飲歠，口乾想飲水。字从渴聲，用渴水盡、口乾欲飲水之引申義。

# 埶聲字

**埶** 《説文》："埶，種也。从丮坴。丮，持種之。《詩》曰：'我埶黍稷。'"段注："《齊風》毛傳曰：'蓺猶樹也。'樹種同義。……周時六藝字蓋亦作埶。儒者之於禮樂射御書數，猶農者之樹埶也。又《説文》無勢字，蓋古用埶爲之，如《禮運》'在埶者去'是也。"

按埶 yì（疑月）甲骨文作。《甲骨文字典》："甲骨文從丮，從或，象以雙手持艸木會樹埶之意。……篆文經訛變已失初形。"在長期的樹埶中積累了豐富的經驗，形成一整套規程，這便是農埶（今字作藝，簡作艺）。園藝、林藝，手工的手藝、工藝，儒者的六藝，一切人事活動的規程與經驗技術的結晶皆可稱藝，孔子稱周公多才多藝。又由埶孳乳爲勢者，五穀、樹木種植在泥土中，一旦成活，便發育成長，開花結果，這便是長勢，是一種生命的力量，故由埶孳乳爲勢，勢是一個内涵和外延都甚深廣的現代漢語常用字。

**槸** 《説文》："槸，木相摩也。从木，埶聲。槸，或从蓺作。"段注："《釋木》曰：'木相磨，槸。'按《大雅》：'作之屏之，其菑其翳，脩之平之，其灌其栵。'《爾雅》：'立死，菑。蔽者，翳。木相磨，槸。'除灌木叢木已見於上，則槸即栵也。以文法論，栵必非木名。毛云：'栵，栭也。'栭謂之而小木相迫切，與《爾雅》義無不合也。栭爲小木，如鮞爲魚子。"

按槸 yì（疑月）从埶聲（疑月）訓木相摩。字从埶聲，植禾樹木，其根植入泥土中，泥土培在根上必相黏貼，才能正常生長，引申之灌木叢木以兩三相挨近的樹迎風摇曳，則枝葉相摩，因以槸狀之。此正用埶植穀樹木，泥土須黏貼之引申義。

**暬** 《説文》："暬，日狎習相嫚也。从日，埶聲。"段注："嫚者，侮易也。《小雅》：'曾我暬御。'傳云：'暬御，侍御也。'《楚語》：'居寢有暬御之箴。'韋云：'暬，近也。'暬與褻音同義異，今則褻行而暬廢矣。……各本篆作暬，埶聲作執聲，五經文字亦誤，今正。”

按暬 xiè（心月）从埶聲（疑月）訓日狎習相嫚。日狎習之日字衍，當删。暬與昵字構形相近，暬从日（日質）埶（疑月），昵从尼（泥脂）日（日質），皆用兩個音義相近的合表一義。字从日，日光照在人物身上揮之不去，是引申有親近義。字从埶，用植穀其根與泥土相黏義，字合日埶爲意，即用雙重比喻。

**帠** 《説文》：“帠，禮巾也。从巾，埶聲。”段注：“篆體二徐皆作帠。大徐曰‘从埶’，小徐曰‘執聲’，皆誤，今正。……今不見經典，恐亦帨之或體。然《廣雅》已兼載帨帠矣。”

按帠 shuì（書月）从埶聲（疑月）訓禮巾。段氏疑爲帨之或體，即《詩》“無撼我帨兮，無使尨也吠”之帨，蓋近身之佩巾。字从埶聲，此用埶泥土貼近作物之引申義。

**褻** 《説文》：“褻，私服。从衣，埶聲。《詩》曰：‘是褻絆也。’”段注：“私褻疊韵，《論語》曰‘紅紫不以爲褻服’。引伸爲凡昵狎之稱。假借爲媟字。”

按褻 xiè（心月）从埶聲（疑月）訓私服，貼身穿的内短褲。引申爲輕慢、不莊重、不恭敬、污穢等義。字从埶聲，此用埶植穀泥土貼近苗根之引申義。污穢義則由褻絆之絆引申，絆即今婦女之月經帶。

**驇** 《説文》：“驇，馬重皃也。从馬，埶聲。”段注：“《晋世家》：‘惠公馬驇不行。’即《左傳》‘晋戎馬還濘而止’。今本《史記》作鷙，訛字也。而《秦本紀》作‘馬驇’不誤。……車之前重曰輊，馬重曰驇，其音義一也。”

按驇 zhì（端月）从埶聲（泥月）訓馬重皃。司馬貞索隱：“驇，謂馬重而陷之於泥。”此則據《左傳》“晋戎馬還濘而止”爲解。然此解與埶之苗植於土則泥緊貼生根之義正相吻合。字从埶聲，用埶植穀於土，土與苗根相貼近之引申義。

**熱** 《説文》：“熱，昷也。从火，埶聲。”段注：“昷各本作温，今正。許意温爲水名，凡昷煗字皆當作昷。昷，仁也。从皿飼囚，引申之則爲昷煖。”

按熱 rè（日月）从埶聲（疑月）訓昷，熱氣，氣温高。字从埶聲當爲日聲（日質）之借，日光照在人身上揮之不去，温熱上身，如冬日之可愛，夏日之可畏。遠古人類初原未掌握火，只有日，日熱雙聲，質月旁轉，熱以日爲語源。人類掌握了火以後，才能經常感受火熱。从火熱説，火貼近人則熱，人類掌握火之前，自然之火是很少有的。

爇 《説文》：“爇，燒也。从火，蓺聲。《春秋傳》曰：‘爇僖負羈。’”段注：“徐鉉等曰：‘《説文》無蓺字，當从火从艸，熱省聲。’按埶即聲，不必云熱省。”

按爇 ruò（日月）从蓺聲，當爲从艸埶聲（疑月）。字从埶聲當爲日聲（日質）之借，草貼近火久之則燃燒。初民用於燃燒的材料，主要是草木，故字从艸。

𡠗 《説文》：“𡠗，至也。从女，埶聲。《周書》曰‘大命不𡠗’，讀若埶同。一曰《虞書》‘雉𡠗’。”段注：“某氏傳云：‘至也’與許説同也。……鍇本作執，誤，今正。……（雉𡠗，）此別一義，謂𡠗即今贄字。引《堯典》‘一死贄’以明之。鄭康成曰：‘贄之言至，所以自致。’”

按𡠗 zhì（章月）从埶聲（疑月）訓至。《説文》：“至，鳥飛從高下至地也。”據甲骨文鳥當爲矢，矢鋒朝下，自高落至地，引申爲至到義。字从埶聲當爲至聲（章質）之借，用至到之引申義。

𨧫 《説文》：“𨧫，羊箠也。耑有鐵。从金，埶聲。讀若至。”段注：“箠者，所以擊馬也。因之擊羊者謂之羊箠，其耑有鐵，故字从金。……捶同箠，檛者箠也，馬箠亦耑有鐵，其用同也。”

按𨧫 zhì（章月）从埶聲（疑月）訓羊箠，耑有鐵。埶字當爲至聲（章質）之借，意謂箠耑之鐵箴，到達羊體即可，所謂點到爲止。《竹部》：“笍，羊車騶箠也，箸鍼其耑，長半分。”字或作笍者，笍 zhuì（端月）从内聲（泥物），内聲當爲鋭聲（余月）之借，用鍼耑鋭之引申義，此與𨧫同意。

**輊** 《説文》："輊，抵也。从車，埶聲。"段注："車抵於是而不過是曰輊。如馬之不前曰槷鷙。與車重之摰蟄輊轅本各義。"

按輊 zhǐ（端月）从埶聲（疑月）訓抵，車爲物所抵擋而不過，即頓而不前。字从埶聲，此用埶植穀泥土貼近苗根之引申義。

## 折聲字

**折** 《説文》："折，斷也。从斤斷艸，譚長説。𣂚，籀文折，从艸在仌中，仌寒，故折。折，篆文折，从手。"段注："从手从斤，隸字也。"

按折 zhé（章月）从草在冰中，草爲冰凍結，則易折斷。从斤，斤所以斷物，即以斤表斷。甲骨文作[illegible]，或作[illegible]，字从草从斤會斷意。今隸作折，則爲以手持斤斷草。

**䊞** 《説文》："䊞，扁緒也。一曰弩要鉤帶。从糸，折聲。"《集韵》："䊞，編繩。"

折䊞 biē（滂月）从折聲（章月）訓扁緒，編繩。字从折聲蓋爲扁聲（幫真）之借，幫滂旁紐。糾合之繩形圓而編織之緒扁，借折爲扁，此用扁平不圓之義。

**哲** 《説文》："哲，知也。从口，折聲。悊，哲或从心。嚞，古文哲，从三吉。"段注："《釋言》曰：'哲，智也。'《方言》曰：'哲，知也。'古智知通用。……（嚞）或省作喆。"

按哲 zhé（端月）从折聲（章月）訓知，明智。字从折聲，用折斷、決斷、明斷、善斷之引申義。明智的核心意義是斷，當機立斷。優柔寡斷、好謀無斷是最不智最有害的。善斷則吉，故古文哲从三吉。

**逝** 《説文》："逝，往也。从辵，折聲。讀若誓。"段注："《釋詁》《方言》同，《方言》曰：'逝，秦晋語也。'"

按逝 shì（禪月）从折聲（章月）訓往，往與來相對，有來無往，非禮也。字从折聲，此用折斷之引申義，意決則往，情斷則去。

**誓** 《説文》："誓，約束也。从言，折聲。"段注："《周禮》：'五戒：一曰誓，用之於軍旅。'按凡自表不食言之辭皆曰誓，亦約束之意也。"

按誓 shì（禪月）从折聲（章月）訓約束，用於軍旅，古代軍中誓師的文告，約束將士的言辭，如《泰誓》《秦誓》，引申爲凡發誓立誓。字从折聲，用折之折斷、决斷義。

**哲** 《説文》："哲，昭哲，明也。从日，折聲。《禮》曰：'哲明行事。'"段注："《洪範》：'明作哲。'鄭曰：'君視明則臣昭哲。'按昭哲皆从日，本謂日之光，引伸之爲人之明哲。"

按哲 zhé（章月）从折聲（章月）訓昭哲。昭哲从日，有日光則明，人明，對周圍所見皆明，則能斷，所謂"明斷"。字从日折會意，用明則能斷之引申義。

**硩** 《説文》："硩，上擿山巖空青、珊瑚陊之。从石，析聲。《周禮》有硩蔟氏。"段注："擿，各本作摘。今按《手部》：'擿，搔也；搔，刮也。'當正作擿。陊，各本作墮。今按《吴都賦》'硩陊山谷'，正用許語，當正作陊。空青見《本艸經》，珊瑚見《玉部》。陊，落也。《周禮》：'硩蔟氏掌覆妖鳥之巢。'鄭司農云：'硩讀爲擿，蔟讀爲爵蔟之蔟，謂巢也。'先鄭擿音剔，謂如今人以竿毁鳥巢也。後鄭申其説曰：'玄謂硩古字，从石，析聲。'硩古字者，謂硩、擿爲古今字也。从石析聲者，謂古人以石上擲毁物，故从石析會意，而析亦聲也。許意空青、珊瑚皆石也，取石，故其字从石，而覆巢用此字，乃引伸之義也。"

按硩 chè（透月）从析聲（心錫）訓上擿巖空青、珊瑚陊之。字从析聲，謂擿取空青、珊瑚陊之。引申爲搗毁妖鳥巢。字从析聲，此用析拆之引申義。

**狾** 《説文》："狾，狂犬也。从犬，折聲。《春秋傳》曰：'狾犬入華臣氏之門。'"段注："《左傳》哀十二年：'國狗之瘈，無不噬也。'杜云：'瘈，狂也。'按今《左傳》作瘈，非古也，許所見作狾。……襄十七年《左傳》曰：‘國人逐瘈狗，瘈狗入于華臣氏，無之門二字。《漢・五行志》作狾。’”《廣韵・祭韵》：“猘，狂犬。”

按狾 zhì（章月）从折聲（章月）訓狂犬。字从折，折謂斷，明能斷，狂則不能斷。字或作猘，猘从制（章月），制引申爲控制，狗發狂，無明斷能力，神智失去控制，折、制古音同。字从折（制），此用折制反向引申之義，即失去明斷自制的能力。

**悊** 《説文》：“悊，敬也。从心，折聲。”

按悊 zhé（章月）从折聲（章月），悊是哲的重文。从心與从口同意，哲訓知（智）能明斷，故重文从心。从而展示其深層含義，言斷以口，而决斷以心。

**浙** 《説文》：“浙，江水東至會稽山陰爲浙江。从水，折聲。”

按浙 zhè（章月）从折聲（章月）訓浙江。字从折聲，作水名字，此但借其聲。浙江又稱之江，謂此水曲折如之字，單从這一點説，字从折聲又兼用折之曲折義。

**娎** 《説文》“娎，娎婡也。从女，折聲。”段注：“娎當是複舉字，《玉篇》云：‘娎，喜也。’《廣韵》云：‘娎，喜皃。’”

按娎 xiè（曉月）从折聲（章月）訓娎婡。婡 qiè（溪葉）从夾聲（見葉），蓋即洽聲（匣緝）之借，娎、婡旁紐，月葉通轉，緝葉旁轉，娎婡謂處事能决斷，處人能融洽，故引申有喜悦得志之意。字从折聲，此用折斷，能决斷之義。

**銴** 《説文》：“銴，車樘結也。从金，折聲。讀若誓。一曰銅生五色也。”段注：“車樘，漢人語也。《急就篇》《釋名》作棠。劉熙曰：‘棠，蹀也。在車兩旁，蹀幰使不得進卻也。’今按其結曰銴，其制未詳，蓋可以系車轖者。”王筠句讀：“結者，樞紐之謂，所以張弛其樘也。”

按銴 shì（禪月）从折聲（章月）訓車樘結。字从折聲，當爲制聲（章月）之借，用制控制之義，是銴以制爲語源，段氏“其結曰銴”，王氏“結者，樞紐之謂”，都是正確的，惜皆未能明其語源。

# 八聲字

**八** 《說文》："八，别也。象分别相背之形。"段注："今江浙俗語以物與人謂之八。與人則分别矣。"高鴻縉《中國字例》："八之本意爲分，取假象分背之形。"

按八 bā（幫質）訓别，象分别相背之形。象分别相背之形，則必取象具體事物，从這一點出發，經反復思考琢磨，我悟出八乃取象人兩手向左右伸展，方向相反，故曰相背，背者反向背離。今湖湘俗稱語伸展兩手量物叫"一 pǎi 兩 pǎi"，其字正當作八。《説文》匹字，初義當指布匹長度，即四丈。以兩手量之，即爲五 pǎi，亦即五八，故匹字从八。高氏謂八"取假象分背之形"，假象之説不符合造字的實際，其説不可取。

**𠔁** 《說文》："𠔁，分也。从重八。《孝經説》曰：'故上下有别。'"段注："此即今之兆字也。……𠔁从重八者，分之甚也。龜兆其一也。凡言朕兆者，如舟之縫，如龜之坼。……此引緯説字形重八之意。上别下别則二八矣。"朱駿聲通訓定聲："經傳皆以别爲之，兆字从此。……段氏以𠔁爲兆字，大誤。"

按𠔁 bié（幫月）从重八，八訓分，分（幫文）、别（幫月）雙聲。八、别幫母雙聲，月質旁轉，音義並近。𠔁、别古音同而義相關，朱説理勝。

**馴** 《說文》："馴，馬八歲也。从馬八，八亦聲。"

按馴 bā（幫月）从八聲（幫質）訓馬八歲。字从八聲，此用八借爲數字七八之八。數字八與分别之八，字義毫無聯繫。

**汃** 《說文》："汃，西極之水也。从水，八聲。《爾雅》曰：'西至於汃國，謂之四極。'"

按汃 bīn（幫文）从八聲（幫質）訓西極之水。字从八聲，作水名字，此但借其聲。

**市** 《説文》："市，艸木盛市市然也。象形，八聲。讀若輩。"段注："市市者，枝葉茂盛，因風舒散之皃。（象形）爲中也。不曰从中，而曰象形者，艸木方盛，不得云从中也。"

按市 pó（滂月）从八聲（幫質）訓草木盛市市然。字从八聲，此用八伸展兩手之引申義，伸展兩手則體態舒散，以喻草木生長茂盛。

**㸬** 《説文》："㸬，二歲牛。从牛，市聲。"朱駿聲通訓定聲："按《爾雅·釋畜》'體長㸬'，許義未詳何本。"

按㸬 bèi（幫月）从市聲（滂月）訓二歲牛。意者八取象人向左右伸展兩手，故引申有二義。手向左右伸展則長，故㸬又訓體長。懸揣如此，尚祈通家教正。

**逋** 《説文》："逋行皃。从辵，市聲。"段注："《廣韵》：'逋，北末切。急走也。'"

按逋 bó（幫月）从市聲（滂月）訓行皃，急走。字从市聲，此用市草木生長旺盛爲喻。

**肺** 《説文》："肺，金臧也。从肉，市聲。"

按肺 fèi（滂月）从市聲（滂月）訓金臧，人和高等動物的呼吸器官。人肺勃起則吸入新鮮空氣，收縮則排出廢氣，古所謂"吐故納新"。字从市聲，當爲勃聲（並物）之借，《説文》："勃，排也。"此用勃排、勃發之引申義。

**柹** 《説文》："柹，削木朴也。从木，市聲。陳楚謂之札柹。"段注："各本作'削木札樸也'。今依玄應書卷十九正。朴者木皮也，樸者木素也，柹安得有素，則作朴是矣。"

按柹 fèi（幫月）从市聲（滂月）訓削木朴，朴者樹皮。字从市聲，當爲膚聲（幫魚）之借，幫滂旁紐，魚月通轉，以音近相借，此以人膚喻樹皮。

**邺** 《説文》："邺，沛國也。从邑，市聲。"

按邺 pèi（滂月）从市聲（滂月）訓沛國。字从市聲，作國名字，此但借其聲。

**旆** 《説文》："旆，繼旐之旗也，沛然而垂。从㫃，巿聲。"段注："《爾雅》：'繼旐曰旆。'郭云：'帛續旐末爲燕尾者。'何休注《公羊》云：'繼旐如燕尾曰旆。'……沛旆疊韵，引伸爲凡垂之稱。"

按旆 pèi（並月）从巿聲（滂月）訓繼旐之旗，沛然而垂。古代旐末鑲以帛制的狀如魚尾的垂旒，在風中迅速地擺動，發出叭叭的響聲。又以其聲名魚尾狀之旆，魚捕初上水時其尾亦每拍動，發出叭叭的響聲。

**犻** 《説文》："犻，過弗取也。从犬，巿聲。讀若孛。"段注："此有誤字。"承培元引經證例："犻，犬弗戾也。弗戾，屰（逆）而不順也。"

按犻 bó（並月）从巿聲（滂月）訓犬弗戾，暴逆不順。字从巿聲蓋爲誖聲（並物）之借，用誖之誖亂、狂誖義。

**怖** 《説文》："怖，恨怒也。从心，巿聲。《詩》曰：'視我怖怖。'"段注："《小雅·白華》：'念子懆懆，視我邁邁。'毛傳曰：'邁邁，不悦也。'《釋文》云：《韓詩》及《説文》皆作'怖怖'。《韓詩》云：'意不悦好也。'許云：'很怒也。'今《説文》作恨，似宜依很。邁者怖之叚借，非有韓、許，則《毛詩》不可通矣。許宗毛而不廢三家詩。"

按怖 pèi（滂月）从巿聲（滂月）訓恨怒。字从巿聲當爲勃聲（並物）之借。勃即勃然大怒之勃，謂盛怒。即《詩·大雅·皇矣》"王赫斯怒"，赫斯即赫然，即今語臉紅脖子粗，形容盛怒時的臉色。

**沛** 《説文》："沛，沛水，出遼東番漢塞外，西南入海。从水，巿聲。"段注："今字爲顛沛，跋之假借也。"

按沛 pèi（滂月）从巿聲（滂月）訓沛水。字从巿聲，作水名字，此但借其聲。

**魳** 《説文》："魳，魳魚也。出樂浪潘國。从魚，巿聲。"《廣韵》："魳，魚名。食之殺人。"《山海經·北山經》："敦水出焉，東流注于鴈門之水，其中多魳魳之魚，食之殺人。"《本草綱目·鱗部》以爲即河豚。

按鮇 bèi（幫月）从市聲（滂月）訓鮇魚，即河豚，食之殺人。字从市聲當爲勃聲（並物）之借，用勃之勃發義謂毒性暴發殺人。

**抪** 《説文》："抪，摧也。从手，市聲。"段注："今人用拂拭字當作此。抪，許作抪飾也。拂者過擊也，非其義。"《玉篇》："抪，引推也。"

按抪 pō（滂月）从市聲（滂月）訓摧。摧从堇，堇者黏土，摧的初義，當爲以黏土涂飾墻壁，今泥工用抿子涂飾墻壁，正來回推引。字从市聲，當爲八聲（幫質）之借，用八之分散分布義。

**䣃** 《説文》："䣃，酒色也。从酉，市聲。"段注："謂酒之顔色也。《廣韵》曰：'酒氣。'"

按䣃 pō（滂月）从市聲（滂月）訓酒色。當依《廣韵》作"酒氣"，段氏"酒之顔色"，當作"酒之氣色"，氣色即今語氣味。今湖湘俗語"（暑天）三天不洗澡，身上有氣色"，氣色正指氣味。今上等陳釀開封，滿室酒香，香氣撲鼻，字从市聲當爲勃聲（並物）之借，用勃之蓬勃、勃發義。

**孛** 《説文》："孛，㶳孛也。从市从子。人色也，故从子。《論語》曰：'色孛如也。'"段注："《鄉黨篇》文，今作孛，此證人色之説也。艸木之盛，如人色盛，故从子作孛，而艸木與人色皆用此字。"

按孛 bèi（並物）从市聲（滂月）訓人色，謂人精神焕發，紅光滿面。字从市，謂草木生長旺盛，枝繁葉茂，此以草木與人色互喻。字从市聲，此以草木生長之茂盛，喻人生氣之旺盛。

**誖** 《説文》："誖，亂也。从言，孛聲。悖，誖或从心。𧦝，籀文誖，从二或。"段注："兩國相違，舉戈相向，亂之意也。《角部》觲以爲聲。"

按誖 bèi（並物）从孛聲（並物）訓亂。字从孛聲，孛訓人色盛，色盛則氣盛。中華傳統理念以爲凡事過猶不及，過則爲災。氣太盛，人太强勢則行事往往不顧常規常理，久之必栽跟頭、出亂子。盛極必衰就是這個道理。故誖引申爲誖亂、誖謬。字从孛聲訓亂，含有極深刻的哲理。

鬻 《説文》："鬻，炊釜鬻溢也。从㢸，孛聲。"段注："炊，各本作吹，今從《類篇》。'釜鬻溢'，各本作'釜溢'，宋本作'聲沸'，今參合定爲'釜鬻溢'。今江蘇俗謂火盛水鬻溢出，爲鋪出，鬻之轉語也，正當作鬻字。"

按鬻 bó（並物）从孛聲（並物）訓炊釜鬻溢也。字从孛聲當爲勃聲（並物）之借，用勃之勃起義。今湖湘俗語，水沸溢出叫"bú出"，煮飯時米湯沸溢也叫"bú 出"，字正當作鬻。

郣 《説文》："郣，郣地。从邑，孛聲。一曰地之起者曰郣。"段注："此從鍇本。……地謂有地名郣也。"

按郣 bó（並物）从孛聲（並物）訓郣地。字从孛聲，作地名字，此但借其聲。訓地之起者，字从孛聲，當爲勃聲（並物）之借，用勃之勃起義。今饅頭（麵食）蒸熟勃起叫餑餑，正用此音此義。

勃 《説文》："勃，排也。从力，孛聲。"段注："排者，擠也。今俗語謂以力旋轉曰勃，當用此字。《論語》'色孛如也'，許所引乃本字本義，謂寅孛盛氣也。今《論》段借勃字，殊失其恉。"

按勃 bó（並物）从孛聲（並物）訓排，排擠。孛者盛氣，氣者意氣，盛氣而有力，則向外擴張勃起，此用孛之引申義。

觱 《説文》："觱，羌人所龡角屠觱，以驚馬也。从角，𤼽聲。𤼽，古文誖字。"段注："羌人，西羌也。屠觱，羌人所吹器名，以角爲之，以驚中國馬。後乃以竹爲管，以蘆爲首，謂之觱篥，亦曰篳篥。"

按觱 bì（幫質）从𤼽聲（並物）訓羌人所龡角屠觱，此蓋羌語之譯音。字从𤼽聲者，此蓋爲但借其聲。

𤈦 《説文》："𤈦，熚𤈦也。从火，𤼽聲。𤼽，籀文悖字。"段注："《玉篇》云'火盛皃'。《廣韵》云'鬼火'。"

按𤈦 fú（滂物）从𡿧聲（並物）訓熚𤈦，火盛皃。字从𡿧聲，當爲孛聲（並物）之借，用孛盛氣之引申義。

## 月聲字

**月** 《説文》："月，闕也。大侌之精。象形。"段注："月、闕叠韵。《釋名》曰：'月，缺也，滿則缺也。'……象不滿之形。"

按月 yuè（疑月）訓闕，闕、缺（溪月）古音同。闕从欮聲（見月），夬聲（見月）之借，夬是玦的本字，是環形有缺的玉器。夬以月爲語源。

**跀** 《説文》："跀，斷足也。从足，月聲。䠒，跀或从兀。"段注："此與《刀部》刖異義。刖，絶也。經傳多以刖爲跀。……（䠒）亦形聲。《莊子·養生主》注曰：'介，偏刖之名，崔本作兀，又作䠒。'云'斷足也'。《德充符》：'申徒嘉，兀者也。'李云：'刖足曰兀。'"

按跀 yuè（疑月）从月聲（疑月）訓斷足。字从月聲，此用月缺之引申義，即用月爲動字，在字中作使動，即使之缺，缺、斷義相函。或作䠒，从兀聲，兀（疑物）、月疑母雙聲，物月旁轉。

**刖** 《説文》："刖，絶也。从刀，月聲。"段注："凡絶皆稱刖，故劓下云：'刖鼻也。'刖足則爲跀。……《困·九五》：'劓刖。'京房作'劓劊'。《説文》劊與刖義同。"

按刖 yuè（疑月）从月聲（疑月）訓絶。字从月聲，用月缺之引申義。缺、斷義相函。

**聉** 《説文》："聉，墮耳也。从耳，月聲。"

按聉 yuè（疑月）从月聲（疑月）訓墮耳，耳斷則墮。字从月聲，此用月缺之引申義。

**抈** 《説文》："抈，折也。从手，月聲。"

按抈 yuè（疑月）从月聲（疑月）訓折，折斷。字从月聲，此用月缺之引申義。今湖湘方言折斷仍説“抈斷”，或説“抈脱”。説應受挫折遭罪，叫“該抈”。

𦨶 𦨶 《説文》：“𦨶，船行不安也。从舟，刖省聲。讀若兀。”段注：“《方言》説舟曰：‘儰謂之扤。扤，不安也。’郭云：‘儰音訛，船動摇之皃也。扤，吾敎反。’按𦨶者正字，扤者假借字也。”

按𦨶 wù（疑月）从刖聲（疑月）訓船行不安。字从刖聲，蓋爲抈聲（疑月）之借，用抈折斷之引申義，謂波浪使船行受阻，船身摇擺不定，即今語之“波折”。

## 伐聲字

伐 伐 《説文》：“伐，擊也。从人持戈。一曰敗也。亦斫也。”

按伐 fá（並月），甲骨文作[illegible]，取象以戈砍人頭，古稱斬首，許書从人持戈之説實誤。引申爲凡砍殺之稱。伐木即今語砍樹。古軍戰以斬獲計功，斬即斬首，獲即俘獲，故古軍功稱伐。伐之引申義甚多，皆由砍殺引申。

茷 茷 《説文》：“茷，艸葉多。从艸，伐聲。《春秋傳》曰：‘晋糴茷。’”段注：“《詩》：‘白旆央央。’本又作茷。《泮水》之‘其旂茷茷’，即《出車》之‘旟旐旆旆’，《采菽》之‘其旂淠淠’也。然則《小弁》‘萑葦淠淠’，亦當云‘萑葦茷茷’。本言艸葉之多，而引伸之狀旌旗也。”

按茷 pèi（幫月）从伐聲（並月）訓草葉多，草生長茂盛。字从伐聲當爲巿聲（幫月）之借。《説文》：“巿，草木盛巿巿然。”此用巿草木盛之引申義。

蔑 蔑 《説文》：“蔑，勞目無精也。从苜从戍。人勞則蔑然也。”段注：“目勞則精光茫然，通作眜。……引伸之義爲細，如木細枝謂之蔑是也。又引伸之義爲無，如‘亡之命矣夫’，亦作

‘蔑之命矣夫’是也。……説从戍之意，戍人最勞者，此十字依《廣韵》《韵會》訂。”

按蔑 miè（明月）从苜从戍會意，訓勞目無精。蔑、滅（明月）古音同，蔑蓋以滅爲語源，水澆則火滅，人過勞則精竭。今湖湘方言形容人過度疲勞叫“miè 勞的”，字正當作蔑；今俗語謂不把别人看在眼裏爲“蔑視”。

**䁾** 《説文》：“䁾，䁾兜，目眵也。从目，蔑省聲。”段注：“各本無䁾兜二字，今依玄應書卷十、卷廿一補。《吕氏春秋》：‘氣鬱處目則爲䁾。’高注：‘䁾，眵也。’……䁾兜《見部》作覭，云‘目蔽垢’。”

按䁾 miè（明月）从蔑聲（明月）訓䁾兜，目眵，目蔽垢。目蔽垢則無視力，字从蔑聲當爲滅聲（明月）之借，用蔑滅之引申義。

**衊** 《説文》：“衊，污血也。从血，蔑聲。”

按衊 miè（明月）从蔑聲（明月）訓污血。字从蔑聲，當爲䁾聲（明月）之借，用䁾蔽垢之引申義。引申爲污衊，義由向别人頭上潑髒血而來。今俗語叫“潑髒水”，北方人叫“扣屎盆子”，湖湘俗語有“把别人駡得狗血淋頭”，其義亦同。

**韤** 《説文》：“韤，足衣也。从韋，蔑聲。”段注：“《左傳》曰：‘褚師聲子韤而登席。’謂燕禮宜跣也。”

按韤 wà（明月）从蔑聲（明月）訓足衣。字从蔑聲，當爲末聲（明月）之借，古人手足皆可稱末，此以末代足。今字作袜，正以末代足。

**䅽** 《説文》：“䅽，禾也。从禾，蔑聲。”段注：“蓋禾有名䅽者也。《廣韵》曰：‘《莊子》謂之禾也。’”

按䅽 miè（明月）从蔑聲（明月）訓禾。此禾蓋謂谷穗在禾稈之末，故以末名之。字从蔑聲蓋爲末聲（明月）之借。

**𥽜** 《説文》：“𥽜，末也。从米，蔑聲。”段注：“末，小徐本作䴲，據《玉篇》云，𥽜或作䴲，則𥽜䴲一字。大徐作麩，麩乃䴲之誤。汲古後人又依小徐改作䴲矣，今正作末。凡䊳而粉之曰末。《麥部》曰‘麪，麥末也’是也。麪專謂麥末，糠則統謂凡米之末。……糠者，自其細蔑言之。”

按糠 mò（明月）从蔑聲（明月）訓末，穀物的粉末。字从蔑聲，當爲末聲（明月）之借，用末之細微義。

**幭** 《説文》：“幭，葢幭也。从巾，蔑聲。一曰禪被。”段注：“幭之言幎也。《大雅》‘淺幭’，傳曰：‘淺，虎皮淺毛也。幭，覆式也。’按幭之本義，不專爲覆軾，而覆軾其一端也。”

按幭 miè（明月）从蔑聲（明月）訓葢幭，覆蓋物體的巾。字从蔑聲，葢爲冥聲（明耕）之借，此以雙聲相借，巾覆於上，則其下瞑暗，此用冥之引申義。或者當爲莫聲（明鐸）之借，莫是暮的本字，日暮則天色昏暗，蔑、莫雙聲，鐸月旁轉，在音理上更加切合。

**懱** 《説文》：“懱，輕易也。从心，蔑聲。《商書》曰：‘以相陵懱。’”段注：“易當作傷，《人部》曰：‘傷，輕也。’……《剥》之初六曰：‘蔑貞凶。’馬云‘蔑，無也’。鄭云‘輕慢’。……今《商書》無此文，陵讀如‘在上位不陵下’之陵。”

按懱 miè（明月）从蔑聲（明月）訓輕易。馬云無者，無視，不把别人看在眼裏，所謂“目中無人”。字从蔑聲，當爲末聲（明月）之借。此用末細微之引申義，即俗語小瞧别人，輕慢别人。

**瀎** 《説文》：“瀎，瀎泧，飾滅皃。从水，蔑聲。”段注：“（瀎泧）二字各本奪，今依全書例補。……飾，各本作拭，今正。《又部》曰：‘㕞，飾也。’……拭，滅去其痕也。瀎泧，今京師人語如此，音如麻沙。《釋名》曰：‘摩娑猶末殺也。手上下之言也。’……末殺《字林》作抹㩧，即瀎泧也，異字而同音義。”

按瀎 miè（明月）从蔑聲（明月）訓瀎泧，飾滅皃。謂以水擦拭滅去其痕迹，字从蔑聲當爲滅聲（明月）之借，此用水滅火之引申義，今口語仍用“抹殺”，此以同音相借。

䰕 [seal script] 《説文》："䰕，涼州謂鬻爲䰕。从弻，糮聲。粖，䰕或省从末。"段注："按此鬻，鍇本作糜爲長，糜、䰕雙聲，故也。"

按䰕 miè（明月）从糮聲（明月）訓涼州謂糜爲䰕。字从糮聲，糮从蔑聲，當爲末聲（明月）之借，用末之粉末義。段氏謂"此鬻鍇本作糜爲長，糜、䰕雙聲故也"。糜、糮皆指粉碎的米麥乾糧，其説甚確。

# 乾部弟十四

## 寒聲字

**寒** 《說文》："寒，凍也。从人在宀下，从茻，上下爲覆，下有仌也。"段注："凍，當作冷。十一篇曰：'凍，仌也。冷，寒也。'此可證矣。《釋名》曰：'寒，捍也。捍，格也。'《左傳》'寒盟'，寒者，尋之反。尋即燅字。……上下皆得云覆也。……合一宀、一仌、二艸、一仌會意。"

按寒 hán（匣元）从人在屋下，人睡在草中，身下墊着草，身上蓋着草，脚下有仌塊，以此示冬日天寒地凍。寒訓凍，屋外是冰天雪地。寒、捍雙聲，寒氣侵人，必需有禦寒的衣被，而此處只有草禦寒，因而引申有貧寒義。

**㩮** 《說文》："㩮，拔取也。南楚語。从手，寒聲。《楚辭》曰：'朝㩮阰之木蘭。'"段注："《莊子·至樂》篇：'攓蓬而取之。'司馬注曰：'攓，拔也。'《方言》曰：'攓，取也。南楚曰攓。'又曰：'楚謂之攓。'……王逸曰：'搴，取也。阰山名。'"

按㩮 qiān（見元）从寒聲（匣元）訓拔取。字从寒聲，寒冷與拔取義無關，寒聲蓋牽聲（溪真）之借，用牽扯之引申義。見溪旁紐，真元旁轉，此以音近相借。

**𧽜** 《說文》："𧽜，走皃。从走，寒省聲。"段注："今本寒作蹇，誤。"徐灝注箋："𧽜，《足部》蹇音義略同，皆謂行蹇難也。"

按𧽜 qiān（溪元）从寒聲（匣元）訓走皃，與蹇音義略同，皆謂行蹇難。字从寒聲，蓋爲艱聲（見文）之借，用艱之艱難義，成語有舉步維艱。

蹇 《説文》："蹇，尳也。从足，寒省聲。"段注："《尣部》曰：'尳，蹇也。'是爲轉注。尳，曲脛也。"

按蹇 jiǎn（見元）从寒省聲（匣元）訓跛，跛曲脛，行走不利索，受制於曲脛而行難。字从寒聲蓋爲難聲（泥元）之借，用難之艱難義。

騫 《説文》："騫，馬腹墊也。从馬，寒省聲。"段注："墊，各本作縶，自《篇》《韵》已然。小徐作熱，則更誤，今正。《土部》曰：'墊者，下也。'引《春秋傳》'墊隘馬腹'。墊正俗所云肚腹低陷也。《仲尼弟子列傳》：'閔損，字子騫。'是其義矣。"

按騫 qiān（溪元）从寒聲（匣元）訓馬腹墊。字从寒聲蓋爲欠聲（溪談）之借，溪母雙聲，元談通轉。此用欠之虧欠義，虧（溪歌）、欠音義並近。

褰 《説文》："褰，絝也。从衣，寒省聲。《春秋傳》曰：'徵褰與襦。'"段注："昭廿五年《左傳》曰：'公在乾侯，徵褰與襦。'杜曰：'褰，絝也。'《方言》曰：'絝，齊魯之間謂之襱。'按今《方言》作襱，俗字也。褰之本義謂絝。俗乃假爲騫衣字。騫，虧也。"

按褰 qiān（溪元）从寒聲（匣元）訓絝。絝者，脛衣。段注："今所謂套袴也。"字从寒聲當爲夸聲（溪魚）之借，夸是胯的本字，溪母雙聲，魚元通轉。此謂穿在胯（腿）上的套褲，此以業爲名。

鶱 《説文》："鶱，飛皃也。从鳥，寒省聲。"段注："《楚辭》：'鳳鶱翥而飛翔。'"《廣雅·釋詁三》："鶱，飛也。"王念孫疏證："鶱之言軒也，軒軒然起也。"

按鶱 xiān（曉元）从寒聲（匣元）訓飛皃，高飛。字从寒聲，蓋爲軒聲（曉元）之借，用軒前高後低之引申義，軒翥即高飛。字从鳥，鳥能飛，此以鳥表飛。

攐 《説文》："攐，摳衣也。从手，褰聲。"段注："高注《淮南》曰：'攐，縮也。'按《詩》言'褰裳'當作此篆，褰訓袴，非其義也。亦有作騫者，謂虧其下體之衣，較作褰爲長。……當云从手衣，寒省聲。"

按攐 qiān（溪元）从褰聲，當爲从衣寒省聲（匣元）訓摳衣，提起衣裳。段謂《詩》"褰裳"當作此篆，其説可參。字从寒聲當爲牽聲（溪真）之借，牽本牽牛，引申爲凡牽引提挈之稱。溪母雙聲，真元旁轉。

## 吅聲字

吅 《説文》："吅，驚嘑也。从二口。凡吅之屬皆从吅。讀若讙。"段注："《玉篇》云：'吅與讙通。'按《言部》讙譁二字互訓，與驚嘑義别。"

按吅 xuān（曉元）从二口會意，訓驚呼，謂連聲驚叫。人只一口，兩口者正謂驚叫不已。與䀠訓左右視爲驚懼之狀，是其比。

雚 《説文》："雚，雚爵也。从萑，吅聲。《詩》曰'雚鳴于垤'。"段注："爵當作雀。雚，今字作鸛。鸛雀乃大鳥，各本作小爵，误，今依《太平御覽》正。陸機疏云：'鸛，鸛雀也。'亦可證陸云似鴻而大。"徐灝注箋："鈕（樹玉）云'小當爲水之訛'，《玉篇》：'雚水鳥也。'灝按：鄭箋亦云'水鳥'。雚、鸛，古今字。"

按雚同鸛 guàn（見元）从吅聲（曉元）訓雚爵。雚，水鳥名，此鳥喜鳴。字从吅聲，此用吅驚呼、連聲驚叫之引申義。

瓘 《説文》："瓘，玉也。从玉，雚聲。《春秋傳》曰瓘斚。"段注："《左氏傳》，齊有陳瓘，字子玉。……《左氏傳·昭公十七年》：'裨竈曰：我用瓘斚、玉瓚，鄭必不火。'"王引之《經義述聞》："瓘斚與玉瓚對文，則瓘乃玉石之名。"

按瓘 guàn（見元）从雚聲（見元）訓玉，王氏以爲玉名，蓋當爲玉器。字从雚聲當爲灌聲（見元）之借，用灌之貫注義。从語源説，灌从雚聲，當爲貫聲（見元）之借，貫是毌的後起加注形旁字。

⿺走雚 《説文》："⿺走雚，行⿺走雚趢也。从走，雚聲。一曰行曲脊皃。"段注："《廣韵》：'⿺走雚，曲走皃。'"

按⿺走雚 quán（群元）从雚聲（見元）訓行⿺走雚趢，行曲脊皃。字从雚聲蓋爲卷聲（群元）之借，用卷之卷曲義。今湘北方言彎曲腰背行走叫"⿺走雚起背走"，字正當作⿺走雚，今湘北方言讀如狂。

讙 《説文》："讙，譁也。从言，雚聲。"

按讙 huān（曉元）从雚聲（見元）訓譁，諠譁，群聲嘈雜呼叫。字从雚聲當爲吅聲（曉元）之借，用吅驚呼連聲大叫之引申義。此以聲子代聲母。

矔 《説文》："矔，目多精也。从目，雚聲。益州謂瞋目曰矔。"段注："矔之言灌注也。"

按矔 guàn（見元）从雚聲（見元）訓目多精。字从雚聲當爲灌聲（見元）之借，用灌之灌注義。而灌从雚聲則爲貫聲（見元）之借，段氏"矔之言灌注"是對的，但矔之言灌是字之假借，而雚聲爲灌聲之借，則是造字時的聲旁假借。

鸛 《説文》："鸛，鸛專，畐蹂。如鵲短尾，射之，銜矢射人。从鳥，雚聲。"段注："《釋鳥》作'鸛鷒'。……郭云：'又名⿱隋女羿。'釋文：'⿱隋女古以爲懈惰字，言此鳥捷勁，雖羿之善射，亦懈惰不敢射也。'"

按鸛 huān（曉元）从雚聲（見元）訓鸛專，射之銜矢射人。字从雚聲，蓋爲貫聲（見元）之借，用矢射貫物之引申義。

⿰角雚 《説文》："⿰角雚，揮角皃。从角，雚聲。梁隝縣有⿰角雚亭。又讀若繵。"段注："揮、⿰角雚雙聲。"

按⿰角雚 xuān（曉元）从雚聲（見元）訓揮角皃。角揮必快，揮角觸物或貫穿之，字从雚聲蓋亦貫聲（見元）之借，用貫之貫穿義。

權 《説文》："權，黄華木。从木，雚聲。一曰反常。"

按權 quán（群元）从雚聲（見元）訓黄華木。黄華與權在義理上找不到聯繫。从雚聲蓋爲借聲，所借何聲不詳，其語源不詳。

**酄** 《説文》："酄，魯下邑。从邑，雚聲。《春秋傳》曰：'齊人來歸酄。'"

按酄 huān（曉元）从雚聲（見元）訓魯下邑。字从雚聲，作邑名字，此但借其聲。

**觀** 《説文》："觀，諦視也。从見，雚聲。[illegible]，古文觀从囧。"段注："寀諦之視也。《穀梁傳》曰：'常事曰視，非常曰觀。'凡以我諦視物曰觀，使人得以諦視我亦曰觀。"

按觀 guān（見元）从雚聲（見元）訓諦視，全神灌注地仔細看，即今語注視。字从雚聲，當爲灌聲（見元）之借，而灌从雚聲，則當爲貫聲（見元）之借。

**歡** 《説文》："歡，喜樂也。从欠，雚聲。"段注："《孟子》借驩爲歡。"

按歡 huān（曉元）从歡聲（見元）訓喜樂。从造字之初説，喜樂則必指具體的事，歡从欠，欠表示人的欲求。古書説："飲食男女，人之大欲存焉。"又説"食色，性也"。食，飲食，男女，性生活，是人的天性。《孟子》説："男女居室，人之大倫。"男女居室，即夫妻，亦指夫妻生活。語有男歡女愛。男歡，从其初始意義説，就是男根貫女陰，歡字从雚聲當爲貫聲（見元）之借，用貫之貫入、貫穿義，引申爲凡喜樂之事。

**貛** 《説文》："貛，野豕也。从豸，雚聲。"段注："《内部》引《爾雅》：'狐貍貒貈醜。'貒作貛，蓋貒貛本一字，貛乃貒之或體，淺人删去上文'似豕而肥'四字，乃注'野豕也'三字於此，以分别之耳，其物非有二，《集韵》《類篇》亦合爲一字，宜正之曰貒，或从雚聲。"

按貛 huān（曉元）从雚聲（見元）訓野豕，主要有猪貛、狗貛兩種，體肥者稱猪貛，瘦者稱狗貛，俗統稱貛子。貛善於穿山穿堤作穴。七十餘年前此余在家鄉汨羅所常見。字从雚聲當爲貫聲（見元）之借，用貫之貫穿義，此以業爲名。

驩 驩 《説文》：“驩，馬名。从馬，雚聲。”段注：“古叚爲懽字。”

按驩 huān（曉元）从雚聲（見元）訓馬名。字从雚聲蓋爲歡聲（曉元）之借。北方方言形容馬跑得快，叫“跑得歡”，此用歡快之引申義，因以驩爲快馬之名，又以同音借爲歡樂字。

爟 爟 《説文》：“爟，取火於日官名。从火，雚聲。《周禮》曰：司爟掌行火之政令，舉火曰爟。烜，或从亘。”段注：“日當作木。”

按爟 guàn（見元）从雚聲（見元）訓取火於日。从文物演進的歷史説，當先有鑽木取火，然後才有取明火於日，人類掌握了火，向文明邁進了一大步。初民以爲火是最好的東西，凡是好東西都要拿来敬獻神祖，故舉火以祭，既以祈福，亦以祓除不祥，舉火以祭叫爟。字从雚聲，蓋爲權聲（群元）之借，古人祭祀有桔槔舉火，桔槔之杠杆可以上下，與權秤杆稱物時可以低昂相似，故以爟名之，此用權權衡之引申義。桔槔即取低高義。

懽 懽 《説文》：“懽，喜款也。从心，雚聲。《爾雅》曰‘懽懽愮愮，憂無告也’。”段注：“懽款疊韵。款者，意有所欲也。《欠部》曰：‘歡者，喜樂也。’懽與歡音義皆略同。”

按懽 huān（曉元）从雚聲（見元）訓喜款、歡喜，意有所欲求。字从雚聲，歡聲之借，歡之初義本專指男歡女愛，此則爲通指之引申虚化，即用凡歡喜、歡樂之義。

灌 灌 《説文》：“灌，灌水，出廬江雩婁，北入淮。从水，雚聲。”段注：“按今字以爲灌注、灌溉之字。”

按灌 guàn（見元）从雚聲，訓灌水。字从雚聲，作水名字，此但借其聲。作灌注、灌溉字，从雚聲，則當爲貫聲（見元）之借，用貫之貫注、貫穿義。

彏 彏 《説文》：“彏，弓曲也。从弓，雚聲。”段注：“陸德明云《説文》音權。然則與拳曲音義略同。《爾雅》曰：‘莥藈其萌蘿。’陸云：‘本或作蘿，非。蘿，《説文》云：弓曲也。’按偏旁多後人所加。作蘿者，正是古本，艸初生句曲也。”

按⿰弓雚 quán（群元）从藿聲（見元）訓弓曲。字从藿聲，當爲拳聲（群元）之借，段於拳下注曰“卷之爲拳”，握拳則手指卷曲。卷（群元）、拳古音同，義亦相關。《説文》：“卷，厀曲也。”此用卷之卷曲義。

**蠸** 《説文》：“蠸，蟲也。一曰大螫也。讀若蜀都布名。从虫，雚聲。”段注：“謂蟲名，未詳何物。《釋蟲》有‘蠸，輿父，守瓜’。……螫者，蟲行毒也；大螫者，大行毒也。……《糸部》曰：‘䌯，蜀細布也。此謂大螫之讀若䌯。’”

按蠸 quán（群元）从藿聲（見元）訓蟲。《爾雅》：“蠸，輿父，守瓜。”爲瓜類植物的主要害蟲，蛀食瓜葉。字从藿聲，蓋爲貫聲（見元）之借，用貫之貫穿義。一曰大螫，大行毒，向人物噴射毒液。字从藿聲，蓋爲灌聲（見元）之借，用灌之灌注、注射義。

**勸** 《説文》：“勸，勉也。从力，雚聲。”段注：“《廣韵》曰：‘奬勉也。’按勉之而悦從，亦曰勸。”朱駿聲通訓定聲：“《小爾雅·廣詁》：‘勸，力也。’”

按勸 quàn（溪元）从藿聲（見元）訓勉，勉勵，勉其出力使勁。或叫攢勁、貫勁。字从藿聲，蓋爲貫聲（見元）之借，用貫之貫注、專注義。

## 暵聲字

**暵** 《説文》：“暵，乾也。耕暴田曰暵。从日，堇聲。《易》曰：‘燥萬物者莫暵乎火。’”段注：“同一堇聲，而謹、殣入十三部，漢暵難則入十四部，且隸易其字从菓，蓋部分甚相近故也。《説卦》傳文，今《易》作熯。”徐灝注箋：“隸書謹、勤等字作堇，暵、難等字作菓，在古篆本是一字，因聲轉而變其體。”

按暵 hàn（曉元）从堇聲（見文）當爲熯聲（曉元）之誤。甲骨文堇字作，《甲骨文字典》：“象兩臂交縛之人形，爲獻祭之人牲，象焚以祭之形，皆爲熯之原字，蓋甲骨文偏旁每可增省。本从（火），可隸定爲𦰩，後漸訛爲土，……小篆作，故𦰩堇初爲一字。”焚人而祭的𦰩（熯）是古人遇到旱灾焚人牲以祭，是祈求上天下雨，所焚者蓋爲巫師，因巫師的職責主要是通神求雨的。暵訓乾，初義當爲天乾無雨。耕暴田曰暵，當爲後起之義。

**嘆** 《説文》：“嘆，吞歎也。从口，歎省聲。一曰大息也。”段注：“《九經》字樣作‘吞聲也’，非。按嘆歎二字，今人通用。《毛詩》中兩體錯出。依《説文》則義異，歎近於喜，嘆近於哀，故嘆訓吞歎，吞其歎而不能發。……（大息，）此别一義，與喟義同。”徐鍇繫傳：“欲言不能，吞恨而太息也。”

按嘆 tàn（透元）从𦰩聲（曉元）當爲熯聲（曉元）之借，𦰩是熯的本字，熯是𦰩的加注形旁字。爲祈雨將人牲活活燒死，令人哀嘆不已。引申爲凡遇災難挫折而嘆息，此用熯之引申義。

**鷬** 《説文》：“鷬，鷬鳥也。从鳥，堇聲。難，鷬或从隹。”段注：“今爲難易字，而本義隱矣。……（難，）今難易字皆作此。”

按鷬 nán（泥元）从堇聲（見文）當爲𦰩聲（曉元）之借。作鳥名字，今不知爲何鳥，其語源不詳。作難易字，蓋爲艱（見文）之語轉。《説文》：“艱，土難治也。”

**歎** 《説文》：“歎，吟也。謂情有所悦，吟歎而歌詠。从欠，鷬省聲。”段注：“悦當作説，謂情已下十字各本無，今依李善注盧諶《覽古詩》所引補，蓋演《説文》語也。古歎與嘆義别，歎與喜樂爲類，嘆與怒哀爲類。”

按歎 tàn（透元）从𦰩（曉元）訓吟，吟歎、贊歎。嘆、歎相對。嘆是人因久旱無雨受灾被焚，受難故哀痛；歎是因久旱得雨而喜樂。字从𦰩聲，此用𦰩祈而得雨則喜之引申義。

**䰐** 《説文》：“䰐，見鬼驚詞。从鬼，難省聲。讀若《詩》‘受福不儺’。”段注：“見鬼而驚駭，其詞曰䰐也。䰐爲奈何之合聲。凡驚詞曰那者，即𩴾字。如‘公是韓伯休那’是也。《左傳》‘棄甲則那’，亦是奈何之合聲。”

按𩴾 nuó（泥歌）从難聲（漢元）訓見鬼驚詞。字从難聲，作象聲字，此但借其聲。引申指驅鬼爲儺，今湖湘語叫“冲儺”，指把危害人類的鬼魅趕走。

**熯熯** 《説文》：“熯，乾皃。从火，漢省聲。《詩》曰‘我孔熯矣’。”段注：“乾讀如干。此與《日部》暵同音同義。从火猶从日也。《易·説卦傳》王肅、王弼本作‘燥萬物者莫熯乎火’。《説文·日部》及徐邈本作莫暵，字有分見而實同者，此類是也。此稱《詩》説叚借也，《楚茨》毛傳曰‘熯，敬也’。熯本不訓敬，而傳云爾者，謂熯即戁之叚借字也。《心部》曰‘戁，敬也’，《長發》傳曰：‘戁，恐也。’是其義也。”

按熯 hàn（曉元）从𦰩聲（曉元）。𦰩字甲骨文作，或增火作，即熯字。天久旱無雨，旱已成災，焚人牲而祭，祈求上天憐憫下雨，引申指乾旱、旱災。漢省聲之説純係古人誤解，𦰩、熯是最早的象形會意字，暵是由𦰩孳乳的形聲字。

**漢漢** 《説文》：“漢，漾也。東爲滄浪水。从水，難省聲。㵄，古文漢如此。”段注：“《尚書》某氏傳曰：‘泉始出山爲漾。’按漾言其微，漢言其盛也，蕭何曰：‘語曰天漢，其名甚美。’……按鷬、難、暵，字从堇聲，則漢下亦云堇聲是矣。難省聲蓋淺人所改，不知文般元寒合韵之理也。”

按漢 hàn（曉元）从𦰩聲（曉元）訓漾，東爲滄浪水，即漢水。字从𦰩聲作水名字，此但借其聲。難省聲之説誤，當爲从𦰩聲，難、暵字亦从𦰩聲。

**虉虉** 《説文》：“虉，艸也。从艸，鷬聲。”段注：“按《鳥部》鷬難一字也，而《艸部》蘿虉各字，恐有誤。”《正字通》：“虉，同蘿。”

按虉 hàn（曉元）从鷬聲（曉元）訓艸，艸名。字从堇聲，今不知爲何草，其語源不詳。

**䕼𦾧** 《説文》："䕼，艸也。从艸，難聲。"朱駿聲通訓定聲："按即蘸字之或體，今附于此。"

按䕼 rán（日元）从難聲（泥元）訓艸。蘸、䕼一字之或體。

**灘𣿹** 《説文》："灘，水濡而乾也。从水，𪂹聲。《詩》曰'灘其乾矣'。𣿹，俗灘，从隹。"段注："灘字古義如此，後人用爲沙灘。此之謂古今字也。沙灘字亦作潬。……《王風》文，今《毛詩》作暵，蓋非也。一章曰：'灘其乾矣。'二章曰：'灘其脩矣。'脩且乾也。三章曰：'灘其溼矣。'知灘兼濡與乾言之。毛傳曰'菸皃'，菸者一物而濡之乾之，則菸邑無色也。"

按灘 tān（透元）从𪂹聲（泥元）訓水濡而乾也。謂水將物濡濕，日照將其曬乾，乾而从𪂹聲者，蓋爲暵聲（曉元）之借。河中沙灘，水漲則濕，水退則乾，故以爲喻，而灘从難聲者，則當爲展聲（端元）之借，用展之展開、展現義。

**㬮𣋴** 《説文》："㬮，安㬮，𥁕也。从日，難聲。"段注："（安㬮）疊韵字也。……𥁕，各本作温，今正。……安㬮猶温存也。二字皆平聲。《廣雅》云：'晏、㬮，煗也。'安作晏，語之轉耳。《巾部》云'讀若水温㬮，則安亦作温'。"

按㬮 nàn（泥元）从難聲（泥元）訓𥁕，𥁕即今温字，温和、温存、温暖。暖、煖、煗（泥元）與㬮音同義近。字从難聲蓋爲暵聲（曉元）之借，用暵日光温暖之引申義。

**儺𠐱** 《説文》："儺，行有節也。从人，難聲。《詩》曰：'珮玉之儺。'"段注："《魏風·竹竿》曰：'珮玉之儺。'傳曰：'儺，行有節度。'按此字之本義也。其歐疫字本作難，自假儺爲歐疫字，而儺之本義廢矣。其《曹風》之猗儺，則《説文》之旖施也。"

按儺 nuó（泥歌）从難聲（泥元）訓行有節。字从難聲，此用難之艱難義。《論語》："古者言之不出，耻躬之不逮也。"謂説話不輕易出口，怕説了做不到。行有節即行難，舉止謹慎，不輕易出手，即行有節度。此用難難爲之引申義。

戁 《説文》："戁，敬也。从心，難聲。"段注："敬者，肅也。《商頌》：'不戁不竦。'傳曰：'戁，恐，竦，懼也。'敬則必恐懼。故傳説其引申之義。若《小雅》'我恐熯矣'，傳曰'熯，敬也'，此謂《詩》叚熯爲戁。"

按戁 nǎn（泥元）从難聲（泥元）訓敬，敬謂敬慎其事，事要辦好，皆須探求事理，得天人之和，對大自然心存敬畏，不能怠慢，這就是行難。字从難聲，此用難之艱難義。

## 㫃聲字

㫃 《説文》："㫃，旌旗之游㫃蹇之皃。从中曲而垂下，㫃相出入也，讀若偃。古人名㫃，字子游。[illegible]，古文㫃字，象旌旗之游及㫃之形。"段注："旌旗者，旗之通稱。旌有羽者，其末有羽者，各舉其一以該九旗也。王逸：《九歌》注云'偃蹇，舞皃'。《大人賦》説旌旗曰：'掉括撟以偃蹇。'張揖曰：'偃蹇，高皃。'……謂杠首之上見者，曲而下垂者象游。游相出入者，謂从風往復如一出一入然。故从入。……玉裁謂从中謂竿首，下垂謂游也。"

按㫃 yǎn（影元）訓旌旗之游㫃蹇之皃，从中曲而垂下，取象旌旗迎風飛揚皃，引申指旗上的飄帶。㫃即旌旗之游，旌旗皆有游，故凡旌旗字皆从㫃。

𣃘 《説文》𣃘，旌旗杠皃。从丨㫃，㫃亦聲。"段注：《釋天》曰：'素錦綢杠。'杜謂旗之竿也。……以丨象杠形，加㫃爲偏旁。"

按𣃘 chǎn（透元）从㫃聲（影元）訓旌旗杠皃。字从㫃聲，㫃即表旌旗。字从丨，丨象旗杠，㫃象旗，今湖湘俗語仍稱旗竿爲旗杠。丨是個象意符號，它是人主觀認定的，必與㫃結合才能表旗竿，正如丈是杖的本字。《説文》："丈，十尺也，从又持十。"丈十尺是後起之義，十作爲數字不可持，可持者杖也，孳乳爲仗，仗是人以手持丨（杖），甲仗皆戰具，今語打仗。字从丈即人持杖而鬥，丈从丨从又。丨不能單獨表杖，只有和手（又）相結合才能表杖，丈是杖的本字，杖是後起的加注形旁字。

**倝** 《説文》："倝，日始出，光倝倝也。从旦，㫃聲。"

按倝 gàn（見元）从㫃聲（影元）訓日始出，光倝倝，日始出時光輝閃耀。字从㫃聲，此以旌旗之迎風招展，喻日出時之光輝閃耀。

**旋** 《説文》："旋，周旋，旌旗之指麾也。从㫃疋。疋，足也。"段注："《左傳》曰：'師之耳目，在吾旗鼓，進退从之。'《手部》麾下曰：'旌旗所以指麾者也。'旗有所鄉，必運轉其杠，是曰周旋。引伸爲凡轉運之稱。……杠之柱地者，是旌旗之足也。"

按旋 xuán（邪元）从㫃聲（影元）訓周旋，此以旗旌之指麾號令軍隊之進退左右。字从㫃聲，此用㫃之運轉以指揮軍隊的作戰行動，此用㫃周旋之引申義。

**翰** 《説文》："翰，天雞也。赤羽。从羽，倝聲。《逸周書》曰：'文翰若翚雉。一名鷐風。周成王時，蜀人獻之。'"段注："也字依《御覽》補。《釋鳥》'鶾，天雞'。鶾本又作翰。《鳥部》鶾訓雉肥翰音者，則此作翰是天雞。樊光云：'一名山雞。'……其鳥彊羽，赤羽，故其字从羽不从鳥。"

按翰 hàn（匣元）从倝聲（見元）訓天雞，赤羽，赤羽山雞即錦雞。字从倝聲。《説文》："倝，日始出，光倝倝也。"日始出之光色赤。天雞羽赤，故以翰名之。此以德爲名。又翰羽長而彊勁，引申之長羽稱翰。又引申之指毛筆，文士所聚集稱翰林。

**雗** 《説文》："雗，雗鷽也。从隹，倝聲。"段注："此與《鳥部》鶾各物。《鳥部》曰：'雗鷽，山鵲，知來事鳥也。'又段於鷽下注：此正今之喜雗，其性好晴，故曰乾雗。"

按雗 hàn（匣元）从倝聲（見元）訓雗鷽，山鵲，知來事鳥。桂馥《札樸・滇游續筆・山喜鵲》："鵫，小鳥，大於雀，形似鵲，滇人謂之山喜鵲，案即鵫鷽也。《爾雅》：'鷽，山鵲。'《説文》：'鷽，鵫鷽，山鵲，知來事鳥也。'俗言：'乾鵲噪，行人至。'乾鵫聲近而訛。"乾鵲即山鵲，形似喜雀，有文彩，喜鵲好晴，亦以乾鵲名。字从倝聲則爲乾聲（見元）之借，乾倝古音同，而鷽从𦥯，許氏認爲从學省聲，按當爲覺省聲，覺者悟也，謂此鳥能先知先覺。从文字孳乳的歷史説，漢字起源於中原地區，蓋先有喜鵲之鵫而後有山喜雀之名。

鶾 《説文》："鶾，雞肥翰音者也。从鳥，倝聲。魯郊以丹雞祝曰：'以斯翰音赤羽，去魯侯之咎。'"段注："各本作雉肥鶾音者也，今正。《曲禮》：'凡祭宗廟之禮，雞曰翰音。'注'翰猶長也'。正義曰：'雞肥則其鳴聲長也。'……此引魯郊禮文，證翰音之爲肥雞也。"

按鶾 hàn（匣元）从倝聲（見元）訓鷄肥翰音者，翰猶長也。字从倝聲當爲翰聲（匣元）之借，用翰勁羽能高飛之引申義，高長義相函，雞肥則其鳴聲長。

韓 《説文》："韓，井橋也。从韋，取其帀也。倝聲。"段注："橋，各本作垣，今依《史記・孝武本紀》索隐正。井橋見《曲禮》《莊子》《説苑》《淮南子》。《曲禮》奉席如橋衡，注曰：'橋，井上挈皋，衡上低昂者。'……按其義當同撟舉也。井韓見《史》《漢》，《孝武紀》《封禪書》《郊祀志》《枚乘傳》，《莊子・秋子篇》，其字多作井榦。司馬彪云：'井榦，井闌也。'……按并韓爲木架，四圍，中其圍横圜木爲橋，毌兩旁木有軸可轉，中設鹿盧，縣綆上下，故言橋而韓見也。"鈕樹玉校録："韓，俗作韓。"

按韓 hán（匣元）从倝聲（見元）訓井橋，即井架。包括闌杆、汲井的桔橰。字从倝聲，當爲榦聲之借，用榦之楨榦義。太陽初升照在井韓，投影在地上，這便是井。井於遠處不能見，看到井架則知其下有井，孳乳爲㓝，㓝即井架在地上的投影。

榦 《説文》："榦，築墻耑木也。从木，倝聲。一曰本也。"段

注："耑謂兩頭也，假令版長丈，則牆長丈，其兩頭所植木曰榦。《釋詁》曰：'楨，榦也。'舍人曰：'楨，正也。'築版所立兩木也。榦，所以當墻之兩邊鄣土者也。《粊誓》注曰：'題曰楨，旁曰榦。'正義云：'題曰楨，謂當墻兩端者；旁曰榦，謂在墻兩邊者也。'然則舊説皆謂楨爲兩耑木，榦爲夾版兩邊木。許不尒者，舊説析言之，《爾雅》與許皆渾言之也。"

按榦 gàn（見元）从倝聲（見元）訓築墻耑木，夾版兩邊木，所以輔衛築版，固定其位置。字从倝聲，當爲捍聲（匣元）之借，用捍之捍衛義。

幹　朱駿聲通訓定聲："幹，《六書故》引唐本《説文》有此字。按从倝，又从干，有聲無形，蓋即榦之俗體，姑附于此。"

按幹 gàn（見元）榦同音，後以幹代榦，又引申爲幹辦、幹練、能幹字。

𣭛　《説文》："𣭛，獸豪也。从毛，倝聲。"段注："豪者，豕鬣如筆管者也，引伸爲毛之長者之稱。𣭛，古書多作翰。《尚書大傳》：'之西海之濱取白狐青翰。'鄭曰：'翰，長毛也。'……按翰當作𣭛。……《曲禮》：'雞曰翰音。'注：'翰猶長也。'其引伸之義也。"

按𣭛 hàn（匣元）从倝聲（見元）訓獸豪，獸的鬃毛、長毛。字从倝聲當爲榦聲（見元）之借，榦、枝相對，榦大枝小，榦長枝短，此用榦之長大義。

䮧　《説文》："䮧，馬毛長者也。从馬，倝聲。"段注："此謂馬毛長者名䮧也。"

按䮧 hàn（匣元）从倝聲（見元）訓馬毛長者。字从倝聲當爲𣭛聲（匣元）之借。此用𣭛獸長毛粗毛之引申義，必借倝聲者，蓋出於字形簡約美觀的考慮。

𧹞　《説文》："𧹞，赤色也。从赤，倝聲。讀若浣。"

按𧹞 gàn（見元）从倝聲（見元）訓赤色。字从倝聲，《説文》：

“倝，日始出，光倝倝也。”日之始出，其光色紅，所謂紅日東升，照映在雲層上，呈紅色叫紅霞，故倝引申有紅義。其从赤者，爲加注形旁字。

**斡** 《説文》：“斡，蠡柄也。从斗，倝聲。楊雄、杜林説皆以爲軺車輪斡也。”段注：“此蠡非蟲齧木中。……《方言》則从瓜作蠡矣。楊雄曰‘瓢也’。郭云‘瓠，勺也’。判瓠爲瓢以爲勺，必執其柄，而後可以挹物。執其柄則運旋在我，故謂之斡。引申之凡執柄樞轉運皆謂之斡。”

按斡 wò（影月）从倝聲（見月）訓蠡柄，瓢柄，斗柄。柄，人手所握持，轉動瓢柄始可挹物。故引申有旋轉、運轉義。持柄則操控在我，故引申有主管義。《漢書·食貨志》：“浮食奇民欲擅斡山海之貨以致富羡。”顔師古注：“斡謂主領也，讀與管同。”

**乾** 《説文》：“乾，上出也。从乙。乙，物之達也。倝聲。𠃑，籀文乾。”段注：“此乾字之本義也。自有文字以後，乃用爲卦名。而孔子釋之曰‘健也’。健之義生於上出，上出爲乾，下注則爲溼，故乾與溼相對，俗别其音，古無是也。”徐灝注箋：“乾之本義謂艸木出土乾乾然强健也。”

按乾 qián（群元）从倝聲（見元）訓上出，當爲草木破土上出。草木的幼芽柔嫩能艱難曲折（屯是具體形象）上出，是草木種子中有一種天賦的能量。倝（日始出光倝倝）就是這種能量的源泉。陽光是地球上能量的源泉。徐氏所説草木出土乾乾然强健，是很了不起的創見，其核心就是《易》的“天行健”。凡上出、出土必有具體之物，這一點也是不能含糊的。

**嫙** 《説文》：“嫙，好也。从女，旋聲。”段注：“《齊風》：‘子之還兮。’《韓詩》作‘嫙’。嫙，好皃。”朱駿聲通訓定聲：“毛本作‘還’，注‘便捷之貌’，則謂借爲趯。按《韓詩》是也，與二、三章茂、昌同意。”

按嫙 xuán（邪元）从旋聲（邪元）訓好，蓋謂女子之身段輕柔，舉止嫻雅。字从旋聲，此用旋之周旋義。

**縼** 《説文》：“縼，以長繩系牛也。从糸，旋聲。”段注：“《玉篇》云：‘以長繩系牛馬放之也。’”

按縼 xuàn（邪元）从旋聲（邪元）訓以長繩繫牛放之。放，放牧，讓牛馬能在一個較大的範圍内吃草。字从旋聲，此用旋之周旋、旋轉之引申義。

**鏇** 《説文》：“鏇，圜鑪也。从金，旋聲。”段注：“玄應曰‘《周成難字》作檈，謂以繩轉軸裁木爲器曰檈’，按圜鑪之義之引申也。”

按鏇 xuàn（邪元）从旋聲（邪元）訓圜鑪，凡物圜則易旋轉，故旋引申有圜義。此用旋周旋、旋轉之引申義。

**淀** 《説文》：“淀，回泉也。从水，旋省聲。”段注：“杜詩‘撇漩捎濆無險阻’。漩，夔州土人讀去聲，謂峽中回流大者，其深不測，舟遇之則旋轉而入。”

按淀 xuán（邪元）从旋省聲（邪元），後字作漩，訓回泉旋流，旋流之大者舟遇之則旋轉而入，故行舟必避之。字从旋聲，此用旋旋轉之引申義。

**蘇** 《説文》：“蘇，艸也。从艸，倝聲。”

按蘇 gàn（見元）从倝聲（見元）訓艸，作艸名字。今爲何草不詳，其語源不詳。

**瀚** 《説文》：“瀚，濯衣垢也。从水，倝聲。浣，今瀚从完。”段注：“《周南》箋云：‘澣，謂濯之。’半澣曰湔，見上文。……按作澣者，今俗字也。……（浣，）小徐本如此。”

按瀚 huàn（匣元）从倝聲（見元）訓濯衣垢，把衣服上的塵垢洗乾净。从倝聲。《説文》：“倝，赤色也。”赤引申有光義，如赤身裸體，一絲不掛。赤族，把全族人殺光。赤地千里，草木死光死盡。此用倝赤色之引申義。

**鄿** 《説文》：“鄿，地名。从邑，乾聲。”

按鄿 gān（見元）从乾聲（見元）訓地名。字从乾聲，作地名字，此但借其聲。

# 㳄聲字

㳄 《説文》："㳄，慕欲口液也。从欠水。"段注："有所慕欲而口生液也，故其字从欠水。……俗作涎。郭注《爾雅》作唌。"

按㳄 xián（邪元）字从欠水會意，訓慕欲口液。口液即今語口水。看到美食，聞到美食的香味流口水，㳄、羨一字，羨即㳄的後起的加注形旁字。今語垂㳄，垂㳄三尺，字變作涎，爲形聲字。

羨 《説文》："羨，貪欲也。从㳄羑省（聲）。文王所居羑里。"段注："《大雅》'無然歆羨'。毛傳云：'無是貪羨。'此羨之本義也。假借爲衍字。如《大雅》'及爾游羨'。傳曰'羨，溢也'。《周禮》以其餘爲羨。鄭司農云：'羨，饒也。'皆是。亦假借爲延字。……墓中道曰羨道，音延，亦取深長之義。……按羑當作𠫴。……當云'𠫴者，𠫴誘之𠫴。文王所拘羑里作羑'共十四字。别羑𠫴二文也。羑裏之羑，進善也。見《羊部》。𠫴，相訹評也。見《厶部》。有所羨者，必好惡無節於内，知誘於外，故从𠫴省。然𠫴之古文作羑，則云'从羑'爲是。"孔廣居疑疑："从㳄以羊，會垂㳄羊肉之意。"朱駿聲通訓定聲："㳄亦聲。"

按羨 xiàn（邪元）从㳄聲（邪元）訓貪欲。字从㳄聲，㳄即口水。孔廣居説"會垂㳄羊肉之意"是對的。羊肉特香，聞到羊肉香，又看到烹調好的羊肉，禁不住流口水，説明羊肉有很强的誘惑力。羑从久，久的初義是舉，舉起，今湖湘方言把東西舉起叫"久起"。舉起裝羊肉的食器是給長上進饈。羊肉自古是中華的美食，增厶作𠫴是引誘、誘惑的本字，厶是私心詭計，懷有不可明言的目的。羨字今簡作羡，字从次，與羨慕義無關。

𨘥 《説文》："𨘥，遮𨘥也。从辵，羨聲。"段注："此當是'𨘥遮也'之倒，删複字之僅存者。"徐灝注箋："遮𨘥蓋古語。"

按遳 yàn（匣元）从羡聲（邪元）訓遮遳。遮羡古語。字从羡，其義不詳，其語源不詳。

䌇 《說文》："䌇，偏緩也。从糸，羡聲。"段注："緩正作'𦃃，繛也。'《毛詩》：'檀車幝幝。'毛曰：'幝幝，敝皃。'釋文云：《韓詩》作'䌇䌇'。蓋物敝則緩，其義相通。"

按䌇 chǎn（昌元）从羡聲（邪元）訓偏緩。緩謂寬鬆、鬆弛。字从羡聲，羡是因慕欲而生口水，語有"垂次（涎）三尺"。字从羡聲，此用羡餘之引申義。字从糸，糸所以纏束，纏束之繩因舊敝而現鬆弛。

## 憲聲字

憲 《說文》："憲，敏也。从心目，害省聲。"段注："敏者，疾也。《謚法》'博聞多能爲憲'，引申之義爲法也。又《中庸》引《詩》'憲憲令德'，以憲憲爲顯顯。又《大雅》'天之方難，無然憲憲'，傳曰'憲憲猶欣欣也'。皆叚借也。……心目並用，敏之意也。……許建切，十四部，按害在十五部，此合音也。"

按憲 xiàn（曉元）从害聲（匣月）訓敏，敏捷，反應快。字从害聲，害从宀，此謂人安居家中，禍患从外而至，俗語所謂"人在家中坐，禍从天上來"，即飛來横禍。字从心，从目，避免傷害，博聞多能，正是反應快，能及時采取反制措施的重要條件。引申爲法者，法律的制定，初本爲防止、制止人觸犯。从這個意義說，法是保護人免於受害，而不是害人，至於明知故犯，這便是自作孽，不可活。至於惡法害人，正如孔子說的"驅而納諸罟擭陷阱之中"，則當别論。

蕿 《說文》："蕿，令人忘憂之艸也。从艸，憲聲。《詩》曰：'安得憲艸。'藼或从煖，萱或从宣。"段注："蕿之言諼也。諼，忘也。……今《詩》作'焉得諼草'。"

按蕿 xuān（曉元）从憲聲（曉元）訓令人忘憂之草。字从憲，憲訓敏捷。《論語·陽貨》“敏則有功”，是憲既能避害又能成事，故有喜而無憂。字从憲聲，此用憲能避害成事，故有無憂之引申義。字或作蕿从煖，作萱从宣，皆聲旁之假借。

**⿺走憲** 《説文》：“⿺走憲，走意。从走，憲聲。”

按⿺走憲 xiàn（曉元）从憲聲（曉元）訓走意。字从憲聲，憲訓敏，敏捷。動作反應敏捷，蓋謂見禍害之疾走以避害。俗話説，“打得贏就打，打不贏就跑，跑要跑得脱”。這就是量力見機而行，此用憲敏之引申義。

## 善聲字

**譱** 《説文》：“譱，吉也。从誩羊。此與義美同意。善，篆文从言。”段注：“《口部》曰：‘吉，譱也。’……《我部》曰：‘義與善同意。’《羊部》曰：‘美與善同意。’按羊，祥也。故此三字從羊。……譱字今惟見於《周禮》，他皆作善。”

按譱（善）shàn（祥元）訓吉，吉祥，美好。羊爲美食，令人欣羡。字从言聲（疑元）蓋次聲（邪元）之借，聞到羊肉的香味，看到烹調好的羊肉，特别想吃，禁不住流口水。字从二言、口水从口角的兩旁流出來。善的初義，應是羊肉好吃，湖湘俗語叫透鮮。鮮（心元）、次、羡、善四字音義並近，當爲同源。善是膳的本字，膳是後起的加注形旁字。《説文》膳訓具食，即做好的羊羹。凡抽象意義必皆借助表現具體事物的文字來表現。善義與从言無涉。

**膳** 《説文》：“膳，具食也。从肉，善聲。”

按膳 shàn（禪元）从善聲（禪元）訓具食，置辦食物、肉食。善字意義虚化，故增肉旁以示膳與肉食有關。

**鄯** 《説文》：“鄯，鄯善，西胡國也。从邑善，善亦聲。”

按鄯 shàn（禪元）从善聲（禪兇）訓鄯善，西胡國。字从善聲，作國名字，此但借其聲。

**僐** 《説文》：“僐，作姿也。从人，善聲。”段注：“《廣雅》曰：

‘僐，態也。’”桂馥義證：“作姿也者。《廣雅》：‘僐，態也。’《論語》：‘巧言令色。’包注：‘巧言，好其言語；令色，善其顔色。’皆欲令人悦之。”

按僐 shàn（禪元）从善聲（禪元）訓作姿，故作姿態。字从善聲，善之初義爲美食，此蓋故作享用美食的姿態。余幼年在家鄉，常見大人做好吃的樣子，一邊撻嘴一邊笑着説，好吃，真好吃。引申指凡故作姿態以示人。

**顓** 《説文》：“顓，倨視人也。从頁，善聲。”段注：“倨者，不遜也。”

按顓 zhǎn（章元）从善聲（禪元）訓倨視人，傲視别人，看不起别人。字从善聲，此用善美好之引申義。謂自視甚高，專意看好自己，而不把别人放在眼裏。

**嫸** 《説文》：“嫸，好枝格人語也。一曰靳也。从女，善聲。”段注：“枝格，見《丯部》，謂不欲人語，而言他以枝格之也。《廣韵》曰：嫸，偏忮。……謂靳固也。《左傳》注曰：‘戲而相媿曰靳。’”

按嫸 zhǎn（章元）从善聲（禪元）訓好枝格人語。别人講話未完，喜歡从中插話，不讓人把話講完。字从善聲，此用善完善之反向引申義。這是毛病，故从女，它傳達了封建社會對婦女輕視的深層信息。

**繕** 《説文》：“繕，補也。从糸，善聲。”段注：“《周禮·繕人》注曰：‘繕之言勁也，善也。’《叔于田》序注云：‘繕之言善也。’……按許言補，其本義也，而中含善、勁二義。”

按繕 shàn（禪元）从善聲（禪元）訓補，有破損修補使之完善。字从善聲，此用善之完善義。引申指整治，又特指工整地抄寫、繕寫。

## 柬聲字

**柬** 《説文》：“柬，分别簡之也。从束八。八，分别也。”段注：

“《釋詁》曰：‘流，差，柬，擇也。’《韵會》無簡字爲長。凡言簡練、簡擇、簡少者，皆借簡爲柬也。柬訓分別，故其字從八。一説當作分別簡之。簡，在也。在，存也。”

按柬 jiǎn（見元）字从束八會意，訓分别簡（柬）之。對當前的事物加以分别並作出選擇。分别是爲選擇，選擇是分别的目的。字从八，八表分别。从束，把選好的加以收束，有所選擇，則必減少，故引申爲柬少。

諫 諫 《説文》：“諫，証也。从言，柬聲。”朱駿聲通訓定聲：“《周禮·司諫》注：‘諫猶正也，以道正人行。’《保氏》：‘掌諫王惡。’注：‘以禮義正之。’”

按諫 jiàn（見元）从柬聲（見元）訓証。《説文》諫、証互訓。字从言，謂以忠直之言規勸人改正過失。字从柬聲，《説文》：“柬，分別簡之也。”此謂使受諫人在正與誤、善與惡之間作出抉擇，从而去惡正誤。此用柬之柬擇義。

楝 楝 《説文》：“楝，楝木也。从木，柬聲。”朱駿聲通訓定聲：“似欒，其實曰金鈴子，可用浣衣。……按字亦作欄。《考工·㡆氏》‘涷帛以欄爲灰’。”

按楝 liàn（來元）从柬聲（見元）訓楝木，楝樹，又名苦楝。其實今俗稱苦楝子，舊時燒灰用以浣洗衣物。字从柬聲，當爲湅聲（來見）之借，其實燒灰可以浣洗衣物，故以楝爲此樹之名。此以業爲名。借柬代湅，此以聲母代聲子。

煉 煉 《説文》：“煉，鑠治金也。从火，柬聲。”段注：“治，毛本作冶，誤，今依宋本。鑠治者，鑠而治之，愈消則俞精。高注《戰國策》曰：‘練濯治絲也。’正與此文法同。《金部》曰：‘鍊，治金也。’此加鑠者，正爲字从火。”

按煉 liàn（來元）从柬聲（見元）訓鑠治金，用火（高温）煉鐵煉鋼。字从火，用火（高温）煉去金屬的雜質。字从柬聲，此用柬分別、選擇的引申義。又鑠（書藥）从樂聲（來藥）訓鑠治，樂聲當爲爍聲（書藥）之借，爍即灼字。

**鍊** 《説文》："鍊，治金也。从金，柬聲。"段注："治，大徐本訛作冶，今正。湅，治絲也。練，治繒也。鍊，治金也。皆謂瀰湅欲其精，非第冶之而已。冶者銷也。引申之凡治之使精曰鍊。"

按鍊 liàn（來元）从柬聲（見元）訓治金。字从柬聲當爲煉聲（來元）之借。鍊从金，柬的對象是金；煉从火，煉的方式是用火（高温）。煉、鍊二字音同義互補，當爲一字之異體。引申爲凡治之使精之稱。

**湅** 《説文》："湅，瀰也。从水，柬聲。"段注："《周禮·染人》：'凡染，春暴練。'注云：'暴練，練其素而暴之。'按此練當作湅，湅其素，素者質也。即《㡆氏》之湅絲，湅帛也。已湅之帛曰練。《糸部》練下云：'湅繒也'是也。《㡆氏》如法湅之暴之，而後絲帛之質精，而後染人可加染。湅之以去其瑕，如瀰米之去其康粊。……許不以湅瀰二篆爲伍者，瀰謂米，湅謂絲帛也。《金部》治金曰鍊，猶治絲帛曰湅。"

按湅 liàn（來元）从柬聲（見元）訓瀰。瀰訓淅，淅者淅米，即今語淘米，用水洗的方式去掉米中雜質。以此喻用水洗的方式去掉絲帛的雜質。字从柬聲，用柬之分别選擇義。湅必有對象，對象是絲帛，但在字中没有出現，屬省略。

**闌** 《説文》："闌，門遮也。从門，柬聲。"段注："謂門之遮蔽也。俗謂櫜檻爲闌，引申爲酒闌字，於遮止之義演之也。"

按闌 lán（來元）从柬聲（見元）訓門遮，即今語門板，所以遮蔽收關門户。字从柬聲，柬分别簡之，門開供房屋主人出入，門閉所以收藏，外來的人非請勿入，此用柬分别簡之之引申義。

**練** 《説文》："練，湅繒也。从糸，柬聲。"段注："湅者，瀰也；瀰者，淅也；淅者，汏米也。湅繒汏諸水中如汏米然。《考工記》所謂湅帛也。已湅之帛曰練，引申爲精簡之稱。如《漢書》'練時日''練章程'是也。"

按練 liàn（來元）从柬聲（見元）訓湅繒，湅帛爲繒。字从柬聲，此用柬之選擇、精簡義。

瀲 《説文》："瀲，辟瀲鐵也。从攴湅。"段注："張協《七命》：'乃鍊乃鑠，萬辟千灌。'李注：'辟謂叠之，灌謂鑄之。'引《典論》：'魏太子丕造百辟寶劍。'又引王粲《刀銘》：'灌辟以數，質象以呈。'按辟者襞之假借也，瀲者段也。簡取精鐵，不計數摺叠段之，因名爲辟瀲鐵也。……從攴者取段意。湅者，瀚也。從湅取簡擇之意，湅亦聲。"

按瀲 liàn（來元）从湅聲（來元）訓辟瀲鐵。辟，襞之借，摺叠，瀲从攴，鍛造。从湅，用鍛造的方式除去雜質，即用摺叠鍛造的方式，煉制鐵器。段注此字明白精準，堪稱典範。

蘭 《説文》："蘭，香艸也。从艸，闌聲。"段注："《易》曰：'其臭如蘭。'《左傳》曰：'蘭有國香。'説者謂似澤蘭也。"

按蘭 lán（來元）从闌聲（來元）訓香草。蘭草特别芳香，所謂國香，蘭草多養在室内，語有"如入芝蘭之室，久而不聞其香"。字从闌聲，《説文》："闌，門遮也。"門遮即今語門頁子，湖湘俗稱門板，用門板把門關上，芳香仍从門内透出來，以此托襯蘭香之濃郁强烈。古人造字用闌遮不住蘭香的外溢，來表現香的出色，它表現古人造字的巧思。漢字是在一個漫長時期内一個個地造出來的，是我們民族智慧的結晶。漢字是中華文化的瑰寶，是中華文明的根和魂。在中華民族偉大復興的事業中，中華文化的復興占有非常重要的位置。

讕 《説文》："讕，抵讕也。从言，闌聲。譋，讕或从閒。"段注："抵，各本作詆，誤。《文三王傳》：'王陽病，抵讕置辭。'師古曰：'抵，距也。讕，誣諱也。'《文帝紀》韋注曰：'謾，抵讕也。'按抵讕，猶今俗語云抵賴也。"

按讕 lán（來元）从闌聲（來元）訓抵讕，抵賴。字从闌聲，此用闌門遮之引申義，謂拒之不内，所謂閉門不納，拒之門外。

籣 《説文》："籣，所以盛弩矢。人所負也。从竹，闌聲。"段注："《信陵君列傳》曰'平源君負韊矢"，韊即籣字。……

索隱曰‘如今之胡鹿而短’。胡鹿，《廣韵》作弧簶，箭室也。’”

按籣 lán（來元）从闌聲（來元）訓所以盛弩矢，古代背在身上盛弩矢的器具。字从闌聲，闌訓門遮，蓋器上有括約，能防止矢逸出，此用闌之遮蔽義。

**瀾** 《説文》：“瀾，大波爲瀾。从水，闌聲。漣，瀾或从連。”

按瀾 lán（來元）从闌聲（來元）訓大波爲瀾。字从闌聲蓋爲連聲（來元）之借，波連則大，此用連相連則大之引申義。此許書正篆用借聲，重文用聲之正字。又風浪特大則阻礙行船，是从闌聲，又兼用闌之遮攔義。

**爤** 《説文》：“爤，火孰也。从火，蘭聲。燗，或从閒。”段注：“此火字依《節南山》《生民》二正義補。《方言》：‘自河以北，趙魏之間火孰曰爛。’孰者，食飪也。飪者，大孰也。孰則火候到矣。引伸之凡淹久不堅皆曰爛，孰則可燦然陳列，故又引伸爲粲爛。……隸作爛，不从艸。”

按爤 làn（來元）从蘭聲（來元）訓火孰，肉食以火煮熟。字从蘭聲，涉及深層含義，前人未曾關注。火孰，用火煮熟，初義是用火把肉煮熟，火候到則肉熟透，肉熟透則香氣外溢。字从蘭，蘭香草，氣味特别芳香，當人聞到肉食的香味，就知道肉熟了，熟透了，煮爛了。這是爤从蘭的深層信息，是古人造字的巧思精意。今天讀懂了，領悟透了，是一種享受，是一種啓迪，它能培養人豐富的聯想思維。

**灡** 《説文》：“灡，潘也。从水，蘭聲。”段注：“此字以從蘭與大波之瀾别，而古書通用。《周禮·稾人》注：‘雖其潘灡戔餘不可褻。’《内則》注：‘潘，米瀾也。’”

按灡 lán（來元）从蘭聲（來元）訓潘，淅米汁，淘米水。古人用淘米水煮熱洗臉，可以清除臉上的油垢。《禮記·内則》：“其間面垢，燂潘請靧。”字必从蘭聲者，以區别灡爲潘米灡，而瀾爲大波。

# 建聲字

**建** 《說文》："建，立朝律也。从聿，从廴。"段注："今謂凡豎立爲建。許云'立朝律也'，此必古義，今未考出。(从聿，)律省也。(从廴，)廷省也。"

按建 jiàn（見元）訓立朝律。朝律非固有，是人豎立起來的。建、乾（群元）古音相近，建蓋以乾爲語源。《周易·繫辭下》："乾，陽物也。"又《周易·繫辭上》："夫乾，其静也專，其動也直。"又《周易·説卦》："乾，健也。"陽物即男根，从初義説，健謂陽物堅挺，如男性有病則陽萎不舉，健从建，建即乾之借。建訓豎立，即取義於乾之"其動也直"。《説文新附》："犍，犗牛也。从牛，建聲。"鈕樹玉新附考："《廣韻》劇訓以刀去牛勢，或作犍。"从去牛勢，割掉牛的睾丸，牛去勢，牛的牡器就無法勃起。字从建，正以建代乾，又關鍵的鍵从建，同是以建代乾，男根有勃起豎立的功能，引申之凡能豎立者皆可稱建。

**楗** 《說文》："楗，歫門也。从木，建聲。"段注："歫，各本作限，非。今依《南都賦》注所引正。《老子》釋文亦作'距門也'。《月令》'脩鍵閉，慎管籥'，注曰：'鍵牡，閉牝也。管籥，搏鍵器也。'《周禮·司門》'掌授管鍵，以啓閉國門'，先鄭云：'管謂籥也，鍵謂牡。按楗閉，即今木鎖也。'"朱駿聲通訓定聲："按今蘇俗謂之木鎖，其牝爲管，爲閉，其牡爲楗。"

按楗 jiàn（群元）从建聲（見元）當爲乾聲（群元）之借，用乾陽物、男根之引申義。鍵謂牡，牡雄性獸畜，引申指牡器，即男根。閉牝，牝雌性獸畜，正指女陰，木鎖之用正取象男根貫女陰。飲食男女，人之大欲存焉，古人並不諱言男女之事，以牝牡喻鍵閉，就是一個明顯的例子。

**鞬** 《說文》："鞬，所以戢弓矢。从革，建聲。"段注："《左傳》：‘左執鞭弭，右屬櫜鞬。’杜曰：‘櫜以受箭，鞬以受弓。’《方言》：‘弓謂之鞬。’《釋名》：‘受矢之器，馬上曰鞬。鞬，建也。言弓矢並建立其中也。’《廣韵》曰‘馬上藏弓矢器’。”

按鞬 jiàn（見元）从建聲（見元），訓所以戢弓矢。字从建聲，此用建之竪立義，謂矢竪直插在鞬中，便於隨手抽出使用。

**健** 《説文》：“健，伉也。从人，建聲。”段注：“伉下曰‘人名’，而不言其義，以此云‘伉也’證之，則知‘人名’二字非許書之舊矣。《周易》曰：‘乾，健也。’”錢坫斠詮：“《易》‘剛健’即‘伉健’，故以伉訓健。”

按健 jiàn（群元）从建聲（見元）訓伉，伉直，剛强。字从建聲，當爲乾聲（群元）之借，用乾陽物堅挺之引申義。陽健，陽物才能勃起堅挺，否則陽萎不舉，陽健就是今語的陽剛之氣。今四川方言説人振奮精神叫雄起，其深層含意正是从陽物堅挺引申的。

**鍵** 《説文》：“鍵，鉉也。从金，建聲。一曰車舝。”段注：“謂鼎扃也。以木横關鼎耳而舉之，非是則既炊之鼎，不可舉也。故謂之關鍵，引申之爲門户之鍵閉。《門部》曰：‘關，以木横持門户也。’門之關，猶鼎之鉉也。……此以木爲，而字从金者，系於鼎而言之也。……（舝，）各本作轄，今正。轄雖亦訓鍵，而非正字也。《舛部》曰：‘舝，車軸耑鍵也。謂鐵貫於軸耑，如鼎鉉之貫於鼎耳。’”

按鍵 jiàn（群元）从建聲（見元）訓鉉。《説文》：“鉉，所以舉鼎也。”鍵是貫穿鼎兩耳的横杠，兩人持杠能將鼎抬起來，抬起則鼎懸空，故稱鉉。鉉（匣真）从玄聲（匣真），懸聲（匣元）之借。鍵从建聲當爲乾聲（群元）之借，用乾以牡貫牝之引申義。

## 毌聲字

**毌** 《説文》：“毌，穿物持之也。从一横口。口象寶貨之形。凡毌之屬者从毌。讀若冠。”段注：“各本口作貫，淺人所改也，今正。……口者寶貨之形，獨言寶貨者，例其餘。一者，所以穿而持之也。古貫穿用此字。今貫行而毌廢矣。毌之用廣，……貫之用專，後有串字，有弗字，皆毌之變也。”

按毌 guàn（見元）訓穿物持之，此後起之引申義。毌是貫的本字，貫是毌的後起的加注形旁字。毌的初義是毌貝，古以貝爲寶貨，貨即今語貨幣，貝小，毌而持之。至秦廢貝行錢，銅錢外圓有方孔，故俗錢爲孔方兄，有孔故能穿而持之。貫、串同字，古以一千錢爲一串（貫）以繩貫之，故稱“緡錢”，語有“腰纏萬貫”。貝錢穿孔持之，出於人爲，其源蓋出於牡之貫牝。

貫 《説文》：“貫，錢貝之毌也。从毌貝。”段注：“毌，各本作貫，今正。錢貝之毌，故其字从毌貝會意也。《漢書》‘都内之錢貫杇而不可挍’，其本義也。……段借爲摜字，習也。”

按貫 guàn（見元）訓錢貝之毌。毌、貫一字，貫是毌的加注形旁字。毌字从口，口象寶貨，口中竪畫象穿孔之形。古之寶貨即貝，再加貝，於字形爲緟益。

患 《説文》：“患，㥑也。从心，上貫吅，吅亦聲。𢝵，古文，从關省。”段注：“（从心，上貫吅，吅亦聲，）此八字乃淺人所改竄，古本當作‘从心，毌聲’四字。……古毌多作串，《廣韵》曰‘串，穿也’。”

按患 huàn（匣元）从串聲（見元）訓㥑，憂患。字从串，串毌同字，串即錢貫，亦即錢。字从心，心裹衹有錢，一心想着錢，爲了錢無所不爲，這是人生最大的憂患，引申爲凡憂患之詞。患、貪（透侵）義近，貪从今，今是含的本字，口裏含着錢，與一心想着錢，其義相近。貪得無厭，同是人生的大患。

遦 《説文》：“遦，習也。从辵，貫聲。”段注：“此與《手部》摜音義同。……亦假貫，或假串。《左傳》曰‘貫瀆鬼神’，《釋詁》：‘貫，習也。’《毛詩》曰：‘串夷載路。’”

按遦 guàn（見元）从貫聲（見元）訓習，習慣。字从貫聲，行事一貫如此，便成習慣，此用貫之一貫義。

**摜** 《說文》："摜，習也。从手，貫聲。《春秋傳》曰：'摜瀆鬼神。'"段注："此與《辵部》遦音義皆同，古多叚貫爲之。……《左傳》文今本作'貫'。杜曰：'貫，習也。'"

按摜 guàn（見元）、遦音義同，此一字之異體。今字作慣，从手與从心同意，手者心之所使。

## 卵聲字

**卵** 《說文》："卵，凡物無乳者卵生。象形。凡卵之屬皆从卵。卝，古文卵。"

按卵 luǎn（見元），《說文》篆作卵，古文作卝，即卵之省形。從字形看，絕不象鷄卵、鳥卵之形，後用爲睾丸的俗稱。從字形看兩點象睾丸，而 ‖ 則當爲男根的省形，今湖湘方言稱男根爲 lǎn，字正當作卵，俗稱睾丸袋爲"卵胞"。从關从𢇇，𢇇从丱即卝說，卝即貫，亦即以牡貫牝，亦可反證，卝爲男根，鷄卵之卵，義即由睾丸引申。

**𢇇** 《說文》："𢇇（𢇇），織以絲毌杼也。从絲省，卝聲。卝，古文卵字也。"段注："以絲，各本作从糸。毌作貫，今正。杼者，機之持緯者。毌，穿物持之也。以絲貫於杼中而後織，是之謂𢇇。杼之往來，如關機合開也。……卝者卵字也。鉉等云古磺字，非也。"

按𢇇 guān（見元）从卝聲（見元）訓織以絲毌杼，其說近是而又有誤。織者脚踩踏板，織機升降，經紗開合，手持梭携緯紗貫入經紗織成布，是貫者杼持緯紗，貫入經紗。字从卝聲，用卝之貫穿、貫入之引申義。

**關** 《說文》："關，以木横持門户也。从門，𢇇聲。"段注："《通俗文》作'櫎'，引申之，《周禮》注曰：'關，畍上之門。'又引申之凡曰關閉，曰機關，曰關白，曰關藏皆是。凡立乎此而交彼曰關。"

按關 guān（見元）从𢍰聲（見元），訓以木橫持門户。作名字是門閂，作動字是閂門，即以牡貫牝。字从𢍰聲即丱聲之借，此用牡貫牝之引申義。

## 𠦒聲字

𠦒𠦒《説文》："𠦒，箕屬。所以推糞之器也。象形。凡𠦒之屬皆从𠦒。官溥説。"段注："糞，各本作棄，今依《篇》《韵》正。推糞者，推而除之也。……此物有柄，中直象柄，上象其有所盛，持柄迫地推而前，可去穢納於其中。箕則無柄，而受穢一也。故曰箕屬。北潘切，十四部。按《篇》《韵》皆音畢，此古今音不同也。"

按𠦒 bān（幫元）訓箕屬，有柄的畚箕一類器具。今音讀畢（幫質），幫母雙聲，質元旁對轉。今音讀畢者，蓋取𠦒畢形用有相似者。《説文》："畢，田网也。从田，从𠦒。象形。"段注："《小雅》毛傳曰：'畢所以掩兔也。'《月令》注曰：'罔小而柄長謂之畢。'"

單單《説文》："單，大也。从吅甲，吅亦聲，闕。"羅振玉《增訂殷虛書契考釋》："卜辭中獸字从此，獸即狩之本字，征戰之戰从單，與獸同意。"丁山《説文闕義箋》："竊疑古謂之單，後世謂之干，單、干蓋古今字也。"

按單 dān（端元）甲骨文作[甲骨字形]、Y，《甲骨文字典》："此字初形應象捕獸之干，作Y形，後於兩歧之端縛石塊而成Y形，更於歧下縛以繩索，使之牢固，遂成[甲骨字形]形，此即説文單字篆文所本。Y本爲狩獵之具，故狩、獸之初文從Y作[甲骨字形]，[甲骨字形]又用爲武器。"即干戈之干。《説文》單訓大，引申爲雙之反，皆从字的原型找不到依據。

禪禪《説文》："禪，祭天也。从示，單聲。"段注："凡封土爲壇，除地爲墠，古封禪字蓋祇作墠。項威曰：'除地爲墠，後改墠曰禪，神之矣。'服虔曰：'封者，增天之高，歸功於天。禪者，廣土地。'應劭亦云：'封爲增高，禪爲祀地。'"

按禪 chán（禪元）从單聲（端元）訓祭天。字从單聲，蓋墠聲（禪元）之借，除地爲墠，是爲封土爲壇以祭天，故訓禪爲祭天。而單又爲坦聲（透元）之借，坦引申有大義，壇高墠廣。

**蕇** 蕇 《説文》："蕇，亭歷也。从艸，單聲。"段注："《釋艸》文。《月令》靡艸之一也。"《爾雅》郭璞注："實、葉皆似芥，一名狗薺。"

按蕇 diǎn（端元）从單聲（端元）訓亭歷，實、葉皆似芥。芥，葉大子細，葉大故以蕇名，子小故以狗名。字从單聲，此用單大之引申義。

**嘽** 嘽 《説文》："嘽，喘息也。一曰喜也。从口，單聲。《詩》曰：'嘽嘽駱馬。'"段注："《小雅》傳曰：'嘽嘽，喘息也。馬勞則喘息。'……《樂記》：'其樂心感者，其聲嘽以緩。'注：'嘽，寬緩皃。'"

按嘽 tān（透元）从單聲（端元）訓喘息，嘽、喘（昌元）音義並近，當爲一字之異體。喘从耑聲，當爲湍聲之借，此以水流之湍急，喻人呼吸之喘息。字从單聲蓋爲湍聲之借。一訓喜，其聲嘽以緩者，人之勞累喘息，先是疾息出粗氣，繼之是上氣不接下氣，久之則趨於平静，即由嘽而緩。

**殫** 殫 《説文》："殫，極盡也。从歺，單聲。"段注："窮極而盡之也。極，鉉本作殛，誤。古多假單字爲之。"

按殫 dān（端元）从單聲（端元）訓極盡。初民圍獵，舉狩獵之利器單步步緊逼，不使有逃逸，意在全獲，故引申有極盡義。

**觶** 觶 《説文》："觶，鄉飲酒觶。从角，單聲。《禮》曰：一人洗舉觶，觶受四升。𧣾，觶或从辰。觗，《禮經》觶。"段注："按鄭駁異義云：'今《禮》角旁單，然則是今文《禮》作觶也。'單聲而支義切，由古文本作觗，從氏聲。後遞變其形，從辰從單爲聲，而古音終不改也。"

按觶 zhì（章支）从單聲（端元）訓鄉飲酒觶。初民飲酒用獸角，此謂飲用的角器。或作𧣾（章支）从辰聲（禪文），古作觗（章支）

从氏聲（禪支）。

**簞** 《説文》：“簞，笥也。从竹，單聲。《漢律令》‘簞，小匡也’，傳曰‘簞食壺漿’。”段注：“《論語》孔注同。皇侃曰：‘以竹爲之，如箱篋之屬。’……匡，俗作筐。《匚部》曰：‘匡，飯器，筥也。’……《漢律令》之簞，謂匡之小者也，與經傳所云簞謂笥者異。蓋筐簞皆可盛飯，而匡筥無蓋，簞笥有蓋，如今之箱盒。”

按簞 dān（端元）从單聲（端元）訓笥，圓形竹器。字从單聲與單作爲原始狩獵工具無關，單聲蓋爲管聲（見元）之借，用管器形圓呈管狀之義。

**樿** 《説文》：“樿，樿木也。可以爲櫛。从木，單聲。”

樿 shàn（章元）从單聲（端元）訓樿木，今爲何木不詳。字从單聲，其語源不詳。

**鄲** 《説文》：“鄲，邯鄲也。从邑，單聲。”

按鄲 dān（端元）从單聲（端元）訓邯鄲。字从單聲，作地名字，此但借其聲。

**癉** 《説文》：“癉，勞病也。从疒，單聲。”段注：“《大雅》：‘下民卒癉。’《釋詁》《毛傳》皆云‘癉，病也’。”

按癉 dàn（端元）从單聲（端元）訓勞病，謂勞苦而病。疲勞過度，精疲力盡。字从單聲，蓋爲殫聲（端元）之借，用殫極盡之引申義。

**幝** 《説文》：“幝，車敝皃。从巾，單聲。《詩》曰：‘檀車幝幝。’”段注：“敝，各譌作弊，今正。皃，《釋文》引作也。《小雅杕杜》曰‘檀車幝幝’，傳曰：‘檀車，役車也。幝幝，敝貌。’……按古本當是巾敝皃，故从巾。《詩》以爲車敝字，則其引伸之義也。釋文引《説文》‘巾，敝也’。”

按幝 chàn（昌元）从單聲（端元）訓車敝皃。字从單聲，當爲殫聲（端元）之借，用殫極盡之引申義。

襌 《説文》：“襌，衣不重。从衣，單聲。”段注：“此與重衣曰複爲對。”

按襌 dān（端元）从單聲（端元），訓衣不重，單層，僅衹一層。字从單聲，此用單一之義。

僤 《説文》：“僤，疾也。从人，單聲。《周禮》曰：‘句兵欲無僤。’”段注：“疾速。……今本作‘欲無彈’，注曰：‘故書彈或作但。’鄭司農云：‘但讀爲彈丸之彈，謂掉也。’按經文彈字疑本作僤，彈乃先鄭所易字，許訓僤爲疾者，古説也。”

按僤 dàn（定元）从單聲（端元）訓疾，疾速。字从單，古單、干一字，作爲狩獵器具，持單捕獸，其動作必疾速，此捕獸之必然，故單引申有疾速義。又彈弓之作亦當源於單，以丫系韌帶於兩歧之中發丸擊遠，是僤、彈當一字之分化。

磾

朱駿聲通訓定聲：“磾，染繒黑石也。出琅邪山。从石，單聲。《廣韵》引《説文》有此字，姑附于此。”

按磾 dī（端支）从單聲（端元）訓染繒黑石。字从單聲，蓋爲丹聲（端元）之借，丹者深紅，與黑色相接近。語有紅得發紫，紫得發黑，借單爲丹而又略異其色。此用丹之引申義。

貚 《説文》：“貚，貙屬也。从豸，單聲。”

按貚 tán（定元）从單聲（端元）訓貙屬，今爲何獸不詳。字从單聲，其語源不詳。

驒 《説文》：“驒，驒騱，野馬屬。从馬，單聲。一曰驒馬，青驪白鱗，文如鼉魚也。”段注：“屬，各本作也，今依《太平御覽》正。依《爾雅》則騊駼爲野馬，故許謂驒騱爲野馬屬。郭注《子虚賦》曰：野馬如馬而小。驒騱，駏驢類也。……（驒馬）二字各本奪，今補。……謂如鼉魚，青黑而白斑也。……似鰕魚則曰騢，似鼉魚則曰驒，音各相同也。”

按驒 tuó（定元）从單聲（端元）訓驒騱，野馬屬。據王闓運《爾雅集解》釋騊駼爲遥途，謂此馬擅長跑長途，千里馬之屬，比附此意，解驒騱爲擅傒，謂此馬體小輕巧，擅長爬山，跑山路。字从單聲當爲擅聲（禪元）之借。一曰驒馬，青驪白鱗，文如鼉魚，則字从單聲當爲鼉聲（定歌）之借。

燀燀 《説文》："燀，炊也。从火，單聲。《春秋傳》曰：'燀之以薪。'"段注："《左傳·昭公二十年》文。"

按燀 chǎn（昌元）从單聲（端元）訓炊。《説文》："炊，爨也。"爨（清元）、燀音近義同。爨爲會意，燀爲形聲。炊爨的初義，是生火作飯烹肉，飯肉熟則香。字从單聲，蓋爲蘭聲（來元）之借。字从蘭，用蘭香之引申義。

奲奲 《説文》："奲，富奲奲皃。从奢，單聲。"段注："當作奲奲富皃。按此字單聲而入十七部，丁可切，正如鼉、驒亦單聲也。《篇》《韵》昌者一切，殆非是。與朵同音。故小徐云：'謂重而垂也。'《毛詩·桑扈》《那》二傳皆曰：'那，多也。'《釋詁》同。《國語》'富都那豎'，韋注：'那，美也。'那，不知其本字，以許書折衷之，則奲爲本字，那爲叚借字耳。俗用嚲字訓下垂皃，亦疑奲之變也。"

按奲 duō（端歌）从單聲（端元），訓奲奲富皃，富厚。俗語謂"富得流油"。字从單聲，蓋爲朵聲（端歌）之借。《説文》："朵，樹木垂朵朵也。"此用朵下垂之引申義。

憚憚 《説文》："憚，忌難也。从心，單聲。一曰難也。"段注："憎惡而難之也。……難讀去聲。今本奪之字，凡畏難曰憚，以難相恐嚇亦曰憚。"

按憚 dàn（定元）从單聲（端元）訓忌難，畏懼難事。單、干一字，初民狩獵之器，持干遇猛獸而心生畏懼而難之，此用持干鬥獸之引申義。人有此，犬亦不例外，犬遇猛獸特别是老虎，其懼憚尤甚。

鱓鱓 《説文》："鱓，鱓魚也。从魚，單聲。"段注："今人所食之黄鱔也。……俗作鱔，或叚鲜字爲之。如蟹篆下云'非蛇鲜之穴無所庇'是也。或叚鱣爲之。如《楊震傳》'鳥銜三鱣'是也。"

按鱓 shàn（禪元）从單聲（端元）訓鱓魚。字从單聲，蓋爲夗聲（影元）之借，用夗之轉卧夗曲義。鱓行夗曲，故以夗爲名，此以業爲名。

**闡** 《説文》："闡，開也。从門，單聲。《易》曰'闡幽'。"承培元引經證例："此引《易》證字也。開義爲明，故王弼注'明也'。"

按闡 chǎn（昌元）从單聲（端元）訓開。字从單聲當爲展聲（端元）之借，展、開義相關，端昌準旁紐，元部疊韵，此以音近相借，用展之開展義。

**撣** 《説文》："撣，提持也。从手，單聲。讀若行遅驒驒。"段注："提持猶縣持也。……驒驒未見所出，蓋即《詩》之'嘽嘽駱馬'，傳曰：'嘽嘽，喘息之皃。'馬勞則喘息。"

按撣 dàn（定元）从單聲（端元）訓提持，即懸持。所持當即狩獵之單，甲骨文作或，平時一手提持而行，遇獵物則雙手握持擊刺獵物。字从單聲，此用以手持單之義。

**戰** 《説文》："戰，鬥也。从戈，單聲。"段注："鬥，各本作鬬，今正。鬥者，兩士相對，兵杖在後也。《左傳》曰：'皆陳曰戰。'戰者，聖人所慎也，故引申爲戰懼。"

按戰 zhàn（章元）从單聲（端元）訓鬥，本指兩人相鬥，引申指兩軍相鬥。字从單，單、干一字，即古時的盾，盾是防禦性武器，戈是進攻性武器，既要消滅敵人，同時要保衛自己，戰争就是雙方的攻防，戰从單戈會意而以單爲聲讀，用戈攻、單防之引申義。凡形聲字某種意義上説都是會意字，形聲和會意的區別在於形聲字有表音的聲旁，會意字没有表音的聲旁，推而論之，前人所説的形聲包會意，會意兼形聲的説法都是不科學的，不符合漢字實際。

**匰** 《説文》"匰，宗廟盛宔器也。从匚，單聲。《周禮》曰：'祭祀共匰主。'"段注："杜子春云：'匰，器名。主，木主也。'許云'宗廟盛宔器'，亦用杜説。"

按匰 dān（端元）从單聲（端元）訓宗廟盛主器。主，木主，今俗稱“主牌”，或叫“靈牌”，寫有先人的名姓。字从單聲，與簞笥訓飯器取義相近。

**彈** 彈 《説文》：“彈，行丸也。从弓，單聲。弖，或説彈从弓持丸如此。”段注：“《左傳》：‘晋靈公從臺上彈人，而觀其避丸也。’引申爲凡抨彈、糾彈之稱。”

按彈 dàn（定元）从單聲（端元）訓行丸，用彈弓發射彈丸。引申指彈弓，又指彈丸。用彈行丸起於投石，自然石塊形狀不規整，命中率低，彈稱丸，謂形圓，方向性命中率皆提高。彈从單者，甲骨文作Y，初形當作丫，在雙丫上繫有彈性的皮帶，用以發丸，即彈弓。弓矢之起，蓋由此過渡。字从單聲，用單獵獸之引申義，即以單爲語源。彈弓力度小，古蓋衹用於彈鳥雀及遊戲。

**繟** 繟 《説文》：“繟，帶緩也。从糸，單聲。”段注：“繟之言緩也，《韓詩》‘檀車緩緩’，《毛詩》作‘幝幝’。”

按繟 chǎn（昌元）从單聲（定元）訓帶緩。字从單聲，蓋爲彈聲（定元）之借，帶緩之帶蓋指彈弓的皮帶，發彈行丸日久，則彈性漸失而寬緩，寬緩則有餘羨，故緩緩又作幝幝，彈性全失則彈敝。《詩》“檀車幝幝”，《毛傳》訓“車敝皃”。字从單聲，此用彈久用則敝之引申義。

**蟬** 蟬 《説文》：“蟬，以旁鳴者。从虫，單聲。”段注：“《考工記·梓人》文，鄭云：‘旁鳴，蜩蜺屬。’正義云：‘蟬鳴在脅。’”

按蟬 chán（禪元）从單聲（端元）訓以旁鳴者，發聲在兩旁之脅，與發音以口在中者别，此以業爲名。旁、邊義近，字从單聲蓋爲邊聲（幫元）之借，用邊之旁邊義。此以叠韵相借。

**鼉** 鼉 《説文》：“鼉，水蟲。似蜥易，長丈所，皮可爲鼓。从黽，單聲。”段注：“所字依《太平御覽》補，丈所猶丈許也。”

按鼉 tuó（定歌）从單聲（端元）訓水蟲，似蜥易，即揚子鰐。字从單聲，蓋用單大之引申義。

**墠** 墠 《説文》：“墠，野土也。从土，單聲。”段注：“野者，郊外也。野土者，於野治地除艸。《鄭風》‘東風之壇’，壇即墠字。傳：‘除地町町者。’町町，平意。……《祭法》：‘王立七廟，二祧，一壇一墠。’注曰：‘封土曰壇，除地曰墠。’此壇墠之别也。”

按墠 shàn（禪元）从單聲（端元）訓野土，於郊外治地除草，平整土地。字从單聲，蓋爲坦聲（透元）之借，用坦之平坦義。

## 半聲字

**半** 《説文》：“半，物中分也。从八牛。牛爲物大，可以分也。”段注：“故取牛會意。”

按半 bàn（幫元）訓物中分，字从八（幫質）。半、八幫母雙聲，半當以八爲語源，用八分之引申義。中分，整體中分，各爲一半。从牛，初民狩獵捕獲野牛，凡參加狩獵者共分而食之，分牛之技巧漸進，先解牛角，从頭至尾分爲二，再細加割分，後世宰牛豬羊，皆先割分爲二，湖湘俗語叫“開邊”，即从中分爲兩邊，初義是殺牛分邊，今宰鷄鴨鵝亦从中分邊，引申指對凡物的割分。又指割分後的一半對一半，後半義爲一物分爲兩半義所專，字遂加刀作判以爲半分字。半是判的本字，判是半的後起的加旁字。

**叛** 《説文》：“叛，半反也。从半反，半亦聲。”段注：“反，覆也。反者叛之全，叛者反之半。以半反釋叛如以是少釋尟。……古多假畔爲叛。”朱駿聲通訓定聲：“按反也。从反，半聲。”

按叛 pàn（並元）从半聲（幫元）訓半反。判牛从背脊上開刀，將中背脊分開，背脊向相反的方向分離，故引申有背叛義，仍用半分之引申義。

**胖** 《説文》：“胖，半體也。一曰廣肉。从肉半，半亦聲。”段注：“各本半體肉也。今依玄應訂。《周官經·腊人》注曰：‘鄭大夫云：胖讀爲判，杜子春讀胖爲版。又云：膴胖，皆謂夾脊肉。又云：禮家以胖爲半體，玄謂胖宜如脯而腥。胖之言片也，析肉意也。’按許用禮家説。（一曰廣肉，）此别一義。胖之言般也。般，大也。”

按胖 pàn（旁元）从半聲（幫元）訓半體，全中開邊後的一半，半邊，也指古時祭祀用半體牲。字从半聲，此用半物中分之義。

**判** 《説文》：“判，分也。从刀，半聲。”段注：“《媒氏》‘掌萬民之判’。注：‘判，半也，得耦爲合，主合其半，成夫婦也。’《朝士》：‘有判書，以治則聽。’注：‘判，半分而合者。’”

按判 pàn（滂元）从半聲（幫元）訓分。判是半的後起的加注形旁字，用半物中分，分牛的引申義。凡物可分者，皆可合，故引申有判合義。

**伴** 《説文》：“伴，大皃。从人，半聲。”段注：“《大雅》‘伴奂爾游矣’，傳曰：‘伴奂，廣大有文章也。’箋云：‘伴奂，自縱弛之意。’按《収部》奂下‘一曰大也’，故伴奂皆有大義。《大學》注：‘胖猶大也。’……《夫部》扶下曰：‘讀若伴侶之伴。’知漢時非無伴侶之語，許於俗語不之取耳。至《聲類》乃云伴侶。”

按伴 bàn（並元）从半聲（幫元）訓大皃。字从半聲，蓋判合之義，凡物分之則小，合之則大，故伴引申有大義。伴侶義後起，故許不取。

**件** 朱駿聲通訓定聲：“件，此字大徐補入，《説文》爲十九文之一。訓分也。从人从牛。牛大物，故可分。據所釋即半字，愚按即伴字，从人半省聲。後世所用條件、名件字，皆借伴爲半耳。”

按件 jiàn（群元）从半省聲（幫元）訓分。宰牛分肉一人一件。引申爲量詞，如事件、一件事、兩件事。引申指凡可計數的量詞。

**袢** 《説文》：“袢，衣無色也。从衣，半聲。一曰《詩》曰：‘是紲袢也。’讀若普。”段注：“衣字依《玉篇》補。《日部》曰：‘普，日無色也。’袢讀若普，則音義皆同。《女部》曰

‘姅，婦人污也’，義亦相近。絆當同褻篆下作褻。毛傳曰：‘言是當暑袢延之服也。’”

按袢 fán（並元）从半聲（幫元）訓衣無色，暑天穿的白色細葛內衣，用此裹汗吸汗。字从半聲讀若普，是借袢爲普，用普無色之義。《論語》：“紅紫不以爲褻服。”就是从這個意義説的。姅，婦人污，則指婦女行經用的月經帶。

**泮** 《説文》：“泮，諸侯饗射之宫，西南爲水，東北爲牆。从水半，半亦聲。”段注：“諸侯上當有泮宫二字。……泮之言半也，蓋東西門以南通水，北無也。”

按泮 pàn（滂元）从半聲（幫元）訓泮宫，諸侯饗射之宫，即諸侯舉行饗射所設學宫。西南爲水，東北爲墻，一半有水，一半無水，此用半分之義。諸侯泮宫與天子辟雍相對，辟即璧字，天子之學宫完整如璧。

**姅** 《説文》：“姅，婦人污也。从女，半聲。《漢律》曰：見姅變，不得侍祠。”段注：“謂月事及免身及傷孕皆是也。《廣韵》曰：‘姅，傷孕也。傷孕者，懷子傷也。’……按見姅變，如今俗忌入産婦房也。”

按姅 bàn（幫元）从半聲（幫元）訓婦人污。女人來月經、分娩、或小産出血也叫姅。字从半聲蓋爲袢聲（並元）之借，女人有月經等事，下身要帶月經帶之類，古人叫袢，此用袢之引申義。

**絆** 《説文》：“絆，馬馽也。从糸，半聲。”段注：“《馬部》馽下曰：‘馬絆也。’與此爲轉注。《小雅》‘縶之維之’，傳曰：‘縶、絆、維，繫也。’《周頌》曰：‘言授之縶，以縶其馬。’箋云：‘縶，絆也。’按縶謂繩用，用此繩亦謂之縶，此凡字之大例，有客其最明者也。引申爲凡止之稱。”《正字通》：“絆，《增韵》：‘繫足曰絆，絡首曰羈。’”

按絆 bàn（幫元）从半聲（幫元）訓馬馽，用繩索把馬足系住。作名字，絆馬索。今湖湘方言稱人被繩索之類的掛倒，叫“絆倒”。字从半聲，此用判合之引申義。

**畔** 《説文》："畔，田界也。从田，半聲。"段注："田界者，田之竟處也。《左傳》：'子産曰：行無越思，如農之有畔，其過鮮矣。'一夫百畮，則畔爲百畮之界也。引申爲凡界之稱。"

按畔 pàn（並元）从半聲（幫元）訓田界，田的邊界，引申凡界限、彊界之稱，既表分界，也表接壤。凡有分必有合，此自然之理。字从半聲，即用半分之義，亦用判合之義。

**料** 《説文》："料，量物半分也。从斗半，半亦聲。"段注："量之而分其半，故字从斗半。"

按料 bàn（幫元）从半聲（幫元）訓量物半分。字从半聲，此用半物中分之引申義，即平分爲二，如半升、半斗、半斛之類。舊時市肆中量米的方升，正有一界，將升平分爲二者，所量即兩個半升。

## 曼聲字

**曼** 《説文》："曼，引也。从又，冒聲。"段注："《魯頌》毛傳曰：'曼，長也。'"

按曼 màn（明元）甲骨文作[甲骨文]<乙 7357>。《甲骨文字典》："郭沫若云：'金文曼龏父盨作[金文]，從[冃]，從[字形]，象以兩手張目，蓋曼之初文。'"是曼以[冃]爲聲，以雙手張目會意。目張則大，引之則長，長大義相函，冒、曼明母雙聲。

**蔓** 《説文》："蔓，葛屬也。从艸，曼聲。"段注："此専謂葛屬，則知滋蔓字古衹作曼。正如蔓延字多作莚。"

按蔓 màn（明元）从曼聲（明元）訓葛屬。葛从艸當爲艸本，木本曰藤，艸本曰蔓，此對文則異，散文則通。葛引蔓特長。《詩·周南》："葛之覃兮，施於中谷。"字从曼聲，用曼引長之義。

**趨** 《説文》："趨，行遲也。从走，曼聲。"段注："今人通用慢字。"

按趨 mán（明元）从曼聲（明元），訓行遲，行走緩慢。字从曼聲，此用曼引之則長的引申義，凡物引長，歷久則鬆弛。

**謾** 《説文》："謾，欺也。从言，曼聲。"段注："《宣帝詔》'欺謾'，《季布傳》'面謾'，韋注《漢書》云：'謾，相抵讕也。'"

按謾 mán（明元）从曼聲（明元）訓欺，欺瞞，蒙騙。字从曼聲，當爲冃聲（明幽）之借，冃是帽的本字，今通作冒，帽子罩在眼睛上，遮蔽了視綫，故引申有蒙騙義。

**槾** 《説文》："槾，杇也。从木，曼聲。"段注："《釋宫》曰：'鏝謂之杇。'釋文云：'鏝，本或作槾。'按《孟子》作墁。"

按槾 màn（明元）从曼聲（明元）訓杇，泥工用泥涂抹墻的工具，北方方言叫"抹子"。古以木，故从木，後以金，故从金，後又以金爲體，以木爲柄。所抹者泥，黏土，故字又从土。泥涂在墻上，必須抹開抹平，故字从曼，此用曼引之引申義。

**幔** 《説文》："幔，幎也。从巾，曼聲。"段注："幎各本作幕，由作幂而誤耳，今正。凡以物冡其上曰幔，與幎雙聲而互訓。《釋名》《玉篇》《廣韵》以帷幔釋之，今義非古義也。"朱駿聲通訓定聲："以巾弇蔽，在上曰幔，在旁曰帷。《廣雅·釋詁二》'幔，覆也'。《釋言》'幔，闇也'，謂奄也。《釋器》'幔，帳也'。"

按幔 màn（明元）从曼聲（明元）訓幎。字从曼聲，蓋爲冡聲（明東）之借，用冡覆蓋其上之義，此以雙聲相假借，冡由冃孳乳，冃（明幽）、冡明母雙聲。从冡與从冃同意。

**獌** 《説文》："獌，狼屬。从犬，曼聲。《爾雅》曰：'貙獌，似貍。'"段注："《釋獸》曰：'貙似貍。'郭云：'今貙虎也，大如狗，文似貍。'《釋獸》又曰：'貙獌似貍。'郭云：'今山民呼貙虎之大者爲貙豻。'按郭語則二條一物也，故許貙下獌下皆稱貙獌似貍。郭注《子虛賦》云：'蟃蜒，大獸似貍，長百尋。'則以《西京賦》巨獸百尋者，掍而一之，恐附會矣。”

按獌 màn（明元）从曼聲（明元）訓狼屬似貍。字从曼聲，蓋以其軀體較長故名。此以德爲名，用曼引、引之則長的引申義。

**慢** 《説文》：“慢，惰也。从心，曼聲。一曰慢不畏也。”

按慢 màn（明元）从曼聲（明元）訓惰，怠惰，懈怠。字从曼聲，蓋爲趨聲（明元）之借，此以行動之徐緩，喻心思之怠慢。心思怠慢，難以形喻，故借行遲爲喻。

**鰻** 《説文》：“鰻，鰻魚也。从魚，曼聲。”段氏於鱺下注曰：“此即今人謂鰻爲鰻鱺之字也。”

按鰻 mán（明元）从曼聲（明元）訓鰻魚，即鰻鱺，俗稱白鱔。白鱔長，故以鰻名之，此以德爲名。字从曼聲，用曼引、引之則長的引申義。

**嫚** 《説文》：“嫚，侮傷也。从女，曼聲。”段注：“傷，各本作易，今正。《人部》曰：‘侮者，傷也。’‘傷者，輕也。’嫚與《心部》之慢，音同義别，凡嫚人當用此字。”

按嫚 màn（明元）从曼聲（明元）訓侮傷，輕視，怠慢。字从曼聲，蓋爲慢聲（明元）之借，用慢之怠慢義。字从女者，髒水都要潑在女人頭上。

**縵** 《説文》：“縵，繒無文也。从糸，曼聲。《漢律》曰：‘賜衣者縵表白裏。’”段注：“《春秋繁露》‘庶人衣縵’，引申之凡無文者皆曰縵。《左傳》‘乘縵’，注：‘車無文者也。’《漢・食貨志》‘縵田’，注：‘謂不畖者也。’”

按縵 màn（明元）从曼聲（明元）訓繒無文，没有花紋的絲織品。引申爲無文飾。字从曼聲，蓋爲幔聲（明元）之借，用幔幎之引申義，上有覆蓋則其下無所見。

**鏝** 《説文》：“鏝，鐵杇也。从金，曼聲。槾，鏝或从木。”段注：“杇，所以涂也。”

按鏝 màn（明元）从曼聲（明元）訓鐵杇。鏝、槾 màn（明元）一字之異體，从文字孳乳的歷史説，先有从木之槾，文明漸進而後有从金之鏝，皆涂飾黏土之工具，即杇。

**輓**　《説文》："輓，衣車蓋也。从車，曼聲。"段注："衣車，上文之輜軿是也。四圍爲衣，上爲蓋，皆以蔽輿也。……輓之言幔也。"

按輓 màn（明元）从曼聲（明元）訓衣蓋。字从曼聲，當爲幔聲（明元）之借，用幔覆蓋之引申義。

**鄤**　《説文》："鄤，蜀廣漢鄉也。从邑，蔓聲。"

按鄤 wàn（明元）从蔓聲（明元）訓蜀廣漢鄉。字从蔓聲，作地名字，此但借其聲。

## 面聲字

**面**　《説文》："面，顔前也。从百，象人面形。"段注："顔者，兩眉之中間也。顔前者，謂自此而前則爲目爲鼻，爲目下，爲頰之間，乃正鄉人者，故與背爲反對之稱。引伸之爲相鄉之稱。又引伸之爲相背之稱。《易》窮則變，變則通也。凡言面縛者，謂反背而縛之。偭从面。"李孝定《甲骨文字集釋》："栔文从目，外象面部匡廓之形。"

按面 miàn（明元）訓顔前，字當从目，从面部匡廓之形。面部五官中，目最引人注意，故面又稱面目，今語叫臉、臉面或面孔。引申指當面、見面，反向引申爲相背、背面。字古作偭。

**靦**　《説文》："靦，勒靼也。从革，面聲。"段注："謂馬勒之靼也。勒在馬面，故从面。"

按靦 miǎn（明元）从面聲（明元）訓馬勒靼，馬籠頭當面的柔皮。《説文》："靼，柔革也。"字从面，用面臉面之引申義。此指馬面。勒在馬面，故从面，此以業爲名。

**偭**　《説文》："偭，鄉也。从人，面聲。《禮·少儀》曰：'尊壺者偭其鼻。'"段注："鄉，今人所用之向字也。漢人無作向者。《少儀》‘尊壺者面其鼻’，注云：‘鼻在面中，言鄉人也。’按許所據作‘偭’，説與鄭同。偭訓鄉，亦訓背，此窮則變、變則通之理。如廢置徂存苦快之例。《離騷》：‘偭規矩而改錯。’王逸曰：‘偭，背也。’……《項羽傳》：‘馬童面之。’張晏曰：‘背之也。’……古通作面。”

按偭 miǎn（明元）从面聲（明元）訓鄉，謂人臉面相對，亦訓相背，謂不面對而以背相對。此雙向引申。字从面聲，既用面之面向、當面義，亦用面之反面、相背義，此漢語字義之辯證法。

**愐** 《説文》：“愐，勉也。从心，面聲。”段注：“《釋詁》曰：‘蠠没，勔勉也。’”

按愐 miǎn（明元）从面聲（明元）訓勉。《説文》：“勉，勥也。”謂做事盡力。字从面聲，蓋爲勉聲（明元）之借。《爾雅·釋詁》：“勔，勉也。”《説文》無勔字，勔即勉之别體，此亦可證愐从面聲，勉聲之借。勉是要克服困難的，勉爲其難，是要有思想支持的，故愐當从心从勉。

**湎** 《説文》：“湎，湛於酒也。从水，面聲。《周書》曰‘罔敢湎于酒’。”段注：“湛各本作沈，此等皆後人以習用改之耳。沈休於酒，《周易》所謂飲酒濡首。”

按湎 miǎn（明元）从面聲（明元）訓湛於酒，沉迷於酒。飲酒時連臉面都泡在酒裏，這是一種夸張的手法，引申指對凡事的沉迷、迷戀。

**緬** 《説文》：“緬，散絲也。从糸，面聲。”段注：“緬之引申爲凡緜邈之稱。”朱駿聲通訓定聲：“《廣雅·釋詁二》：‘緜，小也。’以緜爲之。”

按緬 miǎn（明元）訓微絲，細微的絲。字从面聲，蓋爲緜聲（明元）之借。《説文》：“緜，聯散也。”段注：“其相連者甚微眇，是曰緜。”此用緜聯微之引申義。

**蝒** 《説文》：“蝒，馬蜩也。从虫，面聲。”段注：“凡言馬者謂大。馬蜩者，蜩之大者也。《方言》曰：‘蟬其大者謂之蟧，或謂之蝒馬。'蝒馬二字誤倒。"

按蝒 mián（明元）从面聲（明元）訓馬蜩，蜩之大者。字从面聲，蓋爲馬聲（明魚）之借，牛馬和犬羊相對，牛馬大，犬羊小，故牛馬引申有大義，此用馬大之引申義。蝒、馬明母雙聲，魚元通轉，此以音近相借，蝒訓馬蜩即於釋訓詞中隱含提示。

## 贊聲字

贊 贊 《説文》："贊，見也。从貝，从兟。"段注："此以叠韵爲訓，疑當作所以見也。謂彼此相見必資贊者。《士冠禮》'贊冠者'，《士昏禮》'贊者'，注皆曰：'贊，佐也。'《周禮·大宰》注曰：'贊，助也。'是則凡行禮必有贊，非獨相見也。鉉曰：'兟音詵，進也。'鍇曰：'進見，以貝爲禮也。'"

按贊 zàn（精元）从兟聲（山真）訓見，進見。進見以貝爲禮，以貝助見，故引申有佐助義。

瓚 瓚 《説文》："瓚，三玉二石也。从玉，贊聲。《禮》：'天子用全，純玉也。上公用駹，四玉一石。侯用瓚，伯用埒，玉石半相埒也。'"段注："卑者下尊，以輕重爲差。玉多則重，石多則輕。……戴先生曰：'此蓋泛記用玉爲飾之等。'玉裁謂，此與祼圭之瓚異義。許不言祼圭之瓚者，蓋其字古衹作贊。"

按瓚 zàn（从元）从贊聲（精元）訓三玉二石。三玉中摻入二石，以明玉飾之等弟。字从贊聲，此用贊之參贊義。

篹 篹 《説文》："篹，竹器也。从竹，贊聲。讀若纂。一曰叢也。"段注："《廣雅》《方言》注皆曰：'篹，箸筩。'……《木部》欑下曰：'一曰叢木。'篹音同義近。"

按篹 zuǎn（精元）从贊聲（精元）訓竹器，箸筩，盛筷子的竹筒。字从贊聲，蓋爲攢聲（从元）之借。《集韵》："攢，聚也。"此用攢聚之引申義。一曰叢，亦用攢之叢聚義。

饡 饡 《説文》："饡，以羹澆飯也。从食，贊聲。"段注："此飯用引伸之義，謂以羹澆飯而食之也。《考工記》注曰：'瓚讀餐屦之屦。屦卽饡字也。《玉篇》曰：'屦者饡之古文。'然則本作屦，轉寫作屦耳。……以羹澆飯者，饡之本義。"

按饡 zàn（精元）从贊聲（精元）訓以羹澆飯。字从贊聲，蓋爲攢聲（从元）之借，用攢叢聚之引申義。肉羹澆飯，把飯全覆蓋了。

欑 欑 《説文》："欑，積竹杖。从木，贊聲。一曰穿也。一曰叢木。"段注："鄭注《考工記》曰：'矛戟柄，竹欑柲。'"

按欑 cuán（从元）从贊聲（精元）訓積竹杖，聚積竹條爲杖。字从贊聲，當爲攢聲（从元）之借，用攢之攢聚義。一曰穿也。

酇 酇 《説文》："酇，百家爲酇，酇聚也。从邑，贊聲。南陽有酇縣。"

按酇 zàn（精元）从贊聲（精元）訓百家爲酇，古代地方行政組織單位，一百家所聚居稱酇。字从贊聲，攢聲（从元）之借，用攢之攢聚義。訓酇縣作地名字，字从贊聲，此但借其聲。

儹 儹 《説文》："儹，冣也。从人，贊聲。"段注："各本誤作最，今正。《廣韵》曰：'儹，聚也。'冣聚古通用。《木部》欑，《竹部》篹，義皆相近。李善引楊雄《覈靈賦》曰：'文王之始起，浸仁漸義，會賢儹智。'儹音攢。"

按儹 zǎn（精元）从贊聲（精元）訓冣，聚積，積攢。字从贊聲，攢聲（从元）之借，用攢之聚集義。

灒 灒 《説文》："灒，污灑也。一曰水中人也。从水，贊聲。"段注："謂用污水揮灑也。釋玄應曰：'江南言灒，子旦反，山東言湔，子見反。'《史記·藺相如傳》作濺，楊泉《物理論》作喊，皆音子旦反。……（水中人，）中讀去聲。此與上文無二義而别之者，此兼指不污者言也，上但云灑，則不中人。"

按灒 zàn（精元）从贊聲（精元）訓用污水揮灑，也指水濺到人身上、衣上。字从贊聲，蓋爲散聲（心元）之借，用散之分散、散發義，水灑則散。

**嬻** 《説文》：“嬻，白好也。从女，贊聲。”段注：“色白之好也。”

按嬻 zàn（从元）从贊聲（精元）訓白好，色白之好。字从女，蓋謂女人之膚雪白，《唐詩》所謂“雪膚花貌”。字从贊聲，蓋爲雪聲（心月）之借。嬻、雪从心旁紐，元月陰入對轉，此以音近相假借。

**纘** 《説文》：“纘，繼也。从糸，贊聲。”段注：“《豳風》：‘載纘武功。’傳曰：‘纘，繼也。’《中庸》：‘武王纘大王、王季、文王之緒。’注曰：‘纘，繼也。’或叚纂爲之。”

按纘 zuǎn（精元）从贊聲（精元）訓繼。《説文》：“贊，見也。”進見，以貝爲禮，貝在前，人相繼而進。从糸，糸所以相系。故引申有繼義。

**鑽** 《説文》：“鑽，所以穿也。从金，贊聲。”段注：“本是器名，因之謂穿亦曰鑽。”

按鑽 zuàn（精元）从贊聲（精元）訓所以穿，作名字是鑽具即鑽子，作動是鑽孔。字从贊聲，此用贊之參入其中的引申義。

## 叀聲字

**叀** 《説文》：“叀，小謹也。从幺省，从屮，屮財見也。田象謹形。屮亦聲。凡叀之屬皆从叀。[古文]，古文叀。[古文]亦古文叀。”

按叀 zhuān（禪元）甲骨文作[甲骨文]、[甲骨文]，《甲骨文字典》：“象紡塼上有綫繐之形。”許氏所釋形與字形不合，所釋義蓋展轉引申，叀當爲紡塼本字。

**專** 《説文》：“專，六寸簿也。从寸，叀聲。一曰專，紡專。”段注：“《小雅》：‘乃生女子，載弄之瓦。’毛曰：‘瓦，紡專也。’”

按專 zhuān（章元）从叀聲（禪元）訓紡專。專字甲骨文作[甲骨文]，字从叀，即紡塼，其上之屮代表三股綫，紡塼旋轉，三綫即成一股，甲古文專从又，或从攴，示以手旋轉紡塼之意，初義當爲紡綫，引申爲旋轉之轉字。

**袁** 《説文》："袁，長衣皃。从衣，叀省聲。"段注："（長衣皃，）此字之本義，今祇謂爲姓，而本義廢矣。古與爰通用，如袁盎，《漢書》作'爰盎'是也。……遠轅等字以袁爲聲，亦取其意也。"

按袁 yuán（匣元）从叀聲（禪元）訓長衣皃。字从叀聲，叀，紡塼，紡塼所以紡綫，綫越紡越長，故引申爲見長之義。遠从袁，用衣長之引申義，而轅从袁聲爲爰聲之借，用爰引之義。

**蓴** 《説文》："蓴，蒲叢也。从艸，專聲。"段注："《廣雅·釋艸》曰：'蒲穗謂之蓴。大丸切。'謝靈運詩：'新蒲含紫茸。'亦謂蒲穗。……鉉本常倫切，此蒓絲字。"《廣雅》王念孫疏證："蒲穗形圓，故謂之蓴，蓴之爲言團團然叢聚也。"

按蓴 tuán（定元）从專聲（禪元）訓蒲叢，蒲穗。蒲穗形圓，故以蓴名之，此以德爲名。字从專聲，專是紡塼，也指用紡塼紡綫，故專引申孳乳爲轉動字，凡物易轉必圓，此用轉團、團圓之引申義。

**膞** 《説文》："膞，切肉也。从肉，專聲。"段注："膞與剸義近。"《廣雅·釋器》："膞，臠也。"

按膞 zhuán（章元）从專聲（章元）訓切肉。字从專聲，蓋剸聲（定元）之借，用剸切割截斷之引申義。

**篿** 《説文》："篿，圜竹器也。从竹，專聲。"段注："盛物之器而圜者，篿與團音同也。"

按篿 tuán（定元）从專聲（章元）訓圜竹器，圜形竹器。字从專聲，用專轉之則圓的引申義。專是轉的本字，凡物易轉則圓，篿與團同音。今湖湘方言稱圓形竹籃之較高者爲團籃。

**團** 《説文》："團，圜也。从口，專聲。"段注："《鄭風》：'零露團兮。'《周禮》假專爲團，《大司徒》注曰：'專，圜也。’”

按團 tuán（定元）从專聲（章元）訓圜，圓形，引申指圓形物。字从專聲，專是轉的本字，凡物圓則易轉。

**傳** 《説文》：“傳，遽也。从人，專聲。”段注：“以車馬給使者也。”朱駿聲通訓定聲：“以車曰傳，亦曰馹，以馬曰遽，亦曰驛。”

按傳 zhuàn（定元）从專聲（章元）訓遽。字从豦，引申有急迫義。此用轉之引申義，謂轉運、傳遞。

**䏝** 《説文》：“䏝，小卮有耳蓋者。从卮，專聲。”段注：“有耳蓋，謂有耳有蓋也。”

按䏝 shuàn（禪元）从專聲（章元）訓小卮有耳有蓋者。字从專聲，此蓋用專圓之引申義。

**竱** 《説文》：“竱，等也。从立，專聲。《春秋傳》曰：‘竱本肇末。’”段注：“等者，齊簡也，故凡齊皆曰等。《齊語》：‘竱本肇末。’韋注：‘竱，等也。肇，正也。’謂先等其本，以正其末。按《孟子》曰：‘不揣其本，而齊其末。’揣蓋竱之叚借字，耑聲、專聲同部。”

按竱 zhuǎn（章元）从專聲（章元）訓等，齊其本。古謂專爲襯簿，其長皆齊等，此用齊等之引申義。

**鱄** 《説文》：“鱄，鱄魚也。从魚，專聲。”段注：“《士喪禮》：‘魚鱄鮒九。’鱄鮒皆常用之魚也。”

按鱄 zhuān（章元）从專聲（章元）訓鱄魚，蓋謂此魚體如圓筒形。字从專聲，此用專圓之引申義。

**摶** 《説文》：“摶，以手圜之也。从手，專聲。”段注：“各本作圜也。語不完，今依《韵會》所據補。以手圜之者，此篆之本義。如《禮經》云‘摶黍’、《曲禮》云‘摶飯’是也。因而凡物之圜者曰摶。如《考工記》‘摶以行石’‘摶身而鴻’‘相笴欲生而摶’是也。俗字作團，古亦借爲專壹字。”

按摶 tuán（定元）从專聲（章元）訓以手圜之，用手轉聚成團，引申爲凡集聚之稱。字从專聲，此用專轉動團結之義。

**嫥** 《説文》："嫥，壹也。从女，專聲。一曰女嫥嫥。"段注："壹下云'嫥也'，與此爲轉注。凡嫥壹字，古如此作。今則專行而嫥廢矣。專者六寸簿也。紡專也。……（嫥嫥，）《篇》《韵》皆云'可愛之皃'。"

按嫥 zhuān（章元）从專聲（章元）訓壹，嫥壹，今字作專一。紡塼轉動總朝一個方向，持續不變，故引申有嫥壹義。字从專聲，此用專轉方向專一之引申義。又嫥壹之壹，字从壺吉，吉的初義是壺塞子，壺加塞則壺口閉塞，氣不外泄。

**縳** 《説文》："縳，白鮮卮也。从糸，專聲。"段注："卮，各本作色，今正。下文云'縞，鮮卮也'，今本譌鮮色。則此色誤亦同。卮與支音同，縞爲鮮支，縳爲鮮支之白者。《聘禮》'束紡'注曰：'紡，紡絲爲之，今之縳也。'《周禮》'素沙'注曰：'素沙者，今之白縳也。'……《聲類》以爲今正絹字。按據許則縳與絹各物，音近而義殊。二《禮》之鄭注，自謂縳不謂絹也。縳以其質堅名之，字从專，絹以色如麥稍名之，字从肙。"

按縳 juàn（見元）从專聲（章元）訓鮮卮。縳，鮮卮之白者。縞有白義，卮者蓋梔聲之借，梔即梔子樹，開白花，是梔有白義。其从專聲則用專紡塼之引申義，縳紡絲爲之，故字从專。縳紡熟絲爲之，熟絲是經過漂湅純白的絲，故稱白鮮支。段注作了明白的注解，而《漢語大字典》仍承《聲類》之誤，此不思之甚也。

**轉** 《説文》："轉，還也。从車，專聲。"段注："還，大徐作運，非。還者，復也。復者，往來也。……還即今環字。"

按轉 zhuǎn（端元）从專聲（章元）訓還，車輪來回不停地轉動。字从車，此以紡塼的轉動喻車輪的轉動。字从專聲，此用專轉之比喻義。

**還** 《説文》："還，復也。从辵，瞏聲。"段注："《釋言》：'還，復，返也。’今人還繞字用環，古經傳衹用還字。”

按還 huán（匣元）从睘聲（群元）訓復，往來返回。字从睘聲，睘本作瞏。郭沫若《金文叢考·釋共》：“余謂睘即玉環之初文，象衣之當胸處有環也。从目，示人首所在之處。”其説可參。是則還从睘聲蓋爲環聲（匣元）之借，用環循環往復之引申義。睘是環的本字，環是後起的加注形旁字。

**睘** 《説文》：“睘，目驚視也。从目，袁聲。《詩》曰：‘獨行睘睘。’”段注：“《唐風》毛傳曰：‘睘睘，無所依也。’許不从毛者，許説字非説經也。製字之本義則尒，於从目知之。”

按睘 qióng（群元）从袁聲（匣元）訓目驚視。驚視則目睁大，略近於圓形。字从袁聲蓋爲環聲（匣元）之借，用環圓之引申義。

**園** 《説文》：“園，所以樹果也。从囗，袁聲。”段注：“許意凡云苑囿，已必有屮木，故以樹果系諸園。”

按園 yuán（匣元）从袁聲（匣元）訓所以樹果，種植果樹的地方。字从袁聲蓋爲垣聲（匣元）之借，垣即圍墻，果實成熟防人采摘，故爲垣以設防。

**轅** 《説文》：“轅，輈也。从車，袁聲。”段注：“《考工記》：‘輈人爲輈，車人爲大車之轅。’是輈與轅别也。許渾言之者，通稱則一也。轅之言如攀援而上也。”

按轅 yuán（匣元）从袁聲（匣元）訓輈，小車的獨轅，轅則大車之轅，所以引車前行。字从袁聲，當爲爰聲（匣元）之借。爰是援的本字，援是爰後起的加形旁字，此用爰之援引義。

**環** 《説文》：“環，璧肉好若一謂之環。从玉，睘聲。”段注：“古者還人以環，亦瑞玉也。鄭注《經解》曰：‘環取其無窮止。’……環引伸爲圍繞無端之義，古衹用還。”

按環 huán（匣元）从睘聲（群元）訓璧肉好若一謂之環。字从睘聲，當爲還聲（匣元）之借，古者還人以環，亦瑞玉，瑞玉即作爲憑證的信物。

**⿺走睘** 《説文》：“⿺走睘，疾也。从走，睘聲。讀若譞。”段注：“《齊風》‘子之還兮’，毛曰：‘還，便捷之皃。’按毛以還爲趯之假借也。或毛、許所據《詩》本作趯。”

按趯 xuān（曉元）从睘聲（群元）訓疾，行動便捷皃。字从睘聲，蓋歡聲（曉元）之借，歡快義相函，今北方方言謂馬跑得快叫“跑得歡”，形容做事來勁幹得快叫“幹得歡”，此用歡快之引申義。

遠 䢿 《説文》：“遠，遼也。从辵，袁聲。𢓊，古文遠。”

按遠 yuǎn（匣元）从袁聲（匣元）訓遼。遼遠互訓，謂路途遥遠。字从袁聲，當爲環聲（匣元）之借，環之滚動循環往復至於無窮，故引申有遼遠義。

譞 譞 《説文》：“譞，譞慧也。从言，睘聲。”段注：“與《人部》儇音義皆同。”

按譞 xuān（曉元）从睘聲（群元）訓慧，聰慧，思維敏捷，反應快。字从睘聲，蓋獧聲（見元）之借。《説文》：“獧，疾跳也。”此用獧疾之引申義，而獧、儇从睘聲則當爲旋聲（邪之）之借，凡物旋轉多有愈轉愈快之勢。《説文》：“淀，回泉也。”水流中之漩渦其速極快，人物卷入其中則不可出。

睘 睘 《説文》：“睘，兒初生蔽目者。从目，睘聲，讀若告之謂調。”段注：“蔽目二字各本作瞥，今依《篇》《韵》正。蔽目謂外有物雍蔽之，非牟子之翳也。……（讀若告之謂調，）語有訛奪，鉉遂删之。”王筠句讀：“睘下云瞥，則瞥下所云目翳者爲瞼蔽其睛。”

按睘 biǎn（幫元）从睘聲（群元）訓兒初生蔽目者。字从睘聲，蓋瞼聲（見談）之借，瞼即眼皮，兒初生眼皮遮住了眸子，即睁不開眼，此用瞼之引申義。睘、瞼元談通轉。

翾 翾 《説文》：“翾，小飛也。从羽，睘聲。”段注：“《九歌》‘翾飛兮翠曾’。按《荀子》‘喜則輕而翾’，假翾爲儇也。”

按翾 xuān（曉元）从睘聲（群元）訓小飛。字从睘聲，郭沫若説睘是環的本字。衣上的玉環其形小，故引申有小義。

檈 檈 《説文》：“檈，圜案也。从木，睘聲。”段注：“檈圜叠韵。”

徐灝注箋："檈，蓋如盤而有足，故曰圜案。"

按檈 xuán（邪元）从睘聲（群元）訓圜案，古代有足的圓形食物托盤。字从睘聲，睘是玉環的本字，此用環圓的引申義。

圜 《説文》："圜，天體也。从囗，睘聲。"段注："圜，環也。……許書圜圓員三字不同，今字多作方圓、方員、方圜。而圓字廢矣。依許則言天當作圜，言平圓當作圓，言渾圓當作圓。"

按圜 yuán（匣元）从睘聲（群元）訓天體。字从睘聲，睘是玉環的本字，此用環圓之引申義。

儇 《説文》："儇，慧也。从人，睘聲。"段注："《心部》慧下曰'儇也'，是二字互訓也。《齊風》'揖我謂我儇兮'，傳曰：'儇，利也。'此言慧者多便利也。《方言》'儇，慧也'。《荀卿子》曰：'鄉曲之儇子。'"

按儇 xuān（曉元）从睘聲（群元）訓慧。此與《言部》譞音義皆同，當爲一字之異體。字从睘聲，此用睘圓轉則活動之引申義。

獧 《説文》："獧，疾跳也。一曰急也。从犬，睘聲。"

按獧 juàn（見元）从睘聲（群元）訓疾跳。字从睘聲，睘是環的本字，環之轉動便利快速，此用環轉之引申義。一曰急，疾急義相關。

懁 《説文》："懁，急也。从心，睘聲。讀若絹。"段注："獧下曰：'一曰急也。'此與義音同。《論語》狷，《孟子》作獧，其實當作懁。《齊風》：'子之還兮。'傳曰'還，便捷之皃'。《走部》曰'趯，疾也'。其義皆近。"

按懁 xuān（見元）从睘聲（群元）訓急。睘在坡地滚動越滚越快，故引申有急義。心急則按捺不住，獧字訓疾，一曰急，狗急則疾跳，俗語有"狗急跳墻"，懁狷正用狗急則疾跳之引申義。

闤 《説文》："闤，市垣也。从門，睘聲。"朱駿聲通訓定聲："《蒼頡篇》：市門也。釋玄應《一切經音義》引《説文》有此字，姑附于此。"

按闤 huán（匣元）从睘聲（群元）訓市垣，環繞市區的圍牆。字从睘聲，此用環圓之引申義。

**擐** 《説文》："擐，毌也。从手，睘聲。《春秋傳》曰：'擐甲執兵。'"段注："毌，各本作貫，今正。毌，穿物持之也。今人廢毌而專用貫矣。杜注《左傳》、韋注《國語》皆曰：'擐，貫也。'"

按擐 huàn（匣元）从睘聲（群元）訓毌，穿物持之。字从睘聲當爲毌聲（見元）之借，用毌之毌穿義，今字通作貫。貝穿孔貫之，錢有方孔可貫，環有圓孔可貫，而甲穿於身，此用穿之貫穿義。

**嬛** 《説文》："嬛，材緊也。从女，睘聲。《春秋傳》曰：'嬛嬛在疚。'"段注："材緊，謂材質堅緻也。緊者，纏絲急也。《上林賦》'便嬛綽約'，郭樸曰：'便嬛輕利也。'"《廣韵》："便嬛，輕麗皃。"

按嬛 xuān（曉元）从睘聲（群元）訓材緊，謂材質緊致。《上林賦》"便嬛綽約"，郭璞釋爲"便嬛輕利"，《廣韵》釋爲"輕麗皃"。字从睘聲，環的本字，玉材質堅致，此謂其人如玉，身段靈巧，風姿綽約。字从睘聲，此用睘玉環之引申義。

**繯** 《説文》："繯，落也。从糸，睘聲。"段注："落者，今之絡字。古叚落，不作絡，謂包絡也。《莊子》'落馬首'，《漢書》'虎落'，皆作落。木落乃物成之象，故曰落成，曰包落，皆取成就之意也。《馬融傳》曰：'繯橐四野之飛征。'李注引《説文》，又引《國語》'繯於山有牢'。賈逵注云：'繯，還也。'按還環古今字，古用還，不用環。"《廣雅·釋器》："繯，絡也。"王念孫疏證："凡繩之相連者曰絡。"

按繯 huán（匣元）从睘聲（群元）訓落。落、絡古今字，用繩索纏繞包絡。字从睘，睘是環的本字，環者循環往復，故引申有纏束包絡義。古用落不用絡者，从文字孳乳演進説，初無絲麻之繩，但有草索，故借落爲之，待有絲麻之後始造絡字。古人敬祖追遠，故仍沿用落而少用絡字。

**蠉** 《説文》："蠉，蟲行也。从虫，瞏聲。"段注："凡蟲行曰蠉，上蚑爲徐行，則蠉爲疾行也。《羽部》曰：'翾，小飛也。'"

按蠉 xuān（曉元）从瞏聲（群元）訓蟲行，指蟲類屈曲盤旋而行或飛皃。字从瞏聲，此用環圓轉之引申義。《説文》"翾，小飛也"，蓋即指蟲飛，蟲飛多作盤旋皃。

**轘** 《説文》："轘，車裂人也。从車，瞏聲。《春秋傳》曰：'轘諸栗門。'"段注："《周記·條狼氏》：'誓僕右曰殺，誓馭曰車轘。'注曰：'車轘，謂車裂也。'"《釋名·釋喪制》："車裂曰轘。轘，散也，肢體分散也。"

按轘 huàn（匣元）从瞏聲（群元）訓車裂人，用車反向行進將人體肢裂。字从車者，謂用車輪轉動的力量肢解。字从瞏聲，此用環轉即車輪轉動發力的引申義。

**檈** 《説文》："檈，檈味，稔棗也。从木，還聲。"段注："《釋木》：'還味，棯棗。'釋文云：'還，《字林》作檈。'不言出《説文》，疑或取《字林》增此。"

按檈 xuán（邪元）从還聲（匣元）訓檈味，稔棗。字从還聲，此用還回之引申義，還味即回味。

**罥** 《説文》："罥，网也。从网繯，繯亦聲。一曰綰也。"段注："《糸部》曰：'繯，落也。'落者，今之包落字。罥网主於圍繞，故从繯。"

按罥 juàn（見元）从繯聲（匣元）訓网，罥网主於圍繞。字从繯聲，此用繯纏束包絡之引申義。

**擐**

朱駿聲通訓定聲："擐，木栅也。賈誼《服鳥賦》：'擐如囚拘。'《史記》司馬貞索隱引《説文》有此字，姑附于此，按即繯之别字也。"

按擐 huàn（匣元）从圜聲（匣元）訓木栅。字从圜聲，圜从瞏，此用環圍繞之引申義。

## 聯聲字

聯  《説文》："聯，連也。从耳，从絲。从耳，耳連於頰。从絲，絲連不絶也。"王筠釋例："然絲可以連，耳何以連？合絲於耳，又何以連？字形殊難知也，故許君分疏之，而各以連字與字義黏合，終不扭合耳。絲爲一義，疑以傳疑也。"林義光《文源》："按，从耳，其連於頰之意不顯。"

按聯 lián（來元）大徐本楷體作聯，从𢇇。《説文》："𢇇，織以絲毌杼也。从絲省卝聲。"段注："卝者，卵字也。"按卵者，男根，今湖湘俗語仍讀男根爲卵，男根所以貫牝。段曰："毌，穿物持之也。"以絲貫於杼中而後織，是之謂𢇇。是𢇇義取以絲貫物。聯从耳从𢇇，即指用絲（細繩）貫耳而持之。《説文》取訓"軍戰取耳"，所取非一，故以絲貫而獻功。此關乎古代戰争之野蠻與殘酷，是遠古戰争的實録，聯的字體當爲从耳从絲省从卝。義取以絲貫耳。

⿱聯齒  《説文》："⿱聯齒，齒見皃。从齒，聯聲。"

按⿱聯齒 lián（來元）从聯聲（來元）訓齒見，牙齒露在外面，此蓋指唇不掩齒。字从聯聲，蓋見聲（見元）之借，用見之現出、露出義。聯聲能借爲見聲者，聯从卝，卝 guàn（見元）、見古音同。又來母轉爲見母，此則與古有複輔音相關。

## ⿱爫⿻幺冂又聲字

⿱爫⿻幺冂又  《説文》："⿱爫⿻幺冂又，治也。幺子相亂，𠬪治之也。讀若亂同。一曰理也。𤕌，古文⿱爫⿻幺冂又。"朱駿聲通訓定聲："按从幺从冂从𠬪會意。幺，絲也；冂，介也；絲棼，𠬪分理之。"

按⿱爫⿻幺冂又 luàn（來元）同亂，訓治，治絲，理順（棼）亂絲。朱氏所説，殊有見地，略嫌不足的是冂訓介，冂當作𠀃，是收絲的工具，即互的省形。

敿 𢿢 《説文》："敿，煩也。从攴，𤔔聲。"段注："煩熱頭痛也。引伸爲煩亂。按敿與《𠬪部》𤔔、《乙部》亂、《言部》䜌音義皆同。煩曰敿，治其煩亦曰亂也。"

按敿 luàn（來元）同亂，从𤔔聲（來元）訓煩。煩、亂義近，語有"心煩意亂"，皆由不亂變亂。亂則當治，此皆雙向取義。敿、亂音義皆同，當爲一字之異體。

覶 覶 《説文》："覶，好視也。从見，𤔔聲。"段注："《女部》曰'𡣍，順也'。覶與𡣍義近。《玉篇》曰：'覶縷，委曲也。'古書亦作'覼縷'，詳言之意。"

按覶 luó（來歌）从𤔔聲（來元）訓好視。字从𤔔聲，此用𤔔治𤔔順、理之則順之引申義。順有好義者，今所謂順眼順心。

𡣍 𡣍 《説文》："𡣍，順也。从女，𤔔聲。《詩》曰：'婉兮𡣍兮。'孌，籀文𡣍。"段注："《邶風》傳曰：'孌，好皃。'《齊風》傳曰：'婉孌，少好皃，義與許互相足。'"

按𡣍 luǎn（來元）从𤔔聲（來元）訓順，婉順。字从𤔔聲，此用𤔔治、治之則順的引申義。

亂 亂 《説文》："亂，不治也。从乙𤔔，乙治之也。"楊樹達先生《積微居小學述林》："余謂字當从爪从又，爪又皆謂手也。𤔔从爪从又者，人以一手持絲，又一手持互以收之，絲易亂，以互收之，則有條不紊。故字訓治訓理也。如此則形義密合無間，許君之誤説顯然矣。"

按亂 luàn（來元）从𤔔聲（來元）訓治，治絲，一手持絲一手持互以收之，則絲理順。亂字雙向取義，既指絲亂，也指將絲理順，是同一事物的兩個方面，有亂則治理之，治者治亂，治之則亂轉化爲順。

薍 薍 《説文》："薍，𦶇也。从艸，亂聲。八月薍爲萑，葭爲葦。"段注："各本脱'萑葭爲'三字，今補正。按此正申明未秀爲𦶇、既秀爲萑之恉。八月，秀之時也。言'葭爲葦'者，類言之也。《豳》詩：'八月萑葦。'傳云：'薍爲萑，葭爲葦。'謂至是月，而薍秀爲萑，葭秀爲葦矣。許正用毛語。"

朱駿聲通訓定聲："按即菼也蒹也。未秀爲菼，至八月秀爲萑。"

按亂 wàn（疑元）从亂聲（來元）訓薍，初生的荻即未秀的薍。字从亂聲，訓薍，字或作菼，从炎（匣談）。炎即燄之本字，燄（余談）火焰上鋭，有火舌如鋒，此以喻初生之荻其葉鋭有鋒芒。字从亂聲，蓋爲炎聲之借。炎孳乳爲剡。《説文》："剡，鋭利也。"亂、炎疑匣旁紐，元談通轉，古音相近，此以音近相借。

# 屯部第十五

## 分聲字

**分** 《説文》："分，别也。从八刀。刀以分别物也。"

按分 fēn（幫文）字从八刀會意。字从八，八取象人兩手向左右横向伸張，即人手向左右分開。《説文》："八，别也。象分别相背之形。"所説抽象而不切實，八本表分，加刀則分别之義尤顯。刀是分的器具，引申爲分開、分離之稱。

**氛** 《説文》："氛，祥氣也。从气，分聲。雰，氛或从雨。"段注："謂吉凶先見之氣。……《晋語》曰'見翟柤之氛'。注：'氛，祲氛凶象也。凶曰氛，吉曰祥。'玉裁按，統言則祥氛二字皆兼吉凶，析言則祥吉氛凶耳。"徐灝注箋："書傳言氛皆主凶事，無言祥吉者。"

按氛 fēn（滂文）从分聲（幫文）訓祥氣。古代所謂預示吉凶徵兆的雲氣，也單指凶氣。字从分聲，此用分分散、散發之引申義。今語氣氛二字爲同義複詞。

**𡴘** 《説文》："𡴘，屮初生，其香分布也。从屮，分聲。芬，𡴘或从屮。"段注："《衆經音義》兩引《説文》'芬，芳也'，其所據本不同。按《屮部》：'芳，屮香也。'《詩》説馨香多言苾芬。《大雅》毛傳曰：'芬芬，香也。'然則玄應所據正是古本。"

按𡴘 fēn（滂文）从分聲（幫文）訓草初生，其香分布。字从分聲，此用分之分布、散發義。

**釁** 《説文》："釁，血祭也。象祭竈也。从爨省。从酉，酉所以祭也。从分，分亦聲。"段注："《孟子·梁惠王》趙注曰：

‘新鑄鐘殺牲以血塗其釁郤，因以祭之曰釁。……（从分，）取血布散之意。’”

按釁 xìn（曉文）从分聲（幫文）訓血祭，殺牲以血涂在新鑄鐘的縫隙處。字从分聲，此用分之分布義。釁讀曉母文部字者，釁以分之韵部爲韵，以血（曉質）之聲紐爲聲，即將血分布在鐘體的表層，實密其縫隙，使鐘音清越。所以説凡形聲字都是會意字，亦聲字之説是不科學的。

**攽** 《説文》：“攽，分也。从攴，分聲。《周書》曰：‘乃惟孺子攽。’”段注：“《雒誥》文。今《尚書》作頒，蓋孔安國以今文字易之。《周禮》亦作頒。當是攽爲正字，頒爲假借字。鄭司農云：‘頒讀爲班布之班。’據許所稱古文則當云頒當爲攽。不爾者，漢時攽字不行也。”

按攽 bān（幫文）从分聲（幫文）訓分。字从分聲，此用分之分與義。而作頒者，頒之本義爲大頭，此爲同音假借。

**盼** 《説文》：“盼，白黑分也。《詩》曰：‘美目盼兮。’从目，分聲。”段注：“毛曰：‘盼，白黑分也。’”

按盼 pàn（滂文）从分聲（幫文）訓白黑分，眼珠黑白分明，喻美目清澈流轉。字从分聲，此用分之剖分義，謂黑白之界限分明，絶不相混，引申爲顧盼、盼望。

**羒** 《説文》：“羒，牡羊也。从羊，分聲。”段注：“各本作牂，羊誤，今依《初學記》正。《釋嘼》：‘羊牡，羒。’郭曰：‘謂吴羊白羝。’《廣韵》：‘羒，白羝羊也。’”

按羒 fén（並文）从分聲（幫女）訓牡羊，公羊，白色公羊。字从分聲，凡物分之則小。又分之則散，散則大，此用分散則大之引申義。又从分聲有白義者，粉聲（幫文）之借，米粉之則呈白色，語所謂“粉白”。字从分聲，此兼用分之分散則大和米粉之則白的引申義。

**鳻** 《説文》：“鳻，鳥聚皃也。一曰飛皃也。从鳥，分聲。”段注：“言繽紛也。”

按鳻 fén（並文）从分聲（幫文）訓鳥聚皃。凡物分則散，合則聚，可分則可合，有聚必有散，此物理之必然。漢字字義此類情形甚多，可稱之爲反向取義，或叫雙向取義。字从分聲，此用分反向之義。段氏“言繽紛也”，紛从分聲，亦反向取義。

**盆** 《説文》：“盆，盎也。从皿，分聲。”段注：“《廣雅》‘盎謂之盆’。《考工記》‘盆實二鬴’。”

按盆 pén（並文）从分聲（幫文）訓盎。段氏於盎下注曰：“凡言盎然者皆謂盛，以音假借也。”盛大義相函。盆實二鬴亦言盆大。字从分聲有大義者，此用分分散則大之引申義。又分、賁（並文）古音相近，从賁聲字多有大義，義亦與分相關。

**枌** 《説文》：“枌，枌榆也。从木，分聲。”段注：“三字句，各本少枌，淺人以爲複字而誤删之。枌榆者，榆之一種，漢初有枌榆社是也。”《爾雅·釋木》：“枌，白榆。”又《詩》毛傳：“枌，白榆也。”

按枌 fén（並文）从分聲（幫文）訓白榆。字从分聲有白義者，粉聲（幫文）之借。韩愈《送李愿歸盤谷序》：“粉白黛緑者，列屋而閒居。”此用米粉色白之義。

**棼** 《説文》：“棼，複屋棟也。从林，分聲。”段注：“複屋，《考工記》謂之重屋。《木部》曰：槾，棼也。是曰槾曰棼者，複屋之棟也。……按《左傳》‘治絲而棼之’，假借爲紛亂字。”徐灝注箋：“施於屋梁之下，而別以竹木排列承之，所謂棼也。”

按棼 fén（並文）从分聲（幫文）訓複屋棟。字从分聲，此用物分之則散，散則多，引申爲繁複之義。

**貧** 《説文》：“貧，財分少也。从貝分，分亦聲。[illegible]，古文从宀分。”段注：“謂財分而少也。合則見多，分則見少。”

按貧 pín（並文）从分聲（幫文）訓財分少，財因分而少。字从分聲，此用分之則少之義。

**邠** 《説文》：“邠，周大王國，在右扶風美陽。从邑，分聲。豳，美陽亭即豳也。民俗以夜市，有豳山，从豩，闕。”

按邠 bīn（幫文）从分聲（幫文）訓周大王國。字从分聲，作國名字，此但借其聲。

**粉** 《説文》："粉，所以傅面者也。从米，分聲。"段注："所以二字舊奪，今補。小徐曰：古傅面亦用米粉。故《齊民要術》有'傅面粉英'。按據賈氏説，粉英僅堪妝摩身體耳。傅人面者，固胡粉也。……引申爲凡細末之稱。"

按粉 fěn（幫文）从分聲（幫文）訓所以傅面者，化妝用粉末。字从米分會意，米分（粉碎）則白。故粉有白義。

**黺** 《説文》："黺，袞衣山龍華蟲黺，畫粉也。从黹，分聲。衛宏説。"段注："《尚書》山、龍、華蟲，不與粉相屬。許書恐轉寫有奪誤。"曾運乾《尚書正讀》："自日月至黼黻凡十二章，天子以飾祭服。日也、月也、星辰也、山也、龍也、華蟲也，六者畫以作繪，施於衣也。宗彝也、藻也、火也、粉米也、黼也、黻也，六者黹以爲繡，施於裳也。"

按黺 fěn（幫文）从分聲（幫文）訓袞衣。字从分聲，當爲粉聲（幫文）之借，粉者，粉米。黹，粉米之圖案，飾於天子祭服之裳。

**帉** 《説文》："帉，楚謂大巾曰帉。从巾，分聲。"段注："《方言》：'大巾謂之帉。'《内則》曰：'左佩紛帨。'鄭云：'紛帨，拭物之佩巾。今齊人有言紛者。'《釋文》曰'紛或作帉'，按紛者叚借字也，帉帉同。"

按帉 fēn（滂文）从分聲（幫文）訓楚謂大巾曰帉，字从分聲，此用分分之則小、合之則大、分之則散、散之則大之引申義。

**份** 《説文》："份，文質僃也。从人，分聲。《論語》曰：'文質份份。'彬，古文份。从彡林，林者从焚省聲。"段注："僃當作葡，許訓葡曰具，訓僃曰慎。……《論語·雍也篇》'文質彬彬，然後君子'，包咸注曰：'彬彬，文質相襍之皃也。'鄭注曰：'彬彬，襍半皃也。'按古謂集爲襍。集，聚也。……俗份作斌，取文武相半意。"

按份 bīn（幫文）从分聲（幫文）訓文質備，文質兼備。字从分聲，此用由分而合之之義。文質兼具於一身，混然一體。

**衯** 《説文》："衯，長衣皃。从衣，分聲。"段注："《子虛賦》：'衯衯裶裶。'郭璞曰：'皆衣長貌也。'"

按衯 fēn（滂文）从分聲（幫文）訓長衣皃。字从分聲，此用分之則少、聚之則多、分之則短、續之則長的引申義。

**頒** 《説文》："頒，大頭也。从頁，分聲。一曰鬢也。《詩》曰：'有頒其首。'"段注："《小雅·魚藻》曰：'魚在在藻，有頒其首。'傳曰：'頒，大首皃。'"

按頒 fén（並文）从分聲（幫文）訓大頭。字从分聲，此用分分之則小、合之則大的引申義。一曰鬢也，則以頒鬢（幫頁）雙聲，文真旁轉，古音相近而假借。

**鼢** 《説文》："鼢，地中行鼠，伯勞所化也。一曰偃鼠。从鼠分聲。蚡，或从虫分。"段注："《釋獸》有'鼢鼠'。郭云：'地中行者。'陶隱居云：'鼹鼠，一名隱鼠，一名鼢鼠，常穿耕地中，討掘即得。'……《方言》謂之犁鼠。犁即犁字，自其場起若耕言之，則曰犁鼠。"

按鼢 fén（並文）从分聲（幫文）訓地中行鼠，穿耕地中，起土如犁。字从分聲，蓋墳聲（並文）之借，謂起於地表墳起。借分爲墳，以名其鼠，此以業爲名。

**忿** 《説文》："忿，悁也。从心，分聲。"段注："忿與憤義不同，憤以气盈爲義，忿以狷急爲義。"

按忿 fèn（滂文）从分聲（幫文）訓悁。《説文》："悁，忿也。"悁、忿互訓。段注："悁之言猥也。猥，急也。"今湖湘俗語形容人特别着急，叫"急起跳"，謂心亂無主張，此正用猥（狷）狗急疾跳之比喻義。字从分聲蓋紛聲（滂文）之借，用紛之紛亂義。

**汾** 《説文》："汾，汾水。出太原晋陽山，西南入河。从水，分聲。或曰出汾陽北山冀州浸。"

按汾 fén（並文）从分聲（幫文）訓汾水。字从分聲，作水名字，此但借其聲。

魵 《説文》："魵，魵魚也。出薉邪頭國。从魚，分聲。"段注："《釋魚》曰：'魵，鰕。'謂魵魚一名鰕魚也。"

按魵 fén（滂文）从分聲（幫文）訓魵魚。郝懿行《爾雅義疏》："《御覽》引《廣志》云：'斑文魚出濊國，獻其皮。'《魏略》云：'濊國出斑魚皮，漢時恒獻之。'然則斑魚即魵魚，魵斑聲近。"是魵从分聲當爲斑聲（幫元）之借，此魚皮有斑文，故稱魵魚，此以德爲名。魵、斑幫滂旁紐，文元旁轉，此以音近相借。

扮 《説文》："扮，握也。从手，分聲。讀若粉。"段注："《太玄》曰：'地則虚三以扮天之十八也，扮猶并也。'"

按扮 fěn（並文）从分聲（幫文）訓握，此以大拇指與其他四指反向分張，然後合攏握物。字从分聲，此用分而後合的引申義，分張是爲合而握緊。今俗讀 bàn，用爲裝扮、打扮、扮演字。

紛 《説文》："紛，馬尾韜也。从糸，分聲。"段注："韜，劍衣也。引申爲凡衣之稱。《釋名》曰：'紛，放也。防其放弛以拘之也。'……《羽獵賦》注：'紛，旗流也。'《尚書》'敽乃干'，傳曰'施汝盾紛'，《離騷》用繽紛字，皆引申叚借也。"

按紛 fēn（滂文）从分聲（幫文）訓馬尾韜。韜即今套字，馬尾毛多易亂，韜之使整而不亂。字从分聲，此用分聚之引申義，即分散的反向引申，散則易亂，故引申有紛亂義。

坋 《説文》："坋，塵也。从土，分聲。一曰坋，大防也。"段注："凡爲細末糝物若被物者，皆曰坋。如左氏'芥其雞'，賈逵云：'季氏擣芥爲末播其雞翼，可以坌郈氏雞。'《五行志》'棄灰於道者，黥'。孟康云：'商鞅以棄灰於道必坋人，坋人必鬥，故設黥刑以絶其源。'《貨殖傳》'胃脯'，晋灼云：'焊羊胃以末椒薑坋之。'皆是也。……按坋之言被也。……《周南》傳曰：'墳，大防也。'"

按坋 fèn（並文）从分聲（幫文）訓塵，塵土，灰塵，粉塵。字从分聲，此用分之分散、細分之義。坋作動字，表動，當讀 fèn，此以聲調别義。凡粉末狀的物質揚起或噴灑於他物者皆可稱坋，如段注所説。

**班** 《説文》："班，分瑞玉。从玨刀。"段注："《堯典》曰'班瑞于群后'。……刀所以分也。……《周禮》以頒爲班，古班、頒同部。"

按班 bān（幫元）字从玨刀會意。从刀，刀所以分也。朱駿聲通訓定聲列班字於《屯部》，並説："从分省，會意，分亦聲。"古音班與頒（並文）同部，段氏在注中已指明，朱氏从分省之説，即于班从刀得之，是班以分聲爲語源。

**⿱菐八** 《説文》："⿱菐八，賦事也。从菐八。八，分之也。八亦聲，讀若頒。一曰讀若非。"段注："賦者，布也。《魯語》曰：'社而賦事，蒸而獻功。'……以煩辱之事分責之人也。……讀如頒者，如頒首之頒也。再轉入十四部，讀布還切矣。……凡从非之字，皆有分背之義。讀頒又讀非者，十三、十四部與十五部合韵之理。"

按⿱菐八 bān（幫元）从八聲（幫質）訓賦事，分配工作，各司其事，各盡其責。字从八聲，此用八分之引申義。

**梤** 《説文》："梤，香木也。从木，芬聲。"段注："芬爲艸香，故梤爲香木。"

按梤 fén（並文）从芬聲（滂文）訓香木。字从芬聲，此用芬草香之引申義。

**虋** 《説文》："虋，赤苗。嘉穀也。从艸，釁聲。"

按虋 mén（明文）从釁聲（曉文）訓赤苗嘉穀，即赤粱粟，穀的良種。字从釁聲有赤義者，釁血祭，血色紅，故引申有赤義，此相關引申。

**虨** 《説文》："虨，虎文彪也。从虎，彬聲。"段注："彪下曰'虎文也'，二字雙聲。假借作班。《漢書·叙傳》曰：'楚人謂虎班，其子以爲號。'……此正當作楚人謂虎文班。《上林賦》‘被班文’，《史記》作豳文。李善曰：‘班文虎豹之皮。’索隱引《輿服志》：‘虎賁騎被虎文單衣。’按豳與彪，同部之假借也；班與彪，同類之假借也。錢氏大昕曰：《易·象傳》：‘大人虎變，其文炳也。’……炳當爲彪，則音義皆近。”

按彪 bīn（幫真）从彬聲（幫文）訓虎文彪，虎文彪炳，虎皮上耀眼的斑紋。字从彬聲，此用彬文質兼的引申義。

## 允聲字

允  《説文》：“允，信也。从㠯儿。”段注：“《釋詁》《毛傳》皆曰：‘允，信也。’……大徐作‘从儿，㠯聲’，㠯非聲也。今依《韵會》所據小徐本：‘㠯，用也。任賢勿貳，是曰允。’”《甲骨文字典》：“象人頭頂有標誌之形，所象何意不明，前人考釋亦衆説紛紜。……均屬傅會立説不足取。據金文亦作，或作，可見人之頭部已訛作，故《説文》謂：‘允，信也。从儿，㠯聲。’王獻唐復據黄縣四盨謂允㠯同讀，證明《説文》允之从儿、㠯聲爲不誤。然亦於字形無説，字之本義無從得知。”

按允 yǔn（余文）字从儿从㠯會意。字从儿，即兒。《説文》：“貌，孺子也。从儿，象小兒頭囟未合。”《説文》：“孺，乳子也。一曰輸也，輸尚小也。从子，需聲。”需聲與乳子義無關，字从需聲（心侯）當爲乳聲（日侯）之借。乳子要生存，能用的主要是口，用口吃奶，用口哭表達訴求。要吃，這是乳子生存的本能。字中有㠯，㠯用，用口省略了口，據此可以斷定，允即吮之本字。《説文》“吮，欶也”，又“欶，吮也”。欶从朿，合口含着（乳頭），从欠，用力吸吮，吮、欶互訓，本義都是吮乳。吮吸，義近而有別，吮乳頭在上，由上向下吮，吸是由下向上吸，孳乳爲汲，用汲缾从井中汲水，故从允聲字，多有向下義。《説文》：“沇，沇水，出河東垣東王屋山，東爲㳂。从水，㕣聲。，古文沇如此。”按沇作水名字，此但借其聲，㕣即今沿字。沿、泝相對，逆流而上爲泝，順流而下爲沿。又衮字，《説文》：“衮，天子享先王。卷龍繡於下常，幅一龍，蟠阿上鄉。从衣，㕣聲。”段注：“龍曲體而卬首，故曰蟠阿。”字从㕣聲，而取象龍曲體卬首，此正以乳子吮奶頭向上張口爲喻。允之有允許義者，乳子不能自行吮乳，必得母親允許。既允其吮乳，必誠信而不可欺。古人認爲幼兒是不可欺的。《家語》“曾子殺彘”的故事，就有力地證明了這一點，故允引申有誠信義。

**吮** 《説文》：“吮，欶也。从口，允聲。”段注：“《欠部》云：‘欶，吮也。’”

按吮 shǔn（船文）从允聲（余文）訓欶。《説文》：“欶，吮也。”段注：“二篆爲轉注。《通俗文》：‘含吸曰欶。’”吮是允的加注形旁字，允是吮的本字。允的初義當是乳子含住乳頭吸奶。引申爲允許、誠信等義，並爲申引義所專，字遂加口作吮，以示區別。

**夋** 《説文》：“夋，行夋夋也。一曰倨也。从夊，允聲。”段注：“《亢部》𡕒下曰：‘夋，倨也。’故莽𡕒字从夋會意。”

按夋 qūn（清文）从允聲（余文）訓行夋夋，一曰倨也。字从允，允是乳子在吮奶，允从儿，儿是乳子的身子與脚。从夊，夊亦足。但此夊不是乳子的脚，而是乳母親的脚，母親懷抱乳子在吃奶，一邊慢步走動。徐鍇繫傳：“夋夋，舒遲也。”徐灝注箋：“夋、逡古今字。夋夋，猶逡巡也。”都是較合理的。許氏又訓倨者，人坐姿低，蹲踞則高，故从夋聲字多有高義。乳子身材短小，抱在母親懷裏，就顯得高了。不毁簋之字，下从，正取象嬰兒抱在母親懷裏之形。

**𡴘** 《説文》：“𡴘，進也。从夲，从屮，允聲。《易》曰：𡴘升大吉。”段注：“《㫃部》旞下曰：‘導車所載全羽以爲允。允，進也。許意謂即𡴘之省也。……屮者，進之意也。’《升·初六》爻辭，鄭曰：‘升，上也。’荀爽云：‘謂一體相隨，允然俱升。’九家《易》曰：‘謂初失正，乃與二陽允然合志俱升。’允然者，升之皃，不訓信，蓋古本作𡴘升也。”徐鍇繫傳："㽙，今《易》作允。"《玉篇》："㽙，或作允。"

按㽙 yǔn（余文）同允，允取象乳子頭朝上吮食母乳，故引申有進升之義。

銳 《説文》："銳，侍臣所執兵也。从金，允聲。《周書》曰：一人冕，執銳。讀若允。"馬宗霍引經考："其實許列銳篆于鋋、鉈、鏦、錟之間，諸字皆訓矛，銳不言何兵，宜當爲矛之類。"《書・顧命》"一人冕，執鋭"，宋蔡沈注："鋭，當作銳。"孫星衍疏："鋭，譌字也。當從《説文》作銳。"

按銳 yǔn（余文）从允聲（余文）訓侍臣所執兵。古侍臣所執多矛類兵器。矛類兵器，兵刃直指向上，刀刃即刀口。字从允聲，此用允（吮之本字）乳子吮食母乳頭口朝上之比喻義。

沇 《説文》："沇，沇水，出河東垣東王屋山，東爲泲。从水，允聲。㕣，古文沇如此。"段注："按泉出沮洳曰沇，引伸爲沇州。《口部》曰：'九州之渥地也，故以沇名焉。'……古文作㕣，小篆作沇，隸變作兖。此同義而古今異形也。"

按沇 yǎn（余元）从允聲（余文）訓沇水。字从允聲，作水名字，此但借其聲。沇即今沿字，沿者順流而下。乳子吮乳，乳汁順流而下，水之順流而下似之，故借允爲喻。

阭 《説文》："阭，高也。从𠂤，允聲。一曰石也。"俞樾《兒笘録四・阭》："此即陖之古文也。陖篆説解曰：'峭高也。从𠂤，夋聲。'夋字本从允聲，則夋聲即允聲矣。"

按阭 yǔn（余文）从允聲（余文）訓高。字从允聲，允即吮之本字。吮是乳子抱在母親懷裏，頭朝上吮乳，故引申有向上、上升之義。此用允之引申義。字从夋者，乳子本不高，抱在母親懷裏就變高了。故夋訓倨，人蹲踞比跽坐高，是夋有高義。

䞭 《説文》："䞭，行速䞭䞭也。从走，夋聲。"段注："鍇本'行速䞭䞭'，䞭䞭者，行速皃。鉉本改下'䞭'字爲'也'字，非。《夊部》曰：'夋，行夋夋也。'《廣雅・釋宫》曰：'䞭，奔也。'"

按䞭 cūn（清文）从夋聲（清文）訓行速䞭䞭。字从走，走即今奔跑字。从夋聲，夋有高義，行走時脚抬得高，步子就跨得遠，故有速義，此用夋高之引申義。

**逡** 《説文》：“逡，復也。从辵，夋聲。”段注：“《彳部》曰：‘復，往來也。’《方言》：‘躔，逡循也。日運爲躔，月運爲逡。’”

按逡 qūn（清文）从夋聲（清文）訓復，往來走動。夋的初義當爲母親懷抱乳子餵奶，在室内小步走動。《方言》“日運爲躔”，《説文》：“躔，踐也。”段注：“《方言》：‘躔，歷行也。’”躔从廛，《説文》：“廛，二畝半也，一家之凥。”躔的初義是人在屋内走動，引申指太陽在天空運行，从人的視覺運動説，日月在天空的運行是舒緩的，而且是循環往復的。

**鵔** 《説文》：“鵔，鵔鸃，鷩也。从鳥，夋聲。”段注：“師古注《上林賦》曰：‘鵔鸃，鷩也。似山雞而小冠。背毛黄，腹赤，項緑，尾紅。’按許云赤雉者，不必全赤，謂赤多也。劉逵注《蜀都賦》曰：‘蜅蛦，鳥名也。如今之所謂山雞。’”

按鵔 jùn（精文）从夋聲（清文）訓鵔鸃，鷩也。《説文》鸃下説：“鵔鸃也。从鳥，義聲。秦漢之初，侍中冠鵔鸃。”冠鵔鸃，謂以鵔鸃之尾羽爲冠飾。鷩，鷩雉，即錦鷄，羽毛美麗，可以爲飾。字从夋聲，夋有高義，雉類諸鳥尾羽皆特長，可以高翹，故以鵔名之，此以德爲名。

**朘** 《説文》：“朘，赤子陰也。从肉，夋聲。”朱駿聲通訓定聲：“《老子》‘未知牝牡之合而朘作’。音義引《説文》有此字。《聲類》朘又作𡲹。按《老子》王本作全。《釋文》：‘河上作峻，本一作朘，全者卵字之借也。’又《漢書・董仲舒傳》：‘民日削月朘。’孟康注：‘謂轉褰踧也。’蘇林注：‘俗語謂縮朒爲朘朒。’皆即今皴字之訓。《説文》亦無皴，按月朘之朘，則鐫字之借或浚字之借也。今姑附于此。”

按朘 zuī（精微）从夋聲（清文）訓赤子陰，男孩的生殖器。字从夋聲，此用夋高之引申義。謂男孩的生殖器在體表，與女陰凹入相對，故曰朘。《老子》“朘作”，謂男根勃起。又讀 juān（精文）者，謂收縮，皮膚收縮則起皺，俗稱朘，今讀 cuān。

梭 𣛢 《說文》：“梭，梭木也。从木，夋聲。”段注：“今人訓織具者，用爲杼字也，於其雙聲讀之也。《廣雅》作‘梭’。”

按梭 xùn（心元）从夋聲（清文）訓梭木，不知今爲何木，其語源不詳。作織具之梭，以與杼（定魚）聲母相近而假借。

俊 㑺 《說文》：“俊，材過千人也。从人，夋聲。”段注：“大徐本無過字，《尹文子》曰：‘千人才曰俊，萬人曰傑。’《淮南·泰俗訓》曰：‘智過萬人者謂之英，千人者謂之俊，百人者謂之豪，十人者謂之傑。’……按《尚書》以畯爲俊。《山海經》以俊爲舜。”

按俊 jùn（精文）从夋聲（清文）訓才過千人，才智超群的人。字从夋聲，此用夋高之引申義。

駿 𩣡 《說文》：“駿，馬之良材者。从馬，夋聲。”段注：“引伸爲凡大之稱。《釋詁》《毛傳》皆曰：‘駿，大也。’”

按駿 jùn（精文）从夋聲（清文）訓馬之良材者，良馬。字从夋聲，此用夋高之引申義。

狻 𤡟 《說文》：“狻，狻麑，如虦苗食虎豹。从犬，夋聲。見《爾雅》。”段注：“苗，各本作貓，今依《虎部》正。虦苗謂淺毛也。《釋獸》曰：‘虎竊毛謂之虦苗。’狻麑如虦苗食虎豹，許所本也，於此詳之。故《鹿部》麑下祇云‘狻，麑也’。全書之例如此。”《爾雅·釋獸》郭注：“即師子也，出西域。”

按狻 suān（心元）从夋聲（清文）訓狻麑，也作狻猊、師子。師子即獅子，爲大獸，猛獸。字从夋聲，此用夋高之引申義。

焌 𤇸 《說文》：“焌，然火也。从火，夋聲。《周禮》曰：‘遂籥其焌。’焌火在前，㠯焞焯龜。”段注：“以火燒物曰然。……

《周禮·垂氏》曰：‘凡卜，以明火爇燋，遂歈其焌契，以授卜師。’注云：‘焌，讀如戈鐏之鐏，謂之契柱燋火而吹之也。’……燋謂炬，其存火。”

按焌 jùn（精文）訓然火，燃火以燒物，也特指燃火灼龜。凡燋炬之火，有火無焰，吹之則焰起，焰起則高。字从夋聲，此用夋高之引申義。

**竣**　《説文》：“竣，居也。从立，夋聲。《國語》曰：‘有司已事而竣。’”段注：“各本作偓竣也。説者謂即偓佺，今正。《尸部》曰：‘居，蹲也。’《足部》曰：‘居，蹲也。’郭注《山海經》、徐廣《史記音義》皆曰：‘踆，古蹲字。’”朱駿聲通訓定聲：“偓者倨之誤字，倨者踞之借字也。實與蹲同。字亦作踆。”

按竣 jùn（清文）从夋聲（清文）訓居。居是踞的本字，踞與蹲同字，或作踆。竣是有司事已而竣，司事人員蹲下來稍事休息（蓋等待查驗）。《玉篇》竣訓退伏，其説不確。蹲踞與坐相對，古人坐姿低，蹲踞身顯高，故以竣名之，此以業爲名，用夋高之引申義。

**悛**　《説文》：“悛，止也。从心，夋聲。”段注：“《方言》：‘悛，改也。自山而東或曰悛，或曰懌。’”

按悛 quān（清文）从夋聲（清文）訓止，停止，改悔。字从夋聲，蓋爲竣聲（清文）之借，用竣事已而竣之引申義。

**浚**　《説文》：“浚，抒也。从水，夋聲。”段注：“抒者挹也，取諸水中也。《春秋經》：‘浚洙。’《孟子》‘使浚井’，《左傳》‘浚我以生’義皆同。浚之則深，故《小弁》傳曰：‘浚，深也。’”

按浚 jùn（心文）从夋聲（清文）訓抒，从水中取上來，指將水中的淤泥取上來。字从夋聲，此用夋高之引申義，引申爲深。浚井、浚洙，把井中、水中的淤泥取走，則井、河道加深。

**捘**　《説文》：“捘，推也。从手，夋聲。《春秋傳》曰：‘捘衛侯之手。’”段注：“謂排擠也。……定八年《左傳》曰：‘將歃，涉佗捘衛侯之手及捥。’此謂衛侯欲先歃，涉佗執其手卻之，由指掌逆推及於掔也。”

按捘 zùn（精文）从夋聲（清文）訓推。“捘衛侯之手”，段解爲“執其手卻之，由指掌逆推及於掔”，其説殊確。逆推者其勢向上，字从夋聲，此用夋高之引申義。

**畯** 《説文》：“畯，農夫也。从田，夋聲。”段注：“《釋言》曰：‘畯，農夫也。’孫云：‘農夫，田官也。’《詩·七月》：‘田畯至喜。’傳曰：‘畯，田大夫也。’”

按畯 jùn（精文）从夋聲（清文）訓農夫，田官，古代掌管農事的官。字从夋聲，此用夋高之引申義，田官是農民的上司。

**陖** 《説文》：“陖，陗高也。从𨸏，夋聲。”段注：“謂斗直而高也。卑者雖直，不得云陖矣。《山部》𡺸，或作峻，高也。此陖，峭高也，是峻陖之别也。專言高者，或未必陗矣。陖古叚借洒字爲之。《邶風》曰：‘新臺有洒。’傳曰：‘洒，高峻也。’”峻即陖之同音通用。傳意謂經之洒，即陖之叚借也。

按陖 jùn（心文）从夋聲（清文）訓峭高，山高而陡峭。字从夋聲，此用夋高之引申義。字从𨸏，今字作阜，有陡峭義。

**𡺸** 《説文》：“𡺸，高也。从山，陖聲。”朱駿聲通訓定聲：“按即陖之或體，今系于此。”

按𡺸 jùn（心文）从陖聲（清文）訓高。此即陖之或體，今字作峻。

**酸** 《説文》：“酸，酢也。从酉，夋聲。關東謂酢曰酸。𤁁，籒文酸，从畯。”段注：“《月令》：‘春三月，其味酸。’《鴻範》：‘曲直作酸。’”馬宗霍《説文解字引方言考》卷四：“許君不訓酸爲醯，而訓酸爲酢，且以關東系之者，蓋周人謂醯爲酢，漢人謂醯爲酢，而關東方俗語又謂酢爲酸也。”

按酸 suān（心文）从夋聲（清文）訓酢。酢即今醋字。字从夋聲者，人喝了醋頓時感到强刺激，不自覺地向上吸氣。字从夋聲，此用夋高之引申義。又酢从乍聲則爲作聲之借，用作之振作義。作夋同有高義。酸、酢古皆作名字，今則皆作形容字，表酸味，如“酢菜”即“酸菜”，此古今之別。

**葰** 《説文》：“葰，薑屬，可以香口。从艸，俊聲。”段注：“《既夕禮》：‘實綏澤焉。’注：‘綏，廉薑。澤，澤蘭也。’皆取其香且禦溼。按綏者葰之叚借字，一名山辣，今藥中三柰也。《吴都賦》謂之‘薑彙’。”《廣雅·釋草》：“廉薑，葰也。”

按葰 suī（心微）从俊聲（精文）訓薑屬，可以香口。葰即廉薑，一種香菜，今湖湘俗語叫“芫荽菜”，即廉葰之語轉。心精旁紐，文微對轉。字从夋聲，此用夋高之引申義。此菜特香，香氣向上向旁發散。芬、熏字从中，中表向上是其比。《漢語大字典》注音爲心母脂部，脂部實誤，文部與脂部有隔。

**霰** 《説文》：“霰，小雨也。从雨，酸聲。”胡文英《吴下方言考·元韵》：“霰，小雨貌。吴中謂小雨曰霰霰然落也。”

按霰 suān（心元）从酸聲（心元）訓小雨。字从酸聲，蓋戔聲（从元）之借。《説文》：“戔，賊也。”段注：“此與殘音義皆同。”凡物殘之則小，故从戔聲，多有小義。此以音近相借，用戔小之引申義。

## 斤聲字

**斤** 《説文》：“斤，斫木斧也。象形。”段注：“此依小徐本，凡用斫物者皆曰斧，斫木之斧則謂之斤。”

按斤 jīn（見文），象形字，訓斫木斧。斧斤相對，斤小斧大，斫大木用斧，斫小木散材用斤，斤即湖湘俗語的“砍柴刀”。斤小引申爲斤兩字，對小事特計較，叫“斤斤計較”。

**祈** 《説文》：“祈，求福也。从示，斤聲。”段注：“祈求雙聲。”

按祈 qí（群文）从斤聲（見文）訓求福。字从斤聲，當爲乞聲（溪物）之借，用乞之乞匄、乞求之義。祈、乞溪群旁紐，文物陽入對轉，古音相近。又乞、求群母雙聲。

**蘄** 《説文》："蘄，艸也。从艸，靳聲。江夏有蘄春縣。"段注："《釋艸》蘄字四見，不識許所指何物也。"朱駿聲通訓定聲："此字本訓當爲香草，山、白、馬皆冒蘄名也。"

按蘄 qí（群微）从斤聲（見文）訓草，香草。《廣雅·釋草》："山蘄，當歸。"按當歸氣芳香，字从山，據王闓運《爾雅集解·釋草》"藿，山韭，茖山葱"條下説："此篇自有詞例，凡言山皆香草，非分家野也。"並證之以"此所謂山韭，今春蘭也"。此針對郭璞注"今山中多有此菜，皆如人家所種者"駁之。字从斤聲當爲分聲（幫文）之借，用分之孳乳字芬之香氣分布義，微文陰陽對轉，此以叠韵相借。又从斤者，斧斤所以開物，是斤引申亦有分開義。

**芹** 《説文》："芹，楚葵也。从艸，斤聲。"段於菦下注："《詩》《禮》皆作芹，……按即今人所食芹菜。"朱駿聲通訓定聲："即今水芹菜也。……《吕覽·本味》：'菜之美者，雲夢之芹。'"

按芹 qín（群文）从斤聲（見文）訓楚葵，雲夢之芹，芹菜氣芳香，食之開味。字从斤聲，此用斧斤所以開物之引申義。

**菦** 《説文》："菦，菜，類蒿。从艸，近聲。《周禮》有菦菹。"段注："《詩》《禮》皆作芹。《小雅》箋曰：'芹，菜也，可以爲菹。'《魯頌》箋曰：'芹，水菜也。'《釋艸》及《周禮》注曰：'芹，楚葵也。'按即今人所食芹菜。"

按菦 qín（群文）从近聲（群文）訓菜、楚葵，即芹菜。菦、芹音義皆同，當爲一字之異體。字从近聲蓋爲斤聲之借，用斧斤開物之引申義。

**听** 《説文》："听，笑皃也。从口，斤聲。"段注："司馬相如賦：'亡是公听然而笑。'"

按听 yǐn（疑文）从斤聲（見文）訓笑皃，謂開口笑，語所謂笑口常開。字从斤聲，此用斧斤所以開物之引申義。

**赾** 《説文》："赾，行難也。从走，斤聲。讀若堇。"段注："《廣雅》'赾，難也'。按今人靳固字當作此赾字。"

按赾 qǐn（溪文）从斤聲（見文）訓行難。字从斤聲蓋爲艱聲（見文）之借。《説文》："艱，土難治也。"此用艱土難治之引申義。錢坫斠詮："《廣雅》：'赾，難也。'曹憲讀爲謹，即謹於行字。"説與難無關，其説實誤。赾从斤，斤、堇（見文）古音同，堇者黏土，此以土難治喻行難。

**近** 《説文》："近，附也。从辵，斤聲。㞡，古文近。"段注："許附爲附婁字，坿爲坿益字。疑附近當作坿也。"

按近 jìn（群文）从斤聲（見文）訓附，附近，接近，靠近。字从斤聲，斧斤斫物必與物逼近。此用斧斤斫物之引申義，又引申爲凡人物之相接近。

**齗** 《説文》："齗，齒本肉也。从齒，斤聲。"段注："各本無肉，玄應兩引作'齒肉也'。《篇》《韵》皆作'齒根肉也'，今補。……此骨出肉外，故肉爲骨本。"

按齗 yín（疑文）从斤聲（見文）訓齒本肉。字从斤聲，當爲根聲（見文）之借，根、本音義並近，此用根之根本義。

**訢** 《説文》："訢，喜也。从言，斤聲。"段注："此與《欠部》欣音義皆同。《萬石君傳》'僮僕訢訢如也'。晋灼引許慎曰：'訢，古欣字。'"

按訢 xīn（曉文）从斤聲（見文）訓喜。字从斤聲，此用斧斤所以開物之引申義。人高興時有説有笑，不高興時悶不作聲，開口説話和開口笑，都是喜悦的表現。

**欣** 《説文》："欣，笑喜也。从欠，斤聲。"

按欣 xīn（曉文）、訢音義皆同，訢爲古欣字，此一字之異體。

**靳** 《説文》："靳，當膺也。从革，斤聲。"段注："《左傳》曰'吾從子如驂之有靳'。杜曰：'靳，車中馬也。言已從書，如驂馬之隨靳也。'正義曰：驂馬之首，當服馬之胸，胸上有靳。故云我從子如驂當服之靳。……游環在服馬背上，驂馬外轡貫之，以止驂之出，故謂之靳環。靳者，驂馬止而不過之處，故引伸之義爲靳固。"

按靳 jìn（見文）从斤聲（見文）訓當膺，服馬當胸的皮帶，因作服馬（古人車駕四馬，當中的二馬叫服馬）的代稱。游環在服馬背上，驂馬外轡貫之，以止驂馬之出，是靳的作用在控制驂馬，使不超出服馬。故靳引申有靳固義。字从斤聲，當爲刃聲（日文）之借。《説文》：“刃，刀堅也。”刃上一點，表示刀口上有血，用刀口有血表示刀刃，血有黏性，黏結則固，孳乳爲軔。《説文》：“軔，所以礙車也。”軔即塞在車前（輪下）的橫木，所以止車前行，車行必抽走礙車橫木，故出車叫“發軔”。靳字从斤聲，當爲軔聲之借，此用軔止之引申義。靳引申有吝嗇義，吝（來文）、靳叠韵，當爲同源，見母轉來母，此關乎古漢語有複輔音。

䖐 《説文》：“䖐，虎聲也。从虎，斤聲。”段注：“猶狺爲犬吠聲。”

按䖐 yín（疑文）从斤聲（見文）訓虎聲，虎吼聲。字从斤聲，作象聲字，此但借其聲。

昕 《説文》：“昕，且明也。日將出也。从日，斤聲。讀若希。”段注：“小徐作‘旦也，明也’。《韵會》作‘旦，明也’。今正爲且明。《文王世子》‘大昕’，鄭云‘早昧爽也’，是昕即晨而未旦也。……昧爽於旦猶遠，昕於旦，僅一間耳，故毛云‘明之始升’。”

按昕 xīn（曉文）从斤聲（見文）訓且明，謂天將曉而未大明，東方天空發白，出現一綫曙光。湖湘俗語叫“天開亮”。字从斤聲，此用斧斤所以開物之引申義。猶人在門内未出，而先聞其聲。

旂 《説文》：“旂，旗有衆鈴以令衆也。从㫃，斤聲。”段注：“《爾雅》曰：‘有鈴曰旂。’《司常》職曰：‘交龍爲旂。’……畫交龍於正幅，一升一降，象諸侯升朝下復也。’”

按旂 qí（群微）从斤聲（見文）訓旗有衆鈴以令衆。旂作爲旗幟的通稱，皆所以令衆。旂、旗（群之）群母雙聲，之微通轉，从有衆鈴所以令衆説。字从斤聲蓋爲群聲（群文）之借，用群之群衆義。

頎 《説文》：“頎，頭佳皃。从頁，斤聲。讀若鬢。”段注：“此本義也。引申爲長皃。《衛風》‘碩人其頎’，《齊風》‘頎兮長兮’，傳皆曰：‘頎，長皃。’”

按頎 qí（群微）从斤聲（見文）訓頭佳皃，頭俊美。字从斤聲，蓋欣聲（曉文）之借。《説言》：“頎，笑喜也。”頭俊美見之令人欣喜，悦目，俗話叫“人見人愛”。此用欣之欣喜義。今北方方言稱女子貌美叫長得俊，頎俊義近，高長義相因。

**狺** 《説文》：“狺，犬吠聲。从犬，斤聲。”段注：“《九辨》：‘猛犬狺狺而迎吠。’王注：‘讒佞讙呼而在側也。’狺即狺字。”

按狺 yín（疑文）从斤聲（見文）訓犬吠聲。字从斤聲，作象聲字，此但借其聲。

**忻** 《説文》：“忻，闓也。从心，斤聲。司馬法曰：‘善者忻民之善，閉民之惡。’”段注：“闓者，開也。言闓不言開者，闓與忻音近。……忻謂心之開發，與《欠部》欣謂笑喜也異義。……謂開其善心，閉其惡心，是爲最善也。”

按忻 xīn（曉文）从斤聲（見文）訓闓，謂開啓心扉。此謂心之開發，啓發人向善之心。字从斤聲，此用斤斧斤所以開物之引申義。

**沂** 《説文》：“沂，沂水。出東海費東，西入泗。从水，斤聲。一曰沂水出泰山蓋，青州浸。”

按沂 yí（疑微）从斤聲（見文）訓沂水。字从斤聲，作水名字，此但借其聲。

**蚚** 《説文》：“蚚，强也。从虫，斤聲。”《爾雅·釋蟲》：“强，蚚。”郝懿行義疏：“《説文》强蚚互訓。《玉篇》‘强，米蟲蠹，小蟲’是。”《正字通》：“蚚，今廣東呼米牛，紹興呼米象。”

按蚚 qí（群微）从斤聲（見文）訓强。米中小黑蟲，食米。字从斤聲，此用斤斧斤所以開物之引申義。此蚚以如刀之利嘴鑽入米中食米。

**釿** 《説文》："釿，劑斷也。从金，斤聲。"段注："劑者，齊也。小徐無斷字。《釋名》曰：'釿者，謹也。'板廣不可得制，削又有節，則用此釿之，所以詳謹，令平滅斧迹也。《六書故》曰：'釿，魚斤切，似錫而小。'按此篆蓋从斤，金聲，讀若呻吟之吟。其義謂以斤斧之屬制斷金鐵物也。今俗間謂戾斷堅爲釿斷，當即此字。劉成國以謹也釋之，蓋已失其義，誤其音，非許入《斤部》之恉矣。"朱駿聲通訓定聲："从金斤會意，斤亦聲。"

按釿 yín（疑文）朱氏作斤聲（見文）是對的。訓劑斷，以斤斧之屬制斷金鐵之物。字从斤聲，此用斤斧所以開物之引申義。

**掀** 《説文》："掀，舉出也。从手，欣聲。《春秋傳》曰：'掀公出於淖。'"段注："掀之言軒也。……釋文曰：'捧轂舉之，則公軒起也。'徐許言反。一曰：掀，引也。"

按掀 xiān（曉元）从欣聲（曉文）訓舉出，以手高舉出之。字从欣聲蓋軒聲（曉元）之借，用軒之軒輊義，軒則上舉，引申爲凡高之稱。

**菦** 《説文》："菦，艸多皃。从艸，狋聲。江夏平春有菦亭。"

按菦 yín（疑文）从狋聲（疑文）訓艸多皃。此蓋以狋犬吠聲不止之聲多，借以喻艸多。

**垽** 《説文》："垽，澱也。从土，沂聲。"段注："《水部》曰：'澱，滓垽也。'是二篆爲轉注，二字義同，音亦同部。"朱駿聲通訓定聲："按从水土會意，斤聲。"

按垽 yìn（疑文）从斤聲（見文）訓澱，污泥沉澱於水下。字从斤聲，當爲堇聲（見文）之借。《説文》："堇，黏土也。"堇見水成泥，下沉爲澱，此用堇黏土之引申義。

# 屯聲字

**屯** 《説文》："屯，難也。屯象艸木之初生，屯然而難。从中貫一，屈曲之也。一，地也。《易》曰：'屯，剛柔始交而難生。'"段注："此依《九經字様》《衆經音義》所引。《説文》多説'一爲地'或説'爲天'。象形也，中貫一者，木剋土也。屈曲之者，未能申也。《乙部》曰'春艸木冤曲而出，陰气尚彊，其出乙乙'。屯字从中而象其形也。"

按屯 zhūn（端文）訓難，象草木之初生，屯然而難。草木的嫩芽在土中蓄勢待時破土而出，草尖已出，其餘尚屈曲於土中，屈曲欲出之狀，正象其出土之艱難。蓄勢是積蓄能量的過程，一旦時機成熟，便能破土伸直而出。於此可見古人造字之思精意深，而多睿智。春字从屯，正表現春天是草木發生發展的黄金季節。又段氏一爲地或爲天象形之説不確，一在字中是象意符，以之表地是造字者主觀認定的，並在使用中爲全群共喻。一在才字、屯字中表地，在天字中表人的顛頂，在雨中字表示雲層等等，這一不是象形。

**萅** 《説文》："萅，推也。从日艸屯，屯亦聲。"段注："此於雙聲求之。……《尚書・大傳》曰：'春，出也。萬物之出也。'……日艸屯者，得時艸生也。屯字象艸木之初生。"

按萅 chūn（昌文）从屯聲（端文）同春，春天，一年的第一個季節。故段氏説"得時艸生也"。引申指春光、春色、生機、男女的情慾，如春思、春心、懷春等等。字从屯聲，此用屯草木當春蓄勢而發，艱難地破土而出的引申義。

**肫** 《説文》："肫，面頯也。从肉，屯聲。"段注："《頁部》曰：'頯，權也。'權俗作顴。肫，《史》《漢》作準，'高祖隆準'。服虔曰：'準音拙。'應劭曰：'隆，高也。準，頰權準也。'按準者假借字，肫其正字。《儀禮》釋文引《説文》'肫，之允反'是也。其入聲則音拙。《廣雅》作'頔'是也。若《戰國策》準頞、權衡並言，則準訓鼻矣。”朱駿聲通訓定聲：“俗謂之兩頰。”

按肫 zhūn（章文）从屯聲（端文）訓面頯，人臉部之兩頰是臉部肉最多的部位，即肌肉聚集的部位。字从屯聲，此用屯屯積之引申義。豕肉多稱豚，正以屯爲語源。

**笹** 《説文》：“笹，篅也。从竹，屯聲。”段注：“《廣韵》：‘笹，簻也。’按今俗謂盛穀高大之器曰土簻。”朱駿聲通訓定聲：“字亦作囤。”

按笹 dùn（定文）从屯聲（端文）訓篅。《説文》：“篅，以判竹圜以盛穀者。”《急就篇》卷三“笹篅”，顔師古注：“笹、篅，皆所以盛米穀也。……笹之言屯也，物所屯聚也。”字从屯聲，此用屯之屯聚義。

**杶** 《説文》：“杶，杶木也。从木，屯聲。《夏書》曰‘杶榦栝柏’。櫄，或从熏。杻，古文杶。”段注：“《禹貢》：‘杶榦栝柏。’釋文：‘杶，本又作櫄。’《山海經》：‘成侯之山，其上多櫄木。’郭曰：‘似樗樹，材中車轅。吴人呼櫄音輴車。’”《本草綱目·椿樗》：“香者名椿。《集韵》作櫄。”

按杶 chūn（透文）从屯聲（端文）訓杶木，即椿樹，或作櫄，即香椿。或作櫄者，字从熏聲，《説文》：“薰，香艸也。”椿香故以熏名之，此以德爲名。又字从屯聲，蓋春聲（昌文）之借，此以聲母代聲子。

**邨** 《説文》：“邨，地名。从邑，屯声。”段注：“按本音豚，屯聚之意也。俗读此尊切，又變字为村。”

按邨 cūn（定文）从屯聲（端文）訓地名，此謂村落、村莊之通名。字从屯聲，此用屯之屯聚義，謂人户聚居之地，今字作村。本音屯者，今北方村落至今仍多有稱屯者，字正作屯。

**窀** 《説文》：“窀，窀穸，葬之厚夕也。从穴，屯聲。《春秋傳》曰：‘窀穸從先君於地下。’”段注：“（窀穸，）各本删此二字，今依全書例補。厚釋窀，夕釋穸。……襄十三年《左傳》曰：‘惟是春秋窀穸之事，所以從先君於禰廟者。’杜曰：‘窀，厚也。穸，夜也。厚夜猶長夜，春秋謂祭祀，長夜謂葬薶。’”

按窀 zhūn（端文）从屯聲（端文）訓窀穸，謂埋葬。字从穴，葬必開穴下葬。从屯謂於棺槨上覆以厚土，此用屯聚之引申義。物聚則多，多、厚義相因。

頓 𩒷 《説文》：“頓，下首也。从頁，屯聲。”段注：“按當作頓首也。”《周禮·春官·大祝》：“辨九㨫：一曰稽首，二曰頓首。”鄭玄注：“稽首拜，頭至地也；頓首拜，頭叩地也。”

按頓 dùn（端文）从屯聲（端文）訓頓首。頓首拜，頭叩地，今俗稱叩頭。字从屯聲，此用屯草木受阻難出之引申義，此謂頭叩地受阻而止。

庉 𢈛 《説文》：“庉，樓墻也。从广，屯聲。”段注：“樓者，重屋也。”王筠釋例：“庉下云樓墻也。《玉篇》又有‘屯聚之處’四字。……案𡎺下云：‘北地高樓無屋者。’庉蓋同此制，於其上爲埤堄，遇兵燹則聚人守之，故曰屯聚也。”

按庉 dùn（定文）从屯聲（端文）訓樓墻，樓上之墻垣。字从屯聲，此用屯聚之引申義，謂遇事則聚人守之。

黗 𪐗 《説文》：“黗，黃濁黑也。从黑，屯聲。”段注：“謂黃濁之黑也。《廣雅》云：‘黗，黑也。’‘黇，黃也。’蓋二字音義同，偏旁異耳。”

按黗 tūn（透文）从屯聲（端文）訓黃濁黑，黃黑色。字从屯聲，屯从一，一，地也。中華文明發祥於中原地區之黃土高原，土色黃，耕作既久，則土色轉而近黑，這是黗从屯聲訓黃濁黑的深層信息。

奄 𡗺 《説文》：“奄，大也。从大，屯聲。讀若鶉。”段注：“此謂敦厚之大。”承培元《廣答問疏證》：“奄即‘錫爾純嘏’之純。奄，大也，與毛傳正合，爲正字。純，絲也，是借字。《左傳·隱六年》‘純孝’疏：‘純孝、純臣，猶言大孝、大忠也。’古義本作奄。《詩》屢言‘純嘏’，以及‘時純熙矣’‘文王之德之純’，皆以作奄爲正。”

按奄 chún（禪文）从屯聲（端文）訓大。字从屯聲，屯是草木的嫩芽在地中聚集力量蓄勢待時破土而出，故屯引申有聚集義，聚集則多，多、大義相函。字从屯聲，此用屯聚之引申義。

純 紴 《説文》：“純，絲也。从糸，屯聲。《論語》曰：‘今也純儉。’”段注：“《論語》：‘麻冕，禮也。今也純。’孔安國曰：‘純，絲也。’此純之本義也。故其字从糸。按純與醇音同，醇者不澆酒也，叚純爲醇字，故班固曰：‘不變曰醇，不襍曰粹。’”

按純 chún（禪文）从屯聲（端文）訓絲，蓋當爲絲束，衆絲聚集成屯。字从屯聲，此用屯聚之引申義。今用作純粹不雜、單純字，此則醇酒不兑水之醇的假借。

鈍 鈍 《説文》“鈍，錭也。从金，屯聲。”段注：“古亦叚頓爲之。”

按鈍 dùn（定文）从屯聲（端文）訓錭。《説文》錭、鈍互訓，錭（定幽）从周聲（章比）當爲凋聲（端幽）之借，此謂刀鋒凋敝，鈍謂刀劍不鋒利，不鋒利則斬削難。字从屯聲，此用屯難之引申義。

軘 軘 《説文》：“軘，兵車也。从車，屯聲。”段注：“軘車見《左傳》宣十二年、襄十一年，服虔曰：‘屯守之車。’杜預曰：‘兵車名。’”

按軘 tún（定文）从屯聲（端文）訓兵車，或曰屯守之車。字从屯聲，从屯守説，此用屯之屯聚義。如屯兵、屯田。字从屯聲，此以業爲名。

偆 偆 《説文》：“偆，富也。从人，春聲。”段注：“《廣韵》曰：‘厚也，富也。’”

按偆 chǔn（昌文）从春聲（昌文）訓富，富厚。富、厚音近，今湖湘俗語仍稱人富裕爲“富厚”。春从日草屯會意，日即時令，得時而草生長旺盛，萬物滋生發育，故引申有富厚義。字从春聲，此用春萬物生長繁盛之引申義。

鬊 鬊 《説文》：“鬊，鬊髮也。从髟，春聲。”段注：“《士喪禮》

曰：‘巾柶鬊爪埋于坎。’《喪大記》‘君大夫鬊爪實于緑中’，注曰：‘鬊，亂髮也。’《漢書》曰‘黑雲如焱風亂鬊’，按鬊爲墮髮。……髮在頭者，亦非不可云鬊矣。”

按鬊 shùn（書文）从舂聲（昌文）訓鬌髮，亦指在頭的散髮。春天萬物生長旺盛，草木蓬鬆，字从舂聲，此用開春草木蓬鬆之引申義。語有“蓬頭散髮”。

惷  《説文》：“惷，亂也。从心，舂聲。《春秋傳》曰：王室日惷惷焉。一曰厚也。”段注：“今本作‘王室實蠢蠢焉’。杜注：‘動擾皃。’”

按惷 chǔn（昌文）从舂聲（昌文）訓亂，謂騷動。字从舂聲，春天地氣上升，萬物萌動，萬物皆動則易亂。字从舂聲，此用春來萬物萌動之引申義。一曰厚，則舂从屯聲，屯有厚義，此用屯聚則厚之引申義。

蠢  《説文》：“蠢，蟲動也。从䖵，舂聲。𢦟，古文蠢，从𢦏。《周書》曰：‘我有𢦟于西。’”段注：“引申爲凡動之稱。《詩》‘蠢爾荆蠻’，毛傳曰：‘蠢，動也。’《鄉飲酒義》曰‘東方者春，春之爲言蠢也。産萬物者也’，注云：‘蠢，動生之皃。’”

按蠢 chǔn（昌文）訓蟲動。字从舂聲，此用春來萬物萌動之引申義。

## 𦎫聲字

𦎫  《説文》：“𦎫，孰也。从亯羊。讀若純。一曰鬻也。𩫖，篆文𦎫。”段注：“今俗云純熟當作此字。純醇行而𦎫廢矣。《周禮·司裘》注：‘假借爲𦎫的字。’……凡从𦎫者，今隷皆作享與亯之隷無别。……鬻，健也。”

按𦎫 chún（禪文）字从亯羊會意，訓孰。孰是熟的本字，字从亯。《説文》：“亯，獻也。”亯从曰，亯下曰：“⊖，象孰物形。”孰物指烹孰的肉食。⊖中一横畫，即表烹熟的肉。《説文》："豆，古食肉器也。从口，象形。凡豆之屬皆从豆。𣅊，古文豆。"此𣅊所从之⊖，與亯下之⊖正同，⊖中之横畫正表肉，當是表肉食的象意符號，亯的本義當是用俎豆盛烹熟的肉食敬獻神祖。也指神祖享用獻祭的肉食。亯中之横畫表熟肉仍嫌其義不顯，故加羊以顯其義。羊是肉食中的美味，故亨引申爲通達順利之詞，《易·坤》："品物咸亨。"

**犉 犉** 《説文》："犉，黄牛黑脣也。从牛，𦎫聲。《詩》曰：'九十其犉。'"段注："《釋畜》云'黑脣犉'。毛傳云：'黄牛黑脣曰犉。'《爾雅》不言黄牛者，牛以黄爲正色。凡不言何色，皆謂黄牛也。"

按犉 chún（日文）从享聲即𦎫聲（禪文），訓黄牛黑脣，謂牛通身黄色惟脣呈黑色。字从𦎫聲，此用𦎫肉熟透，原湯未兑水之引申義。今字作純，爲同音假借，作醇（酒不澆水，兑水）爲相關引申。

**啍 啍** 《説文》："啍，口气也。从口，𦎫聲。《詩》曰：'大車啍啍。'"段注："毛云：'啍啍，重遲之皃。'按啍言口气之緩，故引伸以爲重遲之皃。"

按啍 tūn（定文）从𦎫聲（禪文）訓口气，言口气之緩。重則遲，遲則緩慢，啍字蓋今語之慢吞吞。字从𦎫聲，𦎫即烹，烹肉先用猛火攻，後用文火炖，此用享烹之引申義。炖从屯聲，屯即有遲緩義。

**諄 諄** 《説文》："諄，告曉之孰也。从言，𦎫聲。讀若庉。"段注："《大雅》：'誨爾諄諄。'《左傳》：'年未盈五十，而諄諄如八九十者。'《孟子》：'諄諄然命之乎？'《大雅》'諄諄'，鄭注《中庸》引作'忳忳'。云'忳忳，懇誠皃也'。按其中懇誠，其外乃告曉之孰。義相足也。"

按諄 zhūn（章文）从享聲（禪文）訓告曉之熟，教誨不倦。字从𦎫聲，此用𦎫之𦎫熟義。

**敦 敦** 《説文》："敦，怒也，詆也，一曰誰何也。从攴，𦎫聲。"段注："皆責問之意。《邶風》'王事敦我'，毛曰'敦，厚也'。按《心部》'惇，厚也'。然則凡云敦厚者，皆假敦爲惇。此字本義訓責問，故从攴。”

按敦 dūn（端文）从𦎫聲（禪文）訓怒、詆、誰何，皆表責問之意，由盛氣而發。字从𦎫聲，肉烹正熟，揭蓋則蒸氣噴發，此用烹熱氣噴發之引申義。其訓厚訓多訓重，則皆惇之假借。

**瞕 䁨** 《説文》：“瞕，謹鈍目也。从目，𦎫聲。”桂馥義證：“謹鈍目也者，俗作肫。《類篇》：‘肫，鈍目也。’”

按瞕 zhūn（章文）从𦎫聲（禪文）訓謹鈍目，目光遲鈍。字从𦎫聲蓋爲屯聲（定義）之借，用屯難，停滯不順利之引申義。

**雗 䨇** 《説文》：“雗，䳡屬也。从隹，𦎫聲。”段注：“言䳡屬，則雗非䳡也。焦氏循曰：‘《説文》隼下云，一曰鶉字。鶉即鷻省。’《輈人》：‘鳥旟七斿，以象鶉火。’鳥隼爲旟。則鶉火之鶉即鷻，《左傳》童謡‘鶉之賁賁’，下舉鶉火證之，則《詩》之言奔奔者當亦是鷻。惟‘有縣鶉兮’，毛特訓爲小鳥，乃爲鶴鶉也。”

按雗 chún（日文）从𦎫聲（禪文）訓䳡屬。據段氏説，雗與䳡别，鶉火之鶉即鷻，《詩》言奔奔當是鷻，鷻即雕類猛禽，大鳥。《詩·小雅·四月》“匪鶉匪鳶，翰飛戾天”，毛傳：“鶉，雕也。”鶉即《説文》雗。

**椁 𣕆** 《説文》：“椁，葬有木𩫏也。从木𩫏，𩫏亦聲。”段注：“木𩫏者，以木爲之，周於棺，如城之有𩫏也。《檀弓》曰‘殷人棺椁’，注：‘槨，大也。以木爲之，言郭大於棺也。’”邵英《群經正字》：“今經典作椁。”

按椁 guǒ（見鐸）从𩫏聲（見鐸），𩫏是城郭的本字，加邑作郭是後起的加注形旁字。古代棺有兩重，内爲棺，外爲椁。𩫏隸變作享，蓋以便於書寫。

**𡳐 𥪰** 《説文》：“𡳐，磊𡳐，重聚也。从立，𦎫聲。”段注：“叠韵字，今俗語猶有之。”章炳麟《新方言·釋言》：“今謂物之重、事之艱皆曰磊𡳐，或爲累墜，皆一語也。”

按𡳐 duì（端微）从𦎫聲（禪文），端禪準旁紐，文微陰陽對轉，訓磊竨重聚。字从𦎫聲，此蓋用羊肉煮熟烹好汁濃味厚之引申義，與屯（定文）之屯聚音義亦皆近。

**惇** 《説文》："惇，厚也。从心，𦎫聲。"段注："厚當作𩫖，凡惇厚字當作此。今多作敦厚，叚借非本字。"

按惇 dūn（端文）从𦎫聲（禪文）訓厚，惇厚，厚道。字从𦎫聲，此用𦎫羊肉烹好火候到功，則汁濃氣香味厚之引申義。

**淳** 《説文》："淳，渌也。从水，𦎫聲。"

按淳 zhūn（章文）从𦎫聲（禪文）訓渌，渌或漉字，此蓋謂酒釀成過濾未兑水，淳即醇之異體。字从𦎫聲，此用𦎫的汁濃味厚喻酒的醇厚。

**弴** 《説文》："弴，畫弓也。从弓，𦎫聲。"段注："《大雅》：'敦弓既堅。'傳曰：'敦弓，畫弓也。天子畫弓。'按《荀卿子》：'天子彫弓，諸侯彤弓，大夫黑弓，禮也。'……弴與彫，語之轉，敦弓者，弴之叚借字。"

按弴 diāo（端文）从𦎫聲（禪文），刻畫弓，或曰雕弓。字从𦎫聲，蓋爲雕聲（端幽）之借，用雕之刻畫義，弴、雕端母雙聲，此以雙聲相假借。

**錞** 《説文》："錞，矛戟柲下銅鐏也。从金，敦聲。《詩》曰：厹矛沃鐓。"段注："柲，欑也，欑積竹杖也。矛戟之矜以積竹杖爲之，其首非銅裹而固之恐易散，故有銅鐏，故字从金。……玄應書卷廿一引《説文》作鐓，而謂梵經作錞，乃樂器錞于字，然則東晋、唐初《説文》作鐓可知。《玉篇》《廣韵》皆鐓爲正字。"

按錞 chún（日文）从敦聲（端文）訓矛戟柲下銅鐏，矛戟柄末的平底金屬套。字从敦聲，蓋頓聲（端文）之借，用頓之停頓義。

**醇** 《説文》："醇，不澆酒也。从酉，𦎫聲。"段注："澆，沃也，凡酒沃之以水則薄，不襍以水則曰醇，故厚薄曰醇澆。"

按醇 chún（禪文）从𦎫聲（禪文）訓不澆酒，没有摻水的原汁酒。字从𦎫聲，用𦎫肉熟汁濃味厚的引申義。

**鷻** 《説文》："鷻，雕也。从鳥，敦聲。《詩》曰：'匪鷻匪鳶。'"段注："《隹部》曰：'雕，鷻也。'《隹部》隼下曰：'一曰鶉字。'鶉者鷻之省。鷻鶉字與《隹部》雗字别。"

按鷻 tuán（定文）从敦聲（端文）訓雕。雕，猛禽，啄食鷄雀等小禽。字从敦聲蓋雕聲（端幽）之借，此以雙聲相借。

**憝** 《説文》："憝，怨也。从心，敦聲。《周書》曰：'凡民罔不憝。'"朱駿聲通訓定聲："按怨者怒字之誤。憝爲怒，懟爲怨，其誼不同，字亦作譈。"

按憝 duì（定微）从敦聲（端文），端定旁紐，文微陰陽對轉，訓怨當爲怒之誤。敦字《説文》訓怒，怒者怒氣；勃然怒者，謂怒氣勃發。字从𦎧，𦎧訓熟，烹肉必加蓋，肉熟器中氣盛，揭蓋則熱氣勃發，藉以喻人之勃然怒。怒从心生，心感於外物而發，憝从心，補充表現了怒之所起。衆人所疾怒者爲惡人，故曰元惡大憝，憝、敦一聲之轉，前人蓋以懟（定物）、憝音近而有此誤。怨、怒義相關，當時則怒，事後則怨。語有"天怒人怨"。

**鐜** 《説文》："鐜，下垂也。一曰千斤椎。从金，敦聲。"段注："鐜之言隤也。故爲下垂。……按下垂、千斤椎二義皆鐓之餘義。矛戟柲下銅鐏下垂而重，引伸之爲此二義，蓋後人分别增一篆。"朱駿聲通訓定聲："按此即錞字之訓。"

按鐜 duī（端文）从敦聲（端文）訓下垂、千金椎，皆由鐓矛戟柲下銅鐏之義引申，鐜即鐓之區别字。

**毪** 《説文》："毪，毛盛也。从毛，隼聲。《虞書》曰：'鳥獸毪髦。'"段注："髦毛古同用。今《書》毪作'氄'。馬云：'温柔皃。'"朱駿聲通訓定聲："按毪與毧同字。許所引《書》當作'鳥獸毛毪'，乃仲秋文。"

按毪 rǒng（日文）从隼聲（心文）訓毛盛，鳥獸毛細軟而茂密，後作氄。字从隼聲，蓋爲先聲（心文）之借，亦借爲甡聲（山真），用甡衆生並立之皃的引申義。

**準** 《説文》："準，平也。从水，隼聲。"段注："謂水之平也。

天下莫平於水，水平謂之準，因之製平物之器亦謂之準。《漢志》‘繩直生準，準者所以揆平取正’是也。……準，《五經文字》云：《字林》作准。按古書多用准，蓋魏晋時恐與淮字亂而别之耳。”

按準 zhǔn（章文）从隼聲（心文）訓平。字从隼聲蓋爲水聲（書微）之借，天下莫平於水。字从水，此指自然物之水，借隼爲水，此指水性，水止則平。《考工記》鄭玄注：“故書準作水。”準作水，即用水平之義。

## 刃聲字

**刃** 《說文》：“刃，刀鋻也。象刀有刃之形。”段注：“鋻，各本作堅，今正。《刀部》曰‘劙，刀劒刃也’。《金部》曰‘鋻，劙也’。郭璞《三倉解詁》曰：‘粹，作刀鋻也。’”王筠釋例：“顧刃之爲字，有柄有脊有刃矣。欲别作刃字，不能不从刀而以丶指其處，謂刃在是而已。”

按刃 rèn（日文）从刀从丶，丶非抽象的指事符號，而是指刀口見血的部位，字中之丶，即血的象事的符號。用一點表血，是造字時人主觀規定的，並約定俗成，爲全群共喻。血有黏性，故从刃聲字多有黏着、礙止義，正是刃所从之點是血的實證。刃訓刀鋻即刀口、刀劍等鋒利的部位，即刀口見血的部位。

**牣** 《說文》：“牣，牣滿也。从牛，刃聲。《詩》曰：‘於牣魚躍。’”段注：“（牣，）此複字删之未盡者。……（滿也，）見《大雅》毛傳。”

按牣 rèn（日文）从刃聲（日文）訓滿。以刀割鶏砍人獸，但有刀口見血，宰牛則用刀刺入牛體，刺穿牛心臟放血，抽刀則滿刀皆血，牣字蓋以古人宰牛的現實爲背景所造之字。滿刀皆血，引申爲凡滿之稱。《詩·大雅》：“王在靈沼，於牣魚躍。”毛傳：“牣，滿也。”即滿沼的魚都在跳躍。

訒 𧦝 《説文》："訒，頓也。从言，刃聲。《論語》曰：'其言也訒。'"段注："訒頓疊韵，頓之言鈍也。"

按訒 rèn（日文）从刃聲（日文）訓頓，遲鈍緩慢，形容話難以説出口，似有所疐礙。字从刃聲，此用刃刀口有血，血有黏性的引申義。

梕 㭁 《説文》："梕，桎梕也。从木，刃聲。"段注："未詳何木。"《玉篇》："軔，礙車輪木。或作梕。"

按梕 rèn（日文）从刃聲（日文）訓桎梕，木名，未詳何木，其語源不詳。作軔的異體字，軔所以礙止車輪，故字从車，軔以木爲之，故字从木，軔、梕二字互補。字从刃聲，此用刃刀口有血，血有黏性，黏着則止。此用血黏，有礙止作用的引申。

帉 㠴 《説文》："帉，枕巾也。从巾，刃聲。"段注："蓋加枕以藉首，爲易污也。今俗所謂枕頭衣。《廣雅》亦曰'帉，巾也'。"

按帉 rèn（日文）从刃聲（日文）訓枕巾。字从刃聲，此用血黏之引申義。人藉頭於枕，則頭安穩而少移動，故字从刃。

仞 㐇 《説文》："仞，伸臂一尋八尺。从人，刃聲。"段注："按此解疑非許之舊，恐後人改竄爲之。《尺部》下云：'周制，寸尺咫尋常仞諸度量，皆以人之體爲法。'假令尋仞同物，許不當兩舉之矣。諸家之説仞也，王肅、趙岐、王逸、曹操、李筌、顔師古、房玄齡、鮑彪諸人並曰八尺，而鄭《周禮》《儀禮》注、包咸《論語》注、高誘注《吕氏春秋》……陸德明《莊子》釋文則皆謂七尺。……近歙程氏瑶田《通藝録》有説曰：言七尺者是也。楊雄《方言》云：度廣曰尋。杜預《左傳》'仞溝洫'注'度深曰仞'，二書皆言人伸兩手以度物之名，而尋爲八尺，仞必七尺者何也？同一伸手度物，而廣深用之，其勢自不得不異。人長八尺，伸兩手亦八尺，用以度廣，其勢全伸而不屈，而用之以度深，則必上下其左右手而側其身焉。身側則胸與所度之物不能相摩，於是兩手不能全伸而成弧之形，弧而求其弦以爲仞，必不能八尺，故七尺曰仞，亦其勢然也。《説文》測下云：‘深所至也。’《玉篇》云：‘度深曰測。測之爲言側也。’余説與之合矣。玉裁謂程説甚精，仞説可定矣。”

按仞 rèn（日文）从刃聲（日文）訓伸臂一尋，此説蓋有誤。尋、仞相對，尋爲伸兩臂度廣，仞爲伸兩臂度深，尋八尺，仞七尺。字从刃，用刃難之引申義，伸兩臂度廣，輕鬆易爲，伸兩臂測深，費力難做，故字从人刃會意，刃有難義者，蓋由血有黏性黏連則難行引申。

忍 《説文》：“忍，能也。从心，刃聲。”段注：“凡敢於行曰能，今俗所謂能幹也。敢於止亦曰能，今俗所謂能耐也。能耐本一字，俗殊其音。忍之義亦兼行止，敢於殺人謂之忍，俗所謂忍害也，敢於不殺人亦謂之忍，俗所謂忍耐也。”

按忍 rěn（日文）从刃聲（日文）訓能，能耐，忍耐，耐性。用《孟子》的話説，就是“不動心”，就是臨危不懼，處變不驚，有極高的心理承受能力。字从刃聲，此用刃刀口見血，血有黏性的引申義。

涊 《説文》：“涊，涊水也。从水，刃聲。”段注：“又涔涊與淟涊同。涔涊，溼相箸也。亦垢濁也。”

按涊 niǎn（泥文）从刃聲（日文）訓涊水。字从刃聲，作水名字，此但借其聲。从涔涊説，涊訓涔涊，溼相箸，因沾溼而相箸。字从刃聲，此用刃血有黏性之引申義，血污故又引申有垢濁義。

紉 《説文》：“紉，單繩也。从糸，刃聲。”段注：“單，各本及《集韵》作繟，非其義。李文仲《字鑑》作繹。今依《廣韵》《佩觿》作單。……單對合言之，……紉則單股爲之。”

按紉 rèn（泥文）从刃聲（日文）訓單繩，單股繩，謂捻絲麻爲繩索。字从刃聲，蓋韌聲（日文）之借，此用韌之柔韌、堅韌義。

軔 《説文》：“軔，所以礙車也。从車，刃聲。”段注：“所以二字今補，玄應時已失之。《離騷》：‘朝發軔於蒼梧。’王逸曰：‘軔，支輪木也。’”

按軔 rèn（日文）从刃聲（日文）訓所以礙車，用以阻礙車輪滚動的木頭。字从刃聲，此用刃黏着之引申義。

荵 《説文》："荵，荵冬艸。从艸，忍聲。"段注："《名醫别録》作'忍冬'，今之金銀藤也，其花曰金銀花。"桂馥義證："荵冬艸者，荵當爲忍。……《本草》'忍冬'，陶注云：'今處處皆有，藤生，凌冬不凋，故名忍冬。'"

按荵 rěn（日文）从忍聲（日文）訓荵冬草，凌冬不凋故曰忍冬。字从忍聲，此用忍能、能耐之義，忍冬即耐冬，亦即耐寒。荵从艸者，忍冬爲草本，故加艸，此因文字類化律所致。

## 𡱂聲字

𡱂 《説文》："𡱂，髀也。从尸下丌居几。脽，𡱂或从肉隼。臀，𡱂或从骨，殿聲。"段注："髀者，股外也。此云髀者，專言股後。……𡱂，各本作居，誤，今正。丌，下基也。𡱂者人之下基，𡱂几者猶言坐於牀。《木部》曰：'牀，安身之几坐也。'……今《周易》《春秋》《考工記》皆作臀从肉。軍後曰殿，即臀之假借字也。"

按𡱂 tún（定文）即今臀字。臀从殿聲，即𡱂聲之借，此以聲子代聲母。臀即今語臀部，俗稱屁股，𡱂是臀的本字，臀是後起的加注形旁字。

殿 《説文》："殿，擊聲也。从殳，𡱂聲。"段注："此字本義未見，假借爲宫殿字。……又假借爲軍後曰殿。"《積微居小學金石論叢·釋簸》指出："按殿字从𡱂聲，𡱂或體之臀又从殿聲。簸訓榜，字从殿聲者，殿即𡱂也。……且許君以榜詁簸，榜正笞臀之義也。"

按殿 diàn（定文）从𡱂聲（定文）訓擊聲，實爲誤説。字从𡱂，隸變作屍，是臀的本字。从殳，《説文》："殳，以杖殊人也。"殳是以杖榜擊人，可見殿是笞臀的本字，簸是後起的加形旁字。

𥳑 《説文》："𥳑，榜也。从竹，殿聲。"段注："《史》《漢》多言榜笞，榜箠。"

按𥳑 tún（定文）从竹殿聲（定文）訓榜，笞臀。字从殿聲，殿是𥳑的本字，𥳑是殿的後起加注形旁字。笞棰用竹具，故字从竹。殿假借爲宫殿字，並爲宫殿義所專，遂加竹旁以區别。

澱 《説文》："澱，滓垽也。从水，殿聲。"段注："《釋器》曰：'澱謂之垽。'《土部》曰：'垽，殿也。'《黑部》曰：'𪒠謂之垽。'按𪒠與澱異字而音義同，實則一字也。"

按澱 diàn（定文）从殿聲（定文）訓滓垽，沉積的泥滓。字从殿聲，當爲𡱂聲（定文）之借，此以聲子代聲母。𡱂即今臀字，𡱂者人之下基，人軀體最下的部位，泥滓淤泥沉積（今語叫沉澱）在水下，故以𡱂喻之，此相似孳乳。段氏謂澱、𪒠"實則一字"是心知字从殿即从𡱂，但當時還没有聲旁假借的概念，更没有聲旁假借的術語，這是時代的局限。

𪒠 《説文》："𪒠，𪒠謂之垽。垽，滓也。从黑，殿省聲。"段注："《土部》曰'垽，澱也'，《水部》曰'滓，澱也'，……異字而同義。（殿省聲，）當作𡱂聲。"

按𪒠 diàn（定文）从𡱂聲（定文）訓垽，沉澱在水下的污泥。字从𡱂聲，𡱂是臀的本字，臀在體下，故以喻沉積的污泥。段氏殿省聲"當作𡱂聲"是正確的。據此可知段氏心知𡱂（臀）聲與沉積的污泥義相關，而殿聲與污泥無關。

## 奔聲字

奔 《説文》："奔，走也。从夭，卉聲。與走同意，俱从夭。"容庚《金文編》："从夭从三止，奔之意也。"郭沫若《金文叢考》："三止訛變爲芔，《説文解字》遂謂从卉矣。"

按奔 bēn（幫文）金文大盂鼎作，上从，象人甩開臂膀向前奔跑，下从三止者，人只兩足，但快跑時，只見脚在移動，故以三止

表迅跑之意，如鳥之飛篆作飝，字从三翅會意，其命意正同，是其比。又奔、飛（幫微）幫母雙聲，文微陰陽對轉，是奔、飛音義皆近，當爲同源。今湘潭方言稱快跑爲“打飛脚”，俗稱特别會跑的人叫飛毛腿，或叫飛人，亦可證飛奔同義。

**鼖** 《説文》：“鼖，大鼓謂之鼖。鼖八尺而兩面，以鼓軍事。从鼓，卉聲。鞼，鼖或从革，賁聲。”段注：“凡賁聲字多訓大。”

按鼖 fén（並文）从卉聲（曉物）當爲奔聲（幫文）之借。奔者跑得特别快，湖湘俗語叫起大蹦。蹦即奔之語轉，大快義相函，故奔引申有大義。字从卉聲訓大鼓，此用奔大之引申義。

**賁** 《説文》：“賁，飾也。从貝，卉聲。”段注：“《易象傳》曰：‘山下有火賁。’《序卦》傳曰：‘賁，飾也。’按古假賁爲奔。……按亦音墳，亦音肥，文與微合韵最近。”

按賁 bì（幫文）从卉聲（曉物）當爲奔聲（幫文）之借。訓飾，當爲繁飾，或叫盛飾，繁盛與大義相關，奔爲快跑，故引申有大義。古武士稱虎賁，即用如虎之奔義。賁亦奔聲之借。《説文》：“萉，枲實也。从艸，肥聲。䕥，萉或从麻賁。”萉从肥聲（並微），䕥从賁聲（幫文），此即文、微合韵之證。

**餴** 《説文》：“餴，脩飯也。从食，𠦪聲。饙，餴或从賁。餴，餴或从奔。”段注：“脩，各本作滫，誤。今依《爾雅》音義引正。脩，《倉頡篇》作餐。……飯者，人所飯也。餴，《爾雅》作饙，《釋言》曰：‘饙，餾稔也。’孫云‘蒸之曰饙，均之曰餾’。郭申之云：‘今呼餐音脩，餐飯爲饙。饙均孰爲餾。’……𠦪从卉聲，賁奔亦从卉聲。”朱駿聲通訓定聲：“饙，滫飯也。……如今北方蒸飯，先以米下水，一湆漉出，再蒸勻，熟之。下水湆之曰饙，再蒸之曰餾。”

按餴同饙，正篆當作餴。今《詩》作餴，餴 fēn（幫文）字从奔聲（幫文）訓脩飯。煮米半熟用箕漉出再蒸，使飯粒熟透脹大。字从奔聲，此用奔大之引申義。作饙从賁聲，作餴从𠦪聲，皆當爲奔聲之借，謂米經煮蒸，膨大而成飯。

**蕡** 《説文》："蕡，襍香艸。从艸，賁聲。"段注："當作襍艸香，蓋此字之本義。若'有蕡其實'，特假借爲墳大字耳。"

按蕡 fén（並文）从賁聲（幫文）訓襍香艸，襍草散發的香氣。字从賁聲，蓋爲噴聲（滂文）之借，用噴之噴發義。而从語源説，賁、噴皆以奔爲語源字，今湖湘俗語仍多説"噴香的"。

**噴** 《説文》："噴，吒也。从口，賁聲。一曰鼓鼻。"

按噴 pèn（滂文）从賁聲（幫文）訓吒。《説文》："吒，噴也。叱怒也。"叱怒謂聲色俱厲。字从賁聲，當爲奔聲（幫文）之借，用奔大、氣勢盛之引申義。

**膹** 《説文》："膹，腌也。从肉，賁聲。"朱駿聲通訓定聲："按肉羹之多汁者也。稍乾者曰腌。"

按膹 fèn（並文）从賁聲（幫文）訓腌。《説文》："腌，肉羹也。"膹爲肉羹多汁，多汁則肉羹墳起，如今之東坡肉之類。字从賁聲，當爲奔聲（幫文）之借，用奔大之引申義。

**幩** 《説文》："幩，馬纏鑣扇汗也。从巾，賁聲。《詩》曰：'朱幩儦儦。'"段注："《衛風·碩人》曰：'朱幩儦儦。'傳曰：'幩，飾也。人君以朱纏鑣扇汗，且以爲飾，儦儦盛皃。'《金部》曰：'鑣者，馬銜也。'以朱幓縷纏馬銜之上而垂之，可以因風扇汗，故謂之扇汗，亦名排沫。以其用幓也，故从巾。"

按幩 fén（並文）从賁聲（幫文）訓馬纏鑣扇汗。馬銜兩邊的綢條用以扇去馬汗，也作裝飾。字从賁聲，當爲奔聲（幫文）之借，用奔飛奔之引申義。

**僨** 《説文》："僨，僵也。从人，賁聲。"段注："引伸之爲凡倒敗之稱。《大學》曰：'一人僨事。'注云：'僨猶覆敗也。'《射義》假賁爲僨，《左傳》'象有齒以焚其身'，假焚爲僨。"

按僨 fèn（幫文）从賁聲（幫文）訓僵。《説文》："僵，偃也。"

段注：“按僵謂仰倒。”臉朝天向後倒地。字从賁聲，蓋爲崩聲（幫蒸）之借，幫母雙聲，文蒸通轉。此以山之崩塌，喻人之仰倒，引申指凡事之覆敗。

歕 《説文》：“歕，吹气也。从欠，賁聲。”段注：“歕歕與《口部》之吸噴義相似而異。”

按歕 pēn（並文）从賁聲（幫文）訓吹氣，用口中的氣流將口裏的東西吹出去。與訓吒叱怒的噴音同而義别，今歕廢而噴行，諸家或以爲歕與噴同，實爲一字。字从賁聲，當爲奔聲之借，用奔奔走之引申義。

豶 《説文》：“豶，羠豕也。从豕，賁聲。”段注：“羠，騬羊也。騬，犗馬也。犗，騬牛也。皆去勢之謂也。”

按豶 fén（並文）从賁聲（幫文）訓羠豕，去勢之豕。去勢指割掉雄性牲畜的睾丸，即閹割。雄性牲畜經閹割則失去性功能，其性器不能勃起，故叫去勢。豕經閹割有利於催肥長膘。字从賁聲，當爲奔聲（幫文）之借，用奔大之引申義。又賁、肥（並微）音近，豶、豝一字之異體，去勢有利於猪的增肥長膘。

憤 《説文》：“憤，懣也。从心，賁聲。”朱駿聲通訓定聲：“《方言》十二：‘憤，盈也。’十三：‘憤，阸也。’……《淮南·脩務》：‘憤于中則應于外。’注：‘發也。’”

按憤 fèn（並文）从賁聲（幫文）訓懣，謂心意懣氣鬱結於心中而欲發。字从賁聲當爲奔聲（幫文）之借，用奔有勢而必發之引申義。

濆 《説文》：“濆，水厓也。从水，賁聲。《詩》曰：‘敦彼淮濆。’”段注：“《詩·大雅》‘鋪敦淮濆’，傳曰：‘濆，厓也。’《周南》‘遵彼汝墳’，傳曰：‘墳，大防也。’畫然分别。《周禮·大司徒職》‘丘陵墳衍原隰’，注曰：‘水涯曰墳。’而《常武》箋亦釋濆爲大防，是鄭謂古經假借通用也。”

按濆 fén（並文）从賁聲（幫文）訓水厓，水邊高地，厓岸。字从賁聲，蓋墳聲（並文）之借，用墳高出地面義。墳訓大防，水邊的堤防，字从賁聲則當爲濆聲之借，二字互補，實爲一字之異體，細分之則墳堤防，當爲人爲，濆水厓，則爲自然。作墳墓字，此後起之義，古者墓而不墳。

**墳** 《説文》："墳，墓也。从土，賁聲。"段注："此渾言之也。析言則墓爲平處，墳爲高處，故《檀弓》：'孔子曰：古者墓而不墳。'"

按墳 fén（並文）从賁聲（幫文）訓墓，今通言墳墓。今湖湘方言又用墓爲動字，起塚修墳樹碑叫"墓墳"。墳墓對言，墓低墳高。字从賁聲當爲奔聲之借，用奔大之引申義，高大義相函。从文字孳乳字義引申的歷史説，當先有堤防之墳，引申借用墳墓字。

**鐼** 《説文》："鐼，鐵屬。从金，賁聲。讀若熏。"段注："小徐本讀若訓。"《廣韵》："鐼，飾也。"

按鐼 fén（並文）从賁聲（幫文）訓鐵屬。何種金屬不詳，其語源不詳。依《廣韵》鐼訓飾，則字从賁聲，此用賁飾之引申義。

**轒** 《説文》："轒，淮陽名車穹隆曰轒。从車，賁聲。"段注："車穹隆即車蓋弓也。"

按轒 fén（並文）从賁聲（幫文）訓淮陽名車穹隆曰轒。車穹隆即車蓋弓，車蓋之轒如弓背向上拱起。字从賁聲，蓋爲墳聲（並文）之借，用墳塚上拱之引申義。而从語源説，塚、墳以奔爲語源，用奔大向上之引申義。

## 艮聲字

**艮** 《説文》："艮，很也。从匕目。匕目，猶目相匕，不相下也。《易》曰'艮其限'，匕目爲艮，匕目爲真。"段注："很者，不聽從也。一曰行難也。一曰盭也。《易》《傳》曰：'艮，止也。'止可兼很三義。……許説字之書，嫌云止則義不明審，故易之。此字書與説經有不同，實無二義也。《方言》

曰：‘艮，堅也。’《釋名》曰：‘艮，限也。’”

按艮 gèn（見文）訓很。字从匕目會意，此謂意不認可，心不認同，蓋即今語堅持反對，反對則止而不行。

**琨** 《説文》：“琨，石之似玉者。从玉，艮聲。”

按琨 yín（疑文）从艮聲（見文）訓石之似玉者。字从艮聲蓋銀聲（疑文）之借，用銀色白之義，此以銀白喻石白如玉。

**很** 《説文》：“很，不聽從也。一曰行難也。从彳，艮聲。一曰盭也。”段注：“盭，弼戾也。《韵會》無此四字。”

按很 hěn（匣文）从艮聲（見文）訓不聽從，謂執意違逆。字从艮聲，此用艮匕目之引申義。一曰行難，則字从艮聲蓋艱聲（見文）之借，用艱土難治之引申義。

**齦** 《説文》：“齦，齧也。从齒，艮聲。”段注：“此與《豕部》豤音義同，疑古衹作豤。齦者，後出分别之字也。”

按齦 yín（疑文）从艮聲（見文）訓齧。段氏疑齦是豤的後出區别字，特具卓見。豤（疑文）从艮聲，當爲堇聲（見文）之借。堇是黏土，豕性特喜啃土，豤即後起之墾字，今開墾、墾荒字，古只作墾，引申爲凡人物用牙齒咬噛食物，故字孳乳爲齦。字从艮聲當爲豤聲之借，以示人豕之區别。

**跟** 《説文》：“跟，足踵也。从足，艮聲。”段注：“《釋名》曰：足後曰跟，一體任之，象本根也。”

按跟 gēn（見文）从艮聲（見文）訓足踵，脚後跟。字从艮聲當爲根聲（見文）之借，此以木根喻人之足跟，此用根之比喻義。从字形説，此以聲母代聲子。

**詪** 《説文》“詪，很戾也。从言，艮聲。”段注：“《廣韵》：‘難語皃。’”

按詪 hěn（見文）从艮聲（見文）訓很戾，謂出言很戾，執拗違戾。字从艮聲，用艮很之引申義。

**鞎** 《説文》：“鞎，車革前曰鞎。从革，艮聲。”《爾雅·釋器》：“輿革前謂之鞎，後謂之第。”王引之《經義述聞》：“鞎，車簹也。以革爲簹，則在前者謂之鞎，在後者謂之第。鞎之言限也，限隔内外，使塵不得入也。”

按鞎 hén（匣文）字从皀聲（見文）訓革車前曰鞎，古代車箱前面的遮蔽物。字从皀聲當爲限聲（匣文）之借，用限之隔絶遮蔽義。

**眼** 《説文》：“眼，目也。从目，皀聲。”段注：“《釋名》曰：‘眼，限也。瞳子限限而出也。’”

按眼 yǎn（疑文）从皀聲（見文）訓目，眼在眶之内，眼珠色黑在白之中。字从皀聲，當爲限聲之借，用限之界限、限制義。

**根** 《説文》：“根，木株也。从木，皀聲。”

按根 gēn（見文）从皀聲（見文）訓木株。株（端侯）从朱聲（章侯），當爲頭聲（定侯）之借。株即樹木的頭，人的頭在上，草木的頭在下。《易》所謂“本乎天者親上，本乎地者親下”。株今俗稱蔸，蔸即頭之語轉。根从皀聲則當爲堇聲（見文）之借。堇黏土，根是草木生長在泥土中的部分。

**痕** 《説文》：“痕，胝瘢也。从疒，皀聲。”段注：“胝瘢，謂胝之傷。《肉部》腄下云：‘瘢，胝也。’與此同義。胝下云‘腄也’，則不必傷者也。按今義與此亦異。”

按痕 hén（匣文）从皀聲（見文）訓胝瘢，瘢痕，傷疤。字从皀聲當爲垠聲（疑文）之借。《説文》：“垠，地垠咢也。”段注：“按古者邊界謂之垠咢。”古人於邊界起土樹木以爲標識。瘢痕明顯可見，故以垠堮爲喻，此用垠有邊界之引申義。

**頣** 《説文》：“頣，頰後也。从頁，皀聲。”段注：“頰後謂近耳，及耳下也。”

按頣 gěn（見文）从皀聲（見文）訓頰後，近耳及耳下之頰骨，其骨突現，故以皀名之。字从皀聲當爲垠聲（疑文）之借，用垠之垠堮義。

**豤** 《説文》：“豤，豕齧也。从豕，皀聲。”段注：“豕字今補。人之齧曰齦，字見《齒部》，豕之齧曰豤，音同而字異也。……今本作墾，非。”

按豤 kěn（溪文）从艮聲（見文）訓豕齧。在造字之初，豕齧必有具體對象，豕是初民常見的狩獵對象，對豕的習性非常熟悉，豕性愛趴土，字从艮聲當爲堇聲（見文）之借。《説文》：“堇，黏土也。”豕齧的初義當爲豕齧土，即豤土，久則人們不知艮爲堇聲之借，故加土作墾。人類墾土植穀，正是从豕豤土受到啓發，其初或亦利用豕豤之土種植。引申爲人齧，字作齦，人不齧土，齦字从艮聲則當爲豤聲之借。這是漢字的深層信息，沉埋日久而不爲人所知。

狠 《説文》：“狠，犬鬥聲。从犬，艮聲。”段注：“犬，各本作吠，今依宋本及《集韵》正。鬥，各本作鬬，今正。今俗用狠爲很，許書很狠義别。”

按狠 hén（匣文）从艮聲（見文）訓犬鬥聲。字从艮聲作象聲字，此但借其聲，竊疑犬鬥聲當作犬鬥皃，犬鬥互相撕咬，俗所謂“狗咬狗”，咬得狗血淋漓，則字从艮聲，當爲豤聲（溪文）之借，用豕豤土之引申義。

恨 《説文》：“恨，怨也。从心，艮聲。”

按恨 hèn（匣文）从艮聲（見文）訓怨。怨恨，悔恨。前者恨别人，後者自恨。字从艮聲，此用艮很戾之引申義，表現在行爲上是很，表現在情緒上是恨。

垠 《説文》：“垠，地垠咢也，从土，艮聲。一曰岸也。圻，垠或从斤。”段注：“咢字各本無，今補。玄應書卷八引‘圻，地圻咢也’。《文選·七發》注引‘圻，地圻堮也’。……按古者邊界謂之垠咢。……物之邊界有齊平者，有高起者。……《廣韵》曰：‘圻，圻堮。又岸也。’……岸者，水厓陖而高者也。亦曰垠。”

按垠 yín（疑文）从艮聲（見文）訓地垠堮，地之邊界，或稱封疆，起土樹木以爲標識。起土樹木皆高出地面，是垠有高起之義。从艮聲有高起義者，艮聲蓋爲岸聲（疑之）之借，用岸高出水面之引申義。垠、岸疑母雙聲，文元旁轉。

艱 《説文》：“艱，土難治也。从堇，艮聲。囏，籀文艱从喜。”

段注："引申之凡難理皆曰艱。"

按艱 jiān（見文）从艮聲（見文）訓土難治。字从堇，《說文》："堇，黏土也。"从艮聲，《說文》："艮，很也。"《說文》："很，不聽從也，一曰行難也。从彳，艮聲。一曰盭也。"很，不聽從，引申有行難義。盭，很戾，執拗。這些義訓合起來，都有艱巨難辦之意。字从艮聲，此用艮很戾難行之義。

銀 《說文》："銀，白金也。从金，艮聲。"段注："《爾雅》又曰：'白金謂之銀，其美者謂之鐐。'"

按銀 yín（疑文）从艮聲（見文）訓白金。字从艮聲蓋冰聲（幫蒸）之借，冰清玉潔，白玉無瑕。銀，白金，蓋以文蒸韵部相近而借。又銀之美者謂之鐐，字从尞，尞是燎的本字，燎火生光則明，明白義相函。

限 《說文》："限，阻也。从𨸏，艮聲。一曰門榍也。"段注："《廣韵》度也、齊也、界也，皆其引申之義。……《木部》曰'榍，門限也'。是爲轉注。"

按限 xiàn（匣文）从艮聲（見文）訓阻，阻隔。字从艮聲，爲垠聲（疑文）之借。此用垠垠堮、邊界之引申義。

## 先聲字

先 《說文》："先，前進也。从儿之。"

按先 xiān（心文），字从儿之會意，訓前進。甲骨文先字作。《甲骨文字典》："从（止）从（人）。或作，同。古有結繩之俗，以繩結紀其世系。金文世字作（矢令彝），从止結繩，止者足趾。《詩·下武》云：'繩其祖武。'傳云：'武，迹也。'謂足趾迹也。孫字从系，系象繩形，蓋父子相繼爲世，子之世即系於父之足趾之下。先字从止从人，止在人上，會世系在前，即人之先祖之意，省稱爲先。《說文》：'先，前進也，从儿之。'此爲後起義。"先者，已離世之先祖，引申表時間的先後，前表動作的進退、方位的前後。

跣 《説文》："跣，足親地也。从足，先聲。"段注："親跣叠韵，古者坐必脱屨，燕坐必褫韤，皆謂之跣。"

按跣 xiǎn（心文）从先聲（心文）訓足親地，赤脚，湖湘俗語叫"打赤脚"，北方方言叫"光脚丫子"。字从先聲，當爲洗聲（心文）之借。《説文》："洗，洒足也。从水，先聲。"洒足必先脱掉鞋襪，即必先赤脚，而洗从先聲，先从止，此亦借先代止，止即脚。

詵 《説文》："詵，致言也。从言先，先亦聲。《詩》曰：'螽斯羽，詵詵兮。'"段注："此引《周南》説假借也。毛曰：'詵詵，衆多也。'按以衆多釋詵詵，謂即𡲬𡲬之假借。陸氏《詩》音義云：'詵詵，《説文》作𡲬。'陸所據《多部》有𡲬字。引《詩》：'螽斯羽，𡲬𡲬兮。'蓋《三家詩》此引《毛詩》，或作駪駪、莘莘、侁侁，皆同。"

按詵 shēn（山文）从先聲（心文）訓致言，謂見面前先致言以致意。字从先聲，此用先事先、先前之引申義。訓衆多，則字之假借。

侁 《説文》："侁，行皃。从人，先聲。"段注："《招魂》曰：'豺狼從目，往來侁侁。'王逸曰：'侁侁，往來聲也。《詩》曰：侁侁征夫。'"

按侁 shēn（山文）从先聲（心文）訓行皃。字从先聲，此用先前進之引申義。訓衆多，訓往來聲，皆字之假借。

毨 《説文》："毨，選也。仲秋鳥獸毛盛，可選取以爲器。从毛，先聲。讀若選。"段注："《堯典》'鳥獸毛毨'，鄭注：'毨，理也。毛更生整理。'……仲秋鳥獸毛毨，因其良時而用之。"

按毨 xiǎn（心文）从先聲（心文）訓選，仲秋鳥獸毛盛，可選取爲器。選取的前提是仲秋鳥獸毛盛、毛良，它是毨的核心意義。字从先聲當爲甡聲（山真）之借。《説文》："甡，衆生並立之皃。从二生。《詩》曰'甡甡其鹿'。"段注："《大雅》毛傳曰：'甡甡，衆多也。'"借先爲甡，此用甡衆多之引申義。

駪 《説文》："駪，馬衆多皃。从馬，先聲。"

按駪 shēn（山文）从先聲（心文）訓馬衆多皃。字从先聲，當爲甡聲（山真）之借，山母雙聲，文真旁轉。此用甡衆生並立之引申義。

洗 《説文》："洗，洒足也。从水，先聲。"段注："洒，俗本作灑，誤。今依宋本正。《内則》曰：'面垢燂潘請靧，足垢燂湯請洗。'此洒面曰靧、洒足曰洗之證也。洗讀如跣足之跣。自後人以洗代洒滌字，讀先禮切。"

按洗 xiǎn（心文）从先聲（心文）訓洒足，即今語洗脚。字从先，先从止，止即今語脚。此借先代止（章之），之文通轉，此以聲子代聲母。

姺 《説文》："姺，殷諸侯爲亂，疑姓也。从女，先聲。《春秋傳》曰'商有姺邳'。"段注："姺从女，蓋以姓爲國名。"

按姺 shēn（山文）从先聲（心文）訓殷諸侯爲亂，疑姓。字从先聲，作姓氏字或國名字，此但借其聲。

銑 《説文》："銑，金之澤者。从金，先聲。一曰小鑿。一曰鐘下兩角謂之銑。"段注："澤者，光潤也。《釋器》曰：'絶澤謂之銑。'鑿，所以穿木也。……《考工記·鳧氏》曰'兩欒謂之銑'，鄭注：'銑，鐘口兩角。'按古鐘羨而不圜，故有兩角。"

按銑 xiǎn（心文）从先聲（心文）訓金之澤者。澤，光澤。字从先聲蓋洗聲（心文）之借，用洗灑去足垢，喻用打磨去掉金屬之塵垢而更顯光澤，今金屬加工有銑牀，蓋即用此義。

兟 《説文》："兟，進也。从二先。贊从此。闕。"段注："《五經文字·儿部》曰：'兟，色巾反。見《詩》。'按此謂《大雅》'甡甡其鹿'也。今《大雅》作甡，傳曰：'甡甡，衆多也。'但《玉篇》云：'㚋，多也。'亦作詵、駪、㹷、兟、甡字，同是衆多之義。可作兟，……蓋並先爲衆進之意。"

按兟 shēn（山真）从先聲（心文）訓進。字从二先，此用先前進之引申義。

# 員聲字

**員** 員 《説文》："員，物數也。从貝，口聲。凡員之屬皆从員。鼎，籀文从鼎。"段注："本爲物數，引伸爲人數，俗稱官員。……又假借爲云字。如《秦誓》'若弗員来'，《鄭風》'聊樂我員'，《商頌》'景員維何'，箋云：'員，古文云。'"林義光《文源》："口，鼎口也。鼎口圓象。"

按員 yuán（匣文），字从貝，當爲鼎字之訛變，其上之口，即鼎口，鼎口形圓，員、圓蓋古今字。數鼎以口，口員，故以員稱之，猶今人數鍋，數缸以口，如兩口鍋、三口缸之類。引申爲人員、官員字，猶今數人稱人口。《孟子》所謂"八口之家"。

**腪** 腪 《説文》："腪，切孰肉内於血中和也。从肉，員聲。讀若遜。"段注："《釋名》有'肺䐪'，䐪同腪，《五經文字》曰：'䐪，見《禮經》注。《廣韵》三十三線曰：'䐪同饌，見《儀禮》，士戀切。'"

按腪 sǔn（心文）从員聲（匣文），訓切熟肉納於血中和，拌勻合成肉羹。字从員聲蓋勻聲（余真）之借，用勻拌合均勻之義。又訓切熟肉者，肉从鼎口出，必爲熟肉。此亦兼用員與鼎相關之義。

**𦓼** 𦓼 《説文》："𦓼，除苗閒穖也。从耒，員聲。𦔽，𦓼或从芸。"段注："穖當作薉。《艸部》：'薉，蕪也。'（《説文》）無穖字。《小雅》毛傳曰：'耘，除草也。耔，雝本也。'《食貨志》云：播種於甽中，苗生三葉以上，稍耨壠草，因墤其土以附苗根，比成壠而根深，能風與旱，故薿薿而盛也。……按（𦔽）當云或从耒、艸，云聲。今字省艸作耘。"

按𦓼 yún（匣文）从員聲（匣文）訓除苗閒薉草，即苗間雜草，古語所謂"非其種類，鋤而去之"。字从員聲，當爲殞聲（匣文）之借，用殞殂落之引申義，又殞、損（心文）音義並近，損亦除去之義。

圓 圓 《説文》："圓，圜全也。从口，員聲。讀若員。"段注："圜而全，則上下四旁如一，是爲渾圜之物。"

按圓 yuán（匣文）从員聲（匣文）訓圜全，即今語渾圓。字从員聲，此用員鼎口形圓之引申義。從文字孳乳説，員是圓的本字，圓是員後起的加注形旁字，員引伸借用爲人員、官員字，字遂增口爲圓，以爲方圓、渾圓、圓滿字。

鄖 鄖 《説文》："鄖，漢南之國。从邑，員聲。漢中有鄖關。"

按鄖 yún（匣文）从員聲（匣文）訓漢南之國。字从員聲，作國名字，此但借其聲。

瘨 瘨 《説文》："瘨，病也。从疒，員聲。"桂馥義證："病也者，頭眩病也。"明陶宗儀《南村輟耕録》卷四："唐出觀燈歸，忽坐瘨，息奄奄，若將絶者，良久始蘇。"

按瘨 yùn（匣文）从員聲（匣文）訓病，頭暈眩病。字从員聲，蓋暈聲（匣文）之借，用暈之昏眩義。

䁝 䁝 《説文》："䁝，外博衆視也。从見，員聲。讀若運。"段注："衆多之視，所視者衆也。員，物數也。䟴，物數紛䟴亂也。䁝同音而義近。"

按䁝 yùn（匣文）从員聲（匣文）訓外博衆視，所視多而久則眼花，眼花繚亂。字从員聲蓋爲䟴聲（匣文）之借，用䟴物數紛䟴則亂之引申義，實則䟴聲即爲雲聲（匣文）之借，雲多易亂，古所謂亂雲，故引申有紛亂義。

䪳 䪳 《説文》："䪳，面色顛䪳皃。从頁，員聲。讀若隕。"段注："皃，當依《玉篇》作也。"

按䪳 hùn（匣文）从員聲（匣文）訓面色顛䪳，蓋謂容顔衰朽。字从員聲，蓋爲隕聲（匣文）之借，此用隕落之引申義。

愪 愪 《説文》："愪，惪皃。从心，員聲。"

按愪 yún（匣文）从員聲（匣文）訓憂。字从員聲，蓋雲聲（匣文）之借，雲飄浮在高空，風來則亂。以此喻心中有事不踏實，俗所謂提心吊膽。此用雲飄浮紛亂之引申義。

**湏** 《説文》：“湏，湏水，出南陽蔡陽，東入夏水。从水，員聲。”

按湏 yún（匣文）从員聲（匣文）訓湏水。字从員聲，作水名字，此但借其聲。

**賈** 《説文》：“賈，齊人謂靁爲賈。从雨，員聲。一曰雲轉起也。讀若昆。”段注：“齊人謂雷曰賈，方俗語言如此。靁，古讀如回，回與員語之轉。……雲回轉而起名之賈者，略與雲同音也，古文云作員。”

按賈 yǔn（匣文）从員聲（匣文）訓齊人謂雷爲賈，此方俗語。雷古讀如回，員、回語轉，一曰雲轉起，則借員爲雲。

**損** 《説文》：“損，減也。从手，員聲。”段注：“《水部》曰：‘減者，損也。’二篆爲轉注。”

按損 sǔn（心文）从員聲（匣文）訓減，減少。水會自然蒸發而減少。字从員聲，當爲雲聲（匣文）之借。字从手，手裏的雲抓不住，會自然消散。字从雲，此用雲易於消散之引申義。

**緷** 《説文》：“緷，綱紐也。从糸，員聲。《周禮》曰‘緷寸’。”段注：“紐者，結而可解也。大曰系，小曰紐。綱之系网也，必以小繩毋大繩而結於网，是曰緷。引申爲凡紐之稱。”

按緷 yún（匣文）从員聲（匣文）訓綱紐。綱紐，連結綱繩與網，綱繩衆多，其間保持均匀的距離。字从員聲，蓋爲匀聲（余文）之借，用匀之均匀義。

**隕** 《説文》：“隕，從高下也。从𨸏，員聲。《易》曰：‘有隕自天。’”段注：“《釋詁》曰：‘隕，下落也。’《毛傳》曰：‘隕，隋也。’隋即陊字。”

按隕 yǔn（匣文）从員聲（匣文）訓從高下。字从員聲，蓋雲聲（匣文）之借。雲在高空，時起時落，落則消散，此用雲落之引申義。王勃《滕王閣序》“落霞與孤鶩齊飛”。

**磒** 《説文》：“磒，落也。从石，員聲。《春秋傳》曰：‘磒石于宋五。’”段注：“磒與隕音義同，隕者，從高下也。……

《左》《穀》作實，許所據《左傳》作碩。《釋詁》：‘隕，碩，落也。’郭云：‘碩猶隕也。’”

按碩 yǔn（匣文）从員聲（匣文）訓落。字从員聲蓋爲隕聲（匣文）之借，用隕從高下之引申義，此與《石部》磙訓陊，字从㒸聲爲隊聲之借，是其比。《說文》：“隊，從高隊也。”字从㒸聲，《說文》：“㒸，从意也。”从意，謂豕逃脫人的追捕，隊的本義當是豕逃脫人的追捕，却在逃走時從高压隊下，隊即墜之本字。

## 西聲字

**西** 《說文》：“西，鳥在巢上也。象形。日在西方而鳥西，故因以爲東西之西。凡西之屬皆从西。棲，西或从木妻。𠧧，古文西。卥，籀文西。”段注：“下象巢，上象鳥，會意。上下皆非字也，故不曰會意，而曰象形。鳥在巢上者，此篆之本義。……上西，即下文東西之西也。下西，西之本義也。……此說六書叚借之例。”

按西 xī（心脂）訓鳥在巢上，鳥類歇息棲身，即日落鳥歸巢，這是西的本義。這個意義現在通常寫作棲。从妻指夫妻，即《孟子》所說的“男女居室，人之大倫”，鳥巢如人之家，則是雌雄同棲一巢，這是西或从木妻作棲的深層信息。引申假借爲方位字西方的西，又引申指西方的國家，又引申指主東客西，西席即客座。

**茜** 《說文》：“茜，茅蒐也。从艸，西聲。”段注：“古音在十三部，蒨即茜字也。古音當在十一部，其音變適同耳。”

按茜 qiàn（清真）从西聲（心脂），清心旁紐，真脂陰陽對轉，訓茅蒐。《說文》：“蒐，茅蒐，茹藘。人血所生，可以染絳。”字从西聲，日在西方謂日將西沉，天空呈現紅霞，所謂殘陽如血。故借西喻血，血（曉質）色紅，茜草可以絳（大紅）故以爲喻，而且演生出人血所生的神話。字从西聲，此用日西沉時色紅的引申義，這是茜从西聲的深層信息。

**廼** 《說文》："廼，驚聲也。从乃省，卤聲。籀文𠧟不省。或曰𠧟，往也。讀若仍。𠧟，古文𠧟。"段注："卤聲，宋本作西聲，不誤。……驚聲者，驚訝之聲，與乃字音義俱別。《詩》《書》《史》《漢》發語多用此字，作廼，而流俗多改爲乃。"

按廼 nǎi（泥之）訓驚聲。蓋指夜間鳥突然受驚而起飛之聲。作發語或其他虚詞，皆當爲借聲，此但借其聲。

**洒** 《說文》："洒，滌也。从水，西聲。古文以爲灑埽字。"段注："下文云：'沫，洒面也。''浴，洒身也。''澡，洒手也。''洗，洒足也。'今人假洗爲洒，非古字。按古有假洒爲峻陗之峻者。如《詩》'新臺有洒'，《爾雅》'望厓洒而高岸'，'夷上洒下漘'，《毛詩》'洒，高峻也'。……洒、灑本殊義而雙聲，故相假借。凡假借多疊韵或雙聲也。"

按洒 xǐ（心脂）从西聲（心脂）訓滌，洒滌，今字作洗滌。字从西聲蓋爲析聲（心錫）之借，心母雙聲，脂錫通轉，用析之分析、離析義，謂將塵垢从身體和衣物上分析離去。此用析之分析、除去義。

**垔** 《說文》："垔，塞也。从土，西聲。《商書》曰'鯀垔洪水'。䧅，垔或从𨸏。𡋯，古文垔如此。"段注："按此字古書多作堙，作陻，真字乃廢矣。《左傳》'井堙木刊'。服注：'《周語》墮高堙庳'。韋注皆同此。"

按垔 yīn（影真）从西聲（心脂）訓塞（即今塞字）。墮高堙庳，正謂从高處取土把低處填高。字从西，西，鳥巢，鳥巢在木上，故引申有高義，此用西高之引申義。

**䙴** 《說文》："䙴，升高也。从舁，囟聲。䙴，䙴或从卩。䙴，古文䙴。"段注："升之言登也，此與《辵部》遷、栖音義同。……囟音信，䙴音遷，合音也。……卩謂所登之階級也。"朱駿聲通訓定聲："按卤省聲。"

按䙴 qiān（清元）从西聲（心脂）訓登高。字从舁，从囟，囟當爲卤之省，卤即西，鳥巢。《禮記·禮運》："冬則居營窟，夏則居巢。"初民曾有一段巢居的歷史，䙴訓升高，蓋即緣木而登居巢。从㚅，即手足並用緣木攀爬而上，䙴即初民巢居的歷史寫真。《詩》“出自幽谷，遷於喬木”，正是對古人穴居和巢居的歷史追憶。

**禋** 《説文》：“禋，絜祀也。一曰精意，以享爲禋。从示，垔聲。[illegible]，籒文从宀。”段注：“韋昭注《周語》同。《釋詁》：‘禋，祭也。’孫炎曰：‘潔，敬之祭也。各本作潔。依《玉篇》作絜。’……《周語》：‘内史過曰：精意以享，禋也。’”

按禋 yīn（影真）从垔聲（影真）訓絜祀。《周禮・春官・大宗伯》：“以禋祀祀昊天上帝。”鄭玄注：“禋之言煙，周人尚臭，煙氣之臭聞者……三祀皆積柴實牲體焉，或有玉帛，燔燎而升煙，所以報陽也。”字从垔聲，當爲煙聲（影真）之借，用禋祭燔燎升煙之引申義。今俗語仍叫“祖宗烟火”，或説“祖宗香火”。

**羶** 《説文》：“羶，群羊相積也。一曰黑羊也。从羊，垔聲。”段注：“積，各本作羵，今依《玉篇》。……《左傳》‘左輪朱殷’，衹作殷。許意黑羊曰羶，借爲凡黑之稱。”

按羶 yān（影真）从垔聲（影真）訓羊相積。字从垔聲，此用垔用土填高之引申義。訓黑羊，字从垔聲，則當爲煙聲（影真）之借，烟色灰黑，煙久熏尤黑，此用煙黑之引申義。

**鄄** 《説文》：“鄄，衛地，今濟陰鄄城。从邑，垔聲。”

按鄄 juàn（見真）从垔聲（影真）訓衛地。字从垔聲，作地名字，此但借其聲。

**煙** 《説文》：“煙，火气也。从火，垔聲。烟，或从因。[illegible]，籒文从宀。[illegible]，古文。”段注：“陸璣《連珠》曰：‘火壯則煙微。’”

按煙 yān（影真）从垔聲（影真）訓火氣。火光爲焰，火氣爲煙，火燃燒則煙焰上騰。字从垔聲，此用垔土填塞則高的引申義，火特大則煙焰衝天。

**湮** 《説文》：“湮，没也。从水，垔聲。”段注：“《釋詁》：‘湮，落也。’落與没義相近。”

按湮 yīn（影真）从垔聲（影真）訓没，沉没於水中。字从水，土填塞水中，土少則沉没於水中。字从垔聲，此用垔土填入水之引申義。

闉闉 《説文》："闉，闉闍，城曲重門也。从門，垔聲。《詩》曰：'出其闉闍。'"段注："城曲各本作城内，今依《詩》正義正。《鄭風》曰'出其闉闍'，傳曰：'闉，曲城也。闍，城臺也。'"徐鍇繫傳："若今門外，壅城門也。"

按闉 yīn（影真）从垔聲（影真）訓城曲重門。城上有臺，臺所觀望敵情，臺下有門即闍，門外有曲城，即甕城，甕城有門叫闉，與闍相對，故稱重門。字从垔聲，此用垔填塞之義。

㢄㢄 《説文》："㢄，卧也。从氐，垔聲。"

按㢄 yìn（影真）从垔聲（影真）訓卧。字从垔聲蓋西聲（心脂）之借，此以聲子代聲母。西，即鳥栖於巢。字从氐，氐，至也。至巢則宿，故有卧義。此以鳥栖喻人卧。

甄甄 《説文》："甄，匋也。从瓦，垔聲。"段注："匋者，作瓦器也。董仲舒曰：'如泥之在鈞，惟甄者之所爲。'《陳留風俗傳》曰：'舜陶甄河濱。'其引申之義爲察也，勉也。"

按甄 zhēn（章文）从垔聲（影真）訓匋，製作瓦器。字从垔聲，此用垔填塞泥土之引申義。从出土的原始陶器説，陶器外有繩紋、柳條紋，説明原始陶器的泥坯外面用編繩編柳條護持。再上溯言之，始作陶器，蓋先以繩以柳條編器，以和熟的黏泥均勻地填塞器内，這便是甄。引申指製作陶器所用的轉輪，轉輪是製作陶器的關鍵性部件，故以此爲甄。《後漢書·郅惲傳》"甄陶品類"，李賢注："甄者，陶人旋轉之輪也。"甄从西土，西鳥巢在樹上，以喻陶人將陶土置於轉盤之上。从瓦，謂用陶土製作瓦器。

遷遷 《説文》："遷，登也。从辵，䙴聲。𢪉，古文遷，从手西。"

按遷 qiān（清元）从䙴聲（清元）訓登。䙴、遷一字，䙴是遷的本字，遷是後起的加注形旁字，䙴訓升高，升即登，初民無後世的屋室，"冬則居營窟，夏則居巢"，䙴的本義是用手攀爬登上居巢歇息，中國古史有有巢氏，安徽有巢湖。這巢都是初民的居巢，而不是鳥巢。

引申爲凡上升之稱，又引申爲遷移遷徙之稱。《詩》：“出自幽谷，遷於喬木。”

䣸 《説文》：“䣸，地名。从邑，䙴聲。”

按䣸 qiān（清元）从䙴聲（清元）訓地名。字从䙴聲，作地名字，此但借其聲。

僊 《説文》：“僊，長生僊去。从人䙴，䙴亦聲。”段注：“䙴，升高也。長生者䙴去，故从人䙴會意。……《聲類》曰：‘仙，今僊字，蓋仙行而僊廢矣。’”

按僊 xiān（心元）从䙴聲（清元）訓長生僊去。字从䙴聲，此用䙴升高之引申義。世謂修煉成仙則飛升上天，語所謂“一人得道，鷄犬升天”。這是神話，也是迷信。从科學的觀點説，凡物有生必有死，人的壽命有限，長生是絶無可能的。

仚 《説文》：“仚，人在山上皃。从人山。”段注：“引伸爲高舉皃。顔元孫引鮑明遠《書勢》云：‘鳥仚魚躍。’”顧藹吉《隸辨》：“後人移人於旁，以爲神仙之仙。”

按仚 xiān（曉元）从山聲（山元）訓人在山上，此於形見義。

⿱艹甄 《説文》：“⿱艹甄，豕首也。从艸，甄聲。”

按⿱艹甄 zhēn（章文）从甄聲（章文）訓豕首，藥草。字从甄聲，其語源不詳。

# 坤部第十六

## 真聲字

**真** 《説文》：“真，僊人變形而登天也。从匕目乚，丌所以乘載之。，古文真。”段注：“此真之本義也。經典但言誠實，無言真實者，諸子百家乃有真字耳，然其字古矣。……引伸爲真誠。凡稹鎮瞋謓旗填寘闐嗔滇鬒瑱顛慎字，皆以真爲聲。多取充實之意。其顛槙字以頂爲義者，亦充實上升之意也。”徐灝注箋：“然自《莊》《列》始有真人之名，始有長生不死而登雲天之説，亦寓言耳。後世由此遂合道家神仙爲一流。此變形登天之説所由生也。”

按真 zhēn（章真），道家稱“修真得道”或“成仙”的人，其字則以意構形，全無客觀依據，引申爲真實、真誠等義，義即由誠實生。

**禛** 《説文》：“禛，以真受福也。从示，真聲。”徐灝注箋：“真，誠也。以真受福，謂以至誠感神而致福也。”

按禛 zhēn（章真）从真聲（章真）訓以真受福。字从真聲，此用真誠之引申義。

**瑱** 《説文》：“瑱，以玉充耳也。从玉，真聲。《詩》曰：‘玉之瑱兮。’”段注：“《詩》毛傳曰‘瑱，塞耳也’，又曰‘充耳謂之瑱’。”

按瑱 tián（透真）从真聲（章真）訓以玉充耳，塞耳。字从真聲，蓋爲垔聲（影真）之借。《説文》：“垔，窒（塞）也。”初義是指用土把低處填高，引申爲凡填塞、充滿之義，此用垔之填塞義。

**嗔** 《説文》：“嗔，盛氣也。从口，真聲。《詩》曰：‘振旅嗔嗔。’”段注：“《門部》曰‘闐，盛皃’，聲義與此同。今《毛詩》‘振旅闐闐’，許所據作‘嗔嗔’。《玉藻》‘盛氣顛實’，注云：‘顛讀爲闐，盛身中之氣，使之闐滿。’”

按嗔 chēn（昌真）从真聲（章真）訓盛氣闐實。字从真聲蓋爲垔聲（影真）之借，用垔填塞、充滿之引申義。語有“義憤填膺”。

趚 趚 《説文》：“趚，走頓也。从走，真聲。讀若顛。”段注：“《足部》曰：‘蹎，跋也。’此與音義同。”

按趚 diān（端真）从真聲（章真）訓走頓。奔走時，臉朝前仆倒。字从真聲當爲顛聲（端真）之借。顛，頭頂，此謂頭頂頓在地上和地面相接。而顛从真聲則爲天聲之借，天是顛的本字。

蹎 蹎 《説文》：“蹎，跋也。从足，真聲。”段注：“經傳多叚借顛字爲之，如《左傳》‘子都自下射之顛’是也。《貢禹傳》誠恐一旦蹎仆氣竭。”

按蹎 diān（端真）从真聲（章真）訓跋。蹎跋即顛沛，蹎仆。與趚音義同，當即趚之異體。从足與从走同意，走必以足。字从真聲，當爲顛聲（端真）之借，用顛頭頂之義，此謂頭朝地、足朝天跌倒。而顛从真聲，則爲天聲（透真）之借，天的初義是人的頭頂，引申指頭頂上的青天，俗所謂“頭頂青天”。

謓 謓 《説文》：“謓，恚也。从言，真聲。賈侍中説謓笑。一曰讀若振。”段注：“今人用嗔，古用謓。……（謓笑，）别一義。”朱駿聲通訓定聲：“按猶蘇俗所謂冷笑也，内怒而外笑。”

按謓 chēn（昌真）訓恚，怒，憤怒。字从真聲，垔聲（影真）之借，用垔填塞、充滿之引申義，此謂怒氣充塞心胸。

瞋 瞋 《説文》：“瞋，張目也。从目，真聲。䀡，祕書嗔，从戌。”段注：“此與《言部》謓義略同。……戌聲真聲同在十二部。”

按瞋 chēn（昌真）从真聲（章真）訓張目，睁大眼睛。人盛怒時多張目，由胸中怒氣盛而形諸目。字从真聲，當爲垔聲（影真）之借，用垔塞、塞滿、充滿之引申義，亦可説填聲（定真）之借，填从真聲亦爲垔聲（影真）。真訓仙人變形登天，純屬子虚烏有，不可能引申出實在的實義。

**瞋** 《説文》："瞋，起也。从肉，真聲。"段注："當云'肉起也'。《素問》曰：'濁氣在上則生瞋脹。'王冰注：'瞋，脹起也。'按許厠此，謂人所食肉。"

按瞋 chēn（昌真）从真聲（章真）訓起，从人體説則爲腫脹而凸起。字从真聲則當爲垔聲（影真）之借，因垔塞土充實則凸起。从人食肉説則當爲墳起。字从真聲蓋爲墳聲（並文）之借，用墳之墳起義。

**槙** 《説文》："槙，木頂也。从木，真聲。一曰仆木也。"段注："人頂曰顛，木頂曰槙。今顛行而槙廢矣。……人仆曰顛，木仆曰槙，顛行而槙廢矣。頂在上而仆於地，故仍謂顛槙也。"

按槙 diān（端真）从真聲（章真）訓木頂。字从真聲當爲顛聲（端真）之借，用顛之顛頂義。而顛从真聲則當爲天聲（適真）之借，天的初義是人的頭頂，引申指頭頂上的青天。

**稹** 《説文》："稹，穜概也。从禾，真聲。《周禮》曰：'稹理而堅。'"段注："此與鬒爲稠髮同也。引伸爲凡密緻之稱。"

按稹 zhěn（章真）从真聲（章真）訓穜概。字从禾，指禾苗稠密。字从真聲當爲㐱聲（章文）之借。《説文》："㐱，稠髮也。"鬒是㐱的後起的形聲字，鬒从真聲即㐱聲之借。此以稠髮喻禾苗稠密。

**瘨** 《説文》："瘨，病也。从疒，真聲。一曰腹張。"段注："《大雅·雲漢》傳同。按今之顛狂字也。《廣雅》：'瘨，狂也。'……張《汲古閣》作脹，誤。今依宋本訂。古無脹字。"

按瘨 diān（端真）从真聲（章真）訓病，瘨狂病。字从真聲當爲顛聲（端真）之借，用顛顛倒、顛狂之引申義。

**顛** 《説文》："顛，頂也。从頁，真聲。"段注："引伸爲凡物之頂。……顛爲最上，倒之則爲最下。故《大雅》'顛沛之揭'，傳曰'顛，仆也'。……《離騷》注曰：'自上下曰顛。’《廣雅》曰：‘顛，末也。’”

按顛 diān（端真）从真聲（章真）訓頂，頭頂。字从真聲，當爲天聲（透真）之借。天从大，大是人的正面形象，大上一横畫，表示頭頂。天是顛的本字，顛是後起的形聲字。

**慎** 《說文》：“慎，謹也。从心，真聲。”段注：“《言部》曰：‘謹者，慎也。’二篆爲轉注，未有不誠而能謹者，故其字从真。《小雅》‘慎爾優遊’‘予慎無罪’，傳皆曰：‘誠也。’”

按慎 shèn（禪真）从真聲（章真）訓謹。謹从堇聲，《說文》“堇，黏土也”，黏土的特點是土質緊密有黏性。字从言，謂即今湖湘俗語口風緊。《論語》“君子欲訥於言而敏於行”，“古者言之不出，恥躬之不逮也”。真誠爲近義複詞，誠从成，成是城的本字。《說文》：“城，以盛民也。”盛民則實，誠从成，誠則實，故誠實即真實，真必實而不虛假，是字从真聲，亦當爲垔聲（影真）之借，用垔塞，塞則充實之引申義。慎的基本義當爲誠實、實在。《詩》“予慎無罪”，就是我實在無罪的意思。

**滇** 《說文》：“滇，益州池也。从水，真聲。”

按滇 diān（端真）从真聲（章真）訓益州池。字从真聲，作水名字，此但借其聲。

**霣** 《說文》：“霣，雨聲。从雨，真聲。讀若資。”段注：“真聲而讀若資者，合音也。”

按霣 zī（精脂）从真聲（章真）訓雨聲。字从真聲，作象聲字，此但借其聲。

**闐** 《說文》：“闐，盛皃也。从門，真聲。”段注：“謂盛滿於門中之皃也。《詩》曰：‘振旅闐闐。’《孟子》作填。《玉藻》‘盛氣顛實’，叚顛爲闐也。”

按闐 tián（定真）从真聲（章真）訓盛皃。蓋形容來客甚衆，填塞門户，所謂賓客盈門，以喻人氣旺盛。《聊齋·促織》“紅女白婆，填塞門户”，是其例。“振旅闐闐”，孟子作“填然鼓之”。形容鼓聲大而密集，以狀軍威之盛，闐闐當爲鼓聲，作象聲字，此但借其聲。

填 𡐓 《説文》："填，窒也。从土，真聲。"段注："窒，各本作塞。塞，隔也，非其義也。窒下云：'室也。'室下云：'窒也。'窴亦窒也。填與窴音義同。"

按填 tián（定真）从真聲（章真）訓窒（今字通作塞），填塞、充滿。字从真聲，當爲垔聲（影真）之借。《説文》："垔，窒（塞）也。"此用垔塞之引申義。

窴 𥦗 《説文》："窴，窒也。从穴，真聲。"段注："窒，各本譌作塞，今正。《玉篇》曰：'窴，今作填。'按窴填同義，填行而窴廢矣。"

按窴 tián（定真）从真聲（章真）訓窒（塞），填塞。字从真聲，當爲垔聲（影真）之借。《説文》："垔，窒（塞）也。"窴、填一字之異體，此用垔用土填塞之義。

鎮 𨩅 《説文》："鎮，博壓也。从金，真聲。"段注："博當作簙，局戲也。壓當作厭，笮也。謂局戲以此鎮壓，如今賭錢者之有椿也。未知許意然否。"

按鎮 zhèn（端真）从真聲（章真）訓博壓。據唐玄應《一切經音義》卷十、卷十一、卷十二、卷二十四引《説文》"鎮"字皆作"壓也"。博壓字之博乃後人摻入，故段氏"局戲"之釋不確。字从真聲訓壓，真聲當爲垔聲（影真）之借，用垔塞之引申義。《史記·蕭何世家》"鎮國家"正作"填國家"，鎮是後起的區别字。

轃 𨍭 《説文》："轃，車轃弘聲也。从車，真聲。讀若《論語》'鏗尔舍琴而作'。一曰讀若掔。"段注："谹，谷中響也。弦，屋響也。弘，弓聲也。車聲轃弘，借弓聲之字耳。轃弘，大聲。"

按轃 kēng（溪真）从真聲（章真）訓車顛弘聲，車行進中發出的大聲，杜甫詩所謂"車轔轔"。字从真聲，作象聲字，此但借其聲。

# 臣聲字

**臣** 《説文》："臣，牽也。事君者，象屈服之形。"段注："以疊韵釋之。《春秋説》《廣雅》皆曰'臣，堅也'。《白虎通》曰：'臣者，纏也，厲志自堅固也。'"郭沫若《甲骨文研究》："象一竪目之形，人首俯則目竪，所以'象屈服之形'者，殆以此也。"

按臣 chén（禪真）訓牽，事君者，象屈服之形。事君者，此後起之義；牽與象屈服形，則其説實誤。象竪目之形是對的，竪目即目，以竪目爲臣者，由大到小，臣是君王的心腹、股肱、耳目、爪牙。督字从目，叔聲，督者人中，人中的一隻眼就是監督奴隸服役的監工，後世的監察御史、都御史，就是皇帝派往各地的耳目，引申指所有爲皇帝辦事服務的人員，都稱臣。

**茞** 《説文》："茞，艸也。从艸，臣聲。"

按茞 chén（禪具）从臣聲（禪真）訓草名，今爲何草不詳，其語源不詳。

**嚚** 《説文》："嚚，語聲也。从㗊，臣聲。𡿍，古文嚚。"段注："《左傳》曰：'口不道忠信之言爲嚚。'引伸之義也。"朱駿聲通訓定聲："按《晋語》：'嚚瘖不可使言。'疑本義亦廢疾之一，有聲而不能成語者。"

按嚚 yín（疑真）从臣聲（禪真）訓語聲，但有語聲而無語義。字从臣聲，蓋犾聲（疑文）之借，口不道忠信之言，則如犬之犾犾而吠。此惡之深也。訓語聲，作象聲字，則字从臣聲爲但借其聲。朱氏疑爲瘖啞之廢疾，則从臣聲，亦但借其聲。

**訨** 《説文》："訨，訐也。从言，臣聲。讀若指。"段注："訐，或作許，誤。"

按訨 zhǐ（章脂）从臣聲（禪真）訓訐。《説文》："訐，面相斥罪，告訐也。"攻擊别人的短處，揭發别人的隱私。字从臣聲，此用臣暗中窺察之引申義。

**臤** 《説文》：“臤，堅也。从又，臣聲。凡臤之屬皆从臤。讀若鏗鏘。古文以爲賢字。”段注：“謂握之固也，故从又。……凡言古文以爲者，皆言古文之假借也。”

按臤 qiān（溪真）从臣聲（禪真）訓堅，堅固，堅緊。字从又，又即手，手抓得緊；从臣，臣即眼，眼睛盯得緊，此當謂看守犯人、財物。臧字从爿，收藏財物的墻垣；从戈，手持戈守之；从臣，注目看住。是其比。字从臣聲，此用眼睛注視盯緊之義。

**䢅** 《説文》：“䢅，地名。从邑，臣聲。”

按䢅 chén（禪真）从臣聲（禪真）訓地名。字从臣聲，作地名字，此但借其聲。

**頣** 《説文》：“頣，舉目視人也。从頁，臣聲。”段注：“目當依《廣韵》作眉。舉眉，揚眉也。”王筠句讀：“《檀弓》曰：‘揚其目而視之。’且舉目揚眉，相因之事也。”

按頣 shěn（書真）从臣聲（禪真）訓舉目視人。字从臣聲，此臣爲目之絶好的書證。字从頁，頁者人頭，此蓋以舉首表舉目，舉目即揚其眉，揚眉與揚目相因，眉目首皆相連而及。今以揚眉與吐氣相連，喻處境和心情特好。

**挋** 《説文》：“挋，給也。从手，臣聲。一曰約也。”段注：“給者，相足也。《士喪禮》曰‘乃沐櫛，挋用巾’，又曰‘浴用巾，挋用浴衣’。注曰：‘挋，晞也，清也。’按晞者，乾之也，浴用巾既以巾拭之矣，而復以浴衣挋之。謂抑按之使乾，此乾彼濕，可互相足，故曰給也。《爾雅》曰：‘挋拭刷，清也。’渾言之也，析言之，則挋與拭不同。故許書‘㕞，飾也’‘㨷，飾也’，爲一義。挋，給也，又爲一義也。……（一曰約也，）約者，纏束也，此挋之别一義也。”

按挋 zhèn（章真）从臣聲（禪真）訓給。給謂手、臣（目）的動作相互配合成事。字从手，手者人手；从臣，臣者人目。人做事靠手，但手的動作離不開目視，目看準，手拿準，目到手到，才能做好，是目與手相互足，二者相互依存，缺一不可，這是抳的本義。抳訓拭是引申義，用巾拭之粗乾，再用浴衣拭使全乾，浴衣抳，是巾拭的補充。充者，充足，給亦足。手目共用互足是抳的深層信息，引申爲凡相足之稱。抳訓拭乾，此其一而已。

**菣** 《説文》："菣，香蒿也。从艸，臤聲。藖，菣或从堅。"段注："《詩》'食野之蒿'，《爾雅》、毛傳皆云：'蒿，菣也。'郭璞云：'今人呼青蒿香中炙啖者爲菣。'"

按菣 qìn（溪真）从臤聲（溪真）訓香蒿，香中炙啖者爲菣。字从臤聲，臤者質堅，香者氣芳香，皆事物之精美者，故以相喻爲名，此用臤賢美之引申義。

**掔** 《説文》："掔，牛很，不從牽也。从牛臤，臤亦聲。一曰大皃。讀若賢。"段注："臤者，堅也。故从牛臤會意。"

按掔 qiǎn（溪真）从臤聲（溪真）訓牛很不從牽，牛犟不聽牽引。字从臤聲，此用臤堅强之引申義。

**趣** 《説文》："趣，行皃。从走，臤聲。讀若菣。"《集韵》："趣，行緩皃。"

按趣 qìn（溪真）从臤聲（溪真）訓行皃。臤即堅，堅、緊義相函，緊、急義近。《説文》："趍，急走也。"弦緊則急，據此則趣亦當訓急者，而《集韵》趣訓行緩者，則字从臤聲，當掔聲（溪真）之借，牛很不從牽，則其行必緩，此字掔之引申義。

**緊** 《説文》："緊，纏絲急也。从臤，絲省。"段注："緊急雙聲，此字別作絍。"

按緊 jǐn（見真）从臤聲（溪真）訓纏絲急，即纏絲緊。字从臤，臤从臣又會意。臣，眼睛；又，手。此以手抓得緊，眼睛盯得緊，喻絲纏得緊。此用臤堅之引申義。

**堅** 《説文》："堅，土剛也。从臤土。"段注："土字今補。《周禮·草人》：'騂剛。'……引伸爲凡物之剛，如云臤堅也是也。"

按堅 jiān（見真）从臤聲（溪真）訓土剛，堅硬、堅固。字从臤聲，此用臤看守牢固之引申義。

**腎** 《説文》："腎，大目也。从目，臤聲。"

按腎 xiàn（匣真）从臤聲（溪真）訓大目。臤、堅義相因，堅强、强大義相函，此用臤强引申爲大之義。

**腎** 《説文》："腎，水臧也。从肉，臤聲。"

按腎 shèn（禪真）从臤聲（溪真）訓水臧，人和高等動物的泌尿器官，但它更是生殖系統的重要器官，中醫稱睾丸爲"外腎"，主要功能是製造和儲存精子，腎的重要功能就是能使男根在發情時堅挺。字从臤聲，此用臤之堅强義。

**賢** 《説文》："賢，多財也。从貝，臤聲。"段注："財，各本作才，今正。賢本多財之稱，引伸之凡多皆曰賢。人稱賢能，因習其引伸之義而廢其本義矣。《小雅》'大夫不均，我從事獨賢'，傳曰：'賢，勞也。'謂事多而勞也。故《孟子》説之曰：'我獨賢勞。'戴先生曰：'《投壺》某賢於某若干純，賢多也。'"楊樹達先生《積微居小學金石論叢·釋賢》："以臤爲賢，據其德也。加臤以貝，則以財爲義矣。"

按賢 xián（匣真）从臤聲（溪真）訓多財。字从臤聲，此用堅强之引申義，堅、强、大、多，諸義皆相因。

**硻** 《説文》："硻，餘堅也。从石，堅省聲。"段注："也，各本作者，今依《廣韵》《集韵》《類篇》正。按硈下當云'石堅聲'，硻下當云'餘堅聲'，皆轉寫之譌。蓋自硟至磿八篆，皆皃石聲。下文訓堅之磐，與此訓堅聲之硻、硈，義固别也。《論語》曰'鄙哉硜硜乎'，又云'硜硜然小人哉'。其字皆當作硻硻，叚借古文磬字耳。硜者古文磬字也。鏗爾，舍琴，亦當爲硻爾。又《樂記》'石聲磬'，磬當爲硻。《釋名》：'磬者，磬也。其聲磬磬然堅緻。'當作硻硻然堅緻。……（堅省聲，）按此當云臤聲。淺人所改也。"王筠句讀："案磬硜罄，皆硻之借字。《論語》'鏗爾'亦即此硻字。"

按硻 kēng（溪耕）从臣聲（溪真）訓餘堅聲，擊石發出的硻硻聲。字从臤聲，作象聲字，此但借其聲。殸是磬的本字，殸作名字是石樂磬，作動字是擊磬，引申指擊磬發出的悦耳的樂音。硻是磬的後起區别字，專表石磬聲，又引申指凡擊石之聲。

**掔** 《説文》："掔，固也。从手，臤聲。讀若《詩》'赤舄掔掔'。"段注："掔之言堅也，緊也，謂手持之固也。"

按掔 qiān（溪真）从臤聲（溪真）訓固，堅固，牢固。掔是臤的後起加注形旁字，臤是掔的本字。臤字从又，又即手，掔又增手，於字形爲緟益。臤訓堅訓緊，即指手抓得牢固，也指眼睛盯得緊，此合臣、又二字爲義。

**娶** 《説文》："娶，美也。从女，臤聲。"

按娶 qiān（溪真）从臤聲（溪真）訓美。男子以堅强多才德爲賢，女子以嫺静貌美爲娶。字从臤聲，此用强大之引申義。大與美義相函，羊大爲美即寓此義。

**鋻** 《説文》："鋻，剛也。从金，臤聲。"段注："剛，各本譌剛，今正。《刀部》曰：'剛，刀劍刃也。'刃下曰：'刀鋻也。'故剛與鋻爲轉注。王褒《聖主得賢臣頌》曰：'清水淬其鋒。'李善引《三蒼解詁》云：'淬作刀鋻也。'……鋻者，金之臤。"

按鋻 jiān（見真）从臤聲（溪真）訓剛，刀鋻即刀劍的鋒刃。字从臤聲，此用臤之堅硬、剛强義。而必名剛者，兵刀，兇器也。

**摼** 《説文》："摼，擣頭也。从手，堅聲。讀若《論語》'鏗尔，舍琴而作'。"段注："讀若二字衍文也。……《論語·先進篇》釋文曰：'鏗，若耕反，投琴聲。'……《廣韵》曰：'揁，琴聲，口莖切。'《玉篇》曰：'揁，口耕切，琴聲。'引《論語》'揁爾，舍琴而作'，揁蓋摼之異體。大徐：'摼，口莖切。'按堅聲古音在十二部。"

按摼 kēng（溪真）从堅聲（溪真）訓擣頭，敲擊人頭。此蓋用敲擊頭發出的鏗鏗聲以表敲擊人頭的動作。字从堅聲，蓋爲鏗聲（溪真）之借，用鏗之鏗鏗響義。

## 卂聲字

**卂** 《説文》："卂，疾飛也。从飛而羽不見。"段注："引申爲凡疾之稱。故撞下曰：'卂，擣也。'《辵部》迅从卂。……飛而羽不見者，疾之甚也。此亦象形。"

按卂 xùn（心真）訓疾飛，飛篆體从三翅，與奔从三止（足）之構形命相同。飛（幫微）、奔（幫文）雙聲，文微對轉，音義並近，當爲同源。走从大从止，止表行，人走得特别快時，遠遠只看到人在向前移動，看不清足在走。卂，鳥飛得特别快時，看不清翅膀在動，有似矢射向前。走與卂其構形命意亦同。卂、走（精侯）精心旁紐，音亦相關，飛而羽不見之羽，即鳥翅。

**迅** 《説文》："迅，疾也。从辵，卂聲。"段注："迅疾疊韵。"

按迅 xùn（心真）从卂聲（心真）訓疾。字从卂聲，此用卂疾飛之引申義。卂爲鳥疾飛，迅爲卂疾之稱，卂爲專指，迅爲通指。

**訊** 《説文》："訊，問也。从言，卂聲。𦯧，古文訊从卤。"段注："《釋言》曰：'訊，言也。'《小雅》：'訊，之占夢。'毛曰'訊，問也'。鄭箋：'執訊'皆兼言問爲訓。"吴大澂古籀補："古訊字从系从口，執敵而訊之也。"

按訊 xùn（心真）从卂聲（心真）訓問，訊問。以言問訊，是獲得信息最便捷的途徑。字从卂聲，此用鳥疾飛的引申義。

**汛** 《説文》："汛，灑也。从水，卂聲。"段注："卂，疾飛也。水之散如飛，此以形聲包會意也。楊雄《劇秦美新》云：'况盡汛埽前聖數千載功業。'汛埽即灑埽也。俗用爲潮汛字。……按汛與灑互訓而殊音，洒則經典用爲灑之假借。然謂洒即汛之假借，則於古音尤合。蓋洒从西聲，西古音如詵也。小顔注《東方朔傳》洒埽云：'洒音信。'此謂即汛字也。云'又山豉反'，此謂即灑字也。此等必皆《漢書》音義舊説。"

按汛 xùn（心真）从卂聲（心真）訓灑，灑水（掃地）以手掬水灑向地面，其動作必迅捷，才能使水散如飛。字从卂聲，此用卂鳥疾飛之引申義。

**扟** 《説文》："扟，從上挹取也。从手，卂聲。讀若莘。"段注："取字各本無，依玄應補。《通俗文》云：'從上取曰扟。'"

按扟 shēn（山真）从卂聲（心真）訓從上挹取。從上，蓋謂從水上。所取之物，飄浮在水上，挹取以器舀取，動作慢，則物從旁流出，快則所要取之物隨器而上。字从卂聲，此用卂鳥疾飛之引申義。

**蝨** 《説文》："蝨，齧人蟲。从䖵，卂聲。"段注："古或叚幾瑟作蟣蝨。蟣者，蝨子也。"

按蝨 shī（山質）从卂聲（心真）訓齧人蟲，今通稱蝨子。蝨子，湖湘俗語稱蝨婆，俗諺有"蝨婆蝨婆，三天作外婆"，極言其繁殖之飛快。字从卂聲，此用卂鳥疾飛之引申義。

## 寅聲字

**寅** 《説文》："寅，髕也。正月昜气動。去黄泉欲上出，侌尚强也。象宀不達，髕寅於下也。凡寅之屬皆从寅。，古文寅。"朱芳圃《殷周文字釋叢》："寅，甲骨文初期作形，晚期作形，口爲附加之形符，所以别兵器之矢於干支之寅也。間有作兩手奉矢形者，入周以後字形頓異，皆兩手奉矢形之演變也。"

按寅 yín（余真）、引 yǐn（余真）古音同。《説文》："引，開弓也。从弓丨。"段注："此引而上行之丨也，爲會意。丨亦象矢形。"引的本義當是引弓發矢，寅當是引的本字。字从矢从又，或从兩手奉矢同意，晚期之，从口當爲从弓从省，附加形符之説不確。又或从雙手，皆當爲引弓發矢，雙手奉矢，當是雙手引弓發矢。寅爲象形字，引爲會意字。寅借爲地支字，並爲借義所專，遂另造會意字以爲引弓發矢字。寅引作聲旁可互作，如蚓之重文作螾。

**蔩** 《説文》：“蔩，兔瓜也。从艸，寅聲。”朱駿聲通訓定聲：“《爾雅·釋草》：‘蔩，菟瓜。’注：‘似土瓜，邢疏謂即王瓜。’”

按蔩 yín（余真）从寅聲（余真）訓兔瓜，似土瓜，邢疏謂即王瓜。寅即引，與兔瓜的音義關係不詳。其語源不詳。

**瞚** 《説文》：“瞚，開闔目數摇也。从目，寅聲。”

按瞚 shùn（書頁）从寅聲（余真）訓開闔目數摇，眨眼。字亦作瞬，瞬即一眨眼。字从寅，寅是引的本字，引者開弓發矢。瞚從目開閉説，瞬從時間短暫説。字从寅聲，此用寅引弓收弓之引申義。

**夤** 《説文》：“夤，敬惕也。从夕，寅聲。《易》曰‘夕惕若厲’。𡖼，籀文。”段注：“厲，各本作夤，今正。”林義光《文源》：“按从夕，夕惕之義不見。夤當即胂之或體。从肉，寅聲。月以形近譌爲夕也。《易》‘列其夤’（《艮》卦）。馬注：‘夾脊肉也。’正以夤爲胂，鄭本作䐜。”

按夤 yín（余真）从寅聲（余真）訓夾脊肉，夤即胂之或體。字从寅，寅是引的古字，寅、引音義並同，引、申（書真）音義相近，引之則申。胂今稱脢條肉，夾脊如條下垂，故以胂名之。字从寅聲，此用寅引之引申義。又字从夕寅訓敬惕者，則蓋爲夜持弓矢器械以警戒，則必當謹慎戒懼。敬者，警也。則當爲別一字。

**演** 《説文》：“演，長流也。一曰水名。从水，寅聲。”段注：“演之言引也，故爲長遠之流。《周語》注曰：‘水土氣通。’爲演引伸之義也。”

按演 yǎn（余真）从寅聲（余真）訓長流，長流不間斷。字从寅聲，寅、引一字，此用寅引之則長的引申義。

**戭** 《説文》：“戭，長槍也。从戈，寅聲。《春秋傳》有檮戭。”段注：“槍者，歫也。謂以長物相刺。《通俗文》曰：‘剡木傷盜曰槍。’”

按戭 yǎn（余真）从寅聲（余真）訓長槍。字从寅聲，寅、引同字，此用寅引之則長的引申義。又槍（清陽）从倉聲（清陽）當爲刃聲（初陽）之借，刃者刃傷。故《通俗文》“剡木傷盜曰槍”。

螾  《説文》：“螾，側行者。从虫，寅聲。蚓，螾或从引。”段注：“《考工記》‘卻行仄行’，鄭曰：‘卻行螾衍屬，仄行蟹屬。’與許異。今觀丘蚓實卻行，非側行，鄭説長也。丘蚓俗曰曲蟮，漢巴郡有朐忍縣，以此蟲得名，丘朐曲，一語之轉也。”

按螾 yǐn（余真）从寅聲（余真）訓却行者，今稱蚯蚓。字从寅聲，或體作蚓，从引聲，古寅引一字。字从寅聲，此用寅引之引申義。

濥  《説文》：“濥，水脈行地中濥濥也。从水，夤聲。”段注：“濥濥，動貌。……《江賦》曰：‘潛演之所汩淈。’《蜀都賦》曰：‘濥以潛沫。’劉注：‘水潛行曰濥。此二水伏流，故曰濥。’按今《文選》作演，誤。”

按濥 yǐn（余真）从夤聲（余真）訓水脈行地中。林義光《文源》：“夤即胂之異體。”胂，夾脊肉，又稱脢條肉，此肉在背中隱而不見，故借以喻行地中之濥。字从夤聲，此用夤胂、脢條肉之引申義。脢字从每（明元），晦聲（曉元）之借，晦、暗亦爲背聲（幫職）之借，胂夾脊在背。

## 民聲字

民  《説文》：“民，衆萌也。从古文之象。凡民之屬皆从民。，古文民。”段注：“萌，古本皆不誤。毛本作氓，非。古謂民曰萌，漢人所用不可枚數。今《周禮》‘以興耡利甿’，許《耒部》引‘以興耡利萌’。愚謂鄭本亦作萌，故注云‘變民言萌’。……民萌異者，析言之也，以萌釋民者，渾言之也。……（古文民），蓋象萌生緐廡之形。”郭沫若《甲骨文字研究》：“周人初以敵囚爲民時，乃盲其左目以爲奴隸。”

按民 mín（明真）訓衆萌。萌，萌生，萌發。衆萌即衆生，亦即《詩》之“生民”。《詩·古雅·生民》“厥初生民，時維姜嫄”，亦即庶民。《詩》“庶民子來”。民或被俘或獲刑刺目爲奴者，絶非民之普遍意義。郭説不可信。初民曾經歷了一個漫長的蒙昧時代，漸次進入文明時代。蒙昧謂其時人類無知，對世界缺乏瞭解認識，古歌謡“不識不知，順帝之則”，寫的正是進入文明初期的庶民。其時蓋爲氏族社會晚期，愚以爲民字或由氏字（禪支）演變而來。

珉 《説文》：“珉，石之美者。从玉，民聲。”

按珉 mín（明真）从民聲（明真）訓石之美者。字从民聲，蓋用初民民風淳朴之引申義。

敃 《説文》：“敃，彊也。从攴，民聲。”段注：“《釋詁》：‘昬暋，强也。’按《説文》敯作‘敯，冒也’，則許所據《爾雅》作‘敃，强也’，昬字从氐省，不从民聲。自俗寫殽訛，音韵亦亂。《玉篇》謂敃敯同字是也。”

按敃 mǐn（明真）从民聲（明真）訓强。蓋此謂初民民生之不易，初民求生存必須自强。字从民聲，此用生民當自强的引申義。

笢 《説文》：“笢，竹膚也。从竹，民聲。”段注：“膚，皮也。竹膚曰笢，亦曰筍。”

按笢 mǐn（明真）从民聲（明真）訓竹膚。竹質較木質堅韌，字从民聲，此用民强之引申義。

罠 《説文》：“罠，所以釣也。从网，民聲。”段注：“所以二字今補。《召南》曰：‘其釣維何，維絲伊緡。’傳曰：‘緡，綸也。’箋云：‘以絲爲之綸，則是善釣也。’按《糸部》曰：‘緡，釣魚繁也。’此曰罠，所以釣也，然則緡罠古今字。”

按罠 mín（明真）从民聲（明真）訓所以釣，即釣絲，今通稱釣繩。釣繩用絲，絲輕而韌。字从民聲，此用民强之引申義。

怋 《説文》：“怋，怓也。从心，民聲。”段注：“按古音當在十二部，讀若民。如今音則與惛無别矣。”《廣韵》：“怋，亂也。”

按怋 mín（明真）从民聲（明真）訓怓。《説文》：“怓，亂也。”字从民聲蓋爲冥聲（明耕）之借，民、冥明母雙聲，真耕通轉。《説文》："冥，窈也。"冥暗則易亂，此用冥暗之引申義。

蟁 《説文》："蟁，齧人飛蟲。从䖵，民聲。𧍷，蟁或从昏，以昏時出也。蚊，俗蟁。从虫，从文。"段注："此字民聲，則當十二部，疑古本衹有𧍷，而蟁乃後人所製也。……昏从氐省，氐者下也。俗沾一曰民聲。而𧍷篆上亦沾蟁篆矣。……《虫部》曰：'秦晋謂之蜹，楚謂之蚊。'"

按蟁篆並作𧍷，段氏從音理上所作分析殊確。𧍷讀無分切 wén（明文）从昏聲（曉文）訓齧人飛蟲，以昏時出，故从昏。俗作蚊字从文聲（明文）。若从民聲，則當爲明母真部字。

愍 《説文》："愍，痛也。从心，敃聲。"

按愍 mǐn（明真）从敃聲（明真）訓痛。字从敃聲，敃訓强，蓋用强之强制義。即强制民勉爲其所難。《周禮・秋官・大司寇》："以圜土聚教罷民。"鄭玄注："聚罷民其中，困苦以教之爲善也。民不愍作勞，有似於罷。"被强制勉爲其難，故心悲痛，甚至憤怒，此用敃之引申義。

## 辡聲字

辡 《説文》："辡，辠人相與訟也。从二辛。"饒炯部首訂："辡，即争辯本字，謂辠人互訟，争論曲直，各自疏解其事，故从二辛見義。蓋辡爲辠人自辯其非。"

按辡 biàn（並元）字从二辛會意，訓辠人相與訟。此當爲辯、辨之本字，辯、辨爲後起之加旁字。

辬 《説文》："辬，小兒白眼視也。从目，辡聲。"

按辬 pàn（滂元）从辡聲（並元）訓小兒白眼視，蓋謂小兒眼黑白特别分明。字从辡聲，蓋與半（幫元）音近義同，此用辡半分之引申義。

辧 《説文》："辧，判也。从刀，辡聲。"段注："古辧、判、别三字義同也。辧从刀，俗作辨，爲辨别字。别作从力之辦，爲幹辦字。”

按辦 biàn（並元）从辡聲（並元）訓判，判別區分。字从辡聲，此用辡辠人相與訟之引申義。

**瓣** 《説文》：“瓣，瓜中實也。从瓜，辡聲。”段注：“《衛風》：‘齒如瓠棲。’《釋草》及《毛傳》曰：‘瓠棲，瓠瓣也。’……實中之可食者當曰人，如桃、杏之人。”

按瓣 bàn（並元）从辡聲（並元）訓瓜中實，即瓜子。瓜子人（仁）由兩半組成，瓜子殼亦由兩半組成，這是瓣从辡聲的深層信息，於此亦可見古人造字時觀察之細，命意之精。

**辬** 《説文》：“辬，駁文也。从文，辡聲。”段注：“謂駁襍之文曰辬也。馬色不純曰駁，引伸爲凡不純之稱。辬之字多或體。……斑者，辬之俗，今乃斑行而辬廢矣。”

按辬 bān（幫元）从辡聲（並文）訓駁文，斑駁，雜色花紋，顔色駁雜不純。字从辡聲，此用辡分辨、辨別之引申義。

**㦓** 《説文》：“㦓，憂也。从心，辡聲。一曰急也。”

按㦓 biǎn（幫元）从辡聲（並元）訓憂。蓋謂事情難以分辨，或無法辨白而深感憂慮。字从辡聲，此蓋用内心自訟之引申義。

**辮** 《説文》：“辮，交也。从糸，辡聲。”段注：“玄應引作‘交織之也’，《終軍傳》曰：‘解辮髮，削左衽。’《三蒼》段編爲之。……分而合也，故从辡，形聲中有會意也。”

按辮 biàn（並元）从辡聲（並元）訓交，交織、編結。字的初義蓋爲辮髮之本字。中國東北邊陲，古有編髮之民。

**辯** 《説文》：“辯，治也。从言在辡之間。”段注：“治者理也。俗多與辨不別。辨者，判也。……謂治獄也。”

按辯 biàn（並元）从辡聲（並元）訓治，治獄，兩罪人相訟，分別是非曲直加以裁判。引申指辯駁、辯論，又引申指巧言，故君子惡利口。

# 扁聲字

扁 [seal] 《説文》："扁，署也。从户册。户册者，署門户之文也。"段注："署者，部署，有所网屬也。……署門户者，秦書八體，六曰署書。"

按扁 biǎn（幫真）从户册會意，訓署，署門户之文，類似後世之門牌與户籍簿。引申指扁額，牌扁皆薄，故引申有扁薄、扁小義。又有不正、不圓之義。

萹 [seal] 《説文》："萹，萹茿也。从艸，扁聲。"段注："《釋艸》云'竹萹蓄'，按竹者，釋《毛詩·衛風》之竹也。韓、魯《詩》皆作藩。《毛詩》獨段借作竹，《爾雅》與《毛詩》合，茿蓄叠韵通用，《本艸經》亦作萹蓄。"洪興祖《楚辭補注》："萹薄，謂匾蓄之成叢者。"

按萹 biān（幫真）从扁聲（幫真）訓萹茿，或稱萹蓄。當爲以扁狀草形，蓋謂其草成叢如扁，此用扁户册、扁編之引申義。

徧 [seal] 《説文》："徧，帀也。从彳，扁聲。"段注："《帀部》曰：'帀，匊也。'《勹部》曰：'匊，帀徧也。'"朱駿聲通訓定聲："字亦作遍。"

按徧 biàn（幫真）从扁聲（幫真）訓帀，匊徧。字从扁聲，當爲編聲（幫真）之借，編簡册之繩，貫穿全册之竹簡，故曰周遍，此用編繩貫竹簡由首至尾之引申義。

蹁 [seal] 《説文》："蹁，足不正也。从足，扁聲。一曰拖後足馬，讀若苹。或曰徧。"段注："《南都賦》説舞曰'蹴蹀蹁蹮'，即《上林賦》之'便跚嫳屑'也。……拖，俗字，當作拕。"桂馥義證："讀若苹者，苹當爲采。"

按蹁 pián（並真）从扁聲（幫真）訓足不正，謂足形不正，引申爲行步不正。字从扁聲，當爲偏聲（滂真）之借，用偏之偏頗義。

**諞** 《説文》："諞，便巧言也。从言，扁聲。《周書》曰'戩戩善諞言'。《論語》曰'友諞佞'。"段注："諞便叠韵。……《季氏篇》文，今作便。"

按諞 piǎn（並真）从扁聲（幫真）訓便巧言。字从扁聲，既爲編聲（幫真）之借，亦爲便聲（並元）之借，既用便之便利順便義，又用編之編造義，即順着對方的意思盡説花言巧語，取悦和欺騙對方。

**翩** 《説文》："翩，疾飛也。从羽，扁聲。"段注："《魯頌》傳曰：'翩，飛皃。'《泰》六四：'翩翩。'虞曰：'離飛，故翩翩。'"

按翩 piān（滂真）从扁聲（幫元）訓疾飛。字从扁聲，當爲編聲（幫真）之借，鳥疾飛則翅膀快速而連貫不斷地拍動。此用編編簡册之繩貫穿全册之引申義。

**篇** 《説文》："篇，書也。一曰關西謂榜篇。从竹，扁聲。"段注："書，箸也，箸於簡牘者也，亦謂之篇。古曰篇，漢人亦曰卷。卷者，縑帛可捲也。……榜所以輔弓弩者，此其引伸之義。今之榜，額標榜是也。關西謂之篇，則同扁。"朱駿聲通訓定聲："謂書于簡册可編者也。"

按篇 piān（滂真）从扁聲（幫真）訓書，書籍，簡册。字从扁聲，當爲編聲（幫真）之借，用編之編排、編簡義。

**楄** 《説文》："楄，楄部，方木也。从木，扁聲。《春秋傳》曰：'楄部薦榦。'"段注："部字衍，當删。《左傳》正義引《説文》'楄，方木也'可證。方木泛言，非專謂棺中笭牀。"

按楄 piān（並真）从扁聲（幫真）訓方木，此泛言方木。字从扁聲，蓋用扁平之引申義。

**牑** 《説文》："牑，牀版也。从片，扁聲。讀若邊。"段注："《方言》曰：牀，其上版，衛之北郊，趙魏之間謂之牒，或曰牑。"

按牑 biān（幫真）从扁聲（幫真）訓牀版。鋪牀的木版整齊有序地排列。字从扁聲，蓋爲編聲（幫真）之借，用編之編排義。

**㾫** 《説文》："㾫，半枯也。从疒，扁聲。"段注："《尚書大傳》：'禹其跳，湯扁，其跳者，踦也。'鄭注云：'其，發聲也。踦，步足不能相過也。'……㾫之言偏也。"王筠句讀："群書皆作偏，王冰注《素問》曰：'偏枯，半身不隨。'"

按㾫 piān（滂真）从扁聲（幫真）訓半枯，偏枯，半身不遂。字从扁聲當爲偏聲（滂真）之借，用偏之偏頗義。此段注以字之假借，言聲之假借。

**偏** 《説文》："偏，頗也。从人，扁聲。"段注："頗，頭偏也。引伸爲凡偏之稱，故以頗釋偏。二字雙聲。《尚書》'無偏無頗'，絫言之也。"

按偏 piān（滂真）从扁聲（幫真）訓頗，頭偏向一邊。字从扁聲，此用扁片不方正之引申義。

**褊** 《説文》："褊，衣小也。从衣，扁聲。"段注："引伸爲凡小之稱。"

按褊 biǎn（幫真）从扁聲（幫真）訓衣小，此謂衣小不合身，引申爲凡小之稱。字从扁聲，此用扁小、扁薄之引申義。

**猵** 《説文》："猵，獺屬。从犬，扁聲。獱，或从賓。"段注："楊雄《蜀都賦》作猵，《羽獵賦》《江賦》作獱。郭樸《三蒼解詁》云：'獱似狐，青色，居水中，食魚。'……古扁聲賓聲同在十二部也。"

按猵 biān（幫真）从扁聲（幫真）訓獺屬，獺之體形特矮。字从扁聲，此用扁小薄之引申義。

**揙** 《説文》："揙，搏也。从手，扁聲。"《廣韵》："揙，揙擊。"

按揙 biǎn（並真）从扁聲（幫真）訓搏。揙、搏（幫鐸）旁紐，《説文》："搏，索特也。"字从扁聲，蓋編聲之借，用編之以繩貫穿持之之引申義。

**媥** 《説文》："媥，輕皃。从女，扁聲。"《廣韵》："媥，身輕便皃。"

按媥 piān（滂真）从扁聲（幫真）訓輕皃，體態輕盈，動作靈便。字从扁聲，蓋翩聲（滂真）之借，用翩鳥疾飛輕快之引申義。

**甂** 《説文》："甂，似小瓿，大口而卑，用食。从瓦，扁聲。"段注："《玉篇》曰：'小盆大口而卑下。'"

按甂 biān（幫真）从扁聲（幫真）訓似小瓿，大口而卑。大口而卑的小瓦盆。字从扁聲，此用扁薄之引申義，體薄則卑，卑而大口，故便於用食。

**編** 《説文》："編，次簡也。从糸，扁聲。"段注："以絲次弟竹簡而排列之曰編。孔子讀《易》'韋編三絶'。册字下曰：'象其札一長一短，中有二編之形。'"

按編 biān（幫真）从扁聲（幫真）訓次簡。用絲或皮條依次貫穿竹簡成册叫編。字从扁聲，此用扁編户、户册之引申義。

**蝙** 《説文》："蝙，蝙蝠，服翼也。从虫，扁聲。"段注："服翼二字舊在蝠篆下，今依全書通例移此。……《方言》曰：'蝙蝠，自關而東謂之服翼，或謂之飛鼠，或謂之老鼠，或謂之僊鼠。自關而西秦隴之間，謂之蝙蝠。'"

按蝙 biān（幫真）从扁聲（幫真）訓蝙蝠，哺乳動物，前後肢薄膜和身體相連，像鳥類的翅膀，故名蝙蝠，又稱服翼。字从扁聲，此用扁薄之引申義。

**顯** 《説文》："顯，顯姸也。从頁，翩省聲。讀若翩。"段注："顯姸叠韵。……姸，安也。顯義如《周易》之'翩翩'。《東都賦》：'翩翩巍巍，顯顯翼翼。'……按此當紕延切，古音在十二部。"

按顯 piān（滂真）从翩聲（滂真）訓顯姸，謂頭之神態超逸而安詳。字从翩聲，此用翩鳥疾飛之引申義。

## 玄聲字

**玄** 《説文》："玄，幽遠也。象幽，而入覆之也。黑而有赤色者爲玄。"段注："《老子》曰：'玄之又玄，衆妙之門。'……

（象幽，）謂玄也，小則隱。”朱駿聲通訓定聲：“《周禮·染人》‘夏纁玄’，注：‘玄纁者，天地之色。’《易·坤》‘天玄而地黄’。”王筠句讀補正：“幺玄二字古文本同體，特兩音兩義耳，小篆始加入以别之。”

按玄 xuán（匣真）訓幽遠，黑而有赤色者爲玄。字从入，蓋謂入染。墨子見染絲而嘆曰：“染於蒼則蒼，染於黄則黄。”蒼，天色；黄，土色。天色，天空的顔色。天空湛藍，古人叫蒼，或曰青，日出日落時則有赤色。故曰黑而有赤者爲玄，幽遠是天空義的引申。

**牽** 《説文》：“牽，引而前也。从牛，冖象引牛之縻也。玄聲。”段注：“牽引疊韵，引伸之輓牛之具曰牽，牛人牽徬是也。牲，腥曰餼，生曰牽。又凡聯貫之詞曰牽。”

按牽 qiān（溪真）从玄聲（匣真）訓引而前，牽牛前行。字从玄聲當爲懸聲（匣元）之借。用懸懸持之引申義。以繩繫桊懸持牛鼻，引之而行。

**眩** 《説文》：“眩，目無常主也。从目，玄聲。”段注：“《孟子》引《書》：‘若藥不瞑眩。’《方言》：‘凡飲藥而毒，東齊謂之瞑眩。’”

按眩 xuàn（匣真）从玄聲（匣真）訓目無常主，眼睛昏花。字从玄聲，此用玄黑之引申義，今俗謂之發黑眼暈。

**炫** 《説文》：“炫，爓燿也。从火，玄聲。”段注：“爓燿謂光爓燿明也。”

按炫 xuàn（匣真）从玄聲（匣真）訓焰耀，光焰燿明。字从玄聲，蓋烜聲（xuǎn）之借。《玉篇》“烜，火盛皃”，引申指光明顯著。《爾雅·釋訓》“赫兮烜兮”。陸德明《釋文》：“烜者，光明宣著。”借玄爲烜，此用火盛光明之引申義。

**泫** 《説文》：“泫，湝流也。从水，玄聲。上黨有泫氏縣。”段注：“湝當作潛，字之誤也。《檀弓》曰：‘孔子泫然流涕。’《魯語》‘無洵涕’，韋曰：‘無聲涕出爲洵涕。’按洵者，泫之假借字也，《文選》詩曰‘花上露猶泫’。”《吴越春秋·句踐入臣外傳》："心惙惙兮若割，淚泫泫兮雙懸。"

按泫 xuàn（匣真）从玄聲（匣真）訓潛流。字从玄聲，蓋懸聲（匣元）之借，此用懸掛之引申義，泪之下流像珠懸而下滴，"泪泫泫兮雙懸"是玄爲懸聲之借的絶好書證。

鉉 《説文》："鉉，所以舉鼎也。从金，玄聲。《易》謂之鉉，《禮》謂之鼏。"段注："所以二字今補。……《手部》曰'扛，横關對舉也'，謂横關於兩耳露其耑以兩手舉之。"

按鉉 xuàn（匣真）从玄聲（匣真）訓所以舉鼎，舉鼎的工具，即横貫鼎兩耳的木杠。字从玄聲當爲懸聲（匣元）之借。鼎舉則懸空。此用懸之引申義。借玄爲懸，以爲器名，此以業爲名。

胘 《説文》："胘，牛百葉也。从肉，弦省聲。"

按胘 xián（匣真）从玄聲（匣真）訓牛百葉，牛的重瓣胃。牛是反刍動物，吃進草料待到休息時吐出來再嚼，古語叫"回甘"。牛百葉不斷轉動助草料回甘。字从玄聲，蓋爲弦聲（匣真）之借，用弦之彈奏、反彈之引申義。

伭 《説文》："伭，很也。从人，弦省聲。"段注："《心部》曰：'慈，急也。'義略同。"桂馥義證："很也者，謂很戾也。"

按伭 xián（匣真）从弦聲（匣真）訓很，很戾。今長沙方言叫"辣戾"。字从弦聲，此用弦急之引申義。

弦 《説文》："弦，弓弦也。从弓，象絲軫之形。"段注："弓弦以絲爲之，張於弓，因之張於琴瑟者亦曰弦。俗别作絃，非也。弦有急意。故董安于性緩，佩弦以自急。《心部》曰'慈，急也'。……象古文絲而系於軫，軫者系弦之處。"

按弦 xián（匣真）从玄聲（匣真）訓弓弦。系於軫而張於弓，弓張則弦緊，緊急義相函，故从弦聲字多有急義。又弓弦張於弓即懸於弓上。字从玄聲當爲懸聲（匣元）之借，用懸之懸空義。

菡 《説文》："菡，艸也。从艸，弦聲。"

按菡 xián（匣真）从弦聲（匣真）訓草，草名。今爲何草不詳，其語源不詳。意者弦以絲爲之，草有呈絲狀者，俗稱絲草，此用草絲狀之義。未知是否，以此就正於植物專家。

**䞁** 《説文》："䞁，急走也。从走，弦聲。"段注："弦有急意也。"

按䞁 xián（匣真）从弦聲（匣真）訓急走。字从弦聲，此用弦張則急之引申義。

**㡉** 《説文》："㡉，㡉布也。出東萊。从巾，弦聲。"段注："各本删㡉字，今補。布名也。……師古音堅。"

按㡉 xián（見真）从弦聲（匣真）訓㡉布，布名。字从弦聲，此蓋用弦張則緊之引申義，謂此布織得緊密堅實。此以德爲名。

**慈** 《説文》："慈，𢗷也。从心弦，弦亦聲。河南密縣有慈亭。"段注："按人性急也。……性緩者佩弦以自急。"

按慈 xián（匣真）从弦聲（匣真）訓急，人性急。字从弦聲，此用弦張則緊之義，緊、急義相函。

**㜪** 《説文》："㜪，有守也。从女，弦聲。"朱駿聲通訓定聲："按謂婦嫠守志。"

按㜪 xián（匣真）从弦聲（匣真）訓有守，謂寡婦守節不改嫁。古稱男人妻死再娶叫"續弦"，義取夫婦好合，如"鼓瑟琴"，此以琴瑟之體喻丈夫，以琴瑟之弦喻妻，因妻不改嫁故曰有守。

**玆** 《説文》："玆，黑也。从二玄。《春秋傳》曰：'何故使吾水玆。'"朱駿聲通訓定聲："按玄亦聲。《左·哀八傳》'何故使吾水玆'，俗加水旁，又誤玆旁，因讀如滋益之滋。"吴玉縉引經考："今經典玆黑、玆生字皆用玆，玆、玆混用莫辨。"

按玆 xuán（匣真）从二玄，訓黑，這是玆的本義。玆以玄爲讀，用玄黑而有赤色者之引申義。

# 鼎部第十七

## 青聲字

**青 青** 《説文》："青，東方色也。木生火，从生丹，丹青之信言必然。凡青之屬皆从青。𡴑，古文青。"

按青 qīng（清耕）从生，當爲生聲（山耕）。《説文》："生，進也，象艸木生出土上。"草木的嫩芽破土出生，初呈嫩黄色，漸轉嫩緑色、青色。从丹，丹赤色，在青字中但表顔色，後丹爲凡顔色之稱。以木生火釋丹，乃附會漢代盛行的五行説。青是鮮活的草木的顔色，草青、木青、山青，青是生命的顔色。

**菁 菁** 《説文》："菁，韭華也。从艸，青聲。"段注："各本脱華字。……《廣雅》曰：'韭其華謂之菁。'"

按菁 jīng（精耕）从青聲（清耕）訓韭華。字从青聲蓋精聲（精耕）之借，韭華是韭菜的精華，引申爲凡精華之稱。

**請 請** 《説文》："請，謁也。从言，青聲。"段注："《周禮》'春朝秋覲'，漢改爲'春朝秋請'。"

按請 qǐng（清耕）从青聲（清耕）訓謁，告白。字从青聲當爲清聲（清耕）之借，告白自己求見的事情，詢問長上要求自己做的事情，故請的基本意義是謁見、告訴、請求、詢問。借青爲清，此用清白、明白的引申義。

**鶄 鶄** 《説文》："鶄，鮫鶄也。从鳥，青聲。"段於鮫下注曰："《史記·上林賦》鮫鶄。……既云'交精旋目'，又云'箴疵鮫盧'。《史記》盧作鸕。張揖、郭璞注，皆鮫鸕爲二物，與此不同。"

按鶄 jīng（精耕）从青聲（清耕）訓鮫鶄，即赤頭鷺。鷺全身皆白，故稱白鷺，而此鳥頭赤，是白與赤相交。字从青者，青从丹，丹赤。此借青表赤，故名交青，字類化爲鵁鶄，此以德爲名。

精 精 《説文》："精，擇米也。从米，青聲。"段注："米字各本奪，今補。……《莊子·人間世》曰：'鼓筴播精。'司馬云：'簡米曰精。'簡即柬，俗作揀者是也。引伸爲凡最好之稱。……《韓詩》於《定之方中》云：'星，精也。'"

按精 jīng（精耕）从青聲（清耕）訓擇米，精選的米，深加工的米。字从青聲當爲晶聲（精耕）之借。晶是星的本字。《説文》作曐，是後起的加注聲旁字，省作星，从日是晶之省，是純形聲字。星亮，兒歌有"天上星亮晶晶"。深加工的精米，晶瑩透亮，故以精名之。段氏於精字注下引《韓詩》"星，精也"，蓋作悟精與星音義相關之意。

倩 倩 《説文》："倩，人美字也。从人，青聲。東齊壻謂之倩。"段注："依《韵會》本訂。《朱邑傳》：'陳平雖賢，須魏倩而後進。'師古曰：'倩，士之美稱也。'蓋本《説文》。……倩，好也。《毛傳》説倩曰'好口輔'，以《詩》言巧笑，故知爲口輔好也。按此蓋亦以美稱加之耳。"

按倩 qiàn（清耕）从青聲（清耕）訓人美字。字从青聲蓋精聲（精耕）之借。精，精米，引申有精美、華美義，此借米之華美，喻人之華美。此用米精之比喻義。

靚 靚 《説文》："靚，召也。从見，青聲。"段注："《廣雅·釋言》曰：'令，召，靚也。'曹憲云：'恥敬反。亦爲靚妝之靚，似政反。恥敬則召靚之靚也。今多云靚師僧則其字矣。'《廣韵》曰：'古奉朝請亦作此字。'按《史記》《漢書》皆作'朝請'。徐廣云：'律，諸侯春朝曰朝，秋曰請。'郭注《上林賦》云：'靚糚，粉白黛黑也。'"

按靚 jìng（从耕）从青聲（清耕）訓召，召見。字从青聲，請聲之借，用請使見之義。作靚妝字，字从青聲，則當爲倩聲（清耕）之借，用倩美之引申義。字从倩見，即今語好看。

彭 彭 《説文》："彭，清飾也。从彡，青聲。"段注："清飾者，謂清素之飾也。"

按彭 jìng（从耕）从青聲（清耕）訓清飾，淡妝，素净的打扮。唐詩："却嫌脂粉污顔色，淡掃蛾眉朝至尊。"淡掃即清飾。字从青聲當爲清聲（清耕）之借，此用清淡、素净之引申義。

崝 崝 《説文》："崝，崝嶸，山皃也。从山，青聲。"段注："各本不完，今補。《方言》曰：'崝，高也。'郭云：'崝嵤，高峻之皃也。'崝，今字作崢。"

按崝 zhēng（崇耕）从青聲（清耕）訓崝嶸，山皃，山峻高之皃。字从青聲當爲星聲（精耕）之借。天高，雲高，星更高。此以星高喻山高。李白詩："三山半落青天外。"是崝高的最形象的注脚，又崝嵤即晶瑩，"天上星亮晶晶"，晶是星的本字。

猜 猜 《説文》："猜，恨賊也。从犬，青聲。"段注："本謂犬，叚借之謂人。"王筠句讀："許君爲恨不足盡猜之情，故申之以賊，爲其必有所賊害也。"

按猜 cāi（清耕）从青聲（清耕）訓恨賊。此謂犬性獨不群，相互殘害的性情心態。字从青聲當爲情聲（从耕）之借，用情性情、心情之引申義。引申爲猜疑、猜忌。

靖 靖 《説文》："靖，立竫也。从立青。一曰細皃。"段注："謂立容安竫也。安而後能慮。故《釋詁》《毛傳》皆曰：'靖，謀也。'……古文《尚書》'戩戩善諞言'，伏生今文作'諓諓善竫言'，見《公羊傳》。王逸注《楚辭》引作'諓諓靖言'，蓋竫靖戔諓古通用。靖言謂小人巧言。……《山海經·大荒東經》曰：'東海之外大荒之中有小人國名靖。'"

按靖 jìng（从耕）从青聲（清耕）訓立竫，立容安竫。字从青聲當爲情聲（从耕）之借。字从立，人立則止，止則静，此言心情安定，情緒平静。此有諸内形諸外。情、静（从耕）古音同，安、静義近，安而後能慮。

情 情 《説文》："情，人之侌气有欲者。从心，青聲。"段注："董仲舒曰：‘情者，人之欲也。’人欲之謂情，情非制度不節。《禮記》曰：‘何謂人情，喜怒哀懼愛惡欲，七者不學而能。’……《孝經·援神契》曰：‘性生於陽以理執，情生於陰以繫念。’”

按情 qíng（从耕）从青聲（清耕），訓人之陰氣有欲者。物欲是人的生理和心理的自然需求，喜怒哀樂是人接觸客觀事物心理反應的表現。字从青聲蓋爲生聲（山耕）之借，此以聲子代聲母。性與情皆與生俱來，不學而能，借青爲生者，以區别性爲先天、情爲後天，性、情義相關而微有别。

清 《説文》：“清，朖也。澂水之皃。从水，青聲。”段注：“朖者，明也。澂而後明，故云澂水之皃。引伸之凡潔曰清，凡人潔之亦曰清。同瀞。”

按清 qīng（清耕）从青聲（清耕）訓朖，澂水皃。清朖，明朖，水清澈透明。朖當作朗，月高則朗。字从青聲當爲晶聲（見耕）之借，用晶晶瑩、明亮之義，晶是星的本字。

凊 《説文》：“凊，寒也。从仌，青聲。”段注：“《曲禮》曰：‘凡爲人子之禮，冬温而夏凊。’”

按凊 qìng（清耕）从青聲（清耕）訓寒，冷，凉，使凉。字从青聲，借青爲凊，此用清凉、清冷之引申義。字从仌，今字作冰，語所謂“冰清玉潔”，正用清之清凉義。

婧 《説文》：“婧，竦立也。从女，青聲。一曰有才也。讀若韭菁。”段注：“女有字婧者，《列女傳》曰：‘妾婧者，齊相管仲之妾也。’……韭菁，韭華也。”

按婧 jìng（从耕）从青聲（清耕）訓竦立。竦身則高，字从青聲蓋崝聲（崇耕）之借，用崝山高峻之引申義。

綪 《説文》：“綪，赤繒也。以茜染故謂之綪。从糸，青聲。”段注：“定四年《左傳》‘分康叔以綪茷’，茷即旆也。杜曰：‘綪，大赤，取染草名也。’《襍記》注作蒨旆，蒨即茜也。……茜者茅蒐也。……茜與綪合韵而同音，故茜染謂之綪也。”

按綪 zhēng（莊耕）从青聲（清耕）訓赤繒，茜染故謂之綪，茜即蒨。字从青聲當爲蒨聲（清耕）之借，亦即茜聲（清真）之借，清母雙聲，耕真通轉。蒨染，故以蒨名，此用蒨染赤之引申義。

**蜻** 《説文》：“蜻，蜻蛚也。从虫，青聲。”段注：“按楊雄、李巡、陸璣、郭樸、《玉篇》、《廣韵》皆云：‘蟋蟀，一名蜻蛚。’”《鹽鐵論·論菑》：“《月令》：‘凉風至，殺氣動，蜻蛚鳴，衣裘成。’”

按蜻 qīng（精耕）从青聲（清耕）訓蜻蛚，蟋蟀，夏鳴在野，深秋則入屋室，在野色青，故蟋蟀有名大青頭者。字从青聲，蓋用青色之義。

**瀙** 《説文》：“瀙，冷寒也。从水，靚聲。”段注：“冷寒者，冷之寒，同寒而有别也。《世説新語》曰：劉真長始見王丞相，時盛暑之月，丞相以腹熨彈棋局曰‘何乃渹’。劉既出，人問見王公云何？劉曰：‘未見他異，惟聞作吴語耳。’注云：‘吴人以冷爲渹。’《太平御覽》引此事，渹作瀙。《集韵》《類篇》皆云：‘瀙渹二同。楚慶切，吴人謂冷也。’今吴俗謂冷物附他物，其語如鄭國之鄭，即瀙字也。”

按瀙 qìng（初耕）从靚聲（从耕）訓冷寒，此記方言吴語。字从靚，此但借其聲以表音，與靚字之本義引申義無關。或者字从靚聲，當爲清聲（清耕）之借，用清寒之引申義。今湖湘俗語以冷物定熱物讀鎮，如冰鎮西瓜，依許書則字正當作清。

## 生聲字

**生** 《説文》：“生，進也，象艸木生出土上。”段注：“下象土，上象出，此與㞢出𣎵以類相從。”

按生 shēng（山耕）訓進，象艸木初生出土上，甲骨文作⊻或[illegible]，下所从之一即地，亦即土，上所从之Ψ即中。本義是草木幼芽破土而出，出土之後繼續發育生長，引申爲凡生物之生長，又引申爲凡生命、生機、生活、生態等等。生與死相對，存與亡相對。

**牲 牲** 《說文》："牲，牛完全也。从牛，生聲。"段注："引伸爲凡畜之稱。《周禮·庖人》注：'始養之曰畜，將用之曰牲。'"

按牲 shēng（山耕）从生聲（山耕）訓牛完全，生命完全、肢體完全，指古代供祭祀用全牛。引申之凡家畜皆可稱牲，俗語叫畜牲。字从生聲，此生活之生的引申義。

**眚 眚** 《說文》："眚，目病生翳也。从目，生聲。"段注："玄應曰：'翳，《集韵》作瞖，眚引伸爲過誤。'如'眚災肆赦''不以一眚掩大德'是也。又爲災眚，李奇曰'内妖曰眚，外妖曰祥'是也。"

按眚 shěng（山耕）从生聲（山耕）訓目病生翳，眼生病長翳子。字从生聲，此用生生長、生病之引申義，引申指人有過失錯誤，自然有灾害。眚生，生什麽在字中没有出現，屬省略，在訓釋詞中補出，在全群中形成共識，這便是約定俗成，文字求簡省，但這種省略必須形成共識。

**胜 胜** 《說文》："胜，犬膏臭也。从肉，生聲。一曰不孰也。"段注："上文云'生肉醬'，字當作胜。《論語》：'君賜腥，必熟而薦之。'字當作胜。今經典膏胜、胜肉字通用腥爲之而胜廢矣。而腥之本義廢矣。"

按胜 shèng（山耕）从生聲（山耕）訓犬膏臭。字从生聲，此用生活生、鮮活之引申義。

**笙 笙** 《說文》："笙，十三簧，象鳳之身也。笙，正月之音，物生，故謂之笙。大者謂之巢，小者謂之和。从竹生。古者隨作笙。"段注："笙者大蔟之氣，象萬物之生，故曰笙。《釋名》曰：'笙，生也。象物貫地而生也。'……初生之物必細。故《方言》云：'笙，細也；竽，大笙也。'故竽可訓大。"

按笙 shēng（山耕）从生（山耕）訓十三簧，一種傳統的民族簧管樂器，用十三根簧竹管和一根吹氣管裝在一個鍋形的座子上制成，所謂象鳳之身。字从生聲，此用春天萬物生長的引申義。古人認爲音樂可以通天地之氣，助物生長。

**旌** 《説文》："旌，游車載旌，析羽注旄首也。所以精進士卒也。从㫃，生聲。"段注："所謂注旄於干首者，蓋夏后氏但用旄牛尾。周人加用析羽，夏時徒綏不旒。周人則注羽旄而仍有縿旒。先有旄首，而後有析羽注之。故許云'析羽注旄首'。"

按旌 jīng（精耕）从生聲（山耕）訓所以精進士卒。字从生聲，蓋爲精聲（精耕）之借，用精精進之引申義。旌旗所以指揮軍旅，"師之耳目，在吾旗鼓"。耳聽鼓聲，目看旗指，析羽飾旌之干首，所以醒目易見。

**曐** 《説文》："曐，萬物之精，上爲列星。从晶，从生聲。一曰象形，从〇，古〇復注中，故與日同。𠁿，古文。星，或省。"

按曐 xīng（心耕）从生聲（山耕）訓萬物之精，上爲列星。此玄虚之詞，不切實際。晶是曐的本字，加生聲是後起的加注聲旁字，此但借聲注音，與生之本義引申義無關。省作星，是後起的純形聲字。

**姓** 《説文》："姓，雨而夜除星見也。从夕，生聲。"段注："《衛風》'靈雨既零，命彼倌人，星言夙駕'。《韓詩》曰：'星者，精也。'按精者，今晴字。《史記》'天精而見景星'，《漢書》作'天暒'，孟康曰'暒者精明也'。《漢書》亦作'精'，韋昭曰：'精者，清朗也。'郭樸注《三倉》云：'暒者，雨止無雲也。'古姓、暒、精皆今之晴，而《詩》作星。……《史》《漢》之天精，即晶之叚借。"

按姓 qíng（从耕）从生聲（山耕）訓雨而夜除星見。字从生聲，當爲晶聲（精耕）之借，晶是星的本字，雨在夜間停止，雲銷雨霽而星現。姓从夕者，夕爲夜間，夜間（雨除）星見。古借精爲晴，晴字晚出。

**性** 《説文》："性，人之昜气性善者也。从心，生聲。"段注："《論語》曰'性相近也'，《孟子》曰：'人性之善也，猶水之就下也。’董仲舒曰：‘性者，生之質也。質樸之謂性。’”

按性 xìng（心耕）从生聲（山耕）訓人之昜氣性善者也。人的本性，俗稱秉性，謂天賦之性，即性是與生俱來的。字从生聲，此用生性之義。引申爲性命、性格、性情。

**鮏** 《説文》：“鮏，魚臭也。从魚，生聲。”段注：“魚气也。與《肉部》胜義别，字俗作鮏。”

按鮏 xīng（心耕）从生聲（山耕）訓魚臭，魚腥氣。字从生聲，此用生活生、鲜活之引申義。魚煮熟加薑蒜醋則可去腥氣。

**姓** 《説文》：“姓，人所生也。古之神聖人，母感天而生子，故稱天子。因生以爲姓。从女生，生亦聲。《春秋傳》曰：‘天子因生以賜姓。’”

按姓 xìng（心耕）从生（山耕）訓人所生。字从女生，古代社會經歷了漫長的母系氏族時代，進而轉變爲父系氏族。故遠古的姓氏字皆从女旁，這是貯存在文字的深層信息。

**甥** 《説文》：“甥，謂我舅者，吾謂之甥。从男，生聲。”

按甥 shēng（山耕）从生聲（山耕）訓謂我舅者，吾謂之甥。此字古今所指不同，在父系氏族至於今天，舅是母親的兄弟，甥是姊妹所生，而在母系氏族，生男嫁到外氏族，岳父稱舅，婿稱甥。《孟子》：“帝館甥於貳室。”帝，帝堯，將兩個女兒娥皇、女英嫁給舜，舜是堯的女婿，故稱甥。甥、舅内涵的變化正傳達了由母系氏族轉化爲父系氏族的深層的歷史信息。

**腥** 《説文》：“腥，星見食豕，令肉中生小息肉也。从肉星，星亦聲。”段注：“息當作瘜。《疒部》曰：‘瘜，寄肉也。’星見時飼豕，每致此疾。《内饔》曰：‘豕盲眡而交睫腥。’盲眡《内則》作望視。鄭云：‘腥當爲星，聲之誤也。肉有如米者似星。’注《内則》同。按鄭意腥爲腥孰字，豕不可食者當作星，與經傳及今俗用字皆合。許則謂腥孰字正作胜，腥專謂豕不可食者，與鄭絶異。”

按腥 xīng（心耕）从星聲（心耕）訓星見食豕，令肉中生小息肉。字从星聲，此用星小之引申義。此以星小喻小息肉。

**猩** 《説文》："猩，猩猩，犬吠聲。从犬，星聲。"段注："遠聞犬吠聲猩猩然也。"

按猩 xīng（心耕）从星聲（心耕）訓猩猩，犬吠聲。字从星聲，作象聲字，此但借其聲。

**甡** 《説文》："甡，衆生並立之皃。从二生。《詩》曰：'甡甡其鹿。'"段注："《大雅》毛傳曰：'甡甡，衆多也。'其字或作詵詵，或作駪駪，或作侁侁，或作莘莘，皆假借也。《周南》傳曰：'詵詵，衆多也。'《小雅》傳曰：'駪駪，衆多之皃。'"

按甡 shēn（山真）訓衆生並立之貌，字从二生會意。此據形爲義，即以形表義。

## 正聲字

**正** 《説文》："正，是也。从一。一以止。凡正之屬皆从正。，古文正从二。二，古文上字。，古文正从一足，足亦止也。"

按正 zhèng（章耕）甲骨文作，或作。下从止，止即足，上从或同意，即頭，頭頂。正蓋取象人直立，頭和足在同一直綫。初義當爲身正。篆文止上从一，或从二（上），與从同意，即頂的初字。軍事操練動作有立正。人立則正，正訓是者，是从日正。古代男人从事户外耕作，指着頭頂的太陽説是，女人从事家務紡織，指着足下説此。此从匕，匕即女人。今此、是均爲近指代詞。

**延** 《説文》："延，正行也。从辵，正聲。征，延或从彳。"段注："《釋言》《毛傳》皆曰：'征，行也。'許分别之，征爲正行，邁爲遠行。……引伸爲征伐。《孟子》曰：'征之爲言正也。'"

按延 zhēng（章耕）同征，从正聲（章耕）訓正行，走在大路上，引申爲征伐，征討。彼行不正，而我往正之，即使之正，這些都是後起的引申義。字从正，正从口，口即是頭頂的頂，也是城字的初字，初義當是人往城裏行進。古代城外的居民遇事則入城。所謂“四境入保”。

**延** 《説文》：“延，行也。从辵，正聲。”段注：“此與《辵部》延、征字音義同，漢武帝年號延和，字如此作。”

按延 zhēng（章耕）从正聲（章耕）訓行，與延、征音義皆同，當爲一字之異體。

**証** 《説文》：“証，諫也。从言，正聲。讀若正月。”段注：“《呂覽》：‘士尉以証静郭君。’高曰：‘証，諫也。’今俗以証爲證驗字。”

按証 zhèng（章耕）从正聲（章耕）訓諫，以言勸阻其失誤之舉，回歸正確的軌道。字从正聲，此用正之使正、糾正義。

**整** 《説文》：“整，齊也。从攴，从束正，正亦聲。”段注：“齊者，禾麥吐采上平也，引伸爲凡齊之稱。”

按整 zhěng（章耕）从正聲（章耕）訓齊，整齊，和散亂相對。字从束从攴，謂約束之使歸於整。字从正聲，此用正正身之引申義。

**政** 《説文》：“政，正也。从攴正，正亦聲。”段注：“《論語》：‘孔子曰：政者，正也。’”

按政 zhèng（章耕）从正聲（章耕）訓正，公正，公平，不偏不倚，正己正人。作爲政事的領導者，“子率以正，孰敢不正”。“其身正，不令而行，其身不正，雖令不從”，正是政的核心意義。

**定** 《説文》：“定，安也。从宀，正聲。”段注：“古亦叚奠字爲之。”

按定 dìng（定耕）从正聲（章耕）訓安，安定。字从宀，宀即居室，人進入居室，通常是坐下，夜間則是睡下，坐定睡穩則安。是凡人入室則定。字从正聲，此用正定之引申義。

**窺** 《説文》：“窺，正視也。从穴中正見，正亦聲。”

按窺 chēng（透耕）从正聲（章耕）訓正視。字从正聲，此用正端正之義。

**鉦**　《説文》："鉦，鉦䋫，乘輿馬飾也。从糸，正聲。"段注："乘輿，天子車，飾亦妝飾之飾。鉦䋫字，今無所考。"

按鉦 zhēng（章耕）从正聲（章耕）訓鉦䋫，乘輿馬飾，天子所乘車的裝飾，何飾不詳。其語源不詳。

**鉦**　《説文》："鉦，鐃也。似鈴，柄中，上下通。从金，正聲。"段注："鉦似鈴而異於鈴者，鐲鈴似鐘有柄，爲之舌以有聲。鉦則無舌，柄中者，柄半在上，半在下，稍稍寬其孔，爲之抵拒，執柄搖之，使與體相擊爲聲。"

按鉦 zhēng（章耕）从正聲（章耕）訓鐃，似鈴，柄中，上下通，執柄搖之，使與體相擊爲聲。此古樂器，又名丁寧。鉦即丁寧之合音，丁寧即模擬搖鉦發出的響聲，此以其所發聲爲器名。

**錠**　《説文》："錠，鐙也。从金，定聲。"段注："《廣韵》曰：'豆有足曰錠，無足曰鐙。'"

按錠 dìng（端耕）从定聲（定耕）訓鐙，豆有足曰錠。有足則增加穩定度，因名之錠。字从定聲，此用定之安定、穩定義。

## 賏聲字

**賏**　《説文》："賏，頸飾也。从二貝。"段注："駢貝爲飾也。"

按賏 yīng（影耕）从二貝，訓頸飾，當爲貫貝爲飾。字从賏聲，賏即以頸爲語源，頸（見耕）、賏影見旁紐，耕部叠韵。

**譻**　《説文》："譻，聲也。从言，賏聲。"段注："《思玄賦》：'鳴玉鸞之譻譻。'原注：'譻譻，聲也。'按篆下當有'譻譻'二字。"

按譻 yīng（影耕）从賏聲（影耕）訓聲，鳴聲。字从賏聲，作象聲字，此但借其聲，此與嚶字同，从言與从口同義。

**罌**　《説文》："罌，缶也。从缶，賏聲。"段注："缶，《太平御覽》

作罌，今按作缶爲是，許意缶、罌、罌一物也。"

按罌 yīng（影耕）从賏聲（影耕）訓缶，缶、罌一物，此即汲井缶之缶，汲缾，罌腹大，口小，有頸。字从賏聲，《説文》："賏，頸飾也。"賏聲當爲頸聲（見耕）之借，此用罌似頸之比喻義。

嬰 𡠜 《説文》："嬰，繞也。从女賏。賏，贝連也，頸飾。"段注："各本作頸飾也，今正。《貝部》'賏，頸飾也'，嬰與賏非一字，則解不應同。孫綽《天台山賦》'方解纓絡'，李引《説文》'嬰，繞也'。纓與嬰通，陸機《赴洛中道作詩》'世網嬰我身'，李引《説文》：'嬰，繞也。'唐初本可據。繞者，纏也。……凡史言嬰城自守，皆謂以城圍繞而守也。凡言嬰兒，則嫛婗之轉語。"

按嬰 yīng（影耕）从賏聲（影耕）訓繞。字从賏聲，賏，頸飾，貫貝繞頸爲飾，故引申有纏繞義。字則孳乳爲纓，加糸者，示絲可以纏繞。又賏孳乳爲嬰，嬰的初義是幼兒。字从賏聲，以此狀乳子笑哭的聲音，此嫛（影脂）婗（日支）之語轉，段説可據。嬰从女，兼指男女嬰，賏象笑哭聲，又以其聲笑哭聲表幼兒，此以德爲名。

嚶 𡃛 《説文》："嚶，鳥鳴也。从口，嬰聲。"段注："《小雅》'鳥鳴嚶嚶'，毛曰：'嚶嚶，驚懼也。'《釋訓》曰'丁丁嚶嚶，相切直也'，鄭曰：'嚶嚶，兩鳥聲也。'"

按嚶 yīng（影耕）从嬰聲（影耕）訓鳥聲，當爲鳥鳴聲。字从嬰聲，作象聲字，此但借其聲。

鸚 𪆫 《説文》："鸚，鸚䳇，能言鳥也。从鳥，嬰聲。"段注："《曲禮》曰'嬰母能言，不離飛鳥'。"

按鸚 yīng（影耕）从嬰聲（影耕）訓鸚䳇，能言鳥。謂此鳥能學人言，所謂"鸚䳇學舌"。字从嬰从母，皆擬此鳥學舌之音，單从這一點説是象聲，而又以此名鳥，即以鸚䳇爲鳥名，此則以業爲名。䳇字今作鵡，此語音之小變。

鄭 𨞎 《説文》："鄭，地名。从邑，嬰聲。"

按鄭 yīng（影耕）从嬰聲（影耕）訓地名。字从嬰聲，作地名字，此但借其聲。

癭 《説文》："癭，頸瘤也。从疒，賏聲。"段注："下文云'瘤，腫也'。此以頸瘤與頸腫别言者，頸瘤則如囊者也，頸腫則謂暫時腫脹之疾，故異其辭。《釋名》曰：'癭，嬰也。嬰在頤纓理之中也。'青徐謂之脰。《博物志》曰：'山居多癭，飲水之不流者也。'"

按癭 yǐng（影耕）从嬰聲（影耕）訓頸瘤，俗稱"大脖子病"。字从嬰聲，當爲頸聲（見耕）之借，謂腫瘤長在脖子上，又用嬰之嬰繞義謂瘤繞頸而生。

廮 《説文》："廮，安止也。从广，嬰聲。鉅鹿有廮陶縣。"

按廮 yǐng（影耕）从嬰聲（影耕）訓安止。字从嬰聲，此用嬰繞之引申義，凡物纏繞之則安止。

纓 《説文》："纓，冠系也。从糸，嬰聲。"段注："冠系，可以系冠者也。系者，係也。以二組系於冠卷結頤下，是謂纓。……纓以固武，即以固冠，故曰冠系。"

按纓 yīng（影耕）从嬰聲（影耕）訓冠系，系冠的帶子。字从嬰聲，此用嬰繞之引申義。

## 磬聲字

磬 《説文》："磬，石樂也。从石，殸象懸虡之形，殳所以擊之也。古者毋句氏作磬。殸，籒文省。硜，古文，从巠。"段注："石樂各本作樂石，誤，今正。"

按磬 qìng（溪耕）从殸聲（溪耕）訓石樂。磬字甲骨文作，與許書籒文同。从象磬身，上从，即穿殸懸掛。从殳即人持槌擊磬。殸从殳，初義是擊殸，動字，引申指石磬名，古名動一字，殸是磬的本字，磬是殸後起的加注形旁字。孳乳爲硜，从石，巠聲，是後起的純形聲字，巠聲當爲殸聲之借。

**謦** 《說文》："謦，欬也。从言，殸聲。殸，籀文磬字。"段注："欬，屰氣也。《通俗文》曰：'利喉謂之謦欬。'按謦欬見《莊子》'徐無鬼'。"《玉篇》："謦，欬聲也。"《廣韵》："謦，謦欬也。"

按謦 qǐng（溪耕）从殸聲（溪耕）訓欬，謦欬，欬聲。字从殸聲，作象聲字，此但借其聲，又以殸聲喻謦欬，欬聲清脆如磬聲，是又兼用殸之引申義。《通俗文》"利喉謂之謦欬"，蓋即用此意。

**罄** 《說文》："罄，器中空也。从缶，殸聲。殸，古文磬字。《詩》曰：'缾之罄矣。'"段注："《釋詁》《毛傳》皆曰：'罄，盡也。'引伸爲凡盡之稱。"

按罄 qìng（溪耕）从殸聲（溪耕）訓器中空，殸是磬的本字。古殸爲石磬，故从石。後起有陶磬，故字从缶作罄。磬中空，懸而擊之，則其中不能存物，故《國語》有"室如懸磬，野無青草"，今語"罄空"一詞，即出此。罄空是殸義的引申。後分别以磬爲石磬名，以罄表器盡義，此字義之分化。

**馨** 《說文》："馨，香之遠聞也。从香，殸聲。殸，籀文磬。"朱駿聲通訓定聲："《詩·鳧鷖》'爾殽既馨'。《周語》'其德足以昭其馨香'，注：'芳香之升聞者。'"

按馨 xīn（曉耕）从殸聲（溪耕）訓香之遠聞。字从殸聲，此用殸樂音之遠聞宜耳，喻香氣之勃發宜鼻。此用殸石樂、樂音之引申義，此於修辭爲通感。

**漀** 《說文》："漀，側出泉也。从水，殸聲。殸，籀文磬字。"段注："側出者旁出，如醉出然，故其字與灑湑爲類。《爾雅·釋水》曰：'氿泉穴出。穴出，仄出也。'毛傳：'側出曰氿泉。'許《厂部》曰：'厬，仄出泉也。'厬與氿音同字異，漀者，厬之一名也。"

按漀 qǐng（溪耕）从殸聲（溪耕）訓側出泉。字从殸聲，磬有折角，故稱磬折。磬折與側出義相函。字从殸聲，此用殸磬折之引申義。

**聲** 《說文》："聲，音也。从耳，殸聲。殸，籀文磬。"段注：

"音下曰：'聲也。'二篆爲轉注，此渾言之也。析言之則曰：'生於心有節於外謂之音。宫商角徵羽，聲也；絲竹金石匏土革木，音也。'"

按聲 shēng（書耕）从殸聲（溪耕）訓音，初義是磬聲樂音，引申爲凡聲音之稱。又引申爲吱聲、作聲、發聲。字从殸（磬），殸是最古老的石樂。字从耳者，耳是聽覺器官，耳得之而爲聲。

**轚** 《説文》："轚，車堅也。从車，殸聲。"段注："堅者，剛也。殸，籀文磬。此形聲中有會意也。"

按轚 kēng（溪耕）从殸聲（溪耕）訓車堅。字从殸聲，殸者石磬，石堅。此用石堅之引申義。

## 丁聲字

**丁** 《説文》："丁，夏時萬物皆丁實。丁承丙，象人心。"

按丁 dīng（端耕）甲骨文作口，《甲骨文字典》："考察宫室建築之實際，口形乃窗孔，因其位於宫室最上部位，故甲骨文以窗孔之口形表示頂顛之頂，即頂之本字。復借用爲天干之丁。又據《廣雅·釋詁》：'頂，上也。'《説文》：'頂，顛也。'段注：'凡在最上之稱。'故口字應訓爲上。"从遠古初民説，凡人工所造之器物必取象自然之物。丁，甲骨文作頂，頂、顛（端真）雙聲，真耕通轉，古音相近，顛从真聲（章真），即天聲（透真）之借，天字甲骨文作天，或作天，天从二（上），人上即頭，頭頂或作天，人頭圓故以○象之，或作口者，以口象其輪廓，即丁，正是頭頂的象形。人頭圓而實，故引申有丁實、丁壯義。窗孔之口，當爲借用口輪廓之形。《甲骨文字典》"故甲骨文以窗孔之口形，表示頂顛之頂"，是把事情弄顛倒了。

**玎** 《説文》："玎，玉聲也。从玉，丁聲。齊大公子伋，謚曰玎公。"段注："以'椓之丁丁''伐木丁丁'例之，蓋當疊字言玎玎。"

按玎 dīng（端耕）从丁聲（端耕）訓玉聲。字从丁聲作象聲字，此但借其聲。古當只作丁，加玉作玎，是後起的加注形旁字。

芊 䒾 《説文》："芊，芊熒，朐也。从艸，丁聲。"《爾雅·釋草》："葋，芊熒。"郭璞注："未詳。"朱駿聲通訓定聲："芊熒亦疊韻連語，疑即葋之别名。"

按芊 tīng（透耕）从丁聲（端耕）訓芊熒，朐，其爲何草不詳，其語源不詳。然丁熒、朐俱有小義，當與此草之形態有關。

訂 訂 《説文》："訂，平議也。从言，丁聲。"段注："《考工記》注：'參訂之而平。'"朱駿聲通訓定聲："按字亦作評，《廣雅·釋詁三》：'評，訂平也。'《四》：'評，訂議也。'"

按訂 dìng（端耕）从丁聲（端耕）訓平議，評定。字从丁聲，蓋定聲（定耕）之借，謂平議而確定之。又丁是釘的本字，俗語説確定而不移改，叫"釘了釘子還復了脚（釘穿了釘子還翻過來再釘牢）"。

靪 靪 《説文》："靪，補履下也。从革，丁聲。"段注："原思納履則踵决，故履下可補也。今俗謂補綴曰打補靪，當作此字。"

按靪 dīng（端耕）从丁聲（端耕）訓補履下。古鞵即今鞋字，以革製作，故字从革，補之亦當以革。字从丁，丁即釘，以釘定之。

亭 亭 《説文》："亭，民所安定也。亭有樓，从高省，丁聲。"段注："亭定疊韻。《周禮》：'三十里有宿。'鄭云：'宿可止宿，若今亭有室矣。'《百官公卿表》曰：'縣道大率十里一亭，亭有亭長，十亭一鄉，鄉有三老，有秩嗇夫。'《後漢志》曰：'亭有長以禁盜賊。'《風俗通》曰：'亭，留也。蓋行旅宿會之所館。'《釋名》曰：'亭，停也。人所亭集。'"

按亭 tíng（定耕）从丁聲（端耕）訓民所安定。字从丁聲，蓋定聲（定耕）之借，用定之安定義。停則定，定則安。

朾 朾 《説文》："朾，撞也。从木，丁聲。"段注："撞从手，各本誤从木、从禾，今正。《通俗文》曰：'撞出曰朾。丈鞭、丈莖二切。'與《説文》合。謂以此物撞彼物使出也。《三蒼》作敞。《周禮·職金》注作揨，他書作敞作敹，實一字也。朾之字，俗作打，音德冷、都挺二切，近代讀德下切，而無語不用此字矣。”

按朾 chéng（定耕）从丁聲（端耕）訓撞，以此物撞出彼物，撞擊之使出。字从丁聲蓋頂聲（端耕）之借。頂者頭頂，舊時與人拼死拼命時，每以頭猛撞别人之身，此用頂之頂撞義。湖湘俗語謂以言詞忤逆上司、長輩叫“頂撞”，或叫“衝撞”。

**頂** 《説文》：“頂，顛也。从頁，丁聲。”段注：“頂、顛異部疊韵字，故顛倒《樂府》或作‘丁倒’。引伸爲凡在最上之稱。故《廣雅》云：‘頂，上也。’”

按頂 dǐng（端耕）从丁聲（端耕）訓顛，顛、頂互訓，端母雙聲，耕真通轉。《説文》：“天，顛也。”天（透真）、頂端透旁紐，真耕通轉。此一聲之轉，天是顛的本字，顛是後起的純形聲字。

**汀** 《説文》：“汀，平也。从水，丁聲。”段注：“謂水之平也。水平謂之汀，因之洲渚之平謂之汀。李善引《文字集略》云：‘水際平沙也。’乃引伸之義耳。”

按汀 tīng（透耕）从丁聲（端耕）訓平，水静則面上皆平。從這個意義説，平、汀同義。字从丁聲，此用丁平之引申義。洲渚凸現於水面上，如人之頂，故名汀，汀所从之丁，則當爲頂聲之借。

**町** 《説文》：“町，田踐處曰町。从田，丁聲。”段注：“玉裁按，此踐字疑淺人所增。《廣韵·青韵》注曰‘田處’。……田處者，謂人所田之處。……《急就篇》‘頃町畍畝’，顔注：‘平地爲町，一曰町治田處也。’……毛傳曰：‘墠，除地町町者，皆謂平坦，於踐義不相涉。’”

按町 tǐng（透耕）从丁聲（端耕）訓田踐處曰町，踐字衍，當訓田處曰町，即平地爲町。字从丁聲，此用丁平之引申義。

**釘** 《説文》：“釘，鍊鉼黄金也。从金，丁聲。”段主：“《周禮·職金》：‘旅於上帝，則共其金版，饗諸侯亦如之。’注曰：‘鉼金謂之版。’此版所施未闻。按今《爾雅》‘鉼金謂之鈑’，鈑系版之訛，則鉼當是餅之訛也。凡物區之曰餅，鍊餅，鍊而成之。……今人用此字，則古鐕字之義也。”

按釘 dīng（端耕）从丁聲（端耕）訓鍊鉼黄金，冶煉而成黄金餅塊。古又稱金版，字作鉼作鈑，是後起的區别字。凡物匾之曰餅，將細散食物（粉面之類）和匀搓團壓扁叫餅。并者合併亦取平義。字从丁聲，此取汀平（即上平）之引申義。釘訓金餅，是古義，今義爲釘物具之釘子，見《正字通》：“釘，釘物具也。……凡制器，用金、木、竹爲釘，鋭其首，椎入附著之，古借用丁字，音義同。”段氏以爲“此字則古鐕字之義”，其説殊確，又釘區别於鐕，釘之頂平。

**阞 𨸏丁** 《説文》：“阞，丘名。从𨸏，丁聲。讀若丁。”

按阞 dīng（端耕）从丁聲（端耕）訓丘名。字从丁聲，作丘名字，此但借其聲，意者此又兼用丁平之引申義。

**成 㦻** 《説文》：“成，就也。从戊，丁聲。㦻，古文成，从午。”

按成 chéng（禪耕）从丁聲（端耕）訓就，成就，完成。《詩·大雅·靈台》“庶民攻之，不日成之”，没幾天就完成了這座建築。字从丁聲，丁即囗，初義指人的顛頂，引申指城堡，都邑的邑字从囗即城，成是城的本字，城是後起的加注形旁字。或所从之囗，亦當表城堡，下从一，表示疆界，上从戈，表示城堡要用武裝守衛，成从戊，从戊與从戈同意。又《説文》呈字从口、从壬，壬是人挺立在土堆上，呈是城築成了挺立在大地上，呈現在人們眼前。是成既表城堡，也表築城，也表城修築完成，呈現在人們眼前。成爲成就義所專，遂加土以爲城堡字。縱觀或邑呈所从之囗，皆當爲城之初文，蓋可斷定而無疑。

**誠 誠** 《説文》：“誠，信也。从言，成聲。”《易·乾》：“脩辭立其誠，所以居業也。”孔穎達正義：“誠，謂誠實也。”《説文》：“信，誠也。”段注：“言必由衷之意。”

按誠 chéng（禪耕）从成聲（禪耕）訓信。誠、信互訓，謂説話符合客觀事實，誠實可信。字从成聲，成是城的本字。城是客觀實在的事物，城所以盛民，即城有具體充實的内容。此用城有具體充實的内容的引申義。

**盛 盛** 《説文》：“盛，黍稷在器中以祀者也。从皿，成聲。”段注：

"盛者，實於器中之名也。故亦呼器爲盛。如《左傳》'旨酒一盛'、《喪大記》'食粥於盛'是也，引伸爲凡豐滿之稱。"

按盛 chéng（禪耕）从成聲（禪耕）訓黍稷在器中以祀者，穀物放在祭器内。字从成聲，成是城的本字。城所以盛民，此以城所以盛民，喻祭器（皿）所以盛黍稷，此用城所以盛民之比喻義。古人祭祀務求豐盈，故引申爲凡豐滿、豐盛義。

**郕** 《説文》："郕，魯孟氏邑。从邑，成聲。"

按郕 chéng（禪耕）从成聲（禪耕）訓魯孟氏邑。字从成聲，作邑名字，此但借其聲。

**宬** 《説文》："宬，屋所容受也。从宀，成聲。"段注："宬之言盛也。《廣韵》無所字。"

按宬 chéng（禪耕）从成聲（禪耕）訓屋所容受。字从宀，宀即屋。从成聲當爲盛聲（禪耕）之借，此用盛所以盛黍稷之引申義。

**城** 《説文》："城，以盛民也。从土成，成亦聲。𩫆，籀文城，从𩫖。"段注："言盛者，如黍稷之在器中也。……《左傳》曰：'聖王先成民而後致力於神。'"

按城 chéng（禪耕）从成聲（禪耕）訓以盛民。盛从皿，古者皿初爲陶器，盆缶之類，有高邊圍匝，可以盛物。築土爲城，其形似之。皿（明陽）、城陽耕旁轉，古韵部相近。築土爲城，蓋源於陶土爲皿，故以皿盛黍稷喻以城盛民。字从成聲，成是城的本字，城是後起的加注形旁字。《左傳》"聖王先成民"，即先築城讓民衆安居，成在字中表動，即築城，此用成之本義。皿爲通指，缶爲專指，缶（幫幽），凡器皆有口，器从四口，是其證，皿即取象器有口。

## 壬聲字

**壬** 《説文》："壬，善也。从人士。士，事也。一曰象物出地挺生也。"段注："壬挺疊韵，此説象形，與前説别。上象挺出形，下當是土字也，古土與士不甚可分如此。"

按壬 tǐng（透耕），甲骨文作、，象人挺立於土堆之上形，是挺的象形初文。孳乳爲朝廷字，壬不獨行，字遂孳乳爲挺，壬是挺的本字，挺是壬的加注形旁字，字从手，表示人的動作。段氏謂（壬字）下當从土，可謂獨具慧眼。挺立則身直，故从壬聲字多有直義。

呈  《説文》：“呈，平也。从口，壬聲。”段注：“今義云示也，見也。”

按呈 chéng（透耕）从壬聲（透耕）訓平。字从口，此口非口鼻之口，而是邑、或所从之囗，即城堡的象形初文。字从壬，壬是人挺立在土堆上，呈是城堡築成，挺立在平地上，呈現在人們的眼前。字从壬聲，此用人挺立在土堆上的引申義。

廷  《説文》：“廷，朝中也。从廴，壬聲。”段注：“朝中者，中於朝也。古外朝、治朝、燕朝皆不屋，在廷，故雨霑服失容則廢。”林義光《文源》：“廷與庭古多通用……象庭隅之形。”

按廷 tíng（定耕）从壬聲（透耕）訓朝中，朝廷，古代君主處理政事的地方。處理政事，古人叫聽政。古代社會交通、通信手段極有限，君主處理政事，主要靠臣下的匯報，所以叫聽政。主管官員聽政的地方叫廳，又稱廳事。正由廷孳乳，也可反證廷从壬聲是聽聲之借。

巠  《説文》：“巠，水脈也。从川在一下。一，地也。壬省聲。一曰水冥巠也。，古文巠不省。”段注：“巠之言濙也。濙者，水脈行地中濙濙也。故从川在地下。”郭沫若《金文叢考》：“余意巠蓋經之初字也。觀其字形……均象織機之縱線形，从糸作之經，字之稍後起者也。”林義光《文源》：“巠，即經之古文。”

按巠 jīng（見耕）从壬聲（透耕），許書訓水脈，實爲誤説。當爲經之初字，加糸作經，是後起加注形旁字。字从𢀖，从一，一象持經之軸形，从巛當爲川象織之縱絲，古人叫經，經直緯横。字从壬聲，壬是人挺立在土堆，人挺則身直，語所謂挺直，此以人身挺直，喻經紗之直。此用壬挺直之比喻義。

逞 《説文》："逞，通也。从辵，呈聲。楚謂疾行爲逞。《春秋傳》曰：'何所不逞欲。'"段注："《方言》曰：'逞，快也，自山而東或曰逞，江淮陳楚之間曰逞。'又曰：'逞，疾也。楚曰逞。'"

按逞 chěng（透耕）从呈聲（透耕）訓通，通暢，暢通無阻。字从呈聲，城築成呈現在地面上，顯現在眼前，通向城的大路正在脚下，行程直指故爲通，此用呈現、呈平、挺直之引申義。

徎 《説文》："徎，徑行也。从彳，呈聲。"段注："按依今本《説文》音義，則徎與逞同。"

按徎 chěng（透耕）从呈聲（透耕）訓徑行，直行，疾行。徎逞古音同，从彳與从辵同意，是徎逞當爲一字之異體。

桯 《説文》："桯，牀前几。从木，呈聲。"段注："《方言》曰：'榻前几。江沔之間曰桯，趙魏之間謂之椸。'按古者坐於牀而隱於几。……謂之桯者，言其平也。"

按桯 tíng（透耕）从呈聲（透耕）訓牀前几。字从呈聲，此用呈平之引申義。

郢 《説文》："郢，故楚都，在南郡江陵北十里。从邑，呈聲。𨛬，郢或省。"

按郢 yǐng（余耕）从呈聲（透耕）訓故楚都。字从呈聲，作國都名字，此但借其聲。

程 《説文》："程，程品也。十髮爲程，一程爲分，十分爲寸。从禾，呈聲。"段注："品者衆庶也，因衆庶而立之法，則斯謂之程品。"徐灝注箋："竊謂諸言度數者皆起於一，此當作一髮爲程，十程爲分。"

按程 chéng（定耕）从呈聲（透耕）訓程品。字从禾，禾黍是人養生之至關重要者，髮則人體之至微者，程者度量之總名，必皆起於至細。字从呈聲，此用呈呈現、顯現、規程之引申義。

裎 《説文》："裎，但也。从衣，呈聲。"段注："但，各本作袒，今正。裎之言呈也，逞也。”

按裎 chéng（定耕）从呈聲（透耕）訓但，裸體脱光衣服。字从衣，不是穿上衣，而是脱光衣。但从旦，旦是太陽升起在地平綫上，晴朗無雲，太陽無遮攔地顯現在人們眼前，以此喻人體裸露。字从呈聲，此用城築成呈現在平地上，彰顯無隱之比喻義。

聖  《説文》：“聖，通也。从耳，呈聲。”段注：“聖从耳者，謂其耳順。《風俗通》曰：‘聖者，聲也。言聞聲知情。’按聲、聖字古相叚借。”

按聖 shèng（書耕）从耳，呈聲，當爲从耳从口，壬聲。李孝定《甲骨文字集釋》：“（甲骨文）象人上着大耳，从口，會意。聖之初誼爲聽覺官能之敏鋭，故引申訓‘通’；聖賢之義，又其引申也。……許君以形聲説之，非是。聽、聲、聖三字同源，其始當本一字。”聖、聽、聲，古本由一字分化，聽者聽聲，耳得之而爲聲，聞聲知情，聽蓋以聲爲語源。聲音或巨或細，遇微細之聲，必張耳聽之，金文𪒠鎛聖字作，上从耳口，下从𡈼，𡈼即壬字，此用人挺立土上，表示專心諦聽。許氏从呈聲之説有誤，當爲从口，从壬聲。

戥  《説文》：“戥，利也。一曰剔也。从戈，呈聲。”段注：“利者，銛也。……按呈聲當在十一部，而《大部》戴、《金部》鐵，遞用爲聲，則十一部、十二部合音最近之理也。”

按戥 dié（定質）从呈聲（透耕）訓利。字从呈聲蓋爲逞聲（透耕）之借，用逞快之引申義，俗稱兵刃鋒利爲鋒快。而从深層説，戥訓利者，戥聲當爲鐵聲（透兵）之借，由青銅兵器演進爲鐵兵器，鐵兵器之鋒利遠勝於銅兵器，戈者兵器，戥之初義當爲鐵兵器鋒利。

酲  《説文》：“酲，病酒也。一曰醉而覺也。从酉，呈聲。”段注：“《小雅》：‘憂心如酲。’傳曰：‘病酒曰酲。’”

按酲 chéng（定耕）从呈聲（透耕）訓病酒，酒醉後的醉顔呈現在臉上。字从呈聲，此用呈之呈現、顯現義。

珽  《説文》：“珽，大圭。長三尺，抒上，終葵首。从玉，廷聲。”段注：“見《玉人》。注曰：‘王所搢大圭也。或謂之珽。終葵，椎也，爲椎於其杼上，明無所屈也。杼，殺也。’……珽，王逸引《相玉書》作珵。”

按珽 tǐng（透耕）从廷聲（透耕）訓大圭，爲椎於其杼上，明無所屈。字从廷聲當爲壬聲（透耕）之借，壬是挺的本字，此用壬挺直之引申義，人挺立則高，高大義相函。

莛 𦵭 《説文》：“莛，莖也。从艸，廷聲。”段注：“《説苑》：‘建天下之鳴鐘，撞之以莛。’”

按莛 tíng（定耕）从廷聲（透耕）訓莖。莛者，草莖；梃者，木榦。字从廷聲，當爲壬聲（透耕）之借，壬是挺的本字，壬孳乳爲廷後，壬不獨行，故借廷以代壬，此以聲子代聲母，此用挺直之引申義。天下之鳴鐘，鐘之最易鳴能鳴者，故以草莛撞之鳴。

筳 𥳑 《説文》：“筳，維絲筦也。从竹，廷聲。”段注：“《糸部》曰：‘維，箸絲於筟車也。’按絡絲者必以絲耑箸於筳，今江浙尚呼筳。”

按筳 tíng（定耕）从廷聲（透耕）訓維絲筦。筦同管，竹管直。字从廷聲，壬聲（透耕）之借，用壬挺直之引申義。

梃 𣓌 《説文》：“梃，一枚也。从木，廷聲。”段注：“凡條直者曰梃，梃之言挺也。”

按梃 tǐng（定耕）从廷聲（透耕）訓一枚，此謂梃以枚數。字从廷聲，壬聲（透耕）之借，此用壬挺直之義，又兼用挺强勁之義。草木竹之莖皆直，故草曰莛，木曰梃，竹曰筳。

侹 𠏉 《説文》：“侹，長皃。一曰箸地。一曰代也。从人，廷聲。”段注：“與挺音義略同。……《方言》：‘侹，代也。江淮陳楚之間曰侹。’”

按侹 tǐng（透耕）从廷聲（透耕）訓長，當爲挺聲（定耕）之借。挺是壬的後起的形聲字，人挺直則身子顯長，此用挺之則長的引申義。又訓箸地者，人挺身則必箸地。挺身躺地俗亦稱侹，桂馥義證：“箸地者，吾鄉謂倒地臥爲侹。”又今湖湘俗語咒人睡懶覺爲挺屍，字正當作侹。又訓代者，朱駿聲通訓定聲：“今頂冒字以頂爲之，侹當一聲之轉。”頂冒即今俗語冒名頂替。

**頲** 《説文》：“頲，狹頭頲也。从頁，廷聲。”段注：“疑當作頲頲也，假借爲挺直之挺。《釋詁》曰：‘頲，直也。’”

按頲 tǐng（透耕）从廷聲（透耕）訓狹頭頲也，頭挺直皃。字从廷聲，當爲挺聲（透耕）之借，用挺之挺直義。

**霆** 《説文》：“霆，靁餘聲鈴鈴，所以挺出萬物。从雨，廷聲。”段注：“鈴與挺皆以疊韵爲訓，靁所以生物，而其用在餘聲鈴鈴然者。《禮記》曰：‘地載神氣，神氣風霆，風霆流行庶物露生。’”

按霆 tíng（定耕）从廷聲（透耕）訓雷餘聲鈴鈴，所以挺出萬物。許意兩個基本義項，一是廷鈴叠韵，用廷鈴象驚雷之聲，作象聲字，此但借其聲。一是霆作爲驚雷聲，作用在驚醒萬物，助萬物挺出生長。字从廷聲則當爲挺聲（透耕）之借，用挺之挺出義。

**挺** 《説文》：“挺，拔也。从手，廷聲。”段注：“《左傳》‘周道挺挺’，直也。《月令》‘挺重囚’，寬也。皆引申之義。”

按挺 tǐng（定耕）从廷聲（透耕）訓拔，挺拔，挺起上出。字从廷聲，壬聲（透耕）之借。實則壬是挺的本字，挺是壬的後起形聲字。

**娗** 《説文》：“娗，女出病也。从女，廷聲。”王筠釋例：“蓋謂女子下部病也。俗名下𤷬，亦謂之陰挺茄。娗之爲言挺也，挺然而出也。”

按娗 tǐng（定耕）从廷聲（透耕）訓女出病，女人陰部突出，即子宫脱垂。字从廷聲，當爲挺聲（透耕）之借，用挺之挺出義。旧時農村婦女多有得此病者，由於長期下水田勞動，婦女月經期也得下田，久之則引起此病。1960 年冬我在湘潭中路鋪作省委工作隊整風整社隊員時，一名中年婦女苦笑着對我説：“男的屁眼打把傘，女的前面夾朵菌。”“打把傘”指脱肛，“夾朵菌”指子宫下垂，可見其時得此病者之多。

**綎** 《説文》：“綎，系綬也。从糸，廷聲。”段注：“系當作絲。

《廣韵》曰：‘絲綬，帶綎。’《玉篇》曰：‘絲綎，綬也。’按此綬蓋綬之類而已，非印綬之綬。”

按綎 tīng（透耕）从廷聲（透耕）訓絲綬，系珮玉的絲綬帶。字从廷聲，當爲挺聲（透耕）之借，綎系佩下垂，垂則帶直，此用挺挺直之引申義。

**蜓** 《説文》：“蜓，蝘蜓也。从虫，廷聲。一曰螾蜓。”

按蜓 tíng（定耕）从廷聲（透耕）訓蝘蜓。《説文》：“蝘，在壁曰蝘蜓，在艸曰蜥易。”蜥蜴，壁虎，又名守宫。蝘蜓即隱庭之諧音。字从廷聲，當爲庭聲（定耕）之借，用庭之庭室、庭院義。

**鋌** 《説文》：“鋌，銅鐵樸也。从金，廷聲。”段注：“樸，木素也，因以爲凡素之稱。小徐作朴，非也。《石部》曰：‘磺，銅鐵樸。’鋌與磺義同音别。亦謂之鋇。《淮南書》曰：‘苗山之鋌。’”

按鋌 tǐng（定耕）从廷聲（透耕）訓銅鐵樸，銅鐵礦石。字从廷聲，挺聲（透耕）之借，用挺之挺出義。銅鐵礦，在外有礦苗可見，故以挺名之，此以業爲名。又《六書故》：“鋌，五金鍛爲條樸者，金曰鋌。”此條取長義，今俗稱金條。字从廷聲，此則用挺之則長的引申義。”

**莖** 《説文》：“莖，艸木榦也。从艸，巠聲。”段注：“依《玉篇》所引，此言艸，而兼言木。”

按莖 jìng（匣耕）从巠聲（見耕）訓草木榦，草木的主榦。字从巠，巠是經的初文，經是織機上的經紗，經直，巠从工，工是壬的省形，是則巠以壬爲聲，用壬挺直之引申義。

**牼** 《説文》：“牼，牛厀下骨也。从牛，巠聲。《春秋傳》：‘宋司馬牼，字牛。’”段注：“牛脛也。脛者，胻也。”

按牼 kēng（溪耕）从巠聲（見耕）訓牛厀下骨，即牛脛骨。字从巠聲，當爲脛聲（匣耕）之借。脛直故以巠名之，此用經直，亦即挺直之引申義。

**徑** 《説文》：“徑，步道也。从彳，巠聲。”段注：“此云步道，謂人及牛馬可步行，而不容車也。”

按徑 jìng（見耕）从巠聲，訓步道，人及牛可步行而不容車之小道、直道。字从巠聲，巠是經的本字，此用經直之引申義。

**羥** 《説文》：“羥，羊名也。从羊，巠聲。”

按羥 kēng（溪耕）从巠聲（見溪）訓羊名，今爲何羊不詳，其語源不詳。

**脛** 《説文》：“脛，胻也。从肉，巠聲。”段注：“厀下踝上曰脛，脛之言莖也，如莖之載物。”

按脛 jìng（匣耕）从巠聲（見耕）訓胻，脚之厀下踝上。字从巠聲，蓋爲莖聲（匣耕）之借，此以草木之莖喻人之脛，用莖之比喻義，借草木之根喻人之足跟，是其比。

**剄** 《説文》：“剄，刑也。从刀，巠聲。”段注：“《耳部》曰：‘小罪聅，中罪刖，大罪剄。’剄謂斷頭也。《左傳》：‘越句踐使罪人三行，屬劍於頸而辭曰：臣不敢逃刑，敢歸死，遂自剄也。’……按許意，頸謂斷頸，刑之至重者也。”

按剄 jǐng（見耕）从巠聲（見耕）訓刑，砍頭，斷頸。字从巠聲，當爲頸聲（見耕）之借。字从刀，所以斷頸之具。

**桱** 《説文》：“桱，桱桯也。東方謂之蕩。从木，巠聲。”段注：“（桱，）此複舉字之未删者。……桱、蕩皆牀前几之殊語也。”

按桱 jìng（見耕）从巠聲（見耕）訓桯，牀前几，東方謂之蕩。桱、蕩皆牀前几方俗殊語。字从巠聲，蓋爲脛聲（匣耕）之借，脛蓋謂几，有短足。此用脛脚之膝下踝上之引申義。

**窒** 《説文》：“窒，空也。从穴，巠聲。《詩》曰：‘瓶之窒矣。’”段注：“空虛、孔穴本無二義，但有孔穴則是空虛也。……《小雅·蓼莪》文，今《詩》作罄。傳曰‘罄，空也’。與《爾雅·釋詁》合，空與盡義相因。”

按窒 qìng（溪耕）从巠聲（見耕）訓空，器空。字从巠聲，當爲罄聲（溪耕）之借，罄、磬本一字。《左傳》：“室如懸磬，野無青草，何恃而不恐。”磬有折角，懸之則中空而不能存物，故引申有空、盡義。後區别磬爲石樂字，罄爲空盡字。今湖湘俗語仍説“罄空”，此用磬有空盡之引申義。

**痙** 《説文》：“痙，彊急也。从疒，巠聲。”段注：“《本艸經》曰‘朮主痙疸’，《廣韵》曰：‘風强病也。’按《急就篇》‘癰疽瘛瘲痿痹疷’，疷即痙。顔云：‘體强急，難用屈伸也。’”

按痙 jìng（群耕）从巠聲（見耕）訓彊急，風强病，即痙病，俗稱“動風”，或叫“抽風”。字从巠聲，此用巠勁之引申義。

**頸** 《説文》：“頸，頭莖也。从頁，巠聲。”

按頸 jǐng（見耕）从巠聲（見耕）訓頭莖。字从巠聲，蓋爲莖聲（匣耕）之借，用莖草木榦形直喻人之頸直，此以形似爲喻，用莖之比喻義。

**㟋** 《説文》：“㟋，㟋谷也。从山，巠聲。”段注：“各本刪㟋字，今補。《廣韵》曰：‘㟋，口莖切。或作硎，谷名，在麗山，昔秦密種瓜處。’……師古作‘阬谷’，正義及類聚作‘硎谷’，實則㟋谷也。”

按㟋 kēng（溪耕）从巠聲（見耕）訓㟋谷，謂山谷長，有狹小通道，形似人頸之咽喉。師古作阬者，字从亢。《説文》：“亢，人頸也。”或作硎者，硎从刑，字當作荆。《説文》：“荆，剄也。”段於剄下注曰：“按許意，剄謂斷頸。”是从巠，从亢，从荆，皆與頸義相關屬。是字从巠聲當爲頸聲（見耕）之借，喻山谷之長而狹窄，如頸之咽喉。此用頸之相關義引申。㟋作山谷名字，字从巠聲，則但借其聲。

**䞓** 《説文》：“䞓，赤色也。从赤，巠聲。《詩》曰‘魴魚䞓尾’。赬，䞓或从貞。浾，或从丁。”段注：“《周南》傳曰：‘赬，赤也。’《爾雅·釋器》：‘一染謂之縓，再染謂之赬，三染謂之纁。’郭曰：‘縓，今之紅也。赬，染赤也，纁，絳也。’……《士喪禮》經作䞓。……今《詩》作‘赬’。”

按䞓 chēng（透耕）同赬，或作赪，从巠聲（見耕）訓赤色。所从諸聲，蓋皆赤聲之語轉，用赤之赤色義。

**悻** 《説文》："悻，恨也。从心，巠聲。"段注："悻即《孟子》悻字也。《孟子》'則怒悻悻然見於其面'，趙以恚怒釋之。又引《論語》'悻悻然，小人哉'，《今論語》作'硜硜'。"

按悻 xìng（匣耕）从巠聲（見耕）訓恨，同悻，惱怒。字从巠聲蓋幸聲（匣耕）之借，此蓋用希求幸而不得之引申義。

**涇** 《説文》："涇，涇水。出安定涇陽幵頭山，東南入渭，雝州之川也。从水，巠聲。

按涇 jīng（見耕）从巠聲（見耕）訓涇水。字从巠聲，作水名字，此但借其聲。

**鯁** 《説文》："鯁，鯁魚也。从魚，巠聲。"段注："《尚書大傳》曰：'大都鯁魚。'鄭注：'大都，明都，鯁魚，今江南以爲鮑。'"

按鯁 qíng（匣耕）从巠聲（見耕）訓鯁魚。今爲何魚不詳，其語源不詳。

**婞** 《説文》："婞，長好也。从女，巠聲。"段注："體長之好也，故其字从巠。上文曰：'秦晋謂好爲婞娥。'漢婦官十四等有婞娥。武帝邢夫人號婞娥。"

按婞 xíng（匣耕）从巠聲（見耕）訓長好。女子身段脩長而美好。字从巠聲當爲壬聲（透耕）之借。壬是挺的本字，身挺則直，挺直則長，今所謂高挑個兒。此用壬挺長挺拔之引申義。

**經** 《説文》："經，織從絲也。从糸，巠聲。"段注："從絲二字，依《太平御覽》卷八百二十六補。古謂横直爲衡從。"

按經 jīng（見耕）从巠聲（見耕）訓織縱絲，織布機上的經紗。字从巠聲，巠是經的本字，經是後起的加注形旁字。字从巛，其上之一爲杼軸之軸，軸所以持經紗，杼所以持緯紗，經緯交織成布，下从工，壬之省形，壬是挺的本字，人挺則直，經者織縱絲，故字从壬。此用壬直之引申義。

**蛵** 《説文》："蛵，丁蛵，負劳也。从虫，巠聲。"段注："《釋蟲》文。郭曰：'即蜻蛉也。江東呼狐棃。'所未聞。按許意非蜻蛉也。許下文蛉下云：'蜻，蛉也，一名桑根。'不與此爲伍，則許意不謂蜻蛉可知。"朱駿聲通訓定聲："按丁蛵叠韵連語，《爾雅》之虰蛵，即《廣雅》之'蜻蛉'也。青者曰青亭，紅者曰胡棃。"

按蛵 xíng（曉耕）从巠聲（見耕）訓丁蛵。字从巠聲當爲經聲（透耕）之借，丁、蛵叠韵。《説文》"經，赤色也"，重文作赬，或作赪，是从巠與从丁同，凡物之命名，不以其德則以其業。可知蛵虰之命名皆與赤色義相關，丁蛵一類而兩色相近，即青者青亭，紅者狐棃。狐棃即負勞之轉語，青亭即蛵丁之轉語。青（清耕）、巠叠韵，即分别蛵爲青亭，虰爲狐棃。據此可知蛵从巠聲當爲青聲之借，青从丹，義仍與赤色義相關。蛵、虰（丁後出的類化字）皆以德爲名。

**勁** 《説文》："勁，彊也。从力，巠聲。"段注："《廣韵》：'勁，健也。'"

按勁 jìng（見耕）从巠聲（見耕）訓彊。段於彊下注曰："彊者，弓有力也。"所謂强弓勁弩，開强弓需用大力，故引申爲凡有力之稱。字从巠聲當爲壬聲之借，即挺聲（透耕）之借。凡人挺身則須用力，今湖湘俗語叫貫勁，此用壬挺身之引申義。

**鋞** 《説文》："鋞，昷器也。圜而直上。从金，巠聲。"段注："昷，各本作温，今正。許書温系水名，昷訓仁也。昷訓仁，故引申爲昷煗字。煗下曰'昷也'。……昷器者，謂可煗物之器也。"朱駿聲通訓定聲："可煗飲之器，如今酒肆参筒。"

按鋞 xìng（匣耕）从巠聲（見耕）訓温器，可煗飲之器。朱氏以爲如今酒肆之參筒，筒直，謂將筒插入滚水中温酒。字从巠聲，此用經紗直之引申義。

**輕** 《説文》："輕，輕車也。从車，巠聲。"段注："《周禮》：'輕車之萃。'鄭曰：'輕車，所用馳敵致師之車也。'漢之發材官輕車，亦謂兵車。輕本車名，故字从車，引申爲凡輕重之輕。”

按輕 qīng（溪耕）从巠聲（見耕）訓輕車，本義是指行進氣勢疾鋭之兵車，即戰車。字从巠聲，當爲勁聲（見耕）之借，用勁之强勁有力的引申義。凡人力大則舉重若輕，人身有力則感輕快，乏力則覺沉重，此古人造字觀察之細、命意之精。引申指小而輕的車，語有“駕輕就熟”。又輶亦訓輕者，字从酋聲，酋的初義當是酒器啓封後酒氣上冒，滿室飄香，氣之輕者故上浮出，是其比。

陘 𨺖 《説文》：“陘，山絶坎也。从𨸏，巠聲。”段注：“《釋山》曰：‘山絶，陘。’按今《爾雅》奪坎字。郭注云‘連山中斷絶’，非是。陘者，領也。……楊子《法言》作‘山巠之蹊’，皆即陘字。凡巠聲之字皆訓直而長者。……戴先生《水地記》曰：‘此皆兩山中隔以成隘道也。’……凡天下之地勢，兩山之間必有川焉，則兩川之間必有山焉。是爲坎象。坎者，陷也；陷者，高下也。高在下間爲陷。陘者，一山在兩川之間，故曰山絶坎。絶猶如絶流而渡之絶，其莖理亙於陷中也。”

按陘 xíng（匣耕）从巠聲（見耕）訓山絶坎，山脈中斷，出現坎陷。字从巠聲，當爲剄聲（見耕）之借。《説文》：“剄，刑也。”段注“剄謂斷頭”，實當爲斷頸。陘或作𡶩作徑，徑𡶩皆山領，今字作嶺。領、頸音義並近。陘从𨸏，𨸏者高𨸏，陘者山領，山領至此斷絶，其下出現坎陷，又於斷絶處人工開闢隘道。

檉 《説文》：“檉，河柳也。从木，聖聲。”段注：“陸機云：‘生水旁，皮正赤如絳，一名雨師。’羅願云：‘葉細如絲，天將雨，檉先起氣迎之，故曰雨師。’……按檉之言赬也，赤莖故曰檉。”

按檉 chēng（透耕）从聖聲（書耕）訓河柳，皮正赤如絳。字从聖聲，當爲赬聲（透耕）之借。《説文》赬是經的重文，“經，赤色也”。河柳皮正赤如絳，故以赬名，此以德爲名。

𡙁 《説文》：“𡙁，大也。从大，戜聲。讀若《詩》‘𡙁𡙁大猷’。”段注：“此謂秩秩然之大也。……《小雅·巧言》文。𢧢𢧢當作秩秩，今《毛詩》正作‘秩秩’。傳曰：‘秩秩，進知也。’呈在十一部，秩在十二部，古合音爲最近，是以𢧢讀如秩。”

按𢧢 zhì（定質）从戜聲（定質）訓大，盛大。《説文》戜訓利，字从戜聲，此蓋用戜利、鋒利、順利、順暢之引申義，鐵字从此。人類掌握鐵在銅之後，鐵比銅更堅實，作兵刃更鋒利。

**鑋** 《説文》：“鑋，金聲也。从金，輕聲。讀若《春秋傳》‘⿱輕足而乘它車’。”段注：“今《左傳》作‘鑋而乘它車’，則不可通矣。⿱輕足蓋即脛字，亦或作踁。林雍既斷足，乃以脛築地而行，故謂之脛。”

按鑋 qīng（溪耕）从輕聲（溪耕）訓金聲，鳴金聲。字輕聲，作象聲字，此但借其聲。殸是聲的本字，殸即表石磬，也表擊磬，也表擊磬的聲音。鑋、聲（書耕）叠韵，書定準雙聲，鑋是殸的後起的區别字，即表金聲的專字。

**⿺走𢧢** 《説文》：“⿺走𢧢，走也。从走，𢧢聲。讀若《詩》‘威儀秩秩’。”段注：“此稱《假樂》‘威儀抑抑，德音秩秩’，誤合二句爲一。……秩秩，李仁甫本作‘祑祑’，《少牢饋食禮》注曰：‘古文替爲秩，秩或爲𢧢與⿺走𢧢，讀如秩相似。’”

按⿺走𢧢 zhí（定質）从𢧢聲（定質）訓走。《説文》：“𢧢，大也。”走即今語奔跑，跨步快，步子大，俗語叫快步流星。字从𢧢，𢧢从大，此用𢧢大之引申義。

**驖** 《説文》：“驖，馬赤黑色。从馬，𢧢聲。《詩》曰‘四驖孔阜’。”段注：“謂黑色而帶赤色也。驖不見《爾雅》。《秦風》‘駟驖孔阜’，傳曰‘驖，驪也’。驪者深黑色。許説小異。漢人或叚鐵爲之。《前書·地理志》叚𢧢爲之。”《玉篇》：“驖，馬如鐵，赤黑色。”

按驖 tiě（透質）从𢧢聲（定質）訓馬赤黑色。字从𢧢聲當爲鐵聲（透質）之借，馬之毛色如鐵色，故以鐵喻之，此以德爲名，用鐵色之比喻義。

鐵 䥫 《說文》："鐵，黑金也。从金，𢧜聲。䥫，鐵或省。銕，古文鐵，从夷。"段注："按夷蓋弟之訛也。"

按鐵 tiě（透質）从𢧜聲（定質）訓黑金。按純鐵灰白色，受氧化後表面呈藍黑色，所謂鐵青，如臉色鐵青。字从𢧜聲，蓋漆聲（清質）之借，漆色黑，所謂漆黑一團。透清鄰紐，質部叠韵。此以漆黑喻鐵黑，人類掌握漆的應用當在鐵之前。

# 壯部第十八

## 昜聲字

**昜** 《説文》："昜，開也。从日一勿。一曰飛揚，一曰長也。一曰彊者衆皃。"段注："此陰陽正字也。陰陽行而侌昜廢矣。闢户謂之乾，故曰開也。……从勿者，取開展意。"朱駿聲通訓定聲："侌者見雲不見日也。昜者雲開而見日也。从日，一者雲也，蔽翳之象。勿者旗也，展開之象。"

按昜 yáng（余陽）訓開，謂雲開而見日。字从日一勿會意，一象雲層，朱氏此説殊有見地。勿象旌旗飄颺，以喻雲開日出，日出則陽光普照大地，光明之象。

**禓** 《説文》："禓，道上祭。从示，昜聲。"段注："按《郊特牲》'鄉人禓'，孔子朝服立於阼。即《論語》：'鄉人難，朝服而立於阼階也。'注'禓或爲獻，或爲儺'。《記》當本是禓字，从示昜聲，則與獻儺差近。"朱駿聲通訓定聲："按犯軷之類也。"

按禓 yáng（余陽）从昜聲（余陽）訓道上祭，即犯軷之類，或以爲即鄉人儺。字从昜聲，其義難定，其語源不詳。

**瑒** 《説文》："瑒，圭尺二寸，有瓚，以祠宗廟者也。从玉，昜聲。"段注："《玉人》曰：'裸圭尺有二寸，有瓚，以祀廟。'裸圭謂之瑒圭。瑒讀如暢，《魯語》謂之鬯圭，用以灌鬯者也。"

按瑒 chàng（定陽）从昜聲（余陽）訓瑒圭以祠宗廟者，裸圭謂之瑒圭，《魯語》謂之鬯圭，用以灌鬯者。字从昜聲，當爲鬯聲（透陽）之借，此以業爲名。透定旁紐，陽部叠韵，此聲之轉。

蕩 蕩 《説文》："蕩，艸也。枝枝相值，葉葉相當。从艸，昜聲。"段注："《玉篇》蕩下引《説文》謂即蓫蕩，馬尾，蔏陸也。薚同蕩。考《本艸經》曰：'商陸，一名蕩，根一名夜呼。'陶隱居曰：'其花名蕩。'是則絫呼曰蓫蕩，單呼曰蕩。或謂其花蕩，或謂其莖葉蕩也。"

按蕩 tāng（透陽）从昜聲（余陽）訓草。此草的特點是枝枝相值，葉葉相當，即凡枝葉逐一兩兩相對，即相對成雙。字从昜聲，蓋爲雙聲（山東）之借。商陸即蓫蕩之倒語。此草以其獨具的特色爲名，此以德爲名。山透鄰紐，陽東旁轉，古音相近。

踼 踼 《説文》："踼，跌也。从足，昜聲。一曰搶也。"段注："《吴都賦》：'魂褫氣懾而自踼跌者。'劉曰：'踼跌，頓伏也。'李引《聲類》：'踼，跌也。'《漢書》音義：'跌，崩也。'……《木部》曰：'搶，歫也。'……踼與党音義同。党，歫也。"

按踼 táng（定陽）从昜聲（余陽）訓跌，跌倒。字从昜聲，蓋爲蕩聲（定陽）之借，用蕩之滌蕩義，蕩則失足不能自持而倒，此以聲母代聲子。

腸 腸 《説文》："腸，大小腸也。从肉，昜聲。"

按腸 cháng（定陽）从昜聲（余陽）訓大小腸，人和動物的消化器官，呈長管狀。字从昜聲，當爲長聲（定陽）之借，此以德爲名，用長漫長之引申義。

簜 簜 《説文》："簜，大竹筩也。从竹，昜聲。"段注："笙簫之屬，而謂之簜者，大之也。"

按簜 dàng（定陽）从昜聲（余陽）訓大竹筩。字从昜聲，昜从日，日者太陽，陽光普照，故太陽有大義，此用陽大之引申義。

矨 矨 《説文》："矨，傷也。从矢，傷省聲。"段注："謂矢之所傷也。引伸爲凡傷之稱。"

按矨 shāng（書陽）从昜聲（余陽）訓傷。當爲从㫃省，昜聲，㫃者㫃矢，此以㫃矢之發射喻陽光强烈的光芒照射。字从昜聲蓋爲創聲（初陽）之借，創是刅傷的後起的形聲字，刅是創傷的本字。

餳 𩚬 《説文》："餳，飴和饊者也。从食，昜聲。"段注："不和饊謂之飴，和饊謂之餳。……各本篆作餳，云易聲，今正。餳糖一字，不當从易。"

按餳 xíng（邪陽）从昜聲（余陽）訓飴糖。今湖湘方言正讀"jíng 糖"，是一種半流體的飴糖。

楊 𣐩 《説文》："楊，蒲柳也。从木，昜聲。"段注："各本作木也二字。今依《藝文類聚》《初學記》《本艸圖經》《太平御覽》所引正。……《古今注》曰：'蒲柳生水邊。'又曰：'水楊，蒲楊也。枝勁細，任矢用。'"

按楊 yáng（余陽）从昜聲（余陽）訓蒲柳，枝勁細，任矢用。枝條上揚，故以楊爲名，此以業爲名。字从昜聲當爲揚聲之借，用揚上揚之義，此以聲母代聲子。

暘 𣈶 《説文》："暘，日出也。从日，昜聲。《虞書》曰：'曰暘谷。'"段注："《祭義》：'夏后氏祭其闇，殷人祭其陽，周人祭日以朝及闇。'鄭云：'闇，昏時也。陽讀爲曰雨曰暘之暘，謂日中時也，朝日出時也。'暘之義當从鄭。《孟子》秋陽以暴之，亦當作秋暘。"

按暘 yáng（余陽）从昜聲（余陽）訓日出。昜是暘的本字，暘是昜的後起加注形旁字，昜本从日，暘又增日旁，於字形爲緟益，昜中从一，諸家以爲雲層，訓雲開日出，此字之一解。其實此處之一，當表地，地平綫即旦所从之一，太陽从地平綫升起。从勿，此借旌旗在風中飄颺之象，以喻日光向地面照射，光芒萬道。古稱日出之處爲暘谷，暘谷即昜谷。

瘍 𤸮 《説文》："瘍，頭創也。从疒，昜聲。"段注："按頭字葢賸，上文疕下曰頭瘍，則見瘍不專在頭矣。鄭注《周禮》云'身傷曰瘍'，以别於頭瘍曰疕。"

按瘍 yáng（余陽）从昜聲（余陽）訓創。創者創傷，創是刅的後起的形聲字，指人體爲刀劍所傷。字从昜聲，當爲傷聲之借，用傷的創傷義。

崵 𡸁 《説文》："崵，首崵山也。在遼西。从山，昜聲。一曰嵎鐵，崵谷也。"段注："此即堯典之嵎夷暘谷也。"

按崵 yáng（余陽）从昜聲（余陽）訓首崵山，即首陽山。字从昜聲，作山名字，此但借其聲。一曰隅銕崵谷，即日出之暘谷。字从昜聲，此用昜日出之義。

碭 𥔢 《説文》："碭，文石也。从石，昜聲。"段注："《地理志》：'梁國碭縣，山出文石。'……師古云：'山出文石，故以名縣。'……本爲文石之名。"

按碭 dàng（定陽）从昜聲（余陽）訓文石，有花紋的石頭。字从昜聲，昜者日光，光有文采，俗稱光采。此用光采之引申義。

煬 𤆄 《説文》："煬，炙燥也。从火，昜聲。"段注："《謚法》：'好内遠禮煬，去禮遠衆煬。'"王筠句讀："言炙之令燥也。"

按煬 yáng（余陽）从昜聲（余陽）訓炙燥，炙之令燥。字从昜聲，此用昜高揚受日照之引申義。

黭 𪐲 《説文》："黭，赤黑也。从黑，昜聲。讀若煬。"

按黭 yàng（余陽）从昜聲（余陽）訓赤黑。字从黑，故訓黑。从昜聲，昜从日，日初升和將落時其色赤。字从昜聲，此用日初升和將落時其色赤之義。

惕 𢗏 《説文》："惕，放也。从心，昜聲。一曰平也。"段注："與像音義同。……（一曰平也，）《玉藻》'行容惕惕'，注：'直而急皃也。'"朱駿聲通訓定聲："經傳皆以蕩爲之。"

按惕 dàng（定陽）从昜聲（余陽）訓放，放蕩，不檢點約束自己。字从昜聲，此用白放射光芒的引申義。光放則散，故引申有疲軟義，今湖湘俗語放惕、惕勁當即用此義。

像 𢡩 《説文》："像，放也。从心，象聲。"朱駿聲通訓定聲："即惕字之或體。"《廣雅·釋言》："像，蕩也。"

按像 dàng（定陽）从象聲（邪陽）訓放，放蕩。字从象聲，象是陸地動物之最大者，此蓋用象大之引申義。凡物放則大。

**湯** 《説文》："湯，熱水也。从水，昜聲。"

按湯 tāng（透陽）从昜聲（余陽）訓熱水，又指沸水。今湖湘俗語叫"滚水"，水沸則向上翻滚。字从昜聲，此用陽光有温熱之引申義。"赤日炎炎似火燒"，正是日熱的生動寫照。

**揚** 《説文》："揚，飛舉也。从手，昜聲。敭，古文揚，从攴。"

按揚 yáng（余陽）从昜聲（余陽）訓飛舉。字从昜聲，此以手之上舉、鳥之飛騰，喻日之上升。

**颺** 《説文》："颺，風所飛揚也。从風，昜聲。"段注："揚者，飛舉也。"

按颺 yáng（余陽）从昜聲（余陽）訓風所飛揚。此謂大風吹物在空中飛揚。字从昜聲，此用揚飛舉之引申義。

**場** 《説文》："場，祭神道也。一曰山田不耕者，一曰治穀田也。从土，昜聲。"段注："《玉篇》引《國語》：'屏攝之位曰壇，壇之所除地曰場。'……《田部》云：'畼，不生也。'場與畼義相近。……《豳風·七月》曰：'九月築場圃。'傳曰：'春夏爲圃，秋冬爲場。'箋云：'場圃同地也。'"

按場 cháng（定陽）从昜聲（余陽）訓祭神道。除去地上草木用於祭神的平地。字从昜聲，此用昜日光直照地面之義。今俗語叫"當陽"。一曰治穀田，用於收打莊稼，翻曬糧食的平坦場地。字从昜聲，亦同用陽光直照之義。

**畼** 《説文》："畼，不生也。从田，昜聲。"段注："今之暢，蓋即此字之隸變。《詩》'文茵暢轂'，傳曰：'暢轂，長轂也。'《月令》'命之曰暢月'，注曰：'暢，充也。'蓋皆義之相反而相生者也。"

按畼 chàng（透陽）从昜聲（余陽）訓不生，蓋謂不生穀物。除地爲場，則不種作物，不種則不生。字从昜聲，蓋用陽光之引申義。光則净而無物，今字作暢者，則用光大之引申義。此雙向引申，所謂相反而相生者。

**陽** 《説文》："陽，高明也。从𨸏，昜聲。"段注："闇之反也。不言山南曰昜者，陰之解可錯見也。山南曰陽，故从𨸏。"

按陽 yáng（余陽）从昜聲（余陽）訓高明。从𨸏，故訓高。从昜，昜即日光，故訓明。中國地處北温帶，太陽从東升起，照在山的南坡，故山南曰陽。字从昜聲，此用日从東方升起，陽光普照大地明亮之義。

**蕩** 《説文》："蕩，蕩水，出河内蕩陰，東入黄澤。从水，蒻聲。"

按蕩 tāng（透陽）从蒻聲（透陽）訓蕩水。字从蒻聲，作水名字，此但借其聲。

又蕩 dàng（定陽）字當从艸，湯聲，此以水沸而翻滚，喻水中波浪翻滚，水中之草摇動，今語蕩槳即摇槳。

**觴** 《説文》："觴，實曰觴，虚曰觶。从角，𥏻省聲。[illegible]，籀文觴，或从爵省。"

按觴 shāng（書陽）从𥏻省聲（書陽），當爲⿸㫃𥏻省聲，即省去㫃，即字當爲从族，昜聲。古有投壺，即將矢或籌投入壺中，以投中多者爲勝，比方言之，以酒注入壺中，壺實爲觴。推而言之，殤、傷、慯所从之𥏻，皆當爲⿸㫃𥏻聲之省形。字从⿸㫃𥏻聲，即用投入、射入、注入之引申義。

**殤** 《説文》："殤，不成人也。人年十九至十六死爲長殤，十五至十二死爲中殤，十一至八歲死爲下殤。从歺，傷省聲。"段注："鄭曰：'殤者，男女未冠、笄而死，可傷者也。'"

按殤 shāng（書陽）从傷聲，當爲⿸㫃𥏻聲（書陽）之省，用人爲鏃矢所傷之引申義。

**傷** 《説文》："傷，創也。从人，𥏻省聲。"段注："《刃部》曰：'𦣞，傷也。'二字爲轉注。"

按傷 shāng（書陽）从𥏻省（書陽）當爲⿸㫃𥏻省聲，用⿸㫃𥏻人爲鏃矢所傷之引申義。刃者刀劍傷，⿸㫃𥏻者矢所傷。

**慯** 《説文》："慯，𢝊也。从心，傷省聲。"段注："《周南·卷耳》傳曰：'傷，思也。'此傷即慯之叚借，思與憂義相近也。《方言》傷，《廣雅》作慯。……各本作殤省聲，今正。"

按慯 shāng（書陽）从傷省聲（書陽）訓憂。傷者傷身體，慯者傷心，慯字後起，可作傷省聲。實則傷、慯皆當从⿰方⿱𠂉昜省聲，此以日光之放射，喻鏃矢之放射，人有的放矢，放矢以人物爲的，故放矢意在傷物傷人。字从昜聲，此用日光放射之引申義，否則觴、殤、傷、慯四字，⿱𠂉昜上所从之人，便没有依據。推而言之，𥏻从矢當爲从族之省，日光之放射其光芒無數，矢之放射，每次僅一矢，不能相譬，故以鏃矢譬之。此古人造字之精確與巧思。

宕 《説文》："宕，過也。一曰洞屋。从宀，碭省聲。汝南項有宕鄉。"段注："宕之言放蕩也。《穀梁傳》引傳曰：'長狄兄弟三人，佚宕中國。'……洞屋謂通迵之屋，四圍無障蔽也。凡道家言洞天者，謂無所不通。……汝南郡項縣，《地理志》《郡國志》同《春秋經》之項國也。"朱駿聲通訓定聲："洞屋當爲本訓，故轉注爲寬廣之義。"林義光《文源》："石爲碭省不顯，洞屋，石洞如屋者。从石、宀。洞屋前後通，故引申爲過。"

按宕 dàng（定陽）當爲石聲（禪鐸），定禪準旁紐，陽鐸陽入對轉。許氏當時尚無此觀念，故以碭省聲牽合爲解。字从石聲，石有大義，此用石大之引申義，洞屋前後通，故引申有過義。

璗 《説文》："璗，金之美者，與玉同色。从玉，湯聲。《禮記》曰：佩刀，諸侯璗琫而璆珌。"段注："《釋器》：'黄金謂之璗，其美者謂之鏐。'許説小異。……謂光色如玉之符采，故其字从玉。"

按璗 dàng（定陽）从湯聲（透陽）訓金之美者，與玉同色。字从湯聲，此用湯之水沸翻滚，喻水面之波浪。湯从昜，謂日光，日光照在水面上，波光瀲艷，《岳陽樓記》所謂"浮光躍金"，此用湯之引申義。

簜 《説文》："簜，大竹也。从竹，湯聲。《夏書》曰：'瑶琨筱簜。'簜可爲榦，筱可爲矢。"段注："簜者，竹名。"

按簜 dàng（定陽）从湯聲（透陽）訓大竹。字从湯聲，湯爲沸水，水沸則氣盛上騰，故引申有大義。此用湯沸騰之引申義。

盪 《説文》："盪，滌器也。从皿，湯聲。"段注："《水部》曰：'滌，洒也。''洒，滌也。'此字从皿，故訓滌器。凡貯水於器中，摇盪之去滓，或以磢垢瓦石和水吮潠之皆曰盪。盪者，滌之甚者也。《易》曰'八卦相盪'，《左傳》'震盪播越'，皆引伸之義。《郊特牲》曰：'滌蕩其聲。'注：'滌蕩猶摇動也。'蕩者，盪之假借。"

按盪 dàng（定陽）从湯聲（透陽）訓滌器。字从湯聲，《説文》："湯，熱水也。"也指沸水，今俗稱開水。皿多爲食器，進入熟食時代，肉食多油膩，必用熱水才能去油膩，這是蕩从湯聲的首要信息，也是深層的信息，其次才是摇動水滌器。湖湘俗語"拜年拜到初七八，蕩乾罈子仰乾鍋"，此蕩即用摇動義。

蕩 《説文》："蕩。艸茂也。从艸，暘聲。"段注："《孟子》《史記》'艸木暘茂'，字皆作暘，俗又作暢。"

按蕩 chàng（透陽）从暘聲（透陽）訓草茂。字从暘聲，《説文》"暘，不生也"，與草茂義相背，字當爲从田，葛聲。田不作場而拋荒則草必茂盛。字从葛聲，此用葛枝枝相對葉葉相值，隐含茂盛之引申義。

鍚 《説文》："鍚，馬頭飾也。从金，陽聲。《詩》曰'鉤膺鏤鍚'。一曰鍱車輪鐵也。"段注："《韓奕》傳曰：'鏤錫，有金鏤其錫也。'箋云：'眉上曰錫，刻金飾之，今當盧也。'按人眉目間廣揚曰揚。故馬眉上飾曰錫，盧即顱字。"

按鍚 yáng（余陽）从陽聲（余陽）或作錫。从昜聲，訓馬頭飾，馬額上的金屬飾物，即飾於馬面眉間。此以人眉間廣揚曰揚爲喻，揚本指人，此移以指馬。字从陽聲當爲揚聲（余陽）之借，用人眉間廣揚曰揚之引申義。

# 央聲字

**央** 《説文》：“央，央，中也。从介，在冂之内。大，人也。央旁同意。一曰久也。”

按央 yāng（影陽）取象人戴枷形。央字甲骨文作，《甲骨文字典》：“从（大）上加凵，象人戴枷之形，爲殃之本字。戴枷其頭在中央，故引申而有中央之意。”枷戴於人頸，即頸在枷正中，人頭在枷上，人體在枷下。古大辟砍頭即斷頸，字作剄，从巠聲即頸聲之借，戴枷蓋由以繩繫頸演進而來。枷在頸上，當即以頸聲爲語源，下文鞅訓頸靼，就是顯證。頸（見耕）、央影見鄰紐，耕陽旁轉。人帶枷和砍頭都是遭殃。央是殃的本字，殃是後起的加注形旁字。央爲引申義中央所專，字遂孳乳爲殃以别義。戴枷上大刑，它不是戴一陣子，而是要持續一段時間，故引申有久義。戴枷比戴脚鐐手銬更爲明顯醒目，故央引申有鮮明意。《詩·小雅·出車》“出車彭彭，旂旐央央”，又《詩·六月》“白旆央央”。

**英** 《説文》：“英，艸榮而不實者。一曰黄英。从艸，央聲。”段注：“（黄英，）此别一義也。疑即權，黄華。”

按英 yīng（影陽）从央聲（影陽）訓草榮而不實者。即純雄無雌，故英雄並稱。字从央聲，蓋雄聲（匣蒸）之借，影匣鄰紐，蒸陽旁轉。

**詇** 《説文》：“詇，早知也。从言，央聲。”朱駿聲通訓定聲：“《廣雅·釋詁二》：‘詇，問也。’《三》：‘詇告也。’按今央求字以央爲之。”桂馥義證：“早知也者，《廣韵》：‘詇，智也。’”

按詇 yàng（影陽）从央聲（影陽）訓早知，預知，蓋謂預見凶禍之將來。字从央聲，此用殃禍之引申義。訓告者，謂知禍將至而告人。

**鞅** 《説文》：“鞅，頸靼也。从革，央聲。”段注：“《釋名》：

‘鞅，嬰也，喉下稱嬰，言嬰絡之也。’按劉與許合。”

按鞅 yāng（影陽）从央聲（影陽）訓頸靼。《説文》：“靼，柔革也。”頸靼，套在馬頸上的柔質皮帶。字从央聲，當爲頸聲（見耕）之借，央（枷）帶於頸上，故引申有頸義。

鴦 《説文》：“鴦，鴛鴦也。从鳥，央聲。”段氏於鴛下注曰：“《小雅》傳曰：‘鴛鴦，匹鳥也。’《古今注》曰：‘雌雄未嘗相離。’”

按鴦 yāng（影陽）从央聲訓鴛鴦，匹鳥。此爲水鳥名，雙飛，雙游，雌雄未嘗相離。字从央聲蓋頸聲（見耕）之借，鴛从夗聲，蓋用夗之曲屈義。鴛鴦合二字爲名，謂此鳥雌雄相偶而不離，止則每曲頸相挽以示愛。

殃 《説文》：“殃，凶也。从歺，央聲。”段注：“各本作咎也，今依《易》釋文。”

按殃 yāng（影陽）从央聲（影陽）訓凶，灾禍。央是殃的本字，殃是後起的加注形旁字。央取象人獲罪戴枷，今湖湘俗語叫遭殃，或叫遭罪、受罪。

盎 《説文》：“盎，盆也。从皿，央聲。㼜，盎或从瓦。”段注：“《孟子》‘盎於背’。趙曰：‘其背盎盎然。’凡言盎然者皆謂盛，以音假借也。……《莊子》‘甕㼜大癭’。”

按盎 àng（影陽）从央聲（影陽）訓盆，大腹小口有頸的瓦器。字从央聲，當爲頸聲（見耕）之借，用盎有頸之義。又盎然謂盛者，盛、盎以音近相假借。

柍 《説文》：“柍，柍梅也。从木，央聲。一曰江南橦材，其實謂之柍。”段注：“柍梅合二字成木名。……柍梅非今之梅類。”朱駿聲通訓定聲：“《説文》一曰江南橦材，其實謂之柍，此非别義。……疑柍梅即子青理粗之梅，其材僅中帳棟及竿木之用，今楠之不善者。”

按柍 yāng（影陽）从央聲（影陽）訓柍梅，江南橦材，其實謂之柍。《説文》：“橦，帳柱也。”王筠句讀：“柱，一作極。案無極則帳不能張，無柱則極無所麗。”按帳柱即帳棟，古者棟在屋之中，橦在帳之中，棟（端東）、橦（定東）端定旁紐，東部叠韵，此一聲之轉，橦在帳之中，故以央名。央、橦陽東旁轉，柱以橦名，實以央名，皆義取央中。漢字之深層信息錯綜複雜而皆相條貫。

秧 《説文》：“秧，禾若秧穰也。从禾，央聲。”段注：“若即上文之䅟也。若者，擇菜也。擇菜者必去其邊皮，因之凡可去之皮曰若。竹皮亦曰箬。……秧穰叠韵字。《集韵》曰‘禾下葉多也’。今俗謂稻之初生者曰秧，凡艸木之幼可移栽者皆曰秧，此與古義别。”

按秧 yāng（影陽）从央聲（影陽）訓禾若秧穰也。段注：“若即上文之䅟也。”又於䅟下注曰：“禾皮者，禾稿之皮也。”是禾若即禾皮。秧、穰相對，秧从央，央引申有中義，穰从襄，襄引申有旁義，古語襄理即从旁相助理，秧从禾央即兼禾若秧穰言之。字从央聲，此用央中之引申義。禾中即莖，禾莖與葉相對而實爲一體。

怏 《説文》：“怏，不服，懟也。从心，央聲。”段注：“按當作‘不服也，懟也’，奪一‘也’字，遂不可解矣。……怏蓋倔强之意。《方言》曰：‘鞅、倖，懟也。’……考王逸少《蘭亭序》曰‘怏然自足’，自來石刻如是，本非快字。而學者尟知之。或叚鞅爲之，《方言》是也。《周亞夫傳》曰：‘此鞅鞅非少主之臣。’”

按怏 yàng（影陽）从央聲（影陽）訓不服也，懟也。《説文》：“懟，怨也。”字从央聲，此用人戴枷，身體被制服而强梁者，心不服而怨恨之引申義。从深層説，即强項不肯低頭。

泱 《説文》：“泱，滃也。从水，央聲。”段注：“《射雉賦》：‘天泱泱以垂雲。’善曰：《毛詩》‘英英白雲’，毛萇曰：‘英英，白雲皃。’泱與英古字通。按泱滃雙聲。”

按泱 yāng（影陽）从央聲（影陽）訓滃。《説文》：“滃，雲氣起也。”段注：“有假翁爲滃者，《周禮·醴齊》注：‘盎猶翁也，成而翁翁然，葱白色。’”字从央聲，訓滃滃者雲氣起。字从央聲當爲英聲

（影陽）之借。草木之花多有白色者，故英引申有白義。《嚴先生祠堂記》："雲山蒼蒼，江水泱泱。"江水泱泱謂在陽光照耀下泛起白光。又泱訓滃者，《説文》"滃，雲氣起也"，雲氣起者，晴雲即白雲，此以酒成翁翁然葱白色爲喻，而翁翁然之翁（影東）則爲盛聲（禪耕）之借，用盛之興盛義。是泱訓滃，亦當爲盛聲之借。

**抰** 《説文》："抰，以車鞅擊也。从手，央聲。"段注："鞅者，馬頸靻也。鞅抰疊韵。"

按抰 yāng（影陽）从央聲（影陽）訓以車鞅擊，用車鞅擊打。字从央聲，當爲鞅聲（影陽）之借。此以聲母代聲子。

**姎** 《説文》："姎，女人自稱姎我也。从女，央聲。"段注："姎我聯文，如吴人自稱阿儂耳。"

按姎 yāng（影陽）从央聲（影陽）訓女人自稱姎我。姎我即卬我，卬（疑陽）、姎一聲之轉，卬、姎作人稱代詞，皆字之假借。此但借其聲，與字之本義、引申義無關。

**紻** 《説文》："紻，纓卷也。从糸，央聲。"段注："卷本訓厀曲，引申爲凡曲之稱。纓卷謂纓之曲繞也，是爲紻。"

按紻 yǎng（影陽）从央聲（影陽）訓纓卷，纓者冠帶，即繫冠的絲帶。冠繫於頸，字从嬰者，嬰（影耕）聲當爲頸聲（見耕）之借。紻从央聲，亦頸聲（見耕）之借，謂以紻曲繞於頸，此以業爲名，今湖湘方言將柴草纏束爲小捆，叫紻綑子。

**坱** 《説文》："坱，塵埃也。从土，央聲。"段注："塵者，鹿行土也。引申爲土飛揚之稱。坱者，塵埃廣大之皃也。"

按坱 yǎng（影陽）从央聲（影陽）訓塵埃，塵土飛揚，塵埃廣大之皃。字从央聲蓋爲揚聲（余陽）之借，用揚之飛舉上揚義。

**瑛** 《説文》："瑛，玉光也。从玉，英聲。"朱駿聲通訓定聲："按此字後出，即英之轉注，古只用英。"

按瑛 yīng（影陽）从英聲（影陽）訓玉光。玉色白，其光亦白，此用英白花之引申義。

**醠** 《説文》："醠，濁酒也。从酉，盎聲。"段注："醠，《周禮》

作盎，古文叚借也。鄭曰：‘盎猶翁也。成而翁翁葱白色，如今酇白矣。’《釋文》云：‘酇白，今之白醝酒也，宜作醝。’按鄭曰：‘五齊泛醴尤濁，縮酌者，盎以下差清。’此非與許不合也，但云差清，則固濁也。”

按醠 àng（影陽）从盎聲（影陽）訓濁酒。字从盎聲，滃聲（影東）之借。《説文》：“滃，雲氣起也。”喻酒“成而滃滃葱白色”，此謂酒滓泛起，蒸蒸而上。字从央聲，此用英花白之引申義。

## 𤕦聲字

𤕦 《説文》：“𤕦，亂也。从爻工交吅。一曰窒𤕦。讀若穰。𢀶，籀文𤕦。”朱駿聲通訓定聲：“籀文从爻从吅从工从乂。按亂者，治也，理也。从爻从吅皆敽意，从工从己，分理之，合四字會意。煩擾爲孃，治理爲𤕦，猶煩擾爲敽，治理爲亂也。經傳贊襄匡襄字以襄爲之，相助將相字以相爲之。”

按𤕦 níng（泥陽）合四字會意，意爲對亂象加以治理，从吅从爻表亂象，从工从己表治理，己即紀之本字。

𦾐 《説文》：“𦾐，牂𦾐，可以作縻綆。从艸，𤕦聲。”段注：“縻，牛轡也；綆，汲井綆也。”

按𦾐 níng（泥陽）从𤕦聲（泥陽）訓牂𦾐。蓋産於牂地的一種纖維性能較好的草。字从𤕦聲，謂可以加工製作縻牛轡及汲井綆（井繩），此用𤕦治亂之引申義。

襄 《説文》：“襄，《漢令》解衣而耕謂之襄。从衣，𤕦聲。”段注：“此襄字所以从衣之本義，惟見於《漢令》也。引伸之爲除去。”

按襄 xiāng（心陽）从𤕦聲（泥陽）訓解衣而耕謂之襄。耕所以治植穀之用，此用𤕦治理之引申義，引申爲除去，蓋由解衣引申。

禳 《説文》：“禳，磔禳祀，除厲殃也。古者燧人禜子所造。从示，襄聲。”王筠句讀：“穰自是祭名，云磔攘祀者，謂磔牲以攘之之祀，名曰穰也。”

按穰 ráng（日陽）从襄聲（心陽）訓磔穰祀，除厲殃。用磔牲以祀的方式攘除厲殃。字从襄聲，此用襄除去之引申義，穰、攘義近，穰是藉助神力攘除厲殃。

蘘 蘘 《説文》：“蘘，蘘荷也。一名菖蒩。从艸，襄聲。”段注：“崔豹《古今注》曰：‘似薑，宜陰翳地。’師古曰：‘根旁生筍，可以爲菹。又治蠱毒。’”

按蘘 ráng（日陽）从襄聲（心陽）訓蘘荷，今爲何物不詳。从治蠱毒説，則从襄聲，蓋爲攘聲（日陽）之借，用攘之攘除義。

讓 讓 《説文》：“讓，相責讓。从言，襄聲。”段注：“經傳多以爲謙攘字。”

按讓 ràng（日陽）从襄聲（心陽）訓責讓。字从襄聲，蓋爲䙴聲（泥陽）之借，用䙴理亂之引申義。

膿 膿 《説文》：“膿，益州鄙言人盛諱其肥謂之膿。从肉，襄聲。”段注：“《方言》曰：‘梁益之間凡人言盛及其所愛諱其肥腻謂之壤。’……李善曰：‘諱《方言》作瑋。’按李所據《方言》作瑋，許書諱亦當作瑋。瑋同偉，奇也，驚羡之意也。膿，假借作壤。”

按膿 rǎng（日陽）从襄聲訓人盛諱其肥謂之膿。肥，肥胖。字从襄聲，蓋爲壤聲之借，此用耕作熟土枯鬆墳起，喻人肥胖肉抛鬆，此用壤墳壤之引申義。

籑 籑 《説文》：“籑，㼌也。从竹，襄聲。”段注：“《衣部》曰：‘㼌，裹也。’此謂竹器，可以中藏一切者，音義如瓜瓤之瓤。”

按籑 ráng（日陽）从襄聲（心陽）訓㼌，㼌藏。字从襄聲當爲瓤聲（日陽）之借，此以瓤在瓜包裹中，喻竹器之籑可以藏物，此用瓤之引申義。

饟 𩞋 《説文》："饟，周人謂餉曰饟。从食，襄聲。"段注："《周頌》曰：'其饟伊黍。'正周人語也。《釋詁》曰：'饁、饟，饋也。'"

按饟 xiǎng（書陽）从襄聲（心陽）訓周人謂餉曰饟。字从襄聲，當爲鄉聲（曉陽）之借，鄉是饗的本字，此用饗進食之引申義。

鄿 𨞰 《説文》："鄿，今南陽穰縣。从邑，襄聲。"

按鄿 ráng（日陽）从襄聲（心陽）訓今南陽穰縣。字从襄聲，作邑名字，此但借其聲。

曩 𣊒 《説文》："曩，曏也。从日，襄聲。"段注："《左傳》曰：'曩者志入而已，今則怯也。'《晋語》曰：'曩而言戲乎？'《莊子》曰：'曩子行，今子止。'"

按曩 nǎng（泥陽）从襄聲（心陽）訓曏。《説文》："曏，不久也。"謂不久以前、從前。曏（曉陽）从鄉聲，鄉是饗的本字，鄉的本義是二人相向對食，此用鄉之引申義，即吃一頓飯的工夫，故訓不久。曩、曏互訓，叠韵而義同。字从襄聲當爲鄉聲（曉陽）之借，用鄉饗之引申義。

穰 𥣬 《説文》："穰，黍梨已治者。从禾，襄聲。"段注："已治，謂已治去其箬皮也。謂之穰者，莖在皮中，如瓜瓤在瓜皮中也。《周頌》傳曰'穰穰衆也'。此叚借也。"

按穰 ráng（日陽）从襄陽（心陽）訓黍梨已治者，禾黍脱粒後去皮的莖。謂之穰者，莖在皮中，如瓜瓤在瓜皮中。字从襄聲，當爲瓤聲（日陽）之借，用瓤在瓜皮中之比喻義。

驤 𩦒 《説文》："驤，馬之低仰也。从馬，襄聲。"段注："馬之或俛或仰謂之驤。《吴都賦》：'四騏龍驤。'古多叚襄爲驤。"

按驤 xiāng（心陽）从襄聲（心陽）訓馬之低仰。字从襄聲，當爲卬聲（疑陽）之借，卬是仰的本字，必借襄字者，以區别从卬聲之駒爲"駒駒，馬怒皃"。

攘 𢹧 《説文》："攘，推也。从手，襄聲。"段注："推，手使前也。古推讓字如此作。上《曲禮》注曰：'攘，古讓字。'許云讓者，相責讓也。攘者，推也。从古也。……凡退讓用此字。引申之，使人退讓亦用此字。如攘寇、攘夷狄是也。”

按攘 rǎng（日陽）从襄聲（心陽）訓推，推手使前而己留在後，此古之禮讓字。推从手，故攘亦从手。字从襄聲蓋尚聲（禪陽）之借，此用尚崇尚之引申義。

**孃** 《説文》：“孃，煩擾也。一曰肥大也。从女，襄聲。”段注：“今人用擾攘字，古用孃，……今攘行而孃廢矣。又按《廣韵》：‘孃，女良切，母稱。’娘亦女良切，少女之号。唐人此二字，分用畫然。故耶孃字，斷無有作娘者，今人乃罕知之矣。”

按孃 niáng（泥陽）从襄（心陽）訓煩擾。字从襄聲，蓋爲攘聲（日陽）之借，用攘推攘、煩瑣過度、使人厭煩之引申義。

**纕** 《説文》：“纕，援臂也。从糸，襄聲。”段注：“援臂者，捋衣出其臂也。……玉裁按：‘援捋古今字。捋，俗又作揎。……援臂者，援引也，引褎而上之也，是爲纕臂。襄訓解衣，故其字从襄糸，今則攘臂行而纕臂廢矣。攘乃揖讓字。

按纕 rǎng（日陽）从襄聲（心陽）訓援臂，捋袖露出手臂。字从襄聲，此用襄解衣之引申義。

**蠰** 《説文》：“蠰，䗙蠰也。从虫，襄聲。”朱駿聲通訓定聲：“按《爾雅》‘不過，蟷蠰’，此叠韵連語，即‘蟷蜋，蛑也’。此字當以《爾雅》‘蠰，齧桑’爲本訓。”

按蠰 náng（泥陽）从襄聲（心陽）訓䗙蠰。又曰齧桑。字从襄聲者，蓋桑聲（心陽）之借。齧桑故以桑爲名，此以業爲名。又以䗙蠰名者，此蟲棲息生長在桑樹上，故又以當名之。

**蜋** 《説文》：“蜋，堂蜋也。从虫，良聲。一名斫父。”段注：“斫各本作蚚，今依《爾雅》音義正。堂蜋，臂有斧能斫，故曰斫父。郭云：‘江東呼爲石蜋。’石即斫，今江東呼斫郎。”

按蜋 láng（來陽）从良聲（來陽）訓堂蜋，今字作螳蜋。堂蜋臂有斧能斫，故稱斫父，亦呼斫郎。父、郎皆有大義，此以人喻之。字从良聲，此用良高、父大之義。

**壤** 《説文》："壤，柔土也。从土，襄聲。"段注："以人所耕而樹蓺言則言壤。壤，和緩之皃。某氏注《尚書》曰：'無塊曰壤。'《周禮·草人》：'墳壤用麋，勃壤用狐。'鄭云：'墳壤潤解，勃壤粉解。'《釋名》曰：'壤，瀼也，肥濡意也。'按言物性之自然，壤異乎堅土。……壤與柔弱雙聲。"

按壤 rǎng（日陽）从襄聲（心陽）訓柔土，鬆軟肥沃的泥土。字从襄聲蓋爲柔聲（日幽）之借，此以雙聲相借，用柔之柔軟、柔和義。又柔从矛聲，肉聲（日覺）之借，此正以肉之柔喻土之柔。

**鑲** 《説文》："鑲，作型中腸也。从金，襄聲。"段注："型者，鑄器之法也，其中腸謂之鑲，猶瓜中腸謂之瓤也。"

按鑲 xiāng（心陽）从襄聲（心陽）訓作型中腸，鑄銅鐵器模型的瓤子。字从襄聲，當爲瓤聲（日陽）之借，此用瓤之比喻義。

**釀** 《説文》："釀，醖也。作酒曰釀。从酉，襄聲。"

按釀 niàng（泥陽）从襄聲（心陽）訓醖，作酒曰釀。古人用糧食釀酒，糧食要蒸熟，加酒麯發酵，曲即酒母，又叫"酒娘子"。裝入缸罈中用泥密封，須一定時日酒成。字从襄聲蓋爲孃聲（日陽）之借。《廣韵》"孃，女良切"。稱酒孃即酒母，它是釀酒的關鍵成分，使糧食發酵成酒。

**囊** 《説文》："囊，橐也。从𣎆省，毁聲。"朱駿聲通訓定聲："《易·坤》'括囊'疏：'所以貯物。'《詩·公劉》'于橐于囊'，傳：'小曰橐，大曰囊。'《漢書·王吉傳》：'所載不過囊衣。'注：'有底曰囊，無底曰橐。'"

按囊 náng（泥陽）从襄聲（心陽）訓橐，袋子，口袋。囊所以藏物，字从襄聲，蓋藏聲（从陽）之借，用藏之貯藏、收藏義。

**蘘** 《説文》："蘘，菜也。从艸，釀聲。"段注："《方言》曰：'蘇，沅湘之南或謂之蓍，音車轄。'其小者謂之蘘荼，許所説未必此也。《齊民要術》以爲藏葅之蘘。"

按蘸 niàng（泥陽）从釀聲（泥陽）訓菜，蘇之小者謂之蘸。《説文》："蘇，桂荏也。"桂者香也，今湖湘仍以蘇（紫蘇）和魚羹，蘇字从艸从魚从禾，正是用紫蘇（草）和魚羹之意。字从釀聲，此用酒釀成則香的引申義。釀、香（曉陽）叠韵。

## 相聲字

**相** 《説文》："相，省視也。从目木。《易》曰：'地可觀者，莫可觀於木。'"

按相 xiàng（心陽）从目木會意，初義當爲盲人的手杖。盲人没有視力，單獨行走，必携杖探路而行。這木杖就是盲人的眼睛。引申之爲盲人領路的人也叫相，即瞽相，又稱相步，也叫扶工。《論語》："危而不持，顛而不扶，則將焉用彼相矣？"句中的相即盲相，盲人無目，以木代目，這就是相字造字的社會依據。相字的其他義項，皆當由此引申。

**箱** 《説文》："箱，大車牝服也。从竹，相聲。"段注："《考工記》：'大車牝服二柯又參分柯之二。'注云：'大車平地載任之車，牝服長八尺，謂較也。'鄭司農云：'牝服謂車箱，服讀爲負。'《小雅》傳曰：'服，牝服也。箱，大車之箱也。'……假借爲篋笥之稱。又假借爲東西室之稱。《禮經》箱字俗改爲廂字，非也。"

按箱 xiāng（心陽）从相聲（心陽）訓大車牝服，即車箱。字从相聲，蓋囊聲（泥陽）之借。古人盛物運物以囊櫜，《詩·小雅·公劉》"于櫜于囊"，囊櫜盛物必以繩索束口。大車車箱的口是敞着的，故曰牝服，謂形似人獸之牝器形，服讀爲負，謂以牝器負貨物載於車。必以牝器爲説者，凡初民人工所造之器，必取象自然物。

**想** 《説文》："想，覬思也。从心，相聲。"段注："覬，各本作冀，今正。《欠部》曰：'钦，幸也。'《見部》曰：'覬，钦幸也。'覬思者，覬望之思也。《周禮·眂祲》：'十曰想。'"

按想 xiǎng（心陽）从相聲（心陽）訓覬思，覬望之思。字从相聲，當爲象聲（邪陽）之借，即今語想象。《韓非子·解老》："人希見生象也，而得死象之骨，案其圖以想其生也。"想者人物不在當前，想其平素之情形，而腦海中生象，引申爲凡想象、想念、思想之詞，此用象之影像義。在造字之初，凡及物動字，必與所及之物相聯繫，據此想的初義當爲想象，象是想的對象。引申爲凡想象之詞。抽象的想象則是文明大進後的事。

**湘**  《説文》："湘，湘水，出零陵縣陽海山，北入江。从水，相聲。"

按湘 xiāng（心陽）从相聲（心陽）訓湘水。字从相聲，作水名字，此但借其聲。

**霜**  《説文》："霜，喪也。成物者。从雨，相聲。"段注："《豳風》：'九月肅霜。'傳曰：'肅，縮也。霜降而收縮萬物。'《秦風》曰：'白露爲霜。'傳曰：'白露凝戾爲霜，然後歲事成。'按雷雨露皆所以生物，雪亦所以生物而非殺物者。"

按霜 shuāng（山陽）从相聲（心陽）訓喪。《詩》稱肅霜即肅殺。字从相聲，蓋爲喪聲（心陽）之借，即借相爲喪，此以業爲名。孀者，孀婦，即死了丈夫的女人，即寡婦，今稱遺孀。字从霜聲亦爲喪聲之借，是其比。

## 長聲字

**長**  《説文》："長，久遠也。从兀从匕，亡聲。兀者，高遠意也，久則變匕。者，到亡也。凡長之屬皆从長。，古文長。，亦古文長。"

按長 cháng（定陽）甲骨文作、。《甲骨文字典》："象人長髮之形，引申而爲凡長之稱。……《説文》説形不確。"古人男女皆蓄長髮，頭髮長則年長，引申有年長、長輩、長上之義。甲骨文之，上象長髮形，下象老人持杖而行形，《説文》古文之下部則保存了人

立之形，和甲骨文較爲接近。

萇 𦿆 《説文》：“萇，萇楚，銚弋。一曰羊桃。从艸，長聲。”段注：“陸璣、張揖皆曰：‘羊桃也。’”

按萇 cháng（定陽）从長聲（定陽）訓萇楚，銚弋。一曰羊桃。單从萇楚説，字从長聲，蓋香聲（曉陽）之借。張衡《南都賦》：“其香草則有薜荔、蕙、若、薇蕪、蓀、萇。”蓀、萇訓香草者，蓀（心文）从孫聲（心文），蓋芬聲（滂文）之借，萇、香則以叠韵相借。

韔 韔 《説文》：“韔，弓衣也。从韋，長聲。《詩》曰‘交韔二弓’。”段注：“《秦風》‘虎韔’，毛曰：‘虎，虎皮也。韔，弓室也。’”楊樹達先生《積微居小學金石論叢·釋韔》：“樹達按韔之爲言藏也，所以藏弓也。故《廣雅·釋器》曰：‘韔，弓藏也。’……藏弓謂之韔，烏藏食謂之粻藏穀謂之倉，藏死謂之葬，其義一而已矣。”

按韔 chàng（透陽）从長聲（定陽）訓弓衣，弓室，藏弓的弓袋。字从長聲當爲藏聲（从陽）之借，用藏之收藏義。此以音近相借。

棖 棖 《説文》：“棖，杖也。从木，長聲。一曰法也。”段注：“《釋宮》曰‘棖謂之楔’。《玉藻》注：‘棖，門楔也。’《鄭風》箋：‘棖，門梱上木近邊者。’按門兩旁木，亦法之一端也。鄭説梱爲門限，故曰門梱上木。”朱駿聲通訓定聲：“按與橕略同，柱也。”

按棖 chéng（定陽）从長聲（定陽）訓杖，木杖，梃。木杖可作小柱，亦可作斜柱爲橕，橕即今撑字，俗語打橕或叫加橕。字从長聲蓋爲党聲（透陽）之借。《説文》：“党，歫也。”此用党支党之引申義。

帳 帳 《説文》：“帳，張也。从巾，長聲。”段注：“以叠韵爲訓。《釋名》曰：‘帳，張也，張施於牀上也。小帳曰斗帳，形如覆斗也。’古亦借張字爲之。”

按帳 zhàng（端陽）从長聲（定陽）訓張，張施於上，帳以防蚊，故又稱蚊帳。字从長聲當爲張聲（端陽）之借，此以聲母代聲子。从物之命名説，此以業爲名；而从防蚊説，則字从長聲又當兼爲障聲（章陽）之借，用障之障蔽義。

**倀** 《説文》："倀，狂也。从人，長聲。一曰仆也。"段注："狂者，猘犬也。假借爲人狂之稱。《仲尼燕居》曰：'譬猶瞽之無相，倀倀乎其何之。'"朱駿聲通訓定聲："俗字作猖。"

按倀 chāng（透陽）从長聲（定陽）訓狂，猖狂。字从長聲（定陽）當爲狂聲（群陽）之借，此以叠韵相借。必借長聲者，以區别狂爲犬狂，倀爲人狂。

**悵** 《説文》："悵，望恨也。从心，長聲。"段注："望其還而不至爲恨也。"

按悵 chàng（透陽）从長聲（定陽）訓望恨，望其還而不至爲恨。字从長聲，當爲望聲（明陽）之借，此以叠韵相借，用望之因盼望而失望之引申義，悵望之恨即失望的難堪的心態。母望子歸，依閭久望而不至，情何以堪。

**張** 《説文》："張，㢮弓弦也。从弓，長聲。"段注："㢮，各本作施，今正。㢮，敷也。張弛，本謂弓施弦解弦。引申爲凡作輟之稱。《禮記》曰：'張而不弛，文武弗能也。弛而不張，文武弗爲也。一張一弛，文武之道也。'"

按張 zhāng（端陽）从長聲（定陽）訓㢮弓弦，把弓弦綳緊在弓上。弓張則大，字从長聲，此用長大之引申義。弓弦㢮則張者，楊樹達先生在《積微居小學金石論叢·釋㢮》中指出，字从也，也者女陰，女陰的生性是"其静也翕，其動也辟"。辟即開，分開，開、張義近。此用也之其動也辟之引申義。

## 丈聲字

**丈** 《説文》："丈，十尺也。从又持十。"段注："《夫部》曰：'周制八寸爲尺，十尺爲丈，人長八尺，故曰丈夫。'"

按丈 zhàng（定陽）訓十尺（爲丈），此後起之義。从又持十之説有誤，十作爲數字，理不可持，可持者杖也，杖是丈後起的加注形旁字，丈是杖的本字。字从又，本義當爲動字，即持杖。作名字則爲木杖。杖以木製作，故字加木作杖，古漢語名動一字。字从丨，丨是木杖形，但它不能單獨表杖，必借人手持之來表示，孳乳爲仗，即表人持杖，杖是初民最常用的器械，引申爲凡器械之稱，又虚化爲握持之意。如仗劍、仗勢、仗恃、倚仗。

**杖** 《説文》："杖，持也。从木，丈聲。"段注："杖持疊韵。凡可持及人持之皆曰杖，喪杖、齒杖、兵杖皆是也。"

按杖 zhàng（定陽）、丈（定陽）一字之分化，丈是杖的本字，引申假借爲尺丈之丈，並爲尺丈義所專，字遂孳乳爲杖以示區别。古人所用之杖，大率與成人之高相當，蓋此長度之杖，最便利於使用，而人長八尺，故以成人身長八尺爲丈之長度。

## 爿聲字

**爿** 《説文》："爿，判木也。从反片，指事。讀若墻。"朱駿聲通訓定聲："《説文》奪此字。今據説解偏旁補。《六書故》引唐本《説文》有此。然唐人、二徐俱未見，不足深信。至楚金謂即疒字，則亦非也。"

按爿 qiáng（从陽）蓋即牀 chuáng（崇陽）之初文。《説文》："牀，安身之几坐也。"古人日出而作，日入而息，息當於牀榻之上，牀上施席，故語有"寢不安席"。寢从爿，此亦寢息於牀之證。人卧息必於安穩之地，與有用之物必藏於墻垣之内，並加守護相似。是牆、藏、牀三字同从爿聲，蓋爲同源。

**壯** 《説文》："壯，大也。从士，爿聲。"段注："《方言》曰：'凡人之大謂之奘，或謂之壯。'尋《説文》之例，當云大士也，故下云'从士'。"

按壯 zhuàng（莊陽）从爿聲（从陽）訓大。字从爿聲，蓋爲强聲（群陽）之借，壯多用於雄壯、健壯、强壯，如“人强馬壯”。又湖南湘方言豬肥叫壯，俗語有“人怕出名豬怕壯”。壯士之壯不是指塊頭大，而是指氣勢魄力能力强。

**牂牂**《説文》：“牂，牝羊也。从羊，爿聲。”段注：“各本作牡羊，誤，今正。《釋獸》《毛傳》《内則》注皆曰：‘牂，牝羊。’《角部》觟下云：‘牂，羊生角者也。羖羊無無角者。’故《詩》以童羖爲難，牂羊多無角，故殊之。”《廣雅·釋獸》：“吴羊牡一歲曰牡挑，三歲曰羝；其牝一歲曰牸挑，三歲曰牂。”

按牂 zāng（精陽）从爿聲（从陽）訓牝羊，三歲曰牂，三歲是牝羊之壯者。字从爿聲，壯聲（莊陽）之借，此用壯之强壯義。

**牄牄**《説文》：“牄，角長皃。从角，爿聲。”段注：“按此字見於經、史者，皆訛爲牄，从牛角。……牄从爿聲，古蓋讀如倉，……其義則本訓角長，引伸之爲鹵莽之意。”

按牄 cāng（清陽）从爿聲（从陽）訓角長。字从爿聲，當爲長聲（定陽）之借。楊樹達先生在《積微居小學金石論叢·釋韔》中説：“按牄訓角長，字从爿聲，蓋假爿爲長。”引申爲鹵（魯）莽義者，用鹵之粗鹵（魯）義。字从爿聲則爲壯聲（莊陽）之借，粗壯義相近，壯長義相函。

**牄牄**《説文》：“牄，鳥獸來食聲也。从倉，爿聲。《虞書》曰：‘鳥獸牄牄。’”

按牄 qiāng（清陽）从爿聲（从陽）訓鳥獸來食聲。字从爿聲，作象聲字，此但借其聲。

**牆牆**《説文》：“牆，垣蔽也。从嗇，爿聲。牆，籀文从二禾。牆，籀文亦从二來。”段注：“《土部》曰：‘垣，牆也。’《左傳》曰：‘人之有牆，以蔽惡也。’故曰垣蔽。《釋宫》曰‘牆謂之墉’。《釋名》曰：‘牆，障也。’”

按牆 qiáng（从陽）从爿聲（从陽）訓垣蔽。字从嗇，上从來，从來與从禾同意，表示莊稼穀物。牆是建在倉儲外的圍墻，用以遮蔽和保障倉儲内穀物的安全。字从爿聲當爲臧聲（从陽）之借，臧是藏的本字，藏者藏糧，糧必蔽藏者，俗話叫“財不露白”，古語叫“慢藏誨盜，冶容誨淫”。

**牀** 《説文》：“牀，安身之几坐也。从木，爿聲。”林義光《文源》：“考爿並有爿象，實即牀之古文。”

按牀 chuáng（崇陽）从爿聲（从陽）訓安身之几坐。字从爿聲，爿是牀的本字，牀是後起的加注形旁字。牀是人棲身安生之器具。初民由穴居野處，進入室居後，漸有牀以安身，人之有牀被帳，亦所以藏蔽障，牀蓋以臧（藏）爲語源。

**狀** 《説文》：“狀，犬形也。从犬，爿聲。”段注：“引伸爲形狀。”

按狀 zhuàng（崇陽）从爿聲（从陽）訓犬形。字从爿聲，蓋爲象聲（邪陽）之借。象者形象，亦即今語樣子，今俗語説人有出息，叫“總算混出個人模狗樣來”。樣即象之語轉。

**𢪘** 《説文》：“𢪘，扶也。从手，爿聲。”段注：“《古詩》‘好事相扶將’，當作扶𢪘，字之叚借也。”

按𢪘 jiāng（精陽）从爿聲（从陽）訓扶。字从爿聲當爲牀聲（崇陽）之借。𢪘的初義當爲幼兒初學步，扶牀而走，古詩《孔雀東南飛》：“新婦初來時，小姑始扶牀；今日被驅遣，小姑如我長。”在造字之初，凡及物動字，必與所及之物相關連。

**妝** 《説文》：“妝，飾也。从女，爿聲。”段注：“此飾篆引伸之義也。宋玉賦曰：‘體美容冶，不待飾裝。’……裝者叚借字。”

按妝 zhuāng（莊陽）从爿聲（从陽）訓飾，妝飾。字从爿聲，蓋爲臧聲之借，此用臧善美之引申義。妝飾的目的在使體容更美，即妝扮出好模樣。

**戕** 《説文》：“戕，槍也。它國臣來弑君曰戕。从戈，爿聲。”段注：“《小雅》曰：‘子不戕。’傳曰：‘戕，殘也。’此戕之正義。《左氏傳》曰：‘凡自虐其君曰弑，自外曰戕。’”

按戕 qiāng（从陽）从爿聲（从陽）訓槍，字从爿聲，當爲刅聲（初陽）之借，刅是創傷之創的本字，此用刅之創傷、傷害、殺害義。

**斨** 《説文》："斨，方銎，斧也。从斤，爿聲。《詩》曰‘又缺我斨’。"段注："銎者，斤斧空也。《毛詩》傳曰‘隋銎曰斧，方銎曰斨’，隋讀如妥，謂不正方而長也。"

按斨 qiāng（清陽）从爿聲（从陽）訓方銎斧。字从爿聲蓋爲方聲（幫陽）之借，此以叠韵相借，此以德爲名。

**醬** 《説文》："醬，醢也。从肉酉。酒以龢醬也。爿聲。𤖭，古文醬如此。"段注："醢無不用肉也。……今俗作醬。"

按醬 jiàng（清陽）从爿聲（从陽）訓醢。《説文》："醢，肉醬也。"段注："《周禮·醢人》：‘……凡醢皆肉也。’鄭曰：‘作醢及臡者，必先膊乾其肉，乃復莝之，雜以粱麴及鹽，漬以美酒，塗置甀中，百日則成矣。’"作醬要用肉，用酒粱麴及鹽，肉是主料，粱麴、鹽、酒是佐料。塗置甀中，塗者用泥密封，是制醬的重要工藝。字从爿聲，當爲藏聲（从陽）之借，用藏之密封收藏義。

**裝** 《説文》："裝，裹也。从衣，壯聲。"段注："束其外曰裝。故著絮於衣亦曰裝。"

按裝 zhuāng（莊陽）从壯聲（莊陽）訓裹，包裹，包裝。衣在外，人體在内，故曰包裹、包裝。引申之著絮於衣内叫裝，又凡收入其中叫裝。如裝箱、裝車等。字从壯聲亦當爲藏聲（从陽）之借，用藏之包藏、收藏義。

**莊** 《説文》："莊，上諱。𡴍，古文莊。"段注："其説解當曰：‘艸大也。从艸，壯聲。……壯訓大，故莊訓艸大。……引伸爲凡壯盛精嚴之義。"徐鍇繫傳："後漢孝明帝諱，故許慎不解説而最在前也。"

按莊 zhuāng（莊陽）从壯聲（莊陽）訓草大。字从壯聲，此用壯大旺盛之引申義。

**奘** 《説文》："奘，妄彊犬也。从犬壯，壯亦聲。"《玉篇》："奘，强犬也。"

按奘 zàng（从陽）从壯聲（莊陽）訓妄强犬，此謂犬狂猛。字从壯聲，此用壯强之引申義。

奘 奘 《説文》："奘，駔大也。从大壯，壯亦聲。"段注："《馬部》駔下曰：'壯馬也。'《士部》壯下曰：'大也。'奘與壯音同，與駔義同。《釋言》曰'奘，駔也'，此許所本也。"

按奘 zàng（从陽）从壯聲（莊陽）訓駔大，馬壯大，俗語"牛高馬大"，此謂馬體粗大。字从壯聲，此用壯大之引申義。

薔 薔 《説文》："薔，薔蘼，虋冬也。从艸，墻聲。"《爾雅·釋草》"薔蘼，虋冬"，郝懿行義疏："薔蘼，虋冬也。即今薔薇。"

按薔 qiáng（从陽）从墻聲（从陽）訓薔蘼、虋冬。蘼从非，虋从分，芬芳、芳菲並有香氣義。字从墻聲蓋香聲（曉陽）之借，此以叠韵相借。

臧 臧 《説文》："臧，善也。从臣，戕聲。𢧵，籀文。"段注："凡物善者必隱於内也。以从艸之藏爲臧匿字，始於漢末。"

按臧 zāng（精陽）字當从臣从戈，爿聲（从陽）。訓善是臧的引申義。臧是藏的本字，藏是臧的後起的加旁字。段氏説"凡物善者必隱於内，以从艸之藏爲臧匿字，始於漢末"是正確的，但未能破解許書釋形之誤説。字从臣，臣是一隻竪着的眼睛，在監視。从戈，謂持戈守護，合起來即今語看守。字从爿聲，爿者墻聲之借，糧食財物收藏在倉内，外加圍墻以遮蔽，又使人持戈看守，足見其防守之嚴密。

嶈 嶈 《説文》："嶈，山陵也。从山，戕聲。"

按嶈 qiáng（从陽）从戕聲（从陽）訓山陵，山高峻。字从戕，《説文》："戕，槍也，它國臣來弑君曰戕。"字从戕，此蓋謂持戈刺殺，用以喻山之高峻，則當爲以戈直刺天空，喻山之高。毛澤東詞："山，刺破青天鍔未殘。天欲墮，賴以拄其間。"正表達了以上這一意境。

將 將 《説文》："將，帥也。从寸，醬省聲。"

按將 jiàng（精陽）从醬省聲（清陽）訓帥。《説文》："帥，佩巾也。"將、帥皆假借字。將从醬省，即从醬从寸，寸即手，本義當是以器盛醬手持之而行。字从醬聲，此用醬之本義。引申爲凡以手持物。李白詩："五花馬，千金裘，呼兒將出换美酒。"將出，即持五花馬、千金裘而去，段以"（从寸）必有法度而後可以主之先之"爲說，純屬誤解。

**獎** 《説文》："獎，嗾犬厲之也。从犬，將省聲。"段注："《口部》曰：'嗾，使犬聲也。厲之猶勉之也。引伸爲凡勸勉之稱。《方言》曰：'自關而西，秦晋之間相勸曰聳，或曰獎。'……俗作奬。"

按獎 jiǎng（精陽）从將省聲（精陽）訓嗾犬厲之。凡勉勵動物行動，都要給點可吃的實物作甜頭，以示獎勵。獎从將，將从肉，即手裏拿塊肉，給犬作爲厲其行動的獎賞。

**漿** 《説文》："漿，酢𤁋也。从水，將省聲。𣲡，古文漿。"段注："《酒正》'四飲'，《漿人》'掌共王之六飲'，皆有漿。注云：'漿，今之截漿也。'《内則》注云：'漿，酢截也。'按《酉部》云：'截，酢漿也。'則漿截二字互訓。"

按漿 jiāng（精陽）从水，將省聲（精陽）訓酢漿，一種人工製作的帶酸味的飲料。將省聲當爲醬省聲，醬是人工製作的，此以作醬爲喻，用醬的引申義。

**蔣** 《説文》："蔣，苽也。从艸，將聲。"

按蔣 jiǎng（精陽）从將聲（精陽）訓苽。《説文》："苽，雕胡，一名蔣。"段注："彫胡，枚乘《七發》謂之安胡，其葉曰苽曰蔣，俗曰茭。其中臺如小兒臂可食曰苽手。"茭手即湖湘俗語之"茭瓜"或叫"茭（讀高）笋"。字从將聲，蓋爲醬聲之借，醬爲以肉爲主料的美食，此蓋以喻茭瓜之鮮嫩可口。

**蹡** 《説文》："蹡，行皃。从足，將聲。《詩》曰：'管磬蹡蹡。'"段注："《廣雅》：'蹡蹡，走也。'"

按蹡 qiāng（清陽）从將聲（精陽）訓行皃。字从將聲，蓋用將之相携而行義。"管磬蹡蹡"之蹡蹡則寫磬管之聲，作象聲字，此但借其聲。

**䉃** 《說文》："䉃，剖竹未去節，謂之䉃。从竹，將聲。"段注："謂未去中之相隔者，《方言》所以隱櫂謂之⿱艹䑶。郭云：'摇樀小檝也。'按⿱艹䑶蓋即䉃字，其始以剖竹未去節爲之，後乃以木爲之，改其字作⿱艹䑶作槳，後人又不以名檝而以名櫂矣。"

按䉃 jiǎng（精陽）从將聲（精陽）訓剖竹未去節謂之䉃，以爲劃水行船之器，即今槳字。字从將聲，此用將持醬而行之引申義。魯迅詩"挈婦將雛鬢有絲"，句中將字，正用携持而行之義。

## 倉聲字

**倉** 《說文》："倉，穀藏也。蒼黄取而藏之，故謂之倉。从食省。口象倉形。凡倉之屬皆从倉。仺，奇字倉。"

按倉 cāng（清陽）甲骨文作。《甲骨文字典》："从（合）从（爿），唐蘭釋倉可從。當爲聲符。《說文》失收爿字，而牆牀戕等字皆从爿得聲。"或作，上當爲倉頂，下當爲倉之隔空層，以防潮濕，中从曰，此當爲倉體。《說文》釋口爲倉形是對的，但蒼黄取而藏之，从食省，皆爲誤説。倉訓穀藏即儲穀的倉儲，倉、藏（清陽）古音同，當爲同源。

**瑲** 《說文》："瑲，玉聲也。从玉，倉聲。《詩》曰'攸革有瑲'。"段注："《秦風》'珮玉將將'，《玉藻》'然後玉鏘鳴'，皆當作此字。"

按瑲 qiāng（清陽）从倉聲（清陽）訓玉聲，玉相撞擊聲。字从倉聲，作象聲字，此但借其聲。

**蒼** 《說文》："蒼，艸色也。从艸，倉聲。"段注："引伸爲凡青黑色之稱。"《廣雅·釋器》："蒼，青也。"

按蒼 cāng（清陽）从倉聲（清陽）訓草色。草色青，漢樂府詩有"青青河畔草"。字从倉聲當爲青聲（清耕）之借，清母雙聲，陽耕旁轉，必借倉聲者，以區别菁爲韭華。

**蹌** 《說文》："蹌，動也。从足，倉聲。"

按蹌 qiāng（清陽）从倉聲（清陽）訓動，蓋爲槍聲（清陽）之借。《説文》："槍，岠也。"段注："按槍有相迎鬥争之意。"蹌从足故有動意，武从止，本義是動武，是其比。

鶬鶬 《説文》："鶬，麋鴰也。从鳥，倉聲。鸧，鶬或从隹。"段注："郭云：'今呼鶬鴰。'師古曰：'今關西呼爲鴰鹿。山東通謂之鶬，鄙俗名爲錯落。'司馬彪云：'鶬似雁而黑。'"

按鶬 cāng（清陽）从倉聲（清陽）訓麋鴰，似雁而黑。字从倉聲，當爲蒼聲（清陽）之借，用蒼青黑色之引申義。此以德爲名。

槍槍 《説文》："槍，岠也。从木，倉聲。"段注："《止部》曰：'岠，止也，一曰槍也。'按槍有相迎鬥争之意。《通俗文》曰：'剡木傷盜曰槍。'今俗作鎗。"

按槍 qiāng（清陽）从倉聲（清陽）訓岠，剡木傷盜謂拒敵殺寇。字从倉聲，當爲創聲（初陽）之借，用創之創傷義。

愴愴 《説文》："愴，傷也。从心，倉聲。"段注："愴訓傷，猶創訓傷也。《祭義》曰：'必有悽愴之心。'"

按愴 chuàng（初陽）从倉聲（清陽）訓傷。字从倉聲當爲創聲（初陽）之借，亦即刅聲之借，用刅之創傷義。字从心，此謂傷心。

滄滄 《説文》："滄，寒也。从水，倉聲。"段注："《仌部》滄字音義同。"

按滄 cāng（清陽）从倉聲（清陽）訓寒。字从水，謂水寒傷人物。漢樂府詩："飲馬長城窟，水寒傷馬骨。"字从倉聲，當爲創聲（初陽）之借，用創之創傷義。

滄滄 《説文》："滄，寒也。从仌，倉聲。"段注："此與《水部》滄音義皆同。……仌者，寒之象也。故訓寒之字皆从仌。"

按滄 cāng（清陽）从倉聲（清陽）訓寒。字从仌，仌寒於水，其傷人物更甚。字从倉聲當爲創聲（初陽）之借，用創之創傷義。清人姚燮有"朔風搶冰刀"句，以刀喻冰，足見其傷人物之厲害。

㡚㡚 《説文》："㡚，古器也。从匚，倉聲。"段注："古器有名匼者。”

按匼 cāng（清陽）从倉聲（清陽）訓古器。字从倉聲蓋藏聲之借，用倉藏之引申義，謂器形似倉能多藏者。

鎗 鎗 《説文》:“鎗，鎗鏓，鐘聲也。从金，倉聲。”段注:“（鎗鏓）二字各本無，今依全書例補之。”吴大澂古籀補:“倉，古鎗字，不从金。許氏説:‘鎗，鐘聲也。’‘鏓，鎗鏓也。’《宗周鐘》‘倉倉悤悤’，倉悤即鎗鏓之省文。”

按鎗 qiāng（清陽）从倉聲（清陽）訓鎗鏓，鐘聲。字从倉聲，作象聲字，此但借其聲。古象聲字皆衹借用同音字，加形旁字屬後起。就鐘聲倉悤説，作倉悤是古用字之正常現象，並非鎗鏓之省文。

## 光聲字

光 光 《説文》:“光，明也。从火在儿上。光明意也。灮，古文。炗，古文。”段注:“《左傳》周内史釋《易》‘觀國之光’曰:‘光，遠而自他有燿者也。’……目在儿上則爲見，气在儿上則爲欠，口在儿上則爲兄，皆同意。”

按光 guāng（見陽）字當爲从人持火把在頭上會意。光者火光，引申爲凡能照物使見者皆叫光，光能遠照，而日光普照。光訓明，引申訓廣。

桄 桄 《説文》:“桄，充也。从木，光聲。”段注:“桄讀古曠切，所以充拓之圻堮也。必外有桄而後内可充拓之令滿，故曰桄，充也。不言所以者，仍《爾雅》文也。桄之字古多假横爲之。《且部》曰:‘从几，足有二横。’横即桄字。……玄應曰:‘桄音光，古文横㫛二形。’《聲類》作輄。今車牀及梯舉下横木皆是也。”

按桄 guàng（見陽）从光聲（見陽）訓充，木器必外有桄而後内可以充拓令滿，充作使動字，充之使滿，引申之，車、梯、牀上的横木也叫桄，今湖湘俗語叫“桄子”，讀 wǎng，如“樓梯桄子”。木器外之桄則當讀 kuāng，即“桄當”，或叫“當子”。

晃 《説文》：“晃，明也。从日，光聲。”段注：“晃者，動之明也。凡光必動。”

按晃 huàng（匣陽）从光聲（見陽）訓明，明亮，初義當爲日光，日光最潔白明亮，閃耀放亮。字从光聲，此用光動之引申義，即白日當空，大放光芒。

侊 《説文》：“侊，小皃。从人，光聲。《國語》曰：‘侊飯不及壺湌。’”段注：“小當作大，字之誤也。凡光聲之字多訓光大，無訓小者。《越語》句踐曰：‘諺有之曰：觥飯不及壺飧。’韋云：‘觥，大也。’大飯謂盛饌，盛饌未具，不能以虛待之，不及壺飧之救飢疾也。言己欲滅吴，取快意得之而已，不能待有餘力。’《韓詩》云：‘觥，廓也。’許所據《國語》作侊，侊與觥音義同。”

按侊 gōng（見陽）从光聲（見陽）訓大，此用光大之引申義。

駫 《説文》：“駫，馬肥盛也。从馬，光聲。《詩》：‘駫駫牡馬。’”段注：“毛傳曰‘駫駫，良馬腹幹肥張也’。許言肥盛，即腹幹肥張，从馬光會意。”

按駫 jiōng（見耕）从光聲（見陽）訓馬肥盛。字从光聲，此用光之光大義。肥、大義相函。

洸 《説文》：“洸，水涌光也。从水光，光亦聲。《詩》曰：‘有洸有潰。’”段注：“《江賦》曰：‘澄澹汪洸。’又曰：‘流映揚焆。’謂涌而有光也。《邶風》曰：‘有洸有潰。’毛曰：‘洸洸，武也。潰潰，怒也。’……此引伸假借之義。”

按洸 guāng（見陽）从光聲（見陽）訓水涌光。一般是在陽光照射下水波閃光，蘇軾詩：“水光瀲艶晴方好。”《岳陽樓記》：“浮光躍金。”是水涌光的生動描繪。洸从水光會意，即合二字會意。洸的初義是水光。

黄 《説文》：“黄，地之色也。从田，炗聲。炗，古文光。凡黄之屬皆从黄。，古文黄。”

按黄 huáng（匣陽）甲骨文作、。《甲骨文字典》：“象人佩環之形。象正立之人形。其中部之口、象玉環形。古代貴族有佩玉之習。《禮記》：‘行步則有環佩之聲。’此爲佩玉有環之證。與金文黄字之作者形同，當爲黄之初文。故黄本象人佩環，遂以爲所珮玉之稱，後假爲黄白字，卒至假借義行而本義廢，乃造璜字以代之。字義限於佩玉之一體。（《説文》：‘璜，半璧也。’）……《説文》説形不確。”黄是璜的本字，璜是黄後起的加注形旁字，訓地之色，黄色，是人佩玉環之黄的假借。从陰陽五行説講，人所佩玉環在當胸，即身中，五行中央屬土，土色黄，是中與黄色搭上了關係，這是借玉環之黄以爲土色黄的深層信息。

**璜** 《説文》：“璜，半璧也。从玉，黄聲。”

按璜 huáng（匣陽）从黄聲（匣陽）訓半璧。璜是黄後起的加注形旁字，黄是璜的本字，許書訓半璧有誤。

**觵** 《説文》“觵，兕牛角可以飲者也。从角，黄聲。其狀觵觵，故謂之觵。觥，俗觵，从光。”段注：“字从角者，蓋上古食鳥獸之肉，取其角以飲，飲之始也。”

按觵 gōng（見陽）从黄聲（匣陽）訓兕牛角可以飲者，兕牛角，角之大者。字从黄聲，當爲光聲（見陽）之借。此用光之光大義。此許書正篆用借聲，而俗字用聲之本字。

**簧** 《説文》：“簧，笙中簧也。从竹，黄聲。古者女媧作簧。”段注：“《小雅》：‘吹笙鼓簧。’傳曰：‘簧，笙簧也。吹笙則簧鼓矣。’按經有單言簧者，謂笙也。《王風》：‘左執簧。’傳曰‘簧，笙也’是也。”

按簧 huáng（匣陽）从黄聲（匣陽）訓笙中簧，樂器裏用以振動發聲的薄片。字从黄聲，此用璜佩帶在身中的引申義。

**横** 《説文》：“横，闌木也。从木，黄聲。”段注：“闌，門遮也。引伸爲凡遮之稱。凡以木闌之，皆謂之横也。古多以衡爲横。《陳風》傳曰：‘衡門，横木爲門也。’”

按横 héng（匣陽）从黄聲（匣陽）訓闌，門前的栅欄。字从黄聲，此用黄中之引申義，引申有横亘、横貫、横渡、横向等義。

廣 《説文》："廣，殿之大屋也。从广，黄聲。"段注："覆乎上者曰屋。無四壁而上有大覆蓋，其所通者宏遠矣，是曰廣。引伸之爲凡大之稱。《詩·六月》《雝》傳皆曰：'廣，大也。'"

按廣 guǎng（見陽）从黄聲（匣陽）訓殿之大屋。字从黄聲，當爲光聲之借，用光之光大義。《尚書·堯典》"光被四表"，即廣被四表。

磺 《説文》："磺，銅鐵樸石也。从石，黄聲。讀若穬。"段注："樸，木素也。因以爲凡素之稱。銅鐵樸者，在石與銅鐵之間，可爲銅鐵而未成者也。……按各本此下出卝篆。解云'古文礦'，《周禮》有《卝人》。按《周禮》鄭注云：'卝之言礦也。'賈疏云：'經所云卝，是總角之卝字。此官取金玉，於卝字無所用。故轉从石邊廣之字。'"

按磺 huáng（匣陽）从黄聲（匣陽）訓銅鐵樸石。字从黄聲，此用璜佩身中，以喻磺在地中。此以業爲名，用黄（璜本字）之比喻義。

潢 《説文》："潢，積水池也。从水，黄聲。"段注："《左傳》：'潢污行潦之水。'服虔曰：'畜小水謂之潢，水不流謂之污。行潦，道路之水。'……《廣韵》引《釋名》曰：'潢，染書也。乎曠切。'唐有妝潢匠。"

按潢 huáng（匣陽）从黄聲（匣陽）訓積水池。字从黄聲，蓋藏聲（精陽）之借。積蓄與收藏義近，此以叠韵相借。又潢訓染書者，染書紙爲黄色。字从黄聲，用黄黄色之假借義。古所謂"青燈黄卷"。

彉 《説文》："彉，满弩也。从弓，黄聲。讀若郭。"段注："满弩者，張而满之。或作弩满，非也。《吾丘壽王傳》曰：'十賊彍弩，百吏不敢前。'師古云：'引满曰彍。'……按陽唐無入，以魚虞模之入爲入，故彉讀若郭。……郭即今廓字。"

按彍 guō（見鐸）从黄聲（匣陽）訓滿弩，張弩使滿。張者，廓大張滿。字从黄聲，當爲廣聲（見陽）之借，用廣之廣大義。廣在字中表動，謂使之廣大，即廓大。

**蟥** 《説文》："蟥，蟜蟥也。从虫，黄聲。"

按蟥 huáng（匣陽）从黄聲（匣陽）訓蟜蟥。《説文》："蟜，蟜蟥，蛢也。从虫，喬聲。"又："蛢，蟜蟥，以翼鳴者。从虫，并聲。"段注："蟥，各本作蝗，今正。《釋蟲》曰：'蛂蟥，蛢。'郭云：'甲蟲也，大如虎豆，綠色，今江東呼黄瓶。'按蛂蟥即蟜蟥也。以翼鳴者。見《考工記·梓人》，鄭注'翼鳴發皇屬'，發皇即蛂蟥也。"蟜蟥，甲蟲，字从黄聲，蓋郭聲（見鐸）之借。甲蟲有堅殼，郭、殼（溪屋）見溪旁紐，鐸屋旁轉。

**潢** 《説文》："潢，小津也。从水，横聲。一曰以船渡也。"段注："謂渡之小者也。非地大人衆之所。小一作水，非。……《方言》曰：'方舟謂之潢。'郭云：'揚州人呼渡津舫爲杭。荆州人呼潢音横。'《廣雅》：'潢，筏也。'"

按潢 héng（匣陽）从横聲（匣陽）訓小津，小渡口。字从横聲，横謂横絶，謂行人於此處渡河，引申指用船渡。

**櫎** 《説文》："櫎，所以几器。从木，廣聲。一曰帷屏屬。"段注："謂所以庋閣物之器也。几可庋物，故凡庋曰几。《廣韵》曰：'櫎，兵闌。'……各本屏下有'風之'二字，今依李善《吴都賦》注正。《吴都賦》曰：'房櫳對櫎。'櫎之字，一變爲榥，再變爲幌。《雪賦》注引《文字集略》曰：'幌，以帛明牕也。'"

按櫎 huǎng（匣陽）从廣聲（見陽），訓所以几器，支擱物品的器具。字从廣聲，蓋閣聲（見鐸）之借，見匣旁紐，陽鐸對轉。《説文》："閣，所以止扉者。"段注："閣本訓直橜，所以扞格者。"引申之横者可以庋物亦曰閣。如《内則》所云："天子、諸侯、大夫、士之閣。漢時天祿、石渠閣，皆所以藏書籍，皆是也。"

**曠** 《説文》："曠，明也。从日，廣聲。"段注："廣大之明也。

會意兼形聲字也。引伸爲虚空之稱。”

按曠 kuàng（溪陽）从廣聲（見陽）訓明，此言日光普照，大地無有不明之處。字从廣聲，此用廣之廣大義。

**穬** 《説文》：“穬，芒粟也。从禾，廣聲。”段注：“《周禮·稻人》：‘澤草所生，種之芒種。’鄭司農云：‘芒種，稻麥也。’按凡穀之芒，稻麥爲大。芒粟次於此。麥下曰芒穀。然則許意同先鄭也。稻麥得呼粟者，從嘉穀之名也。”

按穬 kuàng（見陽）从廣聲（見陽）訓芒粟，有芒刺的糧食作物，如稻麥。稻麥有殻，殻端有芒。字从廣聲，蓋爲芒聲（明陽）之借，用芒之芒刺義。

**獷** 《説文》：“獷，犬獷獷不可附也。从犬，廣聲。漁陽有獷平縣。”段注：“《吕氏春秋》‘荆文王得茹黄之狗’。……《經典釋文》作‘楚獷’，實一字也。引伸爲凡粗惡皃之稱。《漢書》曰‘獷獷亡秦’。”

按獷 guǎng（見陽）从廣聲（見陽）訓犬獷獷不可附。字从廣聲，蓋爲穬聲（見陽）之借。此以穀有芒刺，喻犬之呲牙裂齒兇相向人，此用穬芒穀之比喻義。“獷獷亡秦”，則謂秦以殘暴手段御民而自取滅亡。

**懬** 《説文》：“懬，闊也。廣大也。从心廣，廣亦聲。一曰寬也。《詩》曰：‘懬彼淮夷。’”段注：“各本作廣也，大也。今依《詩·泮水》釋文訂。《魯頌·泮水》曰：‘憬彼淮夷。’《釋文》云：‘憬，《説文》作懬。’按許闊也，一曰廣大也，此懬之本義。毛云‘遠行也’，即其引伸之義也。”

按懬 kuàng（溪陽）从廣聲（見陽）訓闊，廣大。字从廣聲，此用廣殿大屋之引申義。一曰寬，謂心寬。

**纊** 《説文》：“纊，絮也。从糸，廣聲。《春秋傳》曰：‘皆如挾纊。’絖，纊或从光。”段注：“《玉藻》‘纊爲繭’，注曰：‘纊，今之新緜也。’按鄭釋纊爲新緜者，以别於緼之爲新緜及舊絮也。許則謂纊爲絲絮，不分新故。”

按纊 kuàng（溪陽）从廣聲（見陽）訓絮。新綿絮在衣被中，字从廣聲，蓋磺聲，即礦聲（見陽）之借。此以銅鐵礦石藏於土石中，喻絲綿絮於衣被中，此用礦礦藏之比喻義。

**壙** 《説文》："壙，塹穴也。从土，廣聲。一曰大也。"段注："謂塹地爲穴也。墓穴也。《周禮·方相氏》：'及墓入壙，以戈擊四隅。'鄭曰：'壙，穿地中也。'"

按壙 kuàng（溪陽）从廣聲（見陽）訓塹穴，人工穿地爲墓穴。墓穴所以藏棺椁，比棺椁大。字从廣聲，此用廣之廣大義。又指野外空曠之處，《孟子·離婁下》："民之歸仁也，猶水之就下，獸之走壙也。"

## 亢聲字

**亢** 《説文》："亢，人頸也。从大省，象頸脈形。頏，亢或从頁。"段注：'《史》《漢》，《張耳列傳》：'乃仰絶亢而死。'韋昭曰：'亢，咽也。'蘇林云：'肮，頸大脈也。'俗所謂胡脈。《婁敬傳》：'搤其亢。'張晏曰：'亢，喉嚨也。'按《釋鳥》曰：'亢，鳥嚨。'此以人頸之稱爲鳥頸之稱也。亢之引申爲高也、舉也、當也。……俗作肮作吭。"

按亢 kāng（溪陽）訓人頸，脖子、喉嚨。兼指内外。亢是頏的初文，頏是後起的加注形旁字。今湖湘方言仍稱"脖子"，喉嚨叫"喉亢子"，讀 gǎng，仍存古音之舊。

**迒** 《説文》："迒，獸迹也。从辵，亢聲。䟘，迒或从足更。"段注："《釋獸》：'兔迹迒。'按《序》曰：'黄帝之史倉頡，見鳥獸蹏迒之迹，知分理之可相别異也。'是凡獸迹皆稱迒，不專謂兔也。"

按迒 háng（匣陽）从亢聲（見陽）訓獸迹，鳥獸在地上留下的足迹。字从亢聲，蓋阬聲（見陽）之借。《説文》阬下段注："《土部》曰'塹者，阬也'。"此用阬虚坎穴下陷之引申義。

**笐** 《説文》："笐，竹列也。从竹，亢聲。"段注："竹列者，謂竹之生，疏數偃仰，不齊而齊。笐之言行也。行，列也。……引申之取竹爲衣架亦曰笐。《廣韵》四十二部宕曰'笐，衣架'是也。……其字亦作桁。古樂府云'還視桁下無懸衣'是也。"

按笐 háng（見陽）从亢聲（見陽）訓行列。字从亢聲，當爲行聲（匣陽）之借，用行之行列義。

**邟** 《説文》："邟，潁川縣。从邑，亢聲。"

按邟 kàng（溪陽）从亢聲（見陽）訓潁川縣。字从亢聲，作邑名字，此但借其聲。

**秔** 《説文》："秔，稻屬。从禾，亢聲。稉，俗秔。"段注："稻有至黏者，稬是也。有次黏者，稉是也。有不黏者，稴是也。……陸德明曰：'稉與粳皆俗秔字。'"

按秔 jīng（見陽）从亢聲（見陽）訓稻屬，稻類的一種，其性之黏次於稬。字从亢聲，蓋强聲（群陽）之借，謂黏性不及秔，而硬度强於稬。

**伉** 《説文》："伉，人名。从人，亢聲。《論語》有陳伉。"

按伉 kàng（溪陽）从亢聲（見陽）訓人名字。字从亢聲，此但借其聲。《説文》："健，伉也。"伉健當是伉的本義。

**斻** 《説文》："斻，方舟也。从方，亢聲。《禮》：'天子造舟，諸侯維舟，大夫方舟，士特航。'"段注："舟字葢衍。《衛風》：'一葦杭之。'毛曰：'杭，渡也。'杭即斻字。《詩》謂一葦可以爲之舟也。舟所以渡，故謂渡爲斻。始皇臨浙江，水波惡，乃西百二十里從狹中渡，其地因有餘杭縣。……斻亦作航。《方言》曰：'舟或謂之航。'杭者《説文》或抗字。"

按斻 háng（匣陽）从亢聲（見陽）訓方舟，即今航字。航行，以舟渡水。字从亢聲，此用亢高抗之引申義。即舟浮行於水上，載人以渡。

**犺** 《説文》："犺，健犬也。从犬，亢聲。"段注："本謂犬，引伸謂人。《廣韵》曰：'猰犺不順。'"《廣雅·釋詁二》："犺，健也。"王念孫疏證："犺者，《説文》：'健，伉也。'……伉與犺通。"

按犺 kàng（溪陽）从亢聲（見陽）訓健犬。字从亢聲，當爲伉聲（溪陽）之借，此用伉健之引申義，此以人喻犬。

**炕** 《説文》："炕，乾也。从火，亢聲。"段注："謂以火乾之也。《五行志》曰：'君炕陽而暴虐。'師古曰：'凡言炕陽者，枯涸之意，謂無惠澤於下也。'《釋木》曰：'守宫槐，葉晝聶宵炕。'郭云：'晝日聶合，而夜炕布。'"

按炕 kàng（溪陽）从亢聲（見陽）訓乾，乾燥。字从亢聲，蓋爲抗聲（溪陽）之借，謂抗之火上而乾之，引申爲凡物乾燥之義。

**㰠** 《説文》："㰠，直項莽㰠皃。从亢，从夋。夋，倨也。亢亦聲。"段注："當作莽㰠直項皃。或曰《淮南書》有'嚴志頡頏之行'。頏即㰠字也。《頁部》曰：'頡，直項。'"

按㰠 kàng（匣陽）从亢聲（見陽）訓莽㰠，直項皃。字从亢聲，蓋爲頏聲之借，用頡頏、直項，即强項之引申義。字从夋，夋即倨，謂倨傲、莽㰠、倔强的樣子。

**忼** 《説文》："忼，忼慨也。忼慨，壯士不得志於心也。从心，亢聲。"段注："各本奪忼字，今補。……各本移入慨篆下，又奪於心二字，今依《玉篇》及《文選》注補正。……俗作慷，《戰國策》：'羽聲慷慨。'"

按忼 kāng（溪陽）从亢聲（見陽）訓忼慨，壯士不得志於心。字从亢聲，此用亢高之引申義。

**沆** 《説文》："沆，莽沆，大水也。从水，亢聲。一曰大澤貌。"段注："《西京賦》：'滄池漭沆。'薛云：'漭沆猶洸瀁，亦寬大也。'"

按沆 hàng（匣陽）从亢聲（見陽）訓莽沆，大水。字从亢聲，此用亢大之引申義。高、大義相函。

**魧** 《説文》："魧，大貝也。从魚，亢聲。一曰魚膏，讀若剛。"段注："貝，海介蟲也。……《釋魚》曰：'大者魧。'"

按魧 háng（匣陽）从亢聲（見陽）訓大貝。此用亢大之引申義。

**抗** 《説文》："抗，扞也。从手，亢聲。杭，抗或从木。"段注："《既夕禮》注曰：'抗，禦也。'……引申之義爲高抗。《既夕》注曰：'抗，舉也。'……今人用此字（杭）讀胡朗切，乃斻之訛變。地名餘杭者，乃秦政舟渡處也。"

按抗 kàng（溪陽）从亢聲（見陽）訓扞，抵禦，抗拒，禦敵拒敵。此蓋抗之引申義。或體作杭，字从木，本義當是用肩扛木頭。初民與木石居，可抗者唯木與石，而以爲名。

**畂** 《説文》："畂，竟也。一曰百也。趙魏謂百爲畂。从田，亢聲。"段注："竟，俗本作境，今正。百，今之陌字。"

按畂 gǎng（見陽）从亢聲（見陽）訓竟，邊境，邊界。字从田，此爲田界，即今語田埂，田間道路。邊境當爲引申義。

**阬** 《説文》："阬，閬也。从𨸏，亢聲。"段注："閬者門高大之皃也。引申之凡孔穴深大者皆閬阬。《釋詁》云'虚也'。地之孔穴虚處與門同，故曰閬也。……《土部》曰：'壍者，阬也。'然則阬者壍也，爲轉注。"《玉篇》："阬，亦作坑。"《增韵》："阬，陷也，亦作坑。"

按阬 kēng（溪陽）从亢聲（見陽）訓閬。此以高門之空穴，喻地面下陷之孔穴。字从亢聲，亢有高義，反之則有深義，高深義相反而相成。此用亢高之反向引申。今字通作坑。

## 亡聲字

**亡** 《説文》："亡，逃也。从入乚。"

按亡 wáng（明陽）甲骨文作ㄓ <合集 591>、ㄓ <乙 4544>。《甲骨文字典》："字形所象不明，其初義不可知。……甲骨文非从入从乚，故《説文》説形不確。"从甲骨文的字形，聯繫从亡聲諸字的義訓説，亡蓋盲之本字，取象盲人無視力，以手持杖探路而行。盲人有目無視力，故引申爲有亡（無）之亡（無），死亡之亡，逃亡之亡。引申孳乳爲忘記的忘、虚妄的妄等等，“盲動”即“妄動”。

**芒** 《説文》：“芒，艸耑也。从艸，亡聲。”段注：“《説文》無鋩字，此即鋒鋩字也。”

按芒 máng（明陽）从亡聲（明陽）訓草耑。字从亡聲，蓋爲光聲（見陽）之借，光之放射，其尖耑無數，語稱光芒。此以光芒喻草芒，引申凡尖耑鋭者皆可稱芒，如鋒芒、芒刺。

**喪** 《説文》：“喪，亡也。从哭亡，亡亦聲。”

按喪 sàng（心陽），喪字甲骨文作𠸶。《甲骨文字典》：“从𣎳，从數口，𣎳象桑樹，口象採桑所用之器，本義爲採桑，借爲喪亡之喪。”喪、亡叠韵，桑被採則其葉亡失，故引申有喪失義。喪、霜（山陽）音近。孳乳爲孀，孀婦、寡婦、喪失丈夫的女人。是桑、喪、孀皆當以亡爲語源。

**攺** 《説文》：“攺，撫也。从攴，亡聲。讀與撫同。”

按攺 fǔ（滂魚）从亡聲（明陽）訓撫。字从亡聲，此謂逃亡。从攵，此指對逃亡歸來的人加以安撫。滂明旁紐，魚陽對轉，此用亡逃亡之引申義。

**盲** 《説文》：“盲，目無牟子也。从目，亡聲。”段注：“牟，俗作眸。趙注《孟子》曰：‘眸子，目瞳子也。’……毛傳曰：‘無眸子曰瞍。’……許云目無牟子謂之盲，説與毛、鄭異，無眸子者白黑不分是也。今俗謂青盲。”

按盲 máng（明陽）从亡聲（明陽）訓目無眸子，目中無瞳人，即眼睛失明。字从亡聲，亡是盲的本字，盲是後起的加注形旁字。

**肓** 《説文》：“肓，心下鬲上也。从肉，亡聲。《春秋傳》曰：‘病在肓之上。’”段注：“‘下’‘上’各本互訛。《篇》《韵》同。今依《左傳》音義正。……賈逵、杜預皆曰：‘肓，鬲也。’”

按肓 huāng（曉陽）从亡聲（明陽）訓心下鬲上。肓即鬲，即今語心、肺、肝與腸、胃、腎之間的横膈膜。字从亡聲當爲网聲（明陽）之借，亦即幕聲（明鐸）之借。今字作膜（明鐸），陽、鐸陽入對轉。从文字孳乳的歷史説，當先有网後有幕，膜更後起，膜謂网狀薄膜。网、膜明母雙聲，陽鐸對轉。心主血液循環，肺主呼吸，血氣是生命的關鍵，心臟停止跳動即力竭，呼吸停止則氣絶，生命也就消亡了，所謂病入膏肓，則無法救活。

衁 《説文》："衁，血也。从血，亡聲。《春秋傳》曰：'士刲羊，亦無衁也。'"段注："《易·歸妹》：'上六：女承筐，無實。士刲羊，無血。'……正義曰：'《易》言血，而此言衁，故杜知衁是血也。'"

按衁 huāng（曉陽）从亡聲（明陽）訓血，血（曉質）、衁雙聲。血何以稱衁，其語源不詳，蓋爲方俗殊語，或者用血管遍佈全身如网狀之義。

良 《説文》："良，善也。从畗省，亡聲。目，古文良。亦古文良。亦古文良。"

按良 liáng（來陽），甲骨文作 <乙 2510>、 <乙 3334>。《甲骨文字典》："象穴居之兩側有孔或臺階上出之形，當爲廊之本字。口表穴居，、爲側出之孔道。廊爲堂下周屋，今稱堂邊屋檐下四周爲走廊，其地位恰與穴居側出之孔道（巖廊）相當，良爲穴居四周之巖廊，也是穴居最高處，故从良之字，有明朗高爽之義，參見高、京、亳、亯、章、丘等字説解。"京、良叠韵，蓋爲同源，又高與美善義亦相因。

㡇 《説文》："㡇，棟也。从木，亡聲。《爾雅》曰'㡇廇謂之梁'。"

按㡇 máng（明陽），从亡聲（明陽）訓棟。棟、梁古義有别，古棟爲直柱在屋之中央，梁在屋上承衆材之重，今俗語仍有"挑大梁"。㡇訓棟，此棟當謂梁。字从亡聲，蓋爲良聲（來陽）之借，用良高之引申義。

邙 《説文》："邙，河南雒陽北，芒山上邑。从邑，亡聲。"段

注："亦从芒省。"

按邙 máng（明陽）从亡聲（明陽）訓芒山上邑。字从亡聲，作邑名字，此但借其聲。

**巟** 《説文》："巟，翌也。从明，亡聲。"段注："當作昱。昱，明也。巟即今之忙字，亦作茫，俗作忙。玄應書曰：'茫又作巟，遽也。'巟人晝夜作，無日用月，無月用火，常思明，故从明。"

按巟 huāng（曉陽）訓昱，昱日即明日。又讀 máng（明陽）即今忙字。怱遽，急忙。字从亡聲，蓋用亡盲之引申義，俗所謂瞎忙乎。

**忘** 《説文》："忘，不識也。从心，亡聲。"段注："識者，意也，今所謂知識所謂記憶也。"

按忘 wàng（明陽）从亡聲（明陽）訓不識，忘記，不記得。字从亡聲，此用亡失、喪失之引申義。

**巟** 《説文》："巟，水廣也。从川，亡聲。《易》曰：'包巟用馮河。'"段注："引申爲凡廣大之稱。"

按巟 huāng（曉陽）从亡聲，訓水廣。字从亡聲，當爲光聲（見陽）之借，用光所照遠大之引申義。推而言之，廣（見陽）从黄聲（匣陽）亦即光聲之借。《尚書·堯典》"光被四表"，光被即廣被。

**妄** 《説文》："妄，亂也。从女，亡聲。"

按妄 wáng（明陽）从亡聲（明陽）訓亂，悖亂，盲動胡來，瞎搞。字从亡聲，此用亡盲、眼睛失明之引申義。字从女者，帶貶義字的多有用女爲形旁，此男權社會男尊女卑，髒水總要潑在女人頭上。

**氓** 《説文》："氓，民也。从民，亡聲。讀若盲。"段注："《詩》：'氓之蚩蚩。'傳曰：'氓，民也。'《方言》亦曰：'氓，民也。'《孟子》：'則天下之民皆悦而願爲之氓矣。'趙注：'氓者，謂其民也。'按此則氓與民小别。蓋自他歸往之民，則謂之氓，故字从民亡。"

按氓 méng（明陽）从亡聲（明陽）訓民，民衆。字从亡聲，當爲萌聲（明陽）之借。萌，《説文》："萌，艸木芽也。"引申謂衆草萌生，此用萌生之引申義。訓自他歸往之民，字从亡聲，蓋往聲（匣陽）之借，用往之歸往義。

**蝱**　《説文》："蝱，齧人飛蟲。从䖵，亡聲。"段注："人當作牛。《楚語》：'譬如牛馬，處暑之既至，䖟䗐之既多，而不能掉其尾。'韋云：'大曰䖟，小曰䗐。'今人尚謂齧牛者爲牛蝱。"

按蝱 méng（明陽）从亡聲（明陽）訓齧牛飛蟲，即牛虻。字从亡聲，蓋爲芒聲（明陽）之借，用芒之芒刺義，謂牛蝱利嘴如芒刺，能插入牛皮吸血。又蝱䗐相對，蝱有大義。字从亡聲蓋兼爲孟聲（明陽）之借，用孟長大之引申義。䗐（余維）从維聲（余微），當爲微聲（明微）之借，用維之微小義。

**甿**　《説文》："甿，田民也。从田，亡聲。"段注："甿爲田民，農爲耕人，其義一也。……《周禮》：'以下劑致氓。'石經皆改爲甿。古祇作萌。故許引《周禮》'以興耡利萌'，蓋古本如是。鄭云：'變民言萌，異外内也。萌猶懵懵無知貌。'"

按甿 méng（明陽）从亡聲（明陽）訓田民。从字亡聲，蓋氓聲（明陽）之借，用氓民之義。从鄭氏變民言萌，異内外説，萌猶懵懵無知皃，則用亡之有無義。中國古代，農村居民初無文化知識可言，正如古歌謡説："不識不知，順帝之則。"

**琅**　《説文》："琅，琅玕似珠者。从玉，良聲。"段注："王充《論衡》曰：'璆，琳琅玕，土地所生，真玉珠也。魚蚌之珠，與《禹貢》琅玕，皆真珠也。'"

按琅 láng（來陽）从良聲（來陽）訓琅玕似珠者，形狀象珠的美玉或美石。字从良聲，此用良善美之引申義。

**莨**　《説文》："莨，艸也。从艸，良聲。"段注："《子虛賦》：'卑濕則生藏莨。'《漢書》音義曰：'莨，莨尾艸也。'按《釋艸》曰：'孟狼尾。'狼與莨同音，狼尾似狗尾而粗壯者也。"

按莨 làng（來陽）从良聲（來陽）訓草，狼尾草，似狗尾而粗壯。字从良聲，此用良高大之引申義。狼尾草之穗較狗尾草粗壯。狼屬犬科，比一般的狗大。

**䀶** 《説文》："䀶，目病也。从目，良聲。"段注："《急就篇》：'眵瞢䀶。'顔曰：'䀶，目視不正也。'"

按䀶 liàng（來陽）从良聲（來陽）訓目病，目視不正。字从良聲，蓋浪聲（來陽）之借，用浪起伏翻滚之引申義。

**筤** 《説文》："筤，籃也。从竹，良聲。"段注："《廣雅》：'筤謂之笯。'《廣韵》曰：'筤，車籃。一名笯，笯音替。'按許不言車籃，泛言籠下之器耳。"

按筤 láng（來陽）从良聲（來陽）訓籃。籃从監，監形上仰，而車蓋下覆，車籃即古車蓋的竹制骨架。字从良聲，此用良高大之引申義。今義竹籃，有菜籃、花籃，圓形的俗稱團籃，皆上仰以盛物。

**桹** 《説文》："桹，高木也。从木，良聲。"段注："此泛言高木謂之桹。……《門部》閬訓門高，義相近。"

按桹 láng（來陽）从良聲（來陽）訓高木。字从良聲，此用良高之引申義。

**郎** 《説文》："郎，魯亭也。从邑，良聲。"段注："按以郎爲男子之稱及官名者，皆良之假借字也。"

按郎 láng（來陽）从良聲（來陽）訓魯亭。字从良聲，作地名字，此但借其聲。以郎爲男子之稱及官名者，則爲良字之假借，此用良高、美、善之引申義。

**朗** 《説文》："朗，明也。从月，良聲。"段注："《大雅》：'高朗令終。'傳曰：'朗，明也。'《釋言》曰：'明，朗也。'"

按朗 lǎng（來陽）从良聲（來陽）訓明。字从良聲，此用良高之引申義。月高則光朗，此朗之本義。

**㝗** 《説文》："㝗，㝩㝗也。从宀，良聲。音良久。"段注："各本删㝗字，今補。㝩㝗以叠韵成文。"

按㝗 láng（來陽）从良聲（來陽）訓㝩㝗。《説文》："㝩，屋㝩㝗也。"屋宇高大則其内空闊。字从良聲，此用良高大之引申義。又康（溪陽）、宦陽部叠韵，凡雙聲叠韵之字，義皆相關。

硠 《説文》："硠，石聲。从石，良聲。"朱駿聲通訓定聲："《廣雅·釋詁四》：'硠，聲也。'……《思玄賦》'伐河鼓之磅硠'，亦叠韵連語。……《釋名》：'雷，硠也。'如轉物有所雷硠之聲也。今本誤作硍，不知劉書皆以聲訓，雷硠一聲之轉，若雷硍聲隔，萬不能爲訓也。段氏玉裁欲改《説文》之硠从艮以當《周禮·典同》，故書高聲硍之硍，非是。《典同》䃨即許書之硍字，故書作硍。"

按硠 láng（來陽）从良聲（來陽）訓石聲。字从良聲，作象聲字，此但借其聲。又石特别是巨石之相撞擊，其聲特高，是良聲又兼用良高之引申義。

狼 《説文》："狼，似犬，鋭頭，白頰，高前廣後。从犬，良聲。"段注："詳其狀，可識别也。"

按狼 láng（來陽）从良聲（來陽）訓似犬，鋭頭白頰，高前廣後，比犬高大，凶殘。字从良聲，此用良高大之引申義。似犬，故字从犬，比犬高大，故从良聲。此以德爲名。

浪 《説文》："浪，滄浪水也，南入江。从水，良聲。"段注："今但爲波浪字。"

按浪 làng（來陽）从良聲（來陽）訓滄浪水。字从良聲，作水名字，此但借其聲。實則浪當爲波浪之浪的本字，字从良聲，此用良高大之引申義。波、浪相對，波小浪大。唐詩："白浪高於瓦官閣。"毛澤東詞："大雨落幽燕，白浪滔天。"所謂"驚濤駭浪"，都是極言浪之高大，俗所謂"高得嚇人"。

閬 《説文》："閬，門高也。从門，良聲。巴郡有閬中縣。"段注："《文選·甘泉賦》注引作'門高大之皃也'。《𨸏部》曰：'阬，閬也。'此曰閬門高皃，相合爲一義。"

按閬 làng（來陽）从良聲（來陽）訓門高。字从良聲，此用良高之引申義。

鋃 《説文》："鋃，鋃鐺，瑣也。从金，良聲。"段注："叠韵字。

……瑣，俗作鎖，非。瑣爲玉聲之小者，引申之彫玉爲連環不絶謂之瑣。漢以後罪人不用纍紲，以鐵爲連環不絶係之，謂之鋃鐺，遂製鎖字。”

按鋃 láng（來陽）从良聲（來陽）訓鋃鐺，鎖。鐺、鋃叠韵，本以名玉連環，引申以爲鐵鎖鏈。字从良聲，作象聲字，此但借其聲。

斨 斨 《説文》：“斨，柯擊也。从斤，良聲。”

按斨 luǒ（來陽）从良聲（來陽）訓柯擊，柯者斧柄。字从良聲，蓋謂以斧柄从高而擊，用良高之引申義。

稂 稂 《説文》：“稂，矛屬。从矛，良聲。”段注：“《廣韵》曰：‘短矛。’”

按稂 láng（來陽）从良聲（來陽）訓矛屬。按矛長二丈，是兵器中之長柄者。字从良聲，蓋用良長之引申義。

量 量 《説文》：“量，稱輕重也。从重省，曏省聲。”段注：“稱者，銓也。《漢志》曰：‘量者，所以量多少也。衡權者，所以均物平輕重也。’此訓量爲稱輕重者，有多少斯有輕重，視其多少可辜摧其重輕也，其字之所以从重也。引伸之凡料理曰量。”

按量 liáng（來陽）从曏省聲（曉陽）訓稱輕重。稱出物的輕重，即明白物的輕重。字从曏聲，曏从日，此用日明之引申義。《莊子·秋水》：“證曏今故，故遥而不悶，掇而不跂，知時無止。”郭象注：“曏，明也。”《孟子》：“權然後知輕重。”知即明。

莣 莣 《説文》：“莣，杜榮也。从艸，忘聲。”段注：“見《釋艸》。郭云：‘今芒艸也。似茅。皮可以爲繩索履屩也。’”陸德明《經典釋文》：“莣，字亦作芒。”

按莣 wáng（明陽）从忘聲（明陽）訓莣，似茅。草耑如矛之有鋒芒，必借忘聲者，以區别芒爲凡草耑之稱。莣爲今芒草，即杜榮。

荒 荒 《説文》：“荒，蕪也。从艸，巟聲。一曰艸掩地也。”段注：“荒之言尨也，故爲蕪薉。……《周南》《魯頌》毛鄭皆曰

‘荒，奄也。’此艸掩地引伸之義也。一本掩作淹。”

按荒 huāng（曉陽）从巟聲（曉陽）訓蕪。荒蕪，田地荒廢，生草無人耕種。字从巟聲，蓋爲尨聲（明東）之借，尨者尨雜，此謂地爲雜草所掩蔽。巟、尨陽東旁轉。

**詤** 《説文》：“詤，夢言也。从言，巟聲。”段注：“《吕覽》：‘無由接而言見，詤。’高曰：‘詤，讀爲誣妄之誣。’按讀詤爲誣者，正如亡無通用、荒幠通用也。”

按詤 huǎng（曉陽）从巟聲（曉陽）訓夢言。字从巟聲，《説文》：“巟，水廣也。”水廣看不到邊，此謂講大話、空話不着邊際，正如大白天説夢話一樣。字从巟聲，此用水廣之引申義。

**㡛** 《説文》：“㡛，設色之工，治絲練者。从巾，巟聲。一曰㡛，隔也。讀若荒。”段注：“《考工記》‘設色之工㡛氏。掌涑絲涑帛’。此云治絲謂涑絲，云治練謂涑帛也。……《詩》曰‘葛藟荒之’，傳曰：‘荒，掩也。’隔之義謂網其上而蓋之，即《詩》所謂荒之也。《玉篇》曰‘㡛，幪也’。”邵瑛群經正字：“今《考工記》作荒。”

按㡛 huāng（曉陰）从巟聲（曉陽）訓設色之工，治絲練者。謂用水涑治絲帛上色。字从巟聲蓋爲荒聲之借，用荒掩蓋、幪上之引申義。此指將顔色煮染爲絲帛上色，將顔色蓋在素色的絲帛上。

**駫** 《説文》：“駫，馬奔也。从馬，巟聲。”

按駫 huāng（曉陽）从巟聲（曉陽）訓馬奔。字从巟聲，蓋晃聲（匣陽）之借。《説文》：“晃，明也。”段注：“晃者，動之明也。”此謂馬奔跑極快，一晃就不見了。此用晃光晃動極快之比喻義。

**𩵽** 《説文》：“𩵽，鮔𩵽也。从魚，巟聲。”

按𩵽 méng（明陽）从巟聲（曉陽）訓鮔𩵽。《説文》：“鮔，鮔𩵽，鮪也。周雒謂之鮪，蜀謂之鮔𩵽。”又《説文》：“巟，水廣也。”恒从亙，《説文》作亙，舟在二之間，絶流而竟。語有“横亙”，是亙亦有大義。字从巟从亙，並有大義。而鮪之大者稱“王鮪”，亦見鮪爲大魚。字从巟聲，此用巟大之引申義。

**絖** 《説文》：“絖，絲曼延也。从糸，巟聲。”段注：“曼延疊韵字。曼，引也。延，行也。絖之言网也。《巾部》有帪，帪氏湅絲，帪絖古蓋一字。”

按絖 huāng（曉陽）訓絲曼延。字从巟聲，《説文》：“巟，水廣也。”此以水之漫演廣布，喻絲之曼延。此用巟之比喻義。

**蓈** 《説文》：“蓈，禾粟之莠生而不成者謂之童蓈。从艸，郎聲。稂，蓈或从禾。”段注：“生而不成，謂不成莠也。不成謂之童蓈，已成謂之莠，此蓈莠二字連屬之義。……陸璣疏云：‘禾莠爲穗而不成。’”

按蓈 láng（來陽）从郎聲（來陽）訓童蓈，生而不成者。童蓈之童，此《説文》“童羖”、《孟子》“童山濯濯”之童，童山謂山無草木，童羖謂公羊無角。字从童（定東）蓋爲穨（定微）之借，此以雙聲相借。童蓈謂禾粟空殼而無實。字从郎，此用郎非良之引申義。

**糧** 《説文》：“糧，穀食也。从米，量聲。”段注：“亦作粮。”

按糧 liáng（來陽）从量聲（來陽）訓穀食。穀引申有美善義。段氏於穀下注曰：“引伸爲善也。《釋詁》《毛傳》皆曰：‘穀，善也。’”糧訓穀食，亦當有美善義。字从量聲蓋爲良聲（來陽）之借，此以同音相借，用良美善之引申義。

**穢** 《説文》：“穢，虚無食也。从禾，荒聲。”段注：“《爾雅》：‘果不孰爲荒。’《周禮》疏曰：‘疏穀皆不孰爲大荒。’按荒年字當作穢，荒行而穢廢矣。”

按穢 huāng（曉陽）从荒聲（曉陽）訓虚無食，遭饑荒。字从荒聲，此用田園荒蕪，穀物少收或無收的引申義。

## 望聲字

**朢** 《説文》：“朢，月滿也。與日相望，似朝君。从月，从臣，从壬。壬，朝廷也。𦣠，古文朢省。”

按朢 wàng（明陽），字从臣，臣即目，臣的初義是一隻竪着的眼睛。从壬，壬字甲骨文作，取象人挺立在土堆上，壬是挺的本字。从月，月亮。字从臣、从壬、从月會意，象人挺立張目，會望月之意。望月是人常有習見的動作。唐詩："西樓望月幾回圓。"訓月滿，月與日相望是後起之義。引申爲凡遠望、希望、願望之詞。《説文》説形不確。

⿰言朢 《説文》："⿰言朢，責望也。从言，朢聲。"段注："《太玄》：'寇⿰言𦣠其户。'范曰：'⿰言𦣠，責也。'按朢之古文作𦣠，故⿰言朢之古文亦作⿰言𦣠。"

按⿰言朢 wàng（明陽）从朢聲（明陽）訓責望，意爲希如所望而不如所望，故深責之。此用望之失望的引申義。1990 年我拜訪華南師大一位老同事，閒談中説到一件鄰居被竊的奇事：破門入室的竊賊因所獲較少，便把冰箱砸壞，把電視機放進一個大水盆裏，還寫了一張字條："誰叫你這樣窮，他媽的。"可説是責望的一個典型例子。

望 《説文》："望，出亡在外望其還也。从亡，朢省聲。"段注："還者，復也，本義。引申之爲令聞令望之望。"

按望 wàng（明陽）从朢省聲（明陽）訓出亡在外望其還。此用望月之引申義。即盼望，"倚閭而望"正用盼望其還之義。實則望是朢後起的加注聲旁字，義與出亡之亡無關。

## 皿聲字

皿 《説文》："皿，飯食之用器也。象形，與豆同意。凡皿之屬皆从皿。讀若猛。"段注："上象其能容，中象其體，下象其底也。"

按皿 mǐn（明陽）訓飯食之用器，碗盞一類飯食用器。皿是較早的象形字，其器之作，蓋取象地上寙（同窊）穴之形。寙（影魚）、皿魚陽對轉，皿蓋以窊爲語源。

⿱穴皿 《説文》："⿱穴皿，北方謂地空，因以爲土穴，爲⿱穴皿户。从穴，皿聲。讀若猛。"段注："因地之孔爲土屋也。《廣雅》：'⿱穴皿，窟也。’”

按盜 mǐng（明陽）从皿聲（明陽）訓北方謂地空，因以爲土穴，爲盜户。謂地上有洞窟，就此爲土屋。字从皿聲，此用皿中有空間能容之引申義。

**孟** 《說文》：“孟，長也。从子，皿聲。[illegible]，古文孟如此。”段注：“《爾雅》：‘孟，勉也。’此借孟爲猛。”

按孟 mèng（明陽）从皿聲（明陽）訓長，長子。金文父己孟觚作[illegible]，正取象將初生子裝在飯食之器皿中。皿盛食是供人享用的，這皿中之子自然是蒸煮熟了供人享用的。爲什麽要把長子蒸吃呢？這涉及遠古代時代曾流行棄、食首子的古俗。初民由母系氏族轉變爲父系氏族，形成私有財産，對初婚生子不能確保其爲本人的子嗣，必加以清除，故有棄、食首子的古俗。

**猛** 《說文》：“猛，健犬也。从犬，孟聲。”段注：“叚借爲凡健之稱。”

按猛 měng（明陽）从孟聲（明陽）訓健犬。字从孟聲，孟訓長子，長與高大義相因。此用孟高大之引申義。

## 丙聲字

**丙** 《說文》：“丙，位南方。萬物成炳然。侌气初起，昜气將虧。从一入冂，一者昜也。丙承乙，象人肩。”

按丙 bǐng（幫陽）甲骨文作[illegible]。《甲骨文字典》：“所象形不明。……按諸説皆無確據。”甲骨卜辭作十干之一，屬假借。作先公、先王、先妣廟號，以及人名、地名皆爲假借，其本義尚不可知。

**更** 《說文》：“更，改也。从攴，丙聲。”段注：“更訓改，亦訓繼，不改爲繼，改之亦爲繼。故《小雅》毛傳曰：‘庚，續也。’《用部》庸下曰：‘庚，更事也。’《列子》云‘五年之後，心庚念是非，口庚念利害。七年之後，從心之所念，庚無是非，從口之所言，庚無利害’，皆假庚爲更。”

按更 gēng（見陽）从丙聲（幫陽）訓改。字从攴，攴之使改。字从丙聲，丙蓋鞭聲（幫之）之借，鞭、丙幫母雙聲，陽元通轉。是更即持鞭撲擊。作名字則爲鞭子，作動字則爲鞭之使更。是更即鞭之本字，鞭是後起的形聲字，先加注人旁，又加注革旁。在造字之初，更所據必爲具體事物。

**柄** 《説文》："柄，柯也。从木，丙聲。棅，或从秉。"段注："柄之本義專謂斧柯，引伸爲凡柄之稱。《周禮》《禮經》作枋，丙聲、方聲同在十部也。……秉聲古亦在十部也。《莊子・天道篇》：'天下奮棅而不與之偕。'《管子・山權數篇》：'此謂君棅。'按古文以秉爲柄，如《左傳》：'國子實執齊秉。'"

按柄 bǐng（幫陽）从丙聲（幫陽）訓柯。《説文》："柯，斧柄也。"引申泛指凡器物的柄，柄是人握持的部分。字从丙聲當爲秉聲（幫陽）之借。秉是人握持禾束，引申爲凡握持、把持之稱。把（幫魚）、柄幫母雙聲，魚陽對轉，音義並近，當爲同源。《説文》："把，握也。"把握动字作名字則爲把柄。

**邴** 《説文》："邴，宋下邑。从邑，丙聲。"

按邴 bǐng（幫陽）从丙聲（幫陽）訓宋下邑。字从丙聲，作邑名字，此但借其聲。

**寎** 《説文》："寎，卧驚病也。从㝱省，丙聲。"段注："以疊韵爲訓。"

按寎（帮阳）bìng（幫陽）从丙聲（幫陽），訓卧驚病。卧而善驚，不能酣恬，是神經病的一種。見余岩《古代疾病名候疏義》卷四。字从丙聲，蓋爲驚聲（見耕）之借，用驚之驚恐義。

**病** 《説文》："病，疾加也。从疒，丙聲。"段注："苞咸注《論語》曰：'疾甚曰病。'"

按病 bìng（並陽）从丙聲（幫陽）訓疾加，病情加重。字从丙聲，蓋炳聲（幫陽）之借，用炳明火盛之引申義。病重者多體温升高，俗語叫"發高燒"。

炳 𤆌 《説文》："炳，明也。从火，丙聲。"朱駿聲通訓定聲："字亦作昺。"

按炳 bǐng（幫陽）从丙聲（幫陽）訓明，火盛則光明。引申爲點燃、燃燒義。《説苑·建本》："老而好學，如炳燭之明。"字作昺，从日者，日高則光明潔白。

怲 𢘅 《説文》"怲，憂也。从心，丙聲。《詩》曰：'憂心怲怲。'"段注："《釋訓》曰：'怲怲，憂也。'毛傳曰：'怲怲，憂盛滿也。'"

按怲 bǐng（幫陽）从丙聲（幫陽）訓憂。字从丙聲，蓋炳聲（幫陽）之借，此以炳之火明而盛喻憂之盛滿，古語所謂憂心如焚。

鮩 𩵋 《説文》："鮩，蚌也。从魚，丙聲。"段注："蚌者，蜃屬，亦名鮩。"

按鮩 bǐng（並陽）从丙聲（幫陽）訓蚌。蚌殼由兩半合成，半（幫元）、丙幫母雙聲，陽元通轉。字从丙聲，蓋半聲之借，用半合之之引申義，故蚌亦稱盦。

哽 𠰾 《説文》："哽，語爲舌所介也。从口，更聲。讀若井汲綆。"

按哽 gěng（見陽）从更聲（見陽）訓語爲舌所介。字从更聲，當爲骾聲（見陽）之借。《説文》："骾，食骨留咽中也。"此以食骨留咽，喻氣逆不能息，食物不能下咽，喉不能發聲，此用骾之比喻義。而骾从更聲則爲亢聲之借，亢本訓頸，引申指咽喉。

骾 𩨗 《説文》："骾，食骨留咽中也。从骨，更聲。"段注："《晋語》：'卜籀曰狹以銜骨。'韋曰：'骨所以鯁刺人也，忠言逆耳，如食骨在喉，故云骨骾之臣。'《漢書》以下皆作骨鯁。字从魚，謂留咽者，魚骨挍多也。"

按骾 gěng（見陽）从更聲（見陽）訓食骨留咽中，謂魚骨（刺）卡住了咽喉。字从更聲，當爲亢聲（匣陽）之借。《説文》："亢，人頸也。"頸就全體言，咽喉就内中言。

梗 𣓌 《説文》："梗，山枌榆有朿，莢可爲蕪夷也。从木，更聲。"段注："有朿，故名梗榆，即《齊民要術》所謂刺榆者也。

《方言》：‘凡草木刺人，自關而東或謂之梗。’郭注‘今云刺榆’是也。”

按梗 gěng（見陽）从更聲（見陽）訓梗榆，梗榆有刺，又稱刺榆。字从更聲，當爲骾聲之借，用骾骨刺留咽中之引申義。

**鄄** 《説文》：“鄄，琅邪莒邑。从邑，更聲。”

按鄄 gěng（見陽）从更聲（見陽）訓琅邪莒邑。字从更聲，作邑名字，此但借其聲。

**鯁** 《説文》：“鯁，魚骨也。从魚，更聲。”段注：“與《骨部》骾字别，而骨骾字亦多借鯁爲之。”

按鯁 gěng（見陽）从更聲（見陽）訓魚骨，魚刺。字从更聲，當爲亢聲（匣陽）之借，謂魚刺卡住了咽喉。此字由骾孳乳，即用食骨留咽中的引申義。

**綆** 《説文》：“綆，汲井綆也。从糸，更聲。”段注：“汲者，引水於井也。綆者，汲水索也。何以盛水，則有缶。《缶部》‘罋，汲缾也’是也。何以引缾而上，則有綆。《春秋傳》‘具綆缶’是也。”

按綆 gěng（見陽）从更聲（見陽）訓汲井綆，汲井水的繩索。字从更聲，當爲亢聲（匣陽）之借，此以人之咽喉，喻井之管道，以氣流从咽喉出入，喻井綆牽引汲缾上下，這是綆从更的深層信息。

**埂** 《説文》：“埂，秦謂阬爲埂，从土，更聲。讀若汲井綆。”段注：“此與《釋訓》‘阬、壑、隍、濂，虚也’同義。若《廣韵》曰：‘吴人謂堤封爲埂。’今江東謂畦埒爲埂，此别一義。”

按埂 gěng（見陽）从更聲（見陽）訓秦謂坑爲埂。字从更聲當爲亢聲（匣陽）之借，用亢咽喉之引申義。咽喉作爲飲食和氣流的通道，其間空爽通暢，故引申有虚義。字从亢聲，此用亢咽喉之通道空爽之引申義。

# 京聲字

**京** 《説文》："京，人所爲絶高丘也。从高省，丨象高形。"段注："《釋丘》曰：'絶高爲之京，非人爲之丘。'郭云：'爲之者，人力所作也。'按《釋詁》云：'京，大也，其引伸之義也，凡高者必大。'"

按京 jīng（見陽），京字甲骨文作。《甲骨文字典》："象人爲穴居形，冂象丘上累土之高，象穴上正出之階梯及屋頂形。丨象充作楮柱之立木。參見高、亳、享、喜、良、丘等字説解。"京、高音形義並近，是古人穴居構建的歷史寫真。

**犆** 《説文》："犆，犆牛也。从牛，京聲。《春秋傳》曰：'犆犆。'"

按犆 liáng（來陽）从京聲（見陽）訓牻牛。《説文》："牻，白黑雜毛牛。"牻（明東）从尨聲（明東），《説文》："尨，犬之多毛者。"段注："引伸爲雜亂之稱，《小戎》箋曰'蒙尨'是也。牛白黑雜毛曰牻，襍語曰哤，皆取以會意。"而犆从京聲有雜義者，羔爲羹聲（見陽）之借。羹者五味和羹，五味調即有雜義。此用羹和五味之引申義。

**諒** 《説文》："諒，信也。从言，京聲。"段注："《方言》'衆信曰諒'。《周南·召南》：'衛之語也。經傳或假亮爲諒。'"

按諒 liàng（來陽）从京聲（見陽）訓信，誠信，可信。衆信曰諒，衆人皆信，可見其可信度高。字从京聲，此用京高之引申義。

**椋** 《説文》："椋，即來也。从木，京聲。"段注："《釋木》曰：'椋，即棶。'《釋文》曰：'棶，《埤蒼》《字林》作來。'本《説文》也。絫呼曰即來，單呼曰來。《唐本艸》謂之椋子木。"

按椋 liáng（來陽）从京聲（見陽）訓即來，即《唐本草》之椋子木。余少時在家鄉，曾親見椋子木，椋子木爲喬木，所結之果實稱椋子，椋子榨漿可作涼粉，呈淡黄色，半透明，清涼可口。字从京聲，蓋爲涼聲（來陽）之借，用涼之清涼義。涼粉蓋古之漿飲，漿（精陽）、椋叠韵，蓋語之轉。

**景** 《説文》："景，日光也。从日，京聲。"段注："《火部》曰：'光者，明也。'《左傳》曰：'光者，遠而自他有燿者也。'日月皆外光，而光所在處物皆有陰。……後人名陽曰光，名光中之陰曰影，别製一字。……《爾雅》《毛傳》皆曰：'景，大也。'其引伸之義也。"

按景 jǐng（見陽）从京聲（見陽）訓日光。京聲當爲光聲（見陽）之借，用光之廣照義。故景引申有大義。必借京聲者，以區别晃爲明、爲光動，景爲日光。光下之物皆有陰，字孳乳爲影，影者陰影。

**倞** 《説文》："倞，彊也。从人，京聲。"段注："《廣雅》：'倞，强也。'按《大雅》：'無競維人。'傳曰：'無競，競也。'箋云：'競，彊也。''秉心無競'，傳曰：'競，彊也。'《周頌》：'無競維人。'傳曰：'競，彊也。''執競武王'，傳曰：'執競，競也。'箋云：'競，彊也。'按傳箋皆謂競爲倞之假借字也。"

按倞 jìng（群陽）从京聲（見陽）訓彊，堅强有力。字从京聲，蓋勁聲（見耕）之借，用勁之强勁義。

**㾄** 《説文》："㾄，事有不善言㾄也。《爾雅》㾄，薄也。从旡，京聲。"段注："按《水部》曰：'涼，薄也。'紬繹上下文，乃《周禮》六飲之涼。當作薄酒也。㾄則爲事有不善之言。若亮則爲明也，諒則爲信也。四字在《説文》義别，而古經傳多相假。……涼，薄也。許以足上文意有未盡之語。《桑柔》毛傳、杜注《左傳》《小爾雅》皆云：'涼，薄也。'涼即㾄字。"

按㾄 liàng（來陽）从京聲（見陽）訓事有不善言㾄，即今之涼字。涼薄謂酒味淡薄。今湖湘方言，謂事有不善，仍説"事情涼了"，或説"涼了一截"；有意不給人以善待，叫"把他涼在一邊"，或以調笑的口吻説，叫他"涼快涼快"。字从京聲，當爲涼聲（來陽）之借，用涼薄之引申義。字从旡，旡是人吃飽了反過頭去表示不想再吃了。

薄酒雖然吃足，不想再吃，但於心歉然仍感不滿足。

**黥** 《說文》：“黥，墨刑在面也。从黑，京聲。剠，或从刀作。”段注：“此刑亦謂之墨。《周禮・司刑》注曰：‘墨，黥也。先刻其面，以墨窒之。……刀之而墨之也。’”

按黥 qíng（群陽）从京聲（見陽）訓墨刑在面。字从京聲，當爲刑聲（匣耕）之借，用刑之行刑義。群匣旁紐，耕陽旁轉，此以音近相借。或作剠从刀者，刀爲行刑之具。

**涼** 《說文》：“涼，薄也。从水，京聲。”段注：“涼廁於此者，謂六飲之涼與漿爲類也。鄭司農云：‘涼，以水和酒也。’……許云‘薄也’，蓋薄下奪一‘酒’字。以水和酒，故爲薄酒。此用大鄭説也。引伸之爲凡薄之稱。……薄則生寒。又引伸爲寒，如‘北風其涼’是也。”

按涼 liáng（來陽）从京聲（見陽）訓薄也，此六飲之涼與漿爲類。字从京聲，蓋爲漿聲（精陽）之借，借漿爲酒，此以類舉。而訓薄酒者，涼从水，以水和酒則酒薄。

**飆** 《說文》：“飆，北風謂之飆。从風，京聲。”段注：“《邶》詩：‘北風其涼。’本無涼風字，故毛但曰‘寒涼之風’而已。”

按飆 liáng（來陽）从京聲（見陽）訓北風謂之飆。《詩・邶風》：“北風其涼，雨雪其雱。”字从京聲當爲涼聲（來陽）之借，用涼之寒涼義。

**勍** 《說文》：“勍，彊也。《春秋傳》曰：‘勍敵之人。’从力，京聲。”段注：“彊者，弓有力也。引申爲凡有力之稱。……按勍與《人部》之倞字音義皆同，而勍獨見《左氏》。”

按勍 qíng（群陽）从京聲（見陽）訓彊，强勁，强大有力。字从京聲，蓋爲彊聲（群陽）之借。此以同音相借，用彊弓有力之引申義。

**輬** 《說文》：“輬，臥車也。从車，京聲。”段注：“《史記》作涼。”

按輬 liáng（來陽）从京聲（見陽）訓卧車。段氏於輼下注曰："《史記》：'始皇崩於沙丘，不發喪，棺載輼涼車中，百官奏事，宦者輙從輼涼車中可其奏。'《漢・霍光傳》：'載光屍柩以輼輬車。'孟康曰：'如衣車有窻牖，閉之則温，開之則涼，故名之輼輬車也。'"是字从京聲，當爲涼聲（來陽）之借，用涼之清涼義。

**醇** 《説文》："醇，襍味也。从酉，京聲。"段注："《周禮・漿人》'六飲'，鄭司農云：'涼，以水和酒也。'……按許作醇，即《周官・内則》之涼字也。"

按醇 liáng（來陽）从京聲（見陽）訓雜味，以水和酒。字从京聲，當爲涼聲（來陽）之借，用涼之涼薄義。

**憬** 《説文》："憬，覺悟也。从心，景聲。《詩》曰：'憬彼淮夷。'"

按憬 jǐng（見陽）从景聲（見陽）訓覺悟。字从景聲，景訓日光，有日光則白天大地清朗明白。此以景之日光明白，喻人清醒明白，此用景光之引申義。

## 竟聲字

**竟** 《説文》："竟，樂曲盡爲竟。从音儿。"段注："曲之所止也。引伸之凡事之所止，土地之所止，皆曰竟。毛傳曰：'疆，竟也。'俗别製境字。"

按竟 jìng（見陽）字从音儿會意，訓樂曲盡爲竟。引申爲凡事之所止爲竟。又引申爲國土的盡頭爲竟，今字作境，邊境。又虚化爲終竟、究竟、竟然等。从人者謂曲盡人知之。

**滰** 《説文》："滰，浚乾漬米也。从水，竟聲。《孟子》曰：'孔子去齊滰淅而行。'"段注："自其方漚未淘言之曰漬。米不及淘抒而起之曰滰。"

按滰 jiàng（群陽）从竟聲（見陽）訓浚乾漬米。字从竟聲，此用竟之竟盡義，謂漬米之水全瀝乾了。

**摬** 《説文》："摬，中擊也。从手，竟聲。"段注："擊之而中也。中，《玉篇》作'傷'。"

按摬 yǐng（影陰）从竟聲（見陽）訓中擊，擊之而中。字从竟聲，此用竟之終竟義。

**鏡** 《説文》："鏡，景也。从金，竟聲。"段注："景者，光也。金有光可照物謂之鏡。此以疊韵爲訓也。鏡亦曰鑒，雙聲字也。"

按鏡 jìng（見陽）从竟聲（見陽）訓景。景、影一字之分化，景，日光也。光中之陰曰影，字从竟聲當爲影聲（影陽）之借。字从金景，即會以銅爲鏡照影之意。此用影之照影義。

# 筆畫檢字表


**二畫**

丁　642
七　450
入　050
八　485
勹　145
匕　388
乃　027
刀　178
厶　425
马　074

**三畫**

才　101
丈　680
乇　284
亼　053
久　110
勺　190
亾　698
之　084
卂　614
刃　581

**四畫**

㔾　296
五　230
巿　486
支　317
屯　572
先　030
旡　381
比　393
切　451
日　442
内　405
气　377
𡈼　033
壬　646
仍　028
斤　566
丯　467
从　053
父　234
今　036
分　552
月　490
匀　146
仌　485
亢　695
丑　129
阝丁　645
爿　681
允　559
叉　143
予　251
冊　520

**五畫**

正　636
扔　029
芋　643
艿　029
艻　178
可　296
丙　709
布　234
戊　133
医　111
由　118
只　322
央　668
叱　450
𦣝　090
皿　708
帊　389
生　632
㓞　378
付　218
仡　379
仢　193
白　281
仞　582
仚　603
匃　472
卯　152
犯　074
包　146
市　085
邛　700
玄　624
半　530
汀　644
汃　485
氾　075
它　291
必　451
尼　389
民　617
弗　437
疋　245
出　429
阤　295
召　178
皮　307
孕　028
台　092
矛　132

**六畫**

籾　467
玎　642
玜　426
寺　084
吉　443
圪　380
扚　195
扒　615
戋　102
芍　192
芒　699
芝　084
朾　643
朷　029
臣　609
束　325
郙　486
西　599
郊　318
在　103
成　645
攱　319
夷　374
卬　395
邨　573
朿　075

此 398
光 689
吅 497
吒 285
吃 377
[illegible] 582
肉 154
朱 205
缶 141
牝 388
先 593
廷 647
伍 230
伎 319
伐 491
仳 394
件 531
任 034
份 555
伉 696
似 091
伃 252
合 054
郃 554
刖 490
旨 388
各 273
妏 111
邡 696
㐬 701
亥 105
㫃 505
妄 701
汋 194
汛 614
池 292
汈 583
宅 285
宊 111
艮 589
迅 614
异 092
邔 131
阬 698
阭 561
阤 293
奼 286
妁 195

## 七畫

玖 110
玓 191
抪 488
技 321
延 637
折 482
扮 557
坋 557
抈 490
投 358
抗 698
抒 253
華 523
芰 317
芘 394
芮 405
芞 377
芹 567
芩 037
芴 365
芧 251
材 102
杖 681
杓 192
杓 192
杝 294
杒 582
孛 488
甫 234
更 709
吾 230
豆 202
迊 486
邴 710
酉 122
丽 312
奄 574
豕 420
坒 396
巠 647
卣 122
呈 647
的 192
町 644
邮 120
甹 118
听 567
吟 037
吮 560
岐 318
岑 039
囮 160
肉 406
牣 581
利 385
私 426
何 298
伿 324
伯 283
伭 626
伴 531
佗 292
佖 454
佛 439
佋 181
囪 015
佁 095
近 568
役 357
仢 194
含 037
犻 487
狾 570
犺 697
狄 328
狃 131
夆 467
卵 522
弅 154
灸 111
郇 150
帉 555
庉 574
庇 395
疕 389
序 252
远 695
宋 700
肓 699
攺 699
於 505
冶 097
忘 701
判 531
兑 458
夯 019
灼 194
沛 487
汥 321
汭 406
汽 380
沂 570
汾 556
次 511
沆 697
沑 131
沇 561
怖 487
忮 320
忻 570

忼 697
良 700
礿 191
邲 453
邺 454
改 092
剬 438
攷 131
阿 299
壯 681
妝 683
穷 552
附 222
敁 294
陂 312
妓 321
妣 395
妊 034
妗 041
姆 208
卲 180
邵 180
卲 181
劭 182
忍 583
郃 096
矣 091
夋 560


## 八畫


玭 394
青 628
玪 036
長 678
邿 087
抲 298
坷 299
捇 241
延 636
抧 324
抰 671
坱 671
劼 447
拊 221
坿 222
者 259
拕 293
拂 441
拙 433
招 181
披 311
坡 312
苛 296
茂 133
苗 118
英 668
苢 091
茚 152
苞 148
范 076
苾 452
茀 437
茁 429
苕 179
茅 133
柿 486
枝 318
杶 573
枇 394
杼 129
杬 378
枌 554
杻 130
杼 252
東 001
叀 540
臤 610
臤 610
事 085
刺 327
奔 585
奇 297
或 041
奃 153
奞 440
豖 228
虘 310
郕 646
疌 050
歾 030
忢 382
到 178
砱 041
非 365
昕 569
易 346
盳 702
迪 118
迟 322
咆 148
咈 438
咄 430
岫 120
弟 439
帔 309
邾 207
剈 142
氛 552
钦 379
氙 380
犻 486
犳 037
秅 285
秅 379
委 371
侍 088
佶 444
兒 335
侊 690
凭 035
侁 594
侹 650
佮 056
佻 188
佳 411
侘 287
侅 108
帛 283
卑 339
迫 282
欣 568
徆 119
彼 307
剆 491
金 042
郃 056
𠦑 185
斧 235
欱 039
念 039
攽 553
忿 556
肺 486
肫 572
肭 406
肚 129
周 125
匋 146
舀 067
狛 283
匌 057
𣧑 634
京 713
府 220
庖 150
盲 699
刻 107
郂 108
劾 110
斻 696

育 156
氓 701
炕 697
河 298
油 121
泱 670
泭 221
泡 151
泫 625
泮 532
沱 292
泌 455
泥 392
沸 440
泏 433
沼 181
波 310
治 093
怲 711
怞 121
怏 670
性 634
怕 283
怋 618
怡 093
定 637
宕 666
宙 120
宓 453
郎 703
祉 393
祈 566
建 519
屍 584
屈 432
弦 626
弨 182
孟 709
牀 683
狀 683
戕 683
[illegible] 683
斨 684
欥 085
陔 110
限 593
妸 299
妯 121
姎 671
姓 635
姅 532
始 094
柔 252


## 九畫


契 469
珌 451
珉 618
持 089
拮 447
拒 610
城 646
垪 403
政 637
哉 103
挺 651
拾 058
挑 189
垗 190
指 391
挌 278
垎 279
垓 109
垠 592
茝 609
莱 326
茜 599
茬 105
黄 374
茈 399
茱 205
莛 650
茷 491
茌 034
荅 054
茖 273
荒 705
荄 106
柯 297
柄 710
相 677
柚 120
枳 323
柍 669
相 091
柎 219
柏 282
枹 149
柲 453
柅 392
柫 438
柮 430
柖 180
柀 308
枱 093
郣 489
勃 489
郙 237
郠 712
部 232
郖 204
亜 600
要 165
迺 600
柬 514
甫 239
面 536
奞 403
盇 081
殃 669
殆 095
毖 454
到 653
勁 656
呰 399
𡛟 404
郢 648
盼 553
昜 660
曷 472
昴 153
咦 375
昭 180
冑 118
胄 118
䀌 698
咮 206
咷 186
咳 106
帾 706
牲 633
秕 394
秔 696
重 002
复 161
怤 221
俌 238
俍 204
𠌯 020
敀 282
鬼 426
俟 098
俊 563
待 086
徲 375
很 590
俞 209
迨 055
逃 186
延 245

[illegible] 050
盆 554
胑 323
胜 633
胞 148
胘 626
胖 530
[illegible] 452
胐 431
胎 095
俌 239
矦 200
負 112
狠 592
訂 643
[illegible] 028
亭 643
庤 088
度 267
迹 327
疫 358
帝 325
[illegible] 700
施 294
羑 111
叛 530
料 533
酋 124
豙 420
炳 711
炮 151
炫 625
炥 440
炪 432
洔 089
涑 328
洒 600
洟 376
泚 403
洸 690
洙 207
洗 595
洽 057
洮 189
洛 277
恃 088
恉 391
㤥 109
恨 592
[illegible] 646
窀 573
客 276
扁 621
祖 442
衽 034
衯 556
袝 219
祕 451
既 381
叚 268
眉 391
咫 324
敃 618
胥 246
陛 397
陘 657
欪 432
陖 565
姑 447
姨 376
姝 208
姺 595
娗 651
姶 058
姚 189
臬 093
瓵 095
皀 096
怠 093
柔 133
敄 133
[illegible] 132
紇 380
約 195
紉 583

十畫

栔 468
挈 469
玼 398
珠 205
珽 649
珧 186
班 558
珢 590
匪 370
栽 104
捕 240
埂 712
赳 101
趷 377
欯 445
袁 541
[illegible] 446
都 260
哲 482
逝 482
娎 484
耆 390
捝 461
[illegible] 104
挨 098
埃 098
捘 564
聆 040
眀 490
莆 235
菩 230
莖 652
荷 303
菦 567
[illegible] 571
茅 132
[illegible] 705
莨 702
真 604
[illegible] 506
莊 684
荵 584
[illegible] 087
桔 444
桋 375
桄 689
株 207
梃 650
[illegible] 056
桃 187
格 276
核 107
根 591
軔 583
尃 236
逋 236
哥 304
逗 203
敕 327
酌 196
逎 123
屝 368
砢 298
破 310
[illegible] 337
厔 047
剞 301
殊 206
[illegible] 394
[illegible] 319
峙 086
柴 401
[illegible] 404

## 十畫


時 088
逞 648
䀠 254
財 102
眩 625
䀣 452
眙 095
晃 690
哺 235
哽 711
剔 350
晐 108
蚑 321
畔 533
蚚 570
員 596
圃 237
圄 232
盎 669
唉 100
豈 361
敳 359
峌 654
𦊓 150
罠 618
眚 633
牲 636
挌 275
瓴 141
毨 594
氣 379
特 086
秧 670
秼 350
秜 392
笔 573
笍 406
笎 696
倩 629
倀 680
屔 392
倚 302
倢 052
郳 337
俳 367
傷 348
候 201
倸 035
恁 035
倭 373
倪 337
倠 413
俾 342
倞 714
健 520
郫 342
衄 130
觓 395
徑 652
徎 648
釘 644
釗 179
敆 055
欱 057
䍃 155
豺 102
豹 193
倉 687
衾 039
朒 155
脁 187
朓 187
脂 390
胳 275
胲 107
朕 020
皷 320
狾 483
逖 332
狼 704
狧 132
狻 563
清 631
託 285
訖 377
訊 614
訒 582
涷 002
勍 715
畗 113
亳 285
席 267
庮 123
疴 297
病 710
疻 324
疛 219
𤵜 431
疲 309
凋 127
旆 487
旂 569
旅 258
欬 109
殺 106
兹 627
羒 553
羞 129
羔 184
粉 555
粈 130
兼 061
浅 105
浙 484
浦 240
浯 233
酒 123
涇 655
涅 443
洿 043
浞 510
涎 571
涚 461
浪 704
涘 099
浚 564
悑 239
悟 233
㤑 655
悛 564
害 468
㝪 233
家 272
窌 153
窋 431
宼 708
㝗 703
冢 012
朗 703
袍 150
祥 531
袉 292
祒 181
被 309
袷 054
祧 187
盗 453
書 259
屐 319
屖 252
刷 435
晉 438
陼 264
嬰 304
芺 685
陭 303
牂 682
蚩 085
蚩 084
崇 429

陮 414
陴 346
陰 045
陶 147
陷 069
陘 183
娙 655
娧 461
娭 100
帤 297
皰 148
豥 318
能 092
圅 074
逡 562
務 138
彖 420
純 575
紕 396
納 407
紝 034
紟 041
紛 557
紐 131
紓 253
絆 522

## 十一畫

郰 471
責 328
琀 037
彭 630
琅 702
堵 263
掎 302
捷 052
排 369
赾 567
菁 159
菘 426
推 416
頂 644
捭 344
埤 345
晢 483
掀 571
悊 484
捦 048
埶 479
掘 436
堀 436
聊 153
聉 433
菁 628
萇 679
葥 643
黄 690
菣 611
莿 326
蓮 051
菩 572
葝 183
菲 365
菣 661
萎 371
萑 411
萆 340
荃 045
萄 147
落 184
萿 097
蓈 707
乾 509
菌 435
梗 711
梧 232
桓 203
桂 398
桱 653
桯 648
桍 043
梯 558
椴 357
梳 249
梲 460
栟 019
桹 703
梭 563
軘 575
軜 407
斬 076
專 540
副 114
敔 231
堅 611
婜 613
票 166
郪 601
酢 488
硈 445
匏 149
奢 262
匲 214
奞 412
豛 229
殺 358
盛 645
雩 384
婓 369
紫 398
背 400
虛 452
戢 649
晤 232
眺 186
略 274
眼 591
野 253
曼 533
啄 228
畤 089
跂 317
跀 490
略 279
蚳 434
蛁 182
患 521
唯 411
唫 045
唸 044
啁 126
啗 067
啍 577
崝 630
帳 679
帷 413
崔 414
崟 047
崛 435
崘 627
崴 685
埾 370
牾 233
牼 652
逶 372
動 004
笛 119
笙 633
符 219
笵 076
笢 618
笞 094
虢 378
偰 471
偆 575
偭 536
傀 427
偫 090
偏 623
假 270

郷 201
恖 015
徛 299
舳 120
釳 380
釣 195
鄃 211
畲 042
貪 038
貧 554
脯 236
脰 204
脜 155
脛 653
脱 459
脧 562
彫 127
匐 115
魚 249
猜 630
猗 302
猲 349
猈 344
猛 709
詧 154
訥 406
訢 568
給 056
庶 266
庛 287
庢 415
庳 343
痔 088
痍 376
疵 402
痎 108
痕 591
裒 150
旍 697
竟 716
[illegible] 701
旌 634
旋 506
旇 308
望 708
衺 134
牽 625
麸 112
菤 392
敓 458
焌 563
清 631
渚 263
渮 299
涑 002
涿 229
淮 416
淦 047
淰 045
淊 069
涼 715
淳 579
淯 159
淈 435
情 630
悵 680
惕 349
惟 415
惆 127
惂 069
惇 579
寅 615
寄 302
寁 051
寃 188
密 456
㫁 705
袺 445
袾 207
袷 057
屠 262
屝 368
張 680
艴 439
弴 579
弉 684
[illegible] 682
將 685
陽 665
隗 428
隃 215
隊 423
婧 631
婕 052
婗 338
婎 416
婢 344
婤 127
[illegible] 627
欸 100
貫 521
紝 638
紬 122
紻 671
紨 222
絆 532
紼 441
絀 434
紹 182
紴 311
紿 097


## 十二畫


絜 469
瑛 671
琢 228
琟 411
琱 125
堛 116
[illegible] 485
[illegible] 217
趉 430
超 179
賁 586
揚 664
場 664
博 241
揭 477
堨 477
塈 384
[illegible] 104
[illegible] 626
[illegible] 103
揄 214
裁 104
壹 446
揙 623
摡 384
壻 247
揟 248
[illegible] 083
搔 145
葍 113
葽 165
葛 473
蒐 427
葰 566
萯 113
落 281
萹 621
蔇 382
葭 269
喪 699
菝 135
棖 679
楮 260
棽 038
棼 554
棟 001
椅 301

| 字 | 頁 |
|---|---|
| 椓 | 228 |
| 椎 | 413 |
| 椑 | 340 |
| 棡 | 126 |
| 椋 | 713 |
| 椁 | 578 |
| 楗 | 519 |
| 軻 | 299 |
| 軸 | 122 |
| 軹 | 325 |
| 軺 | 183 |
| 腎 | 612 |
| 堅 | 611 |
| 掔 | 613 |
| 雄 | 318 |
| 硍 | 704 |
| 厤 | 350 |
| 攲 | 300 |
| ⿷匚倉 | 688 |
| 尞 | 173 |
| ⿰豸隹 | 420 |
| ⿰豖攵 | 228 |
| ⿰歹奇 | 300 |
| ⿰歹委 | 372 |
| 猗 | 300 |
| 朁 | 030 |
| ⿰歹京 | 714 |
| 棐 | 367 |
| ⿱非丰 | 365 |
| 斐 | 368 |
| 悲 | 369 |
| ⿱此具 | 326 |
| 呰 | 399 |
| ⿱此丰 | 400 |
| 紫 | 404 |
| 睹 | 261 |
| 暑 | 261 |
| 量 | 705 |
| 貶 | 246 |
| ⿰貝皮 | 308 |
| ⿰目良 | 703 |
| 暘 | 348 |
| ⿰易皮 | 347 |
| 遏 | 473 |
| 景 | 714 |
| ⿰足弗 | 438 |
| 跛 | 310 |
| 蛣 | 447 |
| 蜓 | 652 |
| 畯 | 565 |
| [illegible] | 597 |
| 喝 | 473 |
| 單 | 523 |
| 喉 | 200 |
| 嘅 | 382 |
| 喙 | 421 |
| 幅 | 115 |
| 剴 | 362 |
| ⿰革元 | 560 |
| 崵 | 663 |
| 嵬 | 428 |
| 愉 | 212 |
| 陖 | 565 |
| 甥 | 635 |
| ⿰牜尭 | 595 |
| ⿰牜京 | 713 |
| 犉 | 577 |
| 程 | 648 |
| 棃 | 386 |
| 稅 | 460 |
| 等 | 087 |
| 策 | 327 |
| ⿱竹朱 | 207 |
| 筳 | 650 |
| 笿 | 276 |
| 頊 | 286 |
| 頌 | 379 |
| 傅 | 243 |
| ⿰貝支 | 336 |
| 傜 | 144 |
| 甁 | 345 |
| 觝 | 245 |
| 虒 | 569 |
| 徸 | 003 |
| 復 | 161 |
| 徧 | 621 |
| 徦 | 269 |
| ⿰彳柔 | 138 |
| 鈍 | 575 |
| 鈙 | 046 |
| 釿 | 571 |
| 鈐 | 041 |
| 欽 | 046 |
| 鈕 | 132 |
| 銃 | 561 |
| 逾 | 209 |
| 盒 | 058 |
| 翕 | 055 |
| 飷 | 129 |
| 禽 | 042 |
| 爲 | 305 |
| 貀 | 432 |
| 貂 | 181 |
| 彘 | 549 |
| 飪 | 033 |
| 雉 | 038 |
| 敜 | 044 |
| 腓 | 366 |
| 脽 | 413 |
| 脾 | 341 |
| ⿰月臽 | 067 |
| 勝 | 024 |
| 欿 | 068 |
| 猩 | 636 |
| 猲 | 476 |
| 猴 | 201 |
| 猶 | 125 |
| 猵 | 623 |
| 貿 | 152 |
| 証 | 637 |
| 訶 | 296 |
| ⿰言由 | 118 |
| 訣 | 668 |
| 詑 | 291 |
| 詘 | 430 |
| 詔 | 179 |
| 詖 | 307 |
| 詒 | 096 |
| 敦 | 577 |
| ⿸厂曷 | 476 |
| 痡 | 237 |
| 痙 | 654 |
| 痥 | 460 |
| 滄 | 688 |
| 童 | 004 |
| 竢 | 099 |
| 竣 | 564 |
| 啻 | 329 |
| 旐 | 188 |
| 湧 | 075 |
| 羠 | 375 |
| ⿰兆羽 | 186 |
| 遂 | 422 |
| 曾 | 024 |
| 湁 | 060 |
| 湘 | 678 |
| 湮 | 601 |
| 湅 | 516 |
| 湎 | 537 |
| 湯 | 664 |
| 渴 | 476 |
| 湩 | 004 |
| 渝 | 214 |
| 渡 | 268 |
| 溉 | 384 |
| 湑 | 248 |
| 愊 | 116 |
| 愐 | 537 |
| 愓 | 663 |
| 愒 | 476 |

| 字 | 頁 |
|---|---|
| 㣫 | 003 |
| 愉 | 213 |
| 慨 | 383 |
| 㥠 | 248 |
| 慅 | 145 |
| 割 | 469 |
| 㝞 | 471 |
| 寒 | 495 |
| 富 | 115 |
| 睍 | 292 |
| 窒 | 653 |
| 寎 | 710 |
| 扉 | 369 |
| 補 | 238 |
| 裋 | 204 |
| 裎 | 648 |
| 裞 | 424 |
| 裯 | 125 |
| 託 | 286 |
| 娊 | 454 |
| 費 | 439 |
| 弦 | 627 |
| 疏 | 246 |
| 隕 | 598 |
| 殼 | 434 |
| 隒 | 066 |
| 媿 | 428 |
| 媮 | 214 |
| 媥 | 623 |
| 矞 | 407 |
| 𥝧 | 136 |
| 𥁕 | 137 |
| 婺 | 137 |
| 豤 | 705 |
| 結 | 447 |
| 絑 | 208 |
| 綎 | 651 |
| 給 | 058 |
| 絩 | 189 |
| 絡 | 278 |
| 統 | 707 |

十三畫

| 字 | 頁 |
|---|---|
| 翓 | 468 |
| 惷 | 576 |
| 瑟 | 455 |
| 瑒 | 660 |
| 瑰 | 426 |
| 瑜 | 209 |
| 瑕 | 269 |
| 瑤 | 144 |
| 豹 | 195 |
| 填 | 608 |
| 載 | 103 |
| 搏 | 243 |
| 截 | 105 |
| 馰 | 193 |
| 馳 | 294 |
| 趌 | 444 |
| 趚 | 326 |
| 越 | 400 |
| 趒 | 186 |
| 菿 | 184 |
| 塒 | 090 |
| 損 | 598 |
| 𢧐 | 657 |
| 遠 | 545 |
| 𢨳 | 104 |
| 塏 | 364 |
| 擓 | 397 |
| 絜 | 482 |
| 搖 | 158 |
| 𢭹 | 470 |
| 聖 | 649 |
| 蓍 | 392 |
| 靳 | 568 |
| 靲 | 038 |
| 蔽 | 329 |
| 蒔 | 090 |
| 荳 | 361 |
| 蒼 | 687 |
| 蓆 | 268 |
| 蒹 | 061 |
| 蒲 | 235 |
| 蒙 | 012 |
| 鄿 | 510 |
| 幹 | 508 |
| 蔭 | 049 |
| 菡 | 075 |
| 蓩 | 140 |
| 楔 | 471 |
| 榙 | 059 |
| 楚 | 246 |
| 楅 | 114 |
| 楝 | 515 |
| 楊 | 662 |
| 想 | 677 |
| 楬 | 474 |
| 椱 | 162 |
| 槐 | 427 |
| 晢 | 483 |
| 榆 | 210 |
| 楢 | 124 |
| 椽 | 422 |
| 楄 | 622 |
| 椵 | 270 |
| 楈 | 247 |
| 楙 | 134 |
| 楸 | 136 |
| 輅 | 279 |
| 奭 | 254 |
| 䛘 | 609 |
| 詈 | 612 |
| 瞖 | 612 |
| 剽 | 167 |
| 勳 | 170 |
| 甄 | 602 |
| 鄄 | 603 |
| 頍 | 320 |
| 碓 | 415 |
| 碑 | 343 |
| 貇 | 591 |
| 廉 | 065 |
| 匯 | 419 |
| 雹 | 151 |
| 頓 | 574 |
| 㠉 | 002 |
| 貲 | 402 |
| 胔 | 401 |
| 眥 | 399 |
| 睹 | 259 |
| 睗 | 347 |
| 睆 | 336 |
| 睢 | 412 |
| 䀩 | 276 |
| 睟 | 578 |
| 嗜 | 393 |
| 嗑 | 082 |
| 嗔 | 604 |
| 閜 | 298 |
| 暘 | 662 |
| 𠹍 | 241 |
| 暍 | 475 |
| 閟 | 455 |
| 歇 | 475 |
| 暆 | 295 |
| 暇 | 270 |
| 照 | 184 |
| 畸 | 303 |
| 跣 | 594 |
| 跲 | 055 |
| 跳 | 186 |
| 路 | 273 |
| 跟 | 590 |
| 蛃 | 407 |
| 蛵 | 656 |
| 蛻 | 462 |
| 蜋 | 675 |
| 嗂 | 157 |
| 嗛 | 062 |

| 字 | 頁 |
| --- | --- |
| 嵟 | 414 |
| 署 | 261 |
| 睪 | 287 |
| 罪 | 367 |
| 蜀 | 223 |
| 㡘 | 063 |
| 幏 | 272 |
| 𢅏 | 013 |
| 圓 | 597 |
| 園 | 544 |
| 背 | 366 |
| 稗 | 342 |
| 稔 | 044 |
| 稠 | 126 |
| 筋 | 192 |
| 筤 | 703 |
| 傳 | 542 |
| 僄 | 169 |
| 腷 | 115 |
| 腧 | 211 |
| 牑 | 622 |
| 催 | 418 |
| 酓 | 036 |
| 賃 | 035 |
| 傷 | 665 |
| 傄 | 156 |
| 魃 | 320 |
| 魁 | 429 |
| 軗 | 340 |
| 頎 | 569 |
| 衙 | 231 |
| 微 | 359 |
| 鉦 | 638 |
| 鉉 | 626 |
| 鉈 | 293 |
| 鉊 | 183 |
| 鈹 | 311 |
| 歈 | 213 |
| 會 | 463 |
| 覜 | 189 |
| 貉 | 277 |
| 亂 | 550 |
| 飽 | 149 |
| 飶 | 453 |
| 飴 | 094 |
| 頒 | 556 |
| 腸 | 661 |
| 腥 | 635 |
| 腫 | 003 |
| 腹 | 162 |
| 塍 | 023 |
| 勝 | 022 |
| 腬 | 139 |
| 颮 | 443 |
| 𤞤 | 064 |
| 䑨 | 275 |
| 詩 | 086 |
| 詰 | 444 |
| 諌 | 327 |
| 誠 | 645 |
| 誅 | 206 |
| 詵 | 594 |
| 詥 | 055 |
| 誂 | 186 |
| 詣 | 389 |
| 詻 | 274 |
| 䛁 | 706 |
| 該 | 106 |
| 詪 | 590 |
| 敫 | 268 |
| 瘏 | 261 |
| 瘃 | 229 |
| 痱 | 367 |
| 瘍 | 348 |
| 痿 | 373 |
| 廉 | 064 |
| 裔 | 408 |
| 靖 | 630 |
| 𥪝 | 344 |
| 竨 | 578 |
| 羥 | 653 |
| 羨 | 511 |
| 煙 | 601 |
| 煉 | 515 |
| 煬 | 663 |
| 煣 | 139 |
| 滇 | 607 |
| 溥 | 243 |
| 滒 | 304 |
| 溳 | 598 |
| 溦 | 359 |
| 準 | 580 |
| 滄 | 688 |
| 溓 | 065 |
| 溠 | 089 |
| 涵 | 075 |
| 慎 | 607 |
| 愪 | 597 |
| 愷 | 363 |
| 愾 | 381 |
| 愴 | 688 |
| 慊 | 065 |
| 𢡇 | 421 |
| 窨 | 068 |
| 窸 | 281 |
| 甂 | 624 |
| 褚 | 262 |
| 𧛓 | 052 |
| 禓 | 348 |
| 裨 | 343 |
| 袷 | 046 |
| 裯 | 126 |
| 褔 | 113 |
| 禋 | 601 |
| 裼 | 660 |
| 褅 | 328 |
| 𧛁 | 246 |
| 槃 | 382 |
| 殿 | 584 |
| 辟 | 352 |
| 愍 | 619 |
| 裝 | 684 |
| 陛 | 398 |
| 媲 | 397 |
| 媱 | 158 |
| 嫌 | 066 |
| 嫁 | 273 |
| 粲 | 136 |
| 綆 | 712 |
| 經 | 655 |


## 十四畫


| 字 | 頁 |
| --- | --- |
| 瑱 | 604 |
| 碧 | 282 |
| 瑲 | 687 |
| 瑤 | 157 |
| 摲 | 078 |
| 摶 | 542 |
| 摼 | 613 |
| 摽 | 170 |
| 駮 | 320 |
| 馹 | 443 |
| 趛 | 561 |
| 蓖 | 396 |
| 摧 | 418 |
| 經 | 654 |
| 翥 | 260 |
| 誓 | 483 |
| 㡊 | 480 |
| 摬 | 717 |
| 摘 | 334 |
| 嫢 | 481 |
| 堨 | 474 |
| 摜 | 522 |
| 㩇 | 419 |
| 蔪 | 077 |
| 蓴 | 541 |
| 鞅 | 668 |
| 鞄 | 148 |
| 𩊚 | 291 |

靾 452
鞀 180
鞁 308
蔈 166
蔓 533
蓶 417
蔑 491
蔥 016
蔗 266
蔩 616
蔤 456
榦 507
乾 508
斡 509
斝 269
蔣 686
榰 393
榼 082
槙 606
榑 242
榥 396
麩 102
麧 378
榣 158
槍 688
槏 062
輔 240
輕 656
塹 079
敷 242
歌 304
匱 528
監 069
朢 707
融 318
緊 611
酺 241
醒 649
酸 565
碭 663
碣 476
碌 423
臧 685
豧 239
殪 362
零 277
需 216
霆 651
翡 366
雌 400
鴜 404
嘖 330
賏 638
嘆 502
閤 057
閣 278
閡 109
嘌 167
踈 157
暘 664
蜻 632
蝀 002
蜨 053
蜺 339
蜼 416
蜩 128
蜭 069
睬 139
髀 340
團 541
鄲 525
噞 043
嗻 266
幘 331
鼓 362
幖 169
幔 534
幒 016
錫 661
氁 580
犗 469
鶡 347
積 323
馤 475
種 003
概 383
箸 260
箑 051
箅 341
僨 587
僊 603
僚 175
僭 031
僤 526
僭 325
僞 306
僐 513
魄 283
鉛 068
徹 360
衙 048
銖 208
銑 595
鋌 652
銚 190
銘 279
銀 593
鄃 059
鄔 305
膜 606
膞 242
膭 596
膍 396
膝 021
膡 023
歷 602
殘 558
魠 286
貜 534
復 164
雒 274
歊 158
夤 616
鄭 154
誖 488
誧 236
語 231
説 458
誒 099
褭 368
廣 692
遮 266
腐 222
廕 016
瘈 472
瘍 662
瘣 427
瘉 212
瘺 622
瘕 270
辡 619
竭 476
韶 179
適 332
旖 301
羧 477
鄯 513
粳 372
精 629
粺 342
歉 063
鄫 025
煉 064
漬 331
漢 503
潢 692
漸 078
漂 169
漼 418
漩 716

滴 334
演 616
慓 169
慢 535
愓 665
窬 211
窹 233
褐 475
複 162
褕 212
褊 623
禛 604
頤 591
暨 383
蟥 692
牄 682
歀 434
蝢 432
敳 089
⿰阝爲 307
嫧 331
嫥 543
嫖 169
嫚 535
嬒 049
嫡 334
嫙 509
鼏 028
頗 309
翟 196
態 101
䏻 100
劀 409
膂 135
遺 521
綪 631
緒 263
綺 302
緁 053
緆 349
緌 374
維 416
綢 128
綃 159

## 十五畫

璜 691
靚 629
璁 016
⿱髟寸 220
髴 439
髮 309
墳 589
撎 449
墷 449
⿰扌葛 478
駙 220
駉 473
駜 454
駁 310
駘 096
撩 176
撩 176
⿰土尞 611
趣 441
趡 412
趛 046
趦 627
鄐 478
頡 445
撣 528
墠 529
蔞 140
赭 262
鋈 484
暬 479
熱 480
撝 306
撞 006
增 027
⿰扌寒 495
磬 641
蕢 587
歎 502
⿰革旨 389
鞈 058
⿰革各 274
鞎 590
蕤 420
蕇 524
蕧 163
蔿 305
蕫 005
蕩 665
⿱艹渴 478
⿱艹宮 114
蔌 436
熊 102
⿰能乚 101
槷 479
横 691
標 168
槱 123
槾 534
樜 267
樀 333
輢 303
輗 339
槧 077
暫 077
慙 078
輖 128
輬 715
頣 610
豎 203
賢 612
遷 602
⿰酉京 716
醇 579
磕 083
磒 598
磑 363
磏 064
糇 099
遼 173
⿸厂辟 356
豬 262
殤 665
輩 370
瞋 605
暵 501
畀 255
賜 347
噴 587
噎 448
閱 461
閬 704
噆 031
踦 300
⿰足非 365
踒 372
蝠 116
蝒 537
蝎 477
蝮 163
螝 429
蝓 215
蝙 624
蝦 271
蝑 248
蝚 139
嘽 524
嘺 408
幩 587
罽 544
幝 525
骫 401
骼 275
骸 107
靟 367

頙 651
稖 707
稹 606
稽 390
稭 386
黎 386
稼 184
稴 063
稼 272
覞 373
箱 677
範 076
篰 661
篇 622
篬 097
篛 196
覟 336
儇 546
儈 465
僾 385
皚 363
僻 355
鋪 240
鋞 656
鋭 462
鋃 704
頷 057
劊 464
鄶 465
餔 237
餵 459
歆 042
膞 541
膘 168
滕 022
䐿 391
魳 487
魯 249
魿 040
魵 557
魧 698
獠 175
鮭 260
鮬 301
鯢 337
頟 276
鳶 553
請 628
諸 259
誹 366
諉 372
誽 336
誰 412
諗 044
調 126
詢 147
諒 713
諄 577
䜣 576
褭 428
廞 050
瘱 468
瘟 083
瘨 606
瘨 597
麃 171
敵 333
蝱 702
旞 166
畫 295
頦 109
羥 601
羯 474
羭 210
遳 511
糈 247
熯 503
熛 166
熜 017
潰 588
潦 176
潛 032
澮 060
潼 007
潧 026
潏 410
憒 588
憭 176
憯 031
憬 716
憚 527
像 663
憧 006
憎 026
憰 410
戭 616
賓 608
窯 185
窵 306
竅 436
翩 622
闛 303
螽 615
劈 354
層 025
彈 529
獎 686
漿 686
醬 684
嫽 176
嫣 307
嬀 550
嬉 514
頢 624
猴 200
蝨 144
遹 408
蝥 137
犛 135
稽 470
豫 252
練 516
緬 537
緟 004
緱 202
緰 215
締 329
編 624


## 十六畫


璙 173
璠 031
駣 690
駪 594
駱 277
駺 706
駭 109
趣 470
趨 473
蔇 462
趙 124
歕 588
蕁 244
擇 290
擐 547
堀 436
磬 640
鞎 203
蘸 603
薇 359
薈 464
薊 550
薕 061
薄 244
翰 506
薛 352
橑 174
樿 525
麭 149
橦 005
樻 441

橘 409
輹 163
磛 078
輸 215
輮 140
輭 012
整 637
竪 613
頭 205
瓢 168
醜 123
醶 215
磧 331
礦 692
醐 238
歷 351
豭 271
殪 448
殫 524
黔 040
霓 338
頸 654
嶋 402
豂 555
瞟 167
噎 449
瞋 616
閻 069
闍 263
踏 059
踼 661
踵 003
踰 210
蹁 621
𨄁 269
螘 364
螕 397
蝶 066
戰 528
毇 672
噣 223
噲 464
鴦 669
𥉾 288
還 543
嶧 289
圛 288
圜 546
黗 574
黔 039
骾 711
𦔺 596
積 330
䵒 442
篧 370
𦥷 600
儒 216
鼩 193
駉 296
錡 303
錫 349
錗 374
錐 417
錦 046
錍 345
錭 128
錞 579
錠 638
鍵 520
覦 213
歙 059
貐 213
敽 550
餧 373
盦 049
頷 043
膹 587
膫 174
膳 513
膡 023
縢 023
雕 126
魯 233
鮩 711
鮏 635
穌 249
鮒 221
鮊 284
鮑 151
鮀 293
鮅 455
鮍 310
鮐 097
餤 068
颲 386
獧 546
獨 226
獪 466
𧤗 124
緜 161
頛 157
諫 515
謁 473
諭 210
諦 329
諞 622
諝 247
㮚 254
憝 580
雜 578
廥 466
廦 355
𨔩 542
辦 619
龍 007
甑 026
熏 025
燎 175
燀 527
濛 014
漱 517
激 478
潞 279
澤 289
濁 226
澮 466
澱 585
懁 546
憲 512
褰 496
窻 016
禪 523
壁 357
臂 354
避 353
嬖 356
懯 437
𡢽 073
嬛 547
嬒 466
醔 138
縛 243
縜 598
縑 066
𨆷 052


## 十七畫


璱 456
璐 279
環 544
駾 460
駭 099
駿 563
蔴 141
趞 605
鄭 536
戴 103
壙 695
擿 335
聲 641

磬 641
擢 198
聰 017
聯 549
艱 592
鞞 340
鞬 519
藍 071
藋 497
藒 478
韓 508
藿 196
檉 657
檈 545
檜 465
懋 141
轅 544
輯 608
轄 470
斢 256
橐 142
鬴 236
醘 671
䣞 013
醠 456
䌛 322
磾 526
磿 351
殬 288
霝 076
霜 678
霚 137
鵏 375
餋 366
鷩 401
黹 403
虨 558
嬰 639
闉 602
闌 516
壘 634
蹎 605
蹓 157
蹌 687
蟥 693
螹 079
瞳 007
蟅 267
蠙 617
覞 597
雖 417
幭 493
𢅏 072
覬 363
斁 288
厲 462
斀 224
歜 225
斣 227
罿 006
罾 025
黜 433
𩩍 347
髀 341
熷 025
貎 442
穜 005
穟 424
簣 330
簧 691
䉢 541
篬 687
黔 039
黺 556
頹 414
儲 264
儦 172
顆 343
魋 414
徽 361
鍥 472
鍊 516
鍞 046
鍾 004
鍑 163
鍭 202
鍛 271
鍒 139
鴿 055
𦉥 470
貇 396
餳 662
餲 474
餽 427
餱 201
膾 464
臏 021
臢 021
鵠 390
鮚 446
鮡 189
鮨 391
鮥 278
魧 706
獳 217
獷 694
鵒 274
謓 605
謠 154
謙 062
謚 456
褻 480
飄 715
襄 672
蠠 346
癉 525
癄 306
𤻙 006
膺 391
鄜 171
𨗨 026
旚 168
羵 330
燭 226
瀎 493
濫 072
濡 217
璗 666
盪 667
濞 346
濱 617
濯 197
濰 419
懱 493
懦 217
蹇 495
謇 496
窺 637
竂 174
邃 424
竄 409
𥦗 164
禪 526
禣 334
禭 424
禬 463
闊 477
辥 355
檗 354
甓 356
壁 353
臂 354
擘 356
蟲 619
孺 218
韔 679
牆 682
嬬 218
嬥 198
隸 098

盠 134
鍪 138
績 331
縛 543
縹 170
縵 535
繀 418
總 017
縼 510

十八畫

顡 471
鬄 349
鬐 127
騎 302
騑 369
騅 415
騊 147
蘇 510
𧾛 077
𧽕 167
𧾊 533
蕤 586
蕩 667
蝨 144
鞶 482
罄 642
謦 641
聶 080
爇 481
𨎌 536
鞣 138

藸 265
藜 386
藷 264
藨 171
鞥 506
檻 071
櫡 264
櫎 693
橋 304
轉 543
𨎮 536
擊 073
覭 167
覆 164
䨖 607
䨲 066
霣 598
鷔 030
闐 336
蕺 492
齕 377
矇 013
蕆 545
瞿 254
闔 083
闐 607
闓 364
曠 693
蹠 266
蹢 332
躇 265
蟬 529

蟜 410
嚚 609
黠 445
鄭 539
穮 116
馤 475
穭 465
邃 387
簿 244
簠 237
簝 174
簞 525
簜 666
鼬 121
駿 562
魌 428
醇 542
衝 005
還 402
鎮 608
鏄 243
鎧 364
鎎 381
鎗 689
鎌 066
鴮 459
饁 082
饐 362
䭠 062
臑 216
魟 205
鯁 712

鯉 655
颺 664
觵 691
觴 665
繇 156
諸 265
謾 534
謫 332
鄿 674
麐 694
辯 620
辧 620
旞 423
糧 707
䫛 422
燿 197
瀙 632
瀇 693
瀌 172
瀱 441
襗 289
襡 225
襘 466
璧 352
韕 270
蹩 686
鬆 437
隴 012
聱 135
繚 176
繟 529
繕 514

繸 512
繒 027
繑 410

十九畫

鬊 575
鬖 136
騩 428
騢 271
騷 144
趫 408
蕮 350
蓾 250
鼜 142
鼛 056
攌 548
蟄 481
攘 497
擇 290
穛 177
䡬 241
蔪 567
鄺 499
勸 501
蘇 249
藹 477
蘢 008
薏 512
顛 606
韡 507
櫓 250
轒 589

轑 177
鏨 079
𨎮 007
𨣤 032
𨢐 411
麗 312
礑 264
殯 588
豷 449
齗 568
鼫 402
黼 238
䁪 071
鄸 638
䝯 305
贈 025
關 522
蠓 015
蠉 548
䫗 597
嚨 008
顛 363
翾 545
䫮 585
髆 242
鼀 208
贊 538
犥 171
黎 386
黎 387
穬 694
簸 308
簵 280
籞 360
籔 384
簾 067
簸 585
䮧 277
騎 628
騩 336
騅 412
鏃 425
鏢 171
鏝 535
鏓 017
鏡 717
鏑 335
鏇 510
鍚 667
饆 586
麤 211
貚 526
覷 550
雝 049
鯢 338
鯛 127
鮥 068
觶 524
譖 031
譌 305
譄 024
譎 409
龐 011
麝 338
辦 619
瓣 620
龔 009
壟 011
旝 465
類 185
糬 288
顡 063
瀝 351
瀧 012
瀾 071
寵 010
襤 072
襦 216
襞 355
檗 354
繄 357
鵾 435
轉 242
顬 075
鶩 137
繹 290
繯 547
繪 457

二十畫

鷜 471
瓏 008
鬍 350
鬖 063
騴 013
趪 658
𧽌 544
趨 223
藹 070
攘 674
壤 676
馨 641
蘭 517
蘳 672
蘘 673
藍 074
鞥 508
藺 685
櫄 245
櫪 351
櫳 010
轘 548
飄 170
鬓 489
鬣 368
鬅 019
齝 094
齞 323
齣 430
矍 256
瞿 638
贜 360
闌 528
鶡 474
躅 223
蠗 198
嚶 639
巍 374
黔 047
黥 715
穢 492
糪 342
穮 172
籃 071
儡 080
蠡 345
巇 492
罍 343
鐀 589
鐐 177
鐕 032
鐘 006
釋 287
饐 449
鐪 048
龕 040
騰 022
鰒 162
鯸 201
鰕 271
鰖 248
觸 224
𩟥 175
譔 256
譯 287
譞 545
鏨 580
慶 640
鹰 271
辮 620

龔 009
譱 513
糴 197
爓 070
灌 500
瀚 510
瀾 518
瀏 462
懽 500
寶 142
騫 496
襭 448
闖 306
譬 353
璧 425
孃 675
鶩 135
繻 218
纊 694


## 二十一畫


翿 468
蠢 576
瓘 497
攝 081
驃 169
驄 017
趯 196
擢 258
鼙 341
鶩 480
歡 499
鶾 507
權 498
櫺 548
覽 072
醞 074
醹 218
酈 314
露 280
霧 140
齜 400
齰 444
齦 590
譻 638
闠 546
闢 356
囊 674
躍 197
黮 663
蟰 115
儺 504
儷 313
儹 539
鬾 502
躍 255
鐵 659
鐸 290
鐲 226
鼙 341
鷄 158
鶴 688
鑮 014
臐 673
鰜 066
鰗 407
鑫 159
譚 708
辯 620
礱 011
顥 514
穖 492
爟 500
讋 079
瀸 033
瀷 256
懾 081
懼 256
騫 496
櫳 010
穰 672
屬 225
豩 160
鵃 434
繐 018


## 二十二畫


驒 526
驕 409
蘇 159
櫜 080
蘿 504
鶘 502
麗 313
鶵 333
櫾 160
鑿 658
囊 676
酄 026
邐 313
龕 010
霰 566
齬 231
矚 498
鷺 417
髑 224
體 464
穰 674
籠 009
鑑 073
羅 198
臞 255
臘 022
鱒 542
鰻 535
龜 250
癭 640
龔 009
聾 011
聾 011
鷸 333
灑 315
瓚 539
蠣 351
蠶 134
韣 225
鑽 540
蠢 421


## 二十三畫


瓚 538
驥 658
驛 289
趣 513
攫 257
戁 505
蘿 500
欑 539
巖 313
韉 527
鶴 173
魏 217
鶩 489
齮 300
齯 335
巖 504
曬 314
蠸 501
蠰 675
雞 387
籣 517
籯 673
鰜 064
鱧 448
黴 580
徽 361
鏐 388
鑣 172
襲 011
鐕 032
鱓 527

玃 257
讇 070
灡 518
鷩 489
彏 258
韤 492
鷸 409
纓 640
纗 463
纕 675

## 二十四畫

鬛 072
趯 498
觀 499
鹽 073
釀 676
蠶 032
蠽 344
鷺 280
䍤 548
䮾 014
䮠 353
衢 255
鑮 244
貛 499
䚕 498
讙 498
讕 517
讎 417
讓 673
爤 518
癧 314
鷩 259
孎 227

## 二十五畫

趯 255
欘 227
䶢 062
䶈 241
䶪 362
躡 080
躣 255
鼉 529
黵 466
籭 314
籫 538
鑲 676
饟 674
讘 080
灝 504
灨 251
斸 227
糶 199
纚 316
纘 540

## 二十六畫

虉 503
釃 316
覼 315
赲 317
䶫 423
欚 330
躧 314
蠹 370
釁 552
鬭 160

## 二十七畫

驩 500
驤 674
𧾲 257
蘸 676
躩 257
鑽 540
貜 257
饡 539

## 二十八畫

豔 082
䯞 024
鸚 639
[illegible] 397
钁 258

## 二十九畫

驪 315
虋 558
靐 143
驩 498
鱹 256

## 三十畫

鱺 315
鸞 197

## 三十一畫

齺 424

## 三十二畫

齉 549

## 三十七畫

鸙 494

# 四角號碼檢字表


**0010**
[2]盳 700
[5]童 004
**0011**
[1]痱 367
[2]瘟 083
𤼆 314
疕 389
疵 402
𤵜 460
痙 654
[3]瘣 427
[5]瘇 006
**0012**
[1]瘉 212
疴 297
[7]痡 237
𤸳 306
痬 348
㾫 622
瘍 662
病 710
**0013**
[2]瘃 229
瘱 468
痕 591
[6]衁 702
**0014**
[0]疛 219
[1]痔 088
[4]痿 373
瘻 640
[7]瘕 270
疲 309
疫 358
𥪰 578
**0015**
[6]癉 525
**0016**
[4]瘏 261
**0017**
[2]痁 431
**0018**
[1]瘨 606
[2]痎 108
痍 376
[4]𤺋 472
[6]疻 324
瘨 597
**0020**
[1]亭 643
**0021**
[1]龐 011
[2]庖 150
鹿 338
庇 395
巟 701
竟 716
[4]庛 287
[5]雇 415
[7]庉 574
亢 695
斻 696
**0022**
[2]序 252
[7]市 085
育 156
腐 222
席 267
帝 325
裔 408
庽 476
肓 699
**0023**
[1]麃 171
[6]廕 016
蠯 346
[7]廉 064
庶 266
[8]𢋐 694
**0024**
[0]府 220
[1]庤 088
廦 355
[4]廮 640
[6]庫 343
[7]度 267
𢉀 271
**0026**
[1]𢊁 391
[4]庮 123
[6]廥 466
**0028**
[2]𢇍 050
[6]廣 692
**0033**
[1]忘 701
[4]𢡀 620
**0040**
[4]妄 701
**0041**
[5]雜 578
**0044**
[1]辡 619
辨 619
辦 619
瓣 620
辮 620
辬 620
辯 620
**0050**
[1]𦍙 576
[3]牽 625
**0060**
[1]盲 699
[2]啻 329
**0061**
[1]讙 417
[2]詤 706
[5]誰 412
**0062**
[7]諦 329
謫 332
謊 701
**0063**
[2]讓 673
**0064**
[7]諄 577
**0068**
[2]該 106
**0069**
[6]諒 713
**0071**
[0]亡 698
[4]亳 285

**0073**
[2]衮 134
褎 150
裵 368
褱 428
褻 480
玄 624
玆 627
襄 672
**0080**
[2]亥 105
**0090**
[4]稟 254
亲 700
[6]京 713
**0110**
[4]壟 011
**0113**
[6]蠪 011
**0121**
[1]龍 007
**0140**
[1]聾 011
**0144**
[1]龏 009
**0160**
[2]礱 011
**0161**
[1]誹 366
証 637
**0162**
[0]訶 296
訂 643
**0164**
[1]讘 080
**0166**
[1]譖 031
語 231
**0180**
[1]龔 009
**0188**
[6]頦 109
**0190**
[4]龒 009
**0261**
[3]誂 186
[4]託 285
**0262**
[1]訢 568
[7]譌 305
**0264**
[4]諉 372
**0266**
[1]詣 389
**0267**
[2]詘 430
**0280**
[0]刻 107
**0314**
[7]竣 564
**0318**
[4]竢 099
**0324**
[7]竣 697
**0361**
[2]詑 291
謚 456
**0362**
[7]誧 236
諞 622
**0365**
[0]誠 645
**0366**
[0]詒 096
**0368**
[4]誒 099
**0461**
[2]誅 594
[5]讙 498
**0462**
[7]訥 406
**0464**
[1]詩 086
[7]詖 307
誖 488
**0466**
[0]諸 259
[1]詰 444
[4]諳 265
**0468**
[1]讀 605
**0482**
[7]劾 110
**0492**
[7]勍 715
**0512**
[7]靖 630
**0514**
[3]竴 542
**0562**
[7]請 628
**0566**
[0]訕 118
**0568**
[0]訣 668
**0569**
[0]誅 206
[2]諫 327
[6]諌 515
**0612**
[7]竭 476
**0614**
[0]埤 344
**0662**
[7]謁 473
**0663**
[2]譞 545
**0664**
[1]譯 287
[7]謾 534
**0668**
[4]諛 256
**0672**
[7]竭 477
**0710**
[4]望 708
**0722**
[7]鷸 333
邟 696
**0761**
[0]訊 614
[2]說 336
[4]譼 708
**0762**
[0]讕 070
調 126
詾 147
讕 517
訶 582
[7]訒 028
諝 247
譎 409
**0763**
[2]詪 590
**0766**
[2]詔 179
韶 179
[4]詻 274
**0767**
[2]謠 154
**0772**
[7]鄭 674
卭 700
**0774**
[7]氓 701
**0782**
[7]郂 108
**0784**
[7]毅 106
**0788**

$^{2}$欻　109

**0791**

$^{0}$飆　715

**0810**

$^{9}$鏊　580

**0813**

$^{6}$[illegible]　295

**0816**

$^{6}$蹭　026

**0820**

$^{0}$㫃　505

**0821**

$^{2}$施　294

$^{3}$旇　188

$^{5}$旌　634

**0822**

$^{0}$斿　505

$^{1}$旖　301

旂　569

$^{7}$旆　487

**0823**

$^{2}$旅　258

$^{3}$旞　423

**0824**

$^{0}$敫　268

敵　333

$^{4}$旟　166

$^{7}$旋　308

**0826**

$^{6}$旝　465

**0828**

$^{1}$旋　506

**0829**

$^{1}$旚 168

**0833**

$^{4}$慗　580

**0844**

$^{0}$敦　577

**0861**

$^{2}$説　458

$^{7}$訖　377

**0862**

$^{1}$諭　210

**0863**

$^{2}$諗　044

$^{7}$謙　062

**0866**

$^{1}$詥　055

$^{6}$譖　024

**0874**

$^{0}$攷　699

**1010**

$^{1}$正　636

$^{2}$五　230

巠　647

$^{4}$亜　600

$^{8}$豆　202

**1011**

$^{2}$疏　246

$^{5}$琟 411

**1016**

$^{4}$露　280

**1020**

$^{0}$丁　642

**1021**

$^{2}$霓　338

**1022**

$^{7}$需　216

丽　312

丙　709

**1023**

$^{2}$豖　228

豖　420

弦　626

$^{7}$霥　066

**1024**

$^{7}$覆　164

弴　579

$^{8}$霰　137

**1026**

$^{4}$霿　140

**1033**

$^{1}$悪　382

$^{3}$慈　627

**1040**

$^{1}$霆　651

$^{4}$要　165

$^{7}$憂　384

**1041**

$^{2}$旡　381

**1044**

$^{1}$聶　080

**1049**

$^{6}$瘃　714

**1050**

$^{6}$更　709

**1060**

$^{1}$吾　230

$^{2}$面　536

$^{3}$靁　076

$^{4}$酉　122

霎　277

西　599

**1061**

$^{5}$碓　415

**1062**

$^{0}$可　296

$^{1}$哥　304

**1063**

$^{2}$釀　676

**1064**

$^{7}$靄　566

醇　579

**1069**

$^{6}$醇　716

**1071**

$^{2}$雹　151

$^{7}$丂　296

**1080**

$^{1}$賈　607

$^{6}$賈　598

**1090**

$^{1}$票　166

$^{4}$橐　080

**1096**

$^{1}$霜　678

**1110**

$^{4}$韭　370

**1111**

$^{1}$瓏　008

非　365

$^{4}$班　558

$^{7}$甄　602

**1112**

$^{0}$玎　642

$^{7}$翡　366

**1113**

$^{2}$琢　228

$^{4}$琵　456

$^{6}$疆　032

韮　370

**1116**

$^{1}$璠　031

**1118**

$^{6}$頭　205

頨　624

頸　654

**1121**

$^{2}$麗　312

**1122**

$^{7}$鸐　030

**1123**

$^{2}$張　680

**1124**

$^{7}$斅　313

**1128**

$^{6}$頂　644

**1133**

$^{1}$悲　369

$^{4}$瑟　455

**1140**
[0]斐 368
[1]延 637
[4]婁 369

**1141**
[2]殎 030

**1142**
[7]孺 218

**1148**
[6]頲 651

**1150**
[1]辈 365
[6]輩 370

**1160**
[0]昔 366
[1]晉 030

**1161**
[2]醴 316

**1162**
[0]砢 298
[7]醹 218

**1166**
[1]醑 032

**1168**
[6]頵 075

**1171**
[4]毳 368
[7]暨 367

**1173**
[2]餥 366

**1190**
[4]棐 367

**1210**
[0]到 178
到 653
玭 394
玼 398
[3]珧 186

**1213**
[0]玒 426

**1214**
[1]珽 649

**1220**
[0]剢 409

**1221**
[8]殪 362

**1224**
[4]矮 372

**1229**
[3]孫 160

**1240**
[1]廷 647

**1247**
[2]聉 433
聯 549

**1260**
[0]副 114

**1261**
[8]磑 363

**1277**
[2]蠻 549

**1290**
[0]剽 167

**1293**
[0]瓢 168

**1310**
[4]珌 451

**1313**
[2]琅 702

**1322**
[7]酺 236
豧 239

**1323**
[2]豤 705

**1326**
[0]殆 095
[5]殰 470

**1360**
[0]卟 180

**1361**
[2]醯 456

**1362**
[7]酺 238
醽 241

**1363**
[2]硠 704

**1364**
[7]酸 565

**1411**
[5]瓘 497

**1412**
[7]勁 656

**1414**
[0]玫 131
[7]玻 318

**1418**
[1]瑱 604
[5]瑛 671
[6]瓚 538
璜 691

**1419**
[6]璙 173

**1421**
[8]殣 448
殪 449

**1422**
[1]殇 300

**1424**
[7]敯 318

**1426**
[0]豬 262

**1428**
[6]豶 588
蟥 692

**1461**
[2]磕 083

**1462**
[7]劭 182

**1464**
[7]破 310

**1466**
[1]砶 445

**1468**
[6]磺 692

**1489**
[4]蘇 322

**1492**
[7]勳 170

**1519**
[0]珠 205

**1523**
[1]豨 420

**1528**
[0]殃 669

**1529**
[0]殊 206

**1540**
[0]建 519

**1561**
[2]醯 671

**1562**
[7]酾 488

**1568**
[6]磧 331

**1610**
[4]聖 649

**1611**
[3]瑰 426

**1612**
[7]瑒 660

**1613**
[0]璁 016
[2]環 544

**1621**
[2]覼 315
跂 317
[3]魏 217

**1624**
[1]殬 288
[7]玃 258

**1625**

$^{6}$殫 524

彈 529

**1643**

$^{0}$聰 017

**1660**

$^{2}$碧 282

**1661**

$^{3}$醜 123

$^{4}$醒 649

**1662**

$^{7}$碣 476

碭 663

**1664**

$^{0}$碑 343

**1665**

$^{6}$磾 526

**1668**

$^{6}$碩 598

**1691**

$^{2}$覩 167

**1702**

$^{7}$马 074

**1710**

$^{2}$丑 129

盄 709

**1712**

$^{0}$琱 125

玓 191

$^{7}$邘 131

郖 204

鄄 601

**1713**

$^{2}$琨 590

$^{6}$蝨 134

蟲 134

蝨 144

瑵 144

蝨 615

**1714**

$^{7}$瑕 269

珉 618

**1716**

$^{4}$璐 279

**1717**

$^{2}$瑤 157

**1718**

$^{0}$玖 110

$^{4}$猴 200

**1720**

$^{2}$予 251

**1721**

$^{2}$杻 132

$^{5}$翟 196

**1722**

$^{0}$刀 178

$^{2}$矛 132

$^{7}$乃 027

鼐 028

務 138

鬻 197

胥 246

鬻 259

酈 314

鬲 407

鷊 409

鬻 489

鬻 494

邴 710

**1723**

$^{2}$豫 252

豤 591

**1724**

$^{7}$豰 229

豭 271

豰 358

**1726**

$^{2}$弨 182

**1732**

$^{0}$刃 581

$^{2}$忍 583

**1740**

$^{7}$孕 028

**1741**

$^{0}$卂 614

**1742**

$^{0}$聊 153

明 490

**1752**

$^{7}$鄭 712

**1760**

$^{0}$函 074

$^{2}$召 178

**1762**

$^{0}$卲 181

酌 196

$^{7}$邵 180

郘 232

醽 411

**1763**

$^{2}$䣞 013

**1768**

$^{2}$歌 304

**1772**

$^{7}$鄱 603

**1780**

$^{1}$疋 245

**1790**

$^{4}$柔 133

柔 252

**1791**

$^{0}$飄 170

**1810**

$^{9}$鍪 138

**1812**

$^{1}$瑜 209

$^{7}$玲 036

**1813**

$^{6}$蝥 137

**1814**

$^{0}$政 637

**1816**

$^{2}$琀 037

$^{7}$瑲 687

**1822**

$^{7}$矝 136

殤 665

**1824**

$^{0}$敄 133

敄 228

**1826**

$^{6}$醑 026

**1832**

$^{7}$鶩 135

鶩 137

**1840**

$^{4}$婺 137

**1842**

$^{7}$聆 040

**1850**

$^{1}$犛 135

$^{6}$釐 135

**1860**

$^{4}$瞀 135

瞀 138

**1861**

$^{2}$醯 074

**1862**

$^{1}$醶 215

**1863**

$^{2}$硺 423

$^{7}$磏 064

**1864**

$^{0}$敌 231

**1866**

$^{4}$礸 264

**1871**

$^{2}$硷 041

**1872**

$^{7}$黔 040

**1874**
$^{0}$改 092
**1877**
$^{2}$砮 137
**1890**
$^{4}$棨 136
**1974**
$^{8}$[illegible] 019
**2010**
$^{4}$壬 033
壬 646
$^{5}$重 002
**2011**
$^{5}$崔 400
**2021**
$^{4}$侂 287
$^{5}$隹 411
倠 413
儺 504
$^{7}$伉 696
**2022**
$^{7}$爲 305
爲 549
**2023**
$^{1}$僬 172
$^{2}$伭 626
**2024**
$^{1}$僻 355
**2028**
$^{2}$侅 108
**2029**
$^{6}$倞 714
**2031**
$^{2}$鯍 706
$^{5}$騅 412
$^{7}$魧 698
**2034**
$^{1}$騂 353
**2040**
$^{4}$委 371
**2051**
$^{1}$魋 414
**2053**
$^{1}$犥 171
**2054**
$^{7}$犉 577
**2059**
$^{6}$㹁 713
**2061**
$^{5}$雒 274
**2071**
$^{0}$乇 284
$^{4}$[illegible] 580
**2073**
$^{0}$厶 425
**2091**
$^{2}$綂 707
$^{5}$穜 005
黐 387
維 416
$^{7}$秔 696
**2092**
$^{7}$綪 159
締 329
**2093**
$^{1}$穮 172
$^{2}$穰 674
纕 675
**2098**
$^{6}$穦 694
繽 694
**2106**
$^{6}$楅 115
**2111**
$^{2}$遻 402
**2112**
$^{7}$嗎 402
**2114**
$^{7}$鼓 362
**2118**
$^{6}$顚 363
**2121**
$^{1}$俳 367
$^{2}$伍 230
儷 313
徑 652
$^{7}$僊 603
$^{8}$恒 204
**2122**
$^{0}$何 298
$^{1}$衝 005
衘 048
徛 231
衢 255
$^{7}$儒 216
**2123**
$^{2}$倀 680
$^{4}$慮 452
**2124**
$^{1}$儡 080
**2126**
$^{1}$僭 031
$^{2}$偭 536
**2128**
$^{6}$顀 414
**2129**
$^{1}$僄 169
**2131**
$^{2}$鱺 315
鯨 655
$^{8}$鮔 205
**2132**
$^{0}$駉 296
$^{7}$鮩 711
**2133**
$^{6}$穛 116
**2134**
$^{6}$鯁 712
**2136**
$^{1}$鰽 032
**2140**
$^{6}$[illegible] 343
[illegible] 344
**2141**
$^{7}$甁 345
軙 340
**2148**
$^{6}$頫 157
[illegible] 343
**2151**
$^{2}$蛵 652
$^{8}$魈 428
**2160**
$^{0}$卣 122
**2161**
$^{7}$瓬 095
**2168**
$^{6}$頟 276
**2171**
$^{2}$峌 654
**2176**
$^{1}$齬 231
**2178**
$^{6}$頊 286
頓 432
**2190**
$^{4}$槩 382
**2191**
$^{1}$紅 638
$^{2}$纚 316
概 383
經 655
$^{7}$繻 218
**2194**
$^{6}$綆 712
$^{7}$柭 319
**2196**
$^{2}$緬 537
$^{6}$緮 115
**2199**

[1]縹 170

**2210**

[0]剴 362
[4]坒 396
[8]豈 361
[9]崟 047
⿱此金 404

**2211**

[0]此 398
[3]絆 522
[5]⿰山重 002

**2212**

[7]⿱山羽 084

**2213**

[6]蚩 085
⿱此蚰 397

**2220**

[0]爿 681
[7]岑 039

**2221**

[0]仳 394
亂 550
[2]能 092
[3]佻 188
[4]任 034
[5]徸 003
崖 414
崔 414
催 418
[7]凭 035

**2222**

[1]斨 684
[2]彪 558
[7]僞 306
觜 401
岔 552

**2224**

[1]侹 650
[4]倭 373
[7]僾 385
陖 565

**2225**

[0]⿰爿手 683
[3]⿱山戕 685

**2227**

[2]貀 432

**2229**

[3]繇 161

**2231**

[3]鮡 189
[4]魠 286

**2232**

[7]⿱此鳥 401

**2233**

[1]恁 035
態 101
[4]⿱山必 454
[6]⿱此黑 403

**2236**

[1]鮨 391

**2239**

[4]穌 249

**2240**

[0]剕 491
[4]⿱此女 404

**2241**

[3]巍 374

**2250**

[1]⿱此車 400
[2]⿱此手 404

**2251**

[0]牝 388
[3]嵬 428

**2252**

[7]苐 439

**2260**

[0]⿱此隹 100
[1]旨 388
呰 399
訾 399
眥 400
[4]舌 036

**2261**

[0]⿰此比 395
[8]皚 363

**2266**

[1]呰 399

**2269**

[3]繇 156

**2271**

[0]匕 388
比 393
齜 400
[2]⿱此齒 402
[8]⿰齒豈 362

**2272**

[1]斷 568

**2277**

[2]出 429
齣 430

**2280**

[6]賃 035
貲 402

**2290**

[0]利 385
[1]祡 398
祟 429
[2]粊 326
[3]紫 404
[4]栠 035
枈 394
柴 401

**2291**

[0]秕 394
紕 396
[3]絩 189
[4]紝 034
秅 285
[5]種 003
緟 004
維 418

**2293**

[0]私 426

**2294**

[1]綎 651
[4]緌 374

**2297**

[2]絀 434

**2299**

[4]秝 350

**2302**

[7]牑 622

**2320**

[4]佖 454

**2321**

[2]佗 292
允 559

**2322**

[7]俌 238
徧 621
偏 623

**2324**

[2]傅 243
[7]俊 563

**2325**

[0]伐 491
戕 683
臧 685

**2326**

[0]佁 095

**2328**

[4]俟 098
狀 683

**2330**

[4]鮅 455

**2331**

[2]鮀 293

**2333**

[6]怠 093

**2334**

$^{7}$駿 562

**2336**

$^{0}$鮐 097

**2340**

$^{7}$夋 560

**2341**

$^{2}$䩞 560

**2356**

$^{5}$犗 469

**2360**

$^{0}$台 092

**2374**

$^{2}$齳 241

**2376**

$^{0}$齝 094

**2380**

$^{4}$矣 091

$^{9}$皃 096

**2390**

$^{4}$枲 093

**2392**

$^{7}$編 624

**2393**

$^{2}$稼 272

**2394**

$^{2}$縛 243

**2396**

$^{0}$紿 097

$^{1}$稽 390

**2411**

$^{2}$黗 082

**2412**

$^{7}$動 004

**2414**

$^{1}$峙 086

**2415**

$^{3}$巇 492

**2420**

$^{0}$豺 102

付 218

**2421**

$^{0}$壯 681

$^{2}$先 593

侁 594

兟 595

$^{5}$觼 498

貜 499

**2422**

$^{1}$徛 299

觭 301

倚 302

**2424**

$^{0}$妝 683

$^{1}$待 086

侍 088

偫 090

$^{7}$彼 307

伎 319

攲 320

**2426**

$^{0}$觰 260

儲 264

$^{1}$佶 444

牆 682

**2428**

$^{6}$儧 539

儥 587

犢 691

**2429**

$^{0}$牀 683

$^{6}$僚 175

**2430**

$^{0}$鮒 221

**2431**

$^{5}$驩 498

$^{8}$䮃 448

**2432**

$^{7}$魶 407

**2433**

$^{0}$怤 221

$^{2}$驝 014

**2434**

$^{7}$鮍 310

**2436**

$^{1}$鮚 446

**2451**

$^{0}$魁 429

$^{4}$魃 320

$^{8}$魖 502

**2454**

$^{1}$特 086

**2471**

$^{1}$毪 594

**2472**

$^{1}$齮 300

**2473**

$^{2}$裝 684

**2474**

$^{7}$岐 318

歧 319

**2476**

$^{1}$䶛 444

**2480**

$^{4}$奘 684

奘 685

$^{6}$贊 538

**2484**

$^{0}$妏 111

**2489**

$^{6}$獠 175

2490

$^{0}$紨 222

**2491**

$^{2}$𥟂 707

**2492**

$^{1}$綺 302

$^{7}$納 407

**2493**

$^{6}$繐 018

**2494**

$^{7}$紴 311

**2495**

$^{3}$穖 492

**2496**

$^{0}$緒 263

$^{1}$結 447

**2498**

$^{1}$積 606

$^{6}$稹 323

纘 540

繚 176

**2510**

$^{0}$生 632

**2511**

$^{0}$牲 636

**2520**

$^{0}$件 531

**2521**

$^{0}$甡 634

**2522**

$^{7}$佛 439

倩 629

**2524**

$^{0}$健 520

$^{3}$傳 542

**2526**

$^{0}$伷 119

$^{8}$偆 575

**2528**

$^{1}$使 052

$^{2}$俠 375

**2531**

$^{0}$鮏 635

**2532**

$^{7}$鯆 487

鯖 628

**2534**

$^{3}$鱄 542

**2546**

$^{0}$舳 120

**2551**
$^{0}$牲　633
**2552**
$^{7}$⿰牛巿　486
**2560**
$^{1}$眚　633
**2568**
$^{1}$⿰齒疌　052
**2571**
$^{7}$鼄　208
**2572**
$^{7}$崝　630
**2576**
$^{0}$岫　120
**2578**
$^{6}$⿰齒責　330
**2590**
$^{0}$朱　205
**2591**
$^{7}$純　575
**2592**
$^{7}$紼　441
綪　631
**2594**
$^{3}$縛　543
**2596**
$^{0}$紬　122
**2598**
$^{0}$秧　670
紻　671
$^{1}$緁　053
$^{6}$積　330
績　331
**2599**
$^{0}$絑　208
$^{6}$練　516
$^{9}$⿰糹隶　098
**2600**
$^{0}$囟　015
白　281
**2611**
$^{2}$覬　363
**2612**
$^{7}$甥　635
**2613**
$^{6}$蟲　345
**2620**
$^{2}$伯　283
**2621**
$^{2}$貌　396
⿰鬲見　550
$^{3}$傀　427
$^{4}$徎　648
$^{5}$彏　255
**2622**
$^{7}$觸　224
帛　283
傷　348
**2623**
$^{2}$儇　546
**2624**
$^{0}$俾　342
$^{7}$貜　257
**2625**
$^{6}$觶　524
僤　526
貚　526
**2626**
$^{1}$僭　325
**2628**
$^{0}$伿　324
**2630**
$^{2}$鮊　284
**2631**
$^{5}$⿰魚瞿　256
**2633**
$^{0}$恖　015
**2634**
$^{7}$鰻　535
**2635**
$^{6}$鱓　527
**2640**
$^{0}$卑　339
**2641**
$^{2}$覣　373
$^{3}$鬼　426
魄　283
**2662**
$^{7}$⿰弓易　347
⿰鬲曷　475
**2672**
$^{7}$崵　663
**2674**
$^{1}$嶧　289
**2678**
$^{0}$⿰齒只　323
**2690**
$^{0}$⿰黍日　442
**2691**
$^{4}$程　648
**2692**
$^{1}$⿰糹闌　463
$^{7}$緆　349
⿰禾曷　475
**2693**
$^{0}$總　017
$^{2}$繯　547
**2694**
$^{0}$稗　342
⿰黍卑　342
$^{1}$釋　287
繹　290
$^{4}$纓　640
$^{7}$縵　535
**2695**
$^{6}$繟　529
**2698**
$^{6}$縜　598
**2702**
$^{0}$勹　145
**2711**
$^{2}$⿰血田　130
**2713**
$^{6}$蠡　421
**2717**
$^{7}$衉　068
**2718**
$^{0}$⿰虫欠　085
**2721**
$^{2}$⿰舟兒　337
倪　337
**2722**
$^{0}$復　164
鄜　171
仢　193
豹　193
俑　239
仞　582
$^{2}$伃　252
$^{7}$仍　028
⿰亻卻　201
鄔　305
牖　682
**2723**
$^{2}$彖　420
很　590
$^{6}$⿰亻蚤　144
**2724**
$^{2}$將　685
$^{7}$徦　269
假　270
役　357
**2726**
$^{1}$儋　156
$^{2}$佋　181
貂　181
$^{4}$觡　275
貉　277
**2728**
$^{4}$侯　200

候 201

偰 471

**2729**

$^{4}$倸 138

**2731**

$^{2}$鮑 151

鯢 336

鯢 338

**2732**

$^{0}$鯛 127

勺 190

$^{7}$鮹 248

**2733**

$^{4}$愸 437

$^{6}$魚 249

鱻 250

$^{9}$黎 387

**2734**

$^{7}$鰕 271

**2736**

$^{4}$鮥 278

**2737**

$^{7}$鮨 068

**2738**

$^{4}$鯸 201

**2742**

$^{7}$郇 342

**2744**

$^{2}$弇 154

**2750**

$^{4}$夆 467

**2752**

$^{0}$㓞 581

**2760**

$^{1}$畬 154

魯 233

$^{3}$魯 249

$^{4}$各 273

醬 684

**2762**

$^{0}$匌 057

匐 115

$^{7}$部 096

鴿 274

鵖 390

**2768**

$^{1}$[illegible] 245

**2771**

$^{2}$包 146

齯 335

$^{7}$[illegible] 386

**2772**

$^{0}$匋 146

坰 395

匈 472

$^{7}$郇 150

鴝 158

**2773**

$^{2}$齦 590

**2777**

$^{0}$[illegible] 424

$^{2}$畚 155

崛 435

$^{7}$臽 067

**2778**

$^{2}$欿 068

歃 158

歁 432

**2780**

$^{0}$久 110

$^{1}$䲆 686

$^{4}$獎 686

$^{6}$負 112

奮 616

$^{9}$灸 111

**2782**

$^{0}$匀 146

$^{7}$鄭 539

**2788**

$^{2}$欸 100

**2790**

$^{2}$漿 686

$^{4}$棃 386

$^{9}$黎 386

**2791**

$^{2}$紐 131

秜 392

黏 442

$^{5}$糴 199

**2792**

$^{0}$稠 126

綢 128

杓 192

約 195

紉 583

$^{2}$紓 253

$^{7}$郰 207

繻 410

鶔 434

**2793**

$^{6}$騷 437

**2794**

$^{0}$馭 434

**2795**

$^{2}$䅳 386

**2796**

$^{2}$紹 182

$^{4}$絡 278

**2798**

$^{2}$欵 434

$^{4}$緱 202

**2802**

$^{1}$牏 211

**2814**

$^{7}$數 089

**2820**

$^{0}$似 091

**2821**

$^{7}$仡 379

**2822**

$^{1}$貐 213

$^{7}$份 555

觴 665

傷 665

**2824**

$^{0}$敚 359

微 359

徹 360

黴 361

徽 361

敵 550

$^{7}$復 161

**2825**

$^{1}$牂 682

**2826**

$^{1}$佮 056

僐 513

$^{4}$艏 124

$^{6}$儈 465

$^{7}$牄 682

**2832**

$^{7}$鯩 040

鰼 557

**2833**

$^{7}$鰜 066

**2834**

$^{0}$驐 580

$^{7}$鰒 162

**2852**

$^{7}$牞 037

**2864**

$^{0}$畋 282

**2866**

$^{2}$䭫 391

**2871**

$^{7}$齕 377

**2873**

$^{7}$齥 062

**2891**

$^{2}$稅 460

$^{7}$秔 379
紇 380
**2892**
$^{1}$綸 215
$^{7}$紟 041
紛 557
**2893**
$^{1}$糕 184
$^{2}$稔 044
$^{3}$穟 424
$^{7}$穛 063
縑 066
**2896**
$^{1}$給 058
繕 514
$^{6}$繒 027
穭 465
繪 467
**2898**
$^{1}$緃 510
$^{2}$繸 512
**2921**
$^{2}$佹 690
**2922**
$^{7}$黱 024
**2924**
$^{8}$併 020
**2925**
$^{0}$伴 531
**2978**
$^{9}$餤 068
**2995**
$^{0}$絆 532
**3010**
$^{2}$窒 653
盗 708
**3011**
$^{2}$竀 637
滰 716
$^{3}$窕 188
$^{5}$潼 007
淮 416
潍 419
$^{7}$沆 697
**3012**
$^{7}$涫 159
滴 334
**3013**
$^{1}$漉 172
$^{2}$泫 625
**3014**
$^{7}$渡 268
淳 579
**3019**
$^{6}$涼 715
**3021**
$^{1}$寵 010
扉 369
**3022**
$^{1}$竊 211
$^{7}$竄 306
褅 328
竂 409
扁 621
㾗 710
**3023**
$^{2}$家 272
襛 672
**3024**
$^{7}$寝 164
**3025**
$^{3}$宬 646
**3026**
$^{1}$寤 233
$^{2}$褶 334
**3030**
$^{1}$远 695
$^{2}$之 084
適 332
$^{3}$遮 266
迹 327
寒 495
$^{4}$避 353
**3032**
$^{7}$騫 496
騫 496
**3033**
$^{1}$窯 185
$^{4}$宓 453
$^{6}$窻 016
窸 281
憲 512
**3040**
$^{1}$準 580
**3060**
$^{1}$害 233
$^{2}$宕 666
$^{4}$客 276
$^{5}$宙 120
害 468
$^{6}$富 113
富 115
**3062**
$^{1}$寄 302
**3071**
$^{2}$它 291
$^{4}$宅 285
$^{7}$窀 573
**3072**
$^{7}$窌 153
**3073**
$^{2}$褰 496
良 700
窀 703
**3077**
$^{2}$窋 431
密 456
$^{7}$窞 068
**3080**
$^{1}$寋 051
寋 495
蹇 496
賓 608
定 637
$^{4}$窦 471
$^{6}$竇 142
寅 615
$^{7}$穴 111
**3090**
$^{6}$寮 174
**3094**
$^{7}$竅 436
**3111**
$^{1}$瀧 012
瀝 351
$^{2}$灑 315
溉 384
涇 655
$^{4}$湮 601
**3112**
$^{0}$河 298
汀 644
$^{1}$漘 304
$^{7}$灊 033
濡 217
**3113**
$^{2}$涿 229
**3116**
$^{1}$潛 032
浯 233
$^{2}$湎 537
$^{4}$酒 123
洒 600
**3119**
$^{1}$漂 169
**3121**
$^{1}$襱 010
$^{4}$禋 601
$^{7}$甂 624
$^{8}$裋 204

**3122**
[7]襦 216
**3126**
[6]福 113
**3128**
[6][illegible] 448
**3130**
[1]逗 203
邏 313
遷 602
[illegible] 636
[6]逎 123
迺 600
**3210**
[4]垩 571
**3211**
[0]泚 403
[3]洮 189
[5]湩 004
漼 418
**3212**
[1]漸 078
浙 484
沂 570
[7]洿 043
**3213**
[6]滍 089
**3217**
[2]泏 433
**3221**
[0]祉 393
[3]祧 187
[4]衽 034
**3222**
[1]祈 566
**3230**
[1]逃 186
[2]逝 482
近 568
[4]逶 372
[9]邎 159
**3260**
[0]割 469
[4][illegible] 079
**3272**
[1]㫁 705
**3300**
[4]必 451
**3310**
[0]兆 185
[2]监 453
[4]泌 455
**3311**
[2]沱 292
沇 561
**3312**
[7]浦 240
**3313**
[2]浪 704
**3314**
[2]溥 243
[7]浚 564
**3315**
[0]浅 105
**3316**
[0]治 093
冶 097
**3318**
[4]涘 099
[6]演 616
**3320**
[4]袐 451
**3321**
[2]袉 292
**3322**
[7]黼 238
補 238
褊 623
**3330**
[2]逋 236
[3]邃 424
[4]逡 562
**3385**
[0]戭 616
**3410**
[0]泭 221
**3411**
[2]池 292
洗 595
[5]灌 500
**3412**
[1]满 299
[7]汭 406
灡 518
**3413**
[2]濛 014
**3414**
[1]洔 089
[7]波 310
汥 321
**3415**
[3]瀎 493
**3416**
[0]渚 263
**3418**
[1]滇 607
[5]漠 503
[6]灒 539
瀆 588
潢 692
[illegible] 693
**3419**
[6]潦 176
**3420**
[0]袝 219
**3424**
[7]被 309
**3426**
[0]褚 262
[1]袺 445
**3428**
[1]禛 604
**3430**
[1]迆 293
[3]遠 545
[9]遼 173
**3512**
[7]沸 440
沛 487
清 631
凊 631
**3516**
[0]油 121
**3518**
[0]泱 670
[2]洟 376
[6]漬 331
**3519**
[0]洙 207
[2]涑 328
[6]涷 002
凍 002
湅 516
**3522**
[7]鬻 441
**3528**
[1][illegible] 052
**3529**
[0]袾 207
**3530**
[2]迹 486
[6]迪 118
**3601**
[2]覕 454
**3610**
[0]湘 678
[2]盪 667
[3]鎏 666
**3611**
[2]覜 189

灝 632
[4]涅 443
[5]濯 256

**3612**

[1]瀾 462
[7]濁 226
渴 476
湯 664

**3614**

[1]澤 289

**3618**

[6]湏 598

**3620**

[0]袓 442

**3621**

[4]裎 648

**3622**

[7]襡 225
裼 348
褐 475
禓 660

**3624**

[0]裨 343
[1]襗 289

**3625**

[6]襌 523
禪 526

**3630**

[0]迫 282
[1]逞 648
[2]遏 473
[3]還 543
[8]迟 322

**3671**

[2]覎 292

**3702**

[0]覕 454
[7]邲 453

**3711**

[0]汎 614
[2]氾 075
沑 131
泡 151
泥 392
[5]濯 197

**3712**

[0]澗 071
淍 127
汋 194
瀾 518
沕 583
[7]湑 248
潏 410
鸂 504

**3713**

[6]灙 251

**3714**

[7]澱 585

**3716**

[2]沼 181
[3]涵 075
涵 075
[4]洛 277
潞 280

**3717**

[2]淈 435
[7]淊 069

**3718**

[2]澉 478
次 511
[6]濵 617

**3721**

[2]袍 150

**3722**

[0]裯 125
裯 126
袀 191
翢 622
[7]䙈 246

**3726**

[2]袑 181

**3730**

[1]迅 614
[2]遹 408
[8]遺 521
[9]鋈 387

**3761**

[4]詫 286

**3772**

[0]朗 703
[7]郎 703

**3810**

[0]汃 485

**3811**

[2]濫 072
涚 461
[7]汽 380
[9]淦 047

**3812**

[1]渝 214
[7]滃 060
汾 556

**3813**

[1]漵 510
[2]淰 045
[7]溓 065

**3814**

[0]澂 359
[6]漳 346
[7]漱 517

**3816**

[1]洽 057
浛 060
[6]潧 026
澮 466
[7]滄 688
凔 688

**3818**

[1]淀 510

**3821**

[2]襤 072
裞 424
[9]裣 046

**3822**

[1]褕 212
[7]黺 555
衯 556

**3823**

[3]襚 424

**3824**

[7]複 162

**3826**

[1]袷 054
祫 057
[6]襘 463
禬 466

**3830**

[2]逾 209
[3]遂 422
[6]迨 055
[8]遂 511

**3911**

[2]洸 690

**3915**

[0]泮 532

**3925**

[0]袢 531

**3930**

[8]逖 332

**4010**

[2]盇 081
[8]壹 446

**4011**

[2]奄 403

**4013**

[2]壤 676

**4014**

[7]蓺 586

**4018**

[2]垓 109

$^{6}$壙 695

**4020**

$^{0}$才 101

**4021**

$^{2}$㠶 706

$^{4}$在 103

$^{5}$奞 412

帷 413

$^{7}$犺 697

**4022**

$^{7}$鬳 102

肉 154

布 234

内 405

冇 406

**4023**

$^{2}$㡠 627

**4024**

$^{7}$皮 307

**4028**

$^{6}$獷 694

**4033**

$^{1}$爇 505

**4034**

$^{1}$寺 084

**4040**

$^{7}$支 317

孛 488

**4041**

$^{5}$雄 318

媲 416

**4042**

$^{7}$麴 333

嫡 334

**4043**

$^{2}$嬨 627

孃 675

**4044**

$^{4}$奔 585

**4052**

$^{7}$犇 440

**4060**

$^{1}$吉 443

$^{4}$奢 262

**4062**

$^{1}$奇 297

**4071**

$^{0}$七 450

$^{7}$奄 574

**4072**

$^{7}$奣 153

**4073**

$^{2}$袁 541

喪 699

**4080**

$^{1}$趡 412

真 604

$^{3}$趦 627

$^{4}$臯 446

$^{6}$爽 254

賁 586

**4090**

$^{6}$寮 173

**4091**

$^{2}$梳 249

$^{5}$橦 005

椎 413

**4092**

$^{7}$樀 333

**4093**

$^{7}$樜 267

**4094**

$^{7}$椁 578

**4098**

$^{2}$核 107

$^{5}$橨 693

**4099**

$^{6}$椋 713

**4111**

$^{2}$堈 384

**4112**

$^{0}$坷 299

**4114**

$^{6}$埂 712

**4116**

$^{6}$塥 116

**4121**

$^{1}$襱 010

$^{2}$桱 654

**4122**

$^{7}$獳 217

**4123**

$^{2}$帳 679

**4126**

$^{6}$幅 115

**4128**

$^{6}$頗 309

**4129**

$^{1}$幖 169

**4141**

$^{2}$娙 655

**4142**

$^{0}$妸 299

$^{7}$嬬 218

**4148**

$^{6}$頬 320

**4149**

$^{1}$嫖 169

**4151**

$^{8}$韇 203

**4152**

$^{0}$靪 643

**4153**

$^{2}$韔 679

**4156**

$^{0}$韜 536

**4168**

$^{6}$頡 445

**4180**

$^{9}$趪 167

**4188**

$^{6}$顛 606

**4191**

$^{1}$櫳 010

櫪 351

$^{2}$桱 653

$^{8}$柦 203

**4192**

$^{0}$柯 297

朾 643

$^{7}$柄 710

**4193**

$^{2}$椓 228

棖 679

$^{6}$櫘 123

**4194**

$^{6}$梗 711

**4196**

$^{1}$梧 232

$^{6}$楅 114

**4199**

$^{1}$標 168

**4211**

$^{3}$垗 190

$^{8}$塏 364

**4221**

$^{0}$帄 389

**4222**

$^{1}$猘 483

犷 570

**4241**

$^{0}$妣 395

$^{3}$姚 189

$^{4}$妊 034

姺 286

$^{7}$嫣 307

嫚 550

**4244**

$^{1}$娫 651

**4252**

$^{1}$靳 568

**4256**

$^{1}$鞊 389

**4260**

$^{0}$剞 301

$^{2}$晢 483

**4280**

$^{1}$趒 186

⿺走此 400

$^{2}$⿺走斬 077

⿺走連 441

赾 567

$^{7}$趉 430

**4291**

$^{0}$枇 394

$^{3}$桃 187

$^{4}$梐 398

**4292**

$^{7}$桍 043

榜 558

**4294**

$^{1}$梃 650

**4295**

$^{0}$杍 129

**4297**

$^{2}$柮 430

**4299**

$^{3}$櫾 160

**4304**

$^{2}$博 241

**4305**

$^{0}$戋 102

**4315**

$^{0}$𢦏 104

城 646

⿹戈壴 657

**4318**

$^{4}$埃 098

**4322**

$^{7}$猵 623

**4323**

$^{2}$幏 272

狼 704

**4324**

$^{7}$狻 563

**4325**

$^{0}$胾 103

**4342**

$^{7}$媥 623

**4343**

$^{2}$嫁 273

**4346**

$^{0}$始 094

**4348**

$^{4}$娭 100

**4350**

$^{4}$鞑 452

**4351**

$^{2}$鞜 291

**4354**

$^{2}$轉 241

韡 242

**4355**

$^{0}$載 103

**4365**

$^{0}$哉 103

酨 105

**4375**

$^{0}$⿹𢦏且 104

裁 104

**4380**

$^{3}$⿺走憲 513

$^{4}$⿺走僉 561

$^{5}$⿺走韱 658

**4385**

$^{0}$戴 103

⿹𢦏禾 104

**4390**

$^{4}$柲 453

**4392**

$^{7}$楄 622

**4393**

$^{2}$桹 703

**4394**

$^{2}$榑 242

$^{7}$梭 563

**4395**

$^{0}$栽 104

**4396**

$^{0}$枱 093

**4398**

$^{4}$糇 099

**4401**

$^{4}$虒 310

$^{7}$芞 377

**4410**

$^{0}$坿 222

$^{2}$藍 071

莖 652

$^{5}$董 005

$^{8}$荳 361

$^{9}$荃 045

**4411**

$^{1}$菲 365

$^{2}$蘫 074

范 076

茈 399

$^{7}$蘛 603

$^{8}$⿰土壴 449

**4412**

$^{0}$菿 183

$^{7}$蒲 235

蓊 260

藹 478

蘍 503

蕩 665

**4414**

$^{1}$塿 090

$^{2}$薄 244

$^{7}$坡 312

$^{8}$菽 184

**4416**

$^{0}$堵 263

$^{2}$菭 184

$^{3}$萿 097

$^{4}$落 281

**4418**

$^{1}$填 608

$^{6}$墳 589

**4419**

$^{6}$⿰土尞 176

**4420**

$^{1}$芋 643

$^{2}$芓 251

$^{7}$芩 037

⿱林今 038

**4421**

$^{1}$蘢 008

$^{2}$莥 132

⿱艹麗 313

薍 550

荒 705

$^{4}$荏 034

茬 105

莊 684

$^{5}$藋 196

萑 411

藿 497

蘿 500

**4422**

$^{1}$猗 302

荷 303

藺 462

芹 567

⿱艹⿰犭斤 571

$^{2}$茅 133

$^{7}$芀 029

蕄 070

蓩 140

⿱艹肴 159

芀 178
葥 235
蓆 268
蔿 305
苭 365
芮 405
虇 501
蘭 517
棼 554
虋 558
萹 621
菁 628
蕩 661

**4423**

[1]蔗 171
蘒 420
[2]蒙 012
蔭 049
蕬 626
[7]蒹 061
蘼 061
蔗 266

**4424**

[1]薜 352
[2]蒪 244
蔣 686
[7]蕧 163
葭 269
帔 309
葰 566
[8]菽 135
薇 359

**4425**

[3]茂 133
茷 491
蔑 491
幭 493

**4426**

[0]赭 262
[1]藩 685
[4]藷 265
[7]蒼 687

**4427**

[2]菑 435

**4428**

[6]幩 587

**4429**

[6]獠 175

**4430**

[2]芝 084
莚 567

**4432**

[7]芍 192

**4433**

[1]蓺 481
荩 705
[2]葱 584
[4]苾 452
[6]蔥 016
蕙 512
[9]懋 141

**4434**

[3]蓴 541

**4439**

[4]蘇 249

**4440**

[0]麸 102
[1]莛 650
[4]葽 165
萎 371
[6]萆 340
虀 341
[7]芰 317
蔓 533
[8]蘷 140

**4441**

[2]姺 595

**4442**

[7]勃 489

**4444**

[7]妓 321

**4446**

[1]姑 447

**4448**

[6]嬇 540

**4449**

[4]蘇 510
[6]嫽 176

**4450**

[6]蕈 524
[7]華 523

**4451**

[3]蒐 427
[5]菴 419

**4452**

[1]蘄 077
蘄 567
[7]茀 437

**4454**

[1]蘀 290
[7]韍 308

**4455**

[3]韈 492

**4460**

[0]者 259
[1]荅 054
磬 056
菩 230
耆 390
蓍 392
菩 572
[2]苕 179
[3]蘮 250
[4]茖 273
茜 599
[5]苗 118
[6]葍 114
蓄 113
薈 464
[7]菌 075

**4461**

[2]蘸 396
[5]蓶 417

**4462**

[1]苛 296
[7]劼 447
藹 477
蕩 667

**4463**

[2]蘸 676

**4464**

[1]莳 090
[7]菽 300

**4465**

[3]蔵 492

**4466**

[4]藷 264

**4469**

[3]蘇 159

**4471**

[0]芒 699
[2]苞 148
蔵 382
芘 394
苣 609

**4472**

[7]萄 147
茆 152
葛 473
蔀 707

**4473**

[2]囊 673
莨 679
莨 702

**4474**

[4]葭 672
[7]菝 611

**4477**

[2]藰 142
苗 429

蓉 456

$^{7}$苩 091

**4480**

$^{0}$赽 101

𣂔 256

$^{1}$蓮 051

楚 246

趯 498

$^{2}$荄 106

荑 374

$^{5}$英 668

$^{6}$蕡 113

趌 444

蕢 587

蕒 616

黄 690

$^{8}$趪 605

**4481**

$^{5}$蘳 504

**4482**

$^{7}$藹 350

**4490**

$^{0}$材 102

柎 219

$^{1}$藁 166

$^{2}$茦 326

$^{5}$茱 205

$^{9}$藜 386

**4491**

$^{2}$榼 082

杝 294

$^{5}$權 498

**4492**

$^{0}$莿 326

$^{1}$椅 301

$^{7}$藹 478

**4493**

$^{0}$菘 426

**4494**

$^{1}$梼 087

$^{2}$構 245

$^{7}$柀 308

枝 318

蔌 436

$^{8}$菽 329

**4496**

$^{0}$楮 260

$^{1}$榙 059

槍 393

桔 444

**4498**

$^{1}$槙 606

$^{6}$欑 539

横 691

**4499**

$^{0}$楙 134

$^{4}$蘇 141

$^{6}$橑 174

藔 177

**4510**

$^{9}$墊 481

**4511**

$^{7}$埶 479

**4518**

$^{0}$坱 671

**4522**

$^{7}$勢 480

犻 487

猜 630

**4528**

$^{6}$幘 331

**4532**

$^{7}$鷙 480

**4533**

$^{1}$熱 480

**4540**

$^{4}$埶 481

**4541**

$^{0}$姓 635

**4542**

$^{7}$婧 631

**4544**

$^{3}$媷 543

**4546**

$^{0}$妯 121

**4548**

$^{0}$姎 671

$^{1}$婕 052

$^{2}$姨 376

$^{6}$嫧 331

**4549**

$^{0}$姝 208

**4550**

$^{6}$輦 482

**4554**

$^{0}$鞬 519

**4558**

$^{0}$鞅 668

**4560**

$^{1}$朁 479

**4580**

$^{9}$趚 326

**4590**

$^{0}$杖 681

**4591**

$^{7}$槸 479

杶 573

**4592**

$^{7}$梻 438

柿 486

**4594**

$^{0}$楗 519

**4596**

$^{0}$柚 120

**4598**

$^{0}$柍 669

$^{2}$椟 375

$^{6}$櫝 441

**4599**

$^{0}$株 207

$^{6}$棟 001

楝 515

**4612**

$^{7}$堨 477

場 664

**4614**

$^{0}$埤 345

**4615**

$^{6}$墠 529

**4620**

$^{2}$狛 283

**4621**

$^{2}$覩 499

$^{5}$猩 636

**4622**

$^{7}$獨 226

猲 349

猲 476

**4623**

$^{0}$愢 016

$^{2}$獧 546

**4624**

$^{0}$猈 344

$^{7}$玃 257

幔 534

獌 534

**4625**

$^{6}$幝 525

**4633**

$^{0}$想 677

**4641**

$^{2}$媲 397

$^{3}$媿 428

**4643**

$^{2}$嬛 547

**4644**

$^{0}$婢 344

$^{7}$嫚 535

**4652**

$^{7}$韣 225

**4654**
$^{0}$鞞 340
**4662**
$^{1}$䪞 297
**4665**
$^{6}$鞸 527
**4672**
$^{7}$趨 474
**4680**
$^{1}$趯 255
$^{2}$𧾷 223
趨 473
$^{3}$䟃 544
$^{4}$躩 257
趮 533
**4690**
$^{0}$相 677
$^{2}$柏 282
**4691**
$^{2}$槐 396
$^{3}$槐 427
$^{4}$桯 648
樫 657
**4692**
$^{7}$楬 474
楊 662
**4693**
$^{2}$檈 545
$^{3}$欙 548
**4694**
$^{0}$椑 340
$^{7}$槾 534
**4695**
$^{6}$樿 525
**4698**
$^{0}$枳 323
**4712**
$^{7}$鄐 083
堉 247
鸛 502
**4713**
$^{2}$垠 592
$^{6}$蝨 144
**4714**
$^{7}$投 358
**4716**
$^{4}$垎 279
**4717**
$^{2}$堀 436
堀 436
**4721**
$^{2}$犯 074
狃 131
狍 148
麅 149
猛 709
**4722**
$^{0}$㭘 582
$^{7}$鄿 499
**4723**
$^{2}$㯿 013
狠 592
**4727**
$^{2}$猛 132
**4728**
$^{2}$歡 499
$^{4}$猴 201
**4732**
$^{7}$郣 087
**4740**
$^{1}$聲 641
**4741**
$^{2}$婗 338
$^{5}$嬥 198
**4742**
$^{0}$婤 127
妁 195
$^{7}$孎 227
郟 318
郣 489
韡 510
鄹 536
**4744**
$^{7}$殺 208
**4747**
$^{2}$媱 158
**4748**
$^{1}$娖 245
**4750**
$^{6}$聲 642
**4751**
$^{2}$鞄 148
**4753**
$^{2}$鞎 590
**4754**
$^{7}$鞎 270
**4756**
$^{2}$鞀 180
$^{4}$鞈 274
**4759**
$^{4}$鞣 138
**4760**
$^{1}$謦 641
$^{2}$磬 640
$^{9}$馨 641
**4762**
$^{7}$都 260
**4764**
$^{7}$嘏 269
**4768**
$^{2}$欯 445
**4771**
$^{0}$覩 101
**4772**
$^{0}$切 451
$^{7}$鄗 478
**4777**
$^{2}$罄 641
**4780**
$^{1}$趯 196
$^{2}$趫 408
$^{4}$趣 611
$^{6}$超 179
**4783**
$^{2}$艱 592
**4788**
$^{2}$歎 502
歕 588
**4790**
$^{2}$檠 641
**4791**
$^{2}$杻 130
枹 149
麭 149
柅 392
**4792**
$^{0}$椆 126
杓 192
枊 582
$^{2}$杼 252
$^{7}$枋 029
鶺 173
欘 227
楕 247
橘 409
**4793**
$^{2}$根 591
$^{6}$櫼 423
**4794**
$^{7}$椵 270
椴 357
**4796**
$^{2}$柖 180
$^{3}$櫓 250
$^{4}$格 276
**4797**
$^{2}$榣 158
$^{7}$梠 091
**4798**
$^{4}$楔 471

**4801**

[3]㡘 065

**4811**

[7]圪 380

**4812**

[7]坋 557

**4816**

[6]增 027

**4821**

[2]幱 072

**4822**

[1]愉 212

**4823**

[7]慊 063

㺌 064

**4826**

[4]猶 125

[6]獪 466

**4840**

[0]倝 506

**4841**

[2]嬮 073

娧 461

[5]䮪 506

𩂀 508

[7]㪺 378

乾 509

**4842**

[1]媮 214

[7]妗 041

翰 506

鶾 507

𩂀 508

**4843**

[1]䠏 508

[7]嫌 066

**4844**

[0]斡 509

[1]榦 508

**4845**

[6]韓 507

**4846**

[1]嬌 049

始 058

嬉 514

[6]嬒 466

**4848**

[1]嫙 509

**4849**

[4]䡩 507

**4852**

[7]黔 038

**4856**

[1]䶍 058

**4874**

[0]攱 294

**4880**

[1]趛 046

趌 377

[6]趥 124

**4891**

[2]檻 071

梲 460

[7]杚 378

**4892**

[1]榆 210

檎 304

[7]枌 554

**4893**

[2]椓 422

[7]槏 062

**4894**

[0]楸 136

[7]椱 162

**4896**

[1]柗 056

[4]楢 124

檜 264

[6]檜 465

[7]槍 688

**4928**

[0]狄 328

**4945**

[0]姘 532

**4991**

[2]桄 689

**4994**

[8]梯 019

**5000**

[0]丯 467

丈 680

[7]事 085

**5001**

[2]撹 717

[5]撞 006

轒 007

推 416

[7]抗 698

**5002**

[7]甹 118

摘 334

**5003**

[2]擿 335

攘 674

**5009**

[6]輬 715

**5010**

[2]盎 669

**5011**

[5]蜼 416

**5013**

[2]蠰 675

[6]蠹 143

蠢 576

[7]蟅 267

**5021**

[2]先 030

**5022**

[7]冑 118

冑 118

市 486

青 628

**5032**

[7]鴦 669

**5033**

[6]患 521

惷 576

**5034**

[3]専 540

**5060**

[0]由 118

[1]書 259

**5071**

[7]屯 572

**5073**

[2]囊 676

[6]吏 540

**5080**

[0]央 668

[1]疌 050

[2]夷 374

[6]責 328

**5090**

[2]朿 075

朿 325

[4]橐 142

[6]東 001

柬 514

**5101**

[1]排 369

[2]摡 384

挋 610

輕 656

**5102**

[0]抲 298

軻 299

**5104**

[1]攝 081

**5108**

[4]擙 217

**5109**
[1]摽 170
**5110**
[9]轚 658
**5111**
[2]蛵 656
**5116**
[2]蝒 537
[6]蝠 116
**5178**
[6]頓 574
**5188**
[6]類 471
**5200**
[0]剸 438
**5201**
[0]扯 403
[3]挑 189
[5]摧 418
**5202**
[1]斬 076
擲 078
折 482
[7]搗 306
**5204**
[1]挺 651
**5206**
[1]指 391
**5207**
[2]拙 433
**5210**
[4]塹 079
[9]鏨 079
銴 484
**5211**
[8]螘 364
**5212**
[1]螹 079
蚚 570
**5214**
[1]蜓 652
**5217**
[2]蚰 434
**5222**
[2]彭 630
**5233**
[2]慙 078
悊 484
**5240**
[4]娎 484
**5260**
[1]晳 483
[2]暫 077
蹔 078
哲 482
晳 483
**5290**
[0]剌 327
[3]絜 482
[4]槧 077
**5301**
[2]控 293
**5302**
[7]捕 240
輔 240
揙 623
**5303**
[2]攘 497
[3]攃 495
**5304**
[2]搏 243
[7]捘 564
**5306**
[5]搳 470
轄 470
**5308**
[4]挨 098
**5310**
[2]盛 645
**5312**
[7]蝙 624
**5313**
[2]蜋 675
**5318**
[6]蠙 617
**5320**
[0]戎 041
戊 133
成 645
**5322**
[7]甫 234
[illegible] 489
**5334**
[2]専 236
**5380**
[9]燹 489
**5400**
[0]拊 221
**5401**
[8]撎 449
**5402**
[1]掎 302
輢 303
[7]揥 241
軜 407
擕 478
**5403**
[2]轅 544
**5404**
[1]持 089
[7]披 311
技 321
**5406**
[1]拮 447
**5408**
[1]轒 608
[6]轋 589
**5409**
[6]撩 176
轑 177
**5411**
[5]蠷 501
**5412**
[7]蜹 407
**5413**
[2]蠓 015
**5414**
[7]蚑 321
**5416**
[1]蛣 447
**5418**
[6]蟥 693
**5501**
[7]軘 575
**5502**
[7]弗 437
拂 441
抪 488
**5504**
[3]摶 542
轉 543
**5506**
[0]軸 122
**5508**
[0]抉 671
[1]捷 052
**5512**
[7]蜻 632
**5518**
[1]蜨 053
**5519**
[6]蝀 002
**5522**
[8]畀 255
**5560**
[2]曹 438
**5580**
[6]費 439
**5599**
[6]棘 012

**5600**
[0]攔 548
**5601**
[2]⿰扌毘 397
[5]擢 258
**5602**
[7]揭 477
揚 664
**5603**
[2]擐 547
轘 548
**5604**
[0]捭 344
[1]擇 290
[7]攫 257
⿰車矍 536
**5605**
[6]撣 528
**5608**
[0]抧 324
軹 325
[6]損 598
**5611**
[2]⿰虫毘 397
[3]螝 429
**5612**
[7]蝎 477
**5613**
[2]蠉 548
**5615**
[6]蟬 529
**5621**
[2]靚 629
**5698**
[6]⿰耒員 596
**5701**
[0]⿰扌凡 615
[2]輗 339
[4]摼 613
[5]擢 198
[7]艶 439
**5702**
[0]輖 128
扚 195
扨 467
抈 490
軔 583
[2]抒 253
[7]扔 029
揟 248
**5703**
[6]搔 145
**5706**
[2]招 181
軺 183
[4]挌 275
挌 278
輅 279
**5707**
[2]搖 158
掘 436
**5708**
[2]掀 571
[6]攢 522
**5709**
[4]輮 140
**5711**
[2]蜺 339
[5]蠗 198
**5712**
[0]蜩 128
[7]蝑 248
蟜 410
**5714**
[7]蝦 271
**5716**
[2]蛁 182
**5717**
[7]蜭 069
**5719**
[4]蝚 139
**5722**
[7]鄐 237
⿱㓞自 468
⿰巿阝 486
郕 646
**5750**
[2]挈 469
**5762**
[7]邮 120
**5772**
[7]邨 573
**5777**
[2]齧 468
**5780**
[4]契 469
[8]⿺走契 470
**5782**
[7]鵜 375
⿰契鳥 471
⿰契阝 471
**5790**
[3]絜 469
[4]栔 468
**5792**
[0]豹 195
**5801**
[2]挩 461
[9]捦 048
**5802**
[1]揄 214
輸 215
[7]扮 557
**5804**
[7]⿰車叟 163
**5806**
[1]拾 058
**5810**
[1]整 637
**5811**
[2]蛻 462
**5812**
[1]蝓 215
**5813**
[7]螊 066
**5814**
[7]螋 163
**5826**
[1]帢 056
**5834**
[0]敫 242
**5894**
[0]敕 327
**6001**
[0]盳 702
[5]瞳 007
唯 411
睢 412
[7]⿰目亢 698
**6003**
[2]眩 625
[7]嗻 266
**6004**
[7]啍 577
⿰目享 578
**6008**
[2]咳 106
⿰目亥 108
[6]矌 693
**6010**
[0]日 442
[4]呈 647
[5]罿 006
壘 634
量 705
**6011**
[1]罪 367
[5]雖 417
**6012**
[7]蜀 223

蹢 332

**6013**

[7]蹠 266

**6021**

[2]晃 690

[4]囮 160

**6022**

[1]罽 462

[7]圃 237

昜 346

易 660

**6023**

[2]園 544

**6032**

[7]鷩 417

**6034**

[3]團 541

**6039**

[6]黥 715

**6040**

[1]罣 287

圍 288

[7]曼 533

**6044**

[4]罤 288

**6060**

[1]圄 232

[4]暑 261

署 261

[6]罾 025

**6071**

[2]罨 150

**6072**

[7]昴 153

曷 472

**6073**

[2]睘 544

圜 546

曩 674

**6074**

[7]罠 618

**6080**

[0]只 322

[6]員 596

圓 597

**6081**

[5]巂 504

**6090**

[6]景 714

**6093**

[2]繯 548

**6101**

[1]嚨 008

[2]曬 314

嘅 382

**6102**

[0]町 644

**6103**

[2]啄 228

**6104**

[6]哽 711

**6106**

[1]噌 031

晤 232

**6109**

[1]嘌 167

瞟 167

**6111**

[1]䠊 365

[2]躧 314

**6114**

[1]躡 080

[7]𣪍 224

𣪠 347

**6188**

[6]䫋 597

**6201**

[3]咷 186

眺 186

[4]吒 285

**6202**

[1]听 567

昕 569

**6207**

[2]咄 430

**6211**

[3]跳 186

[5]踵 003

**6214**

[4]踒 372

**6220**

[0]剔 350

**6237**

[2]黜 433

**6282**

[7]賜 305

**6300**

[4]䀝 452

**6301**

[2]吭 560

**6302**

[7]哺 235

**6303**

[2]眼 703

**6304**

[2]嘃 241

[7]畯 565

**6306**

[0]眙 095

**6308**

[4]唉 100

[6]瞚 616

**6312**

[7]蹁 621

**6315**

[0]戥 649

**6355**

[0]戰 528

**6401**

[0]叱 450

[2]嗑 082

[5]矔 498

[8]噎 448

曀 449

**6402**

[1]畸 303

**6403**

[2]矇 013

**6404**

[1]時 088

時 089

**6406**

[0]睹 259

睹 261

[1]嗜 393

**6408**

[1]嗔 604

瞋 605

[5]嘆 501

嘆 502

[6]噴 587

**6410**

[0]斣 227

**6411**

[2]跣 594

**6412**

[1]踦 300

**6414**

[7]跛 310

跂 317

**6416**

[1]踏 059

**6418**

[1]蹎 605

**6436**

[1]黠 445

**6480**

[0]財 102

**6484**

[7]𧵳 308

**6502**
[7]咈　438
**6508**
[2]咦　375
[6]嘖　330
**6509**
[0]味　206
**6512**
[7]跰　438
**6531**
[7]黗　574
**6600**
[0]眀　254
吅　497
**6602**
[7]噣　223
睗　347
暍　348
噶　473
暍　475
暘　662
瞁　664
**6603**
[2]瞏　545
**6604**
[4]嚶　639
**6605**
[6]嘽　524
**6611**
[5]躍　255
**6612**
[7]躅　223
踼　661
**6614**
[7]躣　257
**6621**
[5]瞿　254
**6632**
[7]鶡　663
**6640**
[4]嬰　639
[7]矍　256
**6650**
[0]單　523
**6660**
[1]罾　638
**6666**
[1]嚚　609
**6671**
[7]黿　529
**6674**
[4]毀　672
**6677**
[2]罌　638
**6681**
[2]覞　597
**6682**
[7]賜　347
**6688**
[0]瞶　638
**6701**
[2]咆　148
睨　336
**6702**
[0]啁　126
昀　192
[7]嗃　408
**6703**
[2]喙　421
眼　591
**6704**
[7]睱　270
**6706**
[2]昭　180
[4]踀　274
略　279
**6707**
[2]嗂　157
[7]啗　067
**6708**
[4]喉　200
**6709**
[4]睬　139
**6711**
[5]躍　197
**6712**
[0]跀　490
[2]跻　157
野　253
[7]郢　648
**6713**
[2]跟　590
**6714**
[7]蝦　269
**6716**
[4]踞　265
路　273
**6717**
[2]踰　157
**6718**
[2]歜　225
**6731**
[7]鶪　585
**6732**
[7]鷺　280
**6733**
[6]照　184
**6742**
[7]鸚　639
郾　639
**6752**
[7]鄲　525
**6772**
[0]翺　545
[7]鷊　474
**6778**
[2]歇 475
**6782**
[7]郻　597
**6786**
[4]賂　276
**6788**
[1]踧　246
**6801**
[2]瞌　071
曨　295
[7]吃　377
[9]唫　045
**6802**
[7]吟　037
盼　553
**6803**
[2]唸　044
[7]嗛　062
**6806**
[6]噲　464
**6808**
[6]嗆　043
**6812**
[1]蹌　210
**6816**
[1]跲　055
[7]蹌　687
**6824**
[0]臟　360
**6831**
[9]黔　047
**6832**
[7]黔　039
**6836**
[6]黵　466
**6844**
[0]斆　288
**6886**
[6]贈　025
**6905**
[0]畔　533
**7010**
[1]壁　353
[3]璧　352

4壁 357
**7021**
5雕 126
脽 413
陮 414
7阬 698
**7022**
7臂 354
劈 354
擗 354
**7023**
2肱 626
臁 673
**7024**
1辟 352
**7028**
2胲 107
骸 107
陔 110
**7031**
2駺 706
5騅 415
**7033**
2驤 674
**7038**
2駭 109
**7040**
4嬖 356
**7050**
2擘 356
**7055**
4彃 355
**7060**
1譬 353
**7071**
7甓 356
**7073**
2襞 355
**7076**
1䛗 609
**7090**
3繴 357
4檗 354
蘗 354
**7110**
6暨 383
**7121**
1隴 012
歷 351
腓 366
厞 368
2扅 337
脛 653
陘 657
4陛 398
7虒 569
8脰 204
9巠 047
**7122**
0阿 299
阿 645
7臑 216
庯 239
**7124**
1癖 356
6骾 711
7跛 336
**7126**
2腘 155
磿 351
**7128**
6頎 569
**7129**
1膘 168
4厤 350
**7131**
1騑 369
2驪 315
**7139**
1驃 169
**7140**
4嬰 304
**7171**
1匪 370
匯 419
2匬 214
既 381
臣 609
4㔷 602
5匰 528
6匵 688
8匼 111
**7173**
2長 678
**7178**
6頣 591
頤 610
**7210**
2鬣 072
**7220**
0剮 435
刖 490
**7221**
0颲 386
骴 401
3胑 187
朓 187
4陛 397
5腫 003
**7222**
1斸 227
斤 566
2彫 127
鬄 350
7髾 127
隔 307
鬲 349
**7223**
7鬑 063
**7224**
2髯 220
7髮 309
8鬆 136
**7226**
1脂 390
**7227**
2朏 431
**7252**
7鬅 439
**7260**
8鬠 575
**7320**
4胑 452
**7321**
2阬 561
**7322**
7脯 236
**7324**
2髆 242
膊 242
7朘 562
陖 565
**7326**
0胎 095
**7330**
4駜 454
**7334**
7駿 563
**7335**
0驖 658
**7336**
0駘 096
**7338**
4騃 099
**7420**
0附 222
**7421**
2阤 295
**7422**
1猗 300

陭 303
$^{7}$肭 155
肭 406

**7424**
$^{7}$陂 312

**7426**
$^{0}$陼 264

**7428**
$^{1}$䐜 606
$^{6}$膹 587
膫 174

**7430**
$^{0}$駙 220

**7431**
$^{2}$馳 294
駪 594
$^{5}$驩 500

**7432**
$^{1}$騎 302

**7434**
$^{7}$駿 310
駮 320

**7521**
$^{0}$胜 633
$^{7}$肫 572
肺 486

**7524**
$^{3}$膊 541
髆 542

**7576**
$^{0}$䶒 121

**7621**
$^{0}$颶 443
$^{2}$覞 336
臕 396
颺 664
$^{3}$隗 428
$^{5}$臞 255
腥 635

**7622**
$^{7}$髑 224
䯨 347
腸 661
陽 665

**7624**
$^{0}$髀 340
髀 341
脾 341
陴 346

**7628**
$^{0}$胑 323
$^{6}$腨 596
隕 598

**7630**
$^{0}$駏 443

**7631**
$^{3}$䫥 428

**7633**
$^{0}$驄 017

**7634**
$^{1}$驛 289

**7635**
$^{6}$驒 526

**7680**
$^{8}$咫 324

**7710**
$^{2}$闔 083
皿 708
$^{4}$闉 602
堅 611
璺 707
$^{8}$豎 203
闓 364
$^{9}$緊 613

**7711**
$^{2}$屔 392

**7713**
$^{6}$蠡 619

**7721**
$^{1}$𡳀 351
屝 368
$^{2}$𦘮 129
胞 148
兒 335
鬩 336
尼 389
閱 461
$^{4}$隉 183
$^{7}$屍 584

**7722**
$^{0}$周 125
陶 147
月 490
$^{1}$閜 303
$^{2}$屖 252
$^{7}$屬 225
闞 306
郳 337
鶂 435
鬻 552
腎 612

**7723**
$^{2}$冢 012
限 593

**7724**
$^{1}$闢 356
$^{7}$叚 268
屐 319
殿 584

**7726**
$^{1}$眉 391
$^{4}$屠 262
骼 275
胳 275
$^{6}$層 025

**7727**
$^{2}$屈 432
$^{7}$䐄 067
陷 069

**7728**
$^{2}$欣 568

**7729**
$^{4}$腬 139

**7732**
$^{0}$騊 147
駒 193
騆 473
$^{7}$驕 409

**7733**
$^{2}$騌 013
$^{4}$悶 455
$^{6}$騷 144

**7734**
$^{3}$叉 143
$^{7}$騢 271

**7736**
$^{4}$駱 277

**7740**
$^{4}$婜 613

**7744**
$^{1}$异 092
$^{7}$畀 600

**7750**
$^{2}$掔 613
$^{4}$𦍒 611
$^{6}$闡 528

**7760**
$^{1}$閤 057
$^{2}$𧩟 612
$^{4}$闍 263
閣 278
𥈠 612

**7762**
$^{1}$問 298

**7769**
$^{3}$闟 160

**7772**
$^{0}$卯 152
馰 193
卵 522

[7]闒 477
邸 610

**7773**

[2]闤 546
艮 589
閬 704

**7774**

[0]毌 520
叚 610
[7]民 617

**7776**

[4]骼 277

**7777**

[2]關 522
[7]閻 069
臼 090

**7780**

[1]闃 607
[2]閿 109
[6]貿 152
貫 521
賢 612

**7782**

[7]鄮 154

**7790**

[3]緊 611
[6]闌 516

**7810**

[1]墜 425
[2]監 069
鹽 073

**7821**

[2]覽 072
脫 459

**7822**

[1]隃 215

**7823**

[2]陰 045
隊 423
[7]隒 066

**7824**

[7]腹 162

**7826**

[1]膳 513
[6][illegible] 464
膾 464

**7828**

[4]朕 020

**7830**

[0][illegible] 485

**7831**

[2]駾 460

**7833**

[4]愍 619

**7850**

[2]擥 073

**7872**

[7][illegible] 039
[illegible] 556

**7873**

[7][illegible] 064

**7874**

[0]敃 618

**7921**

[4]塍 023

**7922**

[7]幐 022
騰 022
勝 024

**7923**

[1]黱 022
[6]螣 023

**7925**

[0]胖 530

**7926**

[1]謄 021

**7928**

[6]賸 021
[8][illegible] 023

**7929**

[3]縢 023
[4]滕 021
[9][illegible] 022

**7931**

[2]駣 690

**8000**

[0]入 050
八 485

**8001**

[7]气 377

**8010**

[0]亼 053
[2]盫 049
羞 129
盆 554
[9]金 042

**8011**

[2]鏡 717
[5]鐘 006
錐 417

**8012**

[7]翕 055
鏑 335

**8013**

[1]鑣 172
[2]鉉 626
鑲 676
[6]蚉 058

**8014**

[7]錞 579

**8018**

[2]羨 511

**8020**

[7]今 036

**8021**

[1]龕 040
[2]兑 458
[5]雃 038
[7]氛 552

**8022**

[1]俞 209
斧 235
[7]禽 042
分 552
[illegible] 555

**8023**

[2]㒸 420
[7]兼 061

**8026**

[7]倉 687

**8029**

[4][illegible] 211

**8031**

[7]忥 380

**8032**

[7][illegible] 553

**8033**

[1]羔 184
[2]念 039
忿 556
[6][illegible] 025

**8040**

[0]父 234
[7]复 161

**8060**

[1]合 054
[2]含 037
[4]酓 042
酋 124
[6]曾 024
會 463

**8061**

[5][illegible] 049

**8066**

[1][illegible] 048
譱 513

**8073**

[2]衾 039
饟 674

**8077**

[2]缶 141
佱 603
**8080**
[0]穴 485
[1]𡵾 050
[5]兲 558
[6]貪 038
貧 554
[7]美 111
**8091**
[7]氣 379
**8111**
[1]鉦 638
[2]鋞 656
**8112**
[0]釘 644
**8114**
[7]鈸 046
**8116**
[1]鐕 032
**8118**
[6]鎮 046
**8119**
[1]鏢 171
**8128**
[6]顛 063
顡 422
頒 556
**8138**
[6]顈 185
**8146**
[1]锆 233
**8151**
[2]羥 653
[4]羶 601
**8161**
[1]䉸 011
[7]甑 026
**8164**
[7]㪉 055
**8168**
[6]頷 043
領 057
顮 514
**8171**
[7]甌 141
虢 378
**8178**
[6]頝 379
**8210**
[0]釗 179
**8211**
[3]銚 190
[5]鍾 004
[8]鎧 364
**8212**
[1]釿 571
**8214**
[1]鋌 652
[4]錗 374
**8251**
[3]羝 186
**8254**
[4]羳 372
**8260**
[0]劊 464
**8270**
[0]剆 142
刉 378
**8271**
[4]飪 033
[8]饋 362
**8274**
[4]餧 373
**8280**
[3]羗 112
**8311**
[2]鉈 293
鉱 561
**8312**
[7]鋪 240
**8313**
[2]鋃 704
**8314**
[2]鏄 243
**8315**
[0]鐵 659
**8318**
[1]錠 638
**8366**
[5]舍 470
**8370**
[4]飶 453
**8372**
[7]餔 237
**8376**
[0]飴 094
**8411**
[2]銑 595
**8412**
[1]錡 303
**8414**
[2]鏄 244
[7]鈹 311
**8418**
[1]鎮 608
[6]鑽 540
鐼 589
**8419**
[6]鐐 177
**8471**
[2]饁 082
[8]饐 449
**8473**
[2]饛 014
**8474**
[8]饆 586
**8478**
[6]饡 539
**8511**
[7]鈍 575
**8514**
[0]鍵 520
**8519**
[0]銖 208
[6]錬 516
**8558**
[2]羠 375
[6]羵 330
**8612**
[7]錦 046
鐲 226
鍚 349
鐊 667
**8613**
[0]鏓 017
**8614**
[0]錍 345
[1]鐸 290
[7]钁 258
鏝 535
**8621**
[2]覞 213
**8652**
[7]羯 474
**8664**
[0]餺 341
**8671**
[3]餽 427
**8672**
[7]餲 474
餳 662
煬 661
**8708**
[2]欥 379
**8711**
[2]鈕 132
**8712**
[0]錭 128
鈞 195

[7]鄒 059

**8713**

[2]銀 593

**8714**

[7]鍜 271

**8716**

[2]鉊 183

[4]鉻 279

**8718**

[2]欽 046

歙 059

[4]鍭 202

鍥 472

**8719**

[4]鍒 139

[9]鏫 388

**8721**

[2]㲸 194

**8722**

[7]郇 211

鵃 459

邠 554

鴿 688

**8728**

[2]欨 039

歉 063

歈 213

**8762**

[7]鄶 025

鴿 055

郃 056

鄶 465

鄯 513

**8768**

[2]歆 042

欲 057

**8771**

[2]飽 149

**8778**

[4]餱 201

**8781**

[2]䬣 129

**8791**

[5]䌨 198

**8800**

[0]𠓜 053

**8810**

[2]籃 071

簠 237

[5]筌 633

**8811**

[2]鑑 073

笵 076

銳 462

[7]釳 380

鎎 381

**8812**

[7]鈐 041

簜 666

**8813**

[2]鐩 425

[7]鎌 066

**8814**

[7]鍑 163

**8816**

[4]簬 280

[7]鎗 689

**8818**

[1]鏇 510

**8821**

[1]籠 009

[2]籭 314

[7]笐 696

**8822**

[7]筋 192

笏 406

籣 517

篇 622

篣 661

**8823**

[7]簾 067

**8824**

[0]敚 458

攽 553

[2]篘 687

[3]符 219

[7]𥷑 585

[8]𥳮 360

**8833**

[6]𥱊 097

**8834**

[0]敘 044

[1]等 087

[3]簙 541

**8840**

[1]筵 650

[6]箄 341

[7]簍 384

**8844**

[2]簙 244

**8850**

[6]篳 525

**8851**

[2]範 076

**8852**

[1]羭 210

[7]羒 553

**8860**

[3]答 094

[4]箸 260

笿 276

[5]笛 119

**8871**

[1]篚 370

[2]䬇 459

[7]笔 573

**8873**

[2]籑 673

筤 703

[7]䭑 062

**8874**

[7]笢 618

**8880**

[1]箑 051

[6]篢 330

籫 538

簀 691

**8884**

[7]篏 308

**8886**

[6]矰 025

**8890**

[2]策 327

[5]筞 207

[6]簝 174

**8892**

[7]箹 196

**8896**

[3]箱 677

**9001**

[5]憧 006

惟 415

[7]忼 697

**9004**

[7]惇 579

**9008**

[2]侅 109

**9021**

[2]尡 392

光 689

**9044**

[8]弅 019

**9050**

[0]半 530

**9081**

[7]炕 697

**9083**

[2]炫 625

**9101**

[2]慨 383

悭 655
**9102**
$^{7}$懦 217
怲 711
**9103**
$^{2}$悵 680
**9104**
$^{1}$懾 081
**9106**
$^{1}$憯 031
悟 233
$^{2}$愐 537
$^{6}$愊 116
**9109**
$^{1}$慓 169
**9181**
$^{4}$煙 601
**9182**
$^{7}$炳 711
**9189**
$^{1}$熛 166
**9201**
$^{5}$憧 003
$^{8}$愷 363
**9202**
$^{1}$忻 570
**9206**
$^{1}$恉 391
**9250**
$^{0}$判 531
**9254**
$^{7}$叛 530
**9287**
$^{2}$炪 432
**9302**
$^{7}$悑 239
**9304**
$^{7}$悛 564
**9306**
$^{0}$怡 093
**9384**
$^{7}$焌 563
**9401**
$^{5}$懽 500
**9404**
$^{1}$恃 088
$^{7}$忮 320
**9405**
$^{3}$懱 493
**9408**
$^{1}$慎 607
$^{6}$憤 588
**9409**
$^{6}$憭 176
**9450**
$^{0}$料 533
**9481**
$^{5}$爟 500
**9482**
$^{7}$爤 518
**9488**
$^{5}$熯 503
**9489**
$^{6}$燎 175
**9495**
$^{3}$熾 492
**9501**
$^{0}$性 634
**9502**
$^{7}$怖 487
情 630
**9506**
$^{0}$怞 121
**9508**
$^{0}$怏 670
**9582**
$^{7}$炥 440
**9589**
$^{6}$煉 515
**9592**
$^{7}$精 629
**9600**
$^{2}$怕 283
**9601**
$^{5}$懼 256
**9602**
$^{7}$愓 349
愒 476
惕 663
**9603**
$^{2}$懁 546
**9604**
$^{7}$慢 535
**9605**
$^{6}$憚 527
**9608**
$^{6}$愪 597
**9609**
$^{6}$憬 716
**9682**
$^{7}$燭 226
煬 663
**9683**
$^{0}$熜 017
**9685**
$^{6}$燀 527
**9691**
$^{5}$糧 707
**9694**
$^{0}$粺 342
$^{8}$糬 288
**9702**
$^{0}$惆 127
$^{7}$惰 248
憰 410
**9703**
$^{2}$像 421
悢 592
像 663
$^{6}$慅 145
**9704**
$^{7}$怟 618
**9707**
$^{7}$惂 069
**9781**
$^{2}$炮 151
$^{5}$燿 197
**9782**
$^{0}$爛 070
灼 194
**9789**
$^{4}$煣 139
**9791**
$^{2}$粗 130
$^{5}$糴 197
**9792**
$^{7}$糈 247
**9801**
$^{7}$愾 381
**9802**
$^{1}$愉 213
$^{7}$慯 665
**9803**
$^{7}$慊 065
**9806**
$^{6}$憎 026
$^{7}$懀 688
**9883**
$^{7}$熑 064
**9892**
$^{7}$粉 555

**圖書在版編目(CIP)數據**

說文同聲旁字義訓/黄巽齋,黄青編著;夏劍欽審校.—長沙:岳麓書社,2020.6

ISBN 978-7-5538-1178-9

Ⅰ.①說… Ⅱ.①黄…②黄…③夏… Ⅲ.①《說文》—研究 Ⅳ.①H161

中國版本圖書館 CIP 數據核字(2019)第 221813 號

SHUOWEN TONGSHENGPANG ZI YIXUN

**說文同聲旁字義訓**

編　　著:黄巽齋　黄　青

審　　校:夏劍欽

責任編輯:陳文韜　周家琛

責任校對:舒　舍

封面設計:羅志義

岳麓書社出版發行

地址:湖南省長沙市愛民路 47 號

直銷電話:0731-88804152　0731-88885616

2020 年 6 月第 1 版第 1 次印刷

開本:710mm×1000mm　1/16

印張:48.75

字數:850 千字

ISBN 978-7-5538-1178-9

定價:198.00 圓

承印:長沙超峰印刷有限公司

如有印裝質量問題,請與本社印務部聯繫

電話:0731-88884129